Fair Günter!

Gratulation zum 60. Geburtstag

Sürth, am 18.7 2014

Herzlich

Wolfg. [signature]

WOLFGANG BACHKÖNIG

SOMMER 1989 ...

... DURCH DEN EISERNEN VORHANG
IN DIE FREIHEIT

ZEITZEUGEN AUS DREI STAATEN
ERZÄHLEN

INNSALZ

WOLFGANG BACHKÖNIG

SOMMER 1989 ...
... DURCH DEN EISERNEN VOHANG IN DIE FREIHEIT

ZEITZEUGEN AUS DREI STAATEN
ERZÄHLEN

INNSALZ

Dieses Buchprojekt wurde von der Euregio West/Nyugat Pannonia gefördert und finanziell unterstützt. Herzlichen Dank!

Wolfgang Bachkönig
»Sommer 1989 … durch den Eisernen Vorhang in die Freiheit«
Zeitzeugen aus drei Staaten erzählen

Verlag INNSALZ, Munderfing 2019
Gesamtherstellung und Druck:
Aumayer Druck + Verlag Ges.m.b.H.&CoKG, Munderfing
Printed in The European Union

Fotonachweis: Fotos die namentlich nicht gekennzeichnet sind, sind vom Archiv der Landespolizeidirektion Burgenland oder vom Autor, bei allen anderen Bildern ist der Fotograf namentlich angeführt

ISBN 978-3-903154-99-5
Juli 2019

www.innsalz.eu

INHALT

**VORWORT LANDESHAUPTMANN
HANS PETER DOSKOZIL** 13
**VORWORT LANDESHAUPTMANN-STELLVERTRETER
JOHANN TSCHÜRTZ** 15
VORWORT WOLFGANG BACHKÖNIG 16

DER LANGE WEG BIS ZUM SOMMER 1989
I. KAPITEL: DER EISERNE VORHANG BIS ZUM JAHR 1989
    Minenfelder und Stacheldraht verlieren ihren Schrecken 21
    Ungarnaufstand 1956 24

II. KAPITEL: DAS ENDE DES EISERNEN VORHANGES
    Das Jahr 1989 35
    Löcher im Eisernen Vorhang bringen die Freiheit 37
    Sommer 1989 39
    Hans Sipötz durchtrennte am 27. Juni 1989 als Burgenländischer
    Landeshauptmann bei St. Margarethen den Stacheldraht 44
    Fähnrich in Ruhe, Imre Csapó 50

III. KAPITEL: DAS LETZTE TODESOPFER AM EISERNEN VORHANG
    Der letzte Tote am Eisernen Vorhang 59

IV. KAPITEL: ZEITZEUGEN BERICHTEN
    Flüchtlinge, Helfer und Entscheidungsträger der Exekutive 67

V. KAPITEL: MÖRBISCH – FLÜCHTLINGE UND HELFER ERZÄHLEN
    Vom »Eisernen Vorhang« zum »Grünen Band« 69
    Festspielgemeinde Mörbisch/See – »Rettungsanker«
    für tausende DDR-Flüchtlinge 71
    Er lebte unmittelbar neben dem Eisernen Vorhang, musste
    zahlreiche Grenzzwischenfälle bearbeiten und stand
    bei der Flüchtlingskrise im Jahre 1989 an vorderster Front 74

Für Coca-Cola und Kaugummi schenkten
Grenzsoldaten einer Familie die Freiheit...82
Martin Kanitsch – der Grenzgänger aus Mörbisch............................86
Verraten, weil sie ihr Auto nicht verkauften –
geglückte Flucht beim zweiten Versuch...95
Flüchtlinge erschrecken versehentlich
ihre im PKW wartenden Helfer..107
Die Angst im Nacken! Gefangen im »Auf und Ab« der Gefühle..................113
In Freundschaft verbunden – Flüchtlinge Martina und
Andreas Paetzold mit Helfer Ing. Gerhard Selucky............................128
Gaby Schwarz verbrachte ihren Urlaub am
Eisernen Vorhang und wechselte »die Fronten«..............................136
Das Flüchtlingslager des Roten Kreuzes in Mörbisch/See.....................142
Deutsch-Deutsche Tragödie..150
Ein Rot-Kreuz-Helfer erkannte ihre ausweglose Situation.....................152
Martin Sommer – er half den Flüchtlingen durch
die Löcher des Eisernen Vorhanges und landete im Gefängnis..................160
Es sollte nicht sein – nach zwei gescheiterten
Fluchtversuchen – freiwillige Rückkehr in die Heimat – nach Rostock..........177
Die »guten Engel« aus dem Burgenland..187
»Kein Mann der Stasi« – Arztfamilie mit zwei kleinen
Mädchen zur Flucht verholfen...194
Gelbe Drehleuchte als Orientierungshilfe auf dem Weg in die Freiheit..........202
Leopold Pusser – Schüsse beendeten die Beihilfe
zur Flucht – Helfer landeten im Gefängnis.......................................212
Michael Sommer – ein Helfer dem viele Flüchtlinge vertrauten...............222
Das Gasthaus zum Michlhof – genannt »die Schmugglerschenke«...............233
Urlaub an der Grenze, um Flüchtlingen zu helfen...............................239
Rumänische Flüchtlinge hatten von Misshandlungen
blutunterlaufene Striemen auf dem Rücken......................................243
Nach geglückter Flucht in die Kirche um Gott zu danken......................247
Familie nach Flucht vereint – Nächtigung in Oggau............................250

VI. KAPITEL: FERTÖRÁKOS – DR. AGNES BALTIGH

Sie nannten sie einfach »Tante Agnes« den guten Engel
vom Strandbad in Fertörákos..255

VII. KAPITEL: DEUTSCHKREUTZ – FLÜCHTLINGE UND HELFER ERZÄHLEN

Solidarität und Hilfsbereitschaft kennt keine Grenzen.........................289
»Wir werden nie vergessen was ihr für uns getan habt.
Danke liebe Bürger aus Deutschkreutz!«..291
Sie haben das Gasthaus gegenüber der Kirche mit der netten
und hilfsbereiten Wirtin samt ihrer Tochter nie vergessen....................293
Mit geliehener Beisszange Stacheldraht durchtrennt –
Jan sah nach vier Jahren zum ersten Mal sein Kind.............................302
Die DDR war nie seine Heimat – auf abgeernteten
Stoppelfeldern zum Grenzzaun gerobbt..308

Shuttle-Dienst zwischen Stacheldraht und Ortsgebiet Deutschkreutz 318
Über die Bahngleise bei Kópháza zur Grenze 321
Anstatt mit Fischen kam sie mit den Flüchtlingen
Holger und Holger nach Hause 337
Gewagte Flucht am 46. Geburtstag – Geschenk: die Freiheit!!! 345
Erst nach stundenlanger Wartezeit und heftigem
Wortwechsel konnte der VW-Golf offiziell
über die Grenze nach Deutschkreutz gebracht werden 369
Sie wollten nicht flüchten und haben die Entscheidung, die DDR
für immer zu verlassen, auf der Rückfahrt aus dem Urlaub getroffen 380
Versorgung der Flüchtlinge, Verteilung der Hilfsgüter –
eine logistische Herausforderung 393

VIII. KAPITEL: ST. MARGARETHEN – FLÜCHTLINGE, HELFER UND EXEKTIVBEAMTE ERZÄHLEN

Erinnerungen und Gedanken 399
Das Tor zur Freiheit 401
Das Paneuropäische Picknick – László Nagy erinnert sich 404
Der Grenzwächter am Eisernen Vorhang 419
Die dramatische Flucht der Familie Pfitzenreiter 440
Durch das rostige Gittertor aus dem »Gefängnis DDR« 457
»Als Flüchtlinge Nummer 13 und 14« kamen Annette und Olaf durch
das rostige Gittertor über die Grenze ins Burgenland 478
Dieser eine Junge muss noch rüber! 494
Nur gemeinsam wagten sie durch das rostige Gittertor
die Flucht in die Freiheit 502
Fluchthelfer im auffälligen orange-weißen VW-Bus 512
Unterdrückung – Flucht – Heimkehr 520
Ein Arzt der weit mehr als seine Pflicht tat 550
19. August 1989: mit dem Pferdewagen durch
das rostige Gittertor in die Freiheit 554
Brennende Kerzen im Fenster eines Hauses sollten
den Flüchtlingen zu verstehen geben, dass sie in Sicherheit
sind, an die Tür klopfen und um Hilfe bitten können 560
Paneuropäisches Picknick – ein Fest des Friedens
ermöglichte hunderten DDR-Bürgern die Flucht in den Westen 564

IX. KAPITEL: KÓPHÁZA - SCHÜSSE UNGARISCHER GRENZSOLDATEN HINDERN ETWA 100 DDR-BÜRGER AN DER FLUCHT

Warnschüsse durch Soldaten der ungarischen Grenzwache bei Kópháza 571
Flüchtlinge hingen am Grenzzaun – Warnschüsse wurden abgegeben 583

X. KAPITEL: LUTZMANNSBURG - FLÜCHTLINGE UND HELFER ERZÄHLEN

Lutzmannsburg – das Dorf an der Grenze im Wandel der Zeit 587
Vom »Tal der Ahnungslosen« bis nach
Lutzmannsburg in die Freiheit 589
»Willkommen in Österreich!« 612

    Nach der Festnahme durch ungarische Grenzsoldaten
    im Flüchtlingslager auf die legale Ausreise gewartet 617
    Vor 30 Jahren: Fall des Eisernen Vorhangs
    und Zeitenwende in Europa und Neckenmarkt 639

XI. KAPITEL: NECKENMARKT - FLÜCHTLINGE UND HELFER ERZÄHLEN
    Neckenmarkt – Hilfe im Dorf der »Fahnenschwinger« 641
    Helfer mussten Freundschaftsband vorweisen 643
    Mit Seitenschneider und Kompass innerhalb von wenigen
    Tagen zweimal den Eisernen Vorhang überwunden 649
    Lebensnotwendiges Inhalationsgerät für krankes Kind
    über die Grenze nach Neckenmarkt gebracht 670

XII. KAPITEL: BILDEIN - DIE FLUCHT VON DOLORES UND HANS MICHAEL FRITZ
    Sie irrten orientierungslos im Kreis und suchten
    das Loch im Eisernen Vorhang 677
    Wir sind in Freiheit – Ein neuer Lebensabschnitt beginnt 695
    Dr. László Rátkai – Ein Geistlicher als Fluchthelfer 705
    Knebelung bei Verhör durch DDR-Grenzer – zwei gescheiterte
    Fluchtversuche in Ungarn – legale Ausreise nach Österreich 708

XIII. KAPITEL: OTTO MESMER - KEINE ZUKUNFT IN RUMÄNIEN - BEHÖRDLICH GENEHMIGTE AUSREISE
    Des Menschen Herz erdenkt sich seinen Weg,
    aber der Herr allein lenkt seine Schritte 719

SCHLUSSWORT 739
DANK 742
WIDMUNG 743

DER EISERNE VORHANG – VOM ANFANG BIS ZUM ENDE
EIN BILD SAGT MEHR ALS TAUSEND WORTE…

FOTOS: LOBENWEIN, ZVG VON STIFTUNG PANEUROPÄISCHES PICKNICK '89

ZITATE, DIE NIEMALS IHRE GELTUNG VERLIEREN ...

Das Bauen starrer Festungen zeugt von menschlicher Dummheit. Denn wenn man Berge, Flüsse ja sogar Weltmeere überwinden kann, wieso dann keine Festungen?
DWIGHT D. EISENHOWER

Nicht die Gewehrkugeln und Generäle machen Geschichte, sondern die Massen.

Auch mit einer Umarmung kann man einen politischen Gegner bewegungsunfähig machen.
NELSON MANDELA

Man ist entweder Teil der Lösung oder Teil des Problems. Ich habe mich für ersteres entschieden.
MICHAIL GORBATSCHOW

Die Österreichischen Bundesbahnen begrüßen die DDR-Bürger auf dem Weg in die Freiheit!
DIESE DURCHSAGE MACHTE EIN SCHAFFNER DER ÖBB IN EINEM SONDERZUG, DER MIT FLÜCHTLINGEN AUS DER DDR IN DIE BRD UNTERWEGS WAR

NIKOLAIKIRCHE IN LEIPZIG

In dieser Kirche begann Anfang der 1980er Jahre mit den Friedensgebeten, denen zu Beginn nur wenige Menschen beiwohnten, die friedliche Revolution. Zahlreiche Besucher halten in diesem Gotteshaus noch heute eine Weile inne und denken an den 6. November 1989.

An diesem Montag erreichten die bereits seit Wochen anhaltenden „Montagsdemonstrationen" mit etwa 400.000 Menschen, die aus der gesamten DDR anreisten, ihren Höhepunkt.

FOTOS: WOLFGANG BACHKÖNIG

**VORWORT VON
LANDESHAUPTMANN
HANS PETER DOSKOZIL**

30 Jahre nach dem Fall des »Eisernen Vorhangs« erscheint mit »Sommer 1989 – durch den Eisernen Vorhang in die Freiheit« ein historisch wertvolles Werk, das sich sehr detailliert und kenntnisreich mit den Ereignissen jener Zeit beschäftigt. Ich möchte dafür Wolfgang Bachkönig als ehemaligem Kollegen, der sich bereits in der Vergangenheit als Buchautor und Herausgeber große Verdienste erworben hat, sehr herzlich danken.

Auch mit diesem Werk liefert er einen authentischen Einblick in ein historisches Ereignis und in eine Phase der Geschichte, in welcher die Augen der Welt auf das Burgenland gerichtet waren. Als Grenzregion hat das Burgenland in den Jahren 1956 und 1989 Enormes geleistet. Aus persönlicher Erfahrung möchte ich auch die Flüchtlingssituation im Jahr 2015 anfügen, die unser Land und ganz Europa vor ganz große Herausforderungen gestellt hat. Das Jahr 1989 steht für den Fall des »Eisernen Vorhangs«, für das Ende der kommunistischen Diktaturen im Osten, für Freiheit und Demokratie.

Und auch für das Burgenland begann eine neue Ära als Region, die von einer Randlage in das Zentrum eines neuen Europas rücken konnte. Vor dem Hintergrund dieser politischen und geopolitischen Aspekte weiß dieses Buch – als grenzüberschreitendes Projekt – auch durch die Schilderungen von Zeitzeugen aus drei Ländern zu beeindrucken. Mit dem Buch »Sommer 1989 – durch den Eisernen Vorhang in die Freiheit« hat Wolfgang Bachkönig ein Werk geschaffen, das in dieser Form bisher einzigartig ist, neue und sehr interessante Einblicke bietet und die Erinnerung an dieses welthistorische Ereignis wachhält.

HANS PETER DOSKOZIL
LANDESHAUPTMANN VON BURGENLAND

VORWORT

Dieses Buch ist kein Geschichtsbuch, auch kein tiefschürfender Reportband, sondern eine Denkschrift in der einige unter anderem in Österreich, insbesondere im Burgenland, lebenden Zeitzeugen, die an dieses schicksalhafte Ereignis ihres Lebens – »Sommer 1989 …durch den Eisernen Vorhang in die Freiheit« – ihre Erinnerungen bewahrten; Zeitzeugen aus drei Staaten erzählen rührend und aufrührend darüber, was unauslöschlich in ihren Köpfen haften blieb, zur Information der nachfolgenden Generation in ihrer Heimat und in Österreich. Es geht um Schilderungen, was die Menschen damals erlebt, bzw. an der eigenen Haut verspürt haben. Im Sommer 1989, kurz vor dem Fall der Mauer, flohen tausende DDR-Bürger über Ungarn und Österreich in den Westen. Viele mutige Burgenländer halfen ihnen dabei.

Diese Denkschrift enthält ein mosaikartiges Gesamtbild über die zahlreichen Facetten im Sommer 1989, über die Hauptphasen der Flüchtlingswelle in jenen Tagen, über die aufregenden Momente bei der Flucht, über die herzliche Aufnahme und Unterstützung in Österreich, insbesondere im Burgenland. Unser Burgenland stand damals – nach dem Ungarnaufstand 1956 – wieder einmal im Mittelpunkt der Weltöffentlichkeit, wobei die Hilfsbereitschaft der Burgenländer weltweite Anerkennung erfahren hat. Dieses Buch lässt auch jene Menschen zu Wort kommen, die unter Lebensgefahr blitzschnell für sich und ihre Liebsten entscheiden mussten. Wie haben sie diese dramatischen Tage erlebt? Wie haben sie sich als Entwurzelte im Westen zurecht gefunden? Wie sehen ihre Kinder und Enkel heute diese damalige Entscheidung? Das Buch beleuchtet die Ereignisse jener Wochen, ihre Zusammenhänge und ihre Folgewirkungen. Um diese Zeit nicht in Vergessenheit geraten zu lassen, hat Wolfgang Bachkönig ein historisches Werk geschaffen. Er konnte diese schicksalhaften Tage und Wochen in seinem Buch wortgewaltig verarbeiten. Dafür gebührt ihm mein aufrichtiger Dank.

JOHANN TSCHÜRTZ
LANDESHAUPTMANN-STELLVERTRETER

DER ÄLTEREN GENERATION ZUR ERINNERUNG, DER JUGEND ZUR MAHNUNG

Seit dem Fall des Eisernen Vorhanges sind nun bereits 30 Jahre vergangen. Stacheldraht, »Todesstreifen« und Wachtürme mit bewaffneten Soldaten, sind Vergangenheit. Jugendliche kennen diesen schrecklichen Grenzzaun nur mehr aus Erzählungen oder Bilddokumenten. Vor allem für die nach 1989 geborene Generation gilt es als selbstverständlich, dass sie innerhalb der Europäischen Union frei von einem Staat in den anderen reisen kann.

Doch das war nicht immer so. Völker waren über Jahrzehnte hinter diesem Eisernen Vorhang eingesperrt und das Burgenland durch eine ca. 400 Kilometer lange Grenze von seinen östlichen Nachbarn abgeschnitten. Bei Fluchtversuchen gab es Hunderte Verletzte und zahlreiche Tote.

Doch die Menschen ließen sich nicht immer unterdrücken. Die erste schwere Krise gab es mit dem Ungarnaufstand im Jahre 1956. Der Eiserne Vorhang bekam Löcher, russische Panzer schlugen den Aufstand nieder und etwa 200.000 Menschen flüchteten. Obwohl vielen Burgenländerinnen und Burgenländern damals oft das Nötigste zum Leben fehlte, halfen sie diesen Flüchtlingen in einer selbstlosen Art und Weise, die weltweite Anerkennung erfahren hatte. Das Regime der Gewalt siegte, der Vorhang wurde wieder »hochgezogen« und die Menschen weiter eingesperrt.

Es sollte 33 Jahre dauern, bis Ungarn neuerlich mit dem Abbau dieses schrecklichen Grenzzaunes begann, unbewusst mehrere kommunistische Regime zu Fall brachte und eine geopolitische Veränderung in Europa herbeiführte.

Und wieder standen wir Burgenländer mit unserer enormen Hilfsbereitschaft im Blickpunkt der Weltöffentlichkeit. Doch diesmal kamen keine Ungarn, sondern etwa 100.000 DDR-Bürger über unsere östliche Grenze. In zahlreichen Interviews habe ich zu Papier gebracht, was Flüchtlinge aus der ehemaligen DDR, Helfer sowie Exekutivbeamte aus Österreich und Ungarn, in diesen wenigen Wochen des Sommers 1989 erlebt haben. Es waren für mich berührende Schicksale, die mir oft sehr nahe gegangen sind. Erst durch diese Tatsachenberichte kann ich nachvollziehen, was meinen Vorfahren, die im Jahre 1946 aus Ungarn vertrieben worden waren, widerfahren ist.

Der Inhalt dieses Buches soll einerseits dazu dienen, niemals in Vergessenheit geraten zu lassen, dass es vor nicht allzu langer Zeit noch einen Eisernen Vorhang gab, der – bis zu seiner Beseitigung – viele Opfer forderte. Andererseits soll die Jugend dahingehend instruiert werden, dass es diesen »Todesstreifen« in Zukunft nicht mehr geben darf.

WOLFGANG BACHKÖNIG

IN 40 JAHREN WAREN AN DIESEM ETWA 400 KILOMETER LANGEN, SCHIER UNÜBERWINDBAREN EISERNEN VORHANG, ZAHLREICHE VERLETZTE UND TOTE ZU BEKLAGEN.

DER LANGE WEG BIS ZUM SOMMER 1989

Am Höhepunkt der Krise zur geopolitischen Neuordnung Europas reiste der ungarische Ministerpräsident Miklós Nemeth Mitte August 1989 nach Bonn, um mit dem deutschen Bundeskanzler Dr. Helmut Kohl eine gemeinsame Lösung bezüglich der in Ungarn zu Zehntausenden aufhältigen DDR-Bürger zu suchen.

Dabei soll Helmut Kohl Miklós Nemeth gefragt haben:
»**Welche finanziellen Mittel benötigen Sie, sehr geehrter Herr Ministerpräsident, um eine friedliche Lösung des Problems herbeizuführen?**«

Antwort von Miklós Nemeth:
»**Ich danke Ihnen, sehr geehrter Herr Bundeskanzler, doch Ungarn handelt nicht mit Menschen – wir müssen eine andere Lösung suchen und finden!**«

Mit diesen richtungsweisenden Zitaten aus einer Unterredung der beiden Politiker wurden am 27. Juni 2009 die Feierlichkeiten zum Gedenken an den Fall des Eisernen Vorhanges vor (damals) 20 Jahren in der Budapester Oper eingeleitet. An dieser Veranstaltung, bei der einzelne Szenarien während der Flucht von DDR-Bürgern vom Plattensee bis an die ungarisch-burgenländische Grenze in Form einer Opernaufführung dargestellt wurden, durfte ich selbst teilnehmen.

Ob, bzw. in welcher Höhe damals finanzielle Transaktionen getätigt wurden, war wohl mit Ausnahme von Helmut Kohl und Miklós Nemeth wahrscheinlich nur in höchsten diplomatischen Kreisen bekannt.

Tatsache ist, dass Ungarn am 11. September 1989 seine Grenzen öffnete und zehntausende DDR-Bürger ausreisen ließ.

QUELLE: BERICHT KURIER VOM 12. SEPTEMBER 1989

I. KAPITEL:
DER EISERNE VORHANG BIS ZUM JAHR 1989

MINENFELDER UND STACHELDRAHT VERLIEREN IHREN SCHRECKEN
FREIHEIT DURCH LÖCHER IM EISERNEN VORHANG

Mit dem Fall des Eisernen Vorhanges gab es im Jahre 1989 auch eine wesentliche geopolitische Neuordnung in Europa. Dass diese politische Veränderung in Osteuropa mit der Auflösung des Warschauer Paktes (militärische Allianz in Osteuropa – »Gegenstück« zur NATO – unter Führung

Im Einsatz für die Freiheit - ungarische Grenzsoldaten beim Abbau des Stacheldrahtverhaues.

der damaligen Sowjetunion »UdSSR« mit den Bündnispartnern Ungarn, Rumänien, Bulgarien, CSSR – jetzt Tschechien und Slowakei, Polen und der DDR. Der Warschauer Pakt wurde 1955 gegründet und 1991 aufgelöst), dem Zerfall der DDR sowie der Entfernung von Minenfeld und Stacheldraht ohne Blutvergießen möglich war, ist vor allem einigen besonnenen Politikern, die damals an der Macht waren, zu verdanken. Man denke hier besonders an Michail Gorbatschow (Vorsitzender des Zentralkomitees der Kommunistischen Partei der Sowjetunion), Helmut Kohl (Bundeskanzler der Bundesrepublik Deutschland), Hans-Dietrich Genscher (Außenminister der Bundesrepublik Deutschland) oder Miklós Németh (ungarischer Ministerpräsident), um nur einige zu nennen.

Unser Burgenland, das über Jahrzehnte durch den Eisernen Vorhang wirtschaftlich und gesellschaftlich von den ungarischen Nachbarn abgeschnitten war, stand plötzlich – wieder einmal – im Mittelpunkt der Ereignisse. Die gesamte Welt blickte an unsere Ostgrenze, als in nur wenigen Wochen des Sommers 1989 zehntausende DDR-Bürger den Weg in die Freiheit über das Burgenland suchten und fanden.

FLUCHTVERSUCHE UND TODESOPFER

Österreich liegt im Herzen Europas und war über Jahrzehnte eine Schnittstelle zweier unterschiedlicher Systeme. Man hätte die geopolitische Lage unseres Staates bis zur Neuordnung Europas auch als Grenze zwischen der »Demokratie des Westens und der kommunistischen Diktatur des Ostens«, bezeichnen können.

Die Bürger des Burgenlandes haben diese Unterdrückung ihrer Nachbarn entlang des Eisernen Vorhanges von Kittsee im Norden bis Kalch im Süden nahezu »gespürt«. Viele Zeitzeugen werden sich noch an diese Menschen verachtende Grenze mit Stacheldraht und Minenfeld, genannt »Eiserner Vorhang«, erinnern. Trotz dieser schier unüberwindbaren Barriere ist es dem kommunistischen Regime nicht gelungen, den Kontakt der Bürger beider Staaten zueinander – insbesondere in Grenznähe – völlig zu unterbinden. Trotz Stacheldrahtverhaus, Schüssen der Grenzwächter und Minenfeldern hat es in der Zeit von 1970 bis 1988 ca. 13.000 Fluchtversuche, von denen ca. 400 geglückt sind, gegeben. Neun Todesopfer waren zu beklagen, die Zahl der Verletzten ist nicht bekannt (Quelle: Budapester Zeitung vom 10.8.2009). Fluchtversuche, Tote und Verletzte in der Zeit zwischen 1949 und 1956 (Ungarnaufstand) sowie vom Spätherbst 1956 (nach der Niederschlagung des Ungarnaufstandes) bis 1970 konnte ich in keiner Statistik finden. Tatsache ist, dass es auch in dieser Zeit zahlreiche Fluchtversuche mit Toten und Verletzten gab. Doch die Menschen in beiden Ländern haben immer daran geglaubt, dass diese schreckliche Grenze einmal von der Landkarte verschwinden wird und sie schlussendlich mit dem Umbruch in Europa ihre lang ersehnte Freiheit erlangen werden.

FLÜCHTLINGSKRISE 2015 – 15.000 FLÜCHTLINGE AN EINEM TAG IN NICKELSDORF

Während zum Ende der 1980er Jahre der Umbruch in Europa friedlich »über die Bühne« ging, wurde der Nahe Osten etwa ab dem Jahre 2010 immer mehr zu einem Pulverfass, das mit dem Bürgerkrieg in Syrien explodierte. Schleppersyndikate erlebten einen kometenhaften Aufstieg, sodass mit der »Ware Mensch« derzeit mehr Geld verdient wird als mit dem Verkauf von Suchtgift.

Die Flüchtlingskrise erreichte im Jahre 2015 ihren Höhepunkt. Das Burgenland, insbesondere der Grenzübergang Nickelsdorf, war wieder einmal der neuralgische Punkt auf dem Weg in den Westen bzw. Norden – Deutschland, Schweden etc. Höhepunkt der Flüchtlingswelle war der 14. September 2015. An diesem Tag kamen etwa 19.500 Menschen illegal aus Ungarn ins Burgenland – davon ca. 15.000 bei Nickelsdorf, ca. 4.500 bei Heiligenkreuz im Lafnitztal.

Bis Ende Oktober 2015, so schätzt man, kamen etwa 200.000 Flüchtlinge illegal aus Ungarn über die Grenze ins Burgenland. Eine genaue Zahl gibt es nicht, weil eine spontane Kontrolle der offenen Grenzen nicht möglich war, denn weder die Politik, noch die Exekutive war auf eine derartige Krise vorbereitet. Da nach der Schließung der Balkanroute durch Ungarn der Flüchtlingsstrom zwar abebbte, die Schlepper aber weiterhin Menschen illegal über die Grenze brachten, mussten neuerlich Grenzkontrollen eingeführt werden. Diese verursachen zwar an manchen Tagen beträchtliche Wartezeiten, schränken jedoch die Freiheit der Menschen unserer östlichen Nachbarstaaten kaum ein. Die Errichtung eines Grenzzaunes mit Minen und Stacheldraht sollte es aber nie mehr geben.

UNGARNAUFSTAND 1956

ERSTE SCHWERE KRISE NACH DER ERRICHTUNG DES EISERNEN VORHANGES

Die damals noch junge Neutralität Österreichs hatte ihre erste »politische Probe« zu bestehen. Nur elf Jahre nach dem Ende des Zweiten Weltkrieges waren an unserer Ostgrenze wieder russische Panzer aufmarschiert. Doch der Westen wollte eine militärische Konfrontation mit der Sowjetunion unbedingt vermeiden und beschränkte sich auf materielle Hilfeleistung. 200.000 Menschen flohen vor den Russen.

Die gesamte Welt blickte damals an die burgenländisch-ungarische Grenze und sprach der Bevölkerung des Burgenlandes für ihre Solidarität und Hilfsbereitschaft Dank und Anerkennung aus.

Über Schicksale von Flüchtlingen zur Zeit des Ungarnaufstandes habe ich bereits im meinem Buch »Heimat, warum musste ich dich verlassen?«, geschrieben. Da in meinen Werken ausschließlich Zeitzeugen bzw. betroffene Flüchtlinge zu Wort kommen, scheint es mir besonders wichtig, auch vom Ungarnaufstand über die Flucht eines Mannes, der binnen weniger Stunden seine Heimat verlassen musste, zu berichten. Diese tragische Geschichte spielt im weiteren Verwandtenkreis meiner Familie und liegt mir besonders am Herzen. Erich Baader konnte sechs Jahre nach seiner Flucht zum ersten Mal seine Mutter und seinen Bruder in die Arme schließen. Erst 18 Jahre!!! nachdem er geflüchtet war, durfte er wieder an jenen Ort zurückkehren, an dem einst seine Wiege stand.

ERICH BAADER – ALS ANGEHÖRIGER DER NATIONALGARDE MUSSTE ER NACH DER NIEDERSCHLAGUNG DES AUFSTANDES VOR DEN RUSSISCHEN TRUPPEN FLÜCHTEN

FOTO: WOLFGANG BACHKÖNIG

Erich Baader

ERICH BAADER, Jahrgang 1938, war zur Zeit des Ungarnaufstandes – vom 25. Oktober 1956 bis zu seiner Flucht am 4. November 1956 – Angehöriger der Nationalgarde und galt somit als Widerstandskämpfer gegen die Kommunisten. Seine Zugehörigkeit zur Nationalgarde erkannte man durch eine rot-weiß-grüne Binde an seinem rechten Arm, bewaffnet war er mit einer Maschinenpistole russischer Bauart.

Zur Zeit der Revolution sorgten die Nationalgardisten mit übergelaufenen Grenzwachesoldaten für die Sicherheit in seiner Heimatgemeinde Wolfs (Ungarisch Balf). Durch gemeinsame Patrouillen sollten sie die Bevölkerung vor allem vor Repressalien durch die Kommunisten schützen.

Am 4. November 1956 flüchtete Erich Baader vor den in Richtung Ödenburg vorrückenden Russen sowie den ungarischen Kommunisten. Er entkam gemeinsam mit einem Lehrer auf einem Motorrad bei Fertörákos über die Grenze nach Mörbisch/See. Baader lebte bis zum Jahre 1998 in der Schweiz, kam dann wieder in seine Heimatgemeinde zurück und renovierte sein Elternhaus, das er bis zum heutigen Tag mit seiner Gattin bewohnt.

»Beim Schlachten eines Schweines hörte die Familie aus dem Radio wie Imre Nagy die Welt um Hilfe bat und rief: ›Hilfe, Hilfe, russische Truppen sind in Budapest einmarschiert!‹ Aus Angst vor einer Verhaftung durch die Kommunisten sagte meine Mutter zu mir: ›Erich, bring sofort das Gewehr zur Grenzwache, du musst jetzt weg.‹ Obwohl ich keinesfalls meine Heimat verlassen wollte, folgte ich ihr und flüchtete.«
WÖRTLICHES ZITAT VON ERICH BAADER.

ERICH BAADER wuchs in der heute ca. 1.200 Einwohner zählenden Gemeinde Wolfs, acht Kilometer südlich von Ödenburg entfernt, mit seinen zwei Brüdern auf. Wolfs war ein rein deutschsprachiges Dorf und sollte im Jahre 1921 ebenso wie weitere sieben Gemeinden mit dem Burgenland Österreich angeschlossen werden. Doch die Geschichte wollte es anders – Wolfs blieb bei Ungarn. Nach dem Ende des Zweiten Weltkrieges wurde die Bevölkerung vor allem durch die Machtübernahme der Kommunisten sehr stark in Mitleidenschaft gezogen. Ihr Besitz wurde enteignet und die damals ca. 1.400 Einwohner wurden im Jahre 1946 fast zur Gänze vertrieben. Nur 12 Familien durften im Dorf bleiben.

DER PENSIONIERTE LEHRER erzählt wie er die Zeit des Kommunismus sowie seine Flucht erlebt hat: *Meine Mutter kam im Alter von zehn Jahren als Waisenkind – ihre Eltern waren beide nach schwerer Krankheit gestorben – aus Répcelak, liegt ca. 53 Kilometer südlich von Wolfs – nach Wolfs. Vater wurde im Jahre 1944 in die Deutsche Wehrmacht eingezogen, geriet noch auf ungarischem Staatsgebiet in russische Gefangenschaft und verstarb ehe der Krieg* *vorbei war. Somit musste Mutter für mich und meine zwei Brüder alleine sorgen. Sie kümmerte sich aufopferungsvoll um uns. Da uns die Kommunisten enteignet hatten, musste sie im Kolchos arbeiten. Mit viel Fleiß schaffte sie es, dass wir Kinder kaum Hunger leiden mussten. Nach meiner Pflichtschulzeit ermöglichte sie mir eine Lehrerausbildung, die ich jedoch wegen meiner Flucht nicht abschließen konnte. Die ersten Jahre fuhr ich täglich mit dem Zug nach Ödenburg, die letzten zwei Jahre durfte ich im Schülerheim wohnen.*

Da ich mich bereits in meiner Kindheit besonders für Musik interessierte und außerdem heute noch gläubiger Christ bin, habe ich schon in meiner frühesten Jugend Orgel gespielt und war als Organist in der evangelischen Kirche zu Wolfs tätig. Das blieb selbstverständlich den Kommunisten nicht verborgen, die mich genau beobachteten und mich unbedingt daran hindern wollten. Der christliche Glaube und somit die Kirche waren im Kommunismus zwar nicht verboten, jedoch keinesfalls erwünscht.

Eines Tages – es war bereits im Jahre 1956 – wurde ich an meiner Schule in das Büro des Direktors »befohlen«. Der Schulleiter sagte mir, dass er von meiner Tätigkeit als Organist eine Meldung erhalten habe und er mich auffordern müsse, dies zu unterlassen. Da er ebenfalls evangelisch und gläubig war, weiß ich, dass er mir dieses Verbot nur schweren Herzens erteilt hat. Er konnte eben nicht anders, und ich hatte mich – um die Schule nicht verlassen zu müssen – daran zu halten.

OKTOBER 1956 – DIE REVOLUTION BEGINNT *Als am 23. Oktober 1956 die Revolution ausbrach, deutete alles darauf hin, dass die Aufständischen den Kampf gewinnen würden. Am 25. Oktober 1956 wurden wir von der Schule nach Hause geschickt, denn niemand wusste, wie es weitergehen soll. Die Schulleitung sagte uns, dass wir aus den Medien erfahren werden, wann wir wieder zum Unterricht kommen müssen. Da ich keinesfalls regimetreu war und mit den Aufständischen sympathisierte, fuhr ich sofort nach Wolfs und meldete mich mit einigen Freunden zur Nationalgarde. In Wolfs bekam ich eine russische Maschinenpistole sowie eine Armbinde, die mich als Nationalgardist kenntlich machte. Im Ort waren bereits vor Ausbruch der Revolution zahlreiche Grenzwachesoldaten stationiert, deren Kommandozentrale sich in einem Wohnhaus auf der Hauptstraße befand. Diese Grenzschützer kamen vorwiegend aus Ost- und Südungarn, waren ortsunkundig und kannten die Menschen des Dorfes nicht. Sie waren natürlich weisungsgebunden und hatten im*

Falle von Unruhen jeden Regierungsauftrag zu vollziehen. Dies hätte wahrscheinlich auch durch Anwendung von Gewalt geschehen können bzw. sollen. Doch es kam – vorerst – alles ganz anders. Die Grenzwachesoldaten wendeten sich von der Regierung ab und gingen mit uns gemeinsam auf Patrouille.

Als sie kurz nach Ausbruch der Revolution Kenntnis erlangten, dass die Aufständischen als Sieger hervorgehen könnten, wendeten sie sich von der »Staatsmacht« ab und schlossen sich uns einfach an. Damit man sie als »Überläufer« erkennen konnte, entfernten sie einfach den roten Stern von ihren Mützen. Gemeinsam organisierten und verrichteten wir dann den Sicherheitsdienst. Nach Möglichkeit patrouillierte immer einer von der Nationalgarde mit zwei Soldaten der Grenzwache durch das Dorf. Das war vor allem während der Nacht von großem Vorteil, weil die »Grenzwächter« nicht ortskundig waren und – wie bereits angeführt – die Bürger auch nicht kannten. Im Ort war alles ruhig und kaum jemand rechnete mit einem Einmarsch der Russen. Für uns war es nur noch eine Frage von Tagen bis Imre Nagy das Ende des Aufstandes verkünden würde. Doch die Wende kam abrupt.

GEFLÜCHTET NACH DEM »SCHWEINESCHLACHTEN«

4. NOVEMBER 1956: *Schien das Streben des ungarischen Volkes nach Freiheit in den ersten Tagen der Revolution von Erfolg gekrönt, so brachte der 4. November 1956 nicht nur für Ungarn, sondern auch für mein weiteres Leben eine entscheidende Wende.*

Für diesen 4. November 1956 hatte meine Mutter die Schlachtung eines Schweines geplant. Bereits um 05:00 Uhr morgens kommt mein Onkel Ferdinand, der das Tier schlachten soll, zu uns ins Haus. Wir heizen in einer Kammer den Kessel, hören dabei Radio und warten wie jeden Tag auf die Nachrichten. Dabei wundern wir uns, dass heute nur klassische Musik gespielt wird – ich weiß noch genau, dass es Melodien aus der Oper Nabucco waren. Doch plötzlich wird diese Musik unterbrochen und Ministerpräsident Imre Nagy wendet sich mit einem dramatischen Hilferuf an das Volk:

»Hilfe, Hilfe, russische Truppen sind in Budapest einmarschiert.«

Mutter wird plötzlich ganz blass und ist fast starr vor Schreck. Sie blickt in die Ecke und sieht meine Maschinenpistole mit der Armbinde der Nationalgarde. Es stockt ihr kurz der Atem und sie ringt nach Worten. Ihr Gesichtsausdruck verrät, dass sie Angst um mich hat, als sie zu mir sagt:

»**Erich, bring sofort das Gewehr mit der Armbinde zur Grenzwache. Du musst jetzt weg.**«

Wie verzweifelt muss sie wohl gewesen sein, als sie diese Worte, die ich kaum glauben konnte, zu mir sagte. Von meiner geliebten Mutter zu hören, dass sie mich wegschickt – ich konnte es einfach nicht fassen. Was muss sie dabei wohl gefühlt haben? Welche Gedanken müssen sie geplagt und ihr völlig das Herz zerrissen haben? Heute weiß ich es, denn sie ahnte bereits zu diesem Zeitpunkt, dass die Kommunisten die »Schlacht« gewinnen, mich dann verfolgen, wahrscheinlich inhaftieren oder sogar töten würden.

ICH WOLLTE NICHT WEG – GEFÄNGNIS ODER FLUCHT? Ich konnte und wollte diese Hilferufe unseres Ministerpräsidenten vorerst nicht glauben. In unserem Dorf war nämlich fast jeder der festen Überzeugung, dass die Revolution bereits »gelaufen« und es nur mehr eine Frage der Zeit sein wird, bis Ungarn seine Freiheit erlangt hat. Eine Flucht kam für mich zunächst keinesfalls in Frage, weil ich zum einen meine alleinstehende Mutter mit meinen Brüdern nicht zurücklassen und zum anderen meine letzten Prüfungen zur Ausübung des Lehrerberufes unbedingt ablegen wollte.

Wie bei einem »Sautanz« üblich, haben sich auch unsere Verwandten, – Tante Maria, Onkel Laszlo und die Kinder – die im gleichen Haus wohnen, bei uns eingefunden. Aus einem freudigen Ereignis sollten die zunächst bittersten Stunden in unserem Leben werden. Wie geplant schlachten wir das Schwein, zerlegen und verarbeiten es. Dabei warten wir gespannt auf die Nachrichten. Als der Sprecher sagt, dass sich Teile der russischen Armee bereits auf dem Weg von Budapest über Győr, Csorna und Kapuvár in Richtung Ödenburg befinden, bittet mich meine Mutter nochmals eindringlich – jetzt fast auf den Knien – zu flüchten. Ich weiß, dass ihr dabei das Herz gebrochen ist, doch sie konnte nicht anders und mir blieb keine andere Wahl – ich entschloss mich zur Flucht. Das taten auch mein Onkel sowie meine Tante mit den Kindern. Nachdem nun endgültig feststand, dass ich flüchten werde, habe ich den Rat meiner Mutter befolgt. die Maschinenpistole genommen und in das Wachzimmer der Grenzwache gebracht. Was wäre wohl mit meiner Mutter geschehen, wenn man die Waffe in unserem Haus gefunden hätte? Darüber will ich mir auch heute noch keine Gedanken machen.

MIT PFERDEFUHRWERK UND MOTORRAD ZUR GRENZE *Mittlerweile ist es 14:30 Uhr geworden. Onkel Ferdinand hat sich bereits auf den Weg zum Kolchos gemacht. Er holt einen Wagen mit Pferden, um uns zur Grenze zu bringen. Ich umarme meine Mutter noch einmal – wir haben beide Tränen in den Augen, spüren die Schmerzen des Abschieds und hoffen, dass wir uns bald wieder sehen werden. Von meinen Brüdern verabschiede ich mich ebenfalls schweren Herzens. Mit 18 Jahren hinaus in die weite Welt – ich weiß nicht was mich erwarten wird. Ich habe aber keine andere Wahl – Gefängnis – das mir auch den Tod bringen könnte – oder Flucht!*

Doch nicht nur wir – auch Onkel, Tante und Kinder – wollen flüchten. Weiters haben sich noch die Familien des Pfarrers sowie des Lehrers angeschlossen. Da auf dem Pferdewagen nicht genug Platz ist, nimmt der Lehrer sein Motorrad, ich setze mich auf den Sozius und wir fahren neben dem Fuhrwerk in das etwa acht Kilometer entfernte Fertőrákos. Von Fertőrákos sind es dann nur ca. drei Kilometer bis zur Grenze, die wir ohne Kontrollen zurücklegen können. Onkel Ferdinand hält den Pferdewagen kurz vor der Grenze an, lässt die drei Familien vom Wagen steigen und fährt nach Wolfs zurück. Der Lehrer bleibt mit dem Motorrad ebenfalls stehen, stellt es einfach ab und wir gehen gemeinsam über die Grenze nach Österreich. Wenn ich mich richtig erinnere, haben die dort aufhältigen Feuerwehrmänner das Fahrzeug übernommen.

EIN FEUERWEHRMANN ERKENNT MICH *Wir kommen ungehindert über die Grenze, wo sich bereits zahlreiche Uniformierte befinden. Dabei spüre ich jeden Herzschlag bis zum Hals und bin auch ziemlich verängstigt. Ich weiß heute nicht mehr genau welche Gedanken mir durch den Kopf gegangen sind, als mir so richtig bewusst wurde, dass ich meine geliebte Heimat – eventuell für immer – verlassen werde. Als sich meine Nervosität etwas legt, ruft mir plötzlich ein Uniformierter zu: »Erich bist du es?« Ich schau mich um und sehe einen Feuerwehrmann. Es ist Eduard Krammer, mit dem ich zur Schule gegangen bin – Eduard wurde im Jahre 1946 mit seiner Mutter nach der Machtübernahme von den Kommunisten vertrieben und wohnt nun in Mörbisch/See. Eine vertraute Stimme und dazu noch ein Schulkollege aus meinem Dorf unter den zahlreichen Uniformierten. Wie gut mir das tut! Wir unterhalten uns kurz und ich werde von den Gendarmen in eine Schule – die zu einem Auffanglager umgebaut wurde – nach Mörbisch/See gebracht.*

VON MÖRBISCH/SEE IN DIE SCHWEIZ *Dort werden wir registriert und verpflegt. Danach geht es auf der Ladefläche eines VW-Pritschenwagens vorerst weiter nach Eisenstadt und anschließend mit dem Zug in das Flüchtlingslager nach Traiskirchen. Ich erinnere mich noch genau, dass wir die ganze Nacht gefahren sind – welchen Umweg wir gemacht haben, weiß ich heute nicht mehr. Die Fahrt hat jedenfalls unendlich lange gedauert.*

Das Lager in Traiskirchen hat fürchterlich ausgesehen. Es waren desolate Räume, die wir so vorfanden, wie sie die Russen verlassen hatten. Menschenunwürdige Unterkünfte – die Fäkalien lagen neben der WC-Muschel! Betten gab es nicht. Wir bekamen Stroh mit zwei Decken und richteten uns selbst die Schlafstätte ein. Trotz dieser widrigen Umstände waren wir froh, ein Dach über dem Kopf zu haben. Ich habe dafür durchaus Verständnis, weil ja die Russen erst ein Jahr zuvor Österreich verlassen und die Menschen in diesem Land damals auch nur das Nötigste zum Leben hatten.

Während meines kurzen Aufenthaltes in Traiskirchen hatte ich ein besonderes Erlebnis, das mir heute noch immer in Erinnerung ist. Eines Tages kamen Gendarmen in unser Zimmer und stellten einen Trog, der mit Orangen gefüllt war, auf dem Fußboden ab (einen Trog verwendete man früher unter anderem zum Waschen von Wäsche oder auch zum Füttern von Schweinen). Als wir die Früchte aus dem Behältnis nahmen bzw. im Zimmer verteilten, fing ein etwa zehnjähriges Kind plötzlich zu weinen an und schluchzte: »Ich will keine Zwiebeln essen.« Das Kind hatte in seinem Leben noch nie Orangen gesehen!

EIN GLÜCKSFALL *In Traiskirchen blieb ich – Gott sei Dank – nur bis zum 8. November 1956. Ich wusste nicht wohin ich auswandern soll. Für mich stand nur fest, dass ich keinesfalls nach Übersee gehen werde, in der Nähe und möglichst im deutschsprachigen Raum bleiben will. Insgeheim hoffte ich nämlich doch, dass sich in Ungarn »das Blatt« noch wenden wird und ich so schnell wie nur möglich nach Hause kann. Doch weit gefehlt!*

Bei einem Spaziergang im Hof habe ich meinen ehemaligen Zeichenlehrer getroffen, der mir erzählt hat, dass auch die Schweiz Flüchtlinge aufnimmt. Ich habe mich ebenso wie meine Verwandten für eine Emigration in die Schweiz entschieden. Bereits am Abend des 8. November 1956 sind wir gemeinsam mit dem »Wiener Walzer« vom Wiener Westbahnhof in das Flüchtlingslager nach Buchs (liegt im Kanton St. Gallen) gefahren. Später habe ich in Bern mein

Studium beendet und mir eine neue Existenz aufgebaut. Meine Studienzeit in Ungarn wurde mir zwar teilweise angerechnet, ich musste jedoch sämtliche Prüfungen wiederholen und in Deutsch ablegen. Ich habe geheiratet, bin stolzer Vater von zwei Söhnen und habe bis zu meiner Pensionierung in der Schweiz als Lehrer gearbeitet.

SCHWEIZER STAATSBÜRGER *Meine Mutter konnte ich zum ersten Mal nach sechs Jahren – im Jahre 1962 – in die Arme schließen. Sie durfte damals erstmalig aus Ungarn ausreisen und kam mit meinem älteren Bruder zu mir nach Bern. Im Jahre 1974 erhielt ich die Schweizer Staatsbürgerschaft und besuchte noch im gleichen Jahr meine Angehörigen in Wolfs. Jedermann kann sich vorstellen, welche Freude es war, nach 18 langen Jahren »heimatlichen Boden« zu betreten und meine geliebte Mutter sowie meinen älteren Bruder wiederzusehen. Ab diesem Zeitpunkt reiste ich immer in den Ferien nach Wolfs, verbrachte dort meinen Urlaub und half meiner Mutter bei der Arbeit in den Weingärten.*

ZURÜCK IN DIE HEIMAT *Die Bindung zu meiner Heimat habe ich nie verloren und mich – für die Zeit nach meiner Pensionierung – oft mit dem Gedanken einer Rückkehr getragen. Als meine Mutter im Jahre 1997 starb und das Elternhaus leer stand, habe ich bald den Entschluss gefasst, meine Zelte in der Schweiz abzubrechen und wieder an jenen Ort, an dem meine Wiege stand, zu übersiedeln. Das habe ich auch im Jahre 1998 getan – und bis heute nicht bereut. 45 Jahre nachdem man mir das Orgelspielen verboten hat, habe ich wieder – und diesmal als freier Mensch – in der evangelischen Kirche zu Wolfs auf jener Orgel, deren Klang ich schon in meiner frühesten Jugend geschätzt habe, zu spielen begonnen. Zwanzig Jahre habe ich als Organist Gottesdienste, Trauungen und andere kirchliche Feste begleitet. Derzeit leite ich in meiner Heimatgemeinde einen Chor und habe noch immer viel Freude an Musik. Zu meiner »Wahlheimat Bern« – besonders zu meinen Söhnen die in der Schweiz geblieben sind – habe ich noch immer innigen Kontakt und besuche sie regelmäßig.*

MEIN JÜNGERER BRUDER *Nur einen Tag nachdem ich geflüchtet war, verließ auch mein jüngerer Bruder – jedoch ohne Absicht zur Flucht – unsere Heimat und kam nicht mehr zurück. Es war am 5. November 1956. Er hat sich von* *meiner Mutter gar nicht verabschiedet, weil er keinen Gedanken daran verschwendete, nicht mehr zurückzukehren, als er an diesem Tag aus dem Haus ging. Durch eine von niemand vorhersehbare Schließung der Grenze war eine Heimkehr nach Wolfs plötzlich nicht mehr möglich.*

Mein Bruder begleitete nämlich einen Freund, der in Mörbisch/See Verwandte hatte und diese besuchen wollte. Beide fuhren mit dem Fahrrad wie geplant nach Mörbisch/See und kamen anstandslos über die Grenze. Als sie am nächsten Tag bzw. übernächsten Tag – so genau weiß ich das nicht mehr – wieder nach Hause fahren wollten, hatten die Russen – die inzwischen bis nach Sopron sowie in die Grenzregion vorgedrungen waren – die Grenze mit ungarischem Militär »abgeriegelt«. Er ist dann ebenfalls in die Schweiz emigriert und hat sich dort eine neue Existenz aufgebaut.

Meine Mutter hatte somit nicht nur ihren Mann, sie hatte jetzt binnen zwei Tagen auch noch zwei ihrer Söhne »verloren«. Mein älterer Bruder blieb in Wolfs.

AUFRECHTER SCHIESSBEFEHL BIS INS JAHR 1989

Der Grenzverkehr mit Ungarn, der Tschechoslowakei (heute Slowakei bzw. Tschechien) und Jugoslawien (heute slowenische Grenze) wurde durch den im Jahre 1949 fertiggestellten Eisernen Vorhang zur Gänze unterbunden.

MICHAIL GORBATSCHOW (Jahrgang 1931), der durch seinen liberalen Kurs in der Sowjetunion den Abbau dieser »abscheulichen Befestigungsanlage« ermöglicht hatte, war damals gerade 18 Jahre alt. Er reparierte zu diesem Zeitpunkt (1949) wahrscheinlich als gelernter Landmaschinenmechaniker im Nordkaukasus Mähdrescher oder steuerte eine dieser Arbeitsmaschinen zur Einbringung der Ernte über Getreidefelder in seiner Heimat. Das Schicksal wollte es aber, dass es dieser Sohn eines Bauern, der in seiner Jugend oft nicht einmal Schuhe besaß und barfuß zur Schule gehen musste, bis an die Spitze einer Supermacht (Sowjetunion) schaffte. 40 Jahre später ging er als jener Mann in die Geschichte ein, der einen wesentlichen Beitrag dazu leistete, dass Millionen von Menschen ohne Waffengewalt die Freiheit erlangen konnten.

Doch nun weiter zum Eisernen Vorhang, der den Osten Europas vom Westen für 40 Jahre durch diese kaum überwindbaren, lebensgefährlichen Barrieren abgeschnitten hatte. Das Burgenland befand sich dadurch in einer wirtschaftlichen Einbahnstraße und galt daher über viele Jahrzehnte als das ärmste Bundesland der Republik Österreich.

KURZER BLICK AN DIE »INNERDEUTSCHE GRENZE« Während die burgenländisch-ungarische Grenze bzw. die burgenländisch-tschechoslowakische Grenze bereits seit dem Jahre 1949 »dicht« war, konnte man die »Innerdeutsche Grenze« zwischen der Bundesrepublik Deutschland (BRD) und der Deutschen Demokratischen Republik (DDR) bis zum Ende der 1950er Jahre noch »überwinden«. Doch das hat sich schnell geändert. In der DDR errichtete man an der Grenze zur BRD eine ca. 1.400 km lange »Befestigungsanlage«, die diesen Eisernen Vorhang im Burgenland an Sicherung durch Brutalität noch weit übertroffen hat. Die »Innerdeutsche Grenze« wurde nämlich im Gegensatz zum Eisernen Vorhang an der burgenländischen Grenze noch zusätzlich durch Selbstschussanlagen gesichert. Als man sich im Burgenland schon an diesen Menschen verachtenden Grenzzaun gewöhnt hatte und bereits mehrere Todesopfer zu beklagen waren, wurde an der »Innerdeutschen Grenze« mit der Fertigstellung der Berliner Mauer das letzte »Schlupfloch« von der DDR in die BRD geschlossen.

Walter Ulbrich, Staatsratsvorsitzender und zugleich Vorsitzender des Nationalen Verteidigungsrates in der DDR, gab mit der Fertigstellung der Berliner Mauer in der Nacht vom 12. auf den 13. August 1961 den Befehl zur gänzlichen Abriegelung der Sektorengrenze in Berlin. Ab diesem Zeitpunkt war es den Bürgern in der DDR für 28 Jahre nicht mehr möglich, der SED-Diktatur (SED = Sozialistische Einheitspartei Deutschlands) auf legalem Wege zu entkommen. Die Kosten zur Errichtung der Berliner Mauer betrugen damals ca. 400 Millionen DDR-Mark!! Der Eiserne Vorhang war allein in Berlin (mit der Berliner Mauer) 167,8 km lang, zwischen 136 und 245 Menschen sind bei Fluchtversuchen an diesem Abschnitt der Zonengrenze ums Leben gekommen. Eine genaue Zahl von Todesopfern direkt an der Berliner Mauer gibt es nicht. (QUELLE: WIKIPEDIA)

»DER FALL DER BERLINER MAUER BEGANN IN SOPRON« – dieser denkwürdige Satz prägte über Tage hindurch die Schlageilen der Berichterstattung des Fernsehens sowie der Printmedien anlässlich der Flucht von etwa 600 bis 800 DDR-Bürgern am 19. August 1989 beim »Tor von St. Margarethen«. Gleichnamige Worte wurden auch vom damaligen Einsatzleiter der österreichischen Bundesgendarmerie, Oberst in Ruhe, Stefan Biricz, gebraucht. Er war damals mit seinen Beamten einerseits für die Sicherheit der Flüchtlinge nach dem Grenzübertritt auf österreichisches Hoheitsgebiet verantwortlich, andererseits oblag ihm die logistische Abwicklung der Verbringung dieser Menschen nach Wien und weiter in die Bundesrepublik Deutschland. Der Flucht beim »Tor der Freiheit«, wie das »Tor von St. Margarethen« heute genannt wird, habe ich ein eigenes Kapitel gewidmet – mit Oberst Stefan Biricz konnte ich dazu ein Interview führen.

Diese Kreuze an der Spree in der Nähe des Berliner Reichstages erinnern an jene Menschen, die bei der Flucht an dieser Stelle ums Leben gekommen sind. Die weißen Kreuze stehen für namentlich bekannte Flüchtlinge, das Kreuz mit dunklem Hintergrund steht für all jene Opfer, deren Namen nicht bekannt sind – Foto aufgenommen anlässlich eines Berlinbesuches des Autors bei einer Bootsfahrt auf der Spree.

Blick von der Spree auf den Reichstag.

II. KAPITEL:
DAS ENDE DES EISERNEN VORHANGES

DAS JAHR 1989 …

… ALS BEI ST. MARGARETHEN MIT EINEM KLEINEN SCHNITT DURCH DEN STACHELDRAHT DER ERSTE STEIN AUS DER BERLINER MAUER HERAUSGEBROCHEN WURDE …

Ing. Rudolf Strommer

Ungarische Grenzsoldaten begannen im Mai 1989 mit dem Abbau des Stacheldrahtes an der Österreichisch-Ungarischen-Grenze. Offizielle Begründung: Es fehlen die notwendigen finanziellen Mittel zur Reparatur. Die beiden Außenminister Gyula Horn und Alois Mock durchtrennten am 27. Juni 1989 öffentlichkeitswirksam den Stacheldraht bei St. Margarethen. Diese Bilder gingen durch alle Medien der Welt. Ein kleiner Schnitt durch den Stacheldraht war wie ein Zeichen zum Aufbruch. Zum Aufbruch für eine neue Ordnung in Europa.

Viele Menschen aus der damaligen DDR versammelten sich nach einem Aufruf der Paneuropa-Union zum Europapicknick im Raum Sopron und am 19. August 1989 wurde de facto das Tor geöffnet. Wir alle kennen die Geschichte. Hier an dieser Grenze bei St. Margarethen wurde Weltgeschichte geschrieben, hier wurde der erste Stein aus der Berliner Mauer herausgebrochen.

Durch die mutige Entscheidung der damaligen Ungarischen Regierung, durch eine starke und tragfähige Freundschaft zwischen Bundeskanzler Helmut Kohl in Deutschland und Staatspräsident Michail Gorbatschow sowie durch die Kraft der Katholischen Kirche mit dem damaligen Papst

Johannes Paul II aus Polen, konnte der Eiserne Vorhang ohne Blutvergießen abgerissen werden, bis hin zum 9. November 1989, als die Berliner Mauer fiel.

Es war nicht die militärische Überlegenheit des Westens, nicht die wirtschaftliche Stärke, nein, es war die Sehnsucht der Menschen auf der anderen Seite des Eisernen Vorhanges, die Sehnsucht nach Frieden, Freiheit, Menschenrechten und Demokratie. Diese Kräfte haben den damaligen Eisernen Vorhang politisch abgerissen.

Das Buch von Chefinspektor in Ruhe, Wolfgang Bachkönig, ist ein zeitgeschichtliches Dokument. Es zeigt viele Einzelschicksale und Tragödien, die sich an der Grenze ereignet haben. Spätestens jetzt müssen die Aufzeichnungen erfolgen, so lange diese Menschen ihre Schicksale noch erzählen können.

FÜR DIE NACHWELT ZUR MAHNUNG!

ING. RUDOLF STROMMER
2. PRÄSIDENT DES BURGENLÄNDISCHEN LANDTAGES
SICHERHEITSSPRECHER DER ÖVP BURGENLAND

V.l.: Angela Merkel, Rudi Strommer, Hans Nissl, Nikolaus Berlakovich.

LÖCHER IM EISERNEN VORHANG BRINGEN DIE FREIHEIT

»Wir müssen zur äußeren Welt nicht nur die Fenster, sondern auch die Türen öffnen.«

Miklós Nemeth, ungarischer Ministerpräsident, am Tag der Grenzöffnung.

»Menschen sind mir wichtiger als die Vollziehung von Gesetzen.«

Oberstleutnant Árpád Bella, am 19. August 1989, als er sich weigerte, einen aufrechten Schießbefehl gegen DDR-Flüchtlinge beim »Tor zur Freiheit« in St. Margarethen zu erteilen.

Durch Hinweisschilder mit dieser Aufschrift die von den Hilfsorganisationen entlang der ungarischen Grenze auf österreichischem Gebiet aufgestellt wurden, sollte den Flüchtlingen die Angst genommen werden. Diese Tafel befindet sich im Original im Burgenländischen Landesmuseum in Eisenstadt.

Dieses Hinweisschild des Roten Kreuzes sollte den DDR-Bürgern im Wald bei Mörbisch den Weg in die Festspielgemeinde weisen.

Mit »Trabis« dieser Bauart fuhren die DDR-Bürger nach Ungarn, ließen die Fahrzeuge in Grenznähe stehen und flüchteten nach Österreich.
Dieser »Trabi« ist im Burgenländischen Landesmuseum in Eisenstadt ausgestellt.

SOMMER 1989 ...
»UNGARN HAT DEN ERSTEN STEIN AUS DER BERLINER MAUER GESCHLAGEN«
WÖRTLICHES ZITAT DES DAMALIGEN BUNDESKANZLERS DR. HELMUT KOHL

Wodurch es auf politischer Ebene zum Zerfall der Diktaturen in Osteuropa und dem damit verbundenen Fall des Eisernen Vorhanges kam, möchte ich hier nicht erörtern. Das will ich Historikern, die weit mehr Einblick in diese geopolitische Neugestaltung Europas haben, überlassen. Außerdem gibt es dazu genügend Fachliteratur, die diese Vorgänge um das Jahr 1989 auf diplomatischer Ebene beschreiben. Tatsache ist jedoch, dass es an ein Wunder grenzt, dass dieser Zerfall der Diktaturen in Osteuropa ohne militärische Auseinandersetzung erfolgten konnte.

Meine Ausführungen dazu werden sich nur auf eine kurze Einleitung beschränken, danach will ich sofort Zeitzeugen wie betroffene Flüchtlinge, Fluchthelfer, Mitarbeiter der einzelnen Hilfsorganisationen, Vertreter der Kirche sowie Beamte der Exekutive zu Wort kommen lassen und deren Berichte »wertfrei« zu Papier bringen. Da das Burgenland die Hauptlast der Flüchtlingsströme des Sommers 1989 zu tragen hatte, werde ich mich ausschließlich auf Ereignisse bzw. Schicksale an der burgenländisch-ungarischen Grenze beschränken.

Der Eiserne Vorhang bei Eisenberg im Bezirk Güssing – zu Beginn der 1980er Jahre noch ein schier unüberwindbares Bollwerk.

Ungarische Grenzsoldaten beim Abbau des Eisernen Vorhanges unweit der Gemeinde Mogersdorf, Bezirk Jennersdorf – dieses Foto dürfte vermutlich im Spätsommer des Jahres 1956 – vor der Ungarischen Revolution – beim erstmaligen Abbau des Eisernen Vorhanges aufgenommen worden sein.

ÜBERALTERTE TECHNIK BRINGT LÖCHER IM EISERNEN VORHANG

Nachdem in Ungarn aufgrund heftiger internationaler politischer Interventionen mit Ende der 1960er – bzw. Anfang der 1970er Jahre die Minenfelder geräumt waren, entschied man sich für ein neues, aus der damaligen Sowjetunion stammendes »Absperrsystem« mit der Bezeichnung SZ 100. Der Stacheldrahtzaun wurde unter Schwachstrom gesetzt und war mit einer Meldezentrale und zahlreichen Lautsprechern gekoppelt. Das anfangs sehr effiziente System konnte vorerst viele Fluchtversuche verhindern, musste aber immer wieder mit hohem finanziellen Aufwand modernisiert werden.

FEHLALARME WAREN AN DER TAGESORDNUNG Kritisiert wurde dieses Überwachungssystem vor allem wegen der Vielzahl der Alarme, deren Überprüfung äußerst personalaufwändig war. Diese »Warnungen« häuften sich von Tag zu Tag, weil sie meist durch Wildbewegungen ausgelöst wurden, sich daher im Nachhinein als Fehlalarme darstellten. In einem ca. 30 km langen Grenzabschnitt von Rajka (Dreiländereck Slowakei-Ungarn-Österreich) bei Pressburg bis Jánossomorja bei Andau (Seewinkel) wurden im Jahre 1980 842 Alarme registriert bzw. vom System in die Zentrale gemeldet. Nur 30 davon waren nachweislich auf Fluchtversuche zurückzuführen, 14 Personen konnten von einem illegalen Grenzübertritt abgehalten werden. In 812 Fällen handelte es sich um Fehlalarme, die zum überwiegenden Teil von Tieren ausgelöst wurden. Der finanzielle und personelle Aufwand stand in keiner Relation zum Erfolg. Außerdem wurde der politische Kurs Ungarns besonders nach dem Führungswechsel in der Sowjetunion (Gorbatschow kam 1986 an die Macht) zusehends liberaler, kritische Stimmen zum System der bestehenden Grenzüberwachung häuften sich.

INSTANDHALTUNG NICHT MEHR ZU FINANZIEREN Im Jahre 1987 teilte der damalige Kommandant des Landesgrenzschutzes, János Székely, dem ungarischen Innenministerium seine Bedenken über die enormen Funktionsstörungen, steigende Kosten sowie den kaum mehr zu bewältigenden Personalaufwand mit. Er machte darauf aufmerksam, dass sich die Kosten zur Erneuerung dieses Systems (SZ-100/ERJ) mit mehreren Millionen Forint zu Buche schlagen würden.

Wie mir Zeitzeugen (sie waren damals Bedienstete beim ungarischen Grenzschutz) *berichteten, war es in Ungarn auf höchster politischer Ebene sowie unter hochrangigen Grenzschutzbeamten ein offenes Geheimnis, dass der Staat in den 1970er und 1980er Jahren von der Sowjetunion sehr wohl finanzielle Unterstützung zur Instandhaltung des Grenzzaunes erhalten hatte. Um die eigene Misswirtschaft zu verschleiern und die Bevölkerung ruhigzustellen, hatte man das Geld jedoch nicht in den Grenzschutz investiert, sondern im Ausland dringend benötigte Lebensmittel gekauft und diese importiert.*

Das gesamte Knowhow für diese technisch sehr anfällige Grenzsperre war nicht nur überaltert, die Sowjetunion konnte auch kaum mehr Ersatzteile liefern und war außerdem nicht mehr bereit, Ungarn die finanziellen Mittel zur Aufrechterhaltung dieses Grenzzaunes zur Verfügung zu stellen.

Die Probleme häuften sich bis zum Jahre 1989 und waren nun kaum mehr zu bewältigen. In den ersten vier Monaten dieses »historischen

Jahres« (1989) gab es mit 2.000 Alarmmeldungen einen neunen Rekord. Da man zu einer effizienten Grenzüberwachung weder über die nötigen Personalressourcen, noch über die nötige Logistik sowie die finanziellen Mittel verfügte, bekam der Eiserne Vorhang erstmalig Löcher.

WIRTSCHAFTSKRISE ERZWINGT DEN ABBAU DES GRENZZAUNES Zum einen konnte man eine Grenzüberwachung mit Waffengewalt wegen des zunehmenden Fremdenverkehrs – niemand will im Urlaub an den Grenzübergängen sowie in Grenznähe Soldaten mit Waffen sehen – nicht mehr aufrechterhalten, zum andren benötigte man dringend die Devisen der Touristen. Außerdem schlittert Ungarn im Jahre 1989 in eine schwere wirtschaftliche Krise, musste diese Devisen der eigenen Wirtschaft zuführen bzw. zum Ankauf von Lebensmitteln verwenden und daher das Budget der Grenzwache drastisch kürzen.

Da sich bereits ein politischer Wandel – diesmal ausgehend von der DDR – im gesamten Ostblock abzeichnete und die Völker nach Freiheit strebten, entschloss sich Ungarn als erstes Land des »Warschauer Paktes« zum Abbau des Grenzzaunes. Der Landesgrenzschutzkommandant gab am 19. März 1989 den Plan zur Entfernung dieser »einstigen Befestigungsanlagen« bekannt.

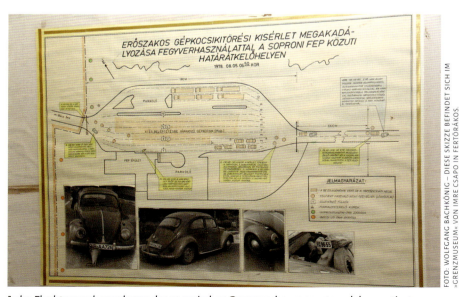

Jeder Fluchtversuch wurde von der ungarischen Grenzwache genauestens dokumentiert..

Obwohl man diese Ankündigung zum Abbau des Eisernen Vorhanges im Westen mit besonderer Genugtuung zur Kenntnis genommen hatte, warteten viele Beobachter sehnsüchtig darauf, dass diesem »Versprechen« auch Taten folgen würden. Die Grenzwache, einst die Elitetruppe des ungarischen Staates, verlor durch das Streben der Menschen nach Freiheit zusehends an Anerkennung und dadurch auch an Macht. Grenzkontrollen wurden merklich »zurückgefahren«, die Zahl jener Menschen, die sich nach gelungener Flucht bei den Behörden meldeten stieg auch geringfügig an, doch auf die Entfernung des Stacheldrahtes wartete man vorerst vergebens. Die Ungarn hielten jedoch ihr Wort und begannen nach einigen Wochen tatsächlich mit den Arbeiten.

2. MAI 1989: Der stellvertretende Landeskommandant des Grenzschutzes, Oberst Balász Nováky, verkündete damals offiziell an die Medien, dass der Staat Ungarn an vier Stellen mit dem Abbau des Eisernen Vorhanges begonnen hat. Die ersten Meter dieses (wie bereits angeführt ca. 396 km langen) Stacheldrahtverhaues haben ungarische Grenzsoldaten – von der Öffentlichkeit zwar seit langem erwartet, aber kaum bemerkt – tatsächlich an diesem 2. Mai 1989 bei Nickelsdorf entfernt.

QUELLE: ZEITZEUGENBERICHTE VON EHEMALIGEN GRENZWACHEBEAMTEN UND BROSCHÜRE: »DAS BURGENLAND UND DER FALL DES EISERNEN VORHANGES« VON PIA BAYER UND DIETER SZORGER.

HANS SIPÖTZ
DURCHTRENNTE AM 27. JUNI 1989 ALS BURGENLÄNDISCHER LANDESHAUPTMANN BEI ST. MARGARETHEN DEN STACHELDRAHT

Hans Sipötz

HANS SIPÖTZ, Jahrgang 1941, wuchs in der Gemeinde Pamhagen (Bezirk Neusiedl/See), die direkt an den Eisernen Vorhang grenzte, auf. Daher kannte er schon als Kind diese Menschen verachtende Grenze. Für ihn war beim Stacheldraht einfach die »Welt zu Ende«. Wie viele Burgenländer musste auch er bis in die 1970er Jahre damit leben, dass jeglicher Kontakt zu den östlichen Nachbarn unterbunden war.

HANS SIPÖTZ war vom 30. Oktober 1987 bis zum 18. Juli 1991 Landeshauptmann von Burgenland. In seine Zeit als höchster Repräsentant dieses Bundeslandes mit seiner 414 Kilometer langen Ostgrenze fiel der ereignisreiche Sommer des Jahres 1989. Der Abbau des Eisernen Vorhanges war zugleich der Beginn einer Flüchtlingswelle, wobei tausende DDR-Bürger durch die Löcher dieses schrecklichen Grenzzaunes kamen und in Europa eine geopolitische Veränderung auslösten. Das Burgenland, das durch Minenfelder, Stacheldraht und bewaffnete Soldaten über Jahrzehnte von seinen östlichen Nachbarn abgeschnitten war, rückte plötzlich in das Herz eines neuen Europas.

Am 27. Juni 1989 setzte Hans Sipötz mit den beiden damaligen Außenministern Gyula Horn (Ungarn) und Alois Mock (Österreich) im Wald zwischen Klingenbach und St. Margarethen (Bezirk Eisenstadt-Umgebung) einen symbolischen Akt, als er – so wie die beiden Minister – mit einem Bolzenschneider den Stacheldraht des Eisernen Vorhanges durchtrennte. Es war eine medienwirksame Veranstaltung, die allein dazu diente, die Öffentlichkeit in Ost und West von dem längst auf ungarischer Seite begonnenen Abbau des Eisernen Vorhanges zu informieren.

»Die Menschen im Burgenland bewiesen in diesem Sommer 1989 wieder einmal, welch offenes Herz sie für in Not geratene Menschen haben. Es freut mich besonders, dass diese Hilfeleistung weltweit Anerkennung erfahren hat. Als Landeshauptmann habe ich dafür gesorgt, dass wir im Rahmen unserer Möglichkeiten die betroffenen Gemeinden an der Grenze unterstützt haben.«

WÖRTLICHES ZITAT VON LANDESHAUPTMANN AUSSER DIENST, HANS SIPÖTZ

ALS ES NOCH DEN EISERNEN VORHANG GAB

HANS SIPÖTZ erinnert sich noch an die Zeit des Kalten Krieges: *Mein Vater war bei der Raaber-Ödenburger-Ebenfurther-Eisenbahn (RÖEE) beschäftigt. Diese Eisenbahngesellschaft stand mehrheitlich im Besitz des ungarischen Staates und verkehrte zwischen beiden Ländern. Da der Bahnhof nur etwa 200 Meter von unserem Elternhaus entfernt war, waren oft seine Arbeitskollegen bei uns zu Gast.*

Von Aufsehen erregenden Grenzzwischenfällen am Eisernen Vorhang im Raum Pamhagen weiß ich nichts. Ich ging in Wien zur Schule, war in einem Internat untergebracht und kam nur zum Wochenende nach Hause.

So richtig aufmerksam wurde ich auf diese Grenze zum ersten Mal während der ungarischen Revolution im Jahre 1956. Damals flüchteten die Ungarn in Scharen über die Grenze und wurden bei uns im Dorf versorgt. Meine Mutter war oft in der Volksschule, die als Flüchtlingssammelstelle diente, als freiwillige Helferin tätig. Ich erinnere mich noch an einen Zug mit mehreren Waggons, der im Bahnhof ca. 14 Tage stand und mit ungarischen Fähnchen beflaggt war.

KEINE KORRESPONDENZ MIT DER LANDESREGIERUNG ÜBER DEN ABBAU DES EISERNEN VORHANGES

Die Burgenländische Landesregierung wurde weder von ungarischer Seite, noch von österreichischen Ministerien in die Ereignisse an der Grenze bzw. in die Korrespondenz zwischen den beiden Staaten rund um den Abbau des Grenzzaunes eingebunden. Traditionsgemäß pflegte das Land Burgenland immer sehr gute Kontakte zu unseren ungarischen Nachbarn, die ich während meiner Amtszeit noch weiter ausgebaut habe. Unter anderem haben wir uns mit den Komitatsvorsitzenden der Komitate Györ-Sopron-Moson und VAS zwei Mal im Jahr getroffen. Das Treffen im Frühjahr fand immer am 1. Sonntag im Mai statt. Dabei wurden Verbesserungsvorschläge zur Zusammenarbeit auf den verschiedensten Ebenen – wie etwa Sport, Kultur, Politik etc. – erörtert. Wie in den Jahren zuvor gab es auch im Mai 1989 eine derartige Besprechung. Obwohl die Arbeiten zur Entfernung des Stacheldrahtes zu diesem Zeitpunkt bereits auf Hochtouren liefen, stand dieses einschneidende Ereignis nicht auf der Tagesordnung bzw. war niemals Thema bei Verhandlungen oder Sitzungen. Man hat uns auch nicht gesagt, dass sich bereits viele DDR-Bürger im Land aufhalten würden.

Dass die Ungarn im Norden des Burgenlandes bei Mosonmagyarovar mit dem Abbau des Grenzzaunes begonnen hätten, habe ich zum ersten Mal aus den Medien Anfang Mai (1989) erfahren. Die Ungarn haben dies am 2. Mai 1989 im Rahmen einer Pressekonferenz in Mosonmagyarovar offiziell bekanntgegeben. Selbstverständlich war diese Berichterstattung auch in Österreich Thema. Ob das vor oder nach unserem Treffen war, weiß ich heute nicht mehr. Da die Sicherheit der Bevölkerung im Land keinesfalls gefährdet war, nahm ich das als Landeshauptmann – ohne weitere Verfügungen zu treffen – zur Kenntnis. Dies auch deshalb, weil diese Maßnahme allein Angelegenheit des ungarischen Staates war. Die Folgewirkung konnte ja niemand vorhersehen. Wie sich im Nachhinein gezeigt hat, haben wir durch die beispielhafte Hilfsbereitschaft aller Burgenländer, der Hilfsorganisationen, der Gemeinden, der Exekutive sowie der NGOs diese Flüchtlingskrise mit Bravour gemeistert.

DER ZAUN WIRD MEDIENWIRKSAM DURCHTRENNT – BILDER GEHEN UM DIE WELT

Während die Arbeiten am Abbau dieser Sperrzone zügig vorangingen und bereits die ersten DDR-Bürger über die Grenze kamen, *nahm die Öffentlichkeit davon kaum Notiz. Fotos gab es nicht, Pressemeldungen waren nur Randerscheinungen. Aus dem Innenministerium – als zuständiges Ressort – kamen ebenfalls keine Informationen. Der Informationsfluss des Innenministeriums dürfte damals nur* über *Gendarmerie und Zollwache gelaufen sein. Doch das änderte sich Ende Juni 1989. Da wurde das Außenministerium tätig. Man trug sich nämlich in beiden Ländern mit dem Gedanken, via Medien der Welt zu zeigen, dass der Abbau diese Menschen verachtenden Grenze zu Österreich zügig vorangeht.*

Das Land Burgenland wurde vom Außenministerium ersucht, im Schloss Esterházy in Eisenstadt Räumlichkeiten für ein Treffen zwischen dem ungari-

schen Außenminister Gyula Horn und seinem österreichischen Amtskollegen Alois Mock zur Verfügung zu stellen. Diesem Ersuchen sind wir selbstverständlich gerne nachgekommen.

27. JUNI 1989: Wie geplant kamen die beiden Minister in Begleitung der Botschafter nach Eisenstadt und ich habe sie als Landeshauptmann im Schloss begrüßt. Nach einem informellen Gespräch fuhren wir in Begleitung von Fernsehteams sowie Journalisten der Printmedien über den Grenzübergang Klingenbach an eine auf ungarischer Seite gelegene, frei zugängliche Stelle an den Grenzzaun im Wald zwischen St. Margarethen und Klingenbach. Dort hatte man für eine medienwirksame Entfernung des Stacheldrahtverhaues alles vorbereitet. Das heißt, Bolzenschneider wurden bereitgestellt, womit wir die Drähte durchtrennen konnten. Jeder Augenblick wurde bildlich festgehalten. Danach fuhren wir in das Rathaus nach Sopron, wo es eine Pressekonferenz gab. Somit wurden die Bürger sämtlicher Staaten nun offiziell vom Abbau des Grenzzaunes informiert. Binnen kürzester Zeit konnten hunderttausende Menschen dieses Ereignis im Fernsehen verfolgen oder davon in den Zeitungen mit Bildern hinterlegte Berichte lesen. Darunter auch eine Vielzahl von Bürgern in der DDR, die zum Teil Westfernsehen empfangen konnten, oder auf illegalem Weg zu Zeitungen aus dem Westen kamen. Da auch das ungarische Fernsehen sowie ungarische Zeitungen darüber berichteten, könnten auch viele DDR-Bürger, die ihren Urlaub in Ungarn verbrachten, von den Löchern im Eisernen Vorhang Kenntnis erlangt haben. Deshalb scheint es durchaus möglich, dass sich so mancher Urlauber kurzerhand zur Flucht entschlossen hat.

FOTO: ZUR VERFÜGUNG GESTELLT VON LANDESHAUPTMANN A.D. HANS SIPÖTZ

Sipötz: Ein historischer Moment. V.li. Außenminister von Österreich Alois Mock (*1934 – †2017), Landeshauptmann Hans Sipötz, Außenminister von Ungarn Gyula Horn (*1932 – †2013)

»Durch diese Bilder bzw. durch diese Berichterstattung kam meiner Meinung nach in den Köpfen der Menschen zum ersten Mal der Gedanke auf, dass der Eiserne Vorhang bald ein Ende haben könnte. Niemand hatte damals gedacht, dass vier Monate später auch die Berliner Mauer fallen und drei Jahre danach die Sowjetunion zerfallen würde. Mit dem Abbau des Eisernen Vorhanges bzw. der Flucht von etwa 100.000 DDR-Bürgern hat die geopolitische Veränderung in Europa begonnen.«

WÖRTLICHES ZITAT VON LANDESHAUPTMANN AUSSER DIENST, HANS SIPÖTZ

Mit dem Einsetzen des Flüchtlingsstromes – etwa ab Mitte Juli 1989 – besuchte ich die am meisten belasteten Gemeinden wie etwa Mörbisch, St. Margarethen, Klingenbach oder Deutschkreutz. Ich wollte mir persönlich vor Ort ein Bild über die Situation an der Grenze sowie in den Auffanglagern machen. Dabei erinnere ich mich an den Gemeindebesuch in Mörbisch. Es war am 31. August 1989, als ich mit dem damaligen Vizebürgermeister Martin Sommer an die Grenze fuhr bzw. das in der Winzerhalle eingerichtete Flüchtlingslager inspizierte. Sommer, der ja unermüdlich für die Flüchtlinge im Einsatz war, erzählte mir, wie den Menschen die Flucht gelingen würde – und er ihnen dabei behilflich sei. Und wie es der Zufall wollte, wurde er noch in derselben Nacht bei einer unentgeltlichen Schleusung von ungarischen Grenzern erwischt, für eine Nacht inhaftiert und mit einem einjährigen Aufenthaltsverbot belegt.

BESONNENE POLITIKER *Abschließend möchte ich noch erwähnen, dass im Gegensatz zum späteren Zerfall Jugoslawiens (Juni 1991) beim Fall des Eisernen Vorhanges alle beteiligen Politiker sehr besonnen reagiert und dadurch großes Unheil verhindert haben. Während dieses Jugoslawienkrieges kam ich bei einem Gemeindebesuch in Tauka an die damalige jugoslawische Grenze. Als ich mich im Grenzbereich aufhielt, ersuchten mich die Zollwachebeamten, keinesfalls jugoslawisches (heute Slowenien) Gebiet zu betreten, weil in den Bergen überall jugoslawisches Militär postiert und ein Schusswaffengebrach gegen uns nicht auszuschließen sei. Damals habe ich am eigenen Leib verspürt, wie gefährlich die Situation im Gegensatz zu den Ereignissen an der ungarischen Grenze war. Die Geschichte hat dann auch gezeigt, dass ein Funke dieses »Pulverfass« zur Explosion gebracht hat.*

QUELLE: »DAS BURGENLAND UND DER FALL DES EISERNEN VORHANGES«
VON PIA BAYER UND DIETER SZORGER

Der Stacheldraht hat ausgedient und somit seinen Schrecken verloren. Bild links: ein ungarischer Grenzsoldat durchtrennt den Stacheldraht.

FOTO: WOLFGANG BACHKÖNIG
QUELLE: BGLD LANDESMUSEUM

Mit diesem Bolzenschneider wurde der Stacheldraht durchtrennt.

FOTOS: BURGENLÄNDISCHES LANDESARCHIV, ARCHIV BF

Bilder die damals um die Welt gingen – die beiden Außenminister Alois Mock (Österreich) links und Gyula Horn (Ungarn) rechts, durchtrennen – jedoch nur symbolisch für die Medien – erst am 27. Juni 1989 in einem Waldstück bei Klingenbach den Stacheldraht.

ER STAND ÜBER JAHRZEHNTE AN VORDERSTER FRONT AUF UNGARISCHER SEITE DES EISERNEN VORHANGES UND MUSSTE ILLEGALE GRENZÜBERTRITTE VERHINDERN

FÄHNRICH IN RUHE, IMRE CSAPÓ

Für mich als Autor scheint es besonders wichtig, zu dokumentieren wie die Grenzsicherung auf ungarischer Seite vollzogen wurde. Dazu habe ich den Grenzwachkommandanten der Grenzwachinspektion in Fertörákos befragt und mit ihm ein Interview geführt.

»Ich bin in einem Regime aufgewachsen, das keine freie Meinungsäußerung zuließ und das Streben der Menschen nach Freiheit unterdrückte. Obwohl die an mich ergangenen Befehle nicht immer meine persönliche Zustimmung fanden, musste ich als Beamter diese Weisungen vollziehen und habe – der damaligen Zeit entsprechend – nach bestem Wissen und Gewissen gehandelt.«

Mit Imre Csapó bin ich schon seit Jahren persönlich befreundet, treffe ihn mehrmals jährlich und freue mich besonders über seine ehrliche und aufrichtige Freundschaft. Als ich am Vormittag eines schönen Frühlingstages (2019) zu ihm komme, erwartet er mich bereits in seiner freundlichen Art und hat – der ungarischen Gastfreundschaft entsprechend – bereits Kaffee, Kuchen und einige »ungarische Schmankerl« vorbereitet.

FOTO: IMRE CSAPÓ

Fähnrich Imre Csapó – als Dienststellenleiter in Fertörákos

Am Ende meines Besuches bittet er mich noch in sein privates Museum, in dem er zahlreiche Relikte – Minen, Uniformen, Fotos, etc. –, die zur Grenzsicherung während der Zeit des Eisernen Vorhanges verwendet wurden, aufbewahrt hat. Zur Erinnerung an die Zeit vor 1989 hat er in seinem Garten einen Wachturm mit Stacheldraht errichtet. Dieser kurze nachgebaute Grenzabschnitt soll einerseits zeigen wie der Eiserne Vorhang ausgesehen hat, andererseits die Jugend aber darauf hinweisen bzw. davor warnen, dass es diese Art der Grenzsicherung nie mehr geben soll.

Bevor ich aber sein Anwesen verlassen darf, muss ich noch die »Kapelle« aufsuchen. Als »Kapelle«, die sein ganzer Stolz ist, bezeichnet Imre nämlich seinen Weinkeller, worin er hervorragende Weine lagert. »Schade, dass ich mit dem Auto gekommen bin«, geht es mir durch den Kopf, als ich zwei Gläser seines köstlichen Weines getrunken habe und diesen »besinnlichen Raum« verlasse. Doch Imre lässt mich erst gehen, nachdem er mir zwei Flaschen dieses erlesenen, »vergorenen Traubensaftes« überreicht hat.

Mit dem besten Eindruck für gelebtes »Zusammenwachsen« von Menschen in der Grenzregion trete ich die Heimreise nach Rust an.

FÄHNRICH IN RUHE, IMRE CSAPÓ, Jahrgang 1949, geboren und aufgewachsen in Fertörákos (Kroisbach). Seine Geburt fällt in jenes Jahr, in dem der Eiserne Vorhang fertiggestellt wurde und ein neues Kapitel des »Kalten Krieges« begann. Diese Menschen verachtende Grenze sollte mit einer Unterbrechung (1956) fast 40 Jahre jeglichen Kontakt zwischen den Menschen von Fertörákos und jenen im etwa fünf Kilometer entfernten Mörbisch unterbinden. Nur einen »Steinwurf« von Stacheldraht, Wachtürmen und Minenfeld entfernt, hat er seine Kindheit sowie sein gesamtes berufliches Leben verbracht. Auch nach dem Übertritt in den Ruhestand ist er seiner Heimatgemeinde treu geblieben. In seinem Wohnhaus, 9421 Kroisbach, Hauptstraße 242/2, hatte er ein Museum eingerichtet, in dem er viele Relikte aufbewahrte, die als »stille Zeitzeugen« darüber berichteten, wie der Eiserne Vorhang einst Menschen vor der Flucht über die zur »Festung« ausgebaute Grenze gehindert hat.

MILITÄRDIENST AM EISERNEN VORHANG Imre Csapó trat im Alter von 20 Jahren in die ungarische Armee als Zeitsoldat ein und wurde bereits damals im Raum Sopron (Ödenburg) zur Bewachung des Eisernen Vorhanges eingesetzt. Er verrichtete seinen Dienst vorwiegend als Kraftfahrer an der »Grünen Grenze« (im bewaldeten Gebiet). Im Jahre 1972 verließ er das Militär und arbeitete bis 1974 in einem Kolchos in »Sopron-DOZSA« (M.G.T.S.Z – eine ungarische Abkürzung für landwirtschaftliche Produktionsgenossenschaft), wo er zur Wartung der landwirtschaftlichen Maschinen eingeteilt war.

Danach meldete er sich freiwillig zur ungarischen Grenzwache, der er bis zu seiner Pensionierung im Jahre 1998 angehörte. Nach Beendigung seiner Ausbildung in Budapest kehrte er nach Fertörákos zurück, wo er 20 Jahre – von 1978 bis zum Übertritt in den Ruhestand – als Dienststellenleiter, zeitweise Chef über 14 Grenzer und elf Motorboote war. Sein Überwachungsgebiet umfasste das gesamte ungarische Staatsgebiet der Blauen Grenze (Neusiedler See) über eine Länge von etwa 20 km und führte vom Westufer bei Fertörákos über Balf zum Ostufer nach Mexiko-Puszta.

Der einstige Grenzer am Eisernen Vorhang fand sein zweites Zuhause auf dem Neusiedler See. Er kannte wahrscheinlich jeden Quadratzentimeter der Wasseroberfläche sowie alles was sich auf dem Wasser oder im Schilf zwischen Fertörákos und Mexiko-Puszta bewegte, ebenso gut wie sein eigenes Wohnhaus mit dem angrenzenden Garten.

KEINE TECHNISCHEN SPERREN IM SEE MÖGLICH – GRENZÜBERWACHUNG DESHALB BESONDERS SCHWIERIG

Imre Csapó erinnert sich an einzelne Episoden seiner Dienstzeit: *Die Überwachung der Seegrenze gestaltete sich im Gegensatz zur Landgrenze besonders schwierig, weil die Installierung von technischen Sperren nur schwer bis gar nicht möglich war. Die Kontrolle musste ausschließlich durch Patrouillen der Grenzwache und des Militärs – vorwiegend mit Booten – durchgeführt werden. Wir waren daher immer gefordert, weil wir im Falle eines entkommenen Flüchtlings zur Verantwortung gezogen wurden. Das heißt, dass wir uns immer rechtfertigen mussten, verwarnt wurden oder – wenn auch ganz selten – eine Disziplinarstrafe »ausfassten«.*

Die Zufahrt zum Seebad von Fertörákos war durch eine Schrankenanlage gesperrt, die von Militär rund um die Uhr bewacht wurde. Wollte jemand zum Strand, so benötigte er eine Sonderbewilligung, die er den Soldaten beim Kontrollpunkt vorweisen musste.

Am Rande des Schilfgürtels gab es einen etwa vier Meter breiten Erdstreifen, der immer geeggt werden musste und durch Patrouillen im Zweistundenrhythmus kontrolliert wurde. Wenn ein Flüchtling auf dem Seeweg entkommen wollte, so musste er vorerst diese Ackerfläche überschreiten, wobei zwangsläufig die Fußspuren zu sehen waren. Stellten die »Grenzwächter« derartige Spuren im Erdreich fest, so mussten sie sofort eine Alarmfahndung auslösen.

Zahlreiche Wachtürme, die von Soldaten besetzt waren, standen ebenfalls am Rande des Schilfgürtels sowie auf der offenen Wasserfläche. Die Türme waren meist so platziert, dass die Besatzung Blickkontakt zueinander hatte. Der Dienst dauerte acht Stunden, konnte aber bei Bedarf bis zu drei Tage – 72 Stunden! – verlängert werden, was bei Fahndungen des öfteren vorkam. Als Verpflegung gab es bloß ein Lunchpaket, das nur für einen achtstündigen »Arbeitstag« mit Lebensmitteln befüllt wurde. Musste der Dienst wegen einer dringenden Suchaktion verlängert werden, so wurde auch für die entsprechende Verpflegung gesorgt.

FOTO: IMRE CSAPÓ

So sah eines der ersten Patrouillenboote der ungarischen Grenzwache aus, die auf dem Neusiedler See eingesetzt wurden.

FLÜCHTLINGE HATTEN AUCH NATÜRLICHE FEINDE – GELSEN UND BLUTEGEL *Jeder Soldat bzw. Grenzer war bewaffnet, Schießbefehl gab es bis zum Jahre 1988. Dies ist jedoch so zu verstehen, dass die Schusswaffe vorwiegend der Notwehr dienen sollte und wir im Einsatz gegen Flüchtlinge davon nur im äußersten Notfall Gebrauch machen durften. Es mussten vorher sämtliche uns zur Verfügung stehenden Mittel zur Vermeidung dieses lebensgefährdenden Waffengebrauches ausgeschöpft werden.*

Erwähnen möchte ich noch, dass die Flucht durch den See nicht nur wegen der Überwachung und des »Erwischtwerdens« sehr gefährlich war. Vor allem im Schilfgürtel, der ja vor einem Zutritt zum offenen Wasser »durchwatet« werden musste, lauerten viele Gefahren. Im Sommer warteten im Dickicht tausende Gelsen – vor denen man sich kaum erwehren konnte – auf ihr Opfer. Im Wasser lauerten die Blutegel, die sich sofort an der Haut festsaugten. Weiters konnte man sich durch umgeknicktes Schilf, oder durch bereits abgebrochene Halme, die oft unsichtbar wenige Zentimeter unter der Wasseroberfläche aus dem Schlamm ragten, schwer verletzen. Bei Fahndungen nach Flüchtlingen wurden Gruppen gebildet, die in Beobachtungsposten, Suchtrupps und Sperrtrupps (Abriegelung des Grenzverlaufes) unterteilt waren. Die Suchaktion wurde in jedem Fall so lange aufrecht erhalten – ohne zeitliche Begrenzung, wenn nötig auch mit Ablöse der eingesetzten Kräfte – bis die gesuchte Person gefunden wurde. Mir persönlich ist nicht bekannt, dass wir einen Flüchtling nicht gefunden hätten.

FLÜCHTLINGE VERIRRTEN SICH IM SCHILF – SOLDATEN SEILTEN SICH ZUR FESTNAHME VOM HUBSCHRAUBER AB

Ich erinnere mich noch genau an einen Fall, der sich im Sommer 1985 zugetragen hat. Zwischen Balf und Fertöboz entdeckte eine Patrouille in dem geeggten Ackerstreifen Fußspuren, die in den Schilfgürtel führten. Es wurde sofort Alarm ausgelöst, die für derartige Fälle vorgesehenen Fahndungstrupps wurden gebildet und die Suche schnellstens aufgenommen. Diese musste jedoch nach mehreren Stunden wegen Dunkelheit abgebrochen und bei Tageslicht fortgesetzt werden. Da unser Einsatz erfolglos blieb, forderten wir einen Hubschrauber an, der am nächsten Tag eintraf und uns unterstützte. Ein großes Problem stellte die Kommunikation der Kräfte untereinander dar, zumal es damals keine Handys gab und die Verständigung per Funk durch viele »Funkschatten« oft unterbrochen wurde.

ERSCHÖPFT UND MIT DEN KRÄFTEN AM ENDE Noch während der Nacht wurden vom Einsatzstab einzelne Gruppen gebildet, ihnen ein bestimmtes Gebiet zugewiesen und die Fahndung bei Tagesanbruch wieder aufgenommen. Doch es dauerte nicht lange, bis die erste Panne passierte. Ein Suchtrupp hatte im Schilfgürtel die Orientierung verloren und sich total verirrt. Zum Glück konnte die Gruppe vom Hubschrauber aus geortet und von uns am Ende der Suchaktion mit einem Boot geborgen werden.

Bald danach fand die Besatzung des Helikopters auch die Flüchtlinge – es waren zwei junge Burschen aus der DDR. Sie lagen im Schilfgürtel und waren total erschöpft. Soldaten seilten sich vom Hubschrauber ab und brachten die Männer zu einem nahen Kanal. Wir fuhren dann mit einem Boot zu ihnen, nahmen sie an Bord und brachten sie an Land. Die beiden Männer wurden dann in eine Kaserne überstellt, befragt und anschließend in die DDR abgeschoben. Wenn ich richtig informiert bin, erwartete sie dort wegen Republikflucht eine Gefängnisstrafe von zwei bis drei Jahren.

Im Einsatz auf dem Neusiedler See – Imre Csapó im Hintergrund, im Vordergrund ein Boot der Österreichischen Zollwache

Die »Flotte« der Grenzpolizei Fertörákos im Hafen – ganz links der Kommandant Imre Csapó, Dritter von links Ernö Amrbus.

ÖSTERREICHISCHE SOLDATEN »FLÜCHTEN« NACH UNGARN

War unsere Tätigkeit an der Grenze auf die Verhinderung einer Flucht von Ungarn nach Österreich ausgerichtet, so ist es zwar ganz selten, aber dennoch vorgekommen, dass einige Abenteurer auch nach Ungarn flüchten, oder uns einfach provozieren wollten. Der nachstehende Fall, jedoch diesmal mit einem glücklichen Ende, wobei auch noch eine bis heute andauernde Freundschaft entstanden ist, hat sich ebenfalls Mitte der 1980er-Jahre zugetragen.

Es war an einem Sonntag im Hochsommer. Ich stehe gegen 17:00 Uhr mit meinem Boot im Schilf neben einem Wachturm und sehe, dass sich aus Richtung Mörbisch zwei Zillen, die von Außenbordmotoren betrieben werden, der Grenze mit unverminderter Geschwindigkeit nähern. Sie halten einen Abstand von etwa 100 m. Ich verlasse sofort meine Deckung, kann jedoch das erste Boot nicht mehr am Überfahren der Grenze hindern. Da auch das zweite Boot keine Anstalten macht, nach Österreich abzudrehen, kreuze ich den Weg und erzwinge eine Richtungsänderung nach Mörbisch. Inzwischen ist das erste Boot bereits etwa 500 Meter auf ungarischem Staatsgebiet in Richtung Fertőrákos unterwegs. Ich nehme die Verfolgung auf, der Bootsführer scheint mich jedoch vorerst zu ignorieren und setzt seine Fahrt in unvermindertem Tempo fort. Um ein Entkommen zu verhindern, bin ich gezwungen, einen Warnschuss abzugeben. Die Besatzung – es sind vier Personen an Bord – erkennt nun den Ernst der Lage, geht sofort in Deckung und wird langsamer, weshalb ich sie einholen kann. Zu meiner Verwunderung sind in dem Boot drei uniformierte Soldaten des österreichischen Bundesheeres sowie ein Zivilist. Sie müssen die »Zille« anhalten und den Motor abstellen. Ich rufe per Funk um Verstärkung – mein Ruf wird erhört, denn kurz danach trifft auch schon eine Patrouille ein. Wir nehmen die illegalen Grenzgänger in »Schlepptau«, das heißt, dass wir das österreichische Boot mit einem Tau an einem Boot der ungarischen Grenzwache befestigten und es in den Hafen von Fertőrákos ziehen. Ich fahre als Sicherungsposten hinter beiden »Schiffen« her.

FREUNDSCHAFT Danach werden die österreichischen Soldaten mit dem Zivilisten nach Sopron gebracht, dort vernommen und über den Grenzübergang Klingenbach nach Österreich abgeschoben.

Doch wie das Schicksal eben spielt, sollte es nicht die letzte Begegnung mit dem von mir festgenommenen Zivilisten gewesen sein – dazu im nächsten Absatz. Das Boot haben wir dann nach zwei Tagen beim Grenzstein B 0 an die österreichische Zollwache übergeben. Wenn ich mich richtig erinnere, so hat es Herbert Sommer, den ich auch persönlich kannte, übernommen. Wie ich nachher erfahren habe, wurde damals in Mörbisch eine Segelregatta gefahren, die vom österreichischen Bundesheer begleitet bzw. überwacht wurde.

»IMRE, ICH ERINNERE MICH AN SIE!« Doch nun zu der Begegnung mit dem Zivilisten. Im Sommer des Jahres 1991 bin ich mit meinem Boot wieder einmal auf Patrouille, als mir in der Nähe des Grenzsteines B 0 ein Rundfahrtschiff aus Illmitz begegnet. Plötzlich höre ich von einem Besatzungsmitglied eine Stimme, die mir zuruft: »Imre, ich kenne Sie, Sie haben mich vor einigen Jahren festgenommen!« Da mir der Mann nicht bekannt ist, nehme ich dies einfach zur Kenntnis, denke mir nichts dabei und setze meine Dienstfahrt fort. Doch es sollte nicht der letzte Kontakt gewesen sein, denn nach einem Jahr trafen wir uns wieder.

Im April 1992 gab es nach dem Fall des Eisernen Vorhanges den dritten grenzüberschreitenden Wandertag, der von den Nachbargemeinden Mörbisch und Fertőrákos veranstaltet wurde (diese Tradition hat sich bis heute erhalten). Da ich selbst eine kleine Landwirtschaft betreibe, habe ich während dieser Veranstaltung in meinem Haus immer eine Labstelle eingerichtet und die Teilnehmer verköstigt.

Am Tag der Veranstaltung – es ist kurz nach Mittag – stehe ich im Hof meines Anwesens mit einigen Gästen beisammen und bewirte sie, als plötzlich ein Mann zu mir kommt und sagt: »Imre, ich kenne Sie, Sie haben mich im Jahre 1985 festgenommen und voriges Jahr habe ich Sie von einem Rundfahrtschiff aus gesehen.« Ich erinnere mich nun an diese Worte und nehme mir Zeit für eine Unterhaltung, die bei einem guten Glas Wein etwas länger dauert. Diese Begegnung war der Start zu einer Freundschaft, die sich bis zur Gegenwart erhalten hat. Seit damals treffen wir uns mindestens einmal im Jahr.

FRÜHJAHR 1989 – LÖCHER IM EISERNEN VORHANG – AUCH DIE SEEGRENZE WIRD DURCHLÄSSIGER

Im Frühjahr 1989 bekam der »Stacheldraht Löcher« und zahlreiche Flüchtlinge konnten dieses einstige Bollwerk überwinden. Die Seegrenze war ebenfalls durchlässiger geworden. Obwohl wir Order zur weiteren Überwachung hatten, wurden die Patrouillen zu Wasser stark zurückgefahren. Die Kontrolltätigkeit wurde auf die Wiesen und Felder vor den See verlagert und ab Herbst 1989 in diesem Bereich auch nur mehr sporadisch durchgeführt.

Wie mir bekannt ist, haben die Menschen – es waren vorwiegend Bürger aus der DDR – für ihre Flucht meist den Landweg gewählt. Ich denke, dass die Zahl jener Flüchtlinge, die durch den See nach Österreich geflüchtet sind, relativ gering war.

Ich habe in all den Jahren an dieser Grenze viel erlebt und musste meinen Dienst nach den damals geltenden Vorschriften verrichten. Mit dem Fall des Eisernen Vorhanges ist für mich fast über Nacht eine völlig neue Situation eingetreten, auf die ich mich ebenfalls gut einstellen konnte. Mit einem Mal gab es auch für uns eine Reisefreiheit, die ich nie mehr missen möchte.

ES GAB NICHT NUR GEWINNER *Doch nicht alle – vor allem meine jüngeren Kollegen von der Grenzwache – haben von dem freien Grenzverkehr profitiert. Nach Auflösung dieses einst so stolzen Wachkörpers mussten sie sich eine neue Arbeit suchen oder wurden einfach in Pension geschickt. Sie können von der geringen Rente aber kaum ihren Lebensunterhalt bestreiten und müssen als Aushilfskräfte in verschiedenen Branchen arbeiten.*

FOTO: IMRE CSAPÓ

Sie waren langjährige Freunde – Imre Csapó ganz links, Johann Jeck, ganz rechts.

III. KAPITEL:
DAS LETZTE TODESOPFER AM EISERNEN VORHANG

DAS LETZTE TODESOPFER AM EISERNEN VORHANG

Da die Mehrheit der Politiker und Militärstrategen, die damals an der Macht waren, verantwortungsbewusst und äußerst besonnen handelten, ging die geopolitische Neuordnung Europas, die zu diesem Zeitpunkt noch nicht absehbar war, »schleichend« weiter. Trotz aller Warnungen vor Gewalt und der getroffenen Vorsichtsmaßnahmen kam es bei dieser Flüchtlingswelle zu einem tragischen Zwischenfall, bei dem ein Familienvater am Grenzzaun nach einer Kurzschlusshandlung eines ungarischen Soldaten sein Leben verlor.

ABBAU DES GRENZZAUNES – AKTUELLES THEMA IN DER DDR

Der Abbau des Grenzzaunes an der burgenländisch-ungarischen Grenze hatte sich nun auch bis in die DDR »herumgesprochen«. Da Ungarn im »Warschauer Pakt« als »Bruderstaat« der DDR galt, benötigten DDR-Bürger bei Reisen nach Ungarn kein Visum. Bei der Volkspolizei musste man jedoch eine »Reiseanlage für den visafreien Reiseverkehr« beantragen, deren Ausstellung jederzeit verweigert werden konnte.

»SAMMELSTELLE« PLATTENSEE

Der Plattensee war schon Jahre vor dem beginnenden Umbruch in Europa ein beliebtes Urlaubsziel der Menschen aus Ost-Berlin, Leipzig, Dresden und anderen Städten bzw. Gebieten der DDR. Im Laufe der Jahre kehrte jedoch so mancher »Urlauber« diesem Staat, in dem »jedem alles gehörte, der Einzelne aber trotzdem keinen Besitz hatte«, den Rücken. »Ausreisewillige« fuhren vielfach weiter an die österreichische Grenze und versuchten dort ihre Flucht in die Freiheit. Dies deshalb, weil der Eiserne Vorhang zu Österreich unter »Insidern« als weniger gefährlich galt, als der Todesstreifen an der innerdeutschen Grenze zur BRD.

ERSTE LÖCHER IM EISERNEN VORHANG

Mit Beginn der warmen Zeit des Jahres 1989 hatte der Eiserne Vorhang zur burgenländischen Grenze durch die bereits teilweise erfolgte Entfernung des Stacheldrahtverhaues mit den technischen Sperren schon gewaltige Löcher.

An den neuralgischen Punkten in Nickelsdorf, Mörbisch, Klingenbach und Deutschkreutz registrierte man ab Mai 1989 zunächst einzelne Flüchtlinge aus der DDR, deren Zahl sich fast täglich erhöhte. Die Behörden nahmen dies zur Kenntnis, versorgten die Menschen und machten sich darüber vorerst wenig Gedanken.

Der Sommer zog ins Land, die Lage in Polen, Ungarn und vor allem in der Tschechoslowakei war – bis zur »Belagerung« der westdeutschen Botschaften (im August 1989) in Warschau, Budapest und Prag – noch relativ ruhig. In der DDR gingen die Menschen jedoch schon seit Wochen – vor allem in Leipzig nächst der Nikolai-Kirche – auf die Straße und demonstrierten für die Freiheit. Mit Beginn der Urlauszeit setzten sich viele in ihre »Trabis« um ihre als Ferien getarnte Flucht in Ungarn – und hier vor allem am Plattensee – zu verbringen.

In den Monaten Juni, Juli und August kamen tausende Menschen – vielfach mit Unterstützung einiger Fluchthelfer aus Österreich – durch die Löcher des Eisernen Vorhanges ins Burgenland. Die Behörden im Burgenland reagierten auf diese neue Situation nun sehr schnell. Sie richteten mit Unterstützung sämtlicher Blaulichtorganisationen und beispielloser Hilfsbereitschaft der Zivilisten in den Dörfern an der Grenze soziale Netzwerke ein, wo die meist verängstigen Flüchtlinge versorgt werden konnten. Diese Angst wurde noch zusätzlich geschürt, weil die Menschen wussten, dass sämtliche Lager von Agenten der Stasi (Ministerium für Staatssicherheitsdienst der DDR) unterwandert waren.

ES GESCHAH AM 21. AUGUST 1989 – LUTZMANNSBURG IM FOKUS DER INTERNATIONALEN BERICHTERSTATTUNG

Die ungarischen Grenzer agierten bis auf eine Ausnahme meist sehr besonnen und ohne Gewaltanwendung. Doch am 21. August 1989 kam es bei Lutzmannsburg im Bezirk Oberpullendorf zu einem folgenschweren Zwischenfall, bei dem ein junger Familienvater getötet wurde.

LUTZMANNSBURG: Seit der Errichtung des Grenzzaunes im Jahre 1949 war Lutzmannsburg – einen Steinwurf von der ungarischen Gemeinde Zira (zu Deutsch Tening) entfernt, jedoch durch einen unüberwindbaren Stacheldrahtverhau getrennt – bis zum Jahre 1989 nur wegen seiner ausgezeichneten Rotweine weit über die Grenzen des Burgenlandes bekannt.

Mit der Eröffnung der Sonnentherme im Jahre 2003 erlebte nicht nur Lutzmannsburg, sondern die gesamte Region einen wirtschaftlichen Aufschwung. Die Gemeinde gilt unter Erholungssuchenden längst als Geheimtipp, zumal man versteht, Kultur, Wein, Kulinarik und Freizeitgestaltung mit der weitgehend unberührten Natur in Einklang zu bringen. Besonders geschätzt wird die Sonnentherme auch von Familien, weil Kinder zahlreiche Möglichkeiten haben, das vielfältige Angebot an Wasserrutschen, Becken für Babys etc. zu nützen.

Sonnentherme Lutzmannsburg

VEREINZELTE GRENZZWISCHENFÄLLE AUCH VOR 1989 Die Menschen der knapp 900 Einwohner zählenden Gemeinde hatten mit dem Eisernen Vorhang zu leben gelernt. Für sie war es selbstverständlich, dass die »Welt beim Stacheldraht zu Ende war«. Vereinzelt schafften es Flüchtlinge diesen schrecklichen Todesstreifen zu überwinden, meldeten sich beim örtlichen Gendarmerieposten und suchten um politisches Asyl an. Bis auf einen aufsehenerregenden Fall im Jahre 1957 nahmen die Menschen im Dorf nur wenig Notiz von den Zwischenfällen an der Grenze. Damals hatte ein Gendarm einer Mutter mit ihren zwei Kindern, die nach der Flucht im Schnee lag und zu erfrieren drohte, das Leben gerettet (ausführlicher Bericht dazu in meinem Buch »Hart an der Grenze«). Doch das änderte sich am 21. August 1989 schlagartig. Plötzlich geriet Lutzmannsburg in die Schlagzeilen der Medien im In- und Ausland.

VON FALKENSTEIN ÜBER BUDAPEST ZUR GRENZE NACH LUTZMANNSBURG Über Jahre hindurch musste Werner Schulz (Jahrgang 1953) mit seiner Lebensgefährtin Gundula Schafitel aus Falkenstein im sächsischen Vogtland viele Repressalien des Regimes in der DDR ertragen. Er arbeitete vorerst als Architekt in Weimar und übersiedelte danach in den Betrieb des Vaters seiner Lebensgefährtin und war dort als Tischler beschäftigt.

Beide dürften schon Monate vor dem Fall des Eisernen Vorhanges mit ihrem sechsjährigen Sohn Johannes die Flucht in den Westen geplant haben. Sie erhielten nämlich bereits am 2. Feber 1989 die von ihnen beantragten Reisedokumente für einen Sommerurlaub in Ungarn.

Die Familie machte sich mit ihrem Trabi Mitte August 1989 »scheinhalber« in Richtung Plattensee auf den Weg, besuchte aber zunächst noch einen Freund in Budapest und wollte danach die Flucht wagen. Der Zeitpunkt schien deshalb besonders günstig zu sein, weil es in den Wochen davor schon zehntausende DDR-Bürger »durch« den Eisernen Vorhang in den Westen geschafft hatten.

VERSTÄRKTE GRENZKONTROLLEN LIESSEN DEN ERSTEN FLUCHTVERSUCH SCHEITERN.
Außerdem sahen Werner Schulz und Gundula Schafitel im Fernsehen die Bilder von der Grenzöffnung bei St. Margarethen, wo am 19. August 1989 etwa 600 ihrer Landsleute die Flucht gelungen war. Sie fuhren deshalb sofort nach Sopron und wagen den ersten Versuch über die Grenze ins Burgenland zu gelangen.

Dass Ungarn trotz internationaler Proteste und interner Auseinandersetzungen in der Regierung zwischen Hardlinern und Reformern nach dem

Vorfall in St. Margarethen die Grenzüberwachung verstärkt hatte, konnten sie nicht wissen. Aufgegriffene Flüchtlinge wurden ausnahmslos zurückgeschickt. Schulz und Schafitel wurden mit ihrem Sohn dann tatsächlich beim Fluchtversuch von den Grenzwächtern gestellt, festgenommen und wieder ins Landesinnere verbracht.

Kurt Werner Schulz

Da sie befürchteten, dass die Stasi von dem Vorfall Kenntnis erlangt haben könnte, kam eine Rückkehr in die DDR aus Angst vor Repressalien nicht mehr in Frage. Sie fuhren mit ihrem Trabi in Grenznähe durch die Dörfer, suchten nach einer geeigneten Stelle und entschieden sich für einen neuerlichen Fluchtversuch. Dieser sollte bei Répcevis (deutsch Heils) nach Lutzmannsburg erfolgen. Der Eiserne Vorhang war zu diesem Zeitpunkt dort bereits abgebaut, Grenzwachesoldaten patrouillierten jedoch verstärkt im Grenzbereich und hatten die Erlaubnis, im Falle der Notwehr (der Begriff ließ jedoch einen weiten Ermessensspielraum zu) von der Waffe Gebrauch zu machen. Und das sollte die Familie ins Unglück stürzen.

Da Werner Schulz nicht ortskundig war, fragte er bei Bewohnern des Dorfes nach dem Weg. Sie kamen mit den dort sehr freundlichen Menschen ins Gespräch und die Flüchtlinge nahmen das Angebot, sich bei ihnen etwas auszuruhen, an.

TÖDLICHER SCHUSS BEI HANDGEMENGE – 21. AUGUST 1989: Der Trabi blieb – wie bei vielen anderen Flüchtlingen auch – zurück, Werner Schulz machte sich mit Frau und Kind im Schutze der Dunkelheit auf den Weg in Richtung Grenze. Zwischen Gebüschen konnten sie auf einem Trampelpfad vorerst auch ungehindert das Grenzgebiet erreichen. Es waren nur noch wenige Schritte in die Freiheit. Lichter der Gemeinde Lutzmannsburg waren bereits zu sehen. Doch mit einem Mal änderte sich die Situation schlagartig. Nur wenige Meter vor der Grenzlinie wurden sie plötzlich von einem ungarischen Grenzwachesoldaten wahrgenommen und zum Stehenbleiben aufgefordert – eine Leuchtrakete wurde abgefeuert und erhellte den Himmel. Von den Flüchtenden kam aber keine Reaktion. Gundula Schafitel hielt den sechsjährigen Johannes im Arm und lief weiter in Richtung Lutzmannsburg. Dahinter ihr Lebensgefährte. Der Soldat folgte ihnen und dürfte die Nerven verloren haben. Er gab elf Warnschüsse in die Luft ab, doch die Flüchtenden reagierten nicht und rannten weiter. Während die Frau mit dem Kind beim Grenzstein B.80.4 die gemeinsame Staatsgrenze ungehindert überschreiten konnte, wurde der Mann noch vor Überwindung des Grenzzaunes von dem Soldaten gestellt. Werner Schulz setzte sich jedoch zur Wehr und schlug mit einer Tasche auf den Soldaten ein. Es kam zu einer tätlichen Auseinandersetzung, wobei beide durch das Gerangel in ein Pfirsichwäldchen, etwa 15 Meter auf österreichisches Hoheitsgebiet kamen. Dabei löste sich ein Schuss und Werner sank tödlich getroffen zu Boden. Gundula hörte diesen »Knall« rief nach ihrem Lebensgefährten, der sich aber nicht meldete, worauf sie sofort zurücklief und den schwer verletzten Mann auf dem Boden vor dem Soldaten liegen sah. Ein zweiter Grenzsoldat kam nun hinzu und forderte beide auf, sich wieder auf ungarisches Gebiet zu begeben. Mittlerweile zog der »Täter« den Sterbenden über die Grenze zurück nach Ungarn und veranlasste die Herbeiholung eines Arztes. Die Frau blieb bei ihrem Lebensgefährten und leistete Erste Hilfe. Werner Schulz erlag jedoch noch vor Eintreffen des Mediziners seinen Verletzungen. Gundula wurde anschließend mit Johannes in eine Kaserne nach Köszeg gebracht und dort vom Tod ihres Lebensgefährten offiziell benachrichtigt. Die österreichischen Behörden erlangten erst Stunden später von dem Zwischenfall Kenntnis.

FOTO: DIETER SZORGER

In unmittelbarer Nähe dieses Grenzsteines geschah das Unglück

ES WAR EIN UNFALL!!! Nach Darstellung des Grenzwachesoldaten habe Schulz seine Waffe (die des Grenzsoldaten) ergriffen und versucht, ihm diese zu entreißen. Durch die unmittelbar davor abgegebenen Warnschüsse war das Maschinengewehr noch entsichert. Die Rangelei artete nun in eine tätliche Auseinandersetzung aus, wobei sich aus der Waffe plötzlich ein Schuss löste. Das Projektil traf den Flüchtling in den Mund und trat im Hinterkopf wieder aus. Wie bei derartigen schweren Zwischenfällen üblich, wurde die Untersuchung von einem ungarischen Militärgericht durchgeführt. Die Kommission bestätigte die Angaben des Soldaten und kam zum Entschluss, dass es sich um einen Unfall handelte. Gundula Schafitel bestätigte diese These in einem Interview ebenfalls.

An der auf dem Bild markierten Stelle dürfte es zu der »Rangelei« zwischen dem ungarischen Grenzsoldaten und Werner Schultz gekommen sein.

Eine Kommission untersucht den tragischen Zwischenfall – links ein österreichischer Gendarm, daneben ein Beamter der österreichischen Zollwache.

Zeitungsausschnitt Kurier vom 24. August 1989

Da sich der Vorfall auf österreichischem Staatsgebiet zugetragen hat, wurde der tragische Tod von Werner Schultz auch von einer gemischten Kommission, die aus Beamten der beiden Staaten Österreich und Ungarn gebildet wurde, untersucht. Die Ermittler kamen zum selben Ergebnis.

»ABSCHIEBUNG« ÜBER DIE GRÜNE GRENZE BEI RECHNITZ Ungarn wollte diese peinliche Situation so schnell wie möglich bereinigen und gestattete Gundula Schafitel mit ihrem Sohn Johannes die freie Ausreise. Um eine weitere Eskalation auf diplomatischer Ebene zu vermeiden, wurden beide bereits am 24. August 1989 von ungarischen Grenzorganen während der Nacht an die Grüne Grenze bei Rechnitz gebracht und ihnen zu Fuß das gefahrlose Überschreiten der Grenzlinie ermöglicht. Von dort wurden sie mit einem Bus nach Wien und danach weiter in das Auffanglager Gießen in Hessen (65 km von Frankfurt/Main entfernt) gebracht.

Am 23. August 1989 – also nur zwei Tage nach diesem sinnlosen, tragischen Tod von Werner Schulz – wurden jene DDR-Bürger, die sich in der westdeutschen Botschaft in Budapest aufhielten, offiziell nach Westdeutschland gebracht. Nur 19 Tage später wurde allen DDR-Bürgern, die sich auf ungarischem Hoheitsgebiet aufhielten, die Ausreise ins Burgenland gestattet.

SOLDAT ERLITT PSYCHISCHEN SCHADEN – UNTERSTÜTZUNG AUS DEUTSCHKREUTZ

Der Fall wurde von mehreren Kommissionen untersucht, eindeutig als Unfall qualifiziert und diese These auch noch von der Lebensgefährtin des Toten bestätigt. Die menschliche Tragödie ist für diesen jungen Soldaten dadurch aber keineswegs abgeschlossen. Er muss nun Zeit seines Daseins mit dem Makel, einen Menschen getötet zu haben, leben. Wahrscheinlich hat er in einer von ihm nicht gewollten Kurzschlusshandlung versucht, in seinem »Übereifer« den ihm vorgegebenen gesetzlichen Auftrag zu erfüllen und durch dieses tragische Ereignis selbst einen schweren psychischen Schaden erlitten. Deshalb musste er sich auch nach Beendigung seines Militärdienstes in psychiatrische Behandlung begeben. Als die Familie die finanziellen Mittel für diese kostspielige ärztliche Hilfe nicht mehr aufbringen konnte, richtete der Kaufmann Johann Schöller aus Deutschkreutz ein Spendenkonto ein. 10.000 S (726 €) wurden gesammelt und den Eltern des Soldaten übergeben.

NIEMALS VERGESSEN – MAHNUNG FÜR ALLE

Werner Schulz war der letzte Tote am Eisernen Vorhang an der burgenländisch-ungarischen Grenze. Sein Tod soll für alle, die politische Verantwortung tragen, Mahnung sein, Staaten und dadurch Menschen, nie mehr durch derartige Todesstreifen zu trennen.

Kurt Werner Schulz wurde am 23. Juli 1953 in Falkenstein, im sächsischen Vogtland, geboren und hatte nur ein Ziel: ein Leben mit seiner Familie in Frieden und Freiheit. Sein noch junges Leben wurde jedoch bereits im Alter von 36 Jahren durch die Kurzschlusshandlung eines ungarischen Grenzsoldaten mit Gewalt, keinesfalls jedoch absichtlich, beendet.

QUELLE: BROSCHÜRE: »DAS BURGENLAND UND DER FALL DES EISERNEN VORHANGES« VON PIA BAYER UND DIETER SZORGER SOWIE ARCHIV LANDESPOLIZEIDIREKTION BURGENLAND DAMALS SICHERHEITSDIREKTION BURGENLAND

IV. KAPITEL:
ZEITZEUGEN BERICHTEN

FLÜCHTLINGE, HELFER UND ENTSCHEIDUNGSTRÄGER DER EXEKUTIVE

ZEITZEUGEN BERICHTEN

Nachdem die ungarische Regierung im März 1989 angekündigt hatte, den Eisernen Vorhang an der burgenländisch-ungarischen Grenze zu entfernen, berichteten Printmedien und Fernsehanstalten fast täglich über dieses Thema.

Obwohl es in der DDR strengstens untersagt war, Westfernsehen zu empfangen und die Signale noch zusätzlich von der Stasi ständig gestört wurden, konnten sich viele Bürger dennoch über ARD und ZDF (Sender der Bundesrepublik Deutschland) über das Geschehen in Ungarn informieren. Westzeitungen wurden ebenfalls über die Grenze geschmuggelt und »unter das Volk« gebracht.

Anträge über getarnte Urlaubsreisen in die »Bruderstaaten« Polen, Tschechoslowakei, Rumänien und Bulgarien, jedoch besonders nach Ungarn, stiegen mit Bekanntwerden der Entfernung des Stacheldrahtes sprunghaft an. Der Plattensee sowie die ungarische Hauptstadt Budapest waren schon seit der Staatsgründung (DDR) beliebte Reiseziele der DDR-Bürger, die ohne Überwindung außerordentlicher bürokratischer Hindernisse bereist werden durften.

Nachdem die Stasi auf diese außergewöhnliche Situation ebenfalls reagiert und ihre gefürchteten Agenten bereits im Frühling 1989 nach Ungarn

»geschleust« hatte, beantragten zahlreiche DDR-Bürger eine Urlaubsreise in die »Bruderstaaten«. Dadurch wollten sie in der DDR jeglichen Gedanken einer Flucht zerstreuen und sich der Überwachung durch die Stasi entziehen. Aus Polen, Rumänien, Bulgarien oder der Tschechoslowakei gab es nämlich die Möglichkeit einer erleichterten Einreise nach Ungarn, von wo diese »Urlauber« nach Österreich flüchten wollten.

Mittlerweile hatten sich die »Montagsdemonstrationen« in der Nikolai-Kirche in Leipzig sowie der Frauenkirche in Dresden auch auf andere Städte der DDR ausgedehnt. Schlussendlich mussten sich Politiker und Agenten der Staatssicherheit dem Drang des Volkes nach Freiheit beugen.

In der Hoffnung auf ein besseres Leben verließen mit Beginn des Sommers 1989 tausende Menschen – vielfach unter Tränen – mit dem Zug oder mit ihren Wartburgs und Trabis ihre politisch verhasste, aber wahrscheinlich dennoch geliebte Heimat. Sie ließen all ihr Hab und Gut zurück und schafften

Mit dem Zerfall der DDR hat auch dieses Korpsabzeichen der »Stasi« seinen Schrecken verloren.

es oft nur durch besonderen Einfallsreichtum sowie unter Einsatz ihres Lebens »das Loch im Eisernen Vorhang« zu finden und in die Freiheit zu gelangen.

V. KAPITEL:
MÖRBISCH — FLÜCHTLINGE UND HELFER ERZÄHLEN

VOM »EISERNEN VORHANG« ZUM »GRÜNEN BAND«

Markus Binder

Im Jahr 1989 geriet unser Ort, der unmittelbar an der Grenze zu Ungarn liegt, in das Zentrum der Um- und Neugestaltung in Mitteleuropa. Begünstigt durch die politischen Veränderungen in Ungarn, tat sich für die Bürger der damals noch existierenden DDR ein Schlupfloch im – bis dahin unüberwindbar scheinenden – Eisernen Vorhang auf. Zuerst nur in geringer Zahl, später in Scharen, flüchteten die sogenannten »Ostdeutschen« vom ungarischen Fertörákos durch den Wald nach Mörbisch/See in den »Goldenen Westen«.

Die Hilfsbereitschaft unserer Gemeindebürger war erneut – so wie bereits beim Ungarnaufstand im Jahr 1956 – überwältigend.

Die zuerst nur vereinzelt ankommenden Flüchtlinge wurden mit dem Nötigsten versorgt und nach Klärung der Identität zur Deutschen Botschaft nach Wien gebracht. Viele Einheimische verbrachten ihre Freizeit damit, den Wald zu durchstreifen, um flüchtenden Menschen behilflich zu sein.

Als immer mehr Flüchtlinge in den Ort kamen, schaltete sich das Rote Kreuz ein und koordinierte in der damaligen Winzerhalle – mit Hilfe unserer Gendarmen – die Aufnahme und Weiterleitung der »Neuankömmlinge«. Viele Mörbischer unterstützten durch großzügige Spenden von Kleidung, Essen und Hygieneartikeln die Helfer der Blaulichtorganisationen. Bei Platzmangel im Sammellager, nahmen sie die Flüchtlinge mit nach Hause, um ihnen dort die Nächtigung zu ermöglichen.

Die Hilfsbereitschaft kannte in Mörbisch – im wahrsten Sinne des Wortes – keine Grenzen. Einige Mörbischer überschritten sogar illegal die Grenze nach Ungarn, um den Flüchtenden vor Ort aus der Gefahrenzone zu helfen. Dabei wurden sie von ungarischen Grenzbeamten aufgegriffen und für 24 Stunden unter Arrest gestellt. Man sieht, viele haben bedingungslos geholfen und dabei auch einiges riskiert.

Als Zeichen der Dankbarkeit wurden nach einigen Jahren – stellvertretend für alle Helfer – der damalige Bürgermeister Franz Schindler, Vizebürgermeister Martin Sommer und Gendarmeriepostenkommandant Günther Portschy, mit dem Bundesverdienstkreuz der Bundesrepublik Deutschland ausgezeichnet.

Als Bürgermeister der Gemeinde Mörbisch erfüllt es mich mit großem Stolz, dass unsere Gemeindebürger durch ihre Offenheit und unendliche Hilfsbereitschaft, die Weltgeschichte positiv beeinflusst haben!

Es freut mich besonders, dass auch heute noch – 30 Jahre nach dem Mauerfall – Kontakt zwischen Einwohnern unserer Gemeinde und ehemaligen DDR-Flüchtlingen besteht. Einige besuchen ihre einstigen Retter, haben hier geheiratet oder zeigen ihren Kindern und Enkelkindern den Weg, der sie seinerzeit in die Freiheit geführt hat. Der ehemalige Verlauf des Eisernen Vorhangs wurde in »Grünes Band« unbenannt und teilweise zu einem Rad- und Wanderweg ausgebaut. Dieses sogenannte »Grüne Band«, hat aber auch symbolischen Charakter – es verbindet Helfer und Hilfesuchende.

MARKUS BINDER
BÜRGERMEISTER DER GEMEINDE MÖRBISCH AM SEE

FESTSPIELGEMEINDE MÖRBISCH/SEE – »RETTUNGSANKER« FÜR TAUSENDE DDR-FLÜCHTLINGE

Die Bürger der Gemeinde Mörbisch pflegten zur Zeit der Monarchie ebenso wie während beider Weltkriege – und auch danach (bis ins Jahr 1949) – intensive Kontakte mit ihren östlichen Nachbarn. Bis zur völligen Schließung der Grenze trieben sie regen Handel mit der Bevölkerung in Fertörákos und Sopron. Besondere Solidarität mit den Menschen jenseits des Eisernen Vorhanges bewiesen die Mörbischer erstmals beim Ungarnaufstand im Jahre 1956, als sie Tausende Flüchtlinge beherbergten und verpflegten.

Selbst Stacheldraht, Minenfelder und bewaffnete Soldaten konnten die Kontakte nicht zur Gänze unterbinden. Freundschaften – wenn auch nicht in der zuvor gepflogenen Intensität – blieben dennoch bestehen. Um sich gegenseitig zu besuchen, wählte man den vor allem für die Ungarn sehr beschwerlichen Weg über den offiziellen Grenzübergang Klingenbach.

Die Festspielgemeinde Mörbisch 2018

Die Festspielgemeinde Mörbisch 2018

ZAHLREICHE VERLETZTE UND EINE TOTER Mörbisch gilt im Burgenland auch gegenwärtig als einer der strategisch wichtigsten Punkte an dieser ca. 396 Kilometer langen Grenze zu Ungarn. Dies deshalb, weil der Grenzverlauf eine »Grüne Grenze« (Wald) eine »Blaue Grenze« (See) und den Landweg (Straße) umfasst. Obwohl dieser Grenzabschnitt sehr weitläufig war, konnte man ihn dennoch kaum überwinden, weil Ungarn zur Zeit des Kalten Krieges sowohl technisch, als auch personell alle notwendigen Ressourcen einsetzte, um illegale Grenzübertritte zu unterbinden. Zahlreiche Grenzzwischenfälle mit Verletzten und sogar einem Toten – soweit bekannt – waren die Folge. Trotz all dieser Hindernisse schafften es einzelne Flüchtlinge immer wieder, diese Sperren zu überwinden und österreichisches Hoheitsgebiet zu erreichen. Für die Mörbischer war am Eisernen Vorhang »die Welt zu Ende«. Dieser »Zustand« sollte 40 Jahre andauern!

SOMMER 1989 – MÖRBISCH RÜCKT IN DEN BLICKPUNKT DER WELTÖFFENTLICHKEIT

Mit dem Abbau des Eisernen Vorhanges und der damit verbundenen, plötzlich einsetzenden Flüchtlingswelle von Bürgern aus der DDR, blickte die Welt auf die etwa 2.300 Einwohner zählende Gemeinde. Die Mörbischer stellen in diesem Sommer des Jahres 1989 wieder einmal ihre enorme, selbstlose Hilfsbereitschaft unter Beweis. Nahezu jeder einzelne Bürger bekundete seine Solidarität mit den Flüchtlingen. Das ging von der Bereitstellung der benötigten Lebensmittel über Kleidersammlungen bis zur Unterbringung – von Einzelpersonen und Familien – in den Privathäusern. Manche Mörbischer fungierten sogar als unentgeltliche Schleuser. Sie setzten dabei ihre persönliche Freiheit aufs Spiel, wobei einige sogar für 24 Stunden in einem ungarischen Gefängnis landeten und mit einem einjährigen Einreiseverbot »belegt« wurden.

Zahlreiche Freundschaften sind entstanden, denn viele Flüchtlinge haben ihre Helfer auch nach der Gründung einer neuen Existenz nicht vergessen. Sie sind auch nach Jahren an jenen Ort zurückgekehrt, an dem sie die ersten Schritte in die Freiheit getan hatten.

Ich konnte zu einigen Flüchtlingen Kontakt herstellen und durfte ebenso mit ihren Helfern Interviews führen, wobei sich einige »Parallelen« ergaben. Meine Interviewpartner lebten durchwegs nahe des Eisernen Vorhanges und erinnern sich an Vorfälle, die sie persönlich an dieser schrecklichen Grenze erlebten. Sie gaben übereinstimmend an, den Flüchtlingen damals (1989) aus innigster Überzeugung geholfen zu haben. Jede einzelne Mörbischerin bzw. einzelne Mörbischer ist auf ihr (sein) Handeln stolz und würde es auch nach 30 Jahren wieder tun.

Hauptstraße in Mörbisch

ER LEBTE UNMITTELBAR NEBEN DEM EISERNEN VORHANG, MUSSTE ZAHLREICHE GRENZZWISCHENFÄLLE BEARBEITEN UND STAND BEI DER FLÜCHTLINGSKRISE IM JAHRE 1989 AN VORDERSTER FRONT

Günter Portschy

CHEFINSP IN RUHE, GÜNTER PORTSCHY, *1946 – †2016, war während der Flüchtlingskrise im Jahre 1989 Kommandant auf dem Gendarmerieposten Mörbisch/See und in dieser Funktion für den Sicherheitsdienst in der kleinen Festspielgemeinde am Eisernen Vorhang verantwortlich.

Seine erste Begegnung mit Flüchtlingen aus der einstigen DDR hatte er am Morgen des 12. Juli 1989. Ein Mann saß mit zwei Frauen in der Nähe des Gendarmeriepostens und wartete auf Angehörige aus der Bundesrepublik Deutschland. Portschy brachte sie zum nahen Gendarmerieposten, nahm ihnen die Angst vor einer weiteren Verfolgung und verköstigte sie.

»Als ich am frühen Morgen des 12. Juli 1989 aus dem Fenster des Gendarmeriepostens blickte, sah ich einen Mann, zwei Frauen und ein kleines Kind, die Deutsch miteinander sprachen. Da Ungarn auch bei Mörbisch/See mit dem Abbau des Stacheldrahtes begonnen hatte, war mir sofort klar, dass es Flüchtlinge aus der DDR waren.«
WÖRTLICHES ZITAT VON CHEFINSP IN RUHE GÜNTER PORTSCHY.

GÜNTER PORTSCHY verrichtete mit einigen kurzen Unterbrechungen als Gendarm vom Jahre 1973 bis zu seiner Pensionierung (2006) in Mörbisch/

See seinen Dienst. Da er in dieser Gemeinde unmittelbar vor dem Eisernen Vorhang mit seiner Familie auch seinen ständigen Wohnsitz hatte, war er mit allen Ereignissen rund um diese Menschen verachtende Grenze bestens vertraut.

Dieses Interview habe ich mit ChefInsp Günter Portschy im Frühjahr 2014 geführt.

»TAUCHER« NACH GELUNGENER FLUCHT ERSCHÖPFT UND KRAFTLOS AUF EINEM SCHILFWALL GESTRANDET

Am 15. August 1977 erstatteten Kinder die Anzeige, dass sie aus dem Schilfgürtel bei der Zufahrt zum Seebad Hilferufe vernommen hatten. Mein Kommandant Stefan Biricz brachte mich sofort zur besagten Stelle auf die »Dammstraße« (Verbindungsstraße vom Ort Mörbisch am See zur Badeanlage), setzte mich dort ab und fuhr weiter zum Seebad. Von dort wollte er per Funk einen Hubschrauber anfordern, der an diesem Tag zur Verkehrsüberwachung eingesetzt war und gerade im Bezirk Eisenstadt-Umgebung seine Kontrollflüge absolvierte.

Auf der »Dammstraße« waren bereits mehrere Personen anwesend, die die Wahrnehmung der Kinder bestätigten. Als auch ich die Hilferufe aus dem Schilf hörte, zog ich Uniform und Schuhe aus, ging ins Wasser und »watete«, bekleidet nur mit der Unterwäsche, den Rufen folgend, in den Schilfgürtel. Nach ca. 150 m stieß ich dann tatsächlich auf eine männliche Person, die auf einem Schilfwall lag und mich vorerst richtig ängstlich anstarrte. Wahrscheinlich auch deshalb, weil in diesem Augenblick der Hubschrauber über uns kreiste. Als ich dem Mann sagte, dass er bereits in Österreich sei und keine Angst zu haben brauche, bekam er einen fürchterlichen Schüttelfrost. Ich nahm ihn in die Arme und hatte Mühe, ihn bis zum Eintreffen der inzwischen verständigten Feuerwehr festzuhalten. Obwohl alles verhältnismäßig schnell ging, kam es mir doch wie eine Ewigkeit vor, bis die Feuerwehrmänner mit einer Zille eingetroffen waren. Sie kannten nämlich nicht meinen genauen Standort, weshalb ich sie erst durch Zurufe zu mir lotsen musste. Nun konnten wir den verängstigen Mann ins Boot heben und an Land bringen. Er wurde in das Krankenhaus nach Eisenstadt eingeliefert und dort behandelt. Danach reiste er in die Bundesrepublik Deutschland weiter.

ANGST VOR LEUCHTRAKETEN – ES WAREN ABER FEUERWERKSKÖRPER DER SEEFESTSPIELE *Wie ich später erfahren habe, war der Mann – es handelte sich um einen 31-jährigen Bauingenieur aus Ost-Berlin – an diesem Sonntagnachmittag bereits seit Donnerstagabend im Wasser. Er trug zwar einen Taucheranzug, der aber bis zu den Oberschenkeln durch Halme im Schilf wie mit einem Messer zerschnitten war. Der Flüchtling hatte bereits Samstagabend die Grenze nach Österreich überschritten, wagte sich aber nicht aus dem Schilf, was beinahe fatale Folgen gehabt hätte. Er verwechselte nämlich das Feuerwerk der Seefestspiele mit ungarischen Leuchtraketen. Vermutlich hatte er die Orientierung verloren und war der Meinung, dass er sich noch auf ungarischem Gebiet befinden würde und die Ungarn seine Flucht entdeckt hätten. Tatsächlich handelte es sich aber um Raketen des Feuerwerkes, das jeweils nach Ende einer Vorstellung der Seefestspiele abgeschossen wird – und so war es auch an diesem Abend.*

SOMMER 1989 –
ERSTE BEGEGNUNG MIT FLÜCHTLINGEN AUS DER DDR

So gingen die Jahre vorüber. Bis zum Juli 1989 kamen jährlich immer wieder einzelne Flüchtlinge über diesen »Todesstreifen« nach Mörbisch/See. Die Zahl blieb mit durchschnittlich etwa zwei bis vier Personen kontinuierlich gleich. Doch mit einem Mal sollte sich alles ändern.

VOM 11. ZUM 12. JULI 1989 *hatte ich wieder einmal Nachtdienst. Es ist ein wunderbarer sonniger Morgen, als ich gegen 05.45 Uhr unweit der Dienststelle auf der Stiege eines Geschäftslokales drei Personen (einen Mann und zwei Frauen) erblicke. In ihrer unmittelbaren Nähe läuft ein ca. fünf- bis sechsjähriges Kind auf der Straße umher, das offensichtlich zu ihnen gehört. Ich denke mir: »Was machen diese Menschen vor allem mit dem Kind um diese Zeit auf der Straße?« Da ich nach dem Rechten sehen will, gehe ich zu ihnen und merke sofort, dass sie beim Anblick meiner Uniform stark verängstigt, ja nahezu »steif«, werden. Ich bin ebenfalls leicht verunsichert, weil es äußerst ungewöhnlich ist, dass sich um diese Zeit mir unbekannte Menschen (da ich in Mörbisch/See seit 16 Jahre meinen Dienst verrichte und auch dort wohne, kenne ich jenen einzelnen Bürger persönlich) mit kleinen Kindern in der Nähe des Gendarmeriepostens aufhalten. Da allgemein bekannt ist, dass der*

Eiserne Vorhang abgebaut wird und ich einige Worte verstehe, fällt mir sofort ein, dass es Flüchtlinge aus der DDR sein können, denen die Flucht gelungen ist. Ich frage sie, was sie schon so früh auf der Straße tun würden, worauf sie mir antworten: »Nee, wir warten hier nur auf jemand.« Als ich ihnen auf den »Kopf zusage«, dass sie sicher aus der DDR sind und ihnen versichere, dass sie vor niemandem mehr Angst haben müssen, kann ich sie etwas beruhigen. Ich forderte sie auf, mich zur Dienststelle zu begleiten und biete ihnen an, dass sie sich dort ausruhen können.

Schnell gewinne ich ihr Vertrauen. Sie sind sichtlich erleichtert, folgen mir auf den nahen Gendarmerieposten, wo ich ihnen Kaffee anbiete, sie befrage und mir ihre Daten notiere. Nun fällt die ganze Last von ihren Schultern, die Müdigkeit bricht voll aus und sie schlafen während der Befragung teilweise auf dem Schreibtisch ein. Als sie wieder zu Kräften kommen, werden sie von uns vorerst nach Eisenstadt, von dort nach Wien und anschließend weiter nach Deutschland gebracht.

DER FLÜCHTLINGSSTROM NIMMT UNGEAHNTE DIMENSIONEN AN

Da nun in den nächsten Tagen und Wochen immer mehr Menschen aus der ehemaligen DDR illegal über die Staatsgrenze aus Richtung Ungarn kamen, konnte die Gendarmerie die Versorgung nicht mehr gewährleisten. Wir ersuchten deshalb das Rote Kreuz um logistische und materielle Hilfe. Ganz wichtig war ein Zelt, in dem die Emigranten gesammelt und versorgt werden konnten. Man reagierte sehr schnell und stellte in relativ kurzer Zeit neben dem Gendarmerieposten den von uns gewünschten »Unterstand«, in dem die Flüchtlinge nicht nur mit Speisen und Getränken verköstigt wurden, sondern vereinzelt auch kurz ruhen konnten, auf.

Da auch dieses Zelt bald aus allen »Nähten« platzte, wurden über meine Intervention die Aufnahmeformalitäten in die Winzerhalle verlegt. Wie schon vorher im Rot-Kreuz-Zelt, zeigte sich hier die Mörbischer Bevölkerung als sehr freigiebig und hilfsbereit. Es wurden nicht nur Unmengen an Kleidern und anderen Gebrauchsgegenständen gespendet, die meist erschöpften Flüchtlinge wurden in die Pensionen und Privathäuser eingeladen, wo sie bis zur Verbringung nach Wien bleiben konnten. Ein Busunternehmer hatte einen regelrechten Pendelverkehr eingerichtet – er fuhr oft täglich zwei- oder dreimal nach Wien zur Botschaft, wo die Flüchtlinge einen Reisepass der Bundesrepublik Deutschland erhielten. Mit dieser Urkunde durften sie dann als »neue Staatsbürger der BRD« in die Bundesrepublik weiterreisen.

Winzerhalle: Foto aus dem Jahre 2014.

Auch die Raiffeisenkassa Mörbisch hatte in der Winzerhalle eine Expositur eingerichtet. Fritz Halwax (damals Mitarbeiter der gleichnamigen Bank) bei der Auszahlung von Barmitteln zur Deckung der ersten Auslagen bis zum Weitertransport in die Bundesrepublik.

Visite von Landeshauptmann Hans Sipötz (im Vordergrund) in der Winzerhalle – v.li.: die Gendarmen Günter Portschy, Reinhold Schön, Johannes Biegler, Albert Artner.

IM GASTHAUS ZUM ESSEN – BANANENSPLIT KANNTEN SIE NICHT *Stand einmal kein geeigneter Transport zur Verfügung, so habe ich Familien auch persönlich – ich denke es war drei- oder viermal – mit meinem eigenen PKW zur Botschaft nach Wien gebracht. In diesem Zusammenhang denke ich an eine kurze Episode, die ich mit einer Familie an einem Abend nach Beendigung der Formalitäten im Winzerkeller erlebt habe.*

Es ist ein Ehepaar mit zwei Kindern – ein Bub im Alter von neun sowie ein Mädchen im Alter von elf Jahren, mit denen ich ins Gespräch komme. Ich frage sie, ob sie schon etwas gegessen haben, worauf mir die Frau antwortet: »Ja, gestern in der Früh.« Meine spontane Antwort darauf: »Jetzt habe ich Dienstschluss, ich fahre nur schnell nach Hause und zieh mich um. Dann lade ich euch zum Essen ein.« Gesagt – getan. Nach etwa 45 Minuten komme ich mit meiner Gattin zurück. Anschließend gehen wir in das Gasthaus Lang (existiert heute nicht mehr). Als wir die Speisekarte durchsehen, höre ich den Buben zu seinem Vater sagen, dass es hier auch »Bananensplit« geben würde. Er habe davon zwar schon viel gehört, »Bananensplit« jedoch noch nie gesehen und noch weniger gegessen. Wir bestellen die Hauptspeisen samt dieser Süßspeise, weil ich dem Buben ja unbedingt eine Freude machen will. Er will außerdem ein »Wiener Schnitzel« zum damaligen Preis von 65 Schilling (ca. 5 Euro). Ich weiß heute nicht mehr, was die anderen Familienmitglieder gegessen haben, jedenfalls fragt mich der Junge, als er sein Schnitzel verspeist hat, wie denn der Umrechnungskurs von Schilling zu DDR-Mark sei. Als ich ihm sage, dass man für 65 Schilling ca. 100 DDR-Mark bekommen würde, wird der Bub richtig blass und rührt am Tisch nichts mehr an. Ich bemerke das und frage ihn, ob es ihm nicht gut gehe, weil er länger nichts und jetzt vielleicht zu viel und zu schnell gegessen hat. Darauf sagt er zu seinem Vater ganz verwirrt: »Papa, ich habe jetzt um **EINHUNDERT** *Mark gegessen.« Der Bub hat sichtlich Schuldgefühle und lehnt die Nachspeise als »zu teuer« ab. Da ich dem Kind unbedingt eine Freude machen will, ignoriere ich einfach seine Bedenken und lasse die bereits bestellte Portion Bananensplit servieren. Es ist eine Freude ihm zuzusehen, wie er diese Süßspeise nicht nur mit größtem Appetit isst, sondern auch noch mit seiner Schwester teilt. Nachdem wir gegessen haben, lade ich die Familie noch in einen typischen Heurigen in Mörbisch/See ein, wo der Bub nach einiger Zeit fragt, wo denn das WC ist. Er verrichtet seine Notdurft, kommt ganz aufgeregt zurück, sieht seine Mutter mit großen Augen an und sagt: »Mama, das musst Du Dir ansehen, das WC ist bis ganz an die Decke verfliest!«*

Nach dem Essen bringe ich meine Gäste in ihre Unterkunft zum »Haus Martin«. Der Besitzer hat – wie übrigens damals viele andere Mörbischer Quartiergeber auch – seine »Herberge« unentgeltlich zur Verfügung gestellt. Mit dem Vater vereinbare ich für den nächsten Tag noch einen Termin, weil ich die Familie mit meinem PKW persönlich nach Wien bringen will – und dies auch getan habe. In Deutschland kamen sie in der Umgebung von München unter. Wir telefonierten hin und wieder mit ihnen, bis sie dann nach Norddeutschland verzogen und der Kontakt abriss.

DIE AUFREGUNG WAR ZU GROSS – TOD DURCH HERZVERSAGEN *Ein – besonders trauriges – Ereignis ist mir ebenfalls noch gut in Erinnerung. In diesem Fall ging es um eine ca. 40-jährige Frau, die immer wieder zu uns in die Winzerhalle kam und nach einem Mann fragte. Seinen Namen weiß ich nicht mehr. Ich weiß nur, dass er einen akademischen Titel hatte. Da sie keine genaueren Angaben machen konnte, gestaltete sich die Suche äußerst schwierig. Jedenfalls bekamen wir später die Nachricht, dass eben dieser Mann über die Grenzkontrollstelle Klingenbach nach Österreich flüchtete und nach einem Herzinfarkt verstarb. Wir konnten die Frau jedoch nicht sofort auffinden, um sie von diesem traurigen Vorfall in Kenntnis zu setzen. Sie musste dies aber selbst herausgefunden haben bzw. dürfte ihr die Nachricht von anderen Flüchtlingen überbracht worden sein, weil sie ein paar Tage später wieder bei uns vorbei kam und uns die traurige Nachricht seines Ablebens selbst überbrachte.*

FLUCHTHELFER TRUGEN WEISSE WINDJACKEN UND LANDETEN IM GEFÄNGNIS *Neben den zahlreichen Helfern in Mörbisch, die Flüchtlinge materiell versorgten, gab es noch einige andere Gemeindebürger, die ungeachtet ihrer eigenen Sicherheit im Wald und im Schilfgürtel umhergingen, um eventuell verirrte Personen (wenn auch illegal) unentgeltlich über die Grenze zu bringen. Diese «Fluchthelfer» trugen weiße Windjacken, auf denen geschrieben war: «Sie sind in Österreich» oder «Hier ist Österreich». Obwohl sich diese «Schleuser» bewusst waren, dass sie von ungarischen Grenzorganen aufgegriffen werden und danach im Gefängnis landen könnten, halfen sie selbstlos und ohne Rücksicht auf ihre eigene Person. Wie wir wissen, wurden dann tatsächlich einige Mörbischer kurzzeitig verhaftet.*

ICH HATTE VIEL FREUDE DIESEN MENSCHEN ZU HELFEN UND WÜRDE ES WIEDER TUN

Diese zwei Monate – Juli und August 1989 – waren für alle eingesetzten Kräfte der Exekutive samt den Hilfsorganisationen sowie für die Bevölkerung von Mörbisch/See eine enorme geistige und körperliche Belastung. Die Beamten der Dienststelle waren damals fast »rund um die Uhr« im Einsatz. Ich erinnere mich noch daran, dass ich in diesen zwei Monaten (Juli und August) zumindest ebenso viele Überstunden wie Plandienststunden leistete. Jeder von uns musste an die »Belastbarkeitsgrenze« gehen, sonst hätten wir das niemals geschafft. Mein Zuhause waren nicht mehr unsere »vier Wände meiner Privatwohnung«, sondern der Gendarmerieposten und die Winzerhalle. Die Bewältigung des Flüchtlingsstromes hatte zwar oberste Priorität, ich hatte aber als Postenkommandant auch noch zahlreiche administrative Tätigkeiten zu erledigen. Außerdem war der vorgeschriebene Sicherheitsdienst im Überwachungsrayon – dazu gehörten auch die Seefestspiele, die zu den Wochenenden von etwa 4.000 Menschen pro Vorstellung besucht wurden – zu leisten.

Da ich in diesen Wochen äußerst selten zu Hause war, gab es in unserer Familie immer einige Scherze, wenn ich wieder einmal zum »Hemdenwechseln« kam. Ich erinnere mich noch an eine besondere Bemerkung meines Sohnes, die ich Zeit meines Lebens niemals vergessen werde. Nachdem ich die Wohnungstür geöffnet hatte, stand er lächelnd vor mir und sagte zu meiner Gattin: »Wer ist denn dieser fremde Mann, der zu uns zum Duschen und Hemdwechseln kommt.«

In der Bundesrepublik Deutschland hat man unsere Arbeit sehr wohl zu schätzen und auch zu würdigen gewusst. Als Anerkennung für meinen persönlichen Einsatz hat mir der Deutsche Bundespräsident Richard von Weizsäcker (von 1984 bis 1994)

»das Verdienstkreuz am Bande des Verdienstordens der Bundesrepublik Deutschland« *verliehen.*

FÜR COCA-COLA UND KAUGUMMI SCHENKTEN GRENZSOLDATEN EINER FAMILIE DIE FREIHEIT

Zwei Freundinnen – li. Regina Jäger, re. Michaela Enzenhofer – an jener Stelle an der Grenze, an der sie vor 30 Jahren zahlreiche Nächte verbracht, viele Menschen nach gelungener Flucht aufgenommen und zur Sammelstelle nach Mörbisch gebracht hatten.

REGINA JÄGER, Jahrgang 1972, lebt seit ihrer Kindheit in der Festspielgemeinde Mörbisch/See. Sie wusste zwar als Kind – und später auch als Jugendliche –, dass es am östlichen Ortsrand einen Eisernen Vorhang gibt, schenkte dem jedoch wenig Beachtung. Doch dann kam das Jahr 1989.

»Als Leuchtraketen die Finsternis erhellen, sehen wir vier Menschen, die sich in einem Gebüsch versteckten und hörten das bitterliche Weinen eines Kindes. Wir wollen ohne Rücksicht auf persönliche Repressalien helfen. Und das tun wir auch«.

WÖRTLICHES ZITAT VON REGINA JÄGER.

REGINA JÄGER war damals 17 Jahre alt und hielt sich am Höhepunkt der Flüchtlingswelle mit ihren Freundinnen Michaela W. und Michaela Enzenhofer – siehe Interview in Anschluss – an mehreren Abenden in unmittelbarer Nähe des bereits löchrigen Stacheldrahtes auf. Als ungarische Grenzsoldaten nach Abschuss von mehreren Leuchtraketen eine vierköpfige Familie an der Flucht zu hinderten versuchten, »bestachen« sie diese mit Coca-Cola und Kaugummi. Die Grenzer nahmen die »kleinen Aufmerksamkeiten« dankend an, sahen von einer Festnahme ab und »schenkten« diesen Flüchtlingen die Freiheit. Danach brachten die drei Jugendlichen die Eltern mit ihren zwei kleinen Kindern in die Rot-Kreuz-Sammelstelle nach Mörbisch.

DAS WEINEN DES KINDES VERRIET DAS VERSTECK EINER FLÜCHTLINGSFAMILIE

»IN UNSEREM JUGENDLICHEN LEICHTSINN DACHTEN WIR DAMALS ÜBERHAUPT NICHT DARAN, DASS WIR VON UNGARISCHEN GRENZSOLDATEN FESTGENOMMEN UND INS LANDESINNERE GEBRACHT WERDEN KÖNNTEN«, sagt Regina Jäger, als sie sich nach 30 Jahren an die Rettung einer vierköpfigen Familie erinnert.

In diesen dramatischen Wochen des Sommers 1989 zeigten die Menschen in Mörbisch besondere Solidarität mit den Flüchtlingen. Es war nur allzu selbstverständlich, dass auch wir Jugendliche uns mit diesen Leuten solidarisch erklärten. Als wir zur Grenze gingen, waren wir uns der Tragweite dieses Geschehens keinesfalls bewusst. Wir waren vorerst einfach neugierig und konnten uns nicht vorstellen, was da tatsächlich passiert. Doch die Realität holte uns schnell ein. Unsere Hilfsbereitschaft hätte auch in einem ungarischen Gefängnis enden können. Aber daran dachten wir in unserem »jugendlichen Leichtsinn« nicht.

LEUCHTRAKETEN LASSEN DIE NACHT ZUM TAG WERDEN *Es ist Mitte August 1989 – das genaue Datum weiß ich nicht mehr. An diesem Abend fahren wir – Michaela Enzenhofer und ich – im PKW unserer Freundin Michaela W. zur Grenze. Dies deshalb, weil wir im Dorf schon mehrere Flüchtlinge gesehen haben, die in der Rot-Kreuz-Sammelstelle gegenüber der Kirche untergebracht bzw. betreut werden. Unter anderem erzählt man sich im Dorf, dass der Stacheldrahtverhau bereits zahlreiche Löcher aufweist und vor allem in der Finsternis vielen DDR-Bürgern die Flucht nach Mörbisch gelingt. Wir sind einfach neugierig. Dass wir noch an diesem Abend eine Familie vor der Festnahme durch ungarische Grenzsoldaten bewahren und ihnen dadurch den Weg in die Freiheit ebnen, daran denken wir nicht im Traum.*

Es ist etwa kurz vor Mitternacht, als wir zur »Umkehr« kommen und den PKW vor dem Grenzzaun abstellen. Wir steigen aus und gehen durch die finstere Nacht auf einem Feldweg neben dem Stacheldrahtverhau in Richtung See. Es ist alles ganz still und etwas unheimlich. Wir haben aber dennoch keine Angst. Doch plötzlich knallt es mehrmals. Leuchtraketen explodieren und erleuchten die ganze Umgebung taghell. Unser Blick richtet sich sofort zum Grenzzaun, wo wir in einem Gebüsch vier Menschen sehen, die sich offenbar verstecken. Es sind zwei Kinder im Alter von etwa zwei und drei Jahren sowie eine Frau und ein Mann.

»KOMMT HERAUS, DA IST ÖSTERREICH. WIR HELFEN EUCH. IHR BRAUCHT KEINE ANGST ZU HABEN«, rufen wir ihnen zu.

Sie bleiben aber im Gebüsch und eines der beiden Kinder beginnt mit einem Mal bitterlich zu weinen. Es dauert nur wenige Sekunden und schon sind zwei bewaffnete ungarische Grenzsoldaten da. Durch das Weinen des Kindes haben sie vermutlich schnell das Versteck der Familie gefunden. Doch wir geben nicht auf und gehen auf die Flüchtlinge, die nun von den Soldaten festgehalten werden, zu.

FREIHEIT »IM TAUSCH« GEGEN COCA-COLA UND KAUGUMMI

Da sie kein Deutsch und wir nicht Ungarisch sprechen, können wir uns kaum verständigen. Irgendwie geben wir ihnen aber zu verstehen, dass wir diese verängstigten Menschen nach Mörbisch bringen wollen. Sie weisen uns ab. Wir geben aber nicht auf. Die Erwachsenen sind verschreckt und zittern vor Angst. Die Kinder können sie nicht beruhigen. Sie weinen bitterlich. Die Spannung steigt. Abweisen lassen wir uns keinesfalls, denkt sich jede von uns, ohne dass wir es aussprechen. Trotz der sprachlichen Barrieren gelingt es uns, mit den Soldaten ins Gespräch zu kommen. Mit Händen und Füßen gestikulierend, können wir die Menschlichkeit in ihnen wecken und sie zum Umdenken bewegen. Heute weiß ich, dass es auch für sie schwer war, entgegen ihren gesetzlichen Vorschriften zu handeln. Bei Bekanntwerden dieses Vorfalls hätte man sie – und nicht uns – zur Verantwortung gezogen. Schlussendlich einigen wir uns darauf, dass wir ihnen Cola und Kaugummi bringen. Im Gegenzug werden sie die Familie – die wahrscheinlich vor Schrecken gar nicht registriert, was hier geschieht – freilassen, versprechen sie uns. Obwohl wir nicht sicher sind, ob sie sich tatsächlich an die Vereinbarung halten, laufen wir zum Auto.

HANDSCHLAGQUALITÄT *Michaela W., die das Fahrzeug lenkt, bringt jede von uns nach Hause. Wir nehmen sämtliche in der Wohnung befindliche Colaflaschen sowie Kaugummis und fahren wieder zur Grenze. Dabei haben wir ein etwas mulmiges Gefühl, das von Hoffen und Bangen geprägt ist. »Werden sie noch da sein oder haben sie die Familie schon nach Ungarn verschleppt«, fragen wir uns unentwegt. Doch die Grenzer halten ihr Wort. Sie befinden sich mit Eltern und Kindern noch an der gleichen Örtlichkeit. Wie vereinbart übergeben wir ihnen Cola und Kaugummi und sie schenken der Familie die*

Freiheit. Als wir Vater und Mutter bitten, mit uns zu kommen, können sie das kaum glauben. Sie begegnen uns vorerst mit Misstrauen, weil sie wahrscheinlich durch ihr ständiges Gefühl der Angst nur teilweise registrierten, was wir mit den Grenzern vereinbart haben. Dennoch folgen sie uns und sind überglücklich, als sie in das Auto steigen. Gemeinsam fahren wir in den Ort und bringen sie zur Sammelstelle des Roten Kreuzes.

OHNE COLA UND KAUGUMMI NICHT MEHR AN DIE GRENZE *Bis zum Ende der Flüchtlingskrise haben wir noch zahlreiche Nächte an der Grenze verbracht – doch keinen einzigen Abend ohne Cola und Kaugummi. Sind wir Soldaten begegnet – manchmal sind wir auch auf sie zugegangen – so haben wir ihnen diese kleinen Aufmerksamkeiten geschenkt – und beide Seiten wussten, was zu tun ist. Wir haben auch in den folgenden Nächten mehrere Flüchtlinge aufgegriffen und sie in die Sammelstelle nach Mörbisch gebracht.*

Ein weiterer Fall, bei dem uns die Angst in alle Glieder fuhr, ist mir ebenfalls noch in Erinnerung. Es ist der Vorfall auf dem »Higo-Steig«. Ich saß mit meinen Freundinnen im Auto, als in der Dunkelheit plötzlich eine Hand durch das offene Seitenfester kam und wir vor Schrecken laut zu schreien begannen. Siehe dazu das Interview mit Martina Enzenhofer.

MARTIN KANITSCH – DER GRENZGÄNGER AUS MÖRBISCH KANNTE JEDEN WALDWEG UND SCHLEUSTE TROTZ FESTNAHME UND INTERNIERUNG ZAHLREICHE FLÜCHTLINGE DURCH DEN EISERNEN VORHANG

Martin Kanitsch

Berthilde Kanitsch

MARTIN KANITSCH, Jahrgang 1949 († 2008), ist in Mörbisch/See geboren und mit dem Eisernen Vorhang, der nur knapp einen Kilometer von seinem Wohnhaus entfernt war, aufgewachsen. Martin galt schon zur Zeit des »Kalten Krieges« als »Grenzgänger« und pflegte mit den Bürgern der Nachbargemeinde Fertörákos einen innigen Kontakt. Deshalb hatte er auch dort viele Freunde, die ihm bei seinen unentgeltlichen Schleusungen im Jahre 1989 behilflich waren.

MARTIN KANITSCH war über die Ereignisse im ungarischen Grenzbereich bereits zu einem Zeitpunkt informiert, als in der Öffentlichkeit sowohl in Österreich als auch in Ungarn niemand ahnte, dass der Stacheldraht abgebaut wird. Martin kannte nicht nur jeden Waldweg zwischen Mörbisch und Fertörákos, er wusste wo sich bereits Löcher im Eisernen Vorhang befanden und ermöglichte hunderten DDR-Bürgern den Weg in die Freiheit. Über Wochen fungierte er als »**UNENTGELTLICHER SCHLEUSER**« Wenn es die Flüchtlinge nicht wagten, sich alleine in das Grenzgebiet zu begeben, fuhr er auf die Zeltplätze rund um Sopron, holte sie persönlich von dort ab und schleuste sie über die Grenze.

Viele Flüchtlinge, die oft am Ende ihrer Kräfte waren, brachte er auch in seinem Wohnhaus unter. Sie wurden von seiner Gattin Berthilde nicht nur verköstigt, sondern wenn nötig, auch psychisch betreut.

Im Herbst 2007 schilderte er mir in einem Interview, wie er zahlreiche DDR-Bürger unter gefährlichsten Verhältnissen durch die Löcher des Stacheldrahtverhaues nach Mörbisch schleuste. Seine uneigennützige Fluchthilfe führte sogar dazu, dass er von ungarischen Grenzwachesoldaten verhaftet und für eine Nacht in Sopron interniert worden war.

»Als mir die Flüchtlinge erzählten, dass sie sich schon zu lange in Ungarn aufgehalten hätten und bei einer Rückkehr in die DDR mit einer Haftstrafe rechnen müssten, konnte ich nicht anders, als ihnen bei der Flucht zu helfen.«
WÖRTLICHES ZITAT VON MARTIN KANITSCH.

SCHICKSALSJAHR 1989 – WIE ALLES BEGANN

Bereits seit dem Jahre 1975 pflege ich enge Kontakte zur Bevölkerung von Fertörákos. Ich hielt mich schon zur Zeit des Eisernen Vorhanges in diesem Dorf auf, wodurch ich im Laufe der Zeit viele Freundschaften geschlossen habe. Seit dem Jahre 2000 besitze ich in der Gemeinde ein Wohnhaus.

Fertörákos war zur Zeit des »Kalten Krieges« militärisches Sperrgebiet. In unmittelbare Nähe der Grenze, die unter anderem auch durch bewaldetes Gebiet verläuft, durfte man deshalb nur mit einer Ausnahmegenehmigung. Der Bäckermeister, mit dem ich sehr eng befreundet bin, war einer der wenigen Bürger, die eine derartige Bewilligung besaßen. Um ihm beim Schlägern seines Waldes helfen zu können, bekam auch ich bald die Erlaubnis, mich im Grenzgebiet aufzuhalten. Dadurch war ich mit der Örtlichkeit bestens vertraut, wovon ich später profitierte, als ich den Flüchtlingen den Weg nach Mörbisch zeigte.

MARTIN KANITSCH – EIN AGENT DER STASI? – WEIT GEFEHLT – NUR EINE VERWECHSLUNG! *Mit Beginn des Sommers 1989 ist mir in Fertörákos aufgefallen, dass sich dort zahleiche Bürger aus der DDR aufgehalten haben. Die Menschen waren jedoch vorerst sehr misstrauisch, weil sie mich zu Beginn der Flüchtlingswelle für einen Mitarbeiter der Stasi hielten. Wie ich später erfahren habe,* hatten sie auch guten Grund dazu, weil dieser gefürchtete Geheimdienst durch seine Mitarbeiter auch in Fertörákos »allgegenwärtig« war.

Als diese Agenten – nach relativ kurzer Zeit – mitbekommen haben, dass ich den Flüchtlingen beim Grenzübertritt behilflich bin, haben sie versucht, mich einzuschüchtern.

> **»Sie haben mir zu verstehen gegeben, dass ich von ihnen auch in Ungarn zur Verantwortung gezogen werden kann und bei erwiesener Fluchthilfe mit einer Haftstrafe zu rechnen habe«.**
> WÖRTLICHES ZITAT VON MARTIN KANITSCH.

Unbeeindruckt von dieser Drohung ließ ich mich auch in den folgenden Wochen nicht davon abhalten – unentgeltlich, wie ich ausdrücklich betonen möchte – als Fluchthelfer zu fungieren.

VERPFLEGT IM ZELT DES ROTEN KREUZES *Ende Juli (1989) – es war zu den Mörbischer Weinfesttagen – kamen bereits einzelne Flüchtlinge in unsere Gemeinde. Es wurden jedoch von Tag zu Tag mehr. Anfang August stellte das Rote Kreuz auf der Hauptstraße ein Zelt auf, das als erste Anlaufstelle für die Flüchtlinge galt. Darin war unter anderem auch meine Gattin Berthilde als unentgeltliche Helferin tätig. Güter des täglichen Gebrauches, die dort ausgegeben wurden – Verpflegung, Kleider und Lebensmittel – stellte das Rote Kreuz zur Verfügung bzw. wurden von der Bevölkerung gespendet.*

> **»In diesen Tagen hatte Hilfeleistung für uns oberste Priorität. Ganz gleich, ob wir den Flüchtlingen im Zelt des Roten Kreuzes halfen oder – wenn es keine andere Unterbringungsmöglichkeit gab – sie in unserem Wohnhaus vorübergehend untergebracht hatten.«**
> WÖRTLICHES ZITAT VON BERTHILDE KANITSCH.

BEREIT ZUR FLUCHT – IN FERTÖRÁKOS AUF HILFE GEHOFFT *Da ich ja wusste, dass sich auf ungarischem Gebiet noch viele »Ausreisewillige« aufhalten würden, fuhr ich eines Abends – wie schon Tage zuvor – wieder einmal nach Fertörákos, um mich über deren Schicksal zu informieren.*

Die Menschen waren zuerst sehr verschlossen und äußerst misstrauisch, weil sie mich für einen Stasi-Mann hielten. Nach einigen einfühlsamen Gesprächen konnte ich jedoch bald ihr Vertrauen gewinnen. Außerdem sprach ich einen anderen Dialekt, der mich von deren V-Männern stark unterschied. Im Gasthaus Mithrász erzählten sie mir, dass sie die vielen Repressalien in ihrem Staat nicht mehr ertragen würden und deshalb in den Westen flüchten wollen. Außerdem hätten sie sich schon zu lange in Ungarn aufgehalten und könnten ohne Strafe nicht mehr in die DDR zurück. Für sie gebe es nur mehr die Möglichkeit zur Flucht.

»Das Schicksal dieser Menschen ging mir einfach so nahe, dass ich nicht anders konnte und ihnen aus innigster Überzeugung einfach helfen musste. Dass ich mich dabei selbst der Gefahr einer Festnahme ausgesetzt habe, war mir nicht bewusst.«

WÖRTLICHES ZITAT VON MARTIN KANITSCH.

Diese Hinweistafeln an den Bäumen wiesen den Flüchtlingen den Weg nach Mörbisch.

FOTO: LPD BURGENLAND

STACHELDRAHT DURCHTRENNT Um die Absperrungen schnell überwinden zu können, habe ich mit einigen Freunden unter Anwendung eines Bolzenschneiders Löcher in den Stacheldrahtzaun geschnitten. Den Grenzverlauf haben wir mit rot-weiß-roten Plastikbändern gekennzeichnet und an den Bäumen Schilder mit der Aufschrift »Österreich« angebracht.

Da ich auch über gute Kontakte zur Grenzpolizei verfügte, wusste ich, dass die Ablöse immer um 17:00 Uhr erfolgte und der Personalstand während der Nacht deutlich reduziert war.

In dem bereits angeführten Gasthaus – Mithrász – habe ich meist Gruppen zu 15 Personen gebildet. Bei Einbruch der Dunkelheit trafen wir uns dann im kleinen Steinbruch, ca. einen Kilometer von der Grenze entfernt. Dort zeigte ich ihnen einen durch den Wald führenden Weg nach Mörbisch, der zwar durch den Stacheldraht gesperrt, dieser jedoch von mir mehrmals durchtrennt worden war. Auf österreichischer Seite haben bereits meine Freunde aus Mörbisch gewartet und sie in »Empfang« genommen. Jeder musste sich genau an den Zeitplan halten, weil wir ja miteinander nicht kommunizieren konnten und die Grenze meist noch streng bewacht war. Es kam auch vor, dass auf österreichischer

Seite keine Helfer zur Verfügung standen. Dann habe ich die Flüchtlinge eben begleitet und sie durch den Zaun direkt nach Mörbisch gebracht.

Diese Vorgangsweise hat sich bestens bewährt, weshalb ich mehrere Wochen im Grenzgebiet zwischen beiden Staaten »gependelt« bin und vielen DDR-Bürgern zur Flucht verholfen habe. Meist bin ich nur zum Essen, Waschen und zum Kleidertausch nach Hause gekommen. War besonders »viel zu tun« so bin ich auch zwei oder drei Tage durchgehend unterwegs gewesen. Eigentlich dachte ich nie daran, in welcher Gefahr ich mich befunden habe. Ich kannte nur ein Ziel: diesen armen Menschen zu helfen. Mein Arbeitgeber hat mir dafür sogar 14 Tage Sonderurlaub gewährt.

VERLETZT BEI DER FLUCHT – ZEHN KILOGRAMM KAFFEE FÜR EINEN ARZT
Campingplatz »Löver« in Sopron: Eines Tages halte ich mich dort auf, als ein mir unbekannter Mann auf mich zukommt. Er spricht mich an und sagt mir, dass ein Vater mit seinem Kind schon seit Tagen verzweifelt auf dem Zeltplatz umherirrt, weil sich seine Frau im Spital befindet. »Die Familie wollte ebenfalls flüchten, als sie von einer Patrouille der Grenzpolizei gesichtet wurde und sich verstecken musste. Beim Sprung in einen Graben habe sich die Frau jedoch eine schwere Fußverletzung zugezogen. Man habe sie an Ort und Stelle verhaftet, die Mutter sei ins Krankenhaus nach Sopron gebracht worden, Vater und Tochter habe man auf den Campingplatz zurückgeschickt«, erzählt er mir.

Ich verspreche dem Informanten, dass ich ihm helfen werde und begebe mich ins Krankenhaus, wo ich den Familienvater ausfindig mache. Er erzählte mir von der Festnahme während der Flucht und bringt mich zu seiner Gattin, die mit einem bis zur Beuge eingegipsten Bein im Bett liegt. Mir fällt sofort auf, dass der Fuß im Bereich des Knöchels stark infiziert ist und ich befürchte, dass bei weiterer nicht fachgerechter Versorgung eine Amputation drohen könnte.

Wir »schmieden« einen Fluchtplan und weihen den Oberarzt ein. Da Kaffee in Ungarn nicht nur sehr schwer zu bekommen und zudem auch noch sehr teuer ist, weiß ich, dass dieses Genussmittel für unser Vorhaben sehr hilfreich sein kann. Deshalb werden einige Packungen Kaffee dem Oberarzt seine Entscheidung, uns zu helfen, wesentlich erleichtern. Ich kaufe daher zehn Kilogramm Kaffee und fahre am Nachmittag des nächsten Tages nach Sopron.

NAGELBRETTER IM GRENZBEREICH SOLLTEN FAHRZEUGE STOPPEN *Die Beschaffung eines Fluchtfahrzeuges ist für mich kein Problem. Wir treffen uns zum* vereinbarten Zeitpunkt auf dem Campingplatz und nehmen einen dort von den Flüchtlingen mit angestecktem Zündschlüssel zurückgelassenen PKW in Betreib. Nun fahren wir – anstandslos vorbei am Portier – in den Hof des Krankenhauses, gehen auf die Station und treffen dort den diensthabenden Arzt. Den Kaffee habe ich in einer Tasche versteckt und übergebe ihm diesen in einem unbeobachteten Augenblick. Anstandslos können wir nun das Krankenzimmer betreten, heben die Frau aus dem Bett, tragen sie durch den Haupteingang zum Fahrzeug und entfernen uns in Richtung Fertőrákos.

Auf dem Weg zur Grenze müssen wir aber auf einen Feldweg ausweichen. Ich wusste nämlich, dass jene Straße, die vorbei an der Mithrászgrotte in Richtung Österreich – Mörbisch – führt, schon mehrmals mit Fahrzeugen zur Flucht benützt worden war. Grenzpolizisten hatten daher Nagelbretter ausgelegt.

Ca. 500 m vor dem bereits abgebauten Stacheldraht steige ich aus dem Fahrzeug. Der Mann fährt weiter und stellt den PKW nur wenige Meter vor der Grenze ab. Die von mir organisierten Helfer warten bereits, eilen zu den Flüchtlingen und helfen dem Mann, seine Frau aus dem Auto zu bergen. Im bereitgestellten – österreichischen – Fluchtfahrzeug fahren sie gemeinsam nach Mörbisch zu unserem Wohnhaus. Da sich die Frau aufgrund ihrer schweren Verletzung kaum bewegen kann, gewähren wir der Familie bei uns Unterkunft. Wie lange sie bei uns waren, weiß ich nicht mehr. Jedenfalls wurden sie von Verwandten aus Stuttgart abgeholt.

FOTO: ZUR VERFÜGUNG GESTELLT VON MARTIN KANITSCH

Die Zukunft der kleinen Juliett Kaiser war im August 1989 äußerst ungewiß: Bei der Flucht zog sich ihre Mutter einen offenen Oberschenkelbruch zu, wurde verhaftet und in einem Spital in Sopron interniert. Im Bereich des Knöchels war der Fuß derart infiziert, dass bei weiterer nicht fachgerechter Versorgung eine Amputation drohte.

Martin Kanitsch und seine Kollegen bestachen im August 1989 mit 10 kg Kaffee den Oberarzt, „stahlen" in der Nacht die Mutter aus dem Spital und brachten sie über die Grenze.

Die Familie wohnt heute in Korhußen/BRD.

Dezember 1989
Juliett Kaiser feiert erstmals freie und glückliche Weihnachten in Österreich.

Kinderaugen glitzern. Willkommen bei Familie Kanitsch. Das erste Weihnachtsfest im Hause ihrer Helfer.

BERTHILDE KANITSCH: »*Ich erinnere mich noch, dass sie uns zu Weihnachten 1989 besucht und einige Tage bei uns verbracht haben. Der Kontakt blieb über Jahre bestehen und hat sich bis zur Gegenwart erhalten. Heute – nach fast 30 Jahren – telefonieren wir noch sporadisch.*«

EINMAL MUSSTE ES GESCHEHEN – FESTNAHME, INTERNIERUNG, ENTLASSUNG

Ich war nun schon über mehrere Wochen unterwegs und habe vielen Menschen geholfen, über die Grenze ins Burgenland zu kommen. Das blieb auch einigen mir weniger gut gesinnten, ungarischen Grenzwachebeamten nicht verborgen. Ein gewisser »Automatismus« stellt sich ein und ich werde unvorsichtig. Deshalb hat diese Hilfsbereitschaft auch am 31. August 1989 plötzlich ein Ende.

In dieser Nacht bin ich wieder einmal mit meinem Freund Leopold Pusser aus Eisenstadt unterwegs. Wir wollen einer Gruppe, der auch zwei kleine Kinder angehören, den Weg nach Mörbisch zeigen. Nur etwa zwanzig Meter vom rettenden österreichischen Hoheitsgebiet entfernt, läuft uns plötzlich der kalte Schweiß über den Rücken. Todesangst durchdringt meinen Körper, als wie aus dem Nichts Schüsse durch die Stille der Nacht peitschen und uns um die «Ohren pfeifen». Noch ehe wir uns besinnen und überhaupt einen klaren Gedanken fassen können, blicken wir in die Gewehrläufe von etwa drei Dutzend Grenzsoldaten, die uns den Fluchtweg verstellen. Es gibt kein Entkommen. Wir werden mit den Flüchtlingen sofort festgenommen, zum Verhör nach Fertörákos und anschließend in ein Militärgefängnis nach Sopron gebracht. Zu Mittag des nächsten Tages lassen sie uns jedoch wieder frei.

Zu diesem Zeitpunkt wussten wir nicht, dass auch Herbert Reinprecht und Martin Sommer, beide ebenfalls aus Mörbisch, festgenommen worden waren. Auch sie durften wenige Stunden nach uns das Gefängnis verlassen.

KINDER AUF DEN BODEN *Pusser und ich haben zwar Angst, sind aber fest davon überzeugt, dass uns nicht viel passieren wird. Doch für unsere Flüchtlinge war dies weit unangenehmer. Die schweißgebadeten Männer mussten sich in der Dunkelheit mit den vor Angst zitternden Kindern auf den Boden legen und eine Stunde warten, bis sie mit einem LKW in die Kaserne nach Fertörákos abtransportiert wurden. Nach stundenlangem Verhör wurden sie ebenfalls in das Militärgefängnis nach Sopron überstellt und anschließend nach Budapest gebracht. Wie die Geschichte dann geendet hat, weiß ich nicht mehr.*

MILDE STRAFE – ENTHAFTUNG NACH 24 STUNDEN   Wir haben Glück, denn wir müssen nur diese eine Nacht im Gefängnis bleiben und dürfen am nächsten Tag wieder über Klingenbach nach Österreich ausreisen. Man hat uns zwar verhört, aber gut behandelt. Über mich wird ein einjähriges Einreise- und Aufenthaltsverbot verhängt. »Das ist eine milde Strafe«, versichern uns die Beamten der Fremdenpolizei bei der Entlassung, denn für ein derartiges Vergehen könnten wir nach ungarischem Recht sechs Monate eingesperrt werden.

Den Behörden dürfte bei unserer Vernehmung doch bewusst geworden sein, dass wir nur aus Solidarität gehandelt haben und in Not geratenen Menschen helfen wollten.

Glücklich wieder zu Hause – v.li. Leopold Pusser, Martin Sommer, Herbert Reinprecht, Martin Kanitsch.

Obwohl ich zahlreichen Menschen den Weg in die Freiheit geebnet habe, kenne ich nur ganz wenige persönlich. Viele Flüchtlinge haben wir vorübergehend in unserem Wohnhaus aufgenommen und auch verpflegt. Ich kann mich noch erinnern, dass es einmal 28 Personen waren. Über Jahre hinweg haben wir eine Vielzahl von Einladungen und Dankschreiben erhalten, was uns noch heute viel Freude bereitet.

»Ich erinnere mich noch genau, dass mein Mann an einem Wochenende 28 Personen zu uns nach Hause brachte. Er war während dieser Zeit täglich im Einsatz, hat ganz wenig geschlafen und nur die notwendigste Nahrung zu sich genommen. Als alles vorbei war, hatte er plötzlich zehn Kilogramm weniger.«

WÖRTLICHES ZITAT VON BERTHILDE KANITSCH.

Martin Kanitsch, den ich persönlich kannte und sehr schätze, ist im Herbst 2008 – leider viel zu früh – im 60. Lebensjahr plötzlich verstorben.

Eine glückliche Flüchtlingsfamilie vor dem Haus der Familie Kanitsch. 5.9.1989

Hat er sich verdient! Martin Kanitsch nimmt die Auszeichnung des Roten Kreuzes dankbar entgegen.

VERRATEN, WEIL SIE IHR AUTO NICHT VERKAUFTEN – GEGLÜCKTE FLUCHT BEIM ZWEITEN VERSUCH

Marlies und Dr. Bernd Grunert

MARLIES geb. 1960 und **DR. BERND GRUNERT**, geb. 1958, wuchsen in Kemberg bzw. Zahna-Elster, auf. Beide Städte – Kemberg ca. 11.200 Einwohner, Zahna-Elster, ca. 9.200 Einwohner – gehören zum Landkreis Wittenberg, Bundesland Sachsen-Anhalt. Kemberg und Zahna-Elster sind ca. 25 Kilometer voneinander entfernt – etwa auf halber Stecke liegt die Lutherstadt Wittenberg. Berlin liegt ca. 100 Kilometer nördlich. **MARLIES** machte in Halle eine Ausbildung zur Lehrerin, **BERND** studierte in Berlin und promovierte im Jahre 1982 zum Zahnarzt.

Beide erarbeiteten sich einen bescheidenen Wohlstand und lebten mit ihren beiden Töchtern, geb. 1982 und 1985, für DDR-Verhältnisse sehr gut. Sie wohnten in Kemberg, hatten ein eigenes Haus und besaßen auch ein Auto. Es gab zwar nicht die gefüllten Läden wie im Westen, wo man – je nach Einkommen – alles kaufen konnte, aber Güter des täglichen Gebrauches bekam man – meist – anstandslos. Doch was fehlte war die Freiheit. Einfach einen Pass in der Schublade zu haben, um in den Urlaub zu fahren – wann man wollte und wohin man wollte. Außerdem war die Bespitzelung durch die Stasi unerträglich geworden.

»Als wir zum Stacheldrahtverhau kommen, sehe ich in einer Entfernung von etwa 150 Metern einen Wachturm, auf dem sich ein bewaffneter Soldat befindet. Ich habe Angst und musste all meine Kräfte bündeln, um diesen Draht mit meinem Seitenschneider zu durchtrennen. Dadurch können wir – acht Personen – in die Freiheit entkommen.«

WÖRTLICHES ZITAT VON DR. BERND GRUNERT.

MARLIES UND DR. BERND GRUNERT fassten bereits Mitte der 1980er Jahre den Entschluss, die DDR zu verlassen. Da man ja nicht von heute auf morgen eine gesicherte Existenz aufgibt, alles zurücklässt und mit zwei kleinen Kindern in einer ungewissen Zukunft ein neues Leben beginnt, gaben sie die Hoffnung auf eine Wende zum Guten nicht auf. Den Zeitpunkt zur Flucht schoben sie daher hinaus. Doch dann gab es ein einschneidendes Ereignis.

INHAFTIERT IM »ROTEN OCHSEN« IN HALLE Von einem befreundeten Ehepaar wurden Vater und Sohn im Jahre 1988 bei einem Fluchtversuch festgenommen. Beide »landeten« in einem Zuchthaus der DDR. Während sich die Gattin bzw. Mutter – eine Studienkollegin von Marlies Grunert – in Bremen zur Feier des 80. Geburtstages ihrer Großmutter aufhielt, fuhr ihr Mann mit ihrem Sohn auf Urlaub in die Tschechoslowakei. Von dort wollten sie nach Österreich flüchten und in die Bundesrepublik weiterreisen, wo die Familie wieder vereint werden sollte. Vater und Sohn wurden jedoch beim unerlaubten Grenzübertritt von tschechoslowakischen Grenzwachebeamten aufgegriffen, festgenommen und in die DDR abgeschoben. Der Vater wurde wegen Republikflucht zu zweieinhalb Jahren Haft verurteilt und musste diese im »Roten Ochsen« in Halle absitzen. Die Mutter war gezwungen, wieder in die DDR zurückzukehren, um ihren Sohn aus dem »Gewahrsam« der DDR-Behörden zu befreien.
Stasi-Beamte hatten bald deren Freundschaft zur Familie Grunert eruiert und sie dazu befragt bzw. der Mitwisserschaft bezichtigt. Von diesem Zeitpunkt an, standen sie unter Beobachtung der Stasi. Die Grunerts hatten dies aber bald bemerkt und sich entsprechend verhalten, zumal sie ja beide – beruflich und familiär – viel zu verlieren hatten. Unter anderem blieb ihnen auch nicht verborgen, dass Briefe, die sie von ihren Freunden bzw. Verwandten aus der Bundesrepublik erhalten sollten, nie bei ihnen ankamen, obwohl sie von diesen nachweislich abgeschickt worden waren.

»Wir konnten Westfernsehen empfangen und daher zwischen wahrheitsgetreuer Berichterstattung und zensurierten Nachrichten des DDR-Fernsehens unterscheiden.«

WÖRTLICHES ZITAT VON DR. BERND GRUNERT.

ES IST GENUG Der bereits Mitte der 1980er Jahre gefasste Entschluss zur Flucht wurde immer konkreter. Im Westfernsehen – die Grunerts konnten ARD und ZDF problemlos empfangen – wurde im Frühling 1989 vielfach darüber berichtet, dass in Ungarn der Stacheldraht abgebaut wird und zahlreichen DDR-Bürgern bereits die Flucht nach Österreich geglückt war.

Deshalb beantragten sie (Frühjahr 1989) ein Visum für Ungarn, um zum Schein einen Urlaub auf dem Plattensee zu verbringen und danach die Flucht zu wagen. Die Familie fuhr jedoch direkt nach Fertörákos und scheiterte beim ersten Fluchtversuch. Beim zweiten Mal durchtrennte Bernd mit einem Seitenschneider (Zange zum Durchtrennen von Draht) in einem Wald den Stacheldraht. Dadurch konnten die Grunerts mit einer zweiten Familie, die sich auf der Flucht ihnen angeschlossen hatte, in die Freiheit entkommen. Doch wie kam es dazu? Dr. Bernd Grunert erzählt:

ERSTER FLUCHTVERSUCH – VERRATEN UND ZURÜCKGESCHICKT

Bereits in unserer Jugend wussten wir von Eltern oder Freunden, dass es die Stasi gibt. Es war allgemein bekannt, dass deren Mitarbeiter »allgegenwärtig« sind, zumal sie ja verdeckt arbeiteten und man nur schwer abschätzen konnte, wer »Freund und wer Feind« ist. Wir mussten einfach damit leben. In direkte Berührung mit diesen »Spitzeln« kamen wir bis zu dem Vorfall im Jahre 1987 nicht. Da wir Westfernsehen empfangen konnten und oft Nachrichten schauten, waren wir über das Geschehen auch weit über die Grenzen der DDR bestens informiert. Dadurch war uns auch bekannt, dass die Berichterstattung in unserem »Arbeiter- und Bauernstaat« nur selten der Wahrheit entsprach. Dieses Regime war auf haltlose Propaganda aufgebaut und brach dann auch wie ein Kartenhaus in sich zusammen. Obwohl wir innerhalb der Familie mit unseren Kindern sehr glücklich waren, wurde die Situation immer unerträglicher. Durch die ständige Bevormundung – und weil uns bekannt war, dass wir unter Beobachtung der Stasi standen – wurden wir nahezu zur Flucht gedrängt. Obwohl die innerdeutsche Grenze von uns etwa 180 Kilometer entfernt war, wussten wir, dass es dort kein Entkommen gibt. Eine Flucht durch diesen mit Stacheldraht, Minenfeldern, bewaffneten Soldaten – und auf einzelnen Abschnitten mit Selbstschussanlagen sowie Patrouillen mit Hunden – gesicherten Eisernen Vorhang konnten wir mit unseren Kin-

dern keinesfalls wagen. Ein Ausreiseantrag für die gesamte Familie wäre mit Sicherheit abgelehnt worden. Außerdem wären wir dann vermutlich noch mehr unter Beobachtung der Stasi gestanden. Über einen offiziellen Grenzübergang zu flüchten wäre ebenfalls zu gefährlich – wie uns der gescheiterte Fluchtversuch unserer Freunde gezeigt hat – gewesen. Deshalb warteten wir darauf, bis »die Zeit reif« war.

ES IST GEWISSHEIT – WIR WERDEN FLÜCHTEN Ende 1988, Anfang 1989 fassten wir den endgültigen Entschluss, unsere Existenz aufzugeben und eine Möglichkeit zum Verlassen der DDR zu suchen. Konkrete Pläne, wie wir das machen werden, hatten wir zunächst nicht.

Es ist Frühling 1989. Die politische Lage in der DDR hat sich nicht verändert. Reisefreiheit gibt es nach wie vor nicht. An einen eigenen Pass, der zu Hause im Wohnzimmerschrank liegt, ist nicht zu denken. Es wird uns immer mehr bewusst, dass wir in einem »großen Gefängnis« leben und jeder Schritt überwacht wird. Außerdem stehen wir noch immer unter Beobachtung der Stasi.

Im Westfernsehen wird von der Entfernung des Stacheldrahtes samt den technischen Sperren an der ungarischen Grenze zu Österreich berichtet. Unter anderem mehren sich Informationen über die gelungene Flucht einzelner DDR-Bürger.

VISUM FÜR EINEN URLAUB IN UNGARN BEANTRAGT Durch die überraschende Veränderung der politischen Lage in diesem kommunistischen »Bruderstaat« sehen wir nun die große Chance für unsere Flucht. Marlies und ich sprechen alle Für und Wider durch. Vor dem Aufbau einer neuen Existenz haben wir weniger Angst, weil wir ja gut ausgebildet sind und mit Sicherheit schnell eine Anstellung finden werden. Doch was ist mit unseren Kindern? Vor allem dann, wenn sie uns erwischen und in die DDR zurückschieben. Wird es uns so ergehen wie unseren Freunden? Werden sie uns die Kinder wegnehmen und uns auch im «Roten Ochsen» einsperren? Doch diese Gedanken schieben wir weg und beantragen ein Visum für den diesjährigen Urlaub in Ungarn. Zum Schein wollen wir an den Plattensee fahren. Dass wir noch niemals in Ungarn waren, stört uns nicht. Mit entsprechendem Kartenmaterial – das wir uns allerdings erst besorgen müssen – werden wir es schon schaffen.

»Bei der Verabschiedung sagen wir unseren Eltern, dass wir uns auf den Urlaub freuen und in 14 Tagen wieder zu Hause sein werden. Meine Frau kann dabei die Tränen nur schwer unterdrücken.«

WÖRTLICHES ZITAT VON DR. BERND GRUNERT

Nun hat Geheimhaltung höchste Priorität. Wir müssen aufpassen, dass wir ja nicht irgendwo eine unüberlegte Bemerkung fallen lassen. Man weiß ja nie! Die Zeit bis zum Erhalt des Visums scheint unendlich lang. Einzig unsere Freunde – die bereits einmal an der Flucht gescheitert sind – »weihen« wir in unsere Pläne ein. Sie sind ja noch immer entschlossen, so schnell wie möglich die DDR zu verlassen. Innerhalb der Familie verlieren wir kein Wort darüber. Wir spielen ihnen weiter die heile Welt vor und tun so, als ob wir uns auf den Urlaub so richtig freuen würden. Die Gedanken, Eltern, Verwandte und Freunde vielleicht nie mehr – oder zumindest auf sehr lange Zeit – zu sehen, lassen uns die Gänsehaut über den ganzen Körper laufen. Doch wir bleiben dabei – wir werden flüchten.

ENDLICH IST ES SOWEIT *Nun erhalten wir unser Visum. Die bereits begonnenen Vorbereitungen können wir jetzt zu Ende bringen. Niemand ahnt etwas von unserer Flucht. Unsere Freunde haben ebenfalls »dicht« gehalten. Um ja keinen Fehler zu machen, packen wir nur jene Sachen ein, die wir für den Urlaub brauchen. Ganz wichtig sind die Karten, die wir uns besorgt haben. Im Gegensatz zu den meisten in der DDR erhältlichen Karten ist die Grenze zu Österreich genau eingezeichnet. Nach Sondierung sämtlicher Örtlichkeiten wählen wir Fertőrákos als Ziel für die Flucht. Einen Grenzübertritt bei Kópháza ziehen wir als Plan »B« in Betracht.*

17. AUGUST 1989 *Der Tag unserer Abreise ist gekommen. Die Koffer sind gepackt. In weiser Voraussicht nehme ich auch einen Seitenschneider mit. Es könnte ja sein, dass ich den Zaun an der Grenze zu Österreich durchtrennen muss. Und tatsächlich kommt es so. Wir verabschieden uns von den Eltern und sagen ihnen, dass wir in zwei Wochen zurückkommen werden. Sie ahnen nicht, dass es auch ein Abschied für immer sein kann. Die Kinder freuen sich auf den bevorstehenden Urlaub. Für Marlies ist es besonders schwer, ihre Gefühle zu unterdrücken. Es gelingt ihr nur unter größten Anstrengungen »gute Miene zum bösen Spiel zu machen«. Nachdem wir alleine im Auto* und einige hundert Meter gefahren sind, wird der Schmerz noch größer. Die gespielte Vorfreude auf den Urlaub ist vorbei. Die Realität holt uns ein. Doch wir müssen beide stark sein, denn die Kinder dürfen ja keinesfalls ahnen, was wir beabsichtigen.

Auf der Fahrt bis zum Grenzübergang in die Tschechoslowakei sprechen wir nicht sehr viel. Jeder von uns denkt: »Was kommt nun auf uns zu? Werden wir es schaffen?« Als wir die uniformierten, bewaffneten Grenzbeamten sehen, bekommen wir ein mulmiges Gefühl. Die Kontrollen sind sehr streng und wahrscheinlich von Misstrauen geprägt. Wir können aber dennoch ohne wesentliche Beanstandung aus der DDR aus- und in die Tschechoslowakei einreisen. Beim Grenzübertritt nach Ungarn ist es weniger problematisch, weil die Kontrollen nicht so intensiv sind. Nachdem wir die ganze Nacht durchgefahren sind, kommen wir nach Mosonmagyaróvár und nächtigen dort. Am nächsten Vormittag fahren wir direkt nach Fertőrákos und treffen am Nachmittag ein.

18. AUGUST 1989 – ERSTER FLUCHTVERSUCH GESCHEITERT Wir wollen so schnell wie nur möglich über die Grenze, suchen sofort nach einer geeigneten Stelle und kommen zum Gasthaus Mithrász. Es befindet sich am höchsten Punkt von Fertőrákos. Ich nehme mein Fernglas aus dem Auto und kann den Neusiedler See sehen. Aufgrund meiner Karte weiß ich, dass dort die Grenze verlaufen muss. Dabei beobachtet mich ein Mann, dem offensichtlich auffällt, dass ich nach einer geeigneten Stelle für unsere Flucht suche. Wie ich später in Erfahrung bringe, ist es Michael Halwax aus Mörbisch. (**ANMERKUNG DES AUTORS:** *Siehe Interview mit Michael Halwax.*) **DAS GASTHAUS »ZUM MICHLHOF«, GENANNT »DIE SCHMUGGLERSCHENKE«.** Er nennt mir zwei Fluchtrouten: 1.: Durch ein Sonnenblumenfeld, das so angelegt ist, dass die Reihen an der Grenze enden. Dort ist der Stacheldraht bereits teileweise entfernt bzw. von anderen Flüchtlingen niedergetreten oder durchtrennt. Dabei müssen wir aber zurück in das Dorf, weil wir dieses Sonnenblumenfeld nur über einen Weg, der etwa in der Mitte des Ortes liegt, erreichen können. Oder 2.: Von unserem Standort direkt durch den Wald. Da er mir Plan eins empfiehlt, mir jedoch auch sagt, dass wir bis zum Abend warten sollen, entscheide ich mich dennoch für diese Variante. Ein schwerer Fehler, wie sich nur kurze Zeit später herausstellt.

Unmittelbar danach spricht mich ein Mann an, der mit seiner Familie – Eltern mit zwei kleinen Kindern, sie haben in Sopron auf dem Campingplatz

»Löver« ihr Zelt aufgestellt – ebenfalls flüchten will. Er fragt mich, ob wir es nicht gemeinsam versuchen könnten. Ich bin sofort einverstanden. Wir beschließen, bis zum Einbruch der Dunkelheit zu warten.

Das Gespräch mit Michael Halwax bzw. der anderen Familie beobachten wahrscheinlich auch einige Ungarn. Aufgrund unseres Verhaltens wissen sie, dass wir flüchten werden. Sie kommen auf mich zu und geben mir zu verstehen, dass sie unser Auto kaufen wollen. Ich lehne jedoch ab, weil ich ja nicht weiß, ob uns einerseits die Flucht gelingen wird, andererseits wollen wir unser Fahrzeug – nach gelungener Flucht – abholen. Außerdem sind wir nicht im Besitz von Barmitteln, um uns in der Bundesrepublik sofort ein Auto zu kaufen, das wahrscheinlich beim Aufbau einer neuen Existenz unerlässlich ist. Enttäuscht entfernen sie sich von uns mit unverständlichen Worten. Dass sie sich rächen und uns an den ungarischen Geheimdienst verraten werden, ahne ich zu diesem Zeitpunkt nicht.

»Die Warnung der Frau am Tor kommt zu spät. Diese Leute hatten uns verraten. Beamte in Zivil stehen plötzlich vor uns und verlangen unsere Ausweise. Wir deuten ihnen, dass wir sie nicht verstehen. Ein älterer Mann mengt sich in das Gespräch und sagt in aktzentfreiem Deutsch, dass wir mit den Kindern nicht flüchten dürfen. Wir müssen zurück und unsere Flucht verschieben.«

WÖRTLICHES ZITAT VON DR. BERND GRUNERT.

VERRATEN Wir fahren nun mit der anderen Familie zur Kirche, die etwa in der Mitte des Dorfes liegt. Dort stellen wir unsere Fahrzeuge ab und warten bis es dunkel wird. Nun nehmen wir einige persönliche Sachen aus den Autos, versperren diese und machen uns auf den Weg. Doch kurz danach ist unsere Flucht – ehe sie noch so richtig begonnen hat – schon zu Ende. Wir erreichen nämlich nicht einmal das Sonnenblumenfeld und müssen noch froh sein, dass wir nicht verhaftet werden.

Als wir von der Hauptstraße in eine Seitengasse in Richtung Friedhof-Sonnenblumenfeld-Grenze gehen, höre ich plötzlich einen lautstarken Wortwechsel in ungarischer Sprache. Wir nähern uns einem Haus und sehen vor dem Tor eine Frau, die mit den uns bereits bekannten Leuten – diese wollten zuvor unser Auto kaufen – heftig, und mit den Händen gestikulierend, streitet. Als sie uns sieht, sagt sie zu uns auf Deutsch:

> **»Geht nicht weiter, diese Menschen haben euch verraten.«**
> WÖRTLICHES ZITAT EINER DORFBEWOHNERIN IN FERTÖRÁKOS.

Sie hat diese Worte noch nicht ausgesprochen, als ein Lada hält und vier Männer – es sind vermutlich ungarische Grenzer in Zivil oder Angehörige des ungarischen Geheimdienstes – aussteigen und auf uns zukommen. Auffällig ist, dass ein Mann im Auto bleibt und uns beobachtet. Sie sprechen uns auf Ungarisch an und wollen unsere Reisedokumente. Wir tun so, als ob wir sie nicht verstehen und sind entschlossen, ihnen unsere Papiere keinesfalls auszuhändigen. Es kommt zu einem Wortwechsel, weil wir uns weigern, ihren Anweisungen Folge zu leisten. Die Kinder stehen verschreckt neben uns. Die Lage scheint zu eskalieren. Gleichgültig was passiert. Unsere Reisedokumente werden wir ihnen nicht ausfolgen. Plötzlich steigt der Mann aus dem Fahrzeug. Er ist etwa 70 Jahre alt und versucht die Situation zu beruhigen. Für uns völlig überraschend sagt er in akzentfreiem Deutsch: **»MIT DEN KINDERN DÜRFT IHR NICHT FLÜCHTEN. IHR MÜSST ZURÜCKGEHEN.«** *Es bleibt uns nun keine andere Wahl. Wir müssen den ersten Fluchtversuch abbrechen und können noch froh sein, dass sie uns nicht festgenommen haben. Dass wir unsere Autos bei der Kirche abgestellt haben, wissen sie auch – vermutlich haben sie uns ja schon länger beschattet. Nachdem sich die Lage entspannt hat, bringen sie uns noch mit ihrem Lada zu unseren Fahrzeugen.*

Enttäuscht, aber auch froh, nicht festgenommen worden zu sein, fahren wir mit der anderen Familie auf den Campingplatz »Löver« nach Sopron. Sie haben – Gott sei Dank – dort noch ein zweites Zelt, in dem wir die Nacht verbringen können. Wir geben nicht auf und wollen es am nächsten Tag wieder versuchen.

19. AUGUST 1989 – ERSTE CHANCE VERPASST *Obwohl wir sehr müde sind, können wir kaum schlafen. Die Ereignisse vom vergangenen Tag lassen uns keine Ruhe finden. Immer wieder müssen wir an unsere Kinder denken. Wenn es nur irgendwie geht, wollen wir nicht mehr – wahrscheinlich können wir auch nicht – zurück, weil die Ungarn sicher die Kennzeichen unserer Fahrzeuge notiert und an die Behörden in der DDR gemeldet haben. Dabei haben wir immer wieder den gescheiterten Fluchtversuch unserer Freunde – und deren Repressalien, die sie danach ertragen mussten – vor Augen. Wie wir in Erfahrung gebracht haben, wurden sie jedoch in der Zwischenzeit von der*

Bundesrepublik freigekauft und wohnen in Bremen.

Am Vormittag verlassen wir den Zeltplatz und sind fest entschlossen, einen neuerlichen Fluchtversuch zu unternehmen. Dass es an der Grenze an diesem Tag ein Paneuropäisches Picknick gibt, haben wir leider versäumt.

»Da es aber von Sicherheitskräften in der ganzen Stadt nur so wimmelt, beschließen wir, unser Vorhaben auf den nächsten Tag zu verschieben – ein Fehler, wie wir nachher erfahren müssen.«
WÖRTLICHES ZITAT VON DR. BERND GRUNERT.

Als wir am Abend in den Nachrichten von dem Paneuropäischen Picknick, bei dem etwa 600 DDR-Bürgern die Flucht gelungen ist, erfahren, ärgern wir uns maßlos. Es ist aber für uns »keine Niederlage, sondern eine zusätzliche Motivation«. Wir sind weiter fest entschlossen, nicht aufzugeben und es neuerlich zur versuchen. Wir müssen aber warten und noch eine Nacht auf dem Zeltplatz verbringen. Die Kinder fragen immer wieder was wir tun werden. Es wird immer schwieriger, sie zu beruhigen. Ein Horror, weil wir ja selbst nicht wissen was uns erwartet.

ZWEITER FLUCHTVERSUCH – WIR SCHAFFEN ES

20. AUGUST 1989 – DURCH DEN WALD IN DIE FREIHEIT *Am Vormittag fahren wir wieder nach Fertörákos um eventuell eine andere Stelle für den Grenzübertritt zu suchen. Dabei kommen wir auch zum Strandbad und treffen bei der Schiffsanlegestelle den uns schon bekannten Michael Halwax. Wir erzählen ihm von dem gescheiterten Fluchtversuch. Halwax empfiehlt uns nun, die Route vom Gasthaus Mithrász durch den Wald zu nehmen. Das tun wir dann auch.*

Da wir noch etwas zuwarten wollen und in Fertörákos keinesfalls auffallen dürfen, fahren wir – überzeugt, dass es uns heute gelingen wird – zurück auf den Campingplatz nach Sopron. Um uns besser orientieren zu können, versuchen wir es diesmal bei Tageslicht, weshalb wir uns gegen 15:00 ins Auto setzen und neuerlich nach Fertörákos fahren. Durch den Verrat vor zwei Tagen sehr wir sehr misstrauisch, haben Angst und wollen keine Zeit verlieren. Es könnte uns ja wieder jemand beobachten und an die Ungarn »verpfeifen«.

Die Fahrzeuge stellen wir in unmittelbarer Nähe des Gasthauses ab, nehmen einige persönliche Sachen heraus, versperren sie und verschwinden so schnell es geht im Wald. Ganz wichtig ist für mich der Seitenscheider, den ich wohlweislich von zu Hause mitgenommen habe. Doch es dauert nicht lange und der erste Schrecken fährt uns durch die Glieder. Kurz bevor wir zum Stacheldraht kommen, sehe ich einen Wachturm, auf dem sich ein ungarischer, bewaffneter Soldat befindet. Wir sind acht Personen, darunter vier kleine Kinder. Obwohl wir versuchen, keinen Lärm zu machen, treten wir immer wieder auf morsches Geäst. Die Kinder verhalten sich ruhig. Auch wir Erwachsenen reden kein Wort miteinander. Endlich erreichen wir den Drahtverhau. Doch wie befürchtet finden wir kein Loch. Der Wachturm ist von uns etwa 150 Meter entfernt. Hat uns der Soldat bemerkt? Wir wissen es nicht. Den Draht entlang zu gehen und ein Loch zu suchen, scheint uns zu gefährlich.

MIT SEITENSCHNEIDER DRAHT DURCHTRENNT *Es bleibt uns nur eine Möglichkeit: den Draht zu durchtrennen und dabei zu hoffen, dass er nicht – wie an der innerdeutschen Grenze – unter Strom steht. Wir können dies aber nahezu ausschließen, denn wir sehen, dass der Stacheldraht schon lange dem Verfall Preis gegeben ist. Ein kleiner Unsicherheitsfaktor bleibt dennoch. Die Lage ist sehr gespannt. Der Soldat auf dem Wachturm verhält sich ruhig.*

> **»Ich habe geahnt, dass ich diesen Seitenschneider brauchen werde. Ohne Zange hätte ich den Stacheldraht niemals durchtrennen können. Möglich, dass dann auch dieser Fluchtversuch gescheitert wäre.«**
> WÖRTLICHES ZITAT VON DR. BERND GRUNERT.

Ich nehme nun den Seitenschneider aus der Hosentasche und berühre ganz vorsichtig den ersten Draht. Wie erhofft – kein Strom. Beide Familien sind in einer Reihe angestellt. Vertikal durchtrenne ich die einzelnen Drähte. Der andere Mann drückt sie auseinander. Zuerst schlüpfen die Kinder durch, anschließend die Frauen, danach der Mann und als Letzter setze ich den Schritt in die Freiheit.

ES IST GESCHAFFT – WIR SIND FREI *Obwohl wir nun das letzte Hindernis geschafft haben, sind wir dennoch nicht sicher, dass wir uns auf österreichischem Hoheitsgebiet befinden. Wir gehen einige Schritte weiter. Mit einem Mal hören* wir eine Stimme, die alle Last von uns fallen und uns fast in Freudentränen ausbrechen lässt. Es ist – wie wir später erfahren – Martin Kanitsch aus Mörbisch, der im Wald steht und uns wahrscheinlich schon beobachtet hat. Er ruft uns zu: »**KEINE ANGST, IHR SEID IN ÖSTERREICH.**« Kanitsch bringt uns zu seinem nicht allzu weit entfernten Wohnhaus. Dort werden wir vorerst verköstigt, können uns waschen und duschen und dürfen auch noch nächtigen. Unter anderem können wir auch unsere Freunde vom »Roten Ochsen« anrufen, die ja inzwischen in Bremen sind und ihnen mitteilen, dass unsere Flucht geglückt ist. Ich erinnere mich noch genau, dass die Familie Kanitsch in dieser Nacht in ihrem Wohnhaus 13 Flüchtlinge untergebracht hatte.

WIEN – GIESSEN – BREMEN Nach unserer ersten Nacht in Freiheit brachte uns Martin am nächsten Morgen zur Sammelstelle in die Winzerhalle. Von dort ging es mit dem Bus nach Wien zur Botschaft. In der Botschaft erhielten wir Bargeld sowie eine Bahnkarte nach Gießen. Noch am gleichen Tag stiegen wir in den Zug und meldeten uns bei den dortigen Behörden. In diesem Flüchtlingslager mussten wir uns nicht lange aufhalten, weil uns unsere Freunde nach Erledigung sämtlicher Formalitäten abgeholt und nach Bremen mitgenommen haben.

Kurze Zeit später habe ich in meinem Beruf als Zahnarzt Arbeit gefunden. Obwohl wir uns darum bemüht haben, ist es uns nicht gelungen, festzustellen, wo sich unser Auto befindet. Ohne unser Einverständnis hat es eben »den Besitzer gewechselt«. Unsere Eltern konnten wir erst Mitte September 1989 verständigen. Sie ahnten zwar, dass wir geflüchtet waren, mit Sicherheit wussten sie das jedoch nicht. Es fiel ihnen im wahrsten Sinne des Wortes ein Stein vom Herzen, als wir uns meldeten. Wir hätten ja auch irgendwo im Gefängnis sitzen können. Repressalien mussten sie nicht über sich ergehen lassen, weil der Staat damals mit dem unaufhaltsamen Zerfall dieses Regimes beschäftigt war. Zum ersten Mal fuhren wir am 8. März 1990 wieder nach Hause. Es war aber ein sehr mulmiges, von Angst geprägtes Gefühl. Die DDR bestand ja zu diesem Zeitpunkt noch. Die »allgegenwärtige« Stasi hätte uns ja auch festnehmen und zur Verantwortung ziehen können. Doch unsere Angst war unbegründet, die erste Begegnung mit unseren Eltern umso rührender. Wir fielen uns glücklich in die Arme.

Ein Jahr nach ihrer Flucht besuchten die Grunerts ihre Helfer Berthilde und Martin Kanitsch in Mörbisch.

ZURÜCK IN DIE HEIMAT – EIGENE ZAHNARZTPRAXIS

30 JAHRE DANACH In Bremen blieben wir bis zum Jahre 1992, hatten jedoch immer nach der Möglichkeit einer Rückkehr in die Heimat gesucht. Wir wollten zurück an unsere Wurzeln, weil ich dort weiter als Zahnarzt arbeiten wollte und von der Eröffnung einer eigenen Praxis träumte. Träume gehen zwar selten in Erfüllung, doch dieser Traum wurde wahr. 1992 eröffneten wir in Kemberg unsere Ordination. Meine Frau wechselte vom Lehramt zu mir als Assistentin. Die Praxis umfasst heute zehn Personen.

WIR HABEN NICHTS BEREUT Wenn ich an die Zeit der Flucht zurückdenke, so würden wir heute wieder so handeln. Ich denke, dass die zahlreichen Demonstrationen sowie die enorme Anzahl von Flüchtlingen dieses Regime zu Fall gebracht und die Freiheit für ein ganzes Volk ermöglich hat.

Unsere Helfer in Mörbisch haben wir nicht vergessen. Wir sind bereits mehrmals an jenen Ort zurückgekehrt, wo wir den ersten Schritt in die Freiheit getan haben und ein neues Leben beginnen konnten.

FLÜCHTLINGE ERSCHRECKTEN VERSEHENTLICH IHRE IM PKW WARTENDEN HELFER

FOTO: WOLFGANG BACHKÖNIG

30 Jahre danach. Regina Jäger li., und Michaela Enzenhofer re., im unmittelbaren Grenzbereich zu Ungarn. In diesem Bereich hatten sie viele gemeinsame Nächte verbracht, auf Flüchtlinge gewartet und diese dann zur Sammelstelle ins Dorf gebracht.

MICHAELA ENZENHOFER, Jahrgang 1972, lebt seit ihrer Geburt in Mörbisch/See. Im Kindesalter hielt sie sich oft im Wald an der Grenze auf und spielte dort mit ihren Freunden. Der Stacheldrahtverhau erschreckte sie nicht besonders, weil sie sich der Tragweite dieses Sperrgürtels, der Europa in Kommunismus und Demokratie teilte, nicht bewusst war.

Ohne zu wissen, in welche Gefahr sich die Kinder begeben, schlüpften sie oft aus Neugierde bzw. im Spiel durch den an einigen Stellen löchrigen, in die Jahre gekommenen Stacheldraht. Dass sie dabei auf ungarisches Gebiet gelangten, blieb auch den Grenzsoldaten nicht verborgen, die sie aufgriffen und ohne Aufsehen durch die Löcher wieder nach Österreich zurückschickten. Da es keine Repressalien gab, war der von den Erwachsenen so gefürchtete Eiserne Vorhang für sie im Kindes- bzw. im Jugendalter »nicht existent«.

Anders war dies an den offiziellen Grenzübertrittsstellen. Da Michaela mit ihren Eltern ab und zu nach Ungarn fuhr, sind ihr die strengen Kontrollen sowie die Soldaten am Grenzübergang Klingenbach-Sopron noch immer in Erinnerung. Diese bewaffneten Männer in Uniform wirkten damals sehr bedrohlich und ließen in ihr oft eine innerliche Angst aufkommen.

»Wir standen im Wald und warteten im Auto auf Flüchtlinge. Plötzlich kam eine Hand – die uns vor Schreck nahezu erstarren ließ – durch das geöffnete Seitenfenster in den Fahrgastraum. Als wir aus Angst laut zu schreien begannen, verschwand der Mann wieder in der Dunkelheit. Er wusste ja nicht, dass wir nur helfen wollten.«

WÖRTLICHES ZITAT VON MICHAELA ENZENHOFER

MICHAELA ENZENHOFER verbrachte im Sommer des Jahres 1989 ihren Urlaub zu Hause in Mörbisch. Da die Eltern eine Zimmervermietung betrieben, half sie am Vormittag ihrer Mutter, an den Nachmittagen hielt sie sich meist im Seebad auf. Am Abend bzw. während der Nacht fuhr sie mit ihren Freundinnen an die Grenze. Dort warteten sie gemeinsam auf Flüchtlinge und brachten diese ins Dorf zur Sammelstelle des Roten Kreuzes. Meist waren es Familien mit Kindern, sehr oft waren auch schwangere Frauen darunter. Es gab manchmal Nächte, in denen sie mehrmals zwischen Grenze und Flüchtlingslager pendelten. Für die Grenzer hatten sie immer Coca-Cola und Kaugummi parat. Diese Aufmerksamkeiten übergaben sie den Wachen, um sie im Falle einer Anhaltung von Flüchtlingen »milde« zu stimmen oder zumindest zum »Wegschauen« zu bewegen. In einem Fall konnten sie mit derartigen kleinen Geschenken sogar Soldaten zur Freilassung einer Familie »überreden«. **SIEHE INTERVIEW MIT REGINA JÄGER: »FÜR COCA-COLA UND KAUGUMMI SCHENKTEN GRENZSOLDATEN EINER FAMILIE DIE FREIHEIT.«**

OH SCHRECK – EINE HAND KOMMT DURCH DAS SEITENFENSTER

MICHAELA ENZENHOFER *erinnert sich an einen besonderen Vorfall Ende August 1989: »Ich treffe mich wieder einmal an einem Abend mit meinen Freundinnen, um mit ihnen zur Grenze zu fahren. Mittlerweile ist es für uns fast zur Routine geworden, Leute, die die Flucht geschafft haben, ins Dorf zu bringen. Wir haben zwar noch immer ein mulmiges Gefühl, wenn wir uns in der Finsternis im Wald aufhalten, doch wirkliche Angst haben wir nicht.*

Da uns bekannt ist, dass beim »Higo-Steig« vielen DDR-Bürgern die Flucht durch den Stacheldrahtverhau gelingt, fahren wir heute diesen Weg an der Grenze entlang. Es ist finstere Nacht und ganz still. Obwohl wir das Licht eingeschaltet haben, ist weit und breit niemand zu sehen. Manchmal bleiben wir kurz stehen und steigen aus, oft rufen wir aber nur durch die offenen Seitenfenster in den Wald: »Hier ist Österreich, hier seid ihr in Sicherheit.«

IN PANIK DAVONGELAUFEN Plötzlich sehen wir, dass sich in einem Gebüsch etwas bewegt bzw. hören ein Rascheln von Geäst. Wir können aber keine Menschengestalt erkennen, halten an, steigen aus dem Fahrzeug und rufen abermals, dass hier Österreich ist. Niemand rührt sich, weshalb wir uns wieder ins Auto setzen. Mit einem Mal fährt uns der Schrecken durch die Glieder. Eine Hand kommt durch das offene Seitenfenster in den Fahrgastraum, worauf wir laut zu schreien beginnen. Die uns unbekannte Person gerät offensichtlich in Panik, läuft davon und verschwindet in der Finsternis. Nachdem wir unseren Schrecken so halbwegs abgelegt haben, beraten wir kurz was wir tun werden. Es könnten ja auch Soldaten sein, die uns offensichtlich beobachtet haben, uns erschrecken und dadurch hindern wollen, den Flüchtlingen zu helfen.

»Nachdem wir die ersten Schrecksekunden überwunden haben, registrieren wir, dass sich ein Flüchtling wahrscheinlich nur bemerkbar machen wollte.«
WÖRTLICHES ZITAT VON MICHAELA ENZENHOFER.

ERST NACH BEGUTACHTUNG DER KENNZEICHEN HILFE ANGENOMMEN Wir geben aber nicht auf, fassen wieder neuen Mut, steigen aus dem Auto und rufen neuerlich in den Wald: »Hier ist Österreich, hier seid ihr sicher.« Doch niemand rührt sich. Wir warten und haben auch etwas Angst. Es dauert aber nicht lange, bis wir wieder Geräusche hören und eine »Gestalt« in einem Gebüsch wahrnehmen, die sich offensichtlich in voller Absicht bemerkbar macht. Wir sehen nun die Chance zu helfen und versuchen, den Unbekannten davon zu überzeugen, dass wir hier in Österreich sind. Er ist misstrauisch, kommt aber dennoch – wenn auch sehr zögerlich – aus seinem Versteck und geht ängstlich auf uns zu. Mit einigen einfühlsamen Worten wollen wir sein Vertrauen gewinnen und ihn beruhigen. Dabei sagen wir dem Flüchtling, dass er sich keinesfalls zu fürchten braucht und ersuchen ihn, ins Auto steigen, weil wir ihn in die Sammelstelle nach Mörbisch bringen wollen. Es gelingt uns aber nicht, dem Mann die Angst zu nehmen. Ungläubig und offensichtlich ohne Vertrauen geht er zum Fahrzeug und schaut zuerst auf die Kennzeichen. Erst nachdem er sieht, dass unser Auto mit österreichischen Nummernschildern versehen ist, *steigt er ein. Ich erinnere mich heute nicht mehr, ob er damals alleine oder in Begleitung war. Jedenfalls haben wir diesen Mann – und unter Umständen auch seine Begleiter – in die Winzerhalle gebracht. Heute weiß ich, dass er uns keinesfalls erschrecken wollte, als er mit der Hand ins Wageninnere stieß. Er wollte vermutlich ans Fenster klopfen, konnte aber in der Dunkelheit nicht sehen, dass dieses geöffnet war. Wahrscheinlich ist er erst durch unsere Schreie in Panik geraten und hat das Weite gesucht.*

Danach haben wir unsere »Patrouille« an der Grenze fortgesetzt und falls wir wieder auf Flüchtlinge gestoßen sind, diesen geholfen.

FREMDENZIMMER FÜR FLÜCHTLINGE *Durch die ständig steigende Zahl an Flüchtlingen waren die Transportkapazitäten zur Botschaft nach Wien sehr oft ausgeschöpft. Die Helfer waren daher gezwungen, in Mörbisch freie Quartiere zu suchen. Da die Saison ohnehin zu Ende war, stellten viele Vermieter ihre Zimmer kostenlos zur Verfügung. Das taten selbstverständlich auch meine Eltern – und für die Auslastung habe ich mit meinen Freundinnen gesorgt. Hatten wir Flüchtlinge »aufgegriffen«, so brachten wir sie zuerst in die Winzerhalle, wo sie versorgt wurden und neue Kleider erhielten. Die Möglichkeiten zum Übernachten waren dort sehr eingeschränkt bzw. kaum vorhanden. Vielfach waren auch die Kapazitäten für die sofortige Weiterfahrt zur Botschaft nach Wien ausgeschöpft. Wenn das der Fall war, so habe ich den für die Logistik verantwortlichen Rot-Kreuz-Mitarbeitern angeboten, die Leute in der Pension meiner Eltern vorübergehend unterzubringen. Am Höhepunkt der Flüchtlingskrise waren unsere Zimmer manchmal zur Gänze mit DDR-Bürgern belegt. Meist waren sie eine Nacht bei uns. Am nächsten Morgen bin ich mit ihnen wieder zur Sammelstelle gefahren. Von dort ging es dann mit Bussen weiter nach Wien.*

16 JAHRE DANACH – HOCHZEIT AM ORT DER GEGLÜCKTEN FLUCHT *Nach nun 30 Jahren kann ich mich kaum mehr an Flüchtlinge erinnern, die ich damals betreut, bzw. die bei uns genächtigt haben. Zu einzelnen gab es über längere Zeit Kontakte, einige kamen immer wieder nach Mörbisch und haben sich bei ihren Helfern bedankt. Mit Birgit und Toralf Richter – die nach der Flucht einige Urlaube in Mörbisch verbracht und bei meinen Eltern genächtigt hatten – hat sich die Verbindung bis zur Gegenwart erhalten. Sie haben nämlich in Mörbisch geheiratet. Mein Gatte und ich durften Trauzeugen sein.*

Für uns völlig überraschend, haben uns Birgit und Toralf Richter im Jahre 2005 kontaktiert und uns mitgeteilt, dass sie nach Mörbisch kommen und nur mit uns, aber ohne Verwandtschaft, heiraten wollen. Beide hatten sich kurz vor der Flucht kennengelernt und haben den gefährlichen Weg durch die Löcher des Eisernen Vorhanges gemeinsam geschafft. Noch bevor sie sich zur Flucht entschlossen hatten, haben sie sich das gegenseitige Versprechen gegeben, dass sie heiraten werden, wenn sie unversehrt über die Grenze kommen und in Freiheit ein neues Leben beginnen können. Und 16 Jahre danach haben sie dieses Versprechen eingelöst und sich das »Ja-Wort« gegeben.

Interview mit Birgit und Toralf Richter siehe: »Die Angst im Nacken! Gefangen im »Auf und Ab der Gefühle«

Das Brautpaar Birgit und Toralf Richter am Tag der Hochzeit mit ihren Trauzeugen Michaela und Heinz Enzenhofer. Von li.: Michaela Enzenhofer, Toralf und Birgit Richter, Peter Vargyas (Standesbeamter) Heinz Enzenhofer.

30 JAHRE DANACH Wenn ich heute an diese Zeit zurückdenke, so wird mir erst bewusst, in welcher Gefahr wir uns damals befanden. In unserem jugendlichen Leichtsinn standen wir bewaffneten Männern gegenüber, die den Auftrag hatten, die Grenze ihres Heimatlandes – wenn notwendig auch mit Waffengewalt – zu schützen. Für sie wäre es ohne weiteres möglich gewesen, uns festzunehmen, nach Ungarn zu bringen und uns dort zur Verantwortung zu ziehen. Doch auch für sie stand Menschlichkeit vor der Vollziehung von Gesetzen. Deshalb haben sie nicht nur ein, sondern meist beide Augen zugedrückt.

Wir wollten aber diesen Flüchtlingen unbedingt helfen und freuten uns immer aufs Neue, wenn wir sie an der Grenze aufgreifen und in die Sammelstelle nach Mörbisch bringen konnten. Aus ihren Gesichtsausdrücken, die durch Worte des Dankes bestätigt wurden, waren wir sicher, das Richtige zu tun. Und davon bin ich auch heute noch überzeugt und – ebenso wie meine Freundinnen – sehr stolz darauf.«

Eintragung in das Gästebuch der Familie Enzenhofer. In Dankbarkeit als bleibende Erinnerung am Tag der Hochzeit.

DIE ANGST IM NACKEN!
GEFANGEN IM »AUF UND AB«
DER GEFÜHLE

HOCHZEIT 16 JAHRE NACH GEGLÜCKTER FLUCHT IN MÖRBISCH

Birgit und Toralf Richter

BIRGIT, Jahrgang 1965 und **TORALF RICHTER**, Jahrgang 1967, waren im April 1989 erst seit wenigen Monaten ein Paar und lebten in einem kleinen Ort zwischen Berlin und Dresden.

Beide kamen aus gut bürgerlichen Verhältnissen, verfügten über ein geregeltes Einkommen und hatten sich eine gesicherte Existenz aufgebaut. Birgit war ausgebildete Lehrerin, Toralf gelernter Installateur. Dennoch waren sie mit ihrem Leben nicht zufrieden, weil sie stets nach beruflicher Weiterbildung strebten. Beide sahen dazu im politischen System der DDR – ohne Parteizugehörigkeit – wenig Chancen und dachten immer: »Was wäre, wenn …«

»Mit höchster Aufmerksamkeit verfolgten wir in den westlichen Medien die Berichterstattung über den Abbau des Eisernen Vorhanges an der ungarischen Grenze zu Österreich. Wir freuten uns mit jedem, dem die Flucht gelungen war.«
WÖRTLICHES ZITAT VON BIRGIT RICHTER.

SOMMER 1989: DDR – BULGARIEN – UNGARN – ÖSTERREICH Birgit und Toralf waren jung, Anfang 20 und hatten das Leben noch vor sich – und das mit all seinen Facetten in der DDR? Das wollten sie einfach nicht und entschlossen sich zur Flucht. Durch Nachrichtensendungen der westlichen Medien, die sie täglich verfolgten, wussten sie, dass Ungarn an seiner Grenze zu Österreich mit dem Abbau des Eisernen Vorhanges begonnen hatte. Unter anderem wurde auch darüber berichtet, dass bereits einzelnen

DDR-Bürgern die Flucht nach Österreich gelungen war. Aufgrund dieser Meldungen sahen auch sie eine reelle Chance, die DDR zu verlassen und in den Westen zu flüchten.

Von der genehmigten Urlaubsreise nach Bulgarien bis zur Abfahrt in die Ferien wurde fast täglich über diese Flucht gesprochen und die Pläne von Tag zu Tag konkreter. Niemand – auch nicht der engste Verwandtenkreis – durfte davon Kenntnis erlangen. Nur der Schwägerin von Birgit erzählten sie von ihrem Vorhaben. Sie fuhr nämlich mit beiden nach Bulgarien und sollte das Auto in die DDR zurückbringen.

»Als wir befürchteten, weitab der Grenze in der Falle zu sitzen und unsere Situation ausweglos schien, sprachen uns zwei Männer an und fragten uns, ob wir ›rüber wollen‹. Wir hatten keine andere Wahl und vertrauten ihnen.«
WÖRTLICHES ZITAT VON BIRGIT RICHTER.

SOPRON – FERTÖRÁKOS – MÖRBISCH Am Tag der geplanten Flucht – es war der 27. August 1989 – wurden Birgit und Toralf in Sopron zunächst durch die Aussage eines ungarischen Paares geschockt. Beide rieten ihnen wegen verstärkter Grenzkontrollen zum gegenwärtigen Zeitpunkt davon ab.

Doch unmittelbar danach wurden sie zu ihrer Überraschung von zwei Österreichern angesprochen, die ihnen ihre Hilfe anboten. Es waren zwei Männer aus Mörbisch, die sie vorerst zur Grenze nach Fertörákos brachten. Dort zeigten sie ihnen – zwischen mit bewaffneten Soldaten besetzten Wachtürmen – den Weg durch den Wald zum Stacheldrahtverhau und warteten danach in Mörbisch auf »ihre« zwei Flüchtlinge. Da sich die Helfer nach geglückter Flucht noch anboten, einige persönliche Sachen aus ihrem in Sopron abgestellten PKW zu holen, nahmen sie das Angebot einer Familie Sommer, – die sie jedoch trotz Recherchen bei ihren Urlauben nicht ausfindig machen konnten – dankend an und verbrachten die erste Nacht in Freiheit in Mörbisch. Am nächsten Tag wurden beide mit dem Bus nach Wien zur Botschaft gebracht. Von dort ging es mit dem Zug in das Aufnahmelager nach Gießen.

IN DEN »HAFEN DES GLÜCKS« Birgit und Toralf haben ihre Helfer in Mörbisch niemals vergessen. Sie kamen immer wieder an jenen Ort zurück, an dem sie ihre ersten Schritte in die Freiheit getan hatten. Doch der 27. August 2005 war ein besonderer Tag. Beide gaben sich am Rande des Waldes, an dem sie 16 Jahre zuvor nach geglückter Flucht in ein neues Leben gestartet waren, das »Jawort«. Trauzeugen waren ihre Mörbischer Freunde Michaela und Heinz Enzenhofer. Siehe Interview mit Michaela Enzenhofer: **»FLÜCHTLINGE ERSCHRECKTEN IHRE IM PKW WARTENDEN HELFER«**

JUNG, VERLIEBT, ABENTEUERLUSTIG UND VOLLER TATENDRANG

BIRGIT UND TORALF RICHTER ERZÄHLEN: »*Es war April 1989. Wir – Birgit Giersch und Toralf Richter – waren erst seit einigen Monaten ein Paar und freuten uns auf unsere ersten gemeinsamen Ferien. Geplant war eine Reise mit dem eigenen Auto nach Bulgarien an das Schwarze Meer. Die benötigten Visaanträge wurden zeitig gestellt und die Vorbereitungen begannen. Jeder von uns hatte dort schon einmal Urlaub gemacht und so saßen wir in meiner kleinen Wohnung und träumten von den lang ersehnten Ferien. Da unser Wohnort zwischen Berlin und Dresden lag, konnten wir westliche Medien empfangen. Über die Tagesschau der Fernsehsender ARD und ZDF sowie die Radiosender RIAS (Funkhaus in Westberlin) und SFB (Sender Freies Berlin, Funkhaus in Westberlin) informierten wir uns täglich über die Ereignisse an der ungarischen Grenze zu Österreich. Aufgrund dieser Berichte erkannten wir, dass es dort eine reelle Chance zur Flucht nach Österreich – mit dem Ziel Bundesrepublik Deutschland – gab. Natürlich kam es dadurch zu einer Wende in unseren Gesprächen und man dachte immer wieder darüber nach – was wäre wohl wenn …?*

OHNE PARTEI KEIN BERUFLICHES FORTKOMMEN *In den nächsten Tagen und Wochen gab es dann nur noch dieses eine Thema – unsere gemeinsame Flucht aus der DDR. Da man ja nicht von heute auf morgen alles liegen und stehen lässt, begannen wir alle Vor- und Nachteile penibel zu sondieren. Wir standen nämlich beide im Berufsleben mit zufriedenstellendem Einkommen. Zudem kamen wir aus gut bürgerlichen Verhältnissen und verfügten stetig über Kontakte zu Verwandten in Westen, die ihre Familien 1961 verlassen hatten. Sie erzählten uns immer wieder über ihr Leben «drüben». Wir wussten, was uns erwartete – und waren daher keinesfalls »blauäugig«.*

Doch wie sah es in der DDR mit unserer Zukunft aus? An meiner Schule eckte ich als Lehrerin für die Unterstufe bei den Kolleginnen und Kollegen mit einigen »revolutionären Äußerungen« oft an. Außerdem wäre die Stelle der Schuldirektorin unweigerlich mit einer politischen Laufbahn verbunden gewesen. Deshalb wurde mir auch der Eintritt in die von mir so verhasste SED nahegelegt – und das wollte ich nicht und hätte dies auch keinesfalls getan. Mein Ziel war es, weiter an der Humboldt Universität in Berlin zu studieren. Doch ohne Parteizugehörigkeit war dies unmöglich. Mein Stipendium wurde einfach gestrichen.

Im Handwerksberuf meines Freundes als Installateur gab es aufgrund der stetigen Mangelwirtschaft kaum Möglichkeiten, Materialien für die Baustellen zu bekommen, Neues dazuzulernen und sich weiterzuentwickeln. Wir waren jung, Anfang 20 und hatten eigentlich das Leben mit all seinen Facetten noch vor uns – und das in der DDR …?

EINZIGER AUSWEG – FLUCHT *Deshalb sahen wir die Flucht als große Chance, – die sich im Leben wahrscheinlich nur einmal auftun wird – unserer Zukunft eine neue, gemeinsame Richtung zu geben. Diese Möglichkeit wollten wir in jedem Fall nützen, egal wie schwer es auch für uns und unsere Familien werden wird. Uns wurde klar, dass es eine Rückfahrt vom Urlaub nur noch bis Ungarn geben wird und kann …*

Die Tage und Wochen auf der Suche nach dieser Entscheidung waren sehr schwer. Wir machten uns viele Sorgen über unsere Zukunft. Was passiert, wenn sie uns erwischen? Bei einer Abschiebung in die DDR würden wir nicht nur unsere Jobs verlieren, sondern auch in einem Gefängnis landen. Welche Repressalien müssen unsere Angehörigen ertragen usw.?

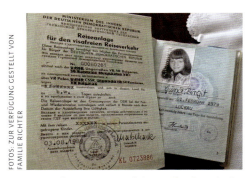

Reiseanlagen zur Berechtigung für die Urlaubsreise nach Bulgarien

Täglich warteten wir auf mein Visum, das einfach nicht kommen wollte. Äußerlich ließen wir uns nichts anmerken. Innerhalb der Familien vertrauten wir uns nur einer Person an – meiner Schwägerin. Sie begleitete uns auch in die Ferien. Jedoch nur deshalb, weil sie mit unserem PKW wieder zurück in die DDR fahren sollte.

Jede Sendung im Fernsehen über Fluchterfolge wurde verfolgt und lächelnd sagten wir uns:

> **»Also mittags fliehen wir mal nicht, da sieht uns ja jeder an der Grenze ...«**
> WÖRTLICHES ZITAT VON BIRGIT RICHTER.

Wir waren gefangen im Auf und Ab unserer Gefühle. Die Angst saß uns im Nacken, weil wir fürchteten, dass noch irgendetwas dazwischenkommt, woran unsere Flucht scheitern könnte. Das schier unendliche Warten auf meine Reiseanlage hatte erst drei Tage vor Reiseantritt ein Ende. Endlich kam dieses lange und mit großer Ungeduld erwartete Dokument. Der Flucht stand nun nichts mehr im Wege.

VON DER HEIMAT ZUM SCHWARZEN MEER

4. AUGUST 1989 *Wir beladen das Auto, verabschieden uns von der Familie und schließen meine Wohnung ab. Die Schlüssel übergeben wir der Nachbarin und erzählen ihr, dass wir uns auf den bevorstehenden Urlaub sehr freuen. Dabei versuchen wir einen sehr entspannten Eindruck zu erwecken, weil alles so «normal» wie nur möglich aussehen muss. Es darf ja keinesfalls der Verdacht aufkommen, dass wir flüchten werden. Ein letzter, schwermütiger Blick zurück und die Fahrt in eine ungewisse – aber dennoch hoffnungsvolle – Zukunft beginnt. Auf dem Weg in Richtung Grenze zur Tschechoslowakei fragen wir uns immer wieder, ob wir die richtige Entscheidung getroffen haben. Wir wissen es nicht.*

Von unseren persönlichen Dokumenten haben wir nur die Personalausweise sowie Reiseanlage dabei. Geburtsurkunden, Studienabschlusszeugnisse sowie Facharbeiterprüfungsnachweis etc. lassen wir zu Hause. Es scheint uns einfach zu gefährlich. Wie sollen wir bei einer Kontrolle an den Grenzen den Beamten erklären, wozu wir diese Urkunden im Urlaub benötigen? Obwohl wir uns auf diese Reise schon sehr lange gefreut haben, ist die Stimmung sehr gedrückt. Wir geben aber die Hoffnung nicht auf, dass sich beim Eintreffen an unserem Urlaubsort alles zum Guten wenden wird und wollen die Tage genießen. Wenn sie uns auf der Flucht festnehmen, könnten es nämlich für längere Zeit unsere letzten Ferien sein.

WIR KÖNNEN KEINE RUHE FINDEN   An den Grenzen bis nach Bulgarien gibt es länderübergreifend zum Teil strenge Kontrollen. Diese müssen wir über uns ergehen lassen. Sie verlaufen zum Glück ohne Beanstandung. Am 4. August 1989 kommen wir in Primorsko an der Bulgarischen Schwarzmeerküste an und beziehen unser Privatquartier. Der Urlaub kann nun beginnen. Doch ist es das, was es sein soll? Eigentlich wollen wir Kräfte sammeln und ausspannen. Es gelingt uns aber nicht, denn unsere Gedanken drehen sich unentwegt im Kreis und werden von nur einem Thema beherrscht: »Werden wir unversehrt über die Grenze nach Österreich kommen«, fragen wir uns täglich. Nach einigen Tagen kommt unser bulgarischer Freund mit seiner deutschen Familie zu uns und berichtet über die aktuellen Ereignisse an der ungarischen Grenze zu Österreich.

FLUCHTPLAN MUSS WEGEN KRANKHEIT DER SCHWÄGERIN GEÄNDERT WERDEN
Meine Schwägerin ist mit der ganzen Situation überfordert und findet keine Ruhe. Sie hält diese psychische Belastung ganz einfach nicht aus. Der Gedanke, uns alleine gehen zu lassen und uns eventuell niemals wieder zu sehen, macht sie ernsthaft krank. Sie kann sich kaum noch auf den Beinen halten. An eine alleinige Rückfahrt mit unserem Auto von Ungarn in die DDR ist nicht mehr zu denken. Das kann sie einfach nicht schaffen. Um ihre Gesundheit nicht weiter zu gefährden, beschließen wir gemeinsam, dass sie mit dem Flugzeug in die DDR zurückfliegt. Dank der Hilfe unseres bulgarischen Freundes können wir ihr die dazu notwendigen Tickets beschaffen. Wir stehen nun vor einer völlig neuen Situation und müssen unseren Fluchtplan ändern. Außerdem läuft uns langsam die Zeit davon, weil die 26 Tage, für die unser Visum in Bulgarien gütig ist, bald zu Ende sind. Dazu kommt noch, dass wir die von unseren Arbeitsplätzen genehmigten Urlaubstage bereits verbraucht haben. Aufgrund dieser Umstände können wir ohne Aufsehen und wegen der zu erwartenden Repressalien nicht mehr in die DDR zurück. Deshalb kontaktieren wir telefonisch einen verdeckten Ansprechpartner, der uns über die Lage in Ungarn genauestens informiert.

Am 25. August 1989 verlassen wir unseren Urlaubsort am Schwarzen Meer und fahren über Rumänien nach Ungarn. Kurz vor unserer Abreise erreicht uns noch die Meldung, dass am 19. August 1989 während einer temporären Grenzöffnung bei Sopron hunderten DDR-Bürgern die Flucht nach Österreich geglückt ist. Das gibt uns zwar ein wenig Hoffnung, hebt aber nicht wirklich unsere gedrückte, mit Angst gekoppelte Stimmung.

Urlaub in Bulgarien – der Schein einer ungetrübten Stimmung trügt.

DIE LETZTEN KILOMETER AUF DEM WEG IN DIE FREIHEIT

Am 26. August 1989 reisen wir von Rumänien kommend in Ungarn ein. Während der Kontrolle fragt uns ein junger ungarischer Grenzposten in gutem Deutsch und lächelt dabei ganz verschmitzt:

»Warum wollen Sie in die DDR? Weshalb fahren Sie nicht gleich in die Bundesrepublik?« »Nein, nein, beteuern wir, wir wollen nur zurück in die DDR.«

Damit haben wir nicht gerechnet. Uns rutscht vor lauter Schreck das Herz in die Hose. Innerlich fragen wir uns, ob man unser Vorhaben schon auf unserer Stirn lesen kann und fahren weiter in Richtung österreichische Grenze. Nach etwa 1.400 Kilometern geraten wir kurz vor Sopron neuerlich in eine Kontrolle der ungarischen Polizei. Ein Beamter fragt uns nach unserem Ziel, worauf wir ihm erklären, dass wir schrecklich müde sind und einen Campingplatz suchen, um dort zu zelten. Um unsere Angaben auch glaubhaft zu machen, zücken wir einen alten Atlas, in dem der Zeltplatz, der an einem See liegt, eingezeichnet ist. Außerdem befinden sich im Auto noch unsere Schlafsäcke, die wir in der letzten Nacht verwendet haben. Weiters können wir auch die Reiseanlage vorweisen, worauf die Stampiglien der Grenzübertritte – Bulgarien-Rumänien-Ungarn – mit dem Einreisedatum nach Ungarn ersichtlich sind. Heute kann ich nicht mehr sagen, ob wir den Polizisten davon überzeugt haben oder ob er mit uns nur Mitleid hatte. Jedenfalls beanstandet er uns nicht und lässt uns weiterfahren.

Auf diesen Stampiglien ist das Datum der Ein- bzw. Ausreise in die einzelnen Staaten ersichtlich

KEINE ENTSPRECHENDE LANDKARTE – ORIENTIERUNG NUR SCHWER MÖGLICH

Doch wohin wir genau fahren müssen, um an die Grenze zu kommen, wissen wir nicht. Unser einziges Navigationssystem ist ein veralteter DDR-Atlas, in dem die Grenze zu Österreich nur schemenhaft und äußerst ungenau eingezeichnet ist. Da wir nicht ortskundig sind, haben wir keine Ahnung wo der Stacheldraht eventuell schon abgebaut oder löchrig ist und die Grenze nicht mehr so intensiv bewacht wird. Deshalb fahren wir in die Stadt (Sopron) hinein, stellen unser Auto auf dem Deák-Platz – liegt in der Nähe des Bahnhofes – ab und erkunden die Gegend. Dabei hoffen wir, dass wir jemanden finden werden, der uns eventuell weiterhilft. Wir müssen jedoch sehr vorsichtig sein. Man weiß ja nie ob wir nicht auf einen Mitarbeiter der Stasi treffen. Vereinzelt sehen wir Autos aus der DDR. Einige, deren Besitzer wahrscheinlich bereits geflüchtet sind, sind verlassen und abgesperrt. In den anderen Fahrzeugen schlafen die »Passagiere« und warten vermutlich ebenso wie wir auf einen günstigen Augenblick zur Flucht.

KEINER TRAUT DEM ANDEREN

Es ist eine unheimliche Stimmung. Jeder Passant auf der Straße ist vorsichtig, beobachtet den anderen und versucht herauszufinden, ob er Ungarisch oder Deutsch spricht. Man fängt einfach Wortfetzen auf und reimt sich etwas zusammen. Einen Unbekannten direkt anzusprechen, wagt jedoch niemand. Die Stunden vergehen. Es wird Abend und wir sind noch keinen Schritt weitergekommen. In der Stadt ist eine unsichtbare Hektik zu spüren. Schön langsam zweifeln wir daran, ob sich für uns überhaupt eine Möglichkeit zur Flucht auftun wird.

Verlassen und einsam stehen wir neben unserem Auto und beobachten kleine Gruppen von DDR-Bürgern, die mit ihren Rucksäcken in einen Bus steigen. Wir gehen ihnen hinterher, weil wir sicher sind, dass auch sie flüchten wollen. Verzweifelt versuchen wir – ohne aufzufallen – die Fluchtroute herauszufinden, um danach eventuell unseren eigenen Fluchtplan auszurichten. Doch es ist unmöglich. Der Bus fährt ab und wir stehen alleine da. Unsere Gedanken drehten sich wieder einmal im Kreis. Die Nervosität steigt mit jeder Minute. Enttäuscht und bereits etwas resignierend setzen wir uns in das Auto und versuchen ein wenig zu schlafen. Doch es bleibt beim Versuch. Die Zeit scheint still zu stehen. Angespannt warten wir bis es hell wird.

SONNTAG 27. AUGUST 1989 – SITZEN WIR IN DER FALLE? Endlich wird es Tag und die Sonne schickt ihre Strahlen erbarmungslos zur Erde, sodass es bereits am frühen Morgen sehr heiß ist. Unsere Vorräte an Lebensmitteln und Getränken sind fast aufgebraucht. Wir haben beide ein Gefühl der Leere und befürchten, dass wir an diesem Ort – weitab der Grenze – nun in der Falle sitzen. Doch die Zeit drängt. Während wir überlegen was wir tun werden, nähert sich dem Auto ein ungarisches Paar und spricht uns an. Beide erzählen uns, dass die Grenzkontrollen verstärkt wurden und der Zeitpunkt für eine Flucht sehr ungünstig sei. Auch das noch! Ein weiterer »Dämpfer«! Die Stimmung ist auf dem Tiefpunkt und die Verzweiflung wird immer größer. Dass sie uns zu essen und zu trinken anbieten, registrieren wir zwar, lehnen jedoch dankend ab. Zu tief sitzt in uns die Enttäuschung einer schier aussichtslos gewordenen Flucht im Nacken. Außerdem vertrauen wir ihnen nicht. Es könnten ja auch Mitarbeiter der »allgegenwärtigen« Stasi sein. Wir bedanken uns für die angebotene Hilfe sowie für die wertvollen Informationen und richten uns auf einen langen Tag ein. Viel Hoffnung auf eine Wende zum Guten haben wir momentan nicht.

EIN WUNDER GESCHIEHT Doch plötzlich überschlagen sich die Ereignisse. Unmittelbar neben uns hält ein »VW-Bulli« (= ein VW-Bus, der liebevoll auch Bulli genannt wird) mit österreichischem Kennzeichen. Zwei Männer steigen aus und kommen auf uns zu. Einer fragt uns direkt: »Wollt ihr rüber?« Vor lauter Schreck sind wir wie gelähmt und können nicht sofort antworten.

Auf diesem Parkplatz im Bereich des Parks vor dem Deák-Platz in Sopron hatten wir unseren Lada zurückgelassen (Foto zehn Jahre danach aufgenommen)

Außerdem sind wir sehr vorsichtig und natürlich auch sehr misstrauisch. Wer weiß schon …! Wir überlegen kurz, wobei uns bewusst ist, dass wir fast mit dem Rücken zur Wand stehen und wenig Möglichkeiten für eine alleinige Flucht sehen. Außerdem überzeugt uns das freundliche Wesen dieser beiden Männer weshalb wir schnell «Ja» sagen. Sie sprechen nicht viel und sagen nur:

»**Haltet euch bereit. Wir sind in einer halben Stunde hier und holen euch ab.**«

WÖRTLICHES ZITAT EINES HELFERS AUS MÖRBISCH.

Da sie nach diesen wenigen Worten sofort wieder verschwinden, ist uns ganz übel vor Aufregung und Angst. Worauf haben wir uns da eingelassen? Helfen sie uns oder werden sie uns den Grenzern ausliefern? Gedanken, die uns durch den Kopf schwirren. »Nein, wir glauben an das Gute«, reden wir uns unentwegt ein. Vielleicht nur deshalb, weil wir damals noch jung und naiv waren. Doch wir können nicht lange überlegen, denn binnen kürzester Zeit sind unsere Helfer wieder vor Ort und schon sitzen wir im VW-Bus. Das Gepäck lassen wir in unserem Wagen zurück und los geht die Fahrt. Obwohl wir uns vorgenommen haben, dass wir niemals bei Tageslicht flüchten werden, haben wir nun keine andere Wahl. Wir vertrauen uns den beiden Männern an und legen »unser Schicksal in ihre Hände«. Eine andere Möglichkeit gibt es ja nicht.

ZUM MITTAGESSEN SEHEN WIR UNS IN MÖRBISCH *Nun verlassen wir Sopron und fahren Richtung Fertörákos. Ehe wir uns so richtig besinnen, stehen wir auch schon inmitten von Weinbergen. Der Fahrer, – wie wir jetzt wissen –*

Herr Sommer aus Mörbisch, hält das Auto an und lässt uns aussteigen. Doch zuvor erhalten wir noch folgende Anweisung:

»Wir stehen hier zwischen zwei Grenztürmen. Richtet euch nach der Sonne und in einer Stunde sehen wir uns in Mörbisch wieder zum Mittagessen.«

In der Hoffnung, dass wir uns tatsächlich zum Mittagessen in Mörbisch wiedersehen, verabschiedeten wir uns und gehen los. Die Sonne brennt vom Himmel und treibt uns den Angstschweiß aus den Poren. Eine Flucht bei Tageslicht? Niemals, haben wir uns geschworen! Und jetzt tun wir es doch. Wie wird das wohl enden?

BEWAFFNETE SOLDATEN AUF DEN WACHTÜRMEN *Mit Argusaugen beobachten wir unsere Umgebung und versuchen nicht auf dürres Geäst zu treten, um ja keinen Lärm zu verursachen. Es dauert nicht lange und wir können die Grenzanlage sehen. Parallel zur Grenze – etwa 100 Meter voneinander entfernt – stehen Wachtürme, auf denen sich bewaffnete Soldaten befinden. Davor ein Sandstreifen sowie ein breiter, befahrbarer Weg. Es ist gespenstisch still und unheimlich. Uns ist bewusst, dass wir jetzt keinen Fehler machen dürfen. Wenn wir entdeckt werden, ist alles vorbei. Wir wissen ja nicht, ob wir bereits beobachtet werden, bzw. ob überhaupt – und wenn doch, wie viele – Grenzer im Einsatz sind. Für uns sichtbar sind nur die bewaffneten Soldaten auf den Wachtürmen. Nun scheint der Moment gekommen. Unser Gefühl sagt uns, dass der Zeitpunkt günstig ist. Jetzt oder nie, denken wir, bündeln alle Kräfte und laufen über den Sandstreifen sowie über den Weg in die Büsche. Zu unserer Überraschung stehen wir plötzlich vor dem Stacheldrahtverhau und sehen kleine Löcher. Irgendwie zwängen wir uns durch, laufen durch den Wald weiter und sehen an den Bäumen Schilder mit der Aufschrift: »Willkommen in Österreich«. »Ist es Tatsache oder nur ein Traum«, fragen wir uns, rennen weiter und verlieren uns im Wald aus den Augen. Oh weh!*

ERLEICHTERT – EIN AUTO MIT SCHWARZEN KENNZEICHENTAFELN *Es dauert aber nur wenige Minuten bis wir zu einer Straße kommen und uns dort treffen. Als wir noch ein Auto mit schwarzen Nummernschildern sehen, fallen wir uns glücklich in die Arme. Jetzt sind wir ganz sicher, dass wir in Österreich sind* *und die Flucht unbeschadet überstanden haben. Der nette Mann bringt uns mit seinem Fahrzeug in den Ort (Mörbisch), der aufgrund des großen Flüchtlingsandranges in »Aufruhr« zu sein scheint. Vor einem großen Rot-Kreuz-Zelt lässt er uns aussteigen, wir gehen hinein, werden freundlich empfangen und bestens versorgt. Wir sind sprachlos über diese tolle Gastfreundschaft, die wir niemals vergessen haben.*

FLUCHTHELFER IM ZELT GETROFFEN *Nachdem wir verköstigt wurden, musste erst einmal die »Bürokratie bekämpft werden«. Gendarmen nahmen unsere Personalien auf, wobei wir auch mit der Frage konfrontiert wurden, ob wir uns in Österreich eine Zukunft vorstellen könnten. Dies deshalb, weil wir beide noch so jung waren und ein abgeschlossenes Studium bzw. eine abgeschlossene Berufsausbildung hatten. Doch damals gab es für uns – leider – nur ein Ziel – und das war die Bundesrepublik Deutschland. Da wir im Besitz vieler verschiedener Währungen waren, tauschte uns die österreichische Bank das gesamte Geld in Schilling um. Und die nächste Überraschung ließ nicht lange auf sich warten. Wir konnten es kaum glauben, als plötzlich unsere beiden Fluchthelfer vor uns im Zelt standen und fragten: »Na habt ihr es bis zum Essen geschafft?«*

GEPÄCK AUS SOPRON GEHOLT *Obwohl wir alles zurückgelassen hatten, waren wir glücklich, dass uns diese Gastfreundschaft widerfahren ist. Doch der Höhepunkt war noch lange nicht erreicht. Die beiden Helfer boten uns an, unser Gepäck aus dem in Sopron abgestellten PKW zu holen. Selbstverständlich nahmen wir dankend an und übergaben den beiden unsere Autoschlüssel. Da wir auf unser Gepäck warteten, konnten wir nicht sofort mit dem Bus weiter zur Botschaft nach Wien fahren. Und das war – im Nachhinein gesehen – auch gut so. Nette Menschen – es war eine Familie Sommer – brachten uns in ihr Anwesen, wo wir auch nächtigen konnten. Wir waren über diese Gastfreundschaft einfach sprachlos.* **ANMERKUNG:** *Obwohl wir bei unseren Urlauben einige Recherchen angestellt haben, konnten wir diese Familie aufgrund zahlreicher Namensgleichheiten nicht »ausfindig« machen.*

TRÄNEN DER FREUDE *Auf dem Weg zu den »Sommers« telefonierten wir von der Telefonzelle beim Friedhof aus mit der Heimat. Dabei flossen nicht nur viele Tränen aus den Augen, sondern auch viele Schillinge in den Münzapparat.*

Die Familie feierte an diesem Tag ein besonderes Fest. Eine Verwandte, die in der Nähe von Mörbisch wohnte, wurde 80 Jahre alt. Man nahm uns einfach zu dieser Geburtstagsparty mit und wir waren die heimlichen »Stars« des Abends. Ich sehe uns – umringt von vielen jungen Leuten – in der Küche stehen und erzählen, erzählen, erzählen … Es wurde viel gelacht, jedoch auch geweint. Es war einfach herrlich.

»Wir haben diese Hilfs- sowie Gastfreundschaft der Menschen in Mörbisch nie vergessen und für immer in unsere Herzen gespeichert.«
WÖRTLICHES ZITAT VON BIRGIT RICHTER.

MÖRBISCH – WIEN – GIESSEN *Am nächsten Morgen stiegen wir in den Bus, der uns zur Botschaft nach Wien brachte. Am Abend ging es dann mit einem Sonderzug weiter nach Gießen. Wir fuhren die Nacht durch und kamen am Morgen des 29. August 1989 an. In diesem Sammellager sahen wir erst einmal, dass wir unsere Idee mit einer überwältigenden Anzahl von Menschen teilten. Es war gigantisch. Nun begann endgültig unser neues Leben in der Bundesrepublik.*

Nach einer Woche im Aufnahmelager, wobei die gesamte Bürokratie erledigt wurde, gingen wir am Freitag, den 2. September 1989, Hand in Hand mit einer kleinen Tasche in die Rodheimer Straße 42 und bezogen dort unsere «Übergangsunterkunft.

DANKE *Dankbar sind wir unserer Familie in der Bundesrepublik, die uns unterstützte. Mit ihrer Hilfe begann mein Mann bereits am 15. September 1989 in einer Heizungs- und Sanitärfirma in Bad Marienberg (Stadt mit ca. 6.000 Einwohnern im Bundesland Rheinland-Pfalz, etwa 80 Kilometer östlich von Bonn) zu arbeiten, wo er noch heute tätig ist. Im Oktober 1989 bezogen wir unsere erste gemeinsame Wohnung in Bad Marienberg. Bei mir lief es nicht ganz so gut, weil meine Ausbildung als Unterstufenlehrerin nicht anerkannt wurde. Am 1. Jänner 1990 bekam ich eine Anstellung als Erzieherin im Kindergarten, wo ich noch immer arbeite. Wir sind aber keinesfalls auf der Stelle getreten und stehen mit »beiden Beinen voll im Leben«. Das ist aber nur möglich, weil wir uns durch viele Schulungen sowie Kurse beruflich und privat immer wieder weitergebildet haben. Deshalb wird unsere Arbeit auch anerkannt. Mit Stolz verweisen wir darauf, dass wir niemals arbeitslos waren* und noch heute in jenem Betrieb tätig sind, in dem unser Berufsleben in der Bundesrepublik begonnen hat.

Ich sage mir immer:

>»Das ist mein Beitrag zur Deutschen Einheit«.
> WÖRTLICHES ZITAT VON BIRGIT RICHTER.

Unseren Lada, auf den wir so lange gespart hatten und schweren Herzens zurücklassen mussten, haben die Eltern vor Toralf nur wenige Tage nach unserer Flucht in die DDR zurückgebracht. Auf ihre Urlaubsreise nach Ungarn nahmen sie den Zweitschlüsseln mit. Aufgrund der genauen Beschreibung konnten sie den Parkplatz in Sopron finden, wo das Auto – unbeschädigt und zum Glück noch nicht aufgebrochen, was zum Leidwesen der Besitzer sehr oft der Fall war – stand. Sie fuhren mit unserem PKW nach Hause und versteckten ihn. Nach der Wende waren wir neuerlich stolze »Besitzer unseres eigenen Autos.«

30 JAHRE DANACH – MÖRBISCH WIRD UNS IMMER IN ERINNERUNG BLEIBEN

Die ersten Jahre vergingen schnell. Man baute sich materiell etwas auf und reiste um die Welt. Doch Mörbisch hatten wir nie vergessen. Deshalb planten wir für den Sommer 1998 an jenem Ort, an dem wir die ersten Schritte in die Freiheit getan hatten, einen Urlaub, weil wir unbedingt zur Familie Sommer wollten. Das stellten wir uns jedoch zu einfach vor. Wir kamen nach Mörbisch und suchten im Verzeichnis der Vermieter die Familie Sommer. Oh du Schreck! Sommers gab es in Mörbisch viele. Auf gut Glück fuhren wir zur Familie Hans und Hilde Sommer in die Herrengasse und wurden nicht enttäuscht. Es war zwar nicht jene Familie Sommer, bei der wir die erste Nacht nach unserer Flucht verbracht hatten, wir wurden aber von ihnen ebenso herzlich aufgenommen wie bei den »Sommers« im August 1989. Wie nicht anders zu erwarten, haben wir uns sofort verstanden. Es gab genügend Gesprächsstoff, denn wir alle hatten ja viel erlebt. In den nächsten beiden Jahren verbrachten wir wieder unsere Ferien in Mörbisch, erkundeten die Umgebung sowie die Stadt Sopron und lernten uns auch näher kennen. Eine Freundschaft mit der Familie Sommer entstand.

Die Zeit verging. Wir wurden älter und reifer. Toralf und ich hatten uns vieles mitsammen geschaffen – wenn auch »nur« als Lebensgemeinschaft.

HOCHZEIT Im August 2005, also genau 16 Jahre nach unserer gemeinsamen Flucht, fuhren wir – doch diesmal in Planung eines freudigen Ereignisses – wieder nach Mörbisch. Der 27. August 2005 sollte für uns ein ganz besonderer Tag sein. Im Wald nahe der kleinen Festspielgemeinde am Westufer des Neusiedler Sees taten wir vor exakt 16 Jahren unsere ersten gemeinsamen Schritte in ein neues Leben. Und das haben – und werden – wir nie vergessen, weshalb wir dort unsere Hochzeit feiern wollten.

Zehn Jahre danach – Erinnerungen werden »wach«

Diese Trauung war – auch dank unserer Trauzeugen, Organisatoren und Freunde, Michaela (Tochter von Hilde und Hans Sommer) und Heinz Enzenhofer – der schönste Tag in unserem Leben. Auch im glücklichsten Augenblick der Freude dachten wir an die schweren Stunden, die wir damals erlebt hatten.

Hier schließt sich nun der Kreis für uns und unserer Geschichte, die wir schon oft und gern erzählt haben. Das können wir jedoch nur, weil es damals – 1989 – mutige Menschen gab, die selbstlos für andere da waren und denen Dank und Anerkennung gebührt. Wir werden ihnen immer dankbar sein.

16 Jahre nach der Flucht – Hochzeit in Mörbisch. Stehend das glückliche Paar Toralf und Birgit Richter. In der Kutsche die Trauzeugen Heinz und Michaela Enzenhofer.

Abschließend möchten wir noch bemerken, dass wir froh sind, beide Seiten der politischen Regime in Deutschland kennengelernt zu haben. Wenn wir die Zeit in unserem Leben Revue passieren lassen, so haben wir am »eigenen Leib«

verspürt, was es heißt, mit Bevormundung und Überwachung in der DDR zu leben, alles zurückzulassen und sich der Gefahr einer Verhaftung bei der Flucht auszusetzten. Wir haben aber auch erlebt, wie schwer es trotz einem Leben in Freiheit ist, sich aus dem »Nichts« eine neue Existenz aufzubauen. Das haben wir geschafft – und darauf sind wir besonders stolz.

IN FREUNDSCHAFT VERBUNDEN – FLÜCHTLINGE MARTINA UND ANDREAS PAETZOLD MIT HELFER ING. GERHARD SELUCKY

Ing. Gerhard Selucky

ING. GERHARD SELUCKY, Jahrgang 1958, lernte schon als Kind bei Verwandtenbesuchen die Schikanen am Eisernen Vorhang kennen. Stacheldraht, Schlagbäume und bewaffnete Soldaten am Grenzübergang Klingenbach-Sopron haben bei ihm eine bleibende – abschreckende – Erinnerung hinterlassen.

ING. GERHARD SELUCKY war zum Zeitpunkt der Flüchtlingskrise Katastrophenreferent des Roten Kreuzes im Burgenland und unter anderem auch für die Koordinierung der Hilfsmaßnahmen zuständig. Als verantwortlicher Kommandant hielt er sich am Höhepunkt der Flüchtlingsbewegungen direkt an der Grenze bei Mörbisch/See auf und half wo Not am Mann – oder Frau – war.

Während eines Hilfseinsatzes im Flüchtlingslager Zugliget bei Budapest beobachtete er ein junges Pärchen, das verzweifelt auf einer »Langbank« saß und mit ihren Fluchtplänen offensichtlich in eine »Sackgasse« geraten war. Gerhard erkannte die ausweglose Situation, bot spontan seine Hilfe an, und ermöglichte ihnen die Flucht durch die Löcher des Eisernen Vorhanges von

Fertőrákos nach Mörbisch. Dabei ist zwischen dem Helfer und den beiden Flüchtlingen – Martina und Andreas Paetzold – eine innige Freundschaft entstanden, die sich bis zur Gegenwart erhalten hat.

»**Nur durch die ausgezeichnete Zusammenarbeit zwischen den Mitarbeitern des Roten Kreuzes, der Gendarmerie, der Zollwache und der Bevölkerung konnten wir diese Krise bewältigen. Bei diesem Einsatz verloren sämtliche Helfer das Zeitgefühl und waren immer dann vor Ort, wenn man sie brauchte. Jeder hatte nur ein Ziel – die Not dieser armen Menschen zu lindern**«.

WÖRTLICHES ZITAT VON ING. GERHARD SELUCKY.

ERINNERUNGEN AN DEN EISERNEN VORHANG

Zu Ungarn, insbesondere zur Grenzregion um die Stadt Sopron, habe ich eine ganz persönliche Beziehung. Mein Großvater war während der Zwischenkriegszeit Förster der Stadt Sopron, verrichtete jedoch seinen Dienst im Revier Mörbisch, das zur Forstabteilung Sopron gehörte.

Wir haben auch heute noch Verwandte in Sopron, die wir bereits zur Zeit des Eisernen Vorhanges regelmäßig besucht haben. Ich war damals noch ein Kind und durfte meine Großeltern bzw. Eltern zu diesen Besuchen begleiten. Mir sind die Schikanen an der Grenze noch sehr gut in Erinnerung. Grenzer mit vorgehaltenen Maschinenpistolen prägten damals das Bild am Übergang zwischen Klingenbach und Sopron. Ohne langwieriges bürokratisches Prozedere bei der Beantragung des Tagesvisums sowie einer peniblen und oft zeitaufwendigen Durchsuchung unseres Autos – manchmal auch der Insassen – gab es keine Einreise nach Ungarn. Staubildungen – die vielfach sogar bis zur Zuckerfabrik Siegendorf reichten und die Anfahrt bis zu den Schlagbäumen um Stunden verzögerten – gehörten zum Alltag.

Wartezeiten an den Grenzen gibt es zwar nach wie vor, diese haben sich jedoch drastisch verringert und entstehen vor allem durch den Berufsverkehr infolge Verkehrsüberlastung. Kontrolliert wird nur mehr stichprobenartig bei der Einreise nach Österreich. Bewaffnete Grenzsoldaten auf ungarischer Seite sowie Schlagbäume aus Stahl sind längst Geschichte. Für unsere Jugend ist es heute selbstverständlich, dass sie in nur wenigen Minuten – und ohne Kontrolle – von Eisenstadt nach Sopron fahren kann.

ES BEGANN MIT VEREINZELTEN FLÜCHTLINGEN

KOORDINIERUNG DER HILFSMAßNAHMEN VOR ORT *Doch nun zu den Ereignissen des Jahres 1989: »Ich war damals Katastrophenreferent des Roten Kreuzes im Burgenland und in dieser Funktion für die logistische Abwicklung sämtlicher Hilfseinsätze in unserem Bundesland zuständig.*

Zu Beginn des Sommers 1989 berichteten die Medien, dass Ungarn an der Grenze zu Österreich mit dem Abbau des Eisernen Vorhanges begonnen hatte und die Arbeiten zügig vorangehen würden. Man hörte auch, dass vor allem Bürger aus der DDR durch den nun löchrig gewordenen Stacheldraht nach Österreich flüchten würden. Vorerst kamen die Flüchtlinge nur vereinzelt, doch der Flüchtlingsstrom nahm von Tag zu Tag zu. Mörbisch galt neben St. Margarethen, Klingenbach und Deutschkreutz als einer der »Hotspots«. Die erste große Flüchtlingswelle gab es am 19. August 1989 beim »rostigen Gittertor von St. Margarethen«.

Vor allem in Mörbisch konnten Exekutive und Gemeinde ab der zweiten Augusthälfte den Ansturm nicht mehr bewältigen. Am 20. August 1989 – ausgerechnet an einem Sonntag – trat dann jene Situation ein, die niemand vorhersehen konnte. Der Flüchtlingsstrom nahm fast stündlich zu, Flüchtlinge kamen scharenweise über die Grenze nach Mörbisch. Die Verantwortlichen konnten die Versorgung mit den notwendigsten Gütern nicht mehr gewährleisten und ersuchten das Rote Kreuz um Hilfeleistung. Am späten Nachmittag dieses 20. August 1989 wurde ich von Stefan Schinkovits, der damals in der Zentrale in Eisenstadt Dienst versah, alarmiert und um Unterstützung gebeten. Da dieses Ereignis in meinen Aufgabenbereich als Katastrophenreferent fiel, war ich ab diesem Zeitpunkt für die gesamte logistische Abwicklung des Einsatzes in Mörbisch zuständig.

IMPROVISATION WAR NOTWENDIG *Wir setzten sofort »alle Hebel in Bewegung«, um Lebensmittel sowie Getränke zu organisieren – was sich zunächst etwas schwierig gestaltete, weil sonntags sämtliche Geschäfte geschlossen waren – und stellten in Mörbisch neben dem evangelischen Pfarrheim ein Zelt auf. Dabei wurden wir – ebenso wie in den folgenden Wochen – von der Bevölkerung vorbildlich unterstützt. Die Menschen halfen selbstlos, indem sie Kleider und Toilettensachen ebenso wie Nahrungsmittel ins Lager brachten. Manche Bürger gewährten den Flüchtlingen in ihren Wohnhäusern sogar Unterkunft für die Nacht, andere wieder ermöglichten ihnen zumindest eine ausgiebige Körper-*

pflege. Viele Mörbischer fungierten ebenso wie einige meiner Kollegen – in ihrer Privatzeit – als **UNENTGELTLICHE** *Fluchthelfer.*

Da sich die Anzahl der Flüchtlinge, die von Fertörákos nach Mörbisch kamen, täglich steigerte, platzte unser Zelt bald aus allen Nähten. Wir suchten daher ein Ausweichquartier und übersiedelten in die Winzerhalle. Dort richteten wir unsere Kommandozentrale ein und verteilten Lebensmittel, Kleider und Getränke an die Flüchtlinge. Dabei wurden wir von der Bevölkerung großartig unterstützt, denn die Mörbischer hatten nicht nur in ihrer Gemeinde, sondern in der ganzen Umgebung Sammlungen organisiert und die Hilfsgüter zu uns gebracht.

Zu Beginn versuchten wir auch sämtliche Flüchtlinge namentlich zu erfassen, um im Falle einer Suche – Familienzusammenführung etc. – über entsprechende Unterlagen zu verfügen. Doch das wurde uns von der Behörde bald untersagt und der Gendarmerie übertragen. Für uns nicht unbedingt ein »Nachteil«, weil wir ja genügend andere Probleme zu lösen hatten und dadurch unsere Personalressourcen in anderen Bereichen einsetzen konnten. In unsere Kompetenz fiel unter anderem auch die Korrespondenz mit der Deutschen Botschaft sowie die Koordination der Flüchtlingstransporte nach Wien. Dabei möchte ich betonen, dass die Botschaft sehr kooperativ war und sämtliche Kosten für die Verpflegung sowie die notwendigen Toilettenartikel übernommen hat. Erwähnen möchte ich auch noch den ORF, der damals weniger auf sensationelle Berichterstattung, sondern auf Hilfeleistung bedacht war. Etwa Gaby Schwarz, sie war für die Berichterstattung zuständig und hat sich sofort in den »Dienst der guten Sache« gestellt.

HILFELEISTUNG NACH BUDAPEST AUSGEWEITET – FLUCHTHILFE FÜR EIN JUNGES PAAR

In Budapest – ich denke es war im Stadtteil Zugliget – hatte der Malteser Hilfsdienst in einem Park oder auf einem Campingplatz ein Flüchtlingslager eingerichtet, in dem es an vielen notwendigen Gütern fehlte. Deshalb wurde ich vom Landesverband beauftragt, mit einem Hilfskonvoi Decken nach Budapest zu bringen. Wir fuhren mit zwei Autos. Den Hilfstransport begleiteten unter anderem auch Gaby Schwarz und der damalige Chefredakteur des ORF-Burgenland, Robert Heger, sowie der Kameramann Koloman Watzek.

Als wir dort ankamen, wollte ich mir zuerst einen Überblick verschaffen.

Es herrschte aber ein derartiges Chaos, dass ich nicht unterscheiden konnte, wer Helfer oder Flüchtling ist. Außerdem »wimmelte« es von Agenten, aber nicht nur von jenen der Stasi, sondern von sämtlichen Geheimdienstlern aus Staaten der östlichen und westlichen Welt. Man konnte sie zwar nicht erkennen, doch das war zum »Greifen oder zum Riechen«.

MARTINA UND ANDREAS PAETZOLD – EIN VERZWEIFELTES PÄRCHEN *Während bzw. nachdem wir unsere Hilfsgüter an die «Frau bzw. an den Mann» gebracht hatten, fiel mir ein junges Pärchen auf, das ängstlich auf einer «Langbank» saß und völlig verzweifelt wirkte. Mir hat es dabei fast das Herz gebrochen und ich habe für mich in sofort beschlossen, dass ich ihnen meine Hilfe anbieten werde. Deshalb bin ich zu ihnen gegangen und habe sie einfach angesprochen. Beide waren nicht nur überrascht, sondern ganz verschreckt und verunsichert. Sie erkannten mich nämlich nicht als Mitarbeiter des Roten Kreuzes, weil ich keine Uniform trug. Ich hätte ebenso ein Agent der Stasi sein können. Nach einem kurzen Gespräch, bei dem ich versuchte, ihr Vertrauen zu gewinnen, begannen sie zögernd zu reden und erzählten mir, dass sie schon einige erfolglose Fluchtversuche unternommen hätten.*

> **»Wenn ihr bereit seid, mit uns zu kommen, so stellt euer Auto zwischen unsere zwei Fahrzeuge und wir fahren los. Im Falle einer Flucht müsst ihr aber euer Auto in Ungarn zurücklassen«.**
> WÖRTLICHES ZITAT VON ING. GERHARD SELUCKY.

AUTO BLEIBT IN BUDAPEST *Nach einer kurzen Überlegung nahmen die beiden mein Angebot an, gingen zum Lagerleiter und fragten, ob ich denn tatsächlich vom Roten Kreuz sei. Obwohl er ihnen dies bestätigte, haben sie mir dennoch nur »bedingt« vertraut. Doch sie hatten nicht viele Möglichkeiten und gingen einfach das Risiko ein. Ich habe ihnen auch noch gesagt, dass sie mit ihrem Fahrzeug keinesfalls flüchten können und dieses in Ungarn zurücklassen müssen.*

Sie waren damit einverstanden, stellen ihren PKW zwischen unsere beiden Autos und das »Abenteuer Flucht« begann. Einerseits war ich glücklich, diesen Menschen helfen zu können, andererseits wusste ich noch nicht genau, wie ich das bewerkstelligen werde. Doch mir war das zu diesem Zeitpunkt völlig gleichgültig. Ich hatte nur ein Ziel vor Augen – dieses Pärchen gesund über die Grenze nach Österreich zu bringen. Und dafür werde ich das Risiko eingehen, dachte ich mir.

Um im Freiland kein unnötiges Aufsehen zu erzeugen, stellten wir das Fahrzeug des Pärchens noch in der Stadt Budapest ab. Sie nahmen nur das Notwendigste aus ihrem Auto, stiegen zu uns ins Fahrzeug und ließen ihren »Trabi« mit viel Wehmut zurück. Somit hatten Martina und Andreas ihren letzten Besitz sowie das letzte »Stück Heimat« zurückgelassen und ihr Schicksal zur Gänze in die Hände fremder Menschen – die sie erst wenige Stunden kannten – gelegt.

Etwa auf halber Strecke zwischen Budapest und Sopron legten wir eine kurze Pause ein und suchten ein Restaurant auf. Obwohl wir die beiden Flüchtlinge auf Speis und Trank eingeladen haben, sind sie aus Angst vor der Stasi – dass sie eventuell als Flüchtlinge erkannt werden – nicht aus dem Auto gestiegen. Während der Fahrt haben sie kaum gesprochen und mit nur wenigen Worten erfolglose Fluchtversuche erwähnt.

NÄCHTIGUNG IN SOPRON   Wir mussten aber dennoch die Flucht planen bzw. mit ihnen besprechen, wie sie über die Grenze kommen können. Da ich die Gegend zwischen Fertörákos und Mörbisch kannte und wusste, dass der Stacheldraht dort viele Löcher hat, schien mir diese Örtlichkeit für die Flucht bestens geeignet. Außerdem waren in den letzten Tagen in diesem Bereich bereits hunderte DDR-Bürger unversehrt über die Grenze gekommen. Von großem Vorteil war auch, dass im Wald zwischen Fertörákos und Mörbisch zahlreiche Hinweisschilder, die den Weg nach Österreich wiesen, angebracht waren. Zusätzlich waren täglich mehrere Fluchthelfer unterwegs, die die Flüchtlinge aufnahmen und in das Lager nach Mörbisch brachten. Dadurch mussten sie nicht planlos im Wald umherirren und eventuell den Grenzern in die Arme laufen. Nachdem beide mit diesem Plan einverstanden waren, fuhren wir in Sopron zu Bekannten, wo sie die Nacht verbringen konnten. Die Flucht vereinbarten wir für den nächsten Abend. Ich versprach ihnen, dass ich dann zu ihnen ins Quartier komme, sie von Sopron nach Fertörákos bringen und ihnen die Örtlichkeit für den illegalen Grenzübertritt zeigen werde. Danach nahm ich ihr Gepäck und reiste legal nach Österreich aus.

GEGLÜCKTE FLUCHT   Wie geplant kam ich am nächsten Abend mit meinem PKW zu Martina und Andreas nach Sopron, nahm sie auf und brachte sie an die Grenze nach Fertörákos. Da sie sichtlich nervös wirkten, versuchte ich während der Fahrt beruhigend auf beide einzureden, was mir jedoch kaum gelang. Ich erzählte ihnen von den zahlreichen geglückten Fluchtversuchen und versprach ihnen auch, dass wir sie in Mörbisch aufnehmen und ihnen helfen werden. Obwohl aus ihrer Gestik und Mimik zu erkennen war, dass sie Angst hatten, musste ich sie im unmittelbaren Grenzbereich bei Fertőrákos nun ihrem Schicksal überlassen. Das fiel mir sehr schwer und hat mir auch persönlich sehr »zugesetzt«, zumal mir diese beiden Menschen binnen kürzester Zeit ans Herz gewachsen waren.

Außerdem fühlte ich mich auch teilweise verantwortlich, wenn sie etwa festgenommen und im strengsten Fall in einem Gefängnis der DDR landen würden. Ich hoffte, dass alles gut gehen wird und fuhr neuerlich legal bei Klingenbach über die Grenze direkt nach Mörbisch. Dort wartete ich, wobei in meiner Nervosität Minuten zu Stunden wurden. Mein suchender Blick richtete sich immer nur auf diese beiden Menschen. Endlich kam die Kunde, dass sie von Helfern aufgegriffen wurden. Sie hatten das Loch im Stacheldrahtverhau gefunden und unversehrt österreichisches Hoheitsgebiet erreicht. Wie der Zufall es wollte, sind sie Gaby Schwarz, die den Hilfskonvoi nach Budapest begleitete und mit uns die beiden nach Sopron gefahren hatte, direkt in die Hände gelaufen. Gaby hat sich in dieser Nacht – wie so oft – im Wald direkt am Stacheldraht aufgehalten, nach Flüchtlingen Ausschau gehalten, diese aufgenommen und nach Mörbisch gebracht. Mir fiel ein Stein vom Herzen!

Selbstverständlich kümmerte ich mich sofort um meine beiden Freunde. Nach der Registrierung durch Gendarmen, die in der Winzerhalle erfolgte, fuhren wir mit Martina und Andreas nach Eisenstadt, wo sie bei der Familie Pusser einige Tage verbrachten. Danach reisten sie in das Aufnahmelager nach Gießen, wo sämtliche Flüchtlinge aus der DDR registriert wurden.

BEI INTERVIEW DURCH SCHMINKE »ENTSTELLT«   Ich erinnere mich noch, dass sie während ihres Aufenthaltes in Eisenstadt in der ORF-Sendung »Club-2« zu Gast waren und dort von ihrer zunächst gescheiterten und dann doch geglückten Flucht erzählt haben. Da sie noch immer Angst vor der Stasi bzw. vor Repressalien gegen ihre Angehörigen und Freunde – die sich ja noch in der DDR befanden – hatten, wurden sie vor dem Interview von Maskenbildnern des ORF derart »entstellt« geschminkt, dass sie sich am Gang gegenseitig nicht erkannten.

HOHE AUSZEICHNUNG   *Wenn ich heute an diese Zeit zurückdenke, so bin ich stolz, dass ich damals dabei war und helfen konnte. Besonders freut mich, dass mich mit Martina und Andreas eine innige, beidseitige Freundschaft verbindet. Nach 30 Jahren telefoniere ich mit Martina und Andreas noch immer. Wir treffen uns auch regelmäßig – und das nicht nur zu besonderen Anlässen.*

AUS FLÜCHTLINGEN UND HELFERN SIND EBEN FREUNDE GEWORDEN

DANKE   *Die Regierung der Bundesrepublik Deutschland hat die Arbeit von uns Helfern nicht vergessen und auch entsprechend gewürdigt. Ich durfte von Bundeskanzler Helmut Kohl persönlich eine Ehrung empfangen.*

GABY SCHWARZ VERBRACHTE IHREN URLAUB DIREKT AM EISERNEN VORHANG UND WECHSELTE »DIE FRONTEN«. SIE »SCHLÜPFTE« VON DER ROLLE DER JOURNALISTIN IN DIE ROLLE DER HELFERIN

Gaby Schwarz

FOTO: VON GABY SCHWARZ ZUR VERFÜGUNG GESTELLT

GABY SCHWARZ, Jahrgang 1962, ist seit November 2017 Abgeordnete zum Nationalrat und übt derzeit die Funktion der Gesundheitssprecherin für die Österreichische Volkspartei aus.

In der Zeit zwischen 1980 und 2017 war sie beim Österreichischen Rundfunk – Landesstudio Burgenland – beschäftigt. Im Sommer 1989 moderierte sie die Fernsehsendung »Burgenland heute« und informierte die Menschen fast täglich – weit über die Grenzen des Burgenlandes hinaus – über die Ereignisse an der burgenländisch-ungarischen Grenze.

Um den Flüchtlingen beim illegalen Grenzübertritt zu helfen, verbrachte die gelernte Journalistin einen Teil ihres Urlaubes direkt am Eisernen Vorhang bei Mörbisch/See. Unter anderem brachte sie mit Freunden ein junges Paar – nach einem Hilfstransport in ein Flüchtlingslager nach Budapest – im Auto von der ungarischen Hauptstadt direkt an die Grenze und ermöglichte dadurch ihre Flucht.

»Ohne Rücksicht auf Raum und Zeit hatte für jeden, der in diesem Sommer des Jahres 1989 an der Grenze stand, Hilfeleistung oberste Priorität. Obwohl es oft sehr gefährlich war, lebten die Helfer mit dieser Gefahr und dachten kaum daran, dass ihnen etwas passieren könnte.«
  WÖRTLICHES ZITAT VON GABY SCHWARZ

GABY SCHWARZ ist als langjähriges Mitglied des Roten Kreuzes nicht nur im Burgenland durch ihre Hilfsbereitschaft für in Not geratene Menschen bekannt. Seit dem Jahre 2014 ist sie organisatorische Leiterin der Krisenintervention und Mitglied des Katastrophenkommandos des Roten Kreuzes Burgenland. Bei der Flüchtlingskrise im Jahre 2015 stand sie ebenfalls an vorderster Front. Als Angehörige dieser Hilfsorganisation verrichtete sie ihren Dienst an der Grenzübertrittstelle Nickelsdorf. Gaby Schwarz half bei der Verteilung von Lebensmitteln sowie Kleidern und war gleichzeitig auch Ansprechpartnerin für traumatisierte Flüchtlinge.

ERSTE BERICHTERSTATTUNG VIA ORF AUS ÖDENBURG (SOPRON)

Die allseits geschätzte Politikerin und Moderatorin wurde für ihr langjähriges Engagement der Hilfeleistung im Jahre 2011 mit dem Rosa Jochmann Preis des Landes Burgenland ausgezeichnet. Im Jahre 2012 erhielt sie den Verkehrssicherheitspreis »Aquila«. Gaby Schwarz erzählt, was sie in diesem für die Weltpolitik so bedeutenden Sommer 1989 an der Grenze erlebte:

Ich war damals als Redakteurin beim ORF-Burgenland beschäftigt. Einige Wochen nach Frühlingsbeginn hörte man, dass die Ungarn an der burgenländischen Grenze mit dem Abbau des Stacheldrahtes begonnen hatten. Vorerst kamen nur vereinzelt Flüchtlinge durch diesen - trotz der bereits vorhandenen Löcher und teilweise abgebauten technischen Sperren - gefürchteten Eisernen Vorhang.

Mit zunehmender Dauer des Frühlings erhöhte sich fast täglich die Zahl der in Ungarn aufhältigen und ausreisewilligen DDR-Bürger. Meine erste Geschichte über Flüchtlinge aus der DDR gestaltete ich für die Sendung »Burgenland heute« im Juni 1989. Ich fuhr mit einem Kamerateam nach Sopron und traf dort auf dem Bahnhof mehrere Burschen aus der DDR, die in den Westen flüchten wollten. Es war vorerst sehr schwer mit ihnen in Kontakt zu treten, weil - wie bereits angeführt - auch ein Kamerateam vor Ort war und meine Interviews filmen musste. Außerdem hatten sie Angst, dass wir zum einen Mitarbeiter der »allgegenwärtigen« Stasi sein könnten, zum anderen fürchteten sie sich aber auch davor, dass der Bericht mit den Bildern eventuell in die DDR gelangen und sie als Republikflüchtlinge erkannt werden könnten. Darauf stand - im Falle einer gescheiterten Flucht und anschließender Auslieferung an die DDR - eine langjährige Gefängnisstrafe.

Durch einfühlsame Gespräche konnten wir schlussendlich doch ihr Vertrauen gewinnen. Sie haben von ihrem Leben berichtet und uns erzählt, dass sie bereits als Kinder in der DDR auf den Kommunismus eingeschworen wurden und Regimetreue oberstes Gebot war. Unter anderem erzählten sie auch von einem permanenten Kontrolldruck durch die Stasi sowie der eingeschränkten Reisefreiheit. Sie konnten und wollten einfach nicht mehr in diesem »Gefängnis DDR« leben und haben durch den bereits löchrigen Eisernen Vorhang die Chance zur Flucht und einem folglich freien Leben gesehen.

OBWOHL VOR »UNSERER HAUSTÜR« SO VIEL PASSIERTE, WUSSTEN WIR NUR SEHR WENIG Selbst für mich als Journalistin - ich war gewohnt über bedrückende Schicksale von Menschen sowie tragische Ereignisse zu berichten - war es erstaunlich, was da praktisch vor unserer Haustür geschah und wie wenig ich darüber wusste. Was diese Burschen erzählten, ging mir einfach »unter die Haut«. Dabei wurde mir erst so richtig bewusst, was Einschränkung der persönlichen Freiheit bedeutet und wie Menschen darunter leiden. Offizielle Organe hatten ja niemals darüber berichtet bzw. hatte man offiziell darüber nichts erfahren.

Nach den Interviews mit den Jugendlichen fuhren wir wieder nach Eisenstadt und konnten wahrheitsgetreu über diese erste Flüchtlingsbewegung berichten. Damals ahnte aber noch niemand, dass in absehbarer Zeit ein wahrer Flüchtlingsstrom über das Burgenland hereinbrechen wird. Unser Bundesland rückte in diesem Sommer für Monate in den Mittelpunkt der Weltöffentlichkeit - die geopolitische Änderung Europas nahm somit an der burgenländisch-ungarischen Grenze ihren Ausgang. Man spricht auch davon, dass der Fall der Berliner Mauer an unserer Ostgrenze begann.

»Mitarbeiter der Stasi hatten zur Tarnung auf ihren Autos österreichische Kennzeichen angebracht und beschatteten uns.«

WÖRTLICHES ZITAT VON GABY SCHWARZ.

War es vorerst nur jener Teil der Bürger, die in der DDR Westfernsehen empfangen konnten und dadurch von den Löchern im Eisernen Vorhang an der Grenze zum Burgenland Kenntnis erlangten, so sprach sich das bald im gesamten Staat herum. Deshalb erhöhte sich fast täglich die Zahl der Flüchtlinge und erreichte Anfang August den Höhepunkt. Das Schicksal dieser Menschen ging mir so nahe, dass ich mich mit meinem damaligen Ehemann entschloss Urlaub zu nehmen und direkt an die Grenze nach Mörbisch zu fahren, um vor Ort zu helfen.

Meist kamen die Flüchtlinge durch den Wald aus Fertőrákos, weshalb ich mit meinem privaten PKW - oft mit einem anderen Helfer - in Grenznähe wartete, die Leute aufnahm und zur Sammelstelle in die Winzerhalle brachte. Unter anderem fertigten wir auch Skizzen von Wegen, die im bewaldeten Gebiet von Fertőrákos nach Mörbisch führten, an. Mit den behelfsmäßigen Landkarten reiste ich mit meinem Kollegen Karl Kanitsch legal nach Fertőrákos und verteilte diese in unmittelbarer Nähe der Grenze an die dort aufhältigen Menschen. Danach fuhren wir wieder zurück nach Mörbisch, warteten auf die Flüchtlinge und brachten sie zur Sammelstelle.

Selbstverständlich blieb diese Fluchthilfe auch der allgegenwärtigen Stasi nicht verborgen. Ich erinnere mich noch, dass uns auf der Straße zwischen Sopron und Fertőrákos ein PKW, auf dem österreichische Kennzeichen angebracht waren, folgte. Obwohl wir die Insassen nicht kannten, wussten wir, dass es Mitarbeiter der Stasi waren – es war einfach »zum Greifen«.

»Als Helfer merkt man oft nicht, dass man selbst in Gefahr ist, weil man zu wenig schläft und einen permanent hohen Adrenalinspiegel hat. Man hat einfach das Bedürfnis den Menschen zu helfen, muss aber trotzdem vorsichtig bleiben und die Übersicht bewahren.«

WÖRTLICHES ZITAT VON GABY SCHWARZ.

VERHAFTET, AUFENTHALTSVERBOT VERHÄNGT UND DANACH AUF FREIEM FUSS GESETZT *Wir Helfer tauschten uns untereinander aus, kannten bald die ungarischen Grenzsoldaten und wussten daher wer »Dienst nach Vorschrift« macht und welcher Beamte seine Arbeit eher lockerer nimmt.*

Eines Abends hielt ich mich wieder einmal in Grenznähe auf und wartete auf Leute denen die Flucht durch den Eisernen Vorhang gelungen war. Dabei traf ich Martin Kanitsch, Martin Sommer und Leopold Pusser. Wie bereits in den Tagen zuvor wollten sie neuerlich nach Fertőrákos gehen, um dort wartende oder im Wald umherirrende Flüchtlinge über die Grenze nach Mörbisch zu »begleiten«. Doch diesmal »überspannten meine Freunde den Bogen« bzw. unterschätzten die Gefahr. Etwa zehn Minuten nachdem wir uns getrennt hatten, liefen sie ungarischen Grenzsoldaten in die Arme. Danach wurden sie festgenommen und in die Kaserne nach Fertőrákos gebracht. Nach kurzer Inhaftierung setzte man sie – mit der Auflage, das Land sofort zu verlassen sowie einem verhängtem Aufenthaltsverbot – wieder auf freiem Fuß.

WIR HELFER WAREN EINE VERSCHWORENE EINHEIT – SCHLEPPER HATTEN KEINE CHANCE Selbstverständlich versuchten auch professionelle Schlepper mit dem Leid dieser Menschen Geld zu verdienen. Da sich aber an bzw. in Grenznähe zahlreiche freiwillige Helfer, die den Flüchtlingen unentgeltlich halfen, aufhielten und sich außerdem noch untereinander kannten, hatten diese wenig Chancen. Ich erinnere mich noch an einen Schleuser, der damals mit seinem PKW unterwegs war und die Flüchtlinge entgeltlich über die Grenze brachte. Doch das hatten wir bald eingestellt. Wir machten einfach sein Fahrzeug fahruntüchtig - wie wir das angestellt haben, darüber möchte ich lieber den Mantel des Schweigens breiten.

MIT DECKEN UND MATRATZEN NACH BUDAPEST – JUNGEM PAAR ZUR FLUCHT VERHOLFEN Über das Rote Kreuz war bekannt geworden, dass der Malteser Hilfsorden in Budapest ein Lager eingerichtet hatte und dort dringend Decken, Matratzen, Kleider sowie andere Sachen des täglichen Lebens benötigt wurden. Die als Urlauber getarnten Flüchtlinge kamen meist vom Plattensee in diese Sammelstelle, hatten dort all ihr bescheidenes Hab und Gut zurückgelassen und warteten auf eine günstige Gelegenheit zur Flucht.

Ich begleitete damals einen Konvoi in die ungarische Hauptstadt, der aus zwei Fahrzeugen und vier Helfern bestand. Durch Blickkontakt lernten wir im Flüchtlingslager ein junges Paar kennen – es war von beiden Seiten wie eine »Eingebung«, die vorerst ganz ohne Worte funktionierte. Für mich etwas verwunderlich, weil sie uns vertrauten, für sie nicht ungefährlich, weil jeder wusste, dass die Stasi auch dort ihre Leute eingeschleust hatte. Wir nahmen diese Menschen bis nach Sopron mit, zeigten ihnen eine Fluchtmöglichkeit bei Fertőrákos und besorgten ihnen auch noch ein Quartier. Obwohl sie während der Fahrt kaum ein Wort sagten, merkten wir doch, dass sie Angst vor einer Festnahme mit anschließender Auslieferung in die DDR hatten. Doch das Schicksal meinte es gut mit ihnen.

Als ich am nächsten Tag bei Mörbisch wieder an der Grenze stand, liefen sie mir fast in die Arme. Sie hatten ein Loch im Eisernen Vorhang gefunden und den Weg in die Freiheit geschafft. Der Kontakt mit diesem Paar hat sich bis zur Gegenwart erhalten. Im Abstand von etwa zwei Jahren kommen sie noch immer an jenen Ort zurück, wo ihr Leben eine dramatische Änderung zum Positiven genommen hat.

Wie ich durch den Autor erfahren habe, handelt es sich bei diesem Pärchen um Martina und Andreas Paetzold – Interview siehe Seite 152. Sie stehen heute noch in Kontakt mit Ing. Gerhard Selucky.

30 JAHRE DANACH Dieser Sommer des Jahres 1989 hat mich unheimlich geprägt, weil mir damals erst bewusst wurde, welche Gnade es ist, in Frieden und Freiheit sowie ohne »Bespitzelung« zu leben. Ich blicke auf dieses soziale Engagement mit großer Demut zurück und bin stolz, damals dabei gewesen zu sein. Niemals werde ich vergessen wie dankbar diese Flüchtlinge waren. Sie haben mir durch ihr Vertrauen ein unglaublich positives Gefühl der Zufriedenheit sowie innerlicher Genugtuung gegeben, ihnen geholfen zu haben. Darauf bin ich noch nach 30 Jahren stolz.

RESÜMEE ZUM FALL DES EISERNEN VORHANGES Für mich war die Flüchtlingswelle dieses Sommers das erste vielversprechende Ereignis für ein geeintes Europa seit Ende des Zweiten Weltkrieges. Das »Friedensprojekt Europa« hat meiner Meinung nach mit der Flucht zehntausender DDR-Bürger seinen Ausgang genommen. Ohne die Hartnäckigkeit dieser Menschen, die bereits mit den Montagsdemonstrationen in bzw. bei der Nikolaikirche in Leipzig begonnen hat, wäre es wahrscheinlich niemals zum Fall des Eisernen Vorhanges gekommen.

ERSTE ANLAUFSTELLE NACH GELUNGENER FLUCHT – DAS FLÜCHTLINGSLAGER DES ROTEN KREUZES IN MÖRBISCH/SEE

Stefan Schinkovits

STEFAN SCHINKOVITS, Jahrgang 1964, lebt in Baumgarten, Bezirk Mattersburg. Er arbeitet als Journalist beim ORF, Landesstudio Burgenland. Schinkovits war über Jahrzehnte freier Mitarbeiter beim Roten Kreuz und in jenen Tagen und Wochen des Jahres 1989 als unentgeltlicher Helfer während des Flüchtlingsstromes der DDR-Bürger, die damals zu Tausenden über die ungarische Grenze ins Burgenland kamen, im Einsatz.

STEFAN SCHINKOVITS war unter anderem auch für die logistische Betreuung des gesamten Rot-Kreuz-Einsatzes in Mörbisch zuständig. Durch sein besonderes Talent zum Improvisieren schaffte er es binnen weniger Stunden – die Lebensmittelgeschäfte waren sonntags geschlossen – die hungrigen Flüchtlinge zu versorgen. Weiters gelang es ihm trotz »Sonntagsruhe und Urlaubszeit« in kürzester Zeit, ein Rot-Kreuz-Team für den ersten Einsatz in Mörbisch zu rekrutieren. Dadurch konnten die bereits an ihre psychischen und physischen Grenzen gestoßenen Exekutivbeamten entlastet werden.

»Im Zeltlager verbiete ich Fernsehaufnahmen, weil wir die Flüchtlinge bei einer erzwungenen Rückkehr, bzw. deren Angehörige in der DDR, vor etwaigen Repressalien schützen mussten.«
WÖRTLICHES ZITAT VON STEFAN SCHINKOVITS

DER WEIT ÜBER DIE GRENZEN DES BURGENLANDES BEKANNTE JOURNALIST ERINNERT SICH AN DIE EREIGNISSE IM SPÄTSOMMER 1989: 20. August 1989, Sonntag. Es ist ein strahlend schöner Hochsommertag. Wer kann, verbringt den Tag am Neusiedler See oder in den Bädern des Landes. Ich habe an diesem Wochenende Ärztefunkdienst in der Bezirksstelle des Roten Kreuzes in Eisenstadt. Bei diesem Journaldienst, der von Samstag 07:00 Uhr bis Montag 07:00 Uhr dauert, gilt es, die diensthabenden praktischen Ärzte in den Bezirken Eisenstadt und Mattersburg zu koordinieren sowie den Rettungs- und Notarztwagendienst im Bezirk Eisenstadt zu leiten. Es ist nicht viel zu tun. Es gibt kaum Einsätze für die Ärzte, bis auf einige Routinefahrten bleiben die Rettungsautos in den Garagen.

Am 19. August haben an die 600 DDR-Bürger beim Paneuropa Picknick die Gelegenheit genützt, um bei dem rostigen Gittertor im Gemeindegebiet von St. Margarethen – anlässlich einer temporären Grenzöffnung – nach Österreich zu flüchten. Obwohl die eingesetzten Kräfte der ungarischen Grenzpolizei von den Menschmassen einfach überrannt wurden, haben sie äußerst besonnen reagiert, weshalb kein einziger Flüchtling zu Schaden kam. Das Rote Kreuz wurde deshalb auch nicht alarmiert.

ALARMIERUNG – PROBLEMATISCH AN EINEM SONNTAG Es ist etwa 16:00 Uhr, als an diesem Sonntag im Funkraum das Telefon läutet. Als ich den Hörer abhebe, meldet sich der Kommandant des Gendarmeriepostens Mörbisch – Günter Portschy – mit der für mich vorerst seltsamen Frage: »Habt ihr etwas zu Essen für uns?«. Ich antworte: »Na ja, ich kann euch irgendetwas aus dem Tiefkühlfach im Backrohr heiß machen«. Darauf entgegnet Portschy: »Nicht unsere Dienstmannschaft ist hungrig. Ich habe am Posten an die 50 Flüchtlinge aus der DDR. Es werden immer mehr und die sind völlig ausgehungert und viele können sich vor Erschöpfung kaum mehr auf den Beinen halten.«

Jetzt wird es eng, denke ich mir. Für derartige Ereignisse gibt es in allen Bezirksstellen Schnelleinsatzgruppen die damals über Pager alarmiert wurden. Mehrere Rotkreuzkollegen besuchen einen Fortbildungskurs in Wien und sind deshalb nur schwer zu erreichen. Andere wiederum sind auf Urlaub. Ich beginne mit der Alarmierung kurz nach 16:00 Uhr und erreiche von etwa 20 potentiellen Helfern nur drei Mann, die letztendlich auch in die Zentrale nach Eisenstadt kommen. Es sind dies der damalige Landesrettungskommandant Ing. Gerhard Selucky sowie die Mitglieder der Schnelleinsatzgruppe (SEG)

Manfred Wimmer und Manfred Breithofer. Während sie auf dem Weg zur Dienststelle sind, kontrolliere ich in der Garage den Katastrophenanhänger. Wie gerufen kommt zu dieser Zeit die Familie Pusser vom Urlaub aus Bernstein nach Hause. Das Ehepaar Inge und Leopold Pusser erledigt beim Roten Kreuz die Hausmeistertätigkeiten und beide sind auch freiwillige Helfer. Mittlerweile ruft auch der Bezirksgendarmeriekommandant von Eisenstadt Umgebung, Stefan Biricz, an und fragt: »Kommt ihr?« – Ja, sage ich, in etwa einer Stunde.

LEBENSMITTEL AM SONNTAG – WOHER? Leopold Pusser hat bereits seine orange Uniform angezogen. Seine Frau Inge übernimmt von mir den Journaldienst. »Poldi« und ich machen den Lastwagen startklar. In der Zwischenzeit haben Gerhard Selucky, Manfred Wimmer und Manfred Breithofer das Katastrophenfahrzeug aus der Garage geholt und fahren in Richtung Mörbisch.

Ich bin damals immer wieder aushilfsweise als Lastwagenfahrer beim Lebensmittelgroßhändler Wenzl in Eisenstadt beschäftigt. Glücklicherweise erreiche ich sofort die Seniorchefin Josefine Bauer. Sie händigt mir ohne Zögern den Hauptschlüssel der Firma aus und sagt: »Packt ein was ihr braucht«. Leopold und ich verladen Mineralwasser, Fruchtsäfte, allerlei Lebensmittel, Kindernahrung sowie Hygieneartikel auf unseren Lastwagen. Ich notiere das Ladegut auf einem Zettel, den ich auf die Pinnwand bei der Laderampe hefte. Unbürokratischer geht es kaum und das an einem Sonntag. Wir machen uns auf den Weg nach Mörbisch.

Etwas müde, aber glücklich – Stefan Schinkovits gönnt sich eine kurze Pause

FOTO: BERTRAM SEXL

EIN EINGESPIELTES TEAM – ROT-KREUZ-MITARBEITER UND GEMEINDEBÜRGER
Mittlerweile ist es etwa 17:00 Uhr. Das Rotkreuzzelt steht bereits neben dem Gendarmerieposten auf der Hauptstraße in Mörbisch. Von der ersten Minute an unterstützt uns die Bevölkerung tatkräftig. Egal ob beim Aufbau des Zeltes, beim Einrichten der Feldbetten oder beim Abladen der Lebensmittel. Wir beginnen sofort mit der Verteilung von Lebensmitteln und Getränken. Erschöpfte Flüchtlinge können sich im Zelt ausruhen. Der Gemeindearzt von

Mörbisch, Dr. Michael Schriefl, steht für Notfälle bereit. Die Ortsbevölkerung bringt Kleidung und Schuhe vorbei. Denn so manchem Flüchtling hängt nach dem Marsch über die Grenze und dem Überklettern des Stacheldrahtes das »Gewand« nur mehr in Fetzen herunter.

»Rund um den Gendarmerieposten in Mörbisch sieht es aus wie auf einem Jahrmarkt. Die meisten DDR-Bürger sind überglücklich die Flucht geschafft zu haben. Andere wiederum überlegen in aller Stille die Konsequenzen der illegalen Ausreise.«
WÖRTLICHES ZITAT VON STEFAN SCHINKOVITS

Reisebusse werden organisiert und bringen die DDR-Bürger weiter nach Wien. Aber nicht alle Flüchtlinge verlassen Mörbisch. Sie warten auf Familienangehörige oder Freunde, denen die Flucht noch nicht gelungen ist. Langes, banges Warten ist angesagt. Betreuung erhalten sie vom Roten Kreuz.

FOTO: BERTRAM SEXL, 21.8.1989

Rot-Kreuz-Zelt neben dem Gendarmerieposten – links Ing. Gerhard Selucky (rote Uniform) rechts Dr. Josef Altenburger aus St. Margarethen.

DAS HERZ WAR FÜR DIE STRAPAZEN DER FLUCHT ZU SCHWACH Auch während der Nachtstunden reißt der Flüchtlingsstrom nicht ab. Knapp nach Mitternacht stirbt in der Nähe von Klingenbach ein DDR-Bürger aufgrund der Anstrengungen nach der Flucht an einem Herzinfarkt. Die Angehörige wird von uns betreut. Rot Kreuz-Landesdirektor Heinz Unger kümmert sich später um die Bestattung des Toten. An diesem 20. August werden in Mörbisch 165 Flüchtlinge registriert. Dazu kommen noch Menschen, die in Siegendorf und Klingenbach den Weg über die Grenze schaffen. **SIEHE DAZU BERICHT DES AUTORS IM ANSCHLUSS**

Der Flüchtlingsstrom reißt auch am Montag, dem 21. August nicht ab. Im Gegenteil, es kommen immer mehr. Für unsere kleine Mannschaft bedeutet das einen Dauereinsatz. In der Früh kommt unser Kollege Bertram Sexl zur Unterstützung nach Mörbisch ebenso der Gemeindearzt von St. Margarethen, Dr. Josef Altenburger.

DR. JOSEF ALTENBURGER war auch am 19. August 1989 – beim »Tor von St. Margarethen« – im Einsatz und hat dort bei der Flucht von etwa 600 Menschen Erste Hilfe geleistet. **SIEHE DAZU INTERVIEW MIT DEM AUTOR IM ABSCHNITT »TOR DER FREIHEIT«.**

Im Landesverband in Eisenstadt koordiniert ab den frühen Morgenstunden Landesdirektor Heinz Unger den Einsatz, denn in Klingenbach muss wegen der vielen Flüchtlinge ebenfalls ein Zeltlager eingerichtet werden. Außerdem kümmert er sich um die Finanzierung der Hilfeleistung über die Botschaft der BRD. Nach und nach kommen weitere Rotkreuzmitarbeiter nach Mörbisch, um uns zu unterstützen.

SCHADE, DASS ICH KEINE FERNSEHAUFNAHME GESTATTET HABE Durch den immer größer werdenden Flüchtlingsstrom rückt Mörbisch medial immer mehr in den Mittelpunkt. Radio und Fernsehreporter – nicht nur aus Österreich – rücken an. In den Zeitungen werden Geschichten über abenteuerliche Fluchtversuche abgedruckt. Fernsehkameras verbiete ich im Bereich des Zeltlagers. Es gilt, die Flüchtlinge und deren Angehörige bei einer eventuell erzwungenen Rückkehr in die DDR zu schützen. Niemand kann damals ahnen, dass es mit diesem Staat bald vorbei sein wird. Heute finde ich es schade, die Kameras damals verbannt zu haben, denn es gibt kaum Aufnahmen vom Mörbischer Lager in den Fernseharchiven.

Am 21. August werden vom Roten Kreuz gemeinsam mit der Mörbischer Bevölkerung wieder knapp 100 Flüchtlinge versorgt. Unser Zelt platzt aus allen Nähten. Die Infrastruktur vor allem in hygienischer Hinsicht, lässt zu wünschen übrig. Hier springen viele Mörbischer ein und bieten den Flüchtlingen in ihren Privathäusern Duschmöglichkeiten.

UNSER MENÜ – WURSTSEMMELN UND FRANKFURTER Dienstag, 22. August 1989. Es ist 08:00 Uhr früh. Die ganze Nacht über sind wieder Flüchtlinge gekommen. Die meisten Mitarbeiter unserer Mannschaft sind bereits seit 40

Stunden in Mörbisch im Dienst. Geschlafen wird abwechselnd und immer nur kurz auf den Feldbetten im Zelt. Wir ernähren uns fast ausschließlich von Wurstsemmeln, Frankfurtern oder Debrezinern und Kaffee. Unter den Flüchtlingen, werden Mitarbeiter des Ministeriums der Staatssicherheit der DDR entdeckt. Den Stasiagenten drohen Prügel – nicht nur von den Flüchtlingen, sondern auch von den Mörbischern. Einem Stasimann werden die Reifen seines Autos aufgestochen. Dieser erdreistet sich, eine Anzeige wegen Sachbeschädigung zu erstatten.

»Der Reifenstecher ist vielen bekannt – nur nicht der Gendarmerie – und das bleibt auch so.«
WÖRTLICHES ZITAT VON STEFAN SCHINKOVITS

STANDORTVERLEGUNG – VOM ZELT NEBEN DEM GENDARMERIEPOSTEN IN DIE WINZERHALLE In den Mittagsnachrichten von Radio Burgenland am 22. August 1989 wird über die Flüchtlingssituation in Mörbisch berichtet. Durch den zu erwartenden, anhaltend starken Zustrom finden wir mit dem vorhandenen Platz im Zelt kaum mehr das Auslangen. Zeitweise platzt es aus allen Nähten, wodurch wir die Versorgung der Flüchtlinge nur schwer gewährleisten können. Außerdem beunruhigt uns der anschließende Wetterbericht. Es wird Starkregen und Sturm prognostiziert, wodurch die Sicherheit nicht mehr aufrechterhalten werden kann. Wir müssen dieses Zelt abbauen. Durch Vermittlung der Gendarmerie sowie in Zusammenarbeit mit der Gemeinde können wir in die nahe gelegene Winzerhalle übersiedeln. Im wahrsten Sinne gelingt uns das in Windeseile. Kaum sind wir mit den Arbeiten fertig, geht ein ordentliches Unwetter nieder. Tag für Tag sind es mehr als hundert Flüchtlinge, die bei uns Hilfe suchen. Die Infrastruktur in der Winzerhalle ist ebenso wie das Platzangebot weit besser als im Zelt. Heute, im Zeitalter der Mobiltelefone, ist es fast unvorstellbar, wie groß damals die Freude über einen Telefonanschluss in der Winzerhalle ist. Vor der Halle stellen unsere Kollegen aus Wiener Neustadt ihren Notfallautobus ab und erleichterten so die medizinische Versorgung wesentlich. Um die Registrierung der Flüchtlinge zu beschleunigen, stellen wir in der Winzerhalle immerhin einen Computer!!! (1989) auf. Die Bevölkerung hilft uns nach wie vor großartig und immer mehr unserer Rotkreuzkollegen, mitunter auch aus anderen Bezirken, treffen zur Unterstützung ein. Die Versorgung und Aufnahme der Flüchtlinge wird bald zur Alltagsrealität in Mörbisch.

FLUCHTHILFE FÜR EIN IN UNGARN AUFHÄLTIGES PÄRCHEN Ich bin aber nicht nur im Rotkreuzzelt in Mörbisch im Einsatz. Wenn ich Zeit habe, fahre ich an die Grenze – oder wenn notwendig auch nach Sopron oder Fertörákos – und helfe den Flüchtlingen unversehrt nach Mörbisch zu kommen. An einen Fall erinnere ich mich besonders gerne, weil ich einem Pärchen – Martina und Andreas Paetzold – zur Flucht verholfen habe und mit ihnen noch über Jahre Kontakte pflegte.

ENDE AUGUST 1989: *Eines Tages kommt unser Rot-Kreuz Katastrophenreferent Gerhard Selucky, der auch in Mörbisch Dienst versieht, zu mir und erzählt mir, dass er Hilfsgüter in das Flüchtlingslager nach Zugliget (Budapest) gebracht habe. Auf der Rückfahrt habe er ein Pärchen mitgenommen, bei Bekannten in Sopron untergebracht und versprochen, ihnen bei der Flucht behilflich zu sein. »Kannst du sie aus Sopron holen und zur Grenze bringen«, fragt er mich. Ich zögere keine Sekunde und sage sofort zu. Gerhard gibt mir die Adresse, ich setzte mich in meinen privaten PKW und fahre nach Sopron. Dort nehme ich Martina und Andreas Paetzold auf und bringe sie nach Fertörákos. In unmittelbarer Nähe des Stacheldrahtes lasse ich sie aus dem Fahrzeug steigen und zeige ihnen den Weg durch den Wald in Richtung Mörbisch. Wie von mir beschrieben, finden sie das Loch im Drahtverhau und erreichen unversehrt österreichisches Hoheitsgebiet. Gerhard Selucky und Gaby Schwarz warten*

FOTO: BERTRAM SEXL

Rot-Kreuz-Zelt Mörbisch: Man sieht es ihnen an – die Helfer freuen sich, dass sie helfen können.

bereits und nehmen sie in »Empfang«. Ich fahre zum Grenzübergang nach Klingenbach und reise wieder legal nach Österreich ein.
SIEHE AUCH INTERVIEW DES AUTORS MIT GABY SCHWARZ UND GERHARD SELUCKY.

SO SOLL ES SEIN – AUSGEZEICHNETE ZUSAMMENARBEIT ALLER EINGESETZTEN KRÄFTE *Ab 11. September 1989 dürfen DDR-Bürger legal aus Ungarn ausreisen. Das Rote Kreuz hat in der Zeit vom 20. August bis zu diesem 11. September in Mörbisch und in Klingenbach insgesamt 8.200 Personen betreut. An beiden Standorten waren in Summe 450 Rotkreuzmitarbeiter im Einsatz. Der finanzielle Aufwand für die Betreuung wurde damals mit knapp 300.000 Schilling, heute etwa 22.000,- Euro, angegeben.*

Heute, 30 Jahre später, ist mir folgendes in Erinnerung geblieben: Es war die Hilfsbereitschaft der vielen Mörbischer, die überaus gute Zusammenarbeit mit den Gendarmen, den Zöllnern und der Gemeinde Mörbisch sowie das freiwillige Engagement der vielen Rotkreuzmitarbeiter – und das über Wochen hindurch. Die eingesetzten Kräfte haben sich selbstlos in den Dienst »der guten Sache« gestellt und hatten nur ein Ziel:

»Diesen Flüchtlingen, die all ihr Hab und Gut in der Heimat zurückgelassen hatten, zu helfen. Und darauf bin ich auch heute noch stolz. Ich freue mich, dass ich damals dabei sein durfte.«

DEUTSCH-DEUTSCHE TRAGÖDIE

DDR-FLÜCHTLING HATTE DIE FREIHEIT VOR AUGEN – UND STARB VOR FREUNDE IN DEN ARMEN SEINER VERLOBTEN

Die Kronen-Zeitung – Ausgabe vom 22. August 1989 – sowie ein weiteres Medium, das ich nicht mehr verifizieren konnte, schrieben dazu – auszugsweise:

In den Armen seiner Verlobten starb ein 39-jähriger DDR-Emigrant in der Nacht zum 21. August 1989 während einer gelungenen Flucht in den Westen. »Das Glück, es endlich geschafft zu haben, und die Strapazen der letzten Tage waren einfach zu viel für sein Herz,« erzählte seine Verlobte, die in Tränen aufgelöst war. Im Burgenland angelangt, erlag der Mann einem Herzversagen. Seine Verlobte, die bereits einige Tage zuvor legal nach Österreich eingereist war, erlitt einen schweren Schock und musste in eine Klinik eingeliefert werden.

GETRENNTE EINREISE NACH UNGARN *Aus Angst vor der Stasi fuhren beide von der DDR zunächst getrennt nach Ungarn, um sich in Budapest zu treffen. Sie irrten fünf Tage verzweifelt durch die ungarische Hauptstadt, bis sie endlich einander vor der Deutschen Botschaft fanden. Bevor Heidemarie alleine nach Österreich weiterfuhr, vereinbarten sie einen Treffpunkt im Burgenland. Der 39-jährige Schlosser aus Leipzig musste jedoch tagelang vor der BRD-Botschaft in Budapest ausharren. Kaum eine Möglichkeit, sich zu duschen, kaum eine Gelegenheit, sich richtig auszuschlafen. Verpflegung war ebenfalls Mangelware. Endlich – am 18. August 1989 – erhielt er den so lang ersehnten westdeutschen Reisepass.*

Da seine Verlobte bereits in Österreich war, musste sich der Mann die etwa 250 Kilometer alleine bis zur Grenze »durchschlagen«. Völlig entkräftet kam er in der Nacht zum 21. August 1989 zum Grenzübergang Sopron-Klingenbach. Dort wollten sich beide treffen und in die Bundesrepublik weiterfahren, wo seine Verlobte bereits Arbeit als Krankenschwester gefunden hatte.

Klaus erreichte die Grenzkontrollstelle Sopron, wies seinen Pass vor und konnte anstandslos aus Ungarn ausreisen. Er ging zu Fuß zum Zollamt Klingenbach (österreichische Grenzkontrollstelle), wo Heidemarie bereits wartete und ihren Verlobten in die Arme schließen konnte. Beide weinten Tränen der Freude. Dass dies gleichzeitig Tränen eines Abschieds für immer sein sollten, ahnten sie in diesen ersten Sekunden der Glückseligkeit wohl nicht. Klaus stammelte zu seiner Heidemarie mit leiser Stimme: »Heide, wir sind frei, wir sind frei …« Doch das Glück währe nicht lange. Klaus machte einen »Seufzer«, sank in den Armen seiner Verlobten zu Boden und starb auf der Stelle. Sein Herz hatte vor Erschöpfung und Aufregung aufgehört zu schlagen. Der sofort alarmierte Notarzt bemühte sich länger als eine Stunde, den Flüchtling wiederzubeleben. Vergeblich!

»Hunderte kamen durch. Warum musste ausgerechnet er sterben?«, schluchzte Heidemarie immer wieder vor sich hin und weinte dabei bitterlich.

Für Heidemarie hatte das Wort »Freiheit« mit einem Mal nun keine Bedeutung mehr. Sie musste mit einem schweren Schock die ersten Tage dieser neu gewonnenen Freiheit in einer Klink verbringen.

In welcher Zeitung dieser Bericht abgedruckt war, konnte nicht mehr verifiziert werden.

EIN ROT-KREUZ-HELFER ERKANNTE IHRE AUSWEGLOSE SITUATION, BRACHTE SIE ZUR GRENZE UND ORGANISIERTE IHRE FLUCHT

Martina und Andreas Paetzold

MARTINA (1968) UND ANDREAS PAETZOLD (1959), waren zur Zeit ihrer Flucht zwar schon ein Paar, den Bund der Ehe hatten sie aber noch nicht geschlossen.

ANDREAS PAETZOLD lebte in der etwa 32.000 Einwohner zählenden Stadt Wernigerode, **MARTINA PAETZOLD** wohnte in dem ca. 25 Kilometer entfernten Hallerstadt – zählt ca. 40.000 Einwohner. Beide Städte liegen im Bundesland Sachsen-Anhalt, Landkreis Harz, 50 Kilometer südöstlich der Landeshauptstadt Magdeburg. Die innerdeutsche Grenze war ca. 20 bzw. 30 Kilometer entfernt.

Ihr Lebensstandard war zufriedenstellend, sie besaßen eine eigene Wohnung und verfügten über ein eigenes Auto. Martina war Studentin, Andreas arbeitete als Anschlussbahnleiter. Kontakte in die Bundesrepublik gab es lediglich durch einen Onkel, der sie jährlich besuchte.

»Wir wussten, dass es die Stasi gibt und diese überall ihre Mitarbeiter eingeschleust hatte. Mir ist jedoch nicht bekannt, dass Andreas oder ich bespitzelt worden wären. Für DDR-Verhältnisse hatten wir ein gutes Leben. Es fehlte uns aber die Reisefreiheit – und das war letztendlich ausschlaggebend, dass wir uns zur Flucht entschlossen haben.«

»Für die Tschechoslowakei durften wir kein Geld umtauschen. Zur Durchfahrt konnten wir lediglich Tankscheine für Treibstoff kaufen. Erst in der Tschechoslowakei ist mir aufgefallen, dass wir für die Rückfahrt keine Tankscheine hatten – aber die war auch nicht geplant«.

WÖRTLICHE ZITATE VON MARTINA PAETZOLD.

VON DER DDR IN DIE TSCHECHOSLOWAKEI, WEITER NACH UNGARN UND DURCH DEN EISERNEN VORHANG INS BURGENLAND

WAS DAMALS GESCHAH? MARTINA PAETZOLD ERINNERT SICH: *Vor dem Jahr 1989 hatten Andreas ich zwar oft über Lebensstandard und Freiheit in der Bundesrepublik gesprochen, einen konkreten Plan zur Flucht gab es aber nicht. Dieser »reifte« dann erst im Frühling 1989. Da wir beide ja noch getrennt lebten, beantragten wir ein Visum – jeder in seiner Stadt – für einen Urlaub in Ungarn. Je näher der Tag unseres Urlaubes kam, umso konkreter wurde der Plan zur Flucht. Dazu kam, dass wir erfahren hatten, dass Ungarn bereits den Stacheldraht an der Grenze zu Österreich abbaut. Und diese Chance wollten wir nützen. Geheimhaltung hatte nun höchste Priorität. Es war ganz wichtig, mit niemanden darüber zu sprechen, weil man ja nicht wusste, ob man verraten wird. Nicht einmal unsere Eltern oder Geschwister durften von unserem Vorhaben Kenntnis erlangen. Ein Verräter hätte sich ja auch im engsten Freundeskreis befinden können.*

AUGUST 1989 *Nun kam endlich der Tag, den wir schon so lange herbeigesehnt hatten. Wir packten die für einen Urlaub notwendigen Kleider und Toilettenartikel, mussten aber viele Wertsachen zurücklassen, weil man diese ja nicht in den Urlaub mitnimmt. Danach verabschiedeten wir uns von unseren »Liebsten« und ließen sie im Glauben, dass wir auf Urlaub fahren und anschließend wieder in die DDR zurückkehren werden. Doch der Abschied tat uns beiden trotzdem weh, weil wir ja davon ausgehen mussten, dass wir unsere Angehörigen und Freunde wahrscheinlich für Jahre nicht mehr sehen werden. Ich weiß heute nicht mehr, welche Gedanken uns damals durch den Kopf gingen. Einerseits freuten wir uns auf den bevorstehenden Urlaub, andererseits fiel es uns schwer, dass wir uns von Familie und Heimat – wenn nicht für immer, dann zumindest für sehr lange Zeit – verabschieden mussten. Es* *gelang uns ganz gut, unser persönliches Empfinden zu verbergen. Niemand hatte etwas bemerkt.*

KEIN GELDWECHSEL FÜR DIE TSCHECHOSLOWAKEI – NUR DER ERWERB VON TANK-SCHEINEN WAR ERLAUBT *Die Reise sollte uns durch die Tschechoslowakei nach Ungarn führen. Da unser Visum für Ungarn ausgestellt war und die Tschechoslowakei somit für uns nur als Transitland galt, durften wir für dieses Land kein Geld umtauschen. Zum Erwerb von Treibstoff mussten wir Tankscheine kaufen. Und da hatte ich mich »absichtlich« verrechnet. Unsere Tankscheine reichten nämlich nur zum Kauf von Benzin für die Hinfahrt. In der Tschechoslowakei ist mir erst bewusst geworden, dass eine Rückfahrt gar nicht möglich gewesen wäre. Aber die war ja ohnehin nicht geplant. Die Grenze zur Tschechoslowakei konnten wir anstandslos passieren. Bei der Einreise nach Ungarn gab es ebenfalls keine Probleme. Da wir uns kein Hotel leisten konnten, schliefen wir auf Parkplätzen im Auto. Es war zwar sehr unbequem, wir mussten aber aus der Not eine Tugend machen. Was tut man nicht alles um die Freiheit zu erlangen!*

ERSTER VERSUCH GESCHEITERT – ZURÜCKWEISUNG AN DER UNGARISCH-BURGEN-LÄNDISCHEN GRENZE *Mit dem festen Entschluss, die Flucht zu versuchen, fahren wir in das Grenzgebiet zu Österreich. Doch es gelingt uns nicht, bis zum Stacheldraht vorzudringen. Ungarische Grenzpolizisten halten uns nämlich noch vor dem Sperrgebiet an. Und wir haben dabei auch noch Glück. Sie verhaften uns nicht, verwarnen uns und schicken uns zurück ins Landesinnere. »Was sollen wir jetzt tun«, fragen wir uns. Zurück in die DDR wollen – und können wir – nicht mehr. Wir wissen nämlich nicht, ob sich die Ungarn unsere Personalien notiert haben und bei den Behörden in der DDR Meldung erstatten werden. Bei einem weiteren Versuch eines illegalen Grenzübertrittes und einer eventuell daraus resultierenden Festnahme könnten wir in einem ungarischen Gefängnis landen, oder – im schlimmsten Fall – in die DDR abgeschoben werden. Nicht auszudenken, was dann passieren würde. Deshalb beschließen wir, vorerst nach Budapest zu fahren. Wir hatten nämlich in Erfahrung gebracht, dass es dort ein Lager einer Hilfsorganisation geben soll, in dem sich bereits zahlreiche DDR-Bürger – die eventuell auch eine Flucht beabsichtigen – befinden.*

IN BUDAPEST UMHERGEIRRT Den Weg nach Budapest finden wir anstandslos. Wir wissen aber weder wie das Lager heißt, noch wo sich dieses befindet. Da wir kein Ungarisch sprechen, können wir uns nicht verständigen und daher niemanden nach dem Weg fragen. Verzweifelt irren wir planlos einen ganzen Tag durch Budapest, doch zum Lager kommen wir nicht. Doch plötzlich schöpfen wir wieder Hoffnung. Nervlich bereits so ziemlich am Ende, treffen wir einen Mann aus Ostberlin, der ebenfalls flüchten will, den Weg kennt und ins Lager fährt. Wir folgen ihm. Es liegt im Bezirk Zugliget.

UNZUMUTBARE ZUSTÄNDE – ÜBERNACHTUNG IM AUTO – STASI »ALLGEGENWÄRTIG« Als wir in das Lager kommen, gerate ich beinahe in eine Schockstarre. Es herrschen unbeschreibliche, unzumutbare hygienische Zustände. Außerdem regnet es sehr stark, wodurch unsere Stimmung noch zusätzlich gedrückt wird. Wir beschließen, dort keinesfalls zu schlafen, stellen unseren Trabi auf dem »Hauptplatz« im Gelände ab und verbringen die kommenden Nächte im Auto. So bleiben wir wenigstens trocken und wiegen uns etwas in Sicherheit. Wir sind in der Nacht alleine und können uns in unserem Fahrzeug einschließen.

FOTO: ZUR VERFÜGUNG GESTELLT VON FAMILIE PAETZOLD

Erinnerung an die Jugendzeit in der DDR – Führerscheine von Martina Lösert (Paetzold) und Andreas Paetzold.

KENNZEICHEN VOM AUTO ENTFERNT In die Räumlichkeiten gehen wir nur zum Essen, Duschen sowie auf die Toilette. Die andere Zeit verbringen wir im Auto oder im Gelände. Da uns bekannt ist, dass sich Mitarbeiter der Stasi – getarnt als Flüchtlinge – im Areal aufhalten, vermeiden wir jeden Kontakt mit anderen Personen. Um unsere Anonymität zu wahren, entfernen wir zusätzlich noch die Kennzeichen von unserem Trabi. Obwohl uns zeitweise der Hunger plagt, reduzieren wir das – fast ungenießbare – Essen auf eine Mahlzeit (zu Mittag) pro Tag. Langeweile plagt uns in dieser äußerst unbefriedigenden Situation. Wir besprechen fast stündlich was wir tun können, sehen aber vorerst keinen Ausweg *aus unserer schwierigen Lage. Eine neuerliche – spontane – Flucht scheint uns im Augenblick zu gefährlich. Außerdem ist die österreichische Grenze etwa 250 Kilometer entfernt. Dazu kommt noch, dass wir weder ortskundig sind, noch über entsprechendes Kartenmaterial verfügen. Die Zeit vergeht. Unsere ohnehin schon gedrückte Stimmung ist jetzt ganz im Keller. Doch plötzlich gibt es einen Funken Hoffnung.*

EIN »ENGEL« NAMENS GERHARD SELUCKY *Eines Tages sitzen wir wieder einmal auf einer Bank im Areal des Lagers. Obwohl wir in den letzten Stunden viel nachgedacht haben, können wir keine Entscheidung über unsere unmittelbare Zukunft treffen. Wir wissen einfach nicht was wir tun werden und können. Zurück in die DDR? – das wäre die letzte Möglichkeit. Doch auch das ist nicht wirklich eine Alternative. Agenten der Stasi haben uns vermutlich längst fotografiert, kennen unsere Namen und wissen, dass wir in den Westen flüchten wollen. Und da sind noch die ungarischen Grenzer. Haben sie über unseren beabsichtigten Grenzübertritt Meldung erstattet? Fragen, auf die wir keine Antwort finden. Dass wir dabei von einem uns unbekannten Mann beobachtet werden, fällt uns zu diesem Zeitpunkt nicht auf.*

Was müssen wir dabei für einen verschreckten, ängstlichen Eindruck hinterlassen haben? Der Mann hat nämlich sofort bemerkt, dass wir sehr verzweifelt und so ziemlich am Ende unserer Kräfte sind. Er kommt auf uns zu, spricht uns an und sagt, dass er vom Österreichischen Roten Kreuz sei. Wir sind total überrascht und hätten eher einen Mitarbeiter der Stasi erwartet. Deshalb sind wir auch sehr zurückhaltend und äußerst misstrauisch. Da ich ihm vorerst nicht vertraue, verlange ich einen Ausweis. Obwohl uns der Mann (Gerhard Selucky) diese offizielle Bescheinigung des Roten Kreuzes vorweist, vertrauen wir ihm vorerst dennoch nicht. Gerhard bietet uns an, mit ihm zur Grenze zu fahren und uns bei der Flucht zu helfen. Eine Alternative zu diesem Vorschlag gibt es nicht. Deshalb beschließen wir nach kurzer Beratung, seine Dienste in Anspruch zu nehmen.

»Andreas und ich sehen keinen Ausweg und sagen uns, dass es jetzt gleichgültig sei was passiert. Bisher sind wir auf der Stelle getreten. Unsere Situation hat sich nicht verbessert – eher verschlechtert. Es muss einfach weitergehen. Wir nehmen das Risiko auf uns.«

WÖRTLICHES ZITAT VON MARTINA PAETZOLD.

BUDAPEST-SOPRON-MÖRBISCH – GLÜCKLICHES ENDE

Als uns Gerhard sagt, dass wir unseren 20-jährigen Trabi, den wir erst vor einem Jahr um 10.000.- Ostmark gekauft hatten, zurücklassen müssen, verschlägt es uns die Sprache. Welche Entbehrungen mussten wir auf uns nehmen, um dieses Auto überhaupt zu bekommen? Ein neuerlicher Rückschlag. Aber das sind wir ja bereits gewohnt. Doch wir haben keine andere Wahl. »Augen zu und durch«, sagen wir uns und setzen alles »auf eine Karte«.

Wir gehen nun zu unserem Auto und treffen uns anschließend mit Gerhard außerhalb des Lagers. Da das Österreichische Rote Kreuz mit zwei Fahrzeugen nach Budapest gekommen war, nehmen sie uns in die Mitte und wir fahren los. Um im Freiland kein unnötiges Aufsehen zu erregen, stellen wir unseren Wagen noch in der Stadt in einer Seitengasse ab, nehmen unser letztes Hab und Gut und steigen zu Gerhard ins Auto. Ein kurzer, treuherziger Blick zurück, wobei uns noch die Gänsehaut über den Körper läuft – und alles ist vorbei.

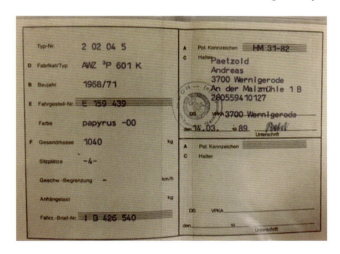

Bleibende Erinnerung an unser erstes Auto – Zulassungsschein des »Trabi«.

»Jetzt besitzen wir überhaupt nichts mehr und vertrauen uns auch noch völlig fremden Leuten, die über unser weiteres Schicksal bestimmen können, an. Welch ein schreckliches Gefühl.«

WÖRTLICHES ZITAT VON MARTINA PAETZOLD.

Während der Fahrt sprechen wir kaum und geben so wenig wie nur möglich über unsere Identität preis. Wir befürchten nämlich noch immer, dass unsere Helfer Agenten der Stasi sein könnten.

Auf dem Weg nach Sopron teilt uns Gerhard mit, dass er uns vorerst bei Freunden in Sopron unterbringen wird, wo wir die Nacht verbringen müssen. Er erläutert uns auch seinen weiteren Plan und sagt: »Am nächsten Abend werde ich euch abholen und zur Grenze nach Fertörákos bringen. Von dort müsst ihr dann allein zu Fuß in Richtung Mörbisch gehen. Wenn ihr die Grenze überschritten habt, werde ich im Wald auf euch warten und euch in ein Lager bringen.« Dabei geraten wir neuerlich fast in eine Schockstarre, geballt mit einem unbeschreiblichen Gefühl der Angst. Doch wir müssen ihm vertrauen. Nach etwa zweieinhalb Stunden erreichten wir Sopron. Gerhard setzt uns bei seinen Bekannten ab, nimmt unser Gepäck und fährt legal über die Grenze.

SCHUHE ALS ERKENNUNGSZEICHEN *Diese nun folgende Nacht habe ich mein ganzes Leben nicht vergessen. Der uns unbekannte Mann nimmt uns in Sopron in seiner Wohnung freundlich auf. Er sieht sofort, dass wir sehr verschreckt sind und Angst haben. Mit viel Einfühlungsvermögen und gutem Zureden gelingt es ihm zwar, uns etwas zu beruhigen, helfen kann er uns aber nicht wirklich. Andreas versucht die Angst mit Alkohol zu bekämpfen, denn er trinkt in dieser Nacht mit unserem Gastgeber eine ganze Flasche an Alkoholika. Ich versuche irgendwie über die Zeit zu kommen, kann aber weder Angst noch Nervosität abschütteln und mache die ganze Nacht kein Auge zu.*

Endlich ist es soweit. Ein Mini hält vor dem Haus und holt uns ab. Wieder ein unbekannter Mann – es ist Stefan Schinkovits – dem wir nicht vertrauen. Wir überlegen was wir tun sollen. Doch dann zeigt uns der Unbekannte ein Paar Schuhe von mir. Gerhard hat ihm diese in weiser Voraussicht als Erkennungszeichen mitgegeben. Sichtlich erleichtert, aber doch mit einem etwas mulmigen Gefühl, steigen wir in das Auto. Stefan bringt uns wie vereinbart nach Fertörákos. Dort treffen wir den uns ebenfalls unbekannten Martin Kanitsch, der uns mit weiteren sieben Personen – darunter zwei Kinder – im Schutze der Dunkelheit durch den Wald in Richtung Grenze führt.

»Kurz vor dem Grenzzaun zeigt er uns noch, wo die Löcher im Stacheldraht sind und erklärt uns, in welche Richtung wir laufen sollen, wenn auf uns geschossen wird. Dann überlässt er uns unserem Schicksal und geht zurück nach Fertörákos, um die nächsten Flüchtlinge zu holen.«

WÖRTLICHES ZITAT VON MARINA PAETZOLD.

Obwohl wir keine Grenzer sehen, spüren wir unseren Herzschlag bis zum Hals. Der Drang nach Freiheit und die Gewissheit, es bald geschafft zu haben, unterdrückt nur teilweise die Angst, setzt aber in uns ungeahnte Kräfte frei. Wir kommen anstandslos durch den Stacheldrahtverhau und erreichen österreichisches Hoheitsgebiet, wo Gerhard Selucky und Gaby Schwarz bereits auf uns warten. Welch ein Glücksgefühl als wir sie sehen. Wir sind frei und können es kaum fassen!

Beide bringen uns nun zum Aufnahmelager in die Winzerhalle nach Mörbisch, wo unsere Personalien aufgenommen werden. Dort müssen wir – zu unserer Freude – nicht bleiben. Gerhard und Gaby laden uns ein und fahren mit uns in das sechs Kilometer entfernte Rust, wo wir den Rest des Abends in einem Weinlokal verbringen. Ich erinnere mich noch, dass wir dort Bier getrunken haben – das erste Bier in Freiheit!

Für uns ist das alles ganz neu, denn wir wissen ja nicht, dass es solche Lokale gibt – und dazu noch diese Gastfreundschaft von uns völlig unbekannten Menschen. Binnen weniger Stunden haben wir eine neue Lebensperspektive erfahren. Kaum zu fassen! Wir sind überwältigt!

NÄCHTIGUNG BEI FAMILIE PUSSER IN EISENSTADT *Das Glück war uns weiterhin gut gesinnt, denn wir durften bis zu unserer Abfahrt nach Gießen bei der Familie Pusser in Eisenstadt wohnen. Während unseres Aufenthaltes in Eisenstadt haben wir Interviews für den ORF Burgenland und für die Fernsehsendung Club 2 – wurde österreichweit ausgestrahlt – gegeben. An diesen Fernsehauftritt erinnere ich mich noch ganz genau, denn wir wurden durch Schminke und Perücken »bis zur Unkenntlichkeit« entstellt. Das war deshalb ganz wichtig, weil wir zum einen unsere Angehörigen in der DDR keinen Repressalien durch die Stasi aussetzen, aber auch uns nicht gefährden wollten. Zu diesem Zeitpunkt wusste ja niemand, dass es die DDR als Staat nicht mehr lange geben wird.*

Nach einigen Tagen sind wir dann mit dem Nachzug nach Frankfurt/Main und weiter nach Gießen gefahren. Vom Lager Gießen wurden wir nach drei Tagen von meinem Onkel abgeholt und durften bei ihm wohnen. Andreas hat bereits 14 Tage danach seinen ersten Job als Aufzugmonteur angetreten. Ich habe nur wenige Tage später bei einem Reiseveranstalter in Frankfurt/Main zu arbeiten begonnen. Mitte November 1989 haben wir in Frankfurt/Main unsere erste Wohnung bezogen. In unsere alte Heimat sind wir zum ersten Mal 1990 gefahren.

30 JAHRE DANACH Im Jahr 1992 hat Andreas seine erste Firma gegründet. Ich habe mein Abitur gemacht und mein Studium als Diplomfinanzwirtin abgeschlossen. 2002 sind wir Eltern geworden. In die ehemalige DDR – unsere einstige Heimat – fahren wir nur mehr ganz selten. Wir haben unsere Flucht nie bereut, haben in unserem Leben sehr viel Glück gehabt und immer hart an unserem Erfolg gearbeitet. Beim Aufbau unserer neuen Existenz und dem damit verbundenen Wohlstand mussten wir manchmal auch das ein oder andere Risiko eingehen. Es hat sich gelohnt. Uns geht es sehr gut. Wir sind sehr zufrieden.

UNSERE HELFER werden wir nie vergessen. Zu Gerhard Selucky unterhalten wir eine besondere Freundschaft, über die wir sehr glücklich sind. Wir telefonieren oft miteinander und besuchen uns gegenseitig.

MARTIN SOMMER – ER HALF DEN FLÜCHTLINGEN DURCH DIE LÖCHER DES EISERNEN VORHANGES UND LANDETE IM GEFÄNGNIS

Martin Sommer

MARTIN SOMMER, Jahrgang 1943, ein »Mörbischer Urgestein« wurde mitten in den Wirren des Zweiten Weltkrieges geboren. Er war von 1987 bis 1992 Vizebürgermeister seiner Heimatgemeinde, das Amt des Bürgermeisters bekleidete er von 1992 bis zum Jahre 2002. In seine Amtsperiode als Vizebürgermeister fiel das ereignisreiche Jahr 1989. In diesem Sommer flüchteten etwa 100.000 DDR-Bürger durch die immer größer werdenden Löcher des Eisernen Vorhanges ins Burgenland, wobei für Tausende die Festspielgemeinde Mörbisch/See als erste »Anlaufstelle« galt. Der Fall dieses Menschen verachtenden Grenzzaunes mit der damit verbundenen Flüchtlingswelle leitete schlussendlich eine geopolitische Änderung in Europa ein.

MARTIN SOMMER war im Jahre 1989 als Vizebürgermeister unter anderem für die logistische Abwicklung der Flüchtlingsbetreuung zuständig. Doch dabei blieb es nicht. Als ortskundiger »Einheimischer« pendelte er über Wochen im Grenzbereich zwischen Fertörákos und Mörbisch. Durch seinen persönlichen Einsatz, der oft unter Lebensgefahr erfolgte, ermöglichte er als »**UNENTGELTLICHER SCHLEUSER**« zahlreichen Flüchtlingen den illegalen Grenzübertritt.

Durch viele erfolgreiche Schleusungen wurde er etwas unvorsichtig und lief ungarischen Grenzern direkt in die Arme. Schüsse peitschten durch die Nacht und zwangen ihn mit einer Gruppe von Flüchtlingen – sie waren aus Rostock – kurz vor der Grenze zum Aufgeben. Er wurde verhaftet und musste für eine Nacht ins Gefängnis. Bei seiner Entlassung erhielt er ein einjähriges Aufenthaltsverbot in Ungarn.

> **»Während einer von uns die ungarischen Grenzwächter mit Speis und Trank versorgte, schleuste der andere die Flüchtlinge durch die Löcher des Eisernen Vorhanges.«**
> WÖRTLICHES ZITAT VON MARTIN SOMMER.

MARTIN SOMMER ERINNERT SICH: »*Mörbisch wurde im Jahre 1989 von den Flüchtlingen nahezu überschwemmt, wobei die Flüchtlingswelle im Sommer ihren Höhepunkt erreichte. Die Hilfsbereitschaft der Bürger in unserer Festspielgemeinde am Westufer des Neusiedler Sees fand weit über Österreichs Grenzen, und hier meine ich vor allem die westeuropäischen Staaten, höchste Anerkennung. Um diesen »Ansturm« der »Ausreisewilligen«, wie die »kommunistische Propagandamaschinerie« diese Menschen damals titulierte, bewältigen zu können, wurde auch die politische Führung unserer Gemeinde vor eine enorme logistische Herausforderung gestellt. Es ist mit Sicherheit keine Untertreibung, wenn ich sage, dass die Mörbischer in diesen Wochen beispielhafte Solidarität mit den Flüchtlingen gezeigt haben und dadurch diese Krise von uns allen professionell bewältigt wurde. Denn Mörbisch gehörte ebenso wie etwa die Gemeinden St. Margarethen, Klingenbach und Deutschkreutz zu den Hotspots an dieser 414 Kilometer langen Ostgrenze (Ungarn 396 Kilometer) des Burgenlandes.*

KALTER KRIEG IN MEINER JUGEND – WACHTÜRME, STACHELDRAHT UND MINEN

Doch lassen Sie mich mit den Erinnerungen an den Eisernen Vorhang in meiner Kindheit beginnen. In den Nachkriegsjahren habe ich zunächst den Aufbau dieser Menschen verachtenden Grenze erlebt, als in Mörbisch mit einem Schlag »die Welt zu Ende« war. Jeglicher Kontakt mit unseren Freunden in Fertörákos (Kroisbach) wurde durch Minen, Stacheldraht und Wachtürme, auf denen sich Grenzsoldaten mit Kalaschnikows (Maschinengewehre sowjetischer – heute russischer – Bauart) befanden, unterbunden.

Erstmalig bekam dieser Eiserne Vorhang mit der Revolution in Ungarn seine Löcher. Ich war damals 13 Jahre alt, als wir Kinder lautstarke Detonationen hörten, die auf die Sprengung der Minen zurückzuführen waren.

REVOLUTION IN UNGARN *Den ersten Flüchtlingsstrom in Mörbisch erlebte ich im Herbst 1956. In Ungarn war die Revolution ausgebrochen, die von sowjetischen Panzern brutal niedergeschlagen wurde. Die Menschen kehrten unter Tränen ihrer Heimat den Rücken. Von den insgesamt ca. 200.000 Flüchtlingen kamen viele auf dem See- und Landweg nach Mörbisch. Ich erinnere mich noch genau, dass zahlreiche Menschen aus Fertörákos zu ihren Verwandten in unsere Gemeinde flohen. Es kamen aber auch viele Flüchtlinge aus anderen ungarischen Orten und Städten bei uns über die Grenze. Während die Verwandten aus Fertörákos bei ihren Angehörigen in Mörbisch untergebracht wurden, versorgte man die restlichen Grenzgänger bis zum Weitertransport in der Schule, die kurzerhand zu einem kleinen Flüchtlingslager umfunktioniert wurde.*

PFARRER REUTER VERSCHLEPPT *Als »die Bruderstaaten des Warschauer Paktes« den Aufstand in Ungarn niedergeschlagen hatten, nahm der Eiserne Vorhang unter Führung der Kommunisten seine einstige Form wieder an. Stacheldraht, Minenfelder und schwer bewaffnete Soldaten auf Wachtürmen unterbanden mit Gewalt jeglichen Grenzverkehr. Mehr als 30 Jahre mussten vergehen, ehe man diesen fast unüberwindbaren, schrecklichen Zaun wieder wegräumte. Es gab auch immer wieder Zwischenfälle, bei denen Mörbischer nach Sopron (Ödenburg) verschleppt und nach einigen Tagen wieder nach Österreich überstellt wurden. Meist waren die Übergriffe derart brutal, dass diese Personen schwere Verletzungen erlitten oder sogar den Tod fanden.*

Ich erinnere mich noch an die Verschleppung des katholischen Pfarrers von Mörbisch, Valentin Reuter, der allerdings keinen körperlichen Schaden davontrug. Es war Ende der 1950er Jahre, als Reuter, der sich besonders für Ausgrabungen aus der Steinzeit interessierte, in unmittelbarer Nähe des Grenzzaunes nach Gräbern bzw. Grabbeigaben suchte. Er befand sich auf österreichischem Gebiet, unweit der nach Fertörákos (heute ist es der offizielle Radweg) führenden Straße, als er plötzlich von ungarischen Grenzsoldaten überfallen und durch den Stacheldraht ins Landesinnere gezerrt wurde. Danach war er in Ungarn interniert und wurde erst nach etwa einem Monat nach Österreich überstellt.

MITTE DER 1960ER JAHRE – MINEN WERDEN GESPRENGT Da es an der gesamten Ostgrenze immer wieder zu dramatischen Zwischenfällen kam, wobei Menschen, die einen Fluchtversuch unternahmen, von den Minen regelrecht zerfetzt wurden, musste Ungarn auf internationalen Druck diese Minenfelder abbauen. Zur neuerlichen Sprengung kam es dann Mitte der 1960er Jahre. Da man aber die Grenze keinesfalls durchlässiger machen wollte, baute man im Hinterland technische Sperren auf. Der Stacheldraht wurde unter Strom gesetzt. Berührte man dieses Hindernis, erlitt man einen Stromschlag und löste gleichzeitig einen akustischen Alarm aus. Vor dem Stacheldraht gab

Ungarische Grenzsoldaten beim Abbau des Stacheldrahtes. Franz Tremmel bedankt sich bei einem Soldaten und ersteht ein Stück des einst so gefürchteten Eisernen Vorhanges. Dahinter im Mantel der damalige Vizebürgermeister von Mörbisch, Martin Sommer.

es noch einen etwa vier bis fünf Meter breiten Erd- bzw. Sandstreifen, der fast täglich geeggt wurde, wodurch man feststellen konnte, ob jemand einen Fluchtversuch gewagt hatte. Auch Patrouillen mit Hunden wurden eingesetzt. Selbstschussanlagen gab es im Gegensatz zur Innerdeutschen Grenze der DDR an der ungarischen Grenze nicht.

Doch nun will ich auf die Ereignisse des Jahres 1989 eingehen.

SOMMER 1989 – MÖRBISCH RÜCKT IN DEN FOKUS DER WESTLICHEN WELT – ÜBER WOCHEN ERSTE ANLAUFSTELLE FÜR TAUSENDE FLÜCHTLINGE AUS DER DDR

ERSTE GRUPPE VON FLÜCHTLINGEN AUF DEM WEINFEST Mit Beginn der warmen Jahreszeit kursierten im Dorf immer wieder Gerüchte, dass Flüchtlinge vereinzelt über die Grenze gekommen waren. In der »Gemeindestube« hatten wir davon vorerst kaum Notiz genommen, weil das Angelegenheit der Gendarmerie war. Die Flüchtlingswelle begann für mich zu den Weinfesttagen Anfang Juli 1989. Ich erinnere mich noch genau an jenen Abend, als ich mich bei Michael Halwax, der auf dem Weinfest die Besucher mit Grillhendl versorgte, aufhielt. Am späten Abend musste er »Nachschub« holen, weshalb er zu seinem Lokal, das sich in der Friedhofgasse befand, ging. Plötzlich stand vor ihm eine größere Gruppe von Flüchtlingen, die er, weil er ja auch Taxiunternehmer war, zur Botschaft der BRD nach Wien brachte. In den nächsten Tagen kamen dann immer mehr Einzelpersonen, die sich nach und nach zu Gruppen formierten.

HILFE – EIN GEBOT DER STUNDE Für uns Mörbischer war es nahezu Pflicht, diesen Menschen zu helfen. Fast jeder Bürger in unserer Gemeinde leistete seinen Beitrag. Das ging von der Fluchthilfe über die Versorgung mit Lebensmitteln, Toilettenartikeln und Kleidern. War nach der Registrierung durch die Exekutive eine Weiterfahrt zur Botschaft erst am nächsten oder übernächsten Tag möglich, so gingen manche Mörbischer sogar soweit, dass sie den Flüchtlingen in ihren eigenen vier Wänden Unterkunft gewährten.

Ich war den »illegalen Grenzgängern« vorwiegend beim Grenzübertritt behilflich, hatte aber auch als Vizebürgermeister logistische Aufgaben im Ort zu erledigen. Obwohl auf ungarischer Seite unter den DDR-Bürgern bereits

Skizzen über verschiedene Fluchtwege angefertigt und weitergereicht wurden, verirrten sich doch viele auf den Waldwegen in Richtung Mörbisch. Sie hatten auch Angst vor unseren Gendarmen, weil sich ihre Scheu gegen alles richtete, was Uniform trug. Auch uns Helfern traten sie vielfach mit Skepsis gegenüber, weil sie hinter jedem Menschen der ihnen begegnete, einen Agenten der gefürchteten und »allgegenwärtigen« Stasi vermuteten. Um die Flüchtlinge auf den richtigen Weg zu lotsen, wurden von den Mörbischern beschriftete Wegweiser in Form von Pfeilen angefertigt und an den Bäumen angebracht.

Pfeile aus Karton die an den Bäumen angebracht waren, sollten den Weg nach Mörbisch weisen.

VIELE GRENZSOLDATEN SCHAUTEN EINFACH WEG In Sopron und Fertörákos hatte es sich in der Zwischenzeit bereits herumgesprochen, dass einige Mörbischer den Flüchtlingen beim Grenzübertritt behilflich sind, wodurch viele die Scheu verloren haben und uns zusehends vertrauten. Auch die Organe der ungarischen Grenzwache drückten oft beide Augen zu und ließen sich von uns bewusst ablenken. Während einer von uns Helfern die ungarischen Grenzwächter mit Speis und Trank versorgte, schleuste der andere die Flüchtlinge durch die Löcher des Eisernen Vorhanges. Obwohl ich mit meinen Freunden über einen längeren Zeitraum nun schon fast täglich DDR-Bürger von Fertörákos nach Mörbisch gebracht hatte, gab es nie einen nennenswerten Zwischenfall. Doch dies sollte sich mit einem Schlag ändern und ich landete mit meinem Freund Herbert Reinprecht für eine Nacht im Gefängnis.

31. AUGUST 1989 – EINMAL MUSSTE ES GESCHEHEN An diesen Tag erinnere ich mich deswegen so genau, weil ich am Abend während einer Fluchthilfe festgenommen und anschließend inhaftiert wurde.

Nur wenige Tage nach den dramatischen Ereignissen beim Tor von St. Margarethen (19. August 1989) kam an diesem 31. August 1989 der damalige burgenländische Landeshauptmann (1987 – 1991) Hans Sipötz nach Mörbisch. Ich zeigte ihm den Grenzverlauf und natürlich auch einige Schleichwege, auf denen wir die Flüchtlinge nach Mörbisch »geschleust« hatten.

Nachdem Sipötz die Visite in unserer Gemeinde beendete, fuhr ich mit meinen Freunden Herbert Reinprecht und Gerhard Schmidt nach Sopron, weil wir uns ja wieder um einige dort aufhältige Flüchtlinge kümmern wollten. Da es auf dem Grenzübergang Klingenbach einen Stau gab, reisten wir über Deutschkreutz nach Ungarn ein.

Auf der Straße zwischen Balf und Fertörákos sahen wir zwei Jugendliche, die – jeder mit einem Rucksack auf dem »Buckel« – in Richtung (Fertörákos) Grenze gingen. Wir hielten an, ließen beide Männer ins Auto steigen, fuhren in ein Gasthaus und luden sie zum Essen ein. Danach gingen wir mit ihnen durch den Wald bis zum Haus des Herbert Reinprecht (wohnt in Grenznähe) und brachten sie zur Winzergenossenschaft, wo sie versorgt wurden. Doch damit nicht genug, denn der Tag war für uns lange noch nicht zu Ende. Im gesamten Grenzgebiet »wimmelte« es nur so von Flüchtlingen denen wir helfen wollten. Deshalb gingen wir wieder zurück, sahen etwa 300 Meter nach der Grenze drei Familien, die wir jetzt zum Haus von Martin Kanitsch († 2008, wohnte ebenfalls in Grenznähe) brachten. Kanitsch hatte vor seinem Anwesen einen Traktor stehen, an den er einen Anhänger gekoppelt hatte. Mit dieser Zugmaschine hatte er einen »Pendelverkehr« von der Grenze bzw. seinem Wohnhaus zur Winzerhalle eingerichtet. Für ihn die selbstverständlichste Sache der Welt, dass er auch »unsere Freunde« zu dieser etwa einen Kilometer entfernten Winzerhalle brachte, wo sie registriert und versorgt wurden. Die Winzerhalle wurde nämlich zu einem Flüchtlingslager umfunktioniert und galt somit als Anlaufstelle für alle Flüchtlinge. Sogar die Gendarmerie hatte dort eine Art »Expositur« eingerichtet, wodurch die Beamten sämtliche Formalitäten vor Ort schnell und unbürokratisch erledigen konnten. Nachdem auch diese »Schleppung« für alle ein glückliches Ende gefunden hatte, machten wir uns neuerlich auf den Weg nach Fertörákos.

VERHAFTUNG – GEFÄNGNIS – ENTLASSUNG

Das Gasthaus »Mithrász« (so hieß es damals) in Fertörákos war Treffpunkt vieler Flüchtlinge bevor sie den Weg in die Freiheit wagten. Deshalb suchten auch wir diesen neuralgischen Punkt immer wieder auf, weil unser Bedürfnis den Menschen zu helfen keine Grenzen kannte. Für uns als Demokraten war es eine innerliche Genugtuung, wenn wir Flüchtlinge gesund über die Grenze bringen und den Diktatoren im Osten »ihre Grenzen« aufzeigen konnten.

Gasthaus Mithrász – Aufnahme 2014.

An diesem Abend des 31. August 1989 sitzen Reinprecht, Schmidt und ich im Gasthaus »Mithrász« an einem Tisch, der uns persönlich bekannte Dorfpolizist »Juri«, gegenüber. Daneben ein Mann, der sein Gesicht hinter einer breit aufgeschlagenen Zeitung verbirgt. »Juri«, der nicht Deutsch spricht, sagt in gebrochenen Worten immer wieder zu uns: »Problem, Problem …«. Offensichtlich will er uns auf diesen Mann, der vermutlich der Stasi angehört, aufmerksam machen. Das ist uns jedoch vorerst so ziemlich gleichgültig. Ein schwerer Fehler, wie sich später herausstellt, weil Informationen dieses Mannes uns wenige Stunden danach direkt ins Gefängnis führen werden. In meinem Leichtsinn ignoriere ich die Worte des Dorfpolizisten und gehe davon aus, dass dieser Unbekannte bereits weiß, dass wir als Fluchthelfer fungieren und ihm dies ziemlich gleichgültig ist. Dass er ein Mann der Stasi sein könnte, daran denke ich nicht. Doch weit gefehlt! Er hatte uns wahrscheinlich auch an die ungarische Grenzwache verraten, nachdem wir wieder mit einem »Tross« in Richtung Mörbisch aufgebrochen waren.

»Was soll uns schon passieren«, denke ich mir, als wir eine Gruppe von mehreren Flüchtlingen aufnehmen und mit ihnen im Schutz der Dunkelheit in Richtung Mörbisch aufbrechen. Als wir uns auf dem heutigen offiziellen Radweg zwischen Fertörákos und Mörbisch befinden, fährt uns plötzlich der Schreck in die Glieder. »Das gibt es doch nicht, das ist mir noch nie passiert«, sind meine ersten Gedanken, als kurz vor dem Stacheldraht völlig überraschend zwei Männer aus dem Wald springen, vor uns Stellung beziehen und uns den Weg versperren. Es sind Soldaten der ungarischen Grenzwache, die wir in der Finsternis nicht sofort erkennen. Um keinen Zweifel über die Aussichtslosigkeit einer Flucht aufkommen zu lassen, geben sie sofort einige Warnschüsse in die Luft ab, wodurch es ihnen gelingt, uns einzuschüchtern. Die Gänsehaut läuft uns vor Angst über den ganzen Körper. Wir erkennen unsere ausweglose Situation, wollen nur unsere Haut – und selbstverständlich auch die der Flüchtlinge – retten, leisten keinen Widerstand und folgen ihren Anweisungen. Ein Soldat geht sofort zu einem neben der Straße stehenden Nussbaum, an dem ein Telefon montiert ist und fordert Verstärkung an. Binnen kürzester Zeit sind weitere Grenzer mit mehreren Fahrzeugen da. Mir ist sofort klar, dass wir jetzt verhaftet werden. Ich bin froh, dass wir bis dato nur einen Schock und keinen körperlichen Schaden erlitten haben.

»AUFSITZEN UND ZUM VERHÖR« *Nun wird uns befohlen, auf einen Lastwagen der Armee zu steigen, auf dem sich bereits einige Flüchtlinge befinden. Mir gegenüber sitzen zwei bereits verhaftete Damen, mit denen ich kurz ins Gespräch komme. Dabei übergibt mir eine ihre Handtasche und ersucht mich, diese für sie aufzubewahren. Ich sage ihr, dass ich aus Mörbisch komme und dort der Vizebürgermeister bin. Darauf antworten mir die beiden Frauen, dass sie mit Sicherheit einen weiteren Fluchtversuch unternehmen werden. Sollte ihnen dieser dann gelingen, würden sie sich persönlich bei mir melden und die Tasche abholen.*

In der Tasche waren neben einigen persönlichen Sachen auch ein Transistorradio, ungarische Forint und tschechische Kronen, jedoch kein Hinweis

(Adresse) auf die Besitzerin. Dies war auch so üblich, denn man wollte ja auf der Flucht im Falle einer Festnahme so lange wie nur möglich seine Identität geheim halten. Diese Handtasche habe ich sieben Jahre bei mir aufbewahrt. Auf kuriose Weise konnte die Besitzerin ausgeforscht werden. Den beiden Frauen ist tatsächlich noch in derselben Nacht die Flucht gelungen. Wie es dazu kam lesen Sie bitte im letzten Absatz.

Der Lastwagen fährt nun weiter nach Fertőrákos und hält vor der Kaserne an. Dort müssen Reinprecht und ich »absitzen« und werden in die Kanzleiräume »eskortiert«. Die Flüchtlinge dürfen den LKW nicht verlassen und werden vorerst nach Sopron gebracht. Wie ich später aus einem Bericht der Süddeutschen Zeitung entnommen habe, hat man die Frau mit ihrer Zwillingsschwester beim Bahnhof in Sopron auf freien Fuß gesetzt. Beide haben wie angekündigt, noch in derselben Nacht einen neuerlichen Fluchtversuch unternommen und den Weg in die Freiheit geschafft. Die anderen Flüchtlinge hat man angeblich in ein Sammellager nahe dem Plattensee gebracht.

In Fertőrákos werden wir von äußerst zuvorkommenden Organen befragt, mit Essen und Trinken versorgt und anschließend in das Hauptquartier der ungarischen Grenzwache nach Sopron gebracht. Ehe wir inhaftiert werden, unterzieht man uns noch einer äußerst peniblen Personsdurchsuchung. Unsere Kleidung müssen wir nicht ablegen, die Schuhe müssen wir ebenfalls nicht ausziehen, die Schuhbänder nehmen sie uns jedoch ab. Reinprecht lacht noch und sagt wörtlich: »Glauben die, dass ich nach Ungarn komme und mich aufhängen werde?« Danach wird jeder von uns in ein anderes Zimmer gebracht. Beide Räume dienen als eine Art Zelle, in denen sich Stahlrohrbetten befinden. Es könnten auch einstige Schlafräume für Bedienstete der Grenzwache gewesen sein. Als wir unsere Zellen betreten – wir sind ja zu diesem Zeitpunkt festgenommen – folgt die nächste Überraschung.

Herbert Reinprecht sieht Martin Kanitsch, den sie ebenfalls erwischt und verhaftet hatten, ich den mir persönlich bekannten Leopold Pusser, von dem ich weiß, dass er sich auch als unentgeltlicher Fluchthelfer betätigt.

»Nach etwa einer Stunde ist mein Verlangen nach einer Zigarette derart groß, dass ich mit den Fäusten so lange gegen die Tür des vermeintlichen Arrestraumes schlage, bis mir diese geöffnet wird.«

WÖRTLICHES ZITAT VON MARTIN SOMMER.

Ein »Wächter« gibt mir eine Zigarette, doch ich gehe in den Raum nicht mehr zurück und marschiere bis zum Morgen auf dem Gang unentwegt hin und her.

EIN JAHR AUFENTHALTSVERBOT IN UNGARN *Mir scheint als ob man die Zeit anhalten würde. Es will einfach nicht hell werden. Endlich kommt ein Dolmetsch und führt uns einem Schnellrichter der Fremdenpolizei vor. Wir werden belehrt und mit einem einjährigen Aufenthalts- bzw. Einreiseverbot in die damalige Volksrepublik Ungarn belegt. In unseren Reisepässen wird diesbezüglich eine Stampiglie angebracht und somit dieses Urteil bei einer Kontrolle für jedermann sichtbar gemacht. Uns ist das auch so ziemlich gleichgültig, wir nehmen dies zur Kenntnis und stecken unsere Dokumente ein. Wie bei einem ordentlichen Gerichtsverfahren vor einem demokratischen Gericht habe ich nach der Urteilsverkündung das letzte Wort und ich sage:*

»Österreich ist eine demokratische Republik, die mit Sicherheit länger als die ungarische Volksrepublik bestehen wird.«

Der Schnellrichter schüttelt den Kopf und wir verlassen gegen 13:00 Uhr die Kaserne. Hunger und vor allem Durst »quälen« uns, weshalb wir beschließen, noch vor Verlassen des ungarischen Staatsgebietes ein Lokal aufzusuchen, um für unser leibliches Wohl zu sorgen. Nur zufällig blickt einer von uns in seinen Reisepass und sieht, dass dort auch noch zusätzlich eingetragen ist, dass wir bis 14:00 Uhr Ungarn zu verlassen haben. Das Risiko ist uns dann doch zu groß und wir reisen über Klingenbach wieder in Österreich ein. Da sich unsere Festnahme nicht nur in Mörbisch herumgesprochen hat, werden wir bereits auf dem Grenzübergang von mehreren Journalisten erwartet, denen wir auch bereitwillig Interviews geben.

ZUM SCHMUNZELN – GROTESKE AM RANDE: *»Morgen bin ich nicht da«, sagte ich zu meiner Frau im Spaß, als ich in der Früh des 31. August 1989 unser Haus verließ, um dem Besuch des Landeshauptmannes beizuwohnen. Meine Gattin hatte nämlich für den nächsten Tag (1.9.1989) dringende Arbeiten in unserem Haus geplant. Wie sich dieser 31. August entwickeln wird, konnte ich ja wirklich nicht ahnen. Ich war auch an diesem nächsten Morgen tatsächlich nicht da, weil ich ja in der Kaserne der ungarischen Grenzwache inhaftiert war!*

DIE GESCHICHTE VON DER HANDTASCHE – BESITZERIN NACH ZEITUNGSBERICHT AUSGEFORSCHT – FLUCHT BEIM DRITTEN VERSUCH GEGLÜCKT

Die bereits beschriebene Handtasche, die mir – Martin Sommer – eine Dame bei ihrer Festnahme auf dem Armeelastwagen übergeben hat, habe ich zu Hause aufbewahrt. Für mich war die Tasche bereits in Vergessenheit geraten. Doch alles hat sich durch einen Zufall in Wohlgefallen aufgelöst.

Doch zuerst der Bericht über die Flucht der damals 21-jährigen Zwillingsschwestern, die dabei ihr gesamtes Hab und Gut in einer kleinen Handtasche verwahrt hatten.

»EINE HANDTASCHE ERZÄHLT VON DER FLUCHT«   Else hatte diese Tasche, die ihr außerordentlich gut gefiel, in einem renommierten Geschäft in Dresden für hart ersparte 80 Ostmark erworben. Sie hing deshalb an diesem für sie besonders wertvollem Stück, verstaute darin vor der Flucht ihre persönlichen Sachen und wollte sich davon keinesfalls trennen. Außerdem befand sich in der Tasche ein Transistorradio – es war ihr erstes eigenes Radio in ihrem Leben – mit dem sie den Berliner Sender RIAS empfangen konnte. RIAS spielte nämlich aktuelle Hits und keine DDR-Lieder. Für die Menschen in Dresden war das besonders wichtig, weil Dresden im Funkschatten westlicher Sender lag. Deshalb wurde dieses Gebiet auch »Tal der Ahnungslosen« genannt, weil man dort kaum westliche Rundfunk- bzw. Fernsehsender empfangen konnte. Auch später, in Ungarn, war das Radio für beide immens wertvoll, weil sie westliche Nachrichten empfangen konnten und dadurch über die Lage an der Grenze immer informiert waren.

ERSTER FLUCHTVERSUCHE BEI SZOMBATHELY – FESTNAHME   Die Zwillingsschwestern kamen nach Szombathely, bauten auf dem dortigen Campingplatz ihr Zelt auf und suchten eine geeignete Stelle für den Weg in die Freiheit. Sooft es ging, hörten sie Nachrichten und freuten sich über jede geglückte Flucht, wodurch sie immer neuen Mut bekamen. Dabei drehten sie die Lautstärke des Radios soweit es nur ging zurück, weil sie Angst hatten, dass ihre Zeltnachbarn auf sie aufmerksam werden könnten. Bei der Planung ihrer Flucht diskutierten sie manchmal stundenlang, weil sie Angst davor hatten, erwischt zu werden. Die Folge wäre wahrscheinlich eine Abschiebung in die DDR – wo sie vermutlich in einem Gefängnis gelandet wären – gewesen.

Da sie völlig ortsunkundig waren, benötigten sie unbedingt eine Landkarte mit einem genau eingezeichneten Grenzverlauf zu Österreich. In ganz Dresden gab es keine derartige Karte. Auch in Ungarn war es trotz mehrere Versuche zunächst nicht möglich, eine solche zu erstehen, weil es auch dort verboten war, Landkarten mit eingezeichnetem Grenzgebiet zu verkaufen. Schlussendlich betraten sie bereits etwas verzweifelt einen kleinen Kiosk. Dort flüsterte ihnen eine Verkäuferin zu, dass sie etwas warten sollen und schnürte unter der Theke ein kleines Päckchen. Im Zelt öffneten sie das Päckchen und fanden darin tatsächlich die von ihnen so sehr ersehnte Landkarte, auf der der genaue Grenzverlauf bis Sopron eingezeichnet war. Mit dem Fahrrad erkundeten sie die Gegend und suchten nach einer geeigneten Stelle für die Flucht. Langsam wurden sie nervös, weil das Visum nur bis 31. August 1989 befristet war. Außerdem hatten sie sich seit Tagen fast ausschließlich von Milchhörnchen ernährt. Das Wetter spielte ebenfalls verrückt, weil es seit Tagen immer wieder regnete und das Wasser bereits im Zelt stand. Die Stimmung wurde immer schlechter. Der Wettlauf mit der Zeit begann. Die Tage vergingen und das Warten zermürbte sie. Dennoch schien Vorsicht geboten, denn sie wollten ja keinesfalls erwischt und an die DDR ausgeliefert werden. Erkundungsfahrten nach einem Loch im Eisernen Vorhang schienen nicht wirklich von Erfolg gekrönt.

Als sie nach zig Exkursionstouren endlich die Flucht wagten, war diese bereits zu Ende bevor sie noch so richtig begonnen hatte. Es gelang ihn nicht einmal bis in die Nähe des Stacheldrahtes zu kommen. Sie befanden sich in einem Wald, waren von der Grenze kilometerweit entfernt und wähnten sich noch in Sicherheit. Doch plötzlich tauchten Soldaten auf, verhafteten beide und brachten sie zu einem Stützpunkt. Niemand hatte damit gerechnet, dass die Ungarn bereits einige Kilometer vor dem Stacheldraht kontrollieren würden. Das Verhör dauerte einige Stunden, wobei die Grenzer immer wieder wissen wollten, weshalb sie sich in diesem Wald aufgehalten haben. Nachdem sie wieder entlassen wurden, fuhren sie sofort zum Zeltplatz, schalteten das Radio ein, holten die Karten heraus und suchten nach einem neuen Fluchtweg.

31. AUGUST 1989 – ZWEITER FLUCHTVERSUCH GESCHEITERT *An diesem letzten Urlaubstag musste eine Entscheidung fallen, weil die Aufenthaltsgenehmigung für Ungarn endete. Sie fuhren mit dem Zug von Szombathely nach Sopron, um dort einen neuerlichen Fluchtversuch zu unternehmen und landeten wieder* *auf einem Campingplatz. Dort stand ein Zelt neben dem anderen, wodurch sie keinen Platz fanden. In Wirklichkeit waren jedoch alle Zelte leer, weil deren Besitzer bereits nach Österreich geflüchtet waren. Es war wie in einer Geisterstadt. Der Platzwart, ein unfreundlicher und mürrischer Typ, quartierte sie in einem desolaten Bungalow ohne Dusche und WC ein. Die Unterkunft war unter jeder Kritik, dafür aber unverschämt teuer. Doch sie hatten auch etwas Glück. Eine Frau, die sich Eva nannte, sah die unglücklichen und ängstlichen Zwillinge und fragte sie, ob sie denn flüchten wollen. Da die Stasi »allgegenwärtig« war, begegneten sie Eva vorerst mit der gebotenen Vorsicht. Erst als sie das Gefühl hatten, dass sie keine Verbindung zur Stasi hat, bejahten sie deren Frage. Eva gab ihnen eine Visitenkarte von ihrem Mann, der als Taxiunternehmer arbeitete. Ab diesem Zeitpunkt wurden die beiden ihre Fluchthelfer. Gegen Mitternacht wurden die beiden Frauen von dem Mann im Taxi zur Grenze nach Fertörákos gebracht. Ihr Zelt ließen sie auf dem Campingplatz zurück. Nur die besagte Tasche mit den persönlichen Sachen nahmen sie mit. Obwohl Else diese beim Laufen ständig von der Schulter rutschte und beim Kriechen durch Gestrüppe sehr hinderlich war, gab sie die Tasche nicht aus der Hand. »Die Handtasche störte unentwegt, sie machte mich so richtig nervös. Oft war ich fast so weit, sie einfach ins Gebüsch zu schleudern«, so Else wörtlich.*

Doch auch dieser Fluchtversuch war nur von kurzer Dauer. In einem Waldstück zwischen Fertörákos und Mörbisch wurden sie – wie bereits beschrieben – von ungarischen Grenzwachebeamten festgenommen, mit einem Armeelastwagen nach Sopron gebracht und beim Bahnhof wieder freigelassen. Die Tasche haben sie zuvor Martin Sommer, der sich ebenfalls auf dem Fahrzeug befand, übergeben.

1. SEPTEMBER 1989 – DRITTER FLUCHTVERSUCH GELINGT *Doch die beiden Frauen blieben hartnäckig, setzten alles auf »eine Karte« und wagten einen weiteren – jetzt erfolgreichen – Fluchtversuch. Sie gingen zur nächsten Telefonzelle, wählten die Nummer des Taxifahrers, der sofort mit Eva zu ihnen kam. Sie stiegen zu Eva und ihrem Mann in das Taxi, das die beiden Zwillingsschwestern direkt ins militärische Sperrgebiet brachte. Um in die Nähe des Stacheldrahtverhaues zu kommen, mussten sie zuvor jedoch noch einen Kotrollposten passieren, dem sie erzählten, dass sie Verwandte besuchen würden. Sobald der Grenzer außer Sichtweite war, stiegen sie aus dem Fahrzeug und rannten in Richtung*

Österreich. Dabei bemerkten sie in der Ferne eine diffuse Lichtquelle, von der sie annahmen, dass dort bereits Mörbisch sei. Jeder Schritt war von der Angst einer neuerlichen Verhaftung geprägt, weshalb sie höllisch aufpassten, bloß nicht zu stolpern und sich eventuell den Knöchel zu verstauchen. Denn dann wäre auch dieser Versuch gescheitert.

VERIRRT – AN DEN STERNEN ORIENTIERT *Die Freiheit zum Greifen nahe, kam der nächste Rückschlag. Sie hatten sich nämlich verlaufen und standen plötzlich im Schilfgürtel des Neusiedler Sees. Nun wateten sie durch eiskaltes, knietiefes Wasser und versuchten sich an den Sternen zu orientieren, um nicht im Kreis zu laufen. Der Schilfwald nahm jedoch kein Ende, Verzweiflung, Nervosität und Angst wurden von Minute zu Minute stärker. Doch sie konnten nicht mehr zurück, kämpften weiter und wurden schlussendlich belohnt. Im Morgengrauen sahen sie einen Baum auf einem Hügel. Endlich Land in Sicht – und das vermutlich auch noch in Österreich. Hoffnung und Zuversicht wichen der Angst. Unvorstellbar – sie hatten in der Nacht den See durchquert.*

Als sie an Land waren, sahen sie einen Mann der mit seinem Traktor ein Feld bearbeitete. Sie nahmen all ihren Mut zusammen und fragten ihn, ob dies Österreich sei, worauf er lächelnd antwortete: »Ihr seid in Sicherheit.« Der Bauer brachte sie nun in den nächsten Ort. Doch das war nicht Mörbisch, sondern Apetlon. Sie hatten komplett die Orientierung verloren und waren weit von ihrem Ziel abgekommen. Aber sie hatten schier Unmenschliches geschafft – den See durchquert. Dafür wurden sie mit der Freiheit belohnt. Obwohl die Tasche noch in Mörbisch war, fuhren sie mit dem nächsten Transport zur Botschaft der BRD nach Wien. Außerdem waren sie sich nicht sicher, ob der Mann die Tasche nicht bei einer Rot-Kreuz-Stelle abgegeben hat. Doch dem war nicht so. Martin Sommer hat die Tasche bei sich zu Hause bis zur Ausfolgung an eine Journalistin aufbewahrt.

MARTIN SOMMER ZUR GESCHICHTE MIT DER HANDTASCHE: *Nach etwa sieben Jahren rief mich plötzlich eine Journalistin einer Süddeutschen Zeitung an, der ich ein interessantes Erlebnis von der Zeit der Flüchtlingswelle aus dem Jahre 1989 schildern sollte. Wir vereinbarten einen Termin, kurze Zeit später kam sie persönlich zu mir nach Mörbisch. Ich erzählte ihr dabei die Geschichte von unserer Festnahme auf dem Radweg zwischen Mörbisch und Fertörákos sowie über den Transport der von uns »geschleppten« Flüchtlinge in ein Lager*

Diese Tasche wurde Martin Sommer von der ihm unbekannten Frau während der Flucht übergeben und konnte nach sieben Jahren der Besitzerin wieder ausgefolgt werden

Nach sieben Jahren wurde das »Geheimnis um die Tasche gelüftet«. Dieser Inhalt war das gesamte Hab und Gut, das sie in die Freiheit mitnehmen wollten – auch das blieb ihnen verwehrt.

QUELLE: BEILAGE ZUR SÜDDEUTSCHEN ZEITUNG VOM 9.11.1999; ZUR VERFÜGUNG GESTELLT VON MARTIN SOMMER

nahe dem Plattensee. Nur so beiläufig erwähnte ich, dass mir damals von einer Unbekannten eine Handtasche zur Aufbewahrung übergeben worden war. Als die Redakteurin wieder nach Hause fuhr, übergab ich ihr die besagte Handtasche, die sie in der Zeitung bildlich veröffentlichte. Und welch ein Zufall – die Besitzerin der Handtasche war die Nachbarin der Verfasserin des Artikels.

30 JAHRE DANACH – »STETER TROPFEN HÖHLT DEN STEIN« Wenn ich heute auf diese Wochen des Sommers 1989 zurückblicke, so denke ich, dass wir uns *damals gar nicht bewusst waren, in welcher Gefahr wir uns befunden haben. Wir gingen bei »Nacht und Nebel« einfach durch ein Gebiet, das einst vermint war. Bei der Sprengung hätte man auch eine Mine vergessen können. Nicht auszudenken, was passiert wäre, wenn einer von uns oder ein Flüchtling auf diese »Höllenmaschine« getreten wäre. Für uns war die Rettung jedes einzelnen Flüchtlings nicht nur ein persönliches Erfolgserlebnis – es war auch persönliche Genugtuung. Mit jedem Flüchtling, den wir über die Grenze gebracht haben, haben wir der kommunistischen Diktatur geschadet und – wenn auch nur einen ganz kleinen – Beitrag zur Demokratisierung geleistet. Wie die Jahre gezeigt haben, hat sich das Sprichwort: »Steter Tropfen höhlt den Stein«, bewahrheitet. Europa hat eine geopolitische Veränderung erfahren.*

An die 24 Stunden im Gefängnis denke ich auch heute noch zurück. Es war ein einschneidendes Erlebnis in meinem Leben. Ich bin stolz, dass uns auch diese Inhaftierung nicht davon abhalten konnte, weitere Flüchtlinge über die Grenze zu bringen. Zahlreiche Briefe des Dankes sowie Besuche von Menschen, denen ich zur Flucht verholfen habe, haben mir gezeigt, dass es sich gelohnt hat, dass ich dieses Risiko damals eingegangen bind. Und darauf bin ich besonders stolz, denn ich würde es jederzeit wieder tun.

»So schreibt das Leben eben seine Geschichten. Ich bin dankbar, dass ich diese Zeit erlebt habe und stolz, dass ich vielen Flüchtlingen helfen konnte.«

WÖRTLICHES ZITAT VON MARTIN SOMMER.

ES SOLLTE NICHT SEIN – NACH ZWEI GESCHEITERTEN FLUCHTVERSUCHEN – FREIWILLIGE RÜCKKEHR IN DIE HEIMAT – NACH ROSTOCK

WÄHREND TAUSENDE DDR-BÜRGER DIE FLUCHT DURCH DEN EISERNEN VORHANG SCHAFFTEN ODER NACH ERFOLGLOSEM VERSUCH DENNOCH NICHT AUFGABEN – UND DAS LOCH IM STACHELDRAHT-VERHAU FANDEN, – NAHM DAS SCHICKSAL DER FAMILIE MASUCH EINEN ANDEREN VERLAUF

Renate und Joachim Masuch

FOTO: ZUR VERFÜGUNG GESTELLT VON FAMILIE MASUCH

DR. RENATE (1953) UND DIPL.-ING. (FH) JOACHIM MASUCH (1950) lebten mit ihren beiden Söhnen Henning und Jens in der ca. 207.500 Einwohner zählenden Stadt Rostock. Da sie über eine nur 56 m² große Wohnung verfügten, litten sie sehr unter diesen beengten Wohnverhältnissen. In der damaligen DDR hatten sie keine Chance auf den Erwerb bzw. die Errichtung eines eigenen Hauses. Joachim betrachtete sein berufliches Dasein als unterfordernd und wenig produktiv! Es war überwiegend »bezahlte Anwesenheit« in einem geregelten Beschäftigungsverhältnis. Dennoch ging es ihnen für die damaligen Verhältnisse gut.

RENATE UND JOACHIM waren mit ihrer Situation damals sehr unzufrieden. Die Frustration wuchs mit jedem Tag. Deshalb trugen sie sich auch immer wieder mit dem Gedanken, aus der DDR zu flüchten und in der Bundesrepublik eine neue Existenz zu gründen. Den Entschluss zur Flucht fassten sie im Frühjahr 1989. Nach einem Urlaub in Bulgarien fuhren sie auf dem Rückweg in Ungarn direkt an die österreichische Grenze. Beim ersten Fluchtversuch wurden sie von Grenzsoldaten zurückgewiesen. Auch der zweite Versuch scheiterte und endete mit einer Festnahme. Nachdem sie wieder auf freiem Fuß gesetzt wurden, kehrten sie freiwillig nach Rostock zurück.

»Im Nachhinein sind wir froh und zufrieden, dass wir in Rostock geblieben sind, um in der uns vertrauten Umgebung weiterhin zu leben.«

WÖRTLICHES ZITAT VON RENATE MASUCH.

ERWERB EINES HAUSES WAR OHNE »ENTSPRECHENDE KONTAKTE« NICHT GEWOLLT – AUSREISE ZUM BEGRÄBNIS DES GROSSVATERS UNTERSAGT

RENATE MASUCH ERZÄHLT: »Mein Mann und ich wohnten seit 1974 in Rostock. Ich arbeitete als Kinderärztin in der Rostocker Universitätsklinik, Joachim war als Ingenieur in einem großen Schiffbau-Zulieferbetrieb beschäftigt. Ehrenamtlich engagierte er sich auf Bezirksebene im Bezirksfachausschuss »Fußball Rostock«. Unsere Söhne Henning und Jens wurden 1976 bzw. 1978 geboren.

Obwohl sich unser Alltag ziemlich arbeitsintensiv gestaltete, konnten wir die anfallenden Aufgaben zumeist gut bewältigen. Ausgleich fanden wir an den Wochenenden in unserem Kleingarten in der Rostocker Heide – und mein Mann zusätzlich noch beim Fußball. Den Traum von einem eigenen Haus haben wir Anfang der 1980er Jahre aufgegeben. Es war gesellschaftspolitisch auch nicht gewollt, dass man sich eigenen Wohnraum schafft. Darüber hinaus fehlten uns die nötigen Kontakte. Mein Mann und ich gehörten keiner Partei an und auch mit der Staatssicherheit hatten wir nichts zu tun. Wir hatten uns eingerichtet, hatten einen tollen Freundeskreis und machten Familienurlaube in der näheren Umgebung. Und es ging uns gut.

DEN KINDERN KEINE HEILE WELT VORSPIELEN Die prekäre wirtschaftliche Situation der DDR und die damit verbundenen persönlichen Einschränkungen waren uns stets bewusst. Ab Mitte der 1980er Jahre wurde der Widerspruch zwischen der Selbstdarstellung der DDR und der erlebten Realität immer krasser.

»Obwohl die Volkswirtschaft stets 100 % Planerfüllung auswies, erlebte ich in meinem Betrieb eine andere Realität. Anstelle der Arbeitsleistung gewann die Anwesenheit immer mehr an Bedeutung, denn sinnvolle Arbeitsaufgaben waren rar, weil deren erforderliche technologische Umsetzungen an wirtschaftliche Grenzen stießen.«

WÖRTLICHES ZITAT VON JOACHIM MASUCH.

Wir nahmen diesen Zustand als »bezahlte Arbeitslosigkeit« wahr. Unzufriedenheit setzte ein. Die Vorstellung, so bis zum 65. Lebensjahr zu arbeiten, war für uns unmöglich. Mein Mann absolvierte ein zusätzliches postgraduales Umweltschutzstudium an der TU Dresden (1987/88). Diese Maßnahme brachte vorübergehend Entspannung.

Unseren heranwachsenden Kindern (11 und 9 Jahre alt) konnten und wollten wir nicht länger in unserem Familienalltag eine »heile Welt« vorspielen. Mit ihnen sprachen wir offen über anstehende Probleme, die unseren Alltag betrafen (zum Beispiel: wo gibt es Winterschuhe für Kinder?). Wir waren aber stets bestrebt, ihnen nicht zu viel Last aufzubürden. Unter anderem mussten wir niemandem verheimlichen, dass wir Westfernsehen sahen und scheuten uns nicht, öffentlich (Arbeitsstelle) unsere Meinung zu äußern.

Uns war bewusst, dass dies der weiteren Ausbildung unserer Kinder schaden könnte (Ausschluss vom Abitur und damit Studium). Außerdem wurden Kinder, deren Eltern der Schicht der Arbeiter- und Bauernklasse angehörten, bevorzugt behandelt. Diese soziale Herkunft hatten unsere Kinder nicht vorzuweisen!

AUSREISE ZU BEGRÄBNIS DES GROSSVATERS VERWEIGERT – ERSTE GEDANKEN AN DIE FLUCHT Ein wesentlicher Grund für den aufkommenden Wunsch auf Veränderungen (Verlassen der DDR) keimte in uns mit der Lockerung der Besuchsreisen in die Bundesrepublik. Sowohl mein Mann als auch ich haben nahe Verwandte (2. Grades) in der BRD.

Bereits 1981 und 1983 hatte mein Mann einen Antrag auf Besuchsreise zum 90. bzw. 92. Geburtstag seines Großvaters gestellt, der jeweils abgelehnt wurde. In beiden Fällen hat er eine Eingabe an den Staatsratsvorsitzenden der DDR eingereicht – ohne Erfolg. Doch damit nicht genug! Im Februar 1986 starb der Großvater. Selbst eine Teilnahme am Begräbnis blieb ihm verwehrt. Die Behörden verweigerten die Erlaubnis zur Besuchsreise, obwohl ein Gesetz zur Reiseerleichterung bereits seit Jänner 1986 in Kraft war und diese Möglichkeit explizit vorsah! Nach neuerlicher Eingabe durfte er dann zu Ostern 1986 das Grab seines Großvaters besuchen. Gleichzeitig nutzte er die Reise, seine Verwandten in Bad Tölz aufzusuchen. Auch ich konnte 1987 meine Tanten (Schwestern meiner Mutter), die Ende der 1950er Jahre die DDR verlassen hatten, besuchen.

> »Immer häufiger gingen uns Gedanken durch den Kopf, was wäre, wenn ...?«
>
> WÖRTLICHES ZITAT VON RENATE MASUCH

Wir beide waren uns sicher, dass wir uns mit unserer Ausbildung – kombiniert mit Leistungsbereitschaft und Zielstrebigkeit – eine neue Existenz aufbauen könnten. Dadurch würde auch für unsere Kinder eine ganz andere Entwicklungsmöglichkeit entstehen. Da wir mit der Unterstützung unserer Verwandten jederzeit rechnen konnten, wäre es durchaus möglich gewesen, dieses Ziel zu erreichen. Ende der 1980er Jahre hatte ich meine Ausbildung abgeschlossen (Facharztprüfung 1987, Promotionsverteidigung 1988). Mittlerweile waren wir 39 bzw. 36 Jahre alt und wären nun dazu bereit gewesen, uns im Westen eine neue Lebensgrundlage zu schaffen. Die Gedanken einer Flucht wurden immer häufiger, der Plan langsam konkreter.

URLAUBSREISE NACH BULGARIEN MIT ANSCHLIESSENDEM FLUCHTVERSUCH

Den Urlaub für das Jahr 1989 planen wir gemeinsam mit unseren Freunden schon im Winter. Es soll eine vierwöchige Campingreise mit dem Auto bis an die bulgarische Schwarzmeerküste werden. Dabei müssen wir sowohl auf der Hin- als auch auf der Rückreise durch Ungarn fahren und tragen uns mit dem Gedanken, danach nicht mehr in die DDR zurückzukehren. Ob wir diesen Plan dann tatsächlich in die Tat umsetzen werden, wissen wir zu diesem Zeitpunkt noch nicht genau. Wir wollen aber auf jeden Fall darauf vorbereitet sein. Kurz vor der Abreise – 28. Juli 1989, es ist der Geburtstag meines Vaters – verstecke ich alle wichtigen Dokumente und Fotoalben auf dem Dachboden meiner Eltern.

ERSTER FLUCHTVERSUCH *Es sind wunderschöne Urlaubstage, die wir in Bulgarien verbringen, wobei wir besonders von der Schönheit der Natur begeistert sind. Bedrückt macht uns jedoch die durch den Sozialismus herbeigeführte Armut der Menschen, besonders bei der Durchreise durch Rumänien. Während des Urlaubes beschließen wir, der DDR für immer den Rücken zu kehren. Wir wollen zuerst nach Ungarn und von dort die Flucht durch den Eisernen Vorhang nach Österreich wagen. Unseren Freunden erzählen wir davon und vertrauen ihnen!*

Bei strömendem Regen passieren wir am 28. August 1989 die Grenze von Bulgarien über Rumänien kommend nach Ungarn und fahren direkt nach Szombathely. Dort mieten wir uns wegen des schlechten Wetters in einer Ferienanlage mit fester Unterkunft ein. Wir kaufen deutsche Zeitungen und informieren uns über die aktuelle Lage in Budapest bzw. im unmittelbaren Grenzbereich zu Österreich. Dadurch erlangen wir Kenntnis über die zunehmenden Fluchtaktivitäten an der österreichisch-ungarischen Grenze bzw., dass bereits einer Vielzahl von DDR-Bürgern die Flucht gelungen ist. Dass wir auf unserem Weg nach Westen am Abend des 29. August 1989 der Sonne entgegenfahren (Tage zuvor hatte es nur geregnet), betrachteten wir als gutes Omen.

In der Ferienanlage werden wir bereits als Flüchtlinge begrüßt: »Ihr bleibt doch auch nur eine Nacht«, sagen sie zu uns.

Und tatsächlich befinden sich im Areal der Anlage haufenweise zurückgelassene Utensilien geflüchteter DDR-Bürger. Die Leute befinden sich in einer unbeschreiblichen Gemütslage, die einerseits sehr bedrückend ist, andererseits blicken sie hoffnungsvoll in die Zukunft. Man spürt förmlich eine gewisse Aufbruchstimmung in einen neuen Lebensabschnitt. Am 30. August 1989 fahren wir – mein Mann, unsere Kinder und ich – nach Sopron, um uns über die Möglichkeiten einer Flucht zu informieren. Am Straßenrand sehen wir viele zurückgelassene Autos aus der DDR, die zum Teil geplündert sind. Manche Fahrzeuge bestehen nur mehr aus der Karosserie. Kontakt mit anderen Personen haben wir nicht, weil niemand weiß, ob man einem »Freund oder einem Feind« begegnet. Zurück in Szombathely fassen wir endgültig den Entschluss, die Flucht zu wagen.

Am nächsten Morgen verlassen wir die Ferienanlage, nachdem wir uns von unseren Freunden verabschiedet haben. Mit unserem Wartburg 353 fahren wir nach Sopron und stellen das Auto an einem Ort ab, wo es nicht unmittelbar als zurückgelassen wahrgenommen wird und zeitnah entwendet werden kann. Gegebenenfalls können wir es nach der erfolgreichen Flucht abholen! Von hier aus gehen wir dann zu Fuß weiter in Richtung Grenze – nach Fertőrákos. Doch wir kommen nicht einmal in die Nähe des Stacheldrahtverhaues. Auf dem Weg zur Grenze gibt es bereits die erste »Panne«, weil wir von ungarischen Grenzsoldaten angehalten und freundlich – aber bestimmt – zurückgeschickt werden. Ein Glück, dass sie von einer Festnahme Abstand nehmen.

»Man kann nicht so einfach über die Grenze spazieren, das ist uns nun klar.«
WÖRTLICHES ZITAT VON RENATE MASUCH.

Doch wir geben nicht auf und versuchen es neuerlich. Als wir im Gänsemarsch auf einer Chaussee (= Landesstraße) wieder in Richtung Grenze gehen, bleibt plötzlich ein Auto neben uns stehen. Die uns unbekannte Person aus Österreich erkennt sofort, dass wir flüchten wollen und bietet uns ihre Hilfe an. Wir sind sehr froh darüber, weil wir uns zum einen im Gelände nicht auskennen und zum anderen Angst vor einer Festnahme durch ungarische Grenzsoldaten haben. Gerade zu diesem Zeitpunkt macht sich eine Gruppe von Flüchtlingen mit Hilfe eines »Schleusers« auf den Weg in Richtung Stacheldrahtverhau – Mörbisch. Unser Helfer bringt uns in unmittelbare Nähe der Grenze, wodurch wir die Gruppe, die bereits aufgebrochen ist, einholen können. Unser Gepäck transportiert er im Auto.

WARNUNG ODER »HINTERHALT«? *Etwa auf halber Strecke – unweit des Stacheldrahtverhaues – wird der ganze »Tross« von ungarischen Grenzsoldaten angehalten. Sie sind uns wahrscheinlich gut gesinnt, denn sie schicken uns nicht zurück und warnen uns vor einer unmittelbar bevorstehenden »Razzia«. Dabei raten sie uns, nicht weiterzugehen und abzuwarten, bis die »Luft rein« ist. Jeder Einzelne von uns hat Angst. Wir sind ratlos und unsicher. Niemand weiß, was zu tun ist. Abwarten oder weitergehen? Eine kurze Beratung führt zu keinem befriedigenden Ergebnis. »Hat man uns etwa eine Falle gestellt«, fragen sich einige in der Gruppe. Durchaus möglich, denn Mitarbeiter der Stasi halten sich auch im Grenzgebiet auf. Wir wissen es nicht und vertrauen unserem Helfer, der uns zum Weitergehen animiert. Ein Fehler, der fatale Folgen hat und zu unserer Festnahme führt.*

Mit jedem Schritt in Richtung Grenzzaun steigt die Spannung. Die Situation wird immer unübersichtlicher. Einige sind der Verzweiflung nahe. So auch eine Mutter, die ihr etwa 3-jähriges Kind auf dem Arm trägt und sich vor Erschöpfung kaum mehr auf den Beinen halten kann. Das Kind weint und lässt sich von keinem anderen tragen, obwohl einige in der Gruppe dazu bereit sind. Durch das laute Schreien des »Sprösslings« wissen die Grenzer, die uns wahrscheinlich bereits seit längerem beobachten, ganz genau wo wir uns befinden. Außerdem müssen wir manchmal Sträucher überwinden, treten auf dürre Äste und erregen dadurch noch zusätzlichen Lärm.

Kurz entschlossen nimmt Leopold Pusser, der sich als »Schleuser« in der Gruppe befindet, die Mutter zusammen mit dem Kind auf die Schulter und trägt beide durch den Wald. Wenn auch nur langsamen Schrittes, so nähern wir uns dem Grenzzaun und haben diesen bereits in Sichtweite. Die Freiheit ist zum Greifen nahe. Nur wenige Meter, dann haben wir es geschafft.

SCHÜSSE FALLEN – ES IST VORBEI – ZWEITER FLUCHTVERSUCH GESCHEITERT *Doch mit einem Mal nimmt das Schicksal eine für uns nachteilige Wende, die unsere Flucht neuerlich scheitern lässt. Schüsse peitschen durch die Nacht. Wir werden vor Angst kreidebleich. Es verschlägt uns Sprache und Atmen. Noch ehe wir uns besinnen können, stehen mehrere bewaffnete Grenzsoldaten vor uns. Einige aus der Gruppe beginnen zu laufen und schaffen es, in diesem Tumult österreichisches Hoheitsgebiet zu erreichen. Der Rest – darunter mein Mann, unsere beiden Kinder und ich – werden festgenommen. Wir sind froh, nicht verletzt worden zu sein. Nun müssen wir uns unserem Schicksal ergeben und werden aufgefordert, auf einen bereitstehenden Lastwagen zu steigen, der uns zum Verhör in eine Kaserne nach Fertőrákos bringt. »Was wird jetzt mit uns geschehen? Werden sie uns einsperren, oder sofort in die DDR abschieben? Was wird aus unseren Kindern werden?« Tausende Gedanken gehen uns durch den Kopf!*

EINZELVERHÖRE *In der Kaserne wird jeder von uns getrennt vernommen und muss Angaben zu seiner Flucht machen. Im Vernehmungsraum befinden sich nicht nur die uns befragenden Grenzer, sondern auch »stumme Zuhörer«. Uns ist klar, dass es sich dabei um Mitarbeiter der »allgegenwärtigen« Stasi handelt. Wir haben zwar ein sehr mulmiges Gefühl, fühlen uns aber dennoch nicht bedroht. Das ganze »Prozedere« dauert etwa bis gegen Mitternacht. Nachdem die Vernehmung abgeschlossen ist, fällt uns ein Stein vom Herzen, weil uns eine Auslieferung an die DDR erspart bleibt. Unseren Plan zu flüchten, haben wir dennoch nicht ganz verworfen.*

ÜBERRASCHUNG *Man bringt unsere ganze Familie zum Bahnhof nach Sopron und setzt uns in den Zug nach Szombathely. Als der Zug zum ersten oder* zweiten Mal hält, realisierte ich, dass an diesem Ort unser Auto abgestellt ist. Wir steigen aus und finden nach einigem Suchen trotz völliger Dunkelheit und der uns unbekannten Gegend tatsächlich unser Fahrzeug. Danach fahren wir mit unserem Auto wieder in die Ferienanlage nach Szombathely zurück und treffen weit nach Mitternacht unsere Freunde, die fast in Schockstarre geraten, als wir plötzlich vor der Tür stehen.

ZURÜCK IN DIE HEIMAT Obwohl wir nicht wissen, ob wir tatsächlich noch flüchten wollen, setzen wir uns am nächsten Tag ins Auto und fahren wieder nach Sopron. Während der Fahrt besprechen wir alle »Für und Wider« einer möglichen, erneuten Flucht und kommen zu dem Entschluss, keinen neuerlichen Versuch zu wagen.

»Wenn schon in den Westen, dann auf legalem Weg«, sind wir uns einig.

Deshalb fahren wir in Richtung Budapest, um bei der Botschaft einen Ausreiseantrag für die Bundesrepublik zu stellen bzw. die Ausstellung eines Reisepasses zu beantragen. Doch ganz sicher, ob wir – nach all den Erlebnissen und Belastungssituationen, die wir bis dato erfahren haben – in der Heimat eine relativ gesicherte Existenz aufgeben und uns weiterhin Repressalien aussetzen sollen, sind wir uns nicht. »Was machen wir, wenn sie uns ablehnen, wollen wir noch einmal das Risiko einer Festnahme eingehen«, fragen wir uns unentwegt. Unsere Zweifel werden ständig größer und die Tendenz, nach Hause zu fahren, verdrängt immer mehr unser Ansinnen zur Flucht. Ein innerlicher »Kampf« zur Entscheidungsfindung »tobt« in uns, als wir Kilometer für Kilometer in Richtung Budapest zurücklegen. Plötzlich kommen wir an eine Kreuzung und sehen das Hinweisschild, das uns den Weg nach Prag anzeigt. In Sekundenbruchteilen fällt nun die endgültige Entscheidung. Wir biegen in Richtung Prag ab und nehmen wieder Kurs in die Heimat – nach Rostock. Obwohl wir nicht ganz zufrieden sind, sind wir dennoch sehr erleichtert.

NACH 30 JAHREN – ZUFRIEDEN, WIEDER IN DER VERTRAUTEN UMGEBUNG ZU LEBEN

ZURÜCK IN ROSTOCK – ARBEITSKOLLEGEN WAREN ÜBERRASCHT Nach all den Enttäuschungen, aber dennoch zufrieden, wenigstens nicht in einem Gefängnis gelandet zu sein, fuhren wir wieder zurück nach Rostock. Als wir unsere Wohnung betraten, war das schon ein eigenartiges Gefühl, weil wir ja keinesfalls damit gerechnet hatten, so schnell wieder in der uns vertrauten Umgebung zu sein.

Bereits am nächsten Tag gingen wir wieder zur Arbeit. Als wir an unsere Arbeitsplätze kamen, sagte zwar niemand etwas zu uns, wir spürten aber, dass unsere Arbeitskollegen keinesfalls damit gerechnet hatten, uns in dem Betrieb jemals wieder zu sehen. Sanktionen oder gar Repressalien gegen uns haben wir nicht erfahren.

AUSREISEANTRAG GESTELLT *Die »Vorwendezeit« haben wir sehr intensiv erlebt und uns weiterhin mit dem Gedanken, die DDR zu verlassen und ein neues Leben in der Bundesrepublik zu beginnen, getragen. Deshalb haben wir auch am 6. November 1989 einen Ausreisantrag gestellt. Doch zur Umsetzung ist es durch die Wiedervereinigung nicht mehr gekommen.*

Nach der Grenzöffnung – Herbst 1989 – haben wir neuerlich eine Ausreise in die Bundesrepublik überlegt, denn jetzt konnten wir das problemlos tun. Aber wollten wir das wirklich? Diese Gedanken »quälten« uns über Wochen. Wir machten uns die Entscheidungsfindung keinesfalls leicht. Zu diesem Zeitpunkt mussten wir nämlich damit rechnen, dass es noch Jahre dauert, bis der eingeleitete Umschwung mit den daraus zu erwartenden Reformen zählbare Erfolge bringen wird. Unsere Freunde, mit denen wir im Sommer unseren Urlaub verbrachten, hatten Rostock mittels Ausreiseantrag bereits in Richtung Bremen verlassen.

WIR BLIEBEN IN ROSTOCK UND SIND GLÜCKLICH ÜBER DIESE ENTSCHEIDUNG *Letztendlich war die Entscheidung, in Rostock zu bleiben, von der Lösung eines Problems abhängig: wenn es möglich ist, in absehbarer Zeit eine größere Wohnung zu erhalten, werden wir nicht in den Westen gehen. Bis dahin lebten wir mit unseren beiden Kindern auf 56 m² in einem Mehrfamilienhaus ohne Chance auf Veränderung. Wir litten unter diesen dreisten Wohnverhältnissen und suchten verbissen nach einer geräumigeren Unterkunft. Doch unsere »Hartnäckigkeit« wurde belohnt. Im Jänner 1990 konnten wir in eine 70 m² große Wohnung übersiedeln. Unsere beiden Kinder verfügten jetzt über ein eigenes Zimmer. Die familiäre Situation entspannte sich, wir blickten hoffnungsvoll in die Zukunft.*

STUDIUM Henning und Jens besuchten in der Folgezeit weiterführende Schulen. Henning studierte in Lübeck Bauwesen und im Anschluss Informatik in Rostock. Nach dem Studium absolvierte er zusammen mit seiner zukünftigen Frau ein einjähriges Praktikum bei IBM in New York. Beide fanden nach ihrer Rückkehr eine Anstellung bei SAP in Walldorf (Baden-Württemberg). Jetzt leben sie mit ihren drei Kindern in Hamburg.

Jens war während seines Studiums (Austauschprogramm) ebenso ein Jahr in den USA. Nach kurzzeitiger Anstellung in einer Elektronikfirma im Süden Deutschlands verbrachte er vier Jahre in Sevilla (Spanien) um zu promovieren. Er lebt seit fünf Jahren mit seiner Frau und zwei Kindern in München.

Mein Mann fand aufgrund der zusätzlichen Ausbildung auf dem Gebiet des Umweltschutzes – nach Entlassung aus dem Rostocker Großbetrieb – eine Anstellung bei der Treuhandliegenschaft in Rostock und befasste sich mit der Aufarbeitung von altlastbehafteten Flächen in Mecklenburg-Vorpommern für eine spätere Grundstücksverwertung. Diese Aufgabe füllte ihn sehr aus. Ehrenamtlich war er weiterhin im Fußball tätig. Jetzt auf Landesebene. Seit 1999 leitet er als Präsident den Landesfußball in Mecklenburg-Vorpommern.

Ich arbeitete von 1991 bis 2015 zusammen mit einer Kollegin in einer eigenen Kinderarztpraxis in Rostock-Lütten-Klein. Seit drei Jahren bin ich im Ruhestand und dabei ständig unterwegs zu Kindern und Enkelkinder.«

DIE »GUTEN ENGEL« AUS DEM BURGENLAND

Diese Schlagzeile war am 23. August 1989 auf der Titelseite der Kronen-Zeitung zu lesen. Daneben ein Foto der Standesbeamtin Ilse Tremmel aus Mörbisch/See. Sie war eine von vielen »guten Engeln« in den burgenländischen Dörfern, die den Flüchtlingen damals in höchster Not geholfen haben. Ilse Tremmel zählte zu den unermüdlichen Helferinnen in Mörbisch. Sie organisierte Sammlungen von Lebensmitteln sowie Kleidern und unterstützte die Mitarbeiter des Roten Kreuzes bei der logistischen Abwicklung der Verteilung an die Flüchtlinge.

FOTO: WOLFGANG BACHKÖNIG

Ilse Tremmel

ILSE TREMMEL, Jahrgang 1951, wurde in Mörbisch geboren. Der Eiserne Vorhang ist ihr aus ihrer Kinder- und Jugendzeit noch in bester – negativer – Erinnerung. Um zu einem Weingarten, den die Familie in der Ried »Puszta« bewirtschaftete, zu gelangen, musste sie auf einem Güterweg mehrere Kilometer zurücklegen. Dieser Güterweg verlief entlang des Stacheldrahtverhaues durch ein Waldstück sowie einer anschließenden freien Ackerfläche und durfte nur mit einer Sondergenehmigung befahren werden, weil er teilweise über ungarisches Staatsgebiet führte.

In ihrem Gedächtnis sind noch immer bewaffnete Soldaten, die mit Maschinengewehren auf den Wachtürmen standen und mit ihren Ferngläsern die Grenze beobachteten, fest »verwurzelt«. Manchmal gab es auch einen Blickkontakt und man winkte sich gegenseitig zu. Bauern, die auf ihre

Felder fuhren, nahmen einfach zur Kenntnis, dass dieser Stacheldraht zwei Welten trennte und niemals überschritten werden durfte. Niemand verschwendete nur einen Gedanken daran, dass diese Menschen verachtende Grenze einmal entfernt werden würde.

»Der Sommer 1989 schien für uns Mörbischer ebenso ruhig zu verlaufen wie in den Jahren zuvor. Viele Urlauber kamen ins Dorf, suchten Erholung in der unberührten Natur und genossen die Aufführung der Operette auf der Seebühne. Doch mit einem Mal änderte sich alles.«
WÖRTLICHES ZITAT VON ILSE TREMMEL.

ILSE TREMMEL war zur Zeit der Flüchtlingskrise Bedienstete der Gemeinde Mörbisch. In ihren Zuständigkeitsbereich fielen unter anderem Meldewesen, Infrastruktur sowie logistische Aufgaben. Als Standesbeamtin musste sie auch Trauungen vollziehen.

An das Jahr 1989 denkt sie auch nach 30 Jahren noch gerne zurück. *Der Sommer 1989 verlief zunächst wie in den Jahren zuvor sehr ruhig. Die Buchungslage in den Beherbergungsbetrieben war zufriedenstellend, die zahlreichen Urlauber genossen die Sonnenstrahlen und fanden Erholung in der unberührten Natur. Die Bauern bewirtschafteten ihre Weigärten und auf der Seebühne wurde die Operette »Das Land des Lächelns« von Franz Lehár gespielt. Der Eiserne Vorhang schien nach wie vor als unüberwindbares »Bollwerk«. Dass Ungarn mit dem Abbau des Grenzzaunes begonnen hatte, war den Einheimischen zwar aus den Medien bekannt, doch an der Überwachung der Grenze zwischen Mörbisch und Fertőrákos hatte sich – so schien es – nichts geändert.*

SAMMLUNG VON HILFSGÜTERN ORGANISIERT – FLÜCHTLINGSPAAR GETRAUT

»Als die ersten Flüchtlinge nach Mörbisch kamen, rechnete niemand mit einem derartigen Ansturm. Doch die Bevölkerung hatte sich schnell darauf eingestellt. Nahezu jeder im Dorf hielt es für seine Pflicht, diesen Menschen zu helfen.«
WÖRTLICHES ZITAT VON ILSE TREMMEL.

Ende Juli erzählte man im Dorf, dass einige Flüchtlinge über die Grenze gekommen waren. Das war an und für sich nichts Außergewöhnliches, weil auch zur Zeit des Eisernen Vorhanges manchmal jemandem die Flucht geglückt war.

Ich habe zum ersten Mal Anfang bzw. Mitte August 1989 von den Mitarbeitern des Roten Kreuzes, Ing. Gerhard Selucky, (siehe Interview: »**IN FREUNDSCHAFT VERBUNDEN – FLÜCHTLINGE MARTINA UND ANDREAS PAETZOLD MIT HELFER ING. GERHARD SELUCKY**«) und Leopold Pusser, (siehe Interview: »**LEOPOLD PUSSER – SCHÜSSE BEENDETEN DIE BEIHILFE ZUR FLUCHT – HELFER LANDETEN IM GEFÄNGNIS**«,) erfahren. Durch die ständig steigende Anzahl von Flüchtlingen aus der DDR waren die Kapazitäten der Exekutive zum Weitertransport in die Botschaft nach Wien bald erschöpft und es musste eine Möglichkeit zur Unterbringung geschaffen werden. Das Rote Kreuz stellte deshalb neben der Kirche ein Zelt auf.

SEELSORGE WAR SEHR WICHTIG Als ich diese Menschen, die all ihr Hab und Gut zurückgelassen und oft Tränen in den Augen hatten, sah, war mir sofort klar, dass ich helfen muss. Ab diesem Zeitpunkt bin ich dann oft nur mehr zum Schlafen nach Hause gegangen. Unserem damaligen Bürgermeister – Franz Schindler – war es ein besonderes Anliegen, dass diesen Menschen geholfen wird. Er hat den freiwilligen Helfern sowie den Bediensteten der Blaulichtorganisationen sämtliche von der Gemeinde benötigten Ressourcen zur Verfügung gestellt und auch mir die notwendige Dienstfreistellung gewährt. Dadurch konnte ich des öfteren während meiner Arbeitszeit zusätzlich zu meiner Freizeit im Sammellager die Mitarbeiter des Roten Kreuzes unterstützen. Ich war vor allem für die Koordination der Hilfsgüter zuständig und habe die Flüchtlinge oft getröstet, wenn sie völlig erschöpft im Zelt saßen und – manchmal – auch weinten. Es waren aber nicht immer Freudentränen. Viele hatten auch Angst vor der ungewissen Zukunft oder trauerten um das, was sie zurückgelassen hatten. Sie fragten sich immer wieder, ob sie ihre Angehörigen oder ihre Heimat jemals wieder sehen werden. Für viele war es wie Balsam auf ihre Seele, wenn ich ihnen tröstende Worte spenden konnte. Auch mir fiel es oft schwer, weil ich mit ihnen Mitleid hatte. Doch ich musste stark sein und immer lächeln, obwohl mir oft selbst zum Weinen zumute war.

NIEMAND MUSSTE UM HILFE GEBETEN WERDEN Ein Aufruf an die Mörbischer um Sach- bzw. Lebensmittelspenden war nicht notwendig. Nahezu jeder

Bürger kam einfach zur Sammelstelle und brachte Lebensmittel, Kleider oder Toilettensachen. Da etwa ab Mitte August der Flüchtlingsstrom derart zunahm, dass die Kapazitäten im Zelt neben der Kirche nicht mehr ausreichten, mussten wir in die Winzerhalle übersiedeln. Außerdem fehlte eine Lagermöglichkeit für die Sachspenden, weil sich mittelweile auch mehrere umliegende Gemeinden an der Hilfsaktion beteiligt hatten. Gemeinsam mit anderen Frauen stellte ich Hilfspakete zusammen, die Lebensmittel sowie Seife, Zahnbürste, Handtuch etc. beinhalteten. Die Kleider wurden auf Tische gelegt und je nach benötigter Größe ausgegeben. Wir waren ein eingespieltes Team. Jeder wusste, was zu tun ist. Eine Not an Helfern gab es nicht. Einen Dienstplan mussten wir ebenfalls nicht erstellen, weil wir uns untereinander absprachen, wer zu welcher Zeit »Dienst versieht«. Wenn der Flüchtlingsstrom zu groß war und die Menschen nicht sofort zur Botschaft nach Wien gebracht werden konnten, war das für uns auch kein Problem. Viele Mörbischer stellten unentgeltlich Quartiere zur Verfügung, in denen die Flüchtlinge eine – und wenn notwendig auch eine zweite – Nacht verbringen konnten. Dass sie diese Menschen auch versorgten, muss ich nicht explizit erwähnen. Damals sind auch zahlreiche Freundschaften entstanden und viele Flüchtlinge verbrachten in den nachfolgenden Jahren ihren Urlaub in Mörbisch. Auch meine Familie schloss eine Freundschaft, die gegenwärtig noch besteht. Wie es dazu kam, möchte ich kurz schildern.

FOTO: BERTRAM SEXL

In der Winzerhalle – v.re. Ilse Tremmel, Elisabeth Binder, Gerti Potisek (seitliche Aufnahme), Steffi Rechnitzer.

MEINE MUTTER ALS »FLUCHTHELFERIN« Dass einige Mörbischer auch als Fluchthelfer tätig waren, wird in diesem Buch ausführlich dokumentiert. Meine Mutter gehörte nämlich auch zu jenen Personen, die zwar keine direkte, jedoch eine indirekte Fluchthilfe geleistet haben.

Viele Burgenländer in den grenznahen Gemeinden – darunter auch meine Eltern – fuhren bereits zur Zeit der strengen Grenzkontrollen (vor 1989) nach Ungarn, weil man dort viele Güter des täglichen Lebens günstig einkaufen konnte. Damals bekam man an der Grenze ein Tagesvisum, das für 24 Stunden galt.

»Noch bevor meine Mutter mit dem Gepäck der Flüchtlinge nach Mörbisch kam, hatten sie das Loch im Stacheldrahtverhau gefunden. Sie haben nämlich bereits in der Sammelstelle auf sie gewartet.«
WÖRTLICHES ZITAT VON ILSE TREMMEL.

Gegen Ende August 1989 – das genaue Datum weiß ich nicht mehr – hatte die Flüchtlingswelle in Mörbisch ihren Höhepunkt erreicht. Ich half in der Sammelstelle und meine Mutter fuhr nach Sopron, um einige Einkäufe zu tätigen. Dabei stand sie an einem Vormittag vor einer Tankstelle und beobachtete eine Frau, die in einem in der DDR zugelassenen PKW saß und weinte. Ihr Mann war aus dem Fahrzeug gestiegen, um Treibstoff in den Tank zu füllen. Mutter bekam sofort Mitleid mit dieser Frau, ging zu dem Auto und fragte sie, weshalb sie weine, worauf diese zur Antwort gab: »Wir haben schon zweimal versucht zu flüchten, wurden jedoch dabei erwischt und zurückgeschickt. Unser Zelt samt den persönlichen Sachen befindet sich auf dem Campingplatz in Balf (Wolfs).« Meine Mutter bot ihr sofort ihre Hilfe an, die das Ehepaar dankend annahm.

Ellen und Eberhard Abel sind ihren Helfern auch nach 30 Jahren noch dankbar und pflegen nach wie vor den Kontakt zu ihren Freunden in Mörbisch

GEPÄCK AUF DEM CAMPINGPLATZ IN BALF Sichtlich erleichtert fuhren sie gemeinsam zu dem ca. sieben Kilometer entfernten Zeltplatz nach Balf. Meine Mutter nahm einige Gepäckstücke und verstaute diese in ihrem Wagen. »Ich werde jetzt eure Wertsachen nach Mörbisch bringen und für euch eine Fluchthilfe organisieren. Und ihr wartet hier bis ich zurückkomme und euch abhole,« sagte sie zu ihnen. Beide vertrauten ihr und befolgten ihre »Anweisungen«. Meine Mutter fuhr legal über die Grenze und brachte das Gepäck zur Sammelstelle in die Winzerhalle. Sie erzählte dem ihr bekannten Martin Kanitsch von diesem Paar und ersuchte ihn um Hilfe. Für Martin kein Problem, weil er ja fast jede Nacht unterwegs war und im Wald auf Flüchtlinge wartete oder diese direkt von Fertörákos nach Mörbisch brachte. Kanitsch war sofort einverstanden und nannte meiner Mutter einen Treffpunkt in einem Waldstück beim Stacheldrahtverhau.

Zufrieden setzte sie sich ins Auto und fuhr wieder nach Balf. Dort warteten »ihre beiden Flüchtlinge« bereits ungeduldig und waren sichtlich erleichtert, als sie ihr Auto sahen. Sie ließen das Zelt und ihren PKW einfach zurück, setzten sich zu meiner Mutter in den Wagen und fuhren mit ihr zum Gasthaus Mithrász nach Fertörákos. Dort war nämlich ein heimlicher Treffpunkt für die Flüchtlinge. Mutter ließ sie aus dem Fahrzeug steigen, zeigte ihnen den Weg zur Grenze und sagte, dass beim Stacheldraht Martin Kanitsch warten, sie dort in »Empfang« nehmen und zur Sammelstelle nach Mörbisch bringen wird. »Wenn ihr zur Sammelstelle kommt, fragt nach der Ilse, das ist meine Tochter,« sagte sie zu ihnen, bevor sich ihre Wege trennten.

»DIE ENGEL AUS MÖRBISCH SIND DA« Meine Mutter fuhr dann zum Grenzübergang nach Klingenbach und reiste legal nach Österreich ein. Als sie zur Sammelstelle nach Mörbisch kam, war nicht nur die Überraschung, sondern auch die Freude überschwänglich. Die beiden Flüchtlinge hatten das Loch im Stacheldrahtverhau gefunden, waren Martin Kanitsch in die Arme gelaufen und noch vor meiner Mutter in Mörbisch.

Aus dieser Fluchthilfe ist eine dauerhafte Freundschaft entstanden. Nach einiger Zeit eröffnete das Paar eine Zahnklinik in Berlin. Es gab regelmäßige – gegenseitige – Besuche, die jedoch mit den Jahren etwas abflauten. Unsere Reisen verbanden wir manchal mit Zahnbehandlungen. Aus Fluchthelfern wurden nun »Patienten«. Wenn wir nach Berlin kommen, werden wir immer als »die Engel« aus Mörbisch bezeichnet.

VON DER FLUCHT BIS ZUM STANDESAMT   *In all den Jahren meiner Tätigkeit als Bedienstete der Gemeinde Mörbisch habe ich viel erlebt. Doch der Sommer 1989 schrieb seine eigene Geschichte. Viele Flüchtlinge schafften es, diesen gefährlichen Grenzzaun zu überwinden, andere wieder scheiterten, ohne dass man davon Kenntnis erlangte. Welche Schicksale sich hinter so mancher Flucht verbargen, wird man wohl nie in Erfahrung bringen.*

Wenn Menschen in Not sind, entstehen oft zwangsläufig Freundschaften. Dass aus einer derartigen Freundschaft aber »Der Bund fürs Leben« wird, kommt eher selten vor. Doch bei Beate und Rainer war das so. Beide waren unabhängig voneinander aus der DDR geflohen. Offiziell wollten sie in Ungarn ihren Urlaub verbringen, nützten diese Ferien jedoch zur Flucht in den Westen.

In einem Boot kamen beide am 23. August 1989 über den Neusiedler See von Fertőrákos nach Mörbisch und wurden von dem Gendarmen Albert Artner »aufgegriffen«. Auf ihrem beschwerlichen und gefährlichen Weg in die Freiheit lernten sie sich kennen – und sie sollten ein Paar werden. Zwei Jahre danach »ruderten« sie in Mörbisch in den Hafen der Ehe. Als Standesbeamtin durfte ich damals die Trauung vollziehen. Trauzeugen waren der Gendarm Albert Artner mit seiner Gattin Christa.

»Es war der 23. August 1991, als ich – genau zwei Jahre nach der Flucht des Paares – als Standesbeamtin die Trauung vollziehen durfte. Beide hatten Mörbisch nicht vergessen und wollten sich an jenem Ort, an dem sie ihre, über Jahre ersehnte Freiheit erlangt hatten, das ›Jawort‹ geben.«
WÖRTLICHES ZITAT VON ILSE TREMMEL.

Ein glückliches Paar. V.li. Ilse Tremmel, Albert Artner, Rainer, Beate, Christa Artner.

DANKE, DASS ICH ZUM TEAM DIESER HELFER GEHÖREN DURFTE *Doch in wenigen Wochen wurde diese Welt mit einem Mal auf »den Kopf« gestellt. Flüchtlinge kamen in unser Dorf und Mörbisch stand plötzlich in Mittelpunkt der Berichterstattung der internationalen Printmedien und Fernsehanstalten. Für uns Mörbischer war es selbstverständlich, diesen Menschen zu helfen. Wenn ich heute zurückblicke, sehe ich in ihren Augen noch immer Tränen der Freude – aber auch des Leides. Viele Flüchtlinge – darunter zahlreiche Familien mit Kindern – kamen mittellos, mit den Kräften völlig am Ende, mit verschmutzten und teilweise zerrissenen Kleidern zu uns in die Sammelstelle. Sie waren für jede Hilfe dankbar und brachten das durch Worte und Gesten zum Ausdruck. Aus Helfern und einstigen Flüchtlingen wurden Freunde und so manche Freundschaften haben sich bis zur Gegenwart erhalten. Ich bin auch nach 30 Jahren noch stolz darauf, dass ich damals zu diesen Helfern gehören durfte und bereue keine Minute. Könnte ich das Rad der Zeit zurückdrehen, so würde ich wieder so handeln.*

»KEIN MANN DER STASI« – ARZTFAMILIE MIT ZWEI KLEINEN MÄDCHEN ZUR FLUCHT VERHOLFEN

Luise und Erich Halwax

FOTO: ZUR VERFÜGUNG GESTELLT VON ERICH HALWAX

ERICH HALWAX, Jahrgang 1951 lebt seit seiner Geburt in der Festspielgemeinde Mörbisch/See. Sein eigenes Wohnhaus errichtete er noch zur Zeit des Eisernen Vorhanges, nur unweit dieser Menschen verachtenden Grenze. Zu Fuß konnte er den Stacheldrahtverhau in etwa zehn Minuten erreichen.

Die erste Begegnung mit Flüchtlingen hatte Erich bereits im Alter von fünf Jahren. Als hunderte Menschen beim Ungarnaufstand 1956 über die Grenze nach Mörbisch flüchteten, gewährten ihnen seine Eltern Unterkunft. Da man im Haus jedes Bett benötigte, durfte »Klein-Erich« bei einem Kriegskollegen seines Vaters einige »Urlaubstage« in Wien verbringen.

ERICH HALWAX wurde somit das Helfersyndrom bereits in die Wiege gelegt. Und daran hat sich bis zur Gegenwart nichts geändert. Als im Jahre 1989 die ersten DDR-Flüchtlinge von Ungarn kommend die Grenze nach Mörbisch überschritten, fuhr er nahezu täglich am Abend mit seiner Gattin Luise zum Stacheldrahtverhau, wartete dort und brachte sie nach gelungener Flucht vorerst zu seinem Wohnhaus. Dort bekamen sie neue Kleider, wurden verköstigt und anschließend zur Sammelstelle ins Dorf gebracht. Doch dabei blieb es nicht.

»Als ich dem Mann meine Hilfe zur Flucht anbot, antwortete er mit einem strikten »Nein«. Er war der Meinung, dass ich von der Stasi sei. Nach kurzer Überlegung kam er dann dennoch zu mir und ich ermöglichte ihm mit seiner Familie die Flucht nach Mörbisch.«
WÖRTLICHES ZITAT VON ERICH HALWAX.

OFT GENÜGTE EIN BLICKKONTAKT UM VERTRAUEN ZU GEWINNEN Erich reiste mit Freunden legal nach Ungarn ein, fuhr mit den dort wartenden DDR-Bürgern zur Grenze und zeigte ihnen den am wenigsten gefährlichen Weg nach Mörbisch. Bald hatte sich in Sopron und Umgebung vor allem auf den Campingplätzen herumgesprochen, dass Erich Halwax als unentgeltlicher Helfer den Flüchtlingen beim Grenzübertritt behilflich ist. Da die Menschen vor den »allgegenwärtigen« Mitarbeitern der Stasi Angst hatten, wagten sie es oft nicht, ihn persönlich anzusprechen. Erich hatte jedoch ein Auge dafür. Oft reichte ein Blickkontakt und die Flüchtlinge wussten, dass sie ihm vertrauen konnten. Und niemand wurde enttäuscht. Der selbstlose Helfer aus Mörbisch setzte sich der Gefahr einer Festnahme durch die ungarische Grenzwache aus. Unter anderem brachte er mit seinem Freund Franz Tremmel das Auto einer Flüchtlingsfamilie, die sich bereits in Österreich befand, nach Mörbisch. (Siehe dazu Interview mit Franz Tremmel: **»GELBE DREHLEUCHTE ALS ORIENTIERUNGSHILFE AUF DEM WEG IN DIE FREIHEIT«**)

ZELTPLATZ SOPRON Nach anfänglichem Misstrauen stieg eine Familie mit zwei kleinen Kindern – die Eltern waren beide Ärzte – in sein Auto. Vom

Campingplatz in Sopron brachte er sie zur Grenze nach Fertörákos, zeigte ihnen den Weg durch den Wald nach Mörbisch, wo bereits sein Freund Martin Kanitsch wartete und mit ihnen zur Sammelstelle in die Winzerhalle fuhr. Von dort holte Erich die Eltern mit ihren zwei kleinen Mädchen wieder ab, nahm sie mit in sein Wohnhaus, gab ihnen zu essen und zu trinken und stellte ihnen auch noch Zimmer für die Nacht zur Verfügung. Man saß noch bis weit nach Mitternacht beisammen. Durch einfühlsame Gespräche gelang es Luise und Erich, dieser Familie, die alles zurückgelassen hatte, etwas die Angst zu nehmen und Hoffnung für die Zukunft zu geben.

EHRENBÜRGER VON SURA MICA Doch die Hilfeleistung endete für den Mörbischer keineswegs mit dem Jahr 1989. Erich Halwax ist bis zur Gegenwart für das Österreichische Jugendrotkreuz tätig. In all den Jahren hat er sich vor allem für die »Rumänienhilfe« engagiert und dort zahlreiche Projekte geleitet. Neben vielen Hilfstransporten hat er unter anderem mit Spenden aus Österreich in Sura Mica – ein Dorf in Siebenbürgen mit ca. 1.500 Einwohnern – eine Schule renoviert und ein Containerdorf für Roma-Familien errichtet. Halwax wurde für seine Verdienste zum Ehrenbürger dieser Gemeinde ernannt. Der schönste Platz im Dorf trägt seinen Namen.

»DIE SCHWARZE AKTENTASCHE« – »LEBENSVERSICHERUNG« NACH DER FLUCHT

ERICH HALWAX erinnert sich an diese aufregenden Wochen im August 1989: *Zum ersten Mal wurde ich auf die Flüchtlingswelle Anfang August 1989 aufmerksam. Gaby Schwarz vom ORF Burgenland kam mit Karl Kanitsch – er wohnt in Mörbisch – damals ins Dorf und wollte DDR-Bürger, die die Flucht geschafft hatten, filmen.*

Da meiner Gattin Luise und mir bekannt war, dass viele Flüchtlinge durch ein Maisfeld in der Nähe des Sees über die Grenze kamen, begaben wir uns nahezu jeden Abend bei Einbruch der Dunkelheit an diese Örtlichkeit. Außerdem konnten wir diesen Abschnitt an der Grenze sowohl zu Fuß, als auch mit dem Auto schnell erreichen, weil unser Wohnhaus nur wenige hundert Meter vom Stacheldraht entfernt war. Wir hielten uns vor einem etwa einen Meter tiefen Wassergraben auf und warteten auf die Flüchtlinge. Hatten sie die Flucht geschafft, so brachten wir sie meist vorerst in unser Wohnhaus, verpflegten sie und fuhren mit ihnen anschließend zur Sammelstelle in den Ort. Doch nicht nur wir traten als unentgeltliche Fluchthelfer in Erscheinung.

Am Höhepunkt der Flüchtlingswelle gingen viele Mörbischer an die Grenze, um die Menschen nach geglückter Flucht in das Dorf zu bringen. Die Einheimischen hatten sich die einzelnen Abschnitte aufgeteilt, sodass sich an den neuralgischen Punkten immer zumindest ein Helfer befand. Einzelne Bürger – unter anderem auch ich – reisten legal in Ungarn ein und brachten die Flüchtlinge zur Grenze. Manchmal gingen wir mit ihnen sogar durch die Löcher des Stacheldrahtes bis nach Mörbisch.

SCHÜSSE FALLEN – EIN »RASCHELN« IM MAISFELD Eines Abends stehen Luise und ich wieder einmal vor diesem Wassergraben. Wir wissen, dass das auf ungarischer Seite liegende Maisfeld vielen DDR-Bürgern eine gute Deckung für die Flucht bietet. Da in diesem Bereich der Stacheldraht bereits entfernt ist, kann man schnell auf österreichisches Gebiet gelangen. Das einzige Hindernis auf dem Weg in die Freiheit ist dieser Wassergraben, der jedoch schon in Österreich liegt.

Es ist stockdunkel und alles ist ruhig. Von Flüchtlingen keine Spur. Doch plötzlich stockt uns vor Schreck beinahe der Atem. Schüsse fallen. Im Maisfeld beginnt es zu »rascheln«. Menschen springen auf, geraten beinahe in Schockstarre und bleiben stehen. Auch wir wissen nicht sofort wie wir uns verhalten sollen. Da uns aber bekannt ist, dass die Ungarn nicht auf Menschen und »nur« in die Luft schießen, rufen wir ihnen zu:

»Rennt's, rennt's, die schießen nicht auf euch, die wollen euch nur schrecken und feuern in die Luft.«
   WÖRTLICHES ZITAT VON ERICH HALWAX.

Die Flüchtlinge, – es sind etwa sechs bis sieben Personen – die noch ca. 70 Meter von uns entfernt sind, verstehen unsere Zurufe und laufen uns entgegen. Die Grenzer bleiben auf ungarischem Gebiet zurück. Doch die Flüchtenden übersehen in der Finsternis beinahe diesen Wassergraben. Eine Frau stürzt, bleibt im Graben liegen und wird von uns geborgen. Wir geben uns zu erkennen und sagen ihnen, dass sie jetzt in Österreich sind, nichts mehr zu befürchten haben und bringen sie zur Sammelstelle in das Dorf.

Für uns sind diese Nächte im August sowie Anfang September sehr kurz, weil wir fast täglich »im Grenzeinsatz« sind und am nächsten Tag arbeiten müssen.

Wenn wir uns nicht im Gelände aufhalten, so hilft Luise im Sammellager und ich bin mit meinem VW-Bus auf Campingplätzen im Raum Sopron unterwegs. Ich halte mich aber auch auf ungarischer Seite im Grenzgebiet auf, um den Menschen die Fluchtwege zu zeigen bzw. ihre Fahrzeuge nach Österreich zu holen oder einzelne Flüchtlinge persönlich über die Grenze zu bringen.

CAMPINGPLATZ SOPRON – FAMILIENVATER NIMMT ANGEBOT ZUR FLUCHTHILFE ERST NACH LANGEM ZÖGERN AN *An einem Nachmittag halte ich mich mit meinem Freund Erwin Dunkel wieder einmal im Areal des Zeltplatzes in Sopron auf. Wir stehen auf dem Parkplatz und beobachten ein Ehepaar, das mit zwei kleinen Mädchen aus einem PKW mit DDR-Kennzeichen steigt. Aufgrund ihres Verhaltens ist mir sofort klar, dass diese Leute flüchten wollen. Ich gehe auf sie zu und frage den Mann, ob ich bei der Flucht behilflich sein kann. Doch der Familienvater antwortet mir mit einem barschem »Nein«. Ich bin etwas verwundert bzw. wie vor den Kopf gestoßen, weil ich aus meiner wochenlangen Erfahrung weiß und fest davon überzeugt bin, dass sie eine Flucht planen. Mir ist aber sofort klar, dass der Mann Angst hat und nur deswegen ablehnt, weil er mich für einen Mitarbeiter der Stasi hält. Daher bleibe ich weiter im Eingangsbereich und beobachte die Familie.*

EINE SCHWARZE AKTENTASCHE *Der Mann geht über einige Stufen zur Anmeldung. Dabei fällt mir auf, dass er eine schwarze Aktentasche bei sich trägt, die er wie seinen »Augapfel« hütet – doch dazu später. Bevor er das Büro erreicht hat, bleibt er jedoch auf der letzten Stiege stehen, dreht sich um und wirft mir einen fragenden, hilfesuchenden Blick zu. Aus meiner Mimik erkennt er, dass ich nach wie vor bereit bin, ihm zu helfen. Nach kurzem Zögern bricht er sein Vorhaben ab, unterlässt die Anmeldung für den »Urlaub« auf dem Campingplatz, kommt auf mich zu und fragt mich: »Wie soll denn diese Hilfe aussehen?«, worauf ich ihm anbiete, die Familie sicher und unentgeltlich über die Grenze zu bringen.*

»Ihr steigt jetzt in meinen VW-Bus und wir fahren euch zur Grenze. Dort zeigen wir euch einen Weg, auf dem ihr an einer sicheren Stelle durch den Stacheldrahtverhau nach Mörbisch kommen könnt.«

WÖRTLICHES ZITAT VON ERICH HALWAX.

Nach diesem kurzen Gespräch denke ich, dass er mir zu vertrauen beginnt, obwohl er sich noch sehr bedeckt hält. Zur Gänze traut er dem »Frieden« noch nicht. Doch »das Eis beginnt zu brechen«. Ich sage, dass er sein Auto auf dem Parkplatz zurücklassen kann und biete ihm an, das Fahrzeug am nächsten Tag persönlich nach Österreich zu bringen.

Er nimmt einige persönliche Sachen aus dem PKW, versperrt diesen und geht – die Aktentasche in der Hand und fest an seinen Körper gepresst – mit seiner Frau sowie den beiden Mädchen zu meinem Auto. Zuvor gibt es aber noch einen Abschied unter Tränen von seinem Vater, der sich ebenfalls auf dem Campingplatz aufhält. Er wollte nicht flüchten und fuhr wieder in die DDR zurück.

»Mir ist es gleichgültig was ich zurücklasse. Nur diese schwarze Aktentasche nehme ich auf jeden Fall mit.«
<small>WÖRTLICHES ZITAT DES FLÜCHTLINGS, ALS ER IN DEN PKW VON ERICH HALWAX STIEG.</small>

ZUR GRENZE NACH FERTÖRÁKOS *Die Familie steigt nun in meinen VW-Bus. Wir verlassen das Areal des Campingplatzes und fahren durch Sopron in Richtung Fertörákos. Ich merke, dass mir nun die Eltern vertrauen. Sie haben aber dennoch große Angst, weil sie nur ganz wenig sprechen. Wahrscheinlich denken sie unentwegt daran, was bei einem Scheitern der Flucht passieren würde. Die Kinder sind noch zu klein und können die Gefahr, in die sich jetzt mit ihren Eltern begeben, nicht abschätzen. Während der Fahrt erkläre ich ihnen, wie sie sich verhalten sollen. Es ist ganz wichtig, dass sie im Wald nicht sprechen, nach Möglichkeit im Gebüsch Deckung suchen, besonders darauf achten, dass sie nicht auf dürres Geäst treten und dadurch die Aufmerksamkeit der Grenzer auf sich ziehen.*

Kurz vor Fertörákos biegen wir in einen Weg, der durch den Wald in Richtung Grenze führt, ab. Ich weiß, dass die Grenze dort wenig bewacht wird, fahre deshalb so weit wie nur möglich an den Stacheldraht und halte das Fahrzeug an. Bevor ich die Flüchtlinge aussteigen lasse, erkläre ich ihnen, dass sie immer nur geradeaus laufen müssen. Nach etwa 200 Meter kommen sie dann zum Stacheldraht, der in diesem Bereich an mehreren Stellen bereits einige Löcher aufweist. »Ihr könnt dort leicht durchschlüpfen und werdet von einem Helfer aus Mörbisch – es ist mein Freund Martin Kanitsch – erwartet. In der Sammelstelle meldet euch dann bei Frau Halwax, das ist meine Gattin«, sage ich zu dem Mann, bevor wir uns trennen.

Während die Eltern mit den Kindern die ersten Meter in Richtung Grenze gehen, wende ich meinen VW-Bus, fahre zurück und reise legal nach Österreich ein.

FLUCHT GEGLÜCKT *Als ich nach Mörbisch komme, führt mich mein erster Weg zur Flüchtlingsunterkunft in die Winzerhalle. Mir fällt ein Stein vom Herzen, als ich die Eltern mit den beiden kleinen Kindern sehe. Sie haben es geschafft! Martin Kanitsch ist tatsächlich dort gestanden. Ihm sind sie wie von mir geplant, direkt in die Arme gelaufen.*

Nachdem die Gendarmen ihre Personalien aufgenommen haben, fahren wir gemeinsam zu uns nach Hause. Wir sitzen bis lange nach Mitternacht beisammen, essen, trinken und erzählen vom Leben in der DDR und in Österreich. Dabei biete ich dem Mann an, dass ich am nächsten Tag sein Auto aus Sopron holen könnte. Doch er lehnt dankend ab, weil die Familie hinter ihr bisheriges Leben einen »Schlussstrich« ziehen will.

»Ich brauche von der DDR nichts mehr. Ich will mit diesem Regime nichts mehr zu tun haben.«
   WÖRTLICHES ZITAT DES FLÜCHTLINGS.

DAS »GEHEIMNIS« UM DIE SCHWARZE TASCHE *Während wir bei uns in der Wohnung sitzen, behält der Mann die Tasche den ganzen Abend bei sich und lässt sie keinen Augenblick aus den Augen. Ich bin natürlich neugierig und frage, warum ihm diese Tasche so wichtig sei. Er sagt mir, dass beide ihr Medizinstudium abgeschlossen haben. In der Tasche würden sich die Studiennachweise sowie die Berechtigungen zur Ausübung des Arztberufes befinden. Jetzt kann ich verstehen, dass der Mann diese Dokumente wie seinen »Augapfel« gehütet hat bzw. noch immer hütet.*

Am Morgen wurde die Familie zusammen mit anderen Flüchtlingen von der Sammelstelle nach Wien zur Botschaft gebracht. Zuvor hat mir der Vater noch die Schlüssel vom Auto übergeben. Das Fahrzeug habe ich dann vom Campingplatz auf einen öffentlichen Parkplatz in die Stadt Sopron »überstellt«.

Die Flüchtlingsfamilie nach einigen Jahren zu Gast bei ihren Helfern.

30 JAHRE DANACH Mit der Familie hatten wir noch längere Zeit Kontakt. Nach einigen Jahren haben sie uns in Mörbisch besucht. Soviel mir bekannt ist, sind sie in die Schweiz emigriert und haben dort beide als Ärzte gearbeitet. Mit der Frau telefonieren wir auch heute noch gelegentlich.

Luise und ich waren in diesen Wochen manchmal nahezu rund um die Uhr im Einsatz, weil wir auch unserer beruflichen Tätigkeit nachgehen mussten. Damals war ich mir keinesfalls bewusst, welcher Gefahr ich mich ausgesetzt habe. Ich denke, dass Mörbisch – das Dorf an der Grenze – in nur wenigen Wochen dieses turbulenten Sommers 1989 Weltgeschichte geschrieben hat. Wir Mörbischer haben die Flüchtlinge nicht nur mit Lebensmitteln und Kleidern versorgt, viele von uns haben an der Grenze gewartet und die Menschen nach geglückter Flucht in »Empfang« genommen. Einzelne Bürger sind sogar das Risiko eingegangen und haben sich als unentgeltliche Schlepper betätigt. Ich war einer davon – und darauf bin ich auch nach 30 Jahren noch stolz.

GELBE DREHLEUCHTE ALS ORIENTIERUNGSHILFE AUF DEM WEG IN DIE FREIHEIT

Hannelore und Franz Tremmel

FRANZ TREMMEL, Jahrgang 1947, lebt seit seiner Kindheit in Mörbisch/See. Sein Elternhaus, in dem er aufwuchs, befand sich nur unweit des Eisernen Vorhanges. Vom Hof des Anwesens konnte er zur Zeit des Kalten Krieges einen mit ungarischen Grenzsoldaten besetzten Wachturm, der sich unmittelbar hinter dem Stacheldraht befand, sehen.

Dass sich nur einen Steinwurf hinter dem Haus der Familie ein Grenzstreifen mit Stacheldraht und Minenfeld befand, beunruhigte weder Franz Tremmel, noch seine Eltern. Man lebte einfach damit. Jedermann orientierte sich nach Nord-Westen in Richtung Mörbisch. Es gab lediglich Touristen, die in Richtung Osten zur Besichtigung des Eisernen Vorhanges an die Grenze fuhren.

> »Um den Flüchtlingen auch bei Dunkelheit den Weg nach Mörbisch zu weisen, befestigte ich auf dem Rauchfang unseres Wohnhauses eine Fahnenstange, monierte ein gelbes Drehlicht und schaltete dieses ein. Da ich dafür gesorgt habe, dass die Flüchtlinge auch davon Kenntnis erlangten, habe ich vielen ein orientierungsloses Umherirren im Wald erspart.«
> WÖRTLICHES ZITAT VON FRANZ TREMMEL

FRANZ TREMMEL bewohnte mit seinen Eltern und Gattin Hannelore im Jahre 1989 das Haus in Grenznähe und erlebte daher hautnah, was in diesem Sommer geschah. Die ganze Familie half den Flüchtlingen zu jeder Tages- und Nachtzeit. Der Vater von Franz Tremmel fertigte aus dem Holz leerer Obstkisten Hinweisschilder an und befestigte diese an den Bäumen im Wald. Franz fungierte als unentgeltlicher Schleuser und ebnete zahlreichen

DDR-Bürgern den Weg in die Freiheit. Die Menschen waren ihm sogar soweit ans Herz gewachsen, dass er seine persönliche Freiheit mehrmals aufs Spiel setzte. In seinem eignen PKW schmuggelte er ein zweijähriges Kind, das sich noch bei seinen Großeltern in Sopron befand, über die Grenze. Die Eltern des Kindes waren bereits geflüchtet, hielten sich in Österreich auf und konnten nicht mehr zurück nach Ungarn.

HANNELORE TREMMEL half bei der Betreuung der Flüchtlinge unentgeltlich im Rot-Kreuz-Zelt. Doch nicht nur das. An manchen Tagen ging sie bei Einbruch der Dunkelheit mit einigen Mörbischer Frauen – darunter auch Eva Schrauf, die perfekt Ungarisch sprach – zum Eisernen Vorhang, wo sie die Grenzwächter trafen. Um deren Aufmerksamkeit zu stören, begannen die Frauen mit ihnen eine Unterhaltung, wobei Eva als Dolmetscherin fungierte und durch ihre Pointen die Grenzer oft zum Lachen brachte. Einige Flaschen bzw. Dosen Bier waren dabei sehr hilfreich. Während dieses beabsichtigten Ablenkungsmanövers konnten zahlreiche DDR-Bürger durch die Löcher des Stacheldrahtes bzw. darunter in die Freiheit kriechen.

»Den Grenzern war mit Sicherheit bewusst, dass wir sie nur ablenken wollten und zahlreiche DDR-Bürger dieses Zeitfenster zur Flucht genützt haben. Sie haben wahrscheinlich absichtlich ›ein Auge‹ zugedrückt.«
WÖRTLICHES ZITAT VON HANNELORE TREMMEL.

FOTO: ZUR VERFÜGUNG GESTELLT VON FAMILIE TREMMEL

Landeshauptmann Hans Sipötz besucht das Aufnahmelager in der Winzerhalle. V.li.: Maria Kanitsch, Hans Sipötz, Hannelore Tremmel, Gertrude Freiler

ERSTE BEGEGNUNG MIT FLÜCHTLINGEN WÄHREND EINES SPAZIERGANGES ENTLANG DES STACHELDRAHTES

HANNELORE UND FRANZ TREMMEL erinnern sich genau an zahlreiche »Einsätze an der Grenze«, wodurch sie vielen Flüchtlingen den Weg in die Freiheit ermöglichten. »*Mit Beginn des Sommers 1989 wurde in den Medien über den Abbau des Stacheldrahtes an der ungarischen Grenze berichtet. Im Dorf kursierten Gerüchte, dass einzelnen DDR-Bürgern die Flucht von Fertörákos in unsere Gemeinde gelungen war. Wir beachteten diese Ereignisse mit wenig Aufmerksamkeit. Außerdem konnten wir uns überhaupt nicht vorstellen, dass es in den nächsten Wochen eine Massenflucht geben und Mörbisch in die Schlagzeilen der internationalen Medien geraten wird.*

PLÖTZLICH HÖRTEN WIR EIN KIND WEINEN *Es war an einem Sonntag-Nachmittag, Anfang Juli 1989. Gedankenversunken spazierten wir mit unserem Hund auf dem »Higo-Steig« durch den Wald entlang des Stacheldrahtes. Dabei genossen wir die Stille sowie die Schönheit der Natur und näherten uns dem »Schneider-Graben«. Doch mit einem Mal überschlugen sich die Ereignisse. Unser Hund begann lautstark zu bellen. Wir blieben sofort stehen und hörten ein Kind weinen. In diesem Augenblick kam auch schon ein Mann aus dem Gebüsch, der dieses Kind, das etwa drei Jahre alt war, auf dem Arm trug. Er war aber nicht alleine. Als er uns sah,* dürfte ihm *vermutlich erst bewusst geworden sein, dass er sich bereits auf österreichischem Hoheitsgebiet befand. Er drehte sich nämlich sofort um und rief in den Wald: »Kommt, ihr seid in Sicherheit«. Plötzlich erhoben sich wie aus dem »Nichts« etwa zehn Personen, die sich im Dickicht versteckt hatten und liefen uns verängstigt und misstrauisch entgegen. Die gesamte Gruppe dürfte schon während der Nachtstunden geflüchtet sein, hatte jedoch nicht geahnt, dass sie sich bereits in Österreich befand. Aus Angst vor einer Festnahme durch ungarische Grenzer verharrte sie in ihrem Versteck. Die Flüchtlinge warteten vermutlich bereits seit Stunden auf Wanderer, die ihnen aufgrund ihrer Sprache bzw. ihrem Aussehen die Sicherheit gaben, dass sie tatsächlich die Grenze überschritten hatten und in Freiheit waren. Nach anfänglichem Misstrauen konnten wir sie überzeugen, dass sie von uns bzw. in Österreich nichts zu befürchten hätten. Danach brachten wir sie zum örtlichen Gendarmerieposten.*

KLEINKIND ÜBER DIE GRENZE GESCHMUGGELT

FRANZ TREMMEL: »*Eines Abends halte ich mich mit meiner Gattin in der Winzerhalle – diente damals als Flüchtlingssammelstelle – auf und helfe bei der Verteilung von Lebensmitteln und Kleidern. Dabei kommen Gerhard Selucky (vom Roten Kreuz) und der Bezirksgendarmeriekommandant Stefan Biricz auf mich zu und fragen mich: »Könntest du ein etwa 2-jähriges Kind, das sich bei seinen Großeltern in Sopron aufhält, holen und zu seinen Eltern in das Rot-Kreuz-Lager nach Klingenbach bringen?« Sie erzählen mir, dass die Eltern des Kindes zur Grenze gingen und – weil die Möglichkeit günstig war – sich spontan zur Flucht entschlossen haben. Eine Frau, die ein gleichaltriges Kind im Reisepass eingetragen hat, sei bereits in Sopron gewesen, habe jedoch plötzlich Angst bekommen, das Kind zurückgelassen und sei wieder allein nach Österreich gefahren.*

»Ich habe nicht lange überlegt und mich sofort dazu bereit erklärt. Dabei habe ich nur an die Eltern und deren Kind gedacht. Dass man mich wegen Menschenschmuggels zur Verantwortung ziehen und ins Gefängnis hätte stecken können, daran habe ich keinen Gedanken verschwendet.«

»Ruhigstellung durch Alkohol oder Medikamente? Genau weiß ich das nicht mehr«.

WÖRTLICHE ZITATE VON FRANZ TREMMEL

Ich zweifle keinen Augenblick daran, es nicht zu tun und erkläre mich sofort dazu bereit. Nachdem mir Selucky und Biricz sagen, dass sich die Großeltern mit dem Kind bei der Shell-Tankstelle (Sopron) befinden und auf uns warten, fahre ich zuerst mit Johann Kanitsch und Gustav Tremmel ins Rot-Kreuz-Lager nach Klingenbach. Dort erwartet uns bereits jene Frau, die aus Angst »die Mission« abgebrochen und das Kind zurückgelassen hatte. Sie steigt ebenfalls zu uns ins Auto. Für uns besonders wichtig, weil wir zum einen legal nach Ungarn einreisen und zum anderen mit dem Kind auf legalem Weg nach Österreich wieder zurückfahren wollen. Im Falle einer Kontrolle an der Grenze sollte das von uns beförderte Kind jenes sein, das in ihrem Reisepass eingetragen ist.

Über Klingenbach fahren wir zum Grenzübergang Sopron, beantragen ein Tagesvisum – »Adatlap« – reisen in Ungarn ein und kommen zur Tankstelle. Wie vereinbart warten dort die Großeltern mit dem Kind, das im Kinderwagen liegt und schläft. Sie teilen uns mit, dass sie es bereits »ruhiggestellt« hätten. Ob sie das mit Alkohol oder medikamentös gemacht haben, weiß ich heute nicht mehr genau. Ich denke, dass sie mir sagten, es mit Bier getan zu haben. Wir dürfen keine Zeit verlieren und laden den Kinderwagen schnellstens in den Kofferraum. Die Frau setzt sich mit Johann Kanitsch auf die hintere Sitzbank, Gustav Tremmel nimmt auf dem Beifahrersitz Platz. Das Kind legen wir auf den Schoß von Kanitsch sowie der Frau, decken es zu und fahren in Richtung Grenze.

STILLE UND NERVOSITÄT *Dabei merke ich, dass der neben mir sitzende Gustav Tremmel sichtlich nervös ist und auch panische Angst hat. Doch darauf kann ich keine Rücksicht nehmen. Nach einigen Minuten haben wir den Übergang erreicht und müssen vor dem Schlagbaum kurz anhalten. Dieser öffnet sich. Die Spannung steigt. Ein Grenzer gibt mir das Zeichen zum Anhalten und nähert sich auf der Beifahrerseite dem Fahrzeug. Gustav Tremmel hält die Pässe in der Hand, zittert etwas und spricht kein Wort. Das Kind ist zugedeckt, in der Dunkelheit kaum zu erkennen und schläft. Er (Gustav Tremmel) öffnet nur einen Spalt das Seitenfenster und übergibt dem Grenzer die Pässe. Nun ist die Spannung auf dem Höhepunkt. Ich weiß, dass ich jetzt Ruhe bewahren muss. Der Grenzer begutachtet unsere Pässe, wirft einen kurzen Blick in das Fahrzeuginnere und gibt uns das Handzeichen zum Verlassen des Grenzüberganges. Ein Stein fällt uns vom Herzen, als sich der Schlagbaum wieder öffnet und wir österreichisches Hoheitsgebiet erreichen. Den österreichischen Grenzübergang können wir anstandslos passieren und erreichen nach wenigen Minuten Klingenbach.*

»Ich hatte schon 1.000 Schilling vorbereitet. Wenn die ungarischen Grenzer uns genau kontrolliert hätten, hätte ich ihnen sofort das Geld gegeben«.
WÖRTLICHES ZITAT VON GUSTAV TREMMEL AUF DER FAHRT ZUM ROT-KREUZ-LAGER NACH KLINGENBACH.

Als wir in das Lager des Roten Kreuzes nach Klingenbach kommen, warten die Eltern bereits ungeduldig. Sie können ihre Freudentränen nicht verbergen, als sie ihr Kind in die Arme schließen. Auch ich bin gerührt, kämpfe mit den

Tränen und beginne zu zittern. Die Gänsehaut läuft mir über den ganzen Körper. Erst jetzt wird mir bewusst, welche Strafe uns im Falle einer Anhaltung erwartet hätte.

KENNZEICHEN AUF FREMDES AUTO MONTIERT – LEGAL ÜBER DIE GRENZE

Ebenso wie zahlreiche andere Mörbischer hatte auch mein Nachbar Erich Halwax in seinem Wohnhaus Flüchtlinge einquartiert. Sie waren mit ihrem VW-Golf und einem Wohnwagen aus der DDR nach Ungarn gekommen und hatten den Urlaub zur Flucht nach Mörbisch genützt. Das Fahrzeug samt dem Wohnwagen ließen sie auf einem Parkplatz am nördlichen Ortsrand (heute befindet sich dort das Gasthaus Rosengarten) von Sopron zurück.

Da ich damals auch einen PKW der Marke VW-Golf besaß, fragte mich Erich Halwax, ob ich dieses Fahrzeug über die Grenze bringen könnte. Ich war etwas überrascht, weil DDR-Bürger fast ausschließlich mit Trabis oder Wartburgs nach Ungarn kamen. Im ersten Augenblick war mir nicht ganz klar wie ich das tun sollte. Doch dann kam mir die Idee, die eigenen Kennzeichen auf dieses Fahrzeug zu montieren und legal über die Grenze zu fahren. Doch es gab noch ein weiteres Hindernis – eine ordnungsgemäße Begutachtungsplakette. Und das sollte unter uns Helfern auch kein Problem sein. Eine Werkstätte erklärte sich dazu bereit und stellte uns ein Duplikat für meinen PKW bzw. für meine Kennzeichen aus.

HAB UND GUT VERLADEN – VERDORBENE LEBENSMITTEL IN WOHNWAGEN *Binnen kürzester Zeit bekomme ich die Begutachtungsplakette, worauf wir unseren Plan in die Tat umsetzen. Ich entferne die Kennzeichen von meinem PKW, nehme den Zulassungsschein und gehe zu Erich Halwax. Wir steigen in sein Auto und machen uns sofort auf den Weg.*

Mit Kennzeichen, Zulassungsschein und Begutachtungsplakette meines Fahrzeuges fahren wir über den Grenzübergang Klingenbach und treffen kurz danach in Sopron ein. Als wir uns dem Parkplatz nähern, sehen wir schon von weitem den Golf mit dem Wohnwagen – der wie ich später erfahre, dort bereits seit 14 Tagen in der prallen Sonne steht. (Siehe dazu auch Interview mit Erich Halwax: »**KEIN MANN DER STASI – ARZTFAMILIE MIT ZWEI KLEINEN MÄDCHEN ZUR FLUCHT VERHOLFEN.**«)

»Beim Öffnen der Wohnwagentür schlägt uns penetrant stinkender Geruch entgegen und wir schrecken entsetzt zurück. Es ist Gott sei Dank kein Verwesungsgeruch eines Menschen.«

WÖRTLICHES ZITAT VON FRANZ TREMMEL.

Die im Wohnwagen befindlichen Lebensmittel haben bereits zu verwesen begonnen. Obwohl uns zum Kotzen übel ist, nehmen wir Kleidungsstücke sowie Toilettenartikel aus dem Wohnwagen und verladen sie in den VW-Golf des Besitzers. Anschließend tausche ich die DDR-Kennzeichen gegen jene meines Wagens, klebe die Begutachtungsplakette an die Windschutzscheibe und fahre Richtung Grenze. Halwax und Kanitsch folgen mir. Die Grenzer schöpfen keinen Verdacht, sodass wir anstandslos nach Mörbisch kommen. Ich nehme die Kennzeichen ab, entferne die Begutachtungsplakette und übergebe das Fahrzeug an den rechtmäßigen Besitzer. Dieser montiert wieder die in der DDR ordnungsgemäß zugelassenen Kennzeichen, worauf die Familie ihre Fahrt in die Bundesrepublik fortsetzt.

ZUR TARNUNG: »SPIELZEUG« FÜR DIE FLÜCHTLINGSLAGER

Eines der zahlreichen vom ungarischen Staat eingerichteten Flüchtlingslager befand sich damals in Zanka. Zanka ist ein ca. 800 Einwohner zählendes Dorf und liegt am Nordufer des Plattensees, etwa auf halber Strecke zwischen Keszthely und Siófok.

Da in Mörbisch und Umgebung bekannt war, dass sich viele »ausreisewillige« Familien aus der DDR in ungarischen Flüchtlingslagern aufhalten, wurden vom Roten Kreuz auch Spielzeugsammlungen durchgeführt. Dieses Spielzeug wurde von freiwilligen Helfern in die Lager gebracht. Meine Gattin Hannelore und ich erklärten uns ebenfalls bereit, einen derartigen Transport zu übernehmen. Selbstverständlich haben wir dabei auch Flüchtlinge an die österreichische Grenze gebracht und ihnen die Flucht in die Freiheit ermöglicht.

ANGST UNTER DEN FLÜCHTLINGEN – MITARBEITER DER STASI IM LAGER *Für diesen »Spielzeugtransport« stellte uns ein Unternehmen in Eisenstadt einen Kleinbus zur Verfügung. Als wir nach Zanka kamen, durften wir direkt in das Flüchtlingslager hineinfahren und das Spielzeug verteilen. Die Menschen waren dort derart verängstigt, dass sie sich von uns abwendeten und kaum ein Wort* mit uns sprachen, denn jeder wusste, dass die Stasi ihre Mitarbeiter eingeschleust hatte. Viele dachten, dass auch wir Agenten dieses gefürchteten Geheimdienstes sein könnten. Im Lager selbst kamen wir nur ganz vereinzelt – und das sehr oberflächlich – mit einzelnen »Insassen« ins Gespräch. Über eine beabsichtigte Flucht getraute sich niemand zu sprechen. Nachdem wir bei einigen etwas Vertrauen gewonnen hatten, vereinbarten wir, uns außerhalb des Lagers zu treffen. So geschah es auch. Eine Gruppe entfernte sich, wartete etwa 200 bis 300 m außerhalb der Umzäunung und stieg dann zu uns ins Fahrzeug. Aus Angst, dass wir sie doch der Stasi »ausliefern« könnten, sprachen sie auf der etwa zweistündigen Fahrt bis Fertőrákos kaum ein Wort. Sowohl Gestik als auch Mimik verrieten, dass sie uns nicht zur Gänze vertrauten, obwohl wir immer wieder beteuerten, dass wir Helfer bzw. Freunde und keine Stasiagenten sind. In Fertőrákos ließen wir sie im Grenzbereich aussteigen und wiesen ihnen den Weg durch den Wald nach Mörbisch. In unmittelbarer Nähe des Stacheldrahtes haben unentgeltliche Schleuser gewartet und sie in das Aufnahmelager in die Winzerhalle (nach Mörbisch) gebracht.«

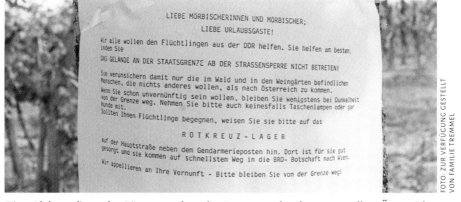

Diese Plakate, die an den Bäumen entlang der Grenze angebracht waren, sollten Österreicher darüber informieren, wie sie sich im Grenzbereich zu verhalten hatten.

HELFER GESEHEN – TRABI EINFACH ZURÜCKGELASSEN UND ÜBER DIE GRENZE GELAUFEN

Hannelore Tremmel erinnert sich an einen besonders denkwürdigen Vorfall, der auch dank der ungarischen Grenzbeamten ein glückliches Ende fand: »Eines Nachmittags gehe ich mit unserem Hund auf dem »Bauackerweg« entlang der Grenze. Da in diesem Bereich der Stacheldrahtverhau bereits *entfernt ist, haben dort viele Flüchtlinge den Weg in die Freiheit geschafft. Dabei beobachte ich, wie ein Trabi auf ungarischer Seite ebenfalls an der Grenze entlangfährt, deren Insassen offensichtlich eine Möglichkeit suchen, um auf österreichisches Gebiet zu kommen. In unmittelbarer Nähe befinden sich ungarische Grenzer, die zu dem Fahrzeug ebenfalls Sichtkontakt halten und den Trabi bereits »im Visier haben«.*

Plötzlich hält der Lenker den PKW an, weil er vermutlich eine günstige Stelle sieht, um nach Österreich zu flüchten. Ein Mann sowie eine Frau mit zwei kleinen Kindern steigen aus dem Auto und nehmen mit mir Blickkontakt auf. Ich mache mich sofort bemerkbar und schrei laut:

»Kommts rüber, hier ist Österreich, ich helfe euch.«

Daraufhin lassen sie den Trabi einfach auf dem Weg stehen, beginnen zu laufen und überwinden die Grenze. Die ungarischen Grenzwächter beobachten diese Flucht, sehen tatenlos zu und schreiten nicht ein.

»Es war eine Geste der Menschlichkeit dieser Grenzsoldaten, die meine besondere Hochachtung verdient. Sie haben höchsten Anstand bewiesen, weil sie die Familie nicht nur ungehindert über die Grenze laufen ließen. Sie haben mir auch noch die Jacke des Kindes ausgefolgt, die im Auto zurückgeblieben ist.«

WÖRTLICHES ZITAT VON HANNELORE TREMMEL

Nachdem sich die Familie in den ersten Minuten in meiner Gegenwart in Sicherheit wiegt, beginnt ein Kind plötzlich bitterlich zu weinen. Seine Lieblingsjacke befindet sich nämlich im Trabi. »Was tun«, frage ich mich und fasse den Entschluss, mit den Soldaten Kontakt aufzunehmen. Ich begebe mich auf ungarisches Gebiet, gehe zu den Grenzwächtern und kann die vorhandenen Sprachbarrieren kaum überwinden. Sie sprechen kein Wort Deutsch und ich kein Wort Ungarisch. Mit Händen und Füßen gelingt es mir schlussendlich, ihnen verständlich zu machen, dass ich die Jacke aus dem Fahrzeug holen will. Die Soldaten zeigen sich neuerlich einsichtig und lassen mich zu dem Trabi. Ich nehme die Jacke und übergebe sie dem Kind. Aus Tränen der Traurigkeit werden plötzlich Tränen der Freude. Doch nicht nur bei diesem Kind. Auch ich verspüre in diesem Moment ein besonderes Glücksgefühl, das ich bis zum heutigen Tag nicht vergessen habe.«

30 JAHRE DANACH Hannelore und Franz Tremmel sagen übereinstimmend: »Es waren bewegende Momente, die wir in diesem Sommer 1989 erlebt haben. Wir sind glücklich, dass wir damals den Menschen helfen konnten, obwohl wir selbst für unseren Sohn sorgen mussten und die Familie nicht vernachlässigen durften. Außerdem mussten wir täglich unserer Arbeit nachgehen. Wie wir das geschafft haben, wissen wir heute nicht mehr. Wahrscheinlich hat uns der Drang zum Helfen ungeahnte Kräfte gegeben. Zum Schlafen dürfte ebenfalls nicht viel Zeit geblieben sein. Doch wir würden uns wieder – und mit dem gleichen persönlichen Einsatz – in den Dienst dieser guten Sache stellen.«

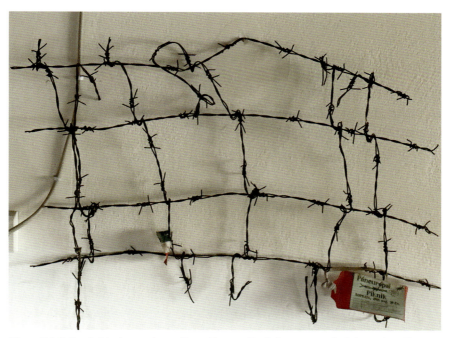

Dieses Stück Stacheldraht wurde von Franz Tremmel im Jahr 1989 persönlich aus dem Eisernen Vorhang entfernt. Es wird wie ein »Schatz« gehütet, »ziert« eine Wand im Wohnhaus der Tremmels und dient als bleibende Erinnerung an den »Grenzeinsatz« im Sommer 1989.

LEOPOLD PUSSER – SCHÜSSE BEENDETEN DIE BEIHILFE ZUR FLUCHT – HELFER LANDETEN IM GEFÄNGNIS

FOTO: WOLFGANG BACHKÖNIG

Leopold Pusser

LEOPOLD PUSSER war 25 Jahre hauptamtlicher Mitarbeiter beim Roten Kreuz in Eisenstadt. Menschen zu helfen war für ihn niemals Beruf, sondern Berufung. Bei vielen Einsätzen opferte er oft nicht nur seine Freizeit, er setzte vielfach auch seine Gesundheit aufs Spiel. In Teraca – Rumänien – betreut er seit Jahren ein Kinderheim, dessen Existenz von einer Stiftung finanziert wird. In den vergangenen Jahren war er bereits 250 Mal mit Hilfstransporten in dieser Stadt. Hilfsgüter, die er den Menschen dort brachte bzw. nach wie vor bringt, lukrieren sich meist aus Spenden, die er selbst organisiert.

»**Für mich war es eine Frage der Ehre. Mein innerlicher Zwang, den Flüchtlingen zu helfen, ›trieb‹ mich einfach an die Grenze. Selbst nach der Freilassung aus dem Gefängnis konnte ich nicht anders und setzte meine unentgeltliche Schleusertätigkeit fort.«**

WÖRTLICHES ZITAT VON LEOPOLD PUSSER.

LEOPOLD PUSSER wurde bereits zu Beginn des Flüchtlingsstromes im August 1989 vom Roten Kreuz nach Mörbisch/See beordert. Um die Not der Flüchtlinge zu lindern, verbrachte er dort nicht nur seine Dienstzeit. Er hielt sich auch privat an der Grenze auf und ermöglichte als **UNENTGELTLICHER »SCHLEUSER«** vielen DDR-Bürgern die Flucht nach Österreich. Leopold fragte niemals nach Zeit oder Geld – für ihn war es einfach wichtig, Flüchtlinge unbeschadet durch die Löcher des Eisernen Vorhanges nach Mörbisch zu bringen. Wenn das Lager in der Winzerhalle überfüllt war, brachte er die Menschen in seiner Privatwohnung in Eisenstadt unter.

Während eines Hilfseinsatzes wurde er von ungarischen Grenzwachebeamten verhaftet und für eine Nacht in einem Soproner Gefängnis interniert. Obwohl über ihn nach seiner Freilassung ein einjähriges Aufenthaltsverbot in Ungarn verhängt wurde, setzte er seine **UNENTGELTLICHE »SCHLEUSERTÄTIGKEIT«** im Grenzbereich fort.

VOM URLAUB DIREKT AN DIE GRENZE NACH MÖRBISCH

LEOPOLD PUSSER erzählt, wie er den Flüchtlingen im Jahre 1989 half und in welche Gefahren er sich damals begab: »*Ich weiß noch genau, wie alles begann. Es war ein Sonntag, vermutlich Mitte August, als ich zum ersten Mal nach Mörbisch fuhr und erst nach einigen Tagen wieder nach Eisenstadt zurückkehrte.*

Am späten Nachmittag kam ich mit meiner Familie aus dem Urlaub, den wir in Bernstein (südliches Burgenland) verbracht hatten, zurück. Da ich damals eine Dienstwohnung in der Rot-Kreuz-Zentrale in Eisenstadt bewohnte, kam ich zwangsläufig mit Stefan Schinkovits, der an diesem Sonntag zum Ärztefunkdienst eingeteilt war, in Kontakt. Stefan erzählte mir von der DDR-Flüchtlingswelle in Mörbisch und teilte mir praktisch im gleichen Atemzug mit, dass das Rote Kreuz von der Gendarmerie um Assistenzleistung ersucht wurde.

»**Wir müssen dringend nach Mörbisch, denn dort sind viele geflüchtete DDR-Bürger, die mit Lebensmitteln versorgt werden müssen. Ich habe bereits alles organisiert, beeil' dich, wir fahren‹, sagte Schinkovits zu mir.**«

Obwohl ich noch nicht einmal meine Koffer ausgepackt hatte, überlegte ich keine Minute. Für mich war es selbstverständlich, sofort meinen Dienst anzutreten. Am Abend werde ich ja wieder zurück sein, dachte ich. Meine Frau löste Stefan, der bereits den LKW bereitgestellt hatte, in der Zentrale ab. Wir fuhren jedoch zuerst in das Lager des in Eisenstadt ansässigen Lebensmittelgroßhändlers Wenzel. Da Schinkovits dort fallweise gearbeitet hatte, war er mit dem Chef eng befreundet und genoss deshalb eine Vertrauensstellung. Dieser gab ihm die Schlüssel zur Lagerhalle, aus der wir dann Lebensmittel um etwa S 50.000.- (€ 3.634.-) auf dem Lastwagen verstauten. Danach fuhren wir nach

Mörbisch, wo wir einige unserer Kollegen trafen. Sie hatten bereits unmittelbar neben dem Gendarmerieposten mit dem Aufbau eines Zeltes begonnen.

Als wir dort ankamen, warteten bereits die ersten Flüchtlinge, die wir sogleich versorgten. Nachdem wir unsere Fracht abgeladen und das Zelt aufgestellt hatten, war es bereits Abend geworden. Ich fuhr jedoch nicht nach Hause, weil mich die Neugierde packte – ich fuhr an die Grenze.

ERSTE HILFELEISTUNG ZUR FLUCHT Als ich in unmittelbarer Nähe des mit Gebüschen verwachsenen Grenzzaunes stand, sah ich in der Dunkelheit dumpfe Lichtquellen von Taschenlampen und hörte immer wieder Laute von verängstigten Menschen. Es waren Flüchtlinge, die offensichtlich nicht wussten, wie weit sie noch vom österreichischen Hoheitsgebiet entfernt waren. Ich habe ihnen dann zugerufen, dass sie von uns nichts zu befürchten hätten. Um ihnen die Flucht zu erleichtern, haben wir Löcher in die Hecken geschnitten und ihnen zu verstehen gegeben, dass sie ruhig weiter gehen können. Noch in der gleichen Nacht fertigten wir Zettel mit der Aufschrift: »Hier sind sie in Österreich« an, befestigten diese an den Bäumen und gaben den Flüchtlingen dadurch eine wertvolle Orientierungshilfe.

Nachdem ich schon nach wenigen Stunden zur persönlichen Überzeugung gelangt war, dass man diesen Menschen unbedingt helfen muss, habe ich das Zeitgefühl verloren und bin einfach in Mörbisch geblieben. Zum ersten Mal kam ich nach vier Tagen – und auch da nur für einige Stunden – nach Hause. Mit kurzen Unterbrechungen war ich damals mehrere Wochen »im Grenzeinsatz«. Schlaf habe ich in diesen Nächten (und auch während des Tages) wenig gebraucht, weil ich meist an der Grenze stand und einen innerlichen Drang verspürte, den DDR-Bürgern bei der Flucht durch den Eisernen Vorhang zu helfen. Tagsüber verrichtete ich meinen Dienst im Lager. Nach Dienstschluss begab ich mich an die Grenze und fungierte als unentgeltlicher Schleuser. Meist kam ich erst gegen 03:00 Uhr nach Hause. Es kam aber auch oft vor, dass ich die ganze Nacht an der Grenze verbrachte.

»Um den Flüchtlingen einen möglichst schnellen Grenzübertritt zu ermöglichen, entfernte ich an mehreren Stellen die Sträucher vor dem Grenzzaun und schnitt mit einem Bolzenschneider Löcher in den bereits rostigen Stacheldrahtverhau.«
WÖRTLICHES ZITAT VON LEOPOLD PUSSER.

Privatpersonen war die Zufahrt bzw. der Zugang zur Grenze untersagt.

Die Bevölkerung auf ungarischer Seite hat den Flüchtlingen ebenfalls sehr geholfen. Viele hatten Zettel in der Hand, auf denen die Fluchtroute eingezeichnet war. Die Grenzsoldaten waren ebenfalls sehr human und haben oft weggeschaut. Ich erinnere mich noch, dass mein Kollege Stefan Schinkovits den Soldaten palettenweise Bier gebracht hat. Sie haben einfach Bier getrunken, einen Blick zur Seite gemacht und uns ermöglicht, die Menschen über die Grenze zu bringen. Manchmal war auch meine Tochter Ulli dabei. Sie hat Stefan bei der Ablenkung der Grenzer unterstützt. Hin und wieder gab es aber auch Grenzwächter, die ihren Dienst vorschriftsmäßig versehen haben. Sie haben Warnschüsse in die Luft abgegeben. Ob mit Platzpatronen oder scharfer Munition weiß ich nicht. Diese vorschriftsmäßige Dienstverrichtung sollte uns in den nächsten Tagen zum Verhängnis werden. Doch dazu später.

SCHÜSSE PEITSCHTEN DURCH DIE NACHT – MUTTER UND KIND AUF DEN SCHULTERN ÜBER DIE GRENZE GETRAGEN *Ein Ereignis, bei dem ich eine Familie mit letztem Einsatz über die Grenze bringen konnte, werde ich wahrscheinlich mein ganzes Leben nicht vergessen. Ich stand im Mörbischer Wald und bemerkte auf ungarischer Seite mehrere Flüchtlinge, darunter auch eine Familie mit einem Kleinkind. Der Mann hatte das Kind auf dem Arm, das plötzlich bitterlich zu weinen anfing, wodurch ungarische Grenzbeamte – so dachten die Flüchtlinge – auf sie aufmerksam werden könnten. Wie sich später herausstellte waren es keine Grenzer, sondern Mitglieder der Stasi, die die Flucht bemerkt hatten. Um das Kind zu beruhigen, legte es der Vater in die Arme der Mutter, worauf* es zu weinen aufhörte. Um seinen Liebsten die Flucht zu ermöglichen, wollte der Vater alleine zurück nach Ungarn. Er trug seiner Frau auf, dass sie mit dem Kind über die Grenze gehen soll. Doch sie wollte sich keinesfalls von ihrem Mann trennen und mit ihm wieder zurück nach Ungarn.

Ich hatte das mitbekommen, begab mich zu der Frau, nahm sie samt dem Kind auf meine Schultern und wir gingen in Richtung Österreich. Der Mann folgte uns. Dies hatten aber die vermeintlichen ungarischen Grenzer mitbekommen und vorerst Platzpatronen in die Luft gefeuert. Als wir uns davon nicht beeindrucken ließen und weitermarschierten, schossen sie mit scharfer Munition auf die Bäume. Plötzlich stand ein ungarischer Offizier vor uns und deutete, dass wir in Deckung gehen bzw. uns auf den Boden legen sollen. Jetzt war mir klar, was da »gespielt« wurde. Ich hatte nämlich noch nie gehört, dass ungarische Grenzbeamte geschossen hätten. Sie sind zwar meist präsent gewesen, ein wirkliches Hindernis für die Flucht waren sie, bis auf wenige Ausnahmen (eine derartige Ausnahme habe ich mit einem Gefängnisaufenthalt, über den ich später berichten werde, am eigenen Leib verspürt), nicht. Auch in diesem Fall war es nicht anders. Die Grenzwächter waren meiner Ansicht nach von Agenten der Stasi unterwandert. Und genau diese »Spitzel« dürften die Schüsse abgefeuert haben. Der ungarische Offizier war nämlich derart wütend, dass er seine Mütze zu Boden schleuderte und sich auf diese Weise bei uns fast entschuldigte. Wir konnten übrigens unsere Flucht fortsetzen und ich brachte die Familie unbeschadet nach Österreich.

UNGARISCHE GRENZER – SIE KAMEN WIE »PHÖNIX AUS DER ASCHE« UND BRACHTEN UNS INS GEFÄNGNIS

Obwohl ich durch diesen Zwischenfall nicht unbedingt Angst, jedoch ein mulmiges Gefühl bekommen hatte und mir auch bewusst war, dass diese Fluchthilfe auch anders hätte enden können, ließ ich nicht davon ab. Ich wollte den Menschen weiter den Weg in die Freiheit weisen. Nach einigen Tagen passierte dann, was einfach kommen musste. Ich landete in einem ungarischen Gefängnis.

31. AUGUST 1989 – TAG DER VERHAFTUNG: *Eine politische Lösung des Flüchtlingsproblems zeichnet sich bereits auf höchster Ebene ab. Die Grenzer in Ungarn tun nicht einmal mehr das Nötigste. Ich bin mir meiner Sache immer* sicherer und rechne auch nicht damit, dass die Uniformierten einmal einschreiten werden. Doch weit gefehlt.

An diesem Tag fahre ich mit meinem PKW legal über die Grenze und stelle das Fahrzeug beim Gasthaus Mithrász – dort war Treffpunkt der Flüchtlinge – in Fertőrákos ab. In diesem Bereich hält sich auch Martin Kanitsch aus Mörbisch auf. Von ihm weiß ich, dass er den DDR-Bürgern beim illegalen Grenzübertritt ebenfalls unentgeltlich behilflich ist. Bei Einbruch der Dunkelheit versuchen wir, eine Gruppe, der auch zwei Kleinkinder angehören, über die Grenze zu bringen. Wir brechen in Richtung Mörbisch auf, gehen durch den Wald und überqueren unmittelbar vor dem Stacheldraht einen gepflügten Streifen. Durch die von uns hinterlassenen Fußabdrücke können die Grenzsoldaten jedoch sehen, dass Flüchtlinge in Richtung Österreich unterwegs sind. Wie gewohnt, scheint auch diesmal alles nach Plan zu verlaufen.

WARNSCHÜSSE – VERHÖR – HAFT Doch es kommt alles ganz anders. Die Grenzsoldaten dürften uns nämlich beobachtet und eventuell auch die Schuhabdrücke in dem gepflügten Streifen gesehen haben. Unmittelbar vor dem Stacheldraht, keine 30 Meter vom österreichischen Hoheitsgebiet entfernt, peitschen plötzlich Schüsse durch die Nacht, die uns fast das »Herz in die Hose« rutschen lassen. Wir haben uns von diesem Schock noch nicht erholt, als etwa ein Dutzend Grenzer aus dem »Nichts auftaucht«, sich vor uns stellt und uns den Weg versperrt. Der Schreck »fährt« uns durch die Glieder, weshalb wir fast in Schockstarre geraten und nicht mehr flüchten können. Martin Kanitsch sagt noch zu mir: »Rennen wir weg, wir sind gleich drüben!« Dies dürfte ein Grenzer verstanden haben, worauf er sein Gewehr durchgeladen und mehrere Schüsse in die Baumkronen abgegeben hat. Die Soldaten geben uns nun zu verstehen, dass wir uns zu Boden legen sollen, verhaften uns und bringen uns zum Verhör in die Kaserne nach Fertőrákos. Danach müssen die Flüchtlinge auf einen LKW steigen und werden weggebracht. Was mit ihnen passiert ist, weiß ich nicht.

Bei der Vernehmung wirft man mir Beihilfe zur Flucht vor, tituliert mich als Schlepper und will von mir unbedingt wissen, wieviel Geld ich für die Fluchthilfe bekommen habe. Offensichtlich dürften die mich vernehmenden Grenzer bereits darüber informiert gewesen sein, dass ich in den letzten Tagen diesbezüglich sehr aktiv war. Ich kann jedoch mit ruhigem Gewissen angeben, dass ich für meine Dienste niemals nur einen Schilling oder eine Deutsche Mark erhalten bzw. angenommen habe.

TROTZ FESTNAHME MIT EIGENEM PKW ZUM GEFÄNGNIS Nach der ersten Einvernahme sollten Kanitsch und ich nach Sopron in ein Gefängnis gebracht werden. Für mich ein großes Problem, weil ich ja am nächsten Tag arbeiten musste und außerdem meinen PKW beim Gasthaus Mithrász abgestellt hatte. Die Fahrt nach Sopron bleibt mir zwar nicht erspart, ich kann die ungarischen Grenzer jedoch davon überzeugen, dass ich mein Fahrzeug dort nicht stehen lassen kann. Sie bringen mich dann zu meinem PKW, ich steige ein und darf »in Begleitung« der Grenzer nach Sopron fahren.

»Um Himmels Willen, was soll ich jetzt nur tun? Sechs Monate Gefängnis bedeuten für mich den Verlust des Arbeitsplatzes.«
WÖRTLICHES ZITAT VON LEOPOLD PUSSER.

Dort werde ich vorerst in eine Zelle gesperrt. Zur »Begrüßung« drohen sie mir gleich mit einer Haft von sechs Monaten. Nun bekomme ich zum ersten Mal wirklich Angst. Die sechs Monate Gefängnis wären für mich nicht unbedingt das große Problem gewesen, aber meine Arbeit hätte ich in diesem Fall verloren. »Um Himmels Willen, was soll ich jetzt nur tun«, sind meine Gedanken, die mir vorerst keinen Ausweg weisen. Mittlerweile ist es Mitternacht geworden, als mir die Idee kommt, Herzbeschwerden vorzutäuschen. Ich sage den mich vernehmenden Beamten, dass ich dringend Medikamente wegen Bluthochdruck benötigen würde. Binnen kürzester Zeit bringt er mir Tabletten, deren Einnahme ich jedoch verweigere. Nun kommt auch noch ein Arzt, der Deutsch spricht, weil er in Wien studiert hat. Er merkt aber sofort, dass meine Herzbeschwerden keinesfalls mit Lebensgefahr verbunden sind und gibt mir Hoffnung, dass ich in zwei bis drei Tagen wieder entlassen werden kann. Das tut meinem Gemüt sichtlich gut.

EIN JAHR EINREISE- UND AUFENTHALTSVERBOT – STASI »ALLGEGENWÄRTIG« Am Morgen werde ich dann einem Schnellrichter, der mit einem Dolmetsch aus Györ angereist ist, vorgeführt. Der Richter hat meine persönlichen Daten bereits überprüft und weiß, dass ich in Ungarn bis dato nicht straffällig geworden bin. Für Fluchthilfe hätte ich dennoch eine unbedingte Freiheitsstrafe von sechs Monaten bekommen. Die Flüchtlinge sagen zu unserem Glück bei der Vernehmung die Wahrheit und geben zu Protokoll, dass wir für die Hilfeleistung zur Flucht kein Geld genommen haben. Deshalb sieht der Richter von einer

Gefängnisstrafe ab und verhängt über mich ein einjähriges Einreise- bzw. Aufenthaltsverbot. Dokumentiert wird das mit einem Stempel in meinem Reisepass.

Wie ich bereits angeführt habe, bin ich mir sicher, dass die Stasi auch in diesem Gefängnis »allgegenwärtig« war und ihre V-Männer nicht nur in die ungarische Grenzwache eingeschleust hatte. Dies wird durch meine nachstehende Wahrnehmung bestätigt. Vom Campingplatz in Sopron habe ich mehrmals DDR-Bürger abgeholt und nach Österreich gebracht. Dabei ist mir ein Mann in Zivilkleidung aufgefallen, der sehr groß und schlank war, eine Glatze hatte und alles beobachtete. Und genau diesen Mann habe ich auch im Gefängnis gesehen. Ich habe den Dolmetsch nach der Identität dieses Mannes gefragt und er hat mir bestätigt, dass er ein Mitarbeiter der Stasi ist.

Dieser Vermerk in meinem Reisepass dokumentiert das einjährige Einreise- bzw. Aufenthaltsverbot in Ungarn.

ERSTES INTERVIEW AN DER GRENZE Mit mir wurden auch Martin Kanitsch sowie Martin Sommer und Herbert Reinprecht, die ebenfalls die Nacht wegen Fluchthilfe in diesem Gefängnis verbracht hatten, entlassen. Wir stiegen in meinen PKW, den ich ja vor dem Gefängnis geparkt hatte und reisten in Klingenbach aus. In Österreich hatte man längst von unserer Inhaftierung erfahren, weil wir bereits von Journalisten erwartet und um Interviews gebeten wurden.

SENSATIONSLUST EINES FERNSEHTEAMS – WIR SOLLTEN ALS BEZAHLTE SCHLEU-SER DARGESTELLT WERDEN Ein weiterer Vorfall, der bestätigt, dass viele Medien damals nach Sensationen suchten und dabei keine Rücksicht auf die Privatsphäre der Betroffenen nahmen, ist mir ebenfalls noch genau in Erinnerung.

Viele DDR-Bürger kamen mit ihren Trabis oder Wartburgs unter dem Vorwand eines Urlaubes nach Sopron und stellten auf dem dortigen Campingplatz ihre Zelte auf. Vor allem die Fluchthelfer aus Mörbisch wussten, dass diese Menschen nur zum Schein dort waren, kamen mit ihren eigenen PKWs auf das Gelände und brachten die DDR-Bürger in ihren Fahrzeugen zur, oder manchmal sogar über die Grenze. Die Flüchtlinge ließen ihr Auto samt dem bescheidenen Inventar einfach zurück. Es war ihnen alles gleichgültig – sie wollten nur die Freiheit!

Zeitungsbericht über die Inhaftierung.

Eines Tages kamen wir mit drei Fahrzeugen wieder zum Campingplatz in Sopron, ließen die Ausreisewilligen einsteigen und fuhren im Konvoi in Richtung Fertörákos – Grenze. Bereits bei der Abfahrt vom Zeltplatz fiel uns ein Wohnmobil mit Wiener Kennzeichen auf. Das Fahrzeug folgte uns, überholte uns aber nicht, obwohl dies mehrmals möglich gewesen wäre. Wir setzten aber unsere Fahrt unbeirrt fort, bogen bei Fertörákos nächst einer Mülldeponie ab und hielten auf einem Feldweg an. Der Fahrer des Wohnmobils, das noch immer hinter uns war, blieb ebenfalls stehen. Nachdem die Flüchtlinge aus unseren PKWs gestiegen und in Richtung Grenze gegangen waren, begab ich mich zu dem Wohnmobil, da ich unbedingt wissen wollte, warum uns dieses gefolgt war. Dabei stellte ich fest, dass der Campingbus nur als Tarnung für ein Fernsehteam gedient hat. In der Schlafkabine stand nämlich eine Kamera, die uns gefilmt hatte. Wie ich in Erfahrung gebracht habe, wollte man uns in einer Fernsehsendung als bezahlte Schleuser darstellen. Gott sei Dank konnte ich das vereiteln.

FLÜCHTLINGE IN PRIVATWOHNUNG EINQUARTIERT Wenn in Mörbisch kein Platz war, habe ich die Leute einfach nach Eisenstadt gebracht und ihnen in meiner Privatwohnung Unterkunft gewährt. Manchmal haben bis zu 16 Personen bei uns gewohnt und in Stockbetten – meist waren es eine oder zwei Nächte, bis sie mit dem Bus nach Wien gefahren wurden – geschlafen. Selbstverständlich haben wir sie auch verpflegt – meine Frau hat für sie gekocht. Unsere beiden Töchter, die damals noch bei uns wohnten, hatten am Ende der Flüchtlingsbewegung kaum noch Unterhosen oder Socken, weil wir sie den Flüchtlingen geschenkt haben.

Ich hatte bestimmt zehn Autoschlüssel, die mir die Flüchtlinge gegeben haben. Die dazugehörigen Fahrzeuge, die in Ungarn abgestellt waren, haben sie mir geschenkt. Wie bereits angeführt, habe ich für die Fluchthilfe niemals etwas genommen – selbstverständlich habe ich auch kein Fahrzeug abgeholt. Soviel ich weiß, wurden einige den Besitzern wieder ausgefolgt bzw. vom ungarischen Staat versteigert.

10 Jahre danach – Flüchtlinge zu Besuch bei ihren Fluchthelfern. V.li. Leopold Pusser, das Ehepaar Marina und Andreas Paetzold, Martin Kanitsch.

MICHAEL SOMMER – EIN HELFER DEM VIELE FLÜCHTLINGE VERTRAUTEN

Elisabeth und Michael Sommer

FOTO: ZUR VERFÜGUNG GESTELLT VON FAMILIE SOMMER

MICHAEL SOMMER, Jahrgang 1946, Dachdeckermeister in Ruhe, lebt seit seiner Geburt am südöstlichen Ortsrand von Mörbisch, in unmittelbarer Nähe der Grenze zu Ungarn. Den Eisernen Vorhang kannte er schon als kleines Kind. Die nach Fertörákos führende Straße ist nur wenige Meter von seinem Eltern- bzw. jetzigen Wohnhaus entfernt. Sie endete über Jahrzehnte als Sackgasse am Stacheldrahtverhau. Dort patrouillierten – mit Maschinenpistolen bewaffnet – ungarische Soldaten bzw. beobachteten von etwa zehn Meter hohen Wachtürmen das Gelände an der Grenze.

Da **MICHAEL SOMMER** bereits während der Zeit des »Kalten Krieges« mit seinem Auto des öfteren nach Sopron fuhr, erinnert er sich noch an die Kolonnen an beiden Seiten des Grenzüberganges Klingenbach – Sopron. Ungarische »Grenzwächter« standen mit ihren Kalaschnikows (Maschinengewehr russischer Bauart) »angsteinflößend« an den Schlagbäumen und achteten strengen Blickes darauf, dass niemand flüchten konnte. Schikanöse Personen- und Fahrzeugkontrollen erzeugten nicht nur ein Gefühl der Angst, sie trübten auch die erste Freude auf einen Stadtbummel in dieser historisch bedeutenden ungarischen »Grenzmetropole« (Sopron).

MICHAEL SOMMER fuhr im August bzw. September 1989 nahezu täglich nach Sopron bzw. Fertörákos, um den Flüchtlingen den Weg durch die Löcher des Eisernen Vorhanges zu weisen. DDR-Bürger, die sich auf der Anhöhe beim Gasthaus Mithrász gesammelt hatten und die Möglichkeiten zur Flucht sondierten, wussten schnell, dass Michael Sommer kein Mann der Stasi, sondern vertrauenswürdig ist und ihnen mit Rat und Tat zur Seite stehen würde.

Trotz der Gefahr einer Internierung in einem ungarischen Gefängnis hat er auf einem in der DDR zugelassenen Flüchtlingsfahrzeug österreichische Kennzeichen montiert und den PKW über die Grenze nach Österreich gebracht.

»Da ich wusste, wo sich die Löcher im Stacheldrahtverhau befanden, konnte ich den Menschen die Fluchtroute genau beschreiben«

WÖRTLICHES ZITAT VON MICHAEL SOMMER.

GASTHAUS MITHRÁSZ IN FERTÖRÁKOS – SAMMELPLATZ FÜR FLÜCHTLINGE UND HELFER

An die Ereignisse des Sommers 1989 erinnert sich der Dachdeckermeister in Ruhe auch nach 30 Jahren noch gerne zurück: *Obwohl die Ungarn bereits im Frühjahr 1989 mit dem Abbau der Grenzanlagen zu Österreich begonnen hatten, hat sich in Mörbisch nichts verändert. Die Soldaten standen bei uns nach wie vor mit ihren Maschinengewehren auf den Wachtürmen, beim Stacheldraht war ebenso wie in den letzten 40 Jahren »die Welt zu Ende«. Alles schien weit weg. Niemand im Dorf konnte sich vorstellen, dass wir in wenigen Wochen von einem Flüchtlingsstrom »überschwemmt« werden würden. Auch ich habe nicht im Traum daran gedacht, dass ich über mehrere Wochen nahezu täglich nach Fertörákos bzw. Sopron fahren und vielen DDR-Bürgern bei der Flucht nach Mörbisch behilflich sein w*ürde.

PICKNICK MIT UNGARISCHEN GRENZSOLDATEN ALS ABLENKUNGSMANÖVER. *Doch das Schicksal wollte es einfach so. Unsere ganze Familie hat sich damals an der Hilfsaktion beteiligt. Meine Frau Elisabeth ist oft mit unserem Sohn Harald zur Grenze gefahren, hat beim »Higo-Steig« im Wald gewartet, Flüchtlinge aufgenommen und zur Sammelstelle ins Dorf gebracht. Einigen Familien haben wir auch Zimmer und Nassbereich in unserem Wohnhaus zur Verfügung gestellt, sie verköstigt und – wenn ihre Kleider verschmutzt oder nass waren – ihnen frische »Klamotten« zum Anziehen gegeben.*

Um die Soldaten von der Bewachung der Grenze abzulenken, haben wir im Grenzbereich mehrmals zu einem Picknick geladen. Während wir mit ihnen aßen und tranken, konnten zahlreiche Flüchtlinge ungehindert die Grenze passieren. Zu einigen Grenzern haben wir ein derart gutes Verhältnis aufge-

baut, dass sie manchmal schon auf uns warteten. Wir brachten ihnen Coca-Cola, Kaugummi sowie andere Süßigkeiten mit, die sie sich wahrscheinlich aufgrund ihres geringen Taggeldes in Ungarn kaum leisten konnten. Harald haben sie – zu unserer Überraschung – an einem Abend die Funktion eines Nachtsichtgerätes erklärt. Dabei konnte er beobachten, wie einige Flüchtlinge in einem Maisfeld bei Fertörákos durch den Stacheldrahtverhau dem weitläufigen »Gefängnis des Ostblocks« entkamen. Das blieb natürlich auch den Soldaten nicht verborgen. Sie haben – wie so oft in diesen Wochen – einfach weggeschaut. Uns war natürlich klar, dass sie – die Soldaten – wussten, weshalb wir sie zu »Speis und Trank im Freien« eingeladen haben. Doch niemand hat darüber gesprochen.

TREFFPUNKT GASTHAUS MITHRÁSZ IN FERTÖRÁKOS

Während Elisabeth und Harald im Grenzbereich auf Flüchtlinge warteten, oder die Soldaten mit kleinen Gaben wie Coca-Cola, Schokolade, Kaugummi etc. ablenkten, fuhr ich nach Ungarn, um den Menschen bei der Flucht zu helfen.

Der Parkplatz vor dem Gasthaus Mithrász – es liegt auf einer Anhöhe am nördlichen Ortsrand von Fertörákos, etwa zwei bis drei Kilometer von der Grenze entfernt – galt als Sammelstelle für die Flüchtlinge. Da ich mich ebenfalls nahezu täglich dort aufhielt, hatte sich bald herumgesprochen, dass sich die Menschen mit der Bitte um Hilfe an mich wenden können. Dennoch waren einige sehr misstrauisch, weil sie fürchteten, dass ich von der Stasi sein könnte. Erkannte ich aus ihrem Verhalten, dass sie Hemmungen hatten, mich anzusprechen, so habe ich einfach die Initiative ergriffen und bin auf die Leute zugegangen.

»Einige Flüchtlinge dachten, dass ich ein Mann der Stasi sei und waren übervorsichtig. Doch diesen Verdacht konnte ich schnell ausräumen.«
WÖRTLICHES ZITAT VON MICHAEL SOMMER.

Meist habe ich den Flüchtlingen gezeigt, wie sie durch das Dickicht möglichst unauffällig zur Grenze kommen und ihnen jene Stelle beschrieben, an der der Stacheldraht bereits Löcher aufwies. Dieser Fluchtweg mündete direkt in den »Higo-Steig«, wo die Helfer aus Mörbisch warteten. Elisabeth hielt sich dort ebenfalls mit unserem Jeep auf und brachte die Leute zur Sammelstelle in die Winzerhalle. Waren die Kapazitäten in diesem Lager ausgeschöpft, so überlegte sie nicht lange und quartierte die Hilfesuchenden einfach in unserem Wohnhaus ein. Während die Flüchtlinge zur Grenze in Richtung »Higo-Steig« gingen, brachte ich ihr Gepäck über den offiziellen Grenzübergang nach Mörbisch. Wir trafen uns im Sammellager und ich konnte ihnen die bescheidenen Habseligkeiten übergeben. Noch heute sehe ich die – trotz höchster Not – dankbaren und strahlenden Gesichter der Flüchtlinge vor mir, als ich mit einigen Taschen zur Winzerhalle kam.

EINFACH NUR HELFEN Ich erinnere mich noch, dass die Menschen damals sehr unterschiedlich reagiert haben. Es war ihnen meist gleichgültig, wenn sie alles zurücklassen mussten. Sie wollten einfach nur über die Grenze und frei sein. Einige wenige versuchten jedoch, auch ihr Auto – auf das sie viele Jahre gespart hatten – nach Österreich zu bringen. Auch das konnte ich sehr gut verstehen. Wie sollten sie sich ohne Fahrzeug und Geld eine neue Existenz aufbauen? Selbstverständlich war ich ihnen behilflich. Dass ich mich dabei jenseits der Legalität bewegt habe, war mir zwar bewusst, ich ging dieses Risiko aber ohne viel nachzudenken ein. Der Drang – und vor allem die persönliche Genugtuung nach erfolgreicher Hilfeleistung – jemandem zu helfen, blendete in mir einfach die Gefahr aus, dass ich auch in einem ungarischen Gefängnis hätte landen können.

FÜR 2.000.– FORINT ABSCHLEPPUNG VERHINDERT – PKW MIT KENNZEICHEN EINES IN ÖSTERREICH ZUGELASSENEN AUTOS ÜBER DIE GRENZE GEBRACHT

Eines Tages stehe ich wieder einmal auf dem Parkplatz vor dem Gasthaus Mithrász. Dabei fällt mir auf, dass ich von einer Frau beobachtet werde. Sie gehört zu einer Familie mit zwei etwa drei- bis vierjährigen Kindern. Da die Frau offensichtlich zögert, mich anzusprechen, werde ich aktiv und beginne mit ihr ein Gespräch. Sie fragt mich, ob ich ihr eventuell bei der Flucht behilflich sein kann. Selbstverständlich zeige ich ihr den Weg durch den Wald zur Grenze. Doch da gibt es noch ein Problem, denn sie wollen ihr Auto keinesfalls zurücklassen. Ich weiß zwar ad hoc nicht, wie ich ihnen helfen kann, bin aber überzeugt, dass mir auch dazu etwas einfallen wird. Nachdem mir die Frau die Fahrzeugschlüssel übergeben hat, macht sich die Familie mit dem Bruder der Frau zu Fuß auf den Weg in Richtung »Higo-Steig«, wo bereits meine Gattin wartet und sie in unser Wohnhaus bringt.

2.000.– FORINT »FÜR EINEN BLICK ZUR SEITE« *Als ich zum Auto der Familie, das auf dem Parkplatz in unmittelbarer Nähe des Gasthauses abgestellt ist, gehe, sehe ich einen auffälligen, gelben Mercedes 280 mit ungarischem Kennzeichen, der ebenfalls zu diesem Wagen fährt. Wie üblich, wollen die Ungarn diesen PKW auf einen Parkplatz nach Sopron schleppen. Da wir nahezu gleichzeitig zu dem Fahrzeug kommen, kann ich die Abschleppung gerade noch verhindern. Als ich das Auto aufsperre, sagt einer der Männer zu mir:*

»Danke, dass Sie den Wagen geöffnet haben, jetzt ersparen wir uns das Durchschneiden der Lenkradsperre.«

Ich bin sichtlich überrascht, reagiere aber sofort, gebe den Unbekannten 2.000.- Forint und bitte sie, kurzzeitig ins Gasthaus zu gehen. Es scheint ihnen auch ziemlich gleichgültig zu sein, denn sie sind sofort einverstanden. Nachdem ich die Lenkradsperre geöffnet habe, setze ich mich ins Auto, fahre nach Sopron und verstecke es bei Bekannten.

GEFÄLSCHTE BEGUTACHTUNGSPLAKETTE, KENNZEICHEN VON EINEM ANDEREN AUTO *Danach fahre ich mit meinem Wagen nach Mörbisch und ersuche einen Freund, mir eine Begutachtungsplakette zu besorgen. Inzwischen organisiere ich Kennzeichen eines Fahrzeuges gleicher Marke und Type. Nachdem ich die Begutachtungsplakette erhalten habe, begebe ich mich mit einem Freund nach Sopron zu dem besagten Auto. Wir entfernen die DDR-Nummernschilder, montieren die österreichischen Kennzeichen, kleben die Begutachtungsplakette auf die Windschutzscheibe und können diesen PKW anstandslos über den offiziellen Grenzübergang bei Klingenbach und weiter nach Mörbisch bringen.*

Nur wenige Stunden nachdem der Familie die Flucht geglückt war, bekam sie auch noch ihr Auto zurück. Welch eine Freude! Als wir mit dem PKW zu unserem Wohnhaus kommen, können sie das kaum fassen, umarmen uns und brechen in Freudentränen aus.

Die Familie blieb noch einige Tage bei uns, ehe sie mein Vater zur Botschaft der Bundesrepublik Deutschland nach Wien brachte.

In der Küche bei Familie Sommer – nach geglückter Flucht genießt die Familie (ganz rechts der Bruder der Frau) das erste Frühstück in Freiheit.

EIN TAXILENKER AUS OST-BERLIN

Mittlerweile gehört es für mich zum Alltag, dass ich mich nahezu täglich beim Gasthaus Mithrász einfinde. In den Medien wird bereits kolportiert, dass Ungarn eventuell seine Grenzen öffnen und den DDR-Bürgern eine legale Ausreise nach Österreich ermöglichen könnte. Doch niemand weiß es mit Sicherheit.

Dabei fällt mir eine Frau auf, die sehr unsicher durch die Gegend blickt. Offensichtlich sucht sie nach einer Möglichkeit zur Flucht. Ich gehe auf sie zu und spreche sie direkt an: »Wollen Sie nach Österreich?« »Nein, sagt sie. Uns gefällt es hier. Wir machen in Fertörákos Urlaub. Mein Mann ist nur auf die Toilette gegangen!« Für mich ist es offensichtlich, dass sie mich für einen Stasi-Mitarbeiter hält. Nach einem kurzen Gespräch kann ich ihr Vertrauen gewinnen. Sie bittet mich um Hilfe und erzählt mir: »Wir kommen beide aus Ost-Berlin. Mein Mann arbeitet dort als Taxilenker. Nach »eisernem Sparen« und einer Wartezeit von zwei Jahren konnten wir einen VW-Golf kaufen. Mit diesem PKW sind wir nun nach Fertörákos gekommen, um unsere Flucht vorzubereiten. Das Fahrzeug haben wir auf dem Parkplatz abgestellt. Zu unserem Entsetzen wurde es jedoch gestohlen oder von den Ungarn abgeschleppt. Derzeit wohnen wir in einer Pension in Fertörákos und warten auf eine legale Ausreise. Unser Auto – auf das wir Jahre gespart haben und es zum Aufbau einer neuen Existenz benötigen – wollen wir aber keinesfalls zurücklassen.«

»Aufgrund meiner Kontakte zu den Ungarn war mir bekannt, wo die abgeschleppten Fahrzeuge standen. Daher konnte ich vielen Besitzern helfen, ihren ›fahrbaren Untersatz‹ zu finden.«

WÖRTLICHES ZITAT VON MICHAEL SOMMER.

Da ich weiß, auf welchem Parkplatz die von den Ungarn abgeschleppten Fahrzeuge abgestellt werden, fahre ich mit dem Mann nach Sopron. Nach kurzer Suche können wir den PKW tatsächlich finden. Der Besitzer strahlt vor Freude. Nun hat er seinen Wagen wieder, der dazu noch fahrbereit und nicht beschädigt ist. Der Mann fährt sofort nach Fertörákos und versteckt das Auto im Hof der Pension. Soweit mir bekannt ist, sind beide nach Grenzöffnung legal nach Österreich ausgereist.

Nach einigen Jahren besuchte die Familie (Taxilenker) mit Frau und Kind ihre Helfer von einst. Ganz rechts Elisabeth Sommer

»SIND SIE HERR SOMMER?«

Unter den DDR-Bürgern hat sich »die Kunde« wie ein Lauffeuer verbreitet, dass ich vertrauenswürdig bin und als Ansprechpartner für eine beabsichtigte Flucht gelte. Ich halte mich wieder einmal vor dem Gasthaus Mithrász auf, als ein Mann aus Heidelberg zu mir kommt und mich fragt: »Sind Sie der Herr Sommer?« Selbstverständlich gebe ich mich zu erkennen, worauf mir der Mann seine Geschichte erzählt und mich um Fluchthilfe bittet.

»Cornelia – die Tochter meines Freundes – wurde von den Ungarn auf der Flucht bereits zweimal festgenommen und zurückgeschickt. Derzeit befindet sie sich auf einem Campingplatz, der etwa 40 Kilometer außerhalb von Sopron (könnte in Sárvár oder Fertöd gewesen sein) liegt. Mein Freund – der Vater von Cornelia – ist bereits vor einiger Zeit aus der DDR in die Bundesrepublik geflüchtet und kann nicht nach Ungarn reisen, weil er dort festgenommen und an die DDR ausgeliefert wird. Können sie mir helfen?«

MIT GEFÄLSCHTEM REISEPASS KONTROLLORGANE ÜBERLISTET *Als ich zustimme, zeigt mir der Mann ein Bild von der etwa 20-jährigen Frau. Ich nehme das*

Foto, fahre zurück nach Mörbisch und suche eine Bekannte auf, die Cornelia ähnlich sieht und etwa gleichen Alters ist. Ich bitte meine Bekannte, mir für einige Stunden ihren Reisepass zu überlassen und erzähle ihr, dass ich »ihre Identität« benötigen würde. Ich will nämlich Cornelia zur Grenze bringen, um ihr die Flucht zu ermöglichen. Meine Bekannte schaut mich ganz entsetzt an und scheint aus allen Wolken zu fallen. Nach kurzem Zögern händigt sie mir das Dokument aus. Ich fahre mit vier Freunden aus Mörbisch nach Fertörákos, treffe wieder diesen Mann aus Heidelberg und sage ihm, dass ich bereits alles in die Wege geleitet habe. Für mich ist es wichtig, dass mein Auto nur mit Insassen, die aus Österreich kommen, bis auf den letzten Platz besetzt ist. Ich darf nämlich bei einer Kontrolle keinesfalls auffallen.

»Wenn wir bei der Zufahrt zur Grenze kontrolliert werden, dürfen sich in meinem Auto nur Österreicher befinden. Ich will nämlich den Eindruck erwecken, dass niemand die Absicht hat zu flüchten – und somit eine genaue Kontrolle der Dokumente nach Möglichkeit unterbinden.«
WÖRTLICHES ZITAT VON MICHAEL SOMMER.

Nach etwa 30 bis 40 Minuten erreichen wir den Campingplatz. Wir suchen Cornelia und können sie aufgrund des Bildes finden. Auf der Zufahrt zur Grenze werden wir vor Fertörákos tatsächlich von ungarischen Grenzsoldaten angehalten und kontrolliert. Als ich ihnen die Reispässe übergebe, versuche ich ganz ruhig zu bleiben, obwohl mein Pulsschlag zu rasen beginnt und ich auch etwas ins Schwitzen komme. Die Grenzer schöpfen keinen Verdacht und erlauben uns die Weiterfahrt. Ein Stein fällt mir vom Herzen.

FLUCHT GEGLÜCKT – SEKTEMPFANG IN MÖRBISCH *Cornelia lasse ich auf der Anhöhe beim Gasthaus Mithrász aussteigen. Ich sage ihr, dass das österreichische Staatsgebiet mit rot-weiß-roten Fähnchen gekennzeichnet ist und zeige ihr den Fluchtweg nach Mörbisch – zum »Higo-Steig«. Dort wartet bereits meine Gattin Elisabeth. Cornelia läuft ihr direkt in «die Hände» und wird von ihr – Elisabeth – zu unserem Wohnhaus gebracht. Ich reise mit meinen Freunden – ebenso wie der Mann aus Heidelberg – legal nach Österreich ein. Als wir nach Mörbisch kommen, sitzen sie – Cornelia und der Mann aus Heidelberg – bereits auf der Terrasse mit einem Glas Sekt und stoßen mit uns auf die gelungene Flucht an. Prost!*

Idstein, 24.08.2014

Liebe Familie Sommer,

In 3 Tagen ist es soweit und der Tag, an dem für mich ein neues Leben begann, jährt sich bereits zum 25. Mal! Dies ist schon eine sehr lange Zeit, die ich selbst kaum glauben mag.

In den Monaten vor meinem Grenzübertritt hatte ich sehr schlimme Dinge in der DDR erleben müssen. Unfrei und durch ein System in Sippenhaft genommen, insbesondere dadurch, dass mein Vater die DDR illegal verlies, hatte ich in einem Alter von 22 Jahren keine Zukunftsperspektive mehr. Der einzige Ausweg, war auf irgendeine Weise aus der DDR zu flüchten. Wie dieser Weg sein wird, konnte ich nicht erahnen. Nachdem ich in Ungarn angekommen war, planten wir zusammen mit Krisztina und Familie Kübe die Grenze von Ungarn nach Österreich zu überqueren.

Am 27. August 1989 habe ich Sie kennengelernt. Durch Ihre uneigennützige Hilfe, haben Sie es mir ermöglicht über die Grüne Grenze von Ungarn nach Österreich zu flüchten. Durch Sie hat es zu vereinbarten Zeiten „kleine Grenzöffnungen" gegeben. Sie haben zahlreichen Menschen den Weg gewiesen und Unterstützung gegeben, die Ungarn auf den Türmen besänftigt und damit ein Stück Geschichte geschrieben. Für mich persönlich haben Sie den Weg in ein neues Leben geebnet.

Ich bin immer noch unendlich dankbar dafür.

Ich hatte Sie von ca. 3 Jahren mit Krisztina in Mörbisch besucht. Eigentlich wollte ich mit meinen meiner Familie mal zu Ihnen kommen. Bisher habe ich es noch nicht geschafft. Eigentlich schlimm, wie der Alltag uns auffrisst. Aber irgendwann werde ich noch einmal kommen und dann mit meiner Familie auf einen der Türme steigen und am Schild „Achtung Staatsgrenze" stehen. Ihre Frau ist mit uns noch einmal zu einem Wachturm und an die Stelle gefahren, wo ich geflüchtet war.

Kürzlich waren wir in Bayern wandern und ohne es zu merken waren wir in Österreich, zu erkennen nur an einem kleinen Schild, das Gleiche wie damals in Mörbisch. Schön, dass wir heute manchmal ganz unbemerkt eine Grenze überschreiten können. Doch am allerbesten ist, dass ich durch meine Flucht mit Ihrer Hilfe, ein freies Leben leben durfte.

Dieser Brief von Cornelia aus dem Jahre 2014 beweist, dass die Flüchtlinge ihre Helfer nicht vergessen haben.

ERST DER VIERTE FLUCHTVERSUCH WAR – DANK MEINER HILFE – ERFOLGREICH

SAMMELSTELLE WINZERHALLE MÖRBISCH In der Winzerhalle werde ich von einigen verzweifelten Männern angesprochen, die mir erzählen, dass sie alleine geflüchtet seien. Ihre Frauen würden sich nach drei gescheiterten Fluchtversuchen in einer Privatwohnung in Sopron versteckt halten.

Ich verspreche ihnen, dass ich helfen werden, notiere mir die Adresse und mache mich sofort auf den Weg. Als ich zu dieser Wohnung komme und an die Tür klopfe, merke ich, dass die Klinke von innen gehalten wird. Aufgrund des »verzögerten« Widerstandes kann ich nämlich den Griff nur sehr langsam und außerdem nicht ganz durchdrücken.

Da ich nun weiß, dass ich an der richtigen Adresse bin, klopfe ich mehrmals und teile den Frauen mit, dass sich ihre Partner bereits in Mörbisch in Sicherheit befinden würden. Ich sage ihnen auch, dass ich ein Helfer und kein Stasi-Mitarbeiter bin. Die Frauen wagen es jedoch nicht, die Tür zu öffnen. Ich gebe aber nicht auf und kann sie davon überzeugen, dass ich ihnen nur helfen will. Erst nach längerem Zögern gewähren sie mir Zutritt zur Wohnung. Gemeinsam fahren wir an die Grenze bei Fertörákos, wo ihnen aufgrund meiner Anweisungen beim vierten Versuch die Flucht gelingt.

FLUCHTVERSUCH EINER HOCHSCHWANGEREN FRAU IN DAS BOTSCHAFTSGEBÄUDE DER BUNDESREPUBLIK DEUTSCHLAND IN PRAG GESCHEITERT

In Sopron treffe ich einen Mann mit seiner im achten Monat schwangeren Frau, der mir seine Geschichte erzählt und mich um Hilfe bittet:

»Vor einigen Tagen wollten wir in Prag in die Botschaft der Bundesrepublik Deutschland flüchten. Obwohl tschechoslowakische Sicherheitskräfte einen Sperrgürtel um die BRD-Botschaft gezogen hatten, haben es meine Frau und ich bis zum Zaun geschafft. Mir gelang es auch, dieses Hindernis zu überklettern und somit in das Areal der Botschaft vorzudringen. Trotz mehrerer Versuche scheiterte meine Gattin. Daher musste ich den Zaun neuerlich überklettern und das exterritoriale Gebiet der Botschaft verlassen. Anschließend sind wir in den Raum Sopron gefahren, um hier die Flucht zu wagen. Zu allem Unglück hat man jetzt auch noch unser Auto (einen Wolga, russisch Boлга, wurde bis 2010 gebaut) gestohlen.«

»Mir hat vor allem diese schwangere Frau sehr leidgetan. Daher war ich enttäuscht, dass sich das Paar nach der Flucht nicht mehr bei uns gemeldet und sich bedankt hat. Das war aber die Ausnahme.«

WÖRTLICHES ZITAT VON MICHAEL SOMMER.

AUTO AUF EINEM PARKPLATZ GEFUNDEN Da mir bekannt ist, dass diese Fahrzeuge in den seltensten Fällen gestohlen, sondern von den Ungarn auf einen zentralen Parkplatz geschleppt werden, mache ich mich mit dem Paar auf die Suche. Und siehe da – wir werden fündig. Der PKW wurde tatsächlich »nur« abgeschleppt und auf einem Parkplatz abgestellt. Das Auto ist fahrbereit und nicht beschädigt, obwohl der Reservereifen fehlt.

Wir fahren nun gemeinsam – mit zwei Fahrzeugen – nach Fertörákos. Dort suchen – und finden wir – ein Privatquartier für das Paar. Das Auto stellen sie im Hof ab. Bevor ich mich verabschiede, übergebe ich dem Mann noch 3.000.- Forint zum Tanken.

Zu meiner Verwunderung habe ich von diesem Paar nie wieder etwas gehört. Das war eigentlich nicht üblich, weil die Flüchtlinge damals sehr dankbar waren und auch nach der Flucht den Kontakt zu ihren Helfern gesucht, gefunden und meist über Jahre aufrechterhalten haben. Wie ich später in Erfahrung gebracht habe, hat das Paar noch einige Tage in Fertörákos verbracht und ist dann – nach Grenzöffnung – (11. September 1989) legal ausgereist.

30 JAHRE DANACH Wenn ich an diese Wochen bzw. Tage im August und September 1989 zurückdenke, so verspüre ich auch heute noch ein Gefühl der besonderen Genugtuung. Wir haben Menschen, die sich in höchster Not befanden, selbstlos geholfen und einigen die Möglichkeit eingeräumt, in unserem Wohnhaus zu nächtigen. Dass wir sie wie Angehörige aufgenommen haben, war für uns damals selbstverständlich. Die Flüchtlinge von einst leben nun schon Jahrzehnte in Freiheit und haben nicht vergessen, was wir für sie getan haben. Wir – und damit meine ich meine ganze Familie – freuen uns, dass wir in diesem Sommer zum großen Kreis der Helfer gehören durften. Diesen Menschen konnten wir in den wohl schwersten Stunden ihres Lebens ein Gefühl der Geborgen- und Sicherheit sowie Hoffnung für die Zukunft geben.«

DAS GASTHAUS ZUM MICHLHOF – GENANNT »DIE SCHMUGGLERSCHENKE«

Michael Halwax

MICHAEL HALWAX, Jahrgang 1943, ein Mörbischer Gastwirt und Taxiunternehmer war Zeit seines Lebens mit dem Eisernen Vorhang – bis zu dessen Demontage – konfrontiert. Aufgewachsen in unmittelbarer Nähe der Grenze, erlebte er als Kind nach Ende des Zweiten Weltkrieges den Aufbau von Minenfeld und Stacheldraht. An die Revolution in Ungarn (1956) und die damit verbundene, teilweisen Entfernung dieses Menschen verachtenden Zaunes, erinnert er sich ebenfalls noch. Michael war 13 Jahre alt und ging noch zur Schule, als hunderte Ungarn vor den kommunistischen Schergen nach Mörbisch flüchteten.

»Wenn euch die Soldaten auf der Flucht durch Rufe zum Stehenbleiben auffordern, lauft einfach weiter, denn sie dürfen nicht schießen«.
WÖRTLICHES ZITAT VON MICHAEL HALWAX, ALS ER DDR-FLÜCHTLINGEN MÖGLICHE FLUCHTWEGE ZEIGTE.

EIN BRIEF AUS AMERIKA An eine Begebenheit seiner Kindheit denkt er noch ganz besonders und gerne zurück. »Der kleine Michael« (13 Jahre) stand – Ende Oktober, Anfang November 1956 – am Ortsrand von Mörbisch/See und beobachtete das Geschehen. Er sah, wie Eltern mit ihren drei kleinen Kindern – darunter ein Baby – hinter einer Gruppe von Flüchtlingen von Fertőrákos kommend in Richtung Dorf gingen. Da sie sich kaum noch auf den Beinen halten konnten, legte die Familie eine kurze Rast ein. Michael ging auf sie zu, kam mit ihnen ins Gespräch und brachte sie in das Haus seiner Eltern. Obwohl sie selbst nur wenig Platz hatten, gewährten sie diesen fünf Personen Unterkunft und verpflegten sie. Nach Erledigung der Behördenwege wanderte die Familie nach Amerika aus und gründete dort eine neue Existenz. Ihre Helfer hatten sie jedoch nicht vergessen. Es gab einen losen Kontakt, der mit den Jahren »einschlief« – bis Weihnachten 1979.

HOCHZEIT DES BABYS Völlig überraschend kam ein Brief. Die Familie aus Amerika meldete sich wieder. Aus dem Baby, das damals mit seinen Eltern bei der Familie Halwax Unterkunft gefunden hatte, war mittlerweile selbst ein Familienvater geworden, der nun vor dem Traualtar stand. Seine Eltern hatten die schwersten Stunden ihres Lebens nicht vergessen und an diesem Freudentag auch an ihre Helfer in Mörbisch gedacht.

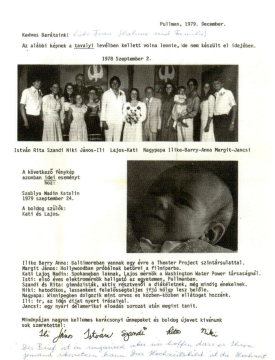

Die Flüchtlingsfamilie hat in der Zwischenzeit reichlich Zuwachs bekommen. »Aus dem Baby ist der Bräutigam« geworden, das Kleinkind im Arm – 3. von rechts – sein eigenes Kind.

Briefumschlag

ERINNERUNGEN AN DEN SOMMER 1989

Unser Gasthaus »Zum Michlhof« war damals eine der ersten Anlaufstellen für Fluchthelfer und Flüchtlinge, weil es nur etwa einen Kilometer von der Grenze entfernt ist. Es dürfte sich wahrscheinlich bis zum Plattensee herumgesprochen haben, dass wir nahezu jeden Tag rund um die Uhr geöffnet hatten und die Flüchtlinge verpflegten. Viele kamen nach gelungener Flucht – wenn sie den Helfern an der Grenze nicht direkt in die Arme liefen – zu uns ins Lokal. Deshalb wurde unser Gasthaus in Mörbisch bald als »Schmugglerschenke« bezeichnet.

LIVESENDUNGEN VON ARD UND ZDF *Als der Flüchtlingsstrom gegen Ende August, Anfang September 1989 seinen Höhepunkt erreichte, hatten die beiden Fernsehsender ARD und ZDF in einem Gastraum ihre technischen Geräte aufgebaut und live von dem Geschehen – mit Interviews von Flüchtlingen und Helfern – berichtet. Mit einzelnen Journalisten und Kameramännern fuhr ich auch direkt neben dem Stacheldraht der Grenze entlang.*

Zahlreiche Flüchtlinge, Urlaubsgäste sowie Mörbischer werden sich noch an den »Michl-Hof«, wie er einst war, erinnern.

PKW EINES FLUCHTHELFERS AUS FERTŐRÁKOS GEHOLT *Eines Abends kommt ein Mann aus der Bundesrepublik zu mir und erzählt mir, dass er legal nach Ungarn eingereist sei, soeben Freunde über die Grenze geschmuggelt und in die Winzerhalle gebracht habe. Er sagt: »Mein PKW steht beim Steinbruch in Fertőrákos, wo sich noch weitere Flüchtlinge aufhalten und auf mich warten. Ich habe jedoch Angst vor einer Festnahme und werde keinesfalls einen weiteren illegalen Grenzübertritt wagen. Eine neuerliche legale Einreise nach Ungarn ist für ihn nicht möglich, weil der Ausreisestempel in meinem Pass fehlt. Dadurch kann meine Schleppertätigkeit auffallen und ich eventuell in einem Gefängnis landen.«*

»Es ist mir gleichgültig, welchen Preis ich zahlen muss. Ich bitte Sie nur, fahren Sie nach Fertörákos, helfen Sie meinen Freunden und bringen Sie mein Auto nach Mörbisch. Ich habe Angst und werde es nicht mehr wagen, diese Grenze illegal zu überschreiten.«

WÖRTLICHES ZITAT EINES FLUCHTHELFERS AUS DER BUNDESREPUBLIK.

Für mich ist es selbstverständlich ihm zu helfen, obwohl ich nicht sofort weiß, wie ich das anstellen werde. Das Auto kann ich nämlich nur über einen legalen Grenzübergang nach Österreich bringen. Da ich als Taxiunternehmer ständig nach Ungarn fuhr, kannte ich sämtliche Grenzer an der Grenzübertrittsstelle Sopron-Klingenbach.

Nachdem ich in Erfahrung gebracht habe, dass ein Bekannter von mir am nächsten Tag dort Dienst versehen wird, nehme ich Kontakt mit ihm auf und sage diesem »Schleuser«, dass er mir die Fahrzeugschlüssel samt Zulassungsschein übergeben soll. Am Vormittag fahre ich mit einem Bekannten aus Mörbisch in meinem PKW nach Fertörákos zu diesem Auto. Als ich das Fahrzeug aufsperre, sehe ich, dass mich etwa vier bis fünf Personen aus sicherer Entfernung beobachten. Sie wirken sehr misstrauisch, weil sie wahrscheinlich denken, dass ich ein Stasi-Mann bin. Als ich auf sie zugehe, wollen sie davonlaufen. Ich rufe ihnen zu, dass ich aus Österreich komme und nur das Fahrzeug abholen will. Nach einigen Schritten bleiben sie stehen und warten, bis ich ihnen entgegenkomme. Ich suche das Gespräch. Doch sie bringen vor Angst kaum ein Wort heraus. Um sie zu beruhigen und ihnen zu beweisen, dass ich ihnen nur helfen will, zeige ich ihnen den Zulassungsschein. Erst jetzt entspannt sich die Situation etwas und sie beginnen langsam zu sprechen.

FLUCHTWEG GEZEIGT – AUTO LEGAL NACH ÖSTERREICH GEBRACHT *Da ich mit der Örtlichkeit in Fertörákos bestens vertraut bin und deshalb den Grenzverlauf sowie sämtliche Löcher im Stacheldrahtverhau genau kenne, zeige ich ihnen einen sicheren Fluchtweg.*

Wir fahren gemeinsam zum Friedhof, weil man dort bis nach Mörbisch sehen und ich ihnen die Fluchtroute genau erklären kann. Ganz markant ist in diesem Bereich ein Sonnenblumenfeld. Die Sonnenblumen sind nämlich so gepflanzt, dass die Reihen in Richtung Grenze verlaufen und unmittelbar davor enden.

»Wenn der Stacheldraht an dieser Stelle noch nicht zur Gänze beseitigt ist, so ist er vielfach von Flüchtlingen bereits niedergetreten. Ihr dürft aber nicht zu weit in Richtung See ›abdriften‹, weil sich dort ein tiefer Graben befindet, den ihr nur sehr schwer überschreiten könnt. Ihr müsst aber warten bis es dunkel ist«, sage zu ich ihnen.

Danach fahren wir wieder gemeinsam zum Steinbruch. Ob ihnen dann tatsächlich die Flucht gelungen ist, weiß ich nicht.

> **ANMERKUNG DES AUTORS:** *Wie meine Recherchen ergaben, könnte es sich dabei um die Familie Dr. Bernd Grunert – die mit einer weiteren Familie die Flucht plante – gehandelt haben. Noch bevor sie flüchten konnten, wurden sie jedoch von »Ungarn anderer Hautfarbe – Zigeunern, wie man damals im Volksmund sagte« – verraten. Beim zweiten Versuch ist es ihnen dann gelungen, den Stacheldrahtverhau selbst zu durchtrennen und nach Mörbisch zu entkommen. Siehe Interview mit Dr. Bernd Grunert.*

Ich fahre danach mit dem Auto des »Schleusers« aus der Bundesrepublik zum Grenzübergang. Mein Bekannter folgt mir mit meinem PKW. Nachdem der Schlagbaum geöffnet wird, sehe ich schon von weitem den mir bekannten Grenzer. Ich fahre sofort auf ihn zu, halte an und zeige ihm den Zulassungsschein. Wir plaudern kurz. Ich bedanke mich und kann anstandslos Ungarn verlassen. Die Einreise nach Österreich verläuft ebenfalls problemlos. In Mörbisch übergebe ich das Fahrzeug an den Besitzer, der in unserem Gasthaus bereits ungeduldig wartet. Als ich anhalte und aus dem Wagen steige, fällt er mir vor Freude beinahe um den Hals. Obwohl er mir zumindest meine Kosten ersetzen wollte, habe ich kein Geld genommen.

FLUGBLÄTTER ZUM PANEUROPÄISCHEN PICKNICK VERTEILT – VERPFLEGUNG UND MEDIKAMENTE AUF CAMPINGPLATZ GEBRACHT *Ich pendelte damals fast täglich zwischen Mörbisch, Fertőrákos und Sopron, suchte Campingplätze auf und brachte den Leuten Wurstsemmeln sowie andere leicht zu transportierende Lebensmittel. Als ich von der Grenzöffnung anlässlich des Paneuropapicknicks erfuhr, organisierte ich Flugblätter, fuhr zum Campingplatz »Lövér« nach Sopron und verteilte diese an die dort fluchtbereiten DDR-Bürger. Da viele Angst hatten, mit ihren eigenen Fahrzeugen zu dem etwa fünf Kilometer entfernten Veranstaltungsort nach Sopronpuszta zu fahren (sie hätten ja auf* *der Anfahrt angehalten und zurückgeschickt werden können), erklärte ich ihnen auch die Fahrpläne der öffentlichen Verkehrsmittel.*

»Geht von dem Veranstaltungsort in Sopronpuszta dann weiter zur Grenze. Wenn sie das Tor eventuell nur einen Spalt öffnen, drückt es einfach auf. Sie können euch nicht aufhalten. Sie werden auch nicht schießen.«

WÖRTLICHES ZITAT VON MICHAEL HALWAX.

Während der Verteilung dieser Wurfsendungen kam ich auch zum Zelt eines jungen Mannes, der vermutlich dehydriert war und vor Erschöpfung seinen »Unterschlupf« nicht verlassen konnte. Ich fuhr deshalb sofort nach Eisenstadt in eine Apotheke und brachte ihm die notwendigen Medikamente.

Eine weitere – nahezu tägliche – Anlaufstelle von mir war das Gasthaus Mithrász, das auf einer Anhöhe neben dem Steinbruch liegt. Dort war nämlich eine »illegale Sammelstelle« vieler DDR-Bürger, die sich vor ihrer Flucht an dieser Örtlichkeit trafen. Ich war ebenso wie einige andere Mörbischer – Martin Kanitsch, Martin Sommer, Leopold Pusser etc. – dort und erklärte den Leuten den Fluchtweg durch den Wald bzw. zeigte ihnen die Ausweichstelle durch das Sonnenblumenfeld.

URLAUB AN DER GRENZE, UM FLÜCHTLINGEN ZU HELFEN

Diese Aufkleber brachte Herbert Sommer mit seinen Freunden an den Bäumen nahe der Grenze im »Mörbischer Wald« an. Sie sollten den Flüchtlingen zeigen, dass sie österreichisches Hoheitsgebiet erreicht hatten

HERBERT SOMMER, Jahrgang 1971, kannte den Eisernen Vorhang bereits als kleines Kind, weil sein Elternhaus nur wenige hundert Meter vom Stacheldrahtverhau entfernt war. Mit seinem Großvater verbrachte er vor allem in der warmen Jahreszeit viele Stunden an der »Umkehr«. Als »Umkehr« wurde – und wird auch heute noch – in Mörbisch/See ein Kreisverkehr bezeichnet, der direkt am Stacheldraht vorbeiführte. Dort war zur Zeit des »Kalten Krieges« für sämtliche Touristen und Einheimischen die Welt zu Ende. Es ging einfach nicht mehr weiter – man musste im Kreis zurück nach Mörbisch fahren.

»Als ich in meiner frühen Kindheit die Wachtürme mit den bewaffneten Soldaten sah, dachte ich mir immer, sie würden darauf achten, dass wir Mörbischer die Grenze nach Ungarn nicht überschreiten«.
WÖRTLICHES ZITAT HERBERT SOMMER.

HERBERT SOMMER hielt sich mit einigen Freunden am Höhepunkt der Flüchtlingswelle – vor allem bei Einbruch der Dunkelheit – im unmittelbaren Grenzbereich auf und brachte zahlreiche DDR-Bürger nach geglückter Flucht in die Sammelstelle nach Mörbisch. Nachdem den Jugendlichen – zur Kennzeichnung des Österreichischen Staatsgebietes – Lichtsignale mit der Taschenlampe untersagt worden waren, befestigten sie an den Bäumen Plastikbänder mit der Aufschrift: »**SERVUS IN ÖSTERREICH**«, die den Flüchtlingen den Weg nach Mörbisch weisen sollten. Waren die Kapazitäten der Unterbringungsmöglichkeiten erschöpft, so gewährte er den Leuten in seinem Elternhaus Unterkunft.

DIE NEUGIERDE WAR SCHNELL GESTILLT   Ich war damals 18 Jahre alt und verbrachte meinen Urlaub zu Hause in Mörbisch. Zu dieser Zeit erreichte die Flüchtlingswelle gerade ihren Höhepunkt.

Mörbisch wurde damals von Flüchtlingen nahezu »überschwemmt«. Jeder im Dorf hatte Mitleid mit diesen armen Leuten und half nach seinen Möglichkeiten. Wir waren eine Gruppe von mehreren Jugendlichen und wollten ebenfalls helfen. Deshalb gingen wir immer bei Einbruch der Dunkelheit an die Grenze. Ich muss auch gestehen, dass vor allem in den ersten Stunden etwas Abenteuerlust und Neugier dabei war. Doch das änderte sich schnell. Als wir diese Menschen sahen, spürten wir förmlich, dass sie Hilfe suchten, jedoch sehr misstrauisch waren, weil sie nicht abschätzen konnten, wer »Freund und wer Feind« ist. Zum einen konnten sie sich in der Dunkelheit nur sehr schwer orientieren und wussten nicht, ob sie sich bereits auf österreichischem Staatsgebiet befinden. Zum anderen war ihnen bekannt, dass die Stasi überall ihre Mitarbeiter eingeschleust hatte und wir durchaus Angehörige dieses gefürchteten Geheimdienstes sein konnten. Daher versuchten wir immer wieder, mit ihnen ins Gespräch zu kommen. Nach einigen gewechselten Worten erkannten sie meist, dass wir aufgrund unseres Dialektes keinesfalls »Stasi-Leute« sind.

LICHTSIGNALE DER TASCHENLAMPE FALSCH INTERPRETIERT   Meist positionierten wir uns am »Higo-Steig« – dort grenzen die Gemeindegebiete von Mörbisch, Fertőrákos und St. Margarethen aneinander – und warteten auf Flüchtlinge. Wir wussten nämlich, dass in diesem Bereich der Stacheldraht bereits sehr löchrig war und dort vielen Menschen die Flucht gelungen ist. Es war aber auch bekannt, dass zahlreiche DDR-Bürger in der Dunkelheit die Orientierung verloren hatten und versehentlich wieder nach Ungarn zurückgingen. Deshalb kam uns die Idee, den Flüchtlingen durch Lichtsignale Zeichen zu geben, in welche Richtung sie gehen müssen, um auf österreichisches Hoheitsgebiet zu gelangen. Das ging etwa zwei oder drei Tage gut und war eine wesentliche Erleichterung für diese Menschen. Das sah auch ein Beamter der Zollwache, der unsere angebotene und gut funktionierende Orientierungshilfe falsch interpretierte. Er war nämlich anderer Meinung.

> **»So geht das nicht, ihr könnt doch nicht die Leute einschüchtern. Die ohnehin verschreckten Menschen bekommen noch mehr Angst und laufen wieder zurück nach Ungarn«.**
> WÖRTLICHES ZITAT EINES ZOLLWACHEBEAMTEN.

Über Anordnung des Zöllners mussten wir uns zurückziehen und durften keine weiteren Blinkzeichen aussenden. Der Beamte hat uns aber keinen Vorwurf gemacht und schnell erkannt, dass wir nur helfen wollten. Er wusste es einfach nicht besser und glaubte, im Interesse der Flüchtlinge zu handeln. Heute weiß ich, dass der Zöllner den Flüchtlingen tatsächlich helfen wollte, denn kein einziger Exekutivbeamte hat einen DDR-Bürger an der Flucht gehindert – im Gegenteil.

»Es ist viel wichtiger, österreichisches Hoheitsgebiet durch Hinweisschilder zu kennzeichnen«, sagte der Zöllner. Wenn uns schon die Aussendung von Lichtsignalen verboten wurde, so waren wir trotzdem dankbar für diesen Hinweis, denn wir hatten keinesfalls die Absicht, unsere Hilfeleistung zu beenden. Deshalb besorgten wir uns rot-weiß-rote Plastikbänder mit der Aufschrift »SERVUS IN ÖSTERREICH«. Diese klebten wir an die ersten, auf österreichischem Territorium stehenden Bäumen, entlang des »Higo-Steiges«. Auch das war eine wertvolle Orientierungshilfe, wie uns Flüchtlinge später berichteten.

NÄCHTIGUNG IM ELTERNHAUS ERMÖGLICHT In diesen Wochen verbrachte ich viele Nacht mit meinen Freunden im Wald an der Grenze. Da wir dort jeden Weg, jedes Gestrüpp und nahezu jeden Baum kannten, wussten wir auch, wo der Stacheldrahtverhau bereits Löcher aufwies. Genau an diesen Stellen warteten wir auf die Flüchtlinge, die uns dann direkt in die Arme liefen. Meist waren sie nicht nur mit den Kräften am Ende, sondern wiesen auch Verletzungen von den mit Dornen bewachsenen Sträuchern auf. In manchen Nächten erschwerte der Regen die Fluchtbedingungen noch zusätzlich, wodurch ihre Kleider bis auf die Haut durchnässt waren. Dazu kam noch Angst und manchmal bitterlich weinende Kinder.

»Für unsere Familie war es selbstverständlich, dass wir diesen Menschen in unserem Haus Unterkunft gewährten und sie sich bei uns nicht wie Flüchtlinge, sondern wie Gäste fühlten.«
WÖRTLICHES ZITAT VON HERBERT SOMMER.

Die von uns »aufgegriffenen« Flüchtlinge brachten wir vorerst zur Rot-Kreuz-Stelle, die in der Winzerhalle eingerichtet war. Dort befanden sich auch Gendarmen, die ihre Personalien aufnahmen. Da der Flüchtlingsstrom vor allem im August täglich zunahm, waren die Transportkapazitäten nach Wien oft erschöpft, weshalb die Leute in Mörbisch untergebracht werden mussten. Deshalb stellten viele Mörbischer ihre privaten Wohnräume zu Verfügung. Für meine Eltern war dies ebenfalls eine Selbstverständlichkeit.

Manche blieben eine, eventuell zwei oder in Ausnahmefällen auch drei Nächte bei uns. Das richtete sich nach den freien Plätzen in den Bussen nach Wien. Da sie so schnell wie möglich in die Bundesrepublik wollten, brachte ich sie jeden Morgen zur Sammelstelle in die Winzerhalle. Gab es keinen freien Platz, so konnten sie weiter in meinem Elternhaus nächtigen.

EINE ETWAS KURIOSE GESCHICHTE: FREUNDSCHAFT BRAUCHT VERÄNDERUNG ...
An diese »freundschaftliche Veränderung« erinnere mich noch ganz genau. Es war an einem Wochenende, als sämtliche Quartiere in Mörbisch wieder einmal besetzt waren. Im Rot-Kreuz-Zelt wurde ich gefragt, ob wir in unserem Wohnhaus zwei Frauen unterbringen könnten. »Selbstverständlich sagte ich, wir haben genug Platz«, und nahm die beiden Damen mit nach Hause.

Es dürfte am Samstag zu Mittag gewesen sein, als eine der beiden ihren Freund in Hamburg anrief, ihm mitteilte, dass sie mit ihrer Freundin geflohen sei und sich in Mörbisch befinden würde. Der Mann setzte sich sofort ins Auto und traf etwa gegen 03:00 Uhr bei uns ein. Ich erinnere mich noch, dass er mit einem exzellenten, ganz teuren, tiefer gelegten Sportwagen kam, bei dessen Anblick ich ins Staunen versetzt wurde. Die beiden Frauen nächtigten im Wohnzimmer, den Freund brachte ich im Kinderzimmer unter. Am nächsten Morgen fuhren sie dann gemeinsam in die Bundesrepublik.

Mit den Damen hatten meine Eltern noch über längere Zeit brieflichen Kontakt. Eine kam nach etwa 15 Jahren wieder nach Mörbisch und wollte die Örtlichkeit ihrer Flucht sehen. Ich ging mit ihr etwa zwei Stunden durch den Wald, der Grenze entlang. Sie konnte sich aber an nichts mehr erinnern. Dabei erzählte sie mir, dass die einstige Freundschaft nach einem heftigen Streit in Brüche ging. Der Mann hatte nämlich »die Seiten« gewechselt und lebt nun mit der Freundin zusammen. Auch das sind Geschichten, die das Leben schreibt!

30 JAHRE DANACH Diese wenigen Wochen des Sommers 1989 gehören zu jener Zeit meiner Jugend, die ich nie vergessen werde. Wir sind aus jugendlicher Neugierde an die Grenze gegangen und haben schnell erkannt, dass dort Leute durch den Stacheldraht kommen, die unbedingt unsere Hilfe brauchen. Keiner von uns wusste damals, dass es Menschen gibt, die nicht in der von uns gekannten Freiheit leben durften und bereit waren, für diese Freiheit ihr Leben aufs Spiel zu setzen.

RUMÄNISCHE FLÜCHTLINGE HATTEN VON MISSHANDLUNGEN BLUTUNTERLAUFENE STRIEMEN AUF DEM RÜCKEN

Bettina Zentgraf

BETTINA ZENTGRAF, Jahrgang 1971, lebt seit ihrer Kindheit in der Fremdenverkehrs- und Festspielgemeinde Mörbisch/See. Den Eisernen Vorhang mit Stacheldrahtverhau und Wachtürmen, auf denen sich bewaffnete Soldaten befanden, kennt sie seit ihrer frühesten Jugend. Schon als Kind spielte sie mit ihren Freundinnen im Mörbischer Wald, in unmittelbarer Nähe dieser gefährlichen Grenze. Sie erinnert sich noch an die warnenden Worte ihrer Eltern, ja nicht zu nahe an den Zaun zu gehen.

Bis zum Jahr 1989 gehörte der Grenzzaun zum dörflichen Leben in Mörbisch. Die Einheimischen hatten sich längst damit abgefunden, dass es keine direkte Verbindung zur Nachbargemeinde Fertörákos gab.

»**Im Sommer des Jahres 1989 war es nicht besonders schwierig, Quartiere für die Flüchtlinge zu finden, weil sich die Mörbischer mit ihnen solidarisch erklärt und alles Menschenmögliche getan haben, um diesen Leuten, die ihr gesamtes Hab und Gut in der Heimat zurückgelassen hatten, zu helfen.**«

WÖRTLICHES ZITAT VON BETTINA ZENTGRAF.

SCHWERE GRENZZWISCHENFÄLLE Es gab aber auch Mörbischer, die wegen Grenzverletzungen beanstandet, festgenommen, nach Ungarn verschleppt und nach einigen Tagen wieder freigelassen wurden. Dabei waren mehrere Verletzte sowie ein Toter zu beklagen. Für viele Touristen, die nach Mörbisch kamen, war der Eiserne Vorhang eine besondere »Attraktion«. Sie fuhren zu diesem Menschen verachtenden Grenzzaun, weil sie einmal an dem Todesstreifen zwischen Ost und West stehen, sowie Stacheldraht und bewaffnete Soldaten auf Wachtürmen sehen wollten.

Einen bleibenden – negativen – Eindruck haben in ihrer Kindheit die schikanösen Kontrollen am Grenzübergang Klingenbach-Sopron hinterlassen, als sie mit ihren Eltern nach Ungarn fuhr. Sie hat noch heute vor Augen, wie der Grenzbalken geöffnet, hinter ihnen geschlossen, ihr Auto von bewaffneten Grenzern durchsucht und das gesamte Areal von Militär mit Maschinengewehren bewacht wurde.

ES KAMEN AUCH FLÜCHTLINGE AUS RUMÄNIEN UND BULGARIEN ÜBER DIE GRENZE NACH MÖRBISCH

BETTINA ZENTGRAF half damals vor allem im Rot-Kreuz-Lager und unterstützte nach Notwendigkeit auch die Gendarmen als Dolmetscherin bei der Einvernahme von rumänischen und bulgarischen Flüchtlingen.

Ich war in diesem August 1989 gerade 17 Jahre alt und verbrachte meine Sommerferien zu Hause in Mörbisch. Ich erinnere mich genau, dass beim Eintreffen des ersten Flüchtlingsstromes im Dorf Sammlungen von Lebensmitteln sowie Kleidern durchgeführt und diese aufgrund der ständig steigenden Zahl an Flüchtlingen bald auf die gesamte Umgebung ausgeweitet wurde. Die Koordination oblag meiner Taufpatin Ilse Tremmel. Ich unterstützte Ilse dabei und half auch Mitarbeitern des Roten Kreuzes sowie Einheimischen, die im Zelt gegenüber der Kirche – und danach in der Winzerhalle – unentgeltlich arbeiteten, bei der Verteilung der Hilfsgüter.

Wenn es meine Zeit erlaubte, so habe ich mich persönlich um die Flüchtlinge gekümmert. Durch einfühlsame Gespräche habe ich versucht, ihnen Angst sowie Nervosität zu nehmen und sie davon zu überzeugen, dass sie nicht mehr verfolgt werden. Ich war aber auch bei der Bewältigung von logistischen Aufgaben im Einsatz, weil die Flüchtlinge nach Einvernahme und Versorgung mit Bussen nach Wien zur Botschaft gebracht werden mussten. Für jene, die es tagsüber geschafft hatten, den Grenzzaun zu überwinden, gab es meist genügend Transportkapazitäten. Problematisch wurde es jedoch, wenn Flüchtlinge am späten Nachmittag oder am Abend ins Lager kamen. Dann mussten Quartiere für die Nacht organisiert werden.

»Es war eine beispiellose Solidarität, die die Menschen mit den Flüchtlingen nicht nur in Mörbisch, sondern in der ganzen Umgebung gezeigt haben. Gespendet wurden nicht nur Lebensmittel, sondern auch Kleider, Spielsachen für Kinder u.v.a.m. An freiwilligen Helfern mangelte es ebenfalls nicht. Die Leute kamen einfach in die Sammelstelle. Hatten sie gerade keine Arbeit, so widmeten sie den Flüchtlingen ihre Zeit und sprachen ihnen Mut zu.«
WÖRTLICHES ZITAT VON BETTINA ZENTGRAF.

FREMDENZIMMER FÜR FLÜCHTLINGE Da in Mörbisch die Saison bereits zu Ende ging, hatten viele Vermieter freie Zimmer, die sie den Flüchtlingen unentgeltlich zur Verfügung stellten. Obwohl es damals keine modernen Kommunikationsmittel wie etwa Handys gab, wussten wir, in welchen Beherbergungsbetrieben bzw. bei welchen Familien wir die Leute unterbringen konnten. Wenn wir die Quartiergeber telefonisch nicht über einen Festnetzanschluss erreichen konnten, so fuhren wir einfach zu deren Häuser und fragten nach. In vielen Fällen nahmen wir die Flüchtlinge gleich mit. Es gab aber auch Einheimische, die zum Sammellager kamen und den Menschen die Möglichkeit zum Nächtigen anboten. Doch dabei blieb es nicht. Für die Mörbischer war es selbstverständlich, dass sie ihre Gäste nicht nur verköstigten. Sie gaben ihnen neue Kleider oder Lebensmittelpakete mit auf die Reise.

SCHULSACHEN FÜR DIE KINDER Meine Eltern betrieben damals eine Frühstückspension und stellten ebenfalls den Flüchtlingen die freien Zimmer zur Verfügung. Ich weiß noch, dass wir meist Familien mit kleinen Kindern einquartiert hatten. Wir haben diese Menschen damals wie Angehörige aufgenommen und ihnen jede nur mögliche Hilfe zuteil werden lassen. Meist ging es weit über die Verpflegung hinaus. Vielfach waren lange Gespräche notwendig, um den Flüchtlingen, die mit der Heimat gebrochen, alles zurückgelassen hatten und nur das besaßen, was sie auf dem Leib trugen, Hoffnung für die Zukunft zu geben. Ich erinnere mich noch genau, dass unsere Worte wie Balsam auf ihre Seelen waren. Den Kindern haben meine Eltern Spiel- und Schulsachen sowie Kleider, die sie aus unseren Kindertagen noch aufbewahrt hatten bzw. die nicht mehr gebraucht wurden, geschenkt. Noch heute sehe ich diese leuchtenden Kinderaugen – aber auch dankbare Erwachsene – vor mir.

»Ich habe selten so viel Dankbarkeit erlebt wie damals. Viele Flüchtlinge kommen auch heute noch an den Ort ihrer Flucht und verbringen ihren Urlaub in unserer Gemeinde.«
WÖRTLICHES ZITAT VON BETTINA ZENTGRAF.

DOLMETSCHERIN FÜR GENDARMEN Vor allem zu Beginn der Flüchtlingskrise kamen nicht nur Bürger aus der DDR durch den Eisernen Vorhang nach Mörbisch. Es waren auch zahlreiche Rumänen und Bulgaren unter den Flüchtlingen. Da die Gendarmen wussten, dass ich gut Englisch spreche, ersuchten sie mich des Öfteren, ihnen bei der Einvernahme dieser Leute behilflich zu sein. Obwohl das für mich manchmal sehr schwierig war, – einige sprachen ja nur gebrochenes, schwer verständliches Englisch – habe ich das sehr gerne gemacht.

Ich weiß noch heute, dass unter diesen Flüchtlingen zahlreiche Intellektuelle (Menschen, die sehr gebildet, unter anderem auch journalistisch tätig sind und in öffentlichen Auseinandersetzungen kritisch Stellung beziehen) waren. Vergessen werde ich niemals, dass einige ihre Hemden auszogen und uns Striemen am Rücken, die von Misshandlungen herrührten, zeigten. Als wohlbehütete Jugendliche, bei der die Achtung der Menschenrechte höchste Priorität hatte bzw. hat, habe ich mir gar nicht vorstellen können, dass es auch Regime gibt, die das Quälen und Misshandeln von Regimegegnern zulassen.

»Wenn ich an die blutunterlaufenen Striemen und Narben auf dem Rücken der rumänischen Flüchtlinge denke, läuft mir noch heute die Gänsehaut über den ganzen Körper.«
WÖRTLICHES ZITAT VON BETTINA ZENTGRAF.

30 JAHRE DANACH Das Dorf an der Grenze mit seinen etwa 2.300 Einwohnern hat weit über die Grenzen Österreichs gezeigt, dass man Menschen in Not nicht im Stich lässt.

NACH GEGLÜCKTER FLUCHT IN DIE KIRCHE UM GOTT ZU DANKEN

IRMGARD LANG, Jahrgang 1945, erlebte als Kind in der Nachkriegszeit die Trennung der Gemeinden Mörbisch/See und Fertörákos durch Minenfelder und Stacheldraht. Bewaffnete Grenzer auf Wachtürmen sicherten noch zusätzlich diesen Eisernen Vorhang. Sie erinnert sich auch noch an Soldaten der russischen Besatzungsmacht, die im Jeep durch das Dorf fuhren. Ihre Angst vor Waffen sowie Uniformen wurde durch Geschichtsunterricht über Leid, Elend und Millionen Tote im Zweiten Weltkrieg noch zusätzlich geprägt.

ERSTE FLÜCHTLINGSWELLE IM JAHRE 1956 Im Alter von elf Jahren wurde sie zum ersten Mal mit der Flucht von Menschen konfrontiert, als hunderte Ungarn während des Aufstandes über die Grenze nach Mörbisch flohen.

Obwohl den Menschen in Mörbisch damals oft das Nötigste zum Leben fehlte, stellten sie Lebensmittel sowie Kleidung zur Verfügung und gewährten – wenn nicht anders möglich – den Flüchtlingen auch Unterkunft. Nach dem neuerlichen Aufbau des Eisernen Vorhanges kehrte im Dorf wieder der Alltag ein. Für die Mörbischer war am östlichen Ortsrand die Welt zu Ende.

SOMMER 1989 – DIE GESCHICHTE WIEDERHOLT SICH

»Wenn wir die Flucht durch den Eisernen Vorhang unbeschadet überstehen, wird unser erstes Ziel eine Kirche sein. Dort werden wir Gott danken, dass wir den Weg in die Freiheit geschafft haben.«
WÖRTLICHES ZITAT EINES DDR-BÜRGERS NACH GEGLÜCKTER FLUCHT.

Nur 33 Jahre nach dem Ungarnaufstand (1956) stand Mörbisch wieder im Fokus der Berichterstattung sämtlicher Medien im In- und Ausland.

IRMGARD LANG hatte mit ihrem Sohn damals das »Mesneramt« (Küster) der Evangelischen Kirchengemeinde ihres Heimatortes inne.

Sie war eine von vielen Bürgerinnen bzw. Bürgern, die damals halfen, als Mörbisch neuerlich von einer Flüchtlingswelle überschwemmt wurde.

»Nachdem vorerst nur einzelne Flüchtlinge ins Dorf kamen, habe ich dies wenig beachtet, weil deren Verbringung in Aufnahmezentren ohnehin in die Kompetenz der Gendarmerie fiel. Im Ort selbst merkte man davon bis etwa Anfang August wenig. Doch dann wurde die Gemeinde von Flüchtlingen nahezu »überschwemmt«. Da die Kapazitäten des Roten Kreuzes zu Versorgung, Transport sowie Unterbringung nicht mehr ausreichten, halfen viele Mörbischer. Lebensmittel- und Kleidersammlungen wurden auch überörtlich organisiert und den Hilfskräften zur Verfügung gestellt. Ich habe mich ebenfalls oft in der Sammelstelle, die in der Winzerhalle eingerichtet war, aufgehalten und die Helfer unterstützt. An einige Hilfeleistungen, die mich persönlich betroffen haben, kann ich mich noch gut erinnern.

ARZT HATTE ALLES GENAU GEPLANT *Während ich im Sammellager mit der Verteilung von Hilfsgütern beschäftigt war, kam eine Frau zu mir und fragte mich nach einer Unterkunft für ihre Familie – Eltern mit zwei kleinen Kindern. Da wir in unserem Anwesen noch Platz hatten, nahm ich diese Flüchtlinge mit nach Hause. Selbstverständlich luden wir sie zum Essen ein, wobei sie mir erzählten, dass sie ihre Flucht bereits im Frühjahr geplant hatten. Der Mann – ein Arzt – hatte einen Ausreiseantrag gestellt und die DDR – legal – zu einem Verwandtenbesuch in die Bundesrepublik bereits drei Monate vor ihrer Flucht verlassen. Da zu diesem Zeitpunkt bereits bekannt war, dass Ungarn mit dem Abbau des Grenzzaunes begonnen hatte, sollte seine Frau mit den Kindern nach Ungarn fahren und bei weiterer Lockerung der Grenzüberwachung nach Österreich fliehen. So war es dann auch. Der Mutter gelang mit den Kindern die Flucht, der Vater kam nach Mörbisch und die Familie war wieder vereint. Sie blieben eine Nacht bei uns und fuhren dann weiter nach Wien bzw. in die Bundesrepublik. Ein Jahr danach haben sie uns wieder besucht und sich für unsere Hilfsbereitschaft bedankt.*

EINE WOCHE DER VERZWEIFLUNG *Während meiner Hilfsdienste in der Winzerhalle wurde ich auf einen Mann aufmerksam, der vorerst Tag für Tag vor dem Eingang saß und offensichtlich auf jemanden wartete. Er wirkte ganz ruhig, jedoch total zurückgezogen und sehr einsam. Aus seinen Gesichtszügen war zu erkennen, dass er äußerst verzweifelt sein muss. Ich habe ihn aber nicht angesprochen, weil ich den Eindruck hatte, dass er allein sein will. Ab dem dritten oder vierten Tag kam er dann nur mehr am Morgen und am Abend,* weil sich in der Gemeinde jemand gefunden hatte, bei dem er arbeiten konnte. Man wollte ihm einfach helfen, durch Ablenkung seine Gedanken zu ordnen bzw. sein Leid zu mindern.

»**Ein Mann hielt sich fast täglich beim Eingang zur Winzerhalle auf und wartete verzweifelt auf seine Angehörigen. Als er sie sah, erschreckte er durch laute Schreie sämtliche dort anwesende Helfer und Flüchtlinge. Und jeder freute sich mit ihm, als er seine Liebsten in die Arme schließen konnte.**«
  WÖRTLICHES ZITAT VON IRMGARD LANG.

Den Mann habe ich fast täglich gesehen, wobei mir besonders auffiel, dass er jeden »Neuankömmling« registrierte. Während ich wieder einmal mit der Ausgabe von Hilfsgütern beschäftigt war, ging plötzlich ein lauter Schrei durch die Halle, der zahlreiche Helfer und Flüchtlinge nicht nur erschreckte, sondern beinahe in eine Schockstarre versetzt hatte. Jeder hielt den Atem an und dachte, dass etwas Fürchterliches passiert sei. Die Menschen schauten sich gegenseitig an. Doch da war nichts. Ich war ebenfalls fassungslos. Mit einem Mal kam mir der Blick auf diesen Mann, der vor Freude die Arme in die Höhe streckte. Sowohl aus seiner Gestik, als auch aus seiner Mimik konnte ich sofort erkennen, dass er nicht vor Schreck, sondern vor Freude, Laute seines Glücks »ausgestoßen« hatte. Er erblickte nämlich seine Angehörigen, die soeben zum Sammellager gekommen waren.

NACH GEGLÜCKTER FLUCHT ZUERST IN DIE KIRCHE Es war gegen Ende August, als ich – wie so oft in diesen Wochen – in der Winzerhalle die Mitarbeiter des Roten Kreuzes unterstützte. Dabei kam ein ebenfalls dort anwesender Helfer zu mir und ersuchte mich, zu der etwa einen Kilometer entfernten (evangelischen) Kirchen zu fahren. »Vor dem Gotteshaus würde ein Ehepaar mit einem kleinen Kind stehen und Einlass begehren«, sagte man mir. Da ich als Mesnerin die Schlüssel besaß, begab ich mich sofort zur Kirche. Dort traf ich auf zwei Erwachsene, denen die Angst noch ins Gesicht geschrieben war, sowie ein äußerst verschrecktes Kind. Sie standen vor dem Glockenturm, waren sehr wortkarg und gaben mir in wenigen Sätzen zu verstehen, dass sie – um zu beten – Einlass begehren würden. Nachdem ich die Eingangstür geöffnet hatte, gingen sie wortlos zum Altar und setzten sich in eine der ersten Bankreihen. Dort verharrten sie etwa zehn Minuten in tiefster Andacht.

Beim Verlassen des Gotteshauses kam ich mit ihnen ins Gespräch, wobei sie mir erklärten, dass sie in einem Zelt in Ungarn ein Gelübde geleistet hätten. Demnach wollten sie nach geglückter Flucht zuerst eine Kirche aufsuchen, um mit einem Gebet Gott dafür danken.

»Diese zweite Flüchtlingswelle nach dem Ungarnaufstand wird mir mein Leben lang in Erinnerung bleiben. Ich denke, dass die Bevölkerung von Mörbisch in diesen Wochen Großartiges geleistet hat. Es macht mich sehr stolz, dass ich ebenfalls dazu beitragen durfte.«

WÖRTLICHES ZITAT VON IRMGARD LANG 30 JAHRE DANACH.

FAMILIE NACH FLUCHT VEREINT – NÄCHTIGUNG IN OGGAU

Die Hilfeleistungen für die Flüchtlinge beschränkten sich nicht nur auf die unmittelbar an den Eisernen Vorhang grenzenden Gemeinden des Burgenlandes. Viele Menschen in den Dörfern des »Hinterlandes« erklärten sich mit den Flüchtlingen solidarisch, unterstützten die Mitarbeiter des Roten Kreuzes und spendeten Kleider sowie Lebensmittel. Waren die Kapazitäten in den Sammellagern erschöpft und die Weiterfahrt zur Botschaft nach Wien erst am folgenden Tag möglich, so stellten sie ihnen in ihren eigenen »vier Wänden« ein Zimmer für die Nacht zur Verfügung. Dass man sie dort wie Familienmitglieder aufnahm, haben Helfer und viele Flüchtlinge auch nach 30 Jahren nicht vergessen. Ernst Schmid aus der etwa zwölf Kilometer von der Grenze entfernten Gemeinde Oggau, war einer dieser Helfer im »Hinterland«.

FOTO: WOLFGANG BACHKÖNIG

Ernst Schmid

ERNST SCHMID, Jahrgang 1949, war 40 Jahre in der Kommunalpolitik seiner Heimatgemeinde Oggau tätig. In der Zeit zwischen 1981 und 1997 war er Vizebürgermeister, das Amt des Bürgermeisters bekleidete er von 1997 bis 2017. Als Politiker hatte er stets ein »offenes Ohr« für in Not geratene Menschen und stand ihnen mit Rat und Tat zur Seite. So war es auch während der Flüchtlingskrise im Jahre 1989.

Schmid war damals Postamtsleiter in Mörbisch/See. In dieser Funktion nützte er jede Möglichkeit sowie seine zahlreichen Kontakte, um den Menschen zu helfen. Ernst ermöglichte den Flüchtlingen die telefonische Kontaktaufnahme mit den Angehörigen, organisierte Spenden und gewährte einer Flüchtlingsfamilie Unterkunft in seinem Wohnhaus.

»Nachdem mir die Flüchtlinge von ihrem Leben in der DDR erzählt hatten, war mir schnell klar, dass dieser Staat nicht mehr lange existieren kann. Ich sollte Recht behalten.«
   WÖRTLICHES ZITAT VON ERNST SCHMID.

VEREINT IN MÖRBISCH – SACHSPENDEN AUS GANZ ÖSTERREICH – KEINE ARBEITSLOSIGKEIT IM »ARBEITER- UND BAUERNPARADIES«

ERNST SCHMID dazu: *Als Leiter des (inzwischen geschlossenen) Postamtes Mörbisch kannte ich nahezu jeden Einheimischen in der Festspielgemeinde persönlich. Anfang August erzählte man im Dorf von Flüchtlingen aus der DDR, die über die Grenze kommen würden.*

VERSTÄNDIGUNG DER ANGEHÖRIGEN ERMÖGLICHT *Nach einem Spendenaufruf trafen bald aus ganz Österreich erste Pakete – deren Anzahl sich fast täglich erhöhte – mit Sachspenden für die Sammelstelle ein. Da es damals weder Handys, noch sonstige Kommunikationsmittel gab, war man auf das Telefon via Festnetz angewiesen. Das Postamt galt in diesen Wochen auch als »Telefonzentrale«, weil in den wenigen Telefonzellen des Dorfes das Telefonieren nur mit Münzen möglich war und die Flüchtlinge kaum über Bargeld – und schon gar nicht über Münzen – verfügten. Um ihre Angehörigen zu verständigen, kamen sie zu mir in das Postamt und ich ermöglichte ihnen auf unbürokratische Weise die notwendigen Telefonate. Ich erinnere mich noch, dass sich etwa ab Mitte August 1989 die Zahl der »Hilfesuchenden« fast täglich erhöhte.*

EINFACH ZUHÖREN UND TROST SPENDEN *Während meiner Mittagspause hielt ich mich sehr oft in der Sammelstelle, die in der Winzerhalle eingerichtet war,* *auf. Obwohl ausreichend Kleider oder sonstige Güter des täglichen Gebrauches vorhanden waren, fehlte es doch vielfach an Artikeln für die Körperpflege. Da ein Verwandter von mir über gute Kontakte zur Firma Nivea verfügte, ersuchte ich ihn um Hilfe. Das Unternehmen stellte binnen kürzester Zeit über seine Bitte eine Palette dieser dringend benötigten Toilettenartikel zur Verfügung. Ich bin damals mit vielen Flüchtlingen ins Gespräch gekommen, die erschöpft und manchmal mit Tränen in den Augen von den Fluchthelfern aus Mörbisch in die Sammelstelle gebracht wurden. Dabei ist mir besonders Martin Kanitsch in Erinnerung, der auch des öfteren zu mir ins Postamt kam und von seinen »Einsätzen« an der Grenze erzählte. (Siehe dazu Interview:* **»MARTIN KANITSCH – DER GRENZGÄNGER AUS MÖRBISCH KANNTE JEDEN WALDWEG UND SCHLEUSTE TROTZ FESTNAHME UND INTERNIERUNG ZAHLREICHE FLÜCHTLINGE DURCH DEN EISERNEN VORHANG«.** *)*

Obwohl die Menschen all ihr Hab und Gut zurückgelassen hatten, waren sie glücklich, diese gefährliche Grenze überwunden und die Freiheit erlangt zu haben. Dennoch stellten sie sich immer wieder die Frage: »Kann ich meine Heimat und meine Angehörigen jemals wiedersehen? Was erwartet mich beim Aufbau einer neuen Existenz?«

Im Lager hat man nahezu gespürt, dass die Leute oft sehr zurückhaltend waren und vielen Helfern auch mit Misstrauen begegneten, weil sie Angst hatten, dass die Stasi ihre »Mitarbeiter« eingeschleust haben könnte. Durch unseren Dialekt war schon nach wenigen Worten klar, dass wir keine Leute dieses gefürchteten und verachteten Geheimdienstes waren. Um ihnen etwas Vertrauen für die Zukunft zu vermitteln, genügte es oft schon, wenn man ihnen zuhörte oder ihnen einige Worte des Trostes spendete.

VOLLBESCHÄFTIGUNG NUR DURCH PROPAGANDA *Ich erinnere mich noch an eine Unterhaltung mit vier Jugendlichen, die mir von ihrem Arbeitsleben in der DDR erzählten. Offiziell gab es nach Regierungsberichten in diesem »Arbeiter- und Bauerparadies« keine Arbeitslosen. Doch die Wahrheit sah anders aus – wie das weitere Gespräch ergab. Sie waren in einer Fabrik beschäftigt, die manchmal über zwei oder drei Monate keine Rohstoffe erhalten hatte. Obwohl die Produktion stillstand, musste jeder pünktlich zur Arbeit erscheinen und konnte erst nach »Feierabend« wieder nach Hause gehen. Man hat dann eben die Fabrik aufgeräumt oder einfach die Zeit »totgeschlagen«.*

GETRENNTE FLUCHT An eine weitere Begegnung mit einer Familie, die dann bei uns genächtigt hat, erinnere ich mich ebenfalls noch. Eine Frau (aus der DDR) war mit ihrem Kind über Ungarn nach Mörbisch geflüchtet und hat in der Winzerhalle ihren Mann getroffen. Ihm war schon vor längerer Zeit die Flucht in die Bundesrepublik Deutschland geglückt. Nun war er nach Mörbisch gekommen und konnte Frau und Kind freudig in die Arme schließen.

Doch eine sofortige Weiterfahrt zur Botschaft war erst am nächsten Tag möglich, weil die Transportkapazitäten ausgelastet waren. Sie mussten deshalb die Nacht in Mörbisch verbringen und suchten ein Quartier. Als ich von ihrem Schicksal Kenntnis erlangte, habe ich ihnen sofort Hilfe angeboten. Wir fuhren gemeinsam zu unserem Haus nach Oggau, wo sie nächtigen konnten. Bei einem Glas Wein und gutem Essen, das meine Frau zubereitet hatte, saßen wir noch gemütlich beisammen. Sie erzählten mir von ihrem Leben in der DDR sowie über die »getrennte« Flucht und freuten sich, dass die Familie endlich wieder vereint ist. Am Morgen wurden sie wie geplant mit einem Bus zur Botschaft nach Wien gebracht. Danach reisten sie weiter in die Bundesrepublik Deutschland.

»Ich sehe noch heute diese glückliche Familie vor mir, die getrennt geflüchtet war und in Mörbisch wieder vereint wurde. Auch nach 30 Jahren freue ich mich noch, dass ich ihnen helfen konnte.«
WÖRTLICHES ZITAT VON ERNST SCHMID.

30 JAHRE DANACH Ich habe mich damals mit vielen Flüchtlingen unterhalten und war über deren Schicksal im wahrsten Sinne des Wortes schockiert. Für mich als Politiker war es kaum zu glauben, was man Menschen antun,– und der Welt über zensurierte Medien vermitteln kann – dass sie in einem »Arbeiter- und Bauernparadies« leben. Aufgrund der Erzählungen war mir bewusst, dass dieser Staat nicht mehr lange existieren kann. Die Menschen wollten und konnten einfach mit diesem auf Bespitzelung und Propaganda aufgebauten System – das auch bei einem von den Behörden untersagten Verlassen des Staatsgebietes die Anwendung von Gewalt nicht scheute – keinesfalls leben.

Mir sind diese dankbaren, oft verschreckten Menschen, die sich über jede Hilfe gefreut – und dies durch Worte, Gesten und manchmal auch durch Umarmungen – zum Ausdruck gebracht haben, in bester Erinnerung. Ich freue mich noch heute, dass ich damals dabei war und helfen konnte. Ich würde es sofort wieder tun.

Freitag, 25. August 1989

Höllenpfad in die Freiheit

Die ersten Menschen in Freiheit waren für sechs DDR-Emigranten die Krone-Reporter Gernot Heigl und Claus Pándi. Alles über Flucht, Haft, Verhör und das Happy-End!

Sind wir wirklich in Sicherheit? Seid ihr Österreicher?" Fragen über Fragen prasseln auf uns ein. Den sechs DDR-Flüchtlingen rinnen Tränen über die Wangen. Zögernd fassen sie uns an den Händen. „Ist die Gefahr vorbei? Bitte, lügt uns nicht an!" Mühsam können wir sie beruhigen: „Ja, ihr habt es geschafft!" Daraufhin lassen sich die Emigranten in die Wiese fallen, aus den Weinkrämpfen wird ein Schluchzen und schließ-

lich ein befreiendes Lachen.

Als Reporter ist man vieles gewöhnt. Jedoch diese Momente, diese Szenen, werden für immer unvergeßlich bleiben.

Nach und nach entspannen sich die Gesichtszüge der Flüchtlinge, fällt die Angst von ihnen ab. Gemeinsam mit Familie M. – Karl, Uschi, Holger, Eva – sowie dem Ehepaar Reinhard und Carmen gehen wir Richtung Mörbisch. Auf dem Weg ins Rot-Kreuz-La-

ger erzählt Familie M. von ihrem Schicksal.

Mit dem Entschluß, die Heimat endgültig zu verlassen, der traurigen Gewißheit, Verwandte und Freunde nie wieder sehen zu können, fahren sie am 22. Juli aus Sonneberg in Ostdeutschland über die tschechoslowakische Grenze

Der Pußta-Dschungel scheint kein Ende zu nehmen. Jeder Knochen tut uns weh. Haben wir uns verirrt, sind wir im Kreis gegangen? Endlich eine Lichtung. Vorsichtig gehen wir darauf zu. In Schatten großer Bäume taucht der erschreckende Zeuge auf. Das „Ziel Österreich" ist in greifbarer Nähe. Plötzlich krachen zwei Schüsse.

Wir schieben uns zu Boden und robben in das Dickicht zurück. Wurden wir entdeckt? Galten die Schüsse uns?

Gut eine halbe Stunde sitzen wir in unserem Versteck. Doch es kommt kein Soldat. Wir machen einen neuen Vorstoß. Schnell am Stacheldraht. Aber der Versuch, ihn zu überklettern, scheitert. Nach längerer Suche, endlich. Ein Loch im Zaun?

lingen zuvor, denen er bereits den Weg nach Mörbisch gezeigt hat. Da tauchen aus dem Gebüsch sechs DDR-Emigranten auf. Wir rufen ihnen zu: „Keine Angst! Ihr seid schon in Österreich!" Sie brechen in Tränen aus und umarmen uns...

Morgen lesen Sie: Das Schicksal der Familie M.

Krone-Reporter Gernot Heigl und Claus Pándi gingen den Weg der DDR-Flüchtlinge durch Schüsse und Stacheldraht nach Österreich

Eine Puppe hängt am Stacheldraht, vom Kind, dem sie einmal gehört hat, fehlt jede Spur. Ob es je nach Österreich gelangt ist?

Fluchthelfer Wenzl führt DDR-Emigranten nach Mörbisch.

Achtung Staatsgrenze Danger frontier Attention frontière

Nach einem mühsamen Weg durch das Dickicht kommen wir zur Staatsgrenze. Im Boden zeigen Pfeile nach Mörbisch

Im Rot-Kreuz-Lager werden Emigranten versorgt

Wegen des Flüchtlingsstroms ist die Grenze Mörbisch gesperrt

Mittwoch, 23. August 1989 — LOKALES — Seite 9

Engel aus dem Burgenland

Ihr Mut ist beachtlich: Diese beiden Frauen wagten sich ins Niemandsland, um Hinweistafeln für die Flüchtlinge anzubringen

Der tragische Zwischenfall ereignete sich bereits auf österreichischem Hoheitsgebiet:

Grenzsoldat erschoß DDR-Flüchtling

Vor den Augen seiner Lebensgefährtin und seines 6jährigen Sohnes wurde ein ostdeutscher Emigrant am Montag bei einem Fluchtversuch niedergeschossen. Gegen 22 Uhr hatte der Mann in der Nähe von Lutzmannsburg (Burgenland) einen Streit mit einem ungarischen Grenzsoldaten. Bei einem Handgemenge löste sich ein Schuß aus dessen Dienstwaffe.

Ihre Autos ließen viele Flüchtlinge auf Parkplätzen in Ungarn zurück

VON HAROLD PEARSON UND ALEXANDER MACHECK

Der Ostdeutsche Kurt Werner Schulz aus Weimar hatte die Grüne Grenze bereits übertreten, als sich der tragische Vorfall ereignete. Nach Darstellung der magyarischen Nachrichtenagentur „MTI" habe der Emigrant versucht, dem Soldaten die Dienstwaffe zu entreißen. Daß der Schuß gezielt abgegeben wurde, wird mit aller Vehemenz bestritten.

Die Ungarn ließen den Mann sofort ärztlich versorgen, doch jede Hilfe kam zu spät. Schulz erlag seiner schweren Verletzung. Der Unfall ereignete sich auf österreichischem Hoheitsgebiet. Eine österreichisch-ungarische Untersuchungskommission

wurde deshalb für heute, Mittwoch, einberufen.

Ein weiterer Zwischenfall ereignete sich bei Fertőrákos. Zwei junge Ostdeutsche wurden von ungarischen Wachposten angehalten, schlugen den Mann nieder und wurden festgenommen.

Unterdessen hält der Flüchtlingsstrom mit unverminderter Stärke an. In der Nacht zum Dienstag schafften es wieder mehr als 200 Ostdeutsche, sich in den Westen abzusetzen. Dienstag nachmittag kletterten 200 DDR-Bürger gemeinsam nahe des Grenzüberganges Klingenbach über den Zaun. Aus Diplomatenkreisen hört man, daß sich derzeit in Ungarn 200.000 DDR-Staatsbürger (!) in Unfall aufhalten. Ein beträchtlicher Teil, heißt es, will ebenfalls über die Grüne Grenzen nach Österreich fliehen.

FOTOS: KRONENZEITUNG VOM 23. BZW. 25. AUGUST

VI. KAPITEL:
FERTŐRÁKOS — DR. AGNES BALTIGH

SIE NANNTEN SIE EINFACH »TANTE AGNES« DEN GUTEN ENGEL VOM STRANDBAD IN FERTŐRÁKOS

Dr. Agnes Baltigh im Alter von 93 Jahren bei meinem Interview im Februar 2018.

FOTO: WOLFGANG BACHKÖNIG

DR. AGNES BALTIGH war im Sommer 1989 Kassiererin an der Eintrittskassa zum Strandbad in Fertőrákos und galt als erste Ansprechpartnerin für alle ausreisewilligen DDR-Bürger. Da sie fließend Deutsch sprach, konnten sich diese Menschen, die »dem guten Engel aus Fertőrákos« schon nach der ersten Begegnung vertrauten, mit ihr verständigen und bekamen wertvolle Hinweise für die Flucht. Um den verängstigten Flüchtlingen, die oft nervlich völlig am Ende waren, zu helfen, setzte sich diese gutmütige Frau dem Risiko persönlicher Repressalien durch den ungarischen Staat aus.

»Was ich getan habe, wenn es auch anstrengend und aufregend war, habe ich gern getan – ich habe nichts bereut! Ich war für einige Wochen ›Menschenschmugglerin‹ mit Herz und Seele, aber mit einem reinen Gewissen.«

WÖRTLICHES ZITAT VON DR. AGNES BALTIGH.

FERTÖRÁKOS – DAS DORF AN DER GRENZE – TREFFPUNKT DER FLÜCHTLINGE

Auf diesem Campingplatz in Fertörákos hatten die DDR-Bürger damals ihre Zelte aufgestellt. So sieht dieser Campingplatz heute aus – Foto aufgenommen im Juli 2018.

FERTÖRÁKOS (KROISBACH), das etwa 2.100 Einwohner zählende, einst deutschsprachige Dorf, sollte nach dem Friedensvertrag von St. Germain als Teil des Burgenlandes zu Österreich kommen. Bei der Volksabstimmung im Jahre 1921 wurde jedoch anders entschieden; Fertörákos blieb bei Ungarn. Der Ort liegt seit dieser Zeit an der unmittelbaren Grenze zu Österreich und wurde über Jahrzehnte durch den Eisernen Vorhang von der Nachbargemeinde Mörbisch getrennt.

Da Fertörákos als einzige ungarische Gemeinde über einen Seezugang mit einem Campingplatz verfügt, und der Wald im Grenzgebiet ideale Deckung für eine Flucht bietet, nützen tausende DDR-Bürger dieses »Lager« als Zwischenstation auf dem Weg in die Freiheit.

Wenn in zahlreichen Medien kolportiert wurde, dass beim »Tor von St. Margarethen« der »Fall der Berliner Mauer« begann, so muss man dem hinzufügen, dass in Fertörákos zumindest mehrere Steine aus dieser Mauer herausgebrochen wurden. Der Großteil jener Menschen, die an diesem 19. August 1989 durch dieses Tor geflüchtet sind, haben auf dem Campingplatz in Fertörákos schon tagelang auf diesen Augenblick gewartet.

»TANTE AGNES« – EIN LEBEN IM DIENST DER MENSCHLICHKEIT

»Für jeden Menschen kann im Leben eine Zeit kommen, in der er auch für andere, für Fremde, etwas tun muss, wenn sie Hilfe brauchen. Was sind schon sechs Wochen im Leben? Mir kommt es vor, als wäre es nur ein Augenblick.«

WÖRTLICHES ZITAT VON FRAU DR. AGNES BALTIGH, DIE NACH DEM ENDE DES ZWEITEN WELTKRIEGES ALS FLÜCHTLING SELBST EIN JAHR IN DEUTSCHLAND VERBRACHT UND DORT VIEL MENSCHLICHKEIT ERFAHREN HATTE.

DR. AGNES BATLIGH nannte man auf dem Campingplatz in Fertörákos nur »Tante Agnes« oder »Frau Doktor«. Als Krankenschwester und Arzthelferin war sie es seit ihrer frühesten Jugend gewohnt, Menschen die krank oder in Not waren, zu helfen. Für viele Flüchtlinge aus der damaligen DDR war es ein glücklicher Zufall, dass sie nach dem Tod ihres Mannes die Stelle der Kassiererin im Strandbad von Fertörákos annahm. Sie beschrieb den Menschen an Hand von Skizzen den gefährlichen Weg über die Grenze, engagierte Fluchthelfer, tröstete Flüchtlinge nach einem gescheiterten Fluchtversuch, pflegte kranke Kinder gesund und gewährte den Leuten in ihrem Wohnhaus Unterkunft, wenn diese kein Dach über dem Kopf hatten.

Was diese selbstlose und gutmütige Frau in den »turbulenten« Wochen des Jahres 1989 geleistet und welche Opfer sie gebracht hat, lesen Sie auf den nächsten Seiten.

NIEMALS VERGESSEN! – EIN GEPFLEGTER PARK ALS HISTORISCHE STÄTTE DER ERINNERUNG

KURZE EINLEITUNG VON AUTOR WOLFGANG BACHKÖNIG: Es ist ein Freitag im Februar 2018 als ich nach dem Mittagessen aus meiner Heimatstadt Rust zum Interview mit Dr. Agnes Baltigh nach Fertörákos fahre. Auch für mich, der den Eisernen Vorhang und die damit verbundenen, oft erniedrigenden Grenzkontrollen noch erlebt hat, ist es nahezu selbstverständlich, dass ich ohne Kontrolle die Grenze nach Ungarn passieren und in nur 15 Minuten mein Ziel erreichen kann.

EIN PARK ZUM GEDENKEN AN DEN 19. AUGUST 1989 Während ich auf der Preßburger-Straße von St. Margarethen in Richtung Sopron-Fertörákos unterwegs bin, erinnere ich mich zum einen an das rostige Gittertor, vor dem ich als Jugendlicher einige Male stand und einen mit Grenzsoldaten besetzten Wachturm sah. »Ist hinter diesem Tor die Welt zu Ende?«, habe ich mich damals gefragt. Zum anderen erinnere ich mich beim Grenzübertritt an den 19. August 1989, als dieses, damals rostige Gittertor mit morschen Holzbrettern nach Jahrzehnten wieder geöffnet wurde und vielen Menschen die Flucht in die Freiheit ermöglicht hat. Das gesamte Areal um dieses Tor war damals mit Unkraut und wild wuchernden Sträuchern bewachsen, wodurch sogar der Sichtkontakt zwischen den Menschen beider Staaten stark eingeschränkt war, wenn ungarische Staatsbürger – was nahezu unmöglich schien – in die Nähe dieses Tores kamen.

Heute erinnert ein schmales, ca. zwei Meter hohes und einen Meter breites Kupfertor, das am Straßenrand als Mahnmal aufgestellt wurde, an diesen denkwürdigen Tag. Auf ungarischer Seite mussten Sträucher und Unkraut einer schönen Parkanlage mit Gedenktafeln an die Ereignisse des 19. August 1989 sowie einem Denkmal, das Aufstieg und Niedergang des Kommunismus zeigt, weichen.

STRANDBAD FERTŐRÁKOS – FÜR »GEWÖHNLICHE BÜRGER« NICHT ERREICHBAR

Nun komme ich nach Fertőrákos und biege in die Strandstraße (einzige Zufahrt zum Neusiedlersee auf ungarischer Seite) zum Haus der Familie Baltigh ein. Dabei werde ich neuerlich an meine Kindheit erinnert.

Im Alter von etwa zehn Jahren bin ich oft mit meinem Vater an dieser Stelle vorbeigefahren. Den Strand von Fertőrákos haben wir nie gesehen, weil die Zufahrt durch einen Schranken gesperrt war und rund um die Uhr von zwei Grenzsoldaten bewacht wurde. Ein Passieren dieser Stelle war bis zum Jahre 1989 nur privilegierten Personen vorbehalten. Doch das ist alles Geschichte!

Ich komme zum Haus der Baltighs, werde dort bereits erwartet und von Dr. Agnes Baltigh und ihrem Sohn Attila freundlich empfangen. Die rüstige 93-jährige Frau bittet mich an diesem kalten Wintertag in ihr gut beheiztes Zimmer und ersucht mich, an ihrem Schreibtisch, der vor einer Wand mit zahlreichen Bildern ihrer Kinder und Enkelkinder steht, Platz zu nehmen. Nachdem ich mich vorgestellt habe, merke ich sofort, dass sie Vertrauen zu mir gewonnen hat, weil sie ganz offen – auch über private Dinge – mit mir zu sprechen beginnt. Außerdem bittet sie mich, sie mit

»Tante Agnes« – wie dies einst die zur Flucht in den Westen in Fertörákos aufhältigen DDR-Bürger getan haben, anzusprechen.

DR. AGNES BALTIGH, JAHRGANG 1925, wurde in Sopron geboren und ist in dieser Stadt, »hart an der Grenze zu Österreich«, mit ihren zwei Geschwistern als Tochter eines Lehrers aufgewachsen. Als im Jahre 1944 Bomben auf Sopron fielen, wurden sämtliche Schüler mit dem Lehrpersonal einer Kadettenschule – die Baltighs deshalb, weil der Vater an dieser Kadettenschule unterrichtete – zuerst nach Österreich und danach nach Deutschland gebracht.

Der Vater geriet in französische Gefangenschaft, wurde von der Familie getrennt und durfte nach einem Jahr wieder zurück nach Ungarn. Nach Kriegsende – im Frühjahr 1946 – verließ Agnes mit ihren Geschwistern und ihrer Großmutter das Flüchtlingslager in Pocking und kehrte ebenfalls nach Sopron zurück.

Da sie sich schon in ihrer frühesten Jugend der Hilfe für andere Menschen »verschrieben« hatte, wollte sie Ärztin werden. Dieses Studium wurde ihr jedoch von den Kommunisten verwehrt, weil ihr Vater dem Horthy-Regime gedient hatte.

KRANKENSCHWESTER – ALTERNATIVE ZUM VERWEHRTEN BERUF Sie wurde Krankenschwester, verließ Sopron, arbeitete in Nyíregyháza (Komitat Szabolcs-Szatmár-Bereg) als Operationsschwester und lernte dort ihren späteren Mann, einen Arzt, kennen. Als im Jahre 1956 während des Ungarnaufstandes zahlreiche Ärzte aus der Umgebung von Sopron flüchteten, bekam ihr Mann die Stelle des Gemeindearztes in Fertörákos. Sie war dann bis zu seinem Tod als Helferin in seiner Praxis beschäftigt.

»TANTE AGNES« galt schon während der Zeit des Kommunismus als »gute Seele« in der Gemeinde nahe der Grenze zu Mörbisch. Manchmal hörte sie im Dorf von Menschen, die versucht hatten, durch den Eisernen Vorhang zu flüchten, schenkte dem aber wenig Bedeutung.

Das Strandbad von Fertörákos durften die Bürger in den ersten Jahren nach der Revolution überhaupt nicht, ab Ende der 1960er, Anfang der 1970er Jahre, nur mit einem eigens dafür ausgestellten Ausweis, der bei den Wachposten an der Seezufahrt abgegeben werden musste und beim Verlassen wieder ausgefolgt wurde, besuchen. Mit Beginn der Beseitigung des Eisernen Vorhanges im Jahre 1989 wurde auch die Schrankenanlage an der Seestraße abgebaut und vorerst ungarischen, danach österreichischen und anschließend auch Bürgern aus anderen Staaten ein Betreten der Badeanlage ohne Ausweis erlaubt.

GLÜCKLICHER ZUFALL FÜR DIE »AUSREISEWILLIGEN DDR-BÜRGER« – »TANTE AGNES« ALS KASSIERERIN IM SEEBAD

Nach dem Tod ihres Mannes fand Dr. Agnes Baltigh mit ihrer Pension nur schwer das Auskommen und musste im Frühjahr 1989 die Stelle einer Kassiererin im Seebad Fertörákos annehmen. Ein glücklicher Zufall für viele DDR-Bürger, die nach Fertörákos gekommen waren um auf dem See- oder Waldweg durch den Eisernen Vorhang in das etwa sechs Kilometer entfernte Mörbisch flüchten wollten.

»Die Kunde« vom Abbau des Eisernen Vorhanges an der burgenländisch-ungarischen Grenze, hatte sich schnell bis in die DDR herumgesprochen. »Ausreisewillige« DDR-Bürger »verlegten« ihren Urlaub vom Platten- an den Neusiedler See. Bei der Zufahrt zur Badeanlage begegneten sie zum ersten Mal »Tante Agnes«, die an der Kassa stand, fließend Deutsch sprach und sich dadurch sehr gut mit diesen Menschen verständigen konnte. Bald kannte nicht nur jeder, der sich in diesem Bereich aufhielt »Tante Agnes«, ihre Hilfsbereitschaft hatte sich in der ganzen Umgebung – sogar bis an den etwa 160 Kilometer entfernten Plattensee – herumgesprochen. Jeder der flüchten wollte und Hilfe suchte, wandte sich an »Tante Agnes«.

DR. AGNES BALTIGH ERZÄHLT WAS SIE DAMALS ERLEBT HAT: *Ich war glücklich als ich im Frühjahr 1989 endlich eine Arbeit gefunden hatte, mir zu meiner kleinen Rente etwas dazuverdienen durfte und ich mit meinen 64 Jahren außerdem noch als vollwertige Arbeitskraft akzeptiert wurde. Mein Gefühl sagte mir, dass der Sommer des Jahres 1989 schön und warm werden würde. Vorerst kamen viele Schüler mit ihren Fahrrädern sowie Badegäste mit Bussen aus allen Landesteilen – und etwa ab Mitte Juli – zahlreiche Gäste aus der Bundesrepublik Deutschland und der DDR, die in Fertörákos bei ihren Verwandten Urlaub machten, an den Strand.*

Dr. Agnes Baltigh an ihrem Arbeitsplatz als Kassiererin im Strandband von Fertörákos.

»»Solch ein Blödsinn – einen Vorhang aus Eisen gibt es nicht‹, sagte mir ein 14-jähriger Junge als er hörte, dass wir über den Eisernen Vorhang sprachen. Da kam mir die Idee, diese Geschichte zu schreiben, was im Sommer 1989 geschah, als die Berliner Mauer noch stand, aber der Eiserne Vorhang an der westlichen Grenze Ungarns sich zu ›zerklüften‹ begann.«

WÖRTLICHES ZITAT VON DR. AGNES BALTIGH.

SOLDATEN ENTFERNTEN DEN STACHELDRAHT *Als ich eines Tages – ich denke es war Anfang Juni 1989 – im Gemeindegebiet von Fertörákos an der Grenze entlangfuhr, stockte mir plötzlich der Atem. Ich sah mehrere Militärfahrzeuge, einige Maschinen und zahlreiche Soldaten, die mit dem Abbau des Stacheldrahtes beschäftigt waren. Für mich zunächst überraschend, weil ich ja nicht wusste, dass Ungarn bereits mit dem Abbau des Eisernen Vorhanges begonnen hat. Woher sollte ich das auch wissen, denn Nachrichten hörte bzw. schaute ich nicht mehr, weil ich die »gefilterten, mit Propaganda hinterlegten Berichte« der Kommunisten schon lange »satt« hatte.*

»Ist das vielleicht doch das Ende der strengen Grenzüberwachung?«, dachte ich mir, hoffte es zwar, konnte aber nicht so recht glauben, dass diese Menschen verachtende Grenze endlich abgebaut werden wird.

EIN ÄLTERER HERR BOT MIT GELD FÜR DIE HILFE ZUR FLUCHT – ICH HABE ABGELEHNT
Es war etwa Mitte Juli 1989 als ein weißer Mercedes bei mir an der Kassa anhielt. Obwohl die Zufahrt zum See für Ausländer noch immer verboten war, musste er diese Kontrollen geschickt umgangen sein. Ein älterer eleganter Herr stieg aus dem Fahrzeug und sprach mich an: »Wie ich höre sprechen Sie gut Deutsch. Ich hätte eine große Bitte. Können Sie uns helfen?« Wir kamen ins Gespräch, wobei mir der Mann sagte, dass seine Freundin, die sich auf dem Beifahrersitz befand, aus der DDR sei und eine günstige Stelle zur Flucht suche. Ich als Einheimische müsste doch über genügend Ortskenntnis verfügen. »Am Geld soll es nicht scheitern«, sagte er und öffnete sein Portemonnaie. Mir wurde fast schwarz vor den Augen, als ich die vielen D-Markscheine in seiner Geldbörse sah. Der Mann – er kam aus Belgien – musste bemerkt haben, dass ich sehr verängstig war, weil er seine Geldbörse sofort wieder einsteckte. Ich sagte ihm, dass ich gut verstehen kann, dass er seiner hübschen Partnerin bei der Flucht helfen will, ich jedoch keinesfalls das Risiko einer Inhaftierung durch die Polizei eingehen werde. Es bedurfte jedoch eines längeren Gespräches bis ich ihm plausibel erklären konnte, dass eine Flucht durch den See nahezu unmöglich

Erster Kontakt eines DDR-Bürgers mit Dr. Agnes Baltigh bei der Einfahrt zum Seebad in Fertörákos. Der letzte Abschnitt einer als Urlaubsreise getarnten Flucht beginnt.

sei, weil andauernd Militärboote auf dem Wasser patrouillieren würden. Ich habe dem Mann nur abgeraten die Flucht durch den See zu wagen und ihm gesagt, dass es durch den Wald weniger gefährlich sei. Genaue Angaben habe ich nicht gemacht. Ob die Frau dann tatsächlich geflüchtet ist, weiß ich nicht.

FREIE ZUFAHRT ZUM STRANDBAD FÜR ALLE – DIE ERSTEN TRABIS KOMMEN   Durch meine Arbeit hatte ich vom Abbau des Eisernen Vorhanges nur wenig mitbekommen und – ehrlich gesagt – mich auch nicht besonders dafür interessiert. Doch nun schien sich die Sache zu wenden.

Eines Morgens saß ich in meinem Kassenraum und trank Kaffee, als ein Jeep der örtlichen Grenzwache davor anhielt. Ein Major stieg aus dem Fahrzeug, kam zu mir und sagte, dass das Fahrverbot zum Strandbad aufgehoben sei und alle Ausländer – gemeint waren aber nur jene aus den Ostblockstaaten – frei zufahren könnten.

DER FLÜCHTLINGSSTROM SETZT EIN: »WIR WOLLEN NACH MÖRBISCH!«

Es dauert nur wenige Minuten, bis drei Trabis anhalten. Mehrere junge Männer steigen aus und wollen von mir wissen, ob ich Deutsch spreche. Sie geben sich als Bürger der DDR zu erkennen und sagen mir, dass sie über die Grenze nach Mörbisch flüchten wollen. »Gibt es viele Wachen? Gibt es Patrouillen mit Hunden? Ist es möglich, durch diesen Eisernen Vorhang zu kommen?«, fragen sie mich. Da mir eine Flucht für sie als lebensgefährlich scheint, rate ich ihnen, die Sonne zu genießen und auf hübsche ungarische Mädchen, die sicher bald kommen werden, zu warten.

Als ich am frühen Nachmittag nach Hause komme, stehen sie vor meinem Anwesen, trinken Cola und suchen eine Gelegenheit um mit mir zu sprechen. Sie flehen mich an, ihnen zu helfen und schimpfen auf die DDR. »Wie können wir über die Grenze kommen? Wir gehen in diese »Scheißwelt« nicht mehr zurück. Honecker soll sich zum Teufel scheren. Wenn es zu Wasser nicht möglich ist, so muss es doch einen Weg durch den Wald geben.« Schließlich habe ich doch Erbarmen mit den Burschen und verspreche ihnen, nach einer Möglichkeit für ihre Flucht zu suchen. Wir vereinbaren, dass sie noch einen Tag zuwarten und ich in der Zwischenzeit meine Freundin, die in Fertőrákos geboren ist und sich daher besser auskennt, nach einem Fluchtweg fragen werde.

Am Abend suche ich dann Hilda – meine Freundin – auf und erzähle ihr von der Begegnung mit den jungen Männern. Sie gibt mir bereitwillig Auskunft und berichtet mir von einem Weg im Wald, den sie vor dem Krieg immer nach Mörbisch gegangen ist.

TRABIS EINFACH ABSTELLEN UND ZU FUSS FLÜCHTEN *Die jungen Männer haben meinen Rat befolgt, und wie vereinbart treffen wir uns am nächsten Tag. Ich beschreibe ihnen diesen Waldweg und rate ihnen, die Trabis auf der Hauptstraße in der Nähe des Steinbruches einfach abzustellen. Die restlichen – ca. drei Kilometer – bis zur Grenze sollen sie zu Fuß zurücklegen. Als wir uns verabschieden umarmen sie mich, küssen mich vor Dankbarkeit, steigen in ihre Fahrzeuge und fahren in Richtung Fertőrákos – Grenze. Ich kann nicht mit Sicherheit sagen, ob ihnen die Flucht gelungen ist, bin aber davon überzeugt, weil die Trabis nach einigen Tagen noch immer »einsam und verlassen« auf der Hauptstraße nächst dem Steinbruch gestanden sind.*

Das war meine erste Begegnung mit Flüchtlingen denen ich geholfen habe – weitere Hilfeleistungen sollten folgen. Einerseits verspürte ich dabei ein Gefühl der Freude, andererseits war ich etwas beunruhigt. Ich befürchtete nämlich, dass sie auch den anderen im Seebad aufhältigen DDR-Bürgern von der Hilfsbereitschaft der »Tante an der Kassa« erzählt haben könnten und sich diese nun auch an mich wenden würden. Meine Gedanken drehten sich im Kreis, ich fand keine Ruhe und hoffte, dass mich in den nächsten Stunden niemand ansprechen wird, weil ich nicht weiß, wie ich mich verhalten soll. »Tante Agnes« dazu wörtlich:

»Ich spekuliere und meditiere unentwegt, wobei ich nach einer Antwort für meine zukünftige Vorgangsweise suche. Alle sind so jung, verzweifelt und hilflos, aber entschlossen zu flüchten …«

»Was kann mir passieren, wenn ich helfe und dabei geschnappt werde? Führt man mich zur Polizeiwache? Werde ich verhört? Hoffentlich gibt sich kein Mitarbeiter der Stasi als Flüchtling aus – oder wollen die auch in den Westen? Was können sie mit einer alten Rentnerin tun? – Wahrscheinlich nichts. Ich werde mich schon irgendwie herausreden, denke ich mir. Außerdem fällt mir ein, dass die jetzt größere Probleme bewältigen müssen und dadurch keine Zeit haben, eine alte Rentnerin zu beschatten.«

»Wer flüchten will, wird mich sicher nicht verraten. Also muss ich geschickt sein, um bei meinen Mitarbeitern nicht aufzufallen, die ja sowieso kein Wort Deutsch verstehen.«

Nach all diesen Überlegungen komme ich zum endgültigen Entschluss:

»Ich werde das Risiko auf mich nehmen und diesen Menschen helfen.«

Meine Bereitschaft zur Hilfe hat sich wie von mir »befürchtet«, bereits herumgesprochen, denn es dauert nicht lange, bis die nächste Gruppe zu mir kommt.

2. AUGUST 1989 *Ich warte bis meine Kollegen nach Hause gefahren sind, schließe mein »Kassenhäuschen« und will mich ebenfalls auf den Heimweg machen. Da stehen plötzlich 12 verzweifelte Personen vor mir und fragen mich nach dem Weg über die Grenze in Richtung Mörbisch. Als ich verspreche ihnen zu helfen und ihnen anschließend erkläre, wie sie durch den Eisernen Vorhang kommen, erkenne ich aus der Mimik ihrer Gesichter, dass sie einerseits erleichtert sind, andererseits aber Angst haben, im Falle einer Festnahme in die DDR abgeschoben zu werden. Am nächsten Morgen waren alle weg. Die Zelte auf der als Campingplatz verwendeten Wiese waren leer.*

Spätestens ab diesem Zeitpunkt hatte sich bei allen dort campierenden DDR-Bürgern herumgesprochen, dass »Tante Agnes« hilft. Es kam mir vor wie die »Stille Post« – bevor sich eine Gruppe auf den Weg in Richtung Grenze machte, informierte sie noch die »Neuankömmlinge«.

Besonders nahe sind mir einzelne Schicksale gegangen, die mir diese Menschen erzählt haben. Manchmal war ich so erschüttert, dass ich am Abend vor Mitleid nicht einschlafen konnte. Vor allem Jugendliche haben sich in dieser DDR wie in einem Gefängnis, in dem man sich zwar frei bewegen konnte, aber wusste, dass man immer bespitzelt wird, gefühlt. Sie sahen daher keine Perspektive in diesem Staat und gingen bewusst das Risiko ein, bei einer Flucht ihr Leben zu verlieren. Für mich gab es jetzt kein Zurück mehr – die »Tante Agnes-Aktion«, wie meine Hilfsbereitschaft nachher von vielen Bekannten genannt wurde, war voll angelaufen. Bis zum 10. September 1989 – dem Tag an dem Ungarn seine Grenzen öffnete – war ich in jeder freien Minute, bei Tag ebenso wie bei Nacht, für diese Flüchtlinge da.

Einige Schicksale von Familien, über die ich kurz erzählen will, werde ich nie vergessen. Ich freue mich, dass daraus manche Freundschaften entstanden sind, die teilweise heute noch bestehen.

DAS URLAUBSGELD IST AUFGEBRAUCHT – HEIMREISE IN DIE DDR ODER FLUCHT? – »TANTE AGNES« HILFT!

Eine Familie machte mit ihrer vierjährigen Tochter Katarina Urlaub auf dem Plattensee. Als bekannt wurde, dass Ungarn das Sperrgebiet um den Neusiedler See aufgehoben und die Zufahrt in das Grenzgebiet gestattet hat, packten sie ihre Sachen und verlegten den Rest der Ferien vom Platten- zum Neusiedler See. Sie fuhren an den Strand von Fertőrákos, stellten ihr Zelt unweit meines »Kassahäuschens« auf und begaben sich in »Lauerstellung«.

Die Eltern bleiben zunächst unscheinbar, nur die kleine Katarina kommt immer wieder zu mir, sucht das Gespräch und will mir bei meiner Arbeit helfen. Das kommt mir sehr gelegen, weil ich nicht bei jedem Auto, das zum Parkplatz fahren will, meinen Kiosk verlassen und den Insassen die Eintrittskarte übergeben muss.

Wir haben bald Freundschaft geschlossen. Ich gebe Katarina, die ein sehr aufgewecktes und liebes Kind ist, das Ticket, das sie dann dem Lenker überreicht und mir das Geld bringt.

Eines Abends stehen plötzlich die Eltern vor dem »Kassenhäuschen«, weil, wie sie mir später erzählten, ihr Urlaubsgeld aufgebraucht war und sie nun vor der Alternative standen, entweder nach Hause zu fahren, oder über die Grenze ins Burgenland zu flüchten.

Nachdem sie sich mir anvertraut haben, sagen sie mir, dass sie in Frankfurt am Main einen Onkel haben, der sie gerne aufnehmen würde. Doch sie haben vor allem wegen dem Kind Angst. Sie fragen mich nicht nur nach einer Möglichkeit zur Flucht, sie wollen auch meinen Rat bzw. soll ich ihnen sagen, wie groß denn das Risiko, erwischt zu werden, ist.

Nun bin ich in der »Zwickmühle« und weiß nicht was ich tun soll. Wir besprechen gemeinsam alle Für und Wider, worauf sie den Entschluss fassen, zu flüchten. Gemeinsam legen wir einen Plan zur Flucht fest. Bettina – so heißt die Mutter des Kindes – will im Falle einer drohenden Festnahme durch die Grenzwache Ohnmacht vortäuschen. Dabei wird das Kind mit Sicherheit zu weinen bzw. zu schreien beginnen und bei den Soldaten Mitleid auslösen, wodurch diese eventuell »ein Auge zudrücken« und sie nicht hindern werden, die Grenze zu überschreiten. Doch dazu kommt es nicht – sie haben es geschafft.

Als wir uns am nächsten Abend verabschieden, haben wir alle Tränen in den Augen. Wir vereinbaren, dass sie mir bei geglückter Flucht – so habe ich das auch bei allen anderen gemacht – eine Ansichtskarte mit verschlüsseltem Text wie: »Der Ausflug ist gelungen oder die Bauchschmerzen sind vorbei, danke für die Arznei, schicken werden.«

Wie vereinbart:
»Danke Frau Doktor ...!«

Ich habe zu meiner Freude viele Ansichtskarten bekommen, die ich noch heute mit Stolz in meinem Zimmer aufbewahre. Besonders interessant finde ich meine Anschrift bzw. Adresse auf den Karten, denn nur ganz wenige kannten meinen vollen Namen bzw. meine Anschrift. Deshalb schrieben sie einfach an »Frau Doktor« oder »Tante Agnes« in Fertörákos – Ungarn. Als die Postbeamtin kam wunderte sie sich immer über die zahlreichen Ansichtskarten aus Deutschland und sagte: »Das verstehe ich nicht, Sie bekommen von Verwandten Karten und die wissen nicht einmal ihren Namen und die Adresse!« Ich denke, dass sie ebenso wie zahlreiche andere Bewohner des Dorfes wusste, dass ich vielen DDR-Bürgern zu Flucht verhalf. Sie hat aber – wie auch alle anderen – geschwiegen.

Für mich gehörte es nun bereits zum Alltag, diesen Menschen zu helfen. Ich war mir keiner Gefahr bewusst. Nur meine jüngste Tochter und meine Mutter machten sich Sorgen um mich. Dennoch ließ ich mich nicht daran hindern, wann immer diese Flüchtlinge mich brauchten, für sie da zu sein.

NACH GESCHEITERTER FLUCHT – UNTERKUNFT BEI »TANTE AGNES« – FLUCHTHELFER GESUCHT UND GEFUNDEN

Eines Abends stehe ich wieder einmal kurz vor Feierabend in meinem »Kassenhäuschen«, als eine Familie mit zwei kleinen Kindern zu mir kommt und mich um Hilfe bittet. Ein blonder Mann, er ist Arzt, lehnt sich an meine Schulter und fängt bitterlich zu weinen an.

Er erzählt mir, dass sie die DDR bereits mit dem Vorsatz in Richtung Ungarn verlassen hätten, dort über die Grüne Grenze ins Burgenland zu flüchten. Nun seien sie zusammen mit ihren Verwandten aus der Bundesrepublik Deutschland schon einige Tage hier und würden beraten was zu tun ist. Sie seien bereits am Ende und wissen nicht wie es weiter gehen soll. Außerdem können sie sich niemandem anvertrauen, weil sie hinter jedem »Feriengast« einen Mitarbeiter der Stasi vermuten.

Wie immer empfinde ich großes Mitleid, insbesondere mit dieser Familie, denn es ist eine »hasenfüßige« (ängstliche) Familie mit einem bangenden Arztvater – wörtliches Zitat von »Tante Agnes« – und ich beschreibe ihnen die Strecke für ihre Flucht. Wir verabschieden uns und der Arzt bricht mit seiner Frau und den zwei Kindern sofort auf.

AUFGEGRIFFEN AM RANDE DES WALDES. *Als ich am nächsten Morgen zu meinem »Kassenhäuschen« komme, traue ich meinen Augen nicht. Die Familie steht plötzlich vor mir und ich blicke in vier verzweifelte Gesichter. Doch was war geschehen?*

Wie vereinbart fuhren sie noch am Abend mit ihren Verwandten zum Gasthaus Diana – dieses liegt unweit der Grenze am Rad des Waldes in unmittelbarer Nähe der Grenze und war damals Treffpunkt für viele DDR-Bürger die nach Mörbisch flüchten wollten.

Sie haben sich aber so ungeschickt verhalten, dass sie einem ungarischen Grenzwachebeamten in die Hände gelaufen sind. Dieser hat ihre Pässe verlangt und sie aufgefordert, Ungarn sofort zu verlassen und in die DDR zurückzugehen. Deshalb haben sie ihre Flucht sofort abgebrochen und sind zum Strandbad zurückgefahren. Ihre Verwandten sind einfach verschwunden.

KOMMT ZU MIR NACH HAUSE *Ich bin zunächst etwas geschockt und weiß nicht was ich tun soll. Die Eltern wirken unbeholfen und ängstlich, die Kinder tun mir leid. Nach kurzer Überlegung sage ich ihnen, dass sie am Abend –*

nachdem ich meinen Dienst beendet habe – zu mir kommen sollen. Dann werden wir gemeinsam zu meinem Wohnhaus fahren, wo sie sich zunächst ausschlafen und so lange bleiben können, bis sie wieder bei Kräften sind.
Wie vereinbart kommen sie kurz vor Dienstschluss zu mir und wir beraten gemeinsam über ihre neuerliche Flucht. Als ich ihnen sage, dass sie ihren Wartburg (Auto) – um nicht aufzufallen – auf dem Parkplatz zurücklassen müssen, stoße ich zunächst auf wenig Verständnis. Es gelingt mir dann doch, sie zu überzeugen. Bei den Reisetaschen habe ich keinen Erfolg. Trotz meiner Warnung mit Reisetaschen durch den Wald zu gehen und dadurch, das Risiko erwischt zu werden, wesentlich zu erhöhen, nehmen sie diese mit.

An das Haus von Agnes Baltigh – in dem die Menschen mit offenem Herzen empfangen wurden – werden sich noch viele ehemalige Flüchtlinge erinnern.

Während ich das Abendessen zubereite, erzählt mir der Mann von seinem Leben in der DDR. Er beklagt sich, dass ein Arzt, wenn er kein Parteimitglied ist, keine westliche Fachliteratur bekommt und keine Kongresse besuchen darf. Seinen Kindern wird, obwohl sie gute Schüler sind, der Zugang zur Universität verwehrt. Ich denke mir, dass bei uns die Lage nicht viel besser ist, höre aber zu, weil ich merke, dass es für ihn eine Erleichterung ist.

SCHLEPPER GESUCHT!   Doch nun kommt für mich die nächste Überraschung. Der Mann gesteht mir, dass sie Angst haben und es nicht wagen, alleine über die Grenze zu gehen. Er bittet mich, jemanden im Dorf zu suchen, der sie durch den Eisernen Vorhang schleusen könnte. Ich müsste doch jemanden kennen, weil ich ja schon seit Jahrzehnten in dieser Gemeinde wohnen würde, meint er. Auch das noch, denke ich mir.

Obwohl ich bereits sehr müde bin, bringe ich auch dieses Opfer. Ich gehe zu meinem Nachbarn und frage ihn um Rat. Er schickt mich zu Paul, der in der Nähe der Grenze wohnt und diese gefährliche Aufgabe übernimmt. Es ist bereits später Abend als dieser rettende Engel zu uns kommt. In der Küche besprechen wir die Details – Paul spricht nur gebrochenen schwäbischen Dialekt, weshalb ich dolmetschen muss. Nachdem sie vereinbart haben, sich am frühen Morgen bei Paul – in seinem Haus, das sich in einem Weingarten nächst der Grenze befindet – zu treffen, verlässt er meine Wohnung.

DIE FLUCHT GELINGT *Plötzlich geht die Tür auf und Marta – meine Tochter – kommt in die Küche. Ihr Blick sagt mir bereits, dass sie keinesfalls von »meinen Besuchern« begeistert ist. Zu diesem Zeitpunkt weiß sie noch nicht, dass sie in den Fluchtplan eingebunden ist, macht aber dann trotzdem das worum ich sie bitte. Sie muss nämlich »meine Gäste« zu Paul in den Weingarten bringen. Dies deshalb, weil Marta in Fertörákos wohnt, ihr Auto in Ungarn zugelassen ist und daher kaum auffällt. Man muss ja jederzeit damit rechnen, dass sich Mitarbeiter der Stasi in Grenznähe aufhalten.*

Bei Tagesanbruch wartet Marta bereits mit ihrem Fahrzeug und bringt die Familie – wie vereinbart – auf holprigen Feldwegen zu Pauls Haus. Als sie zurückkommt, sagt sie mir, dass dies ihre erste und zugleich letzte derartige Fahrt gewesen sei – was ich wenn auch nur schwer – verstehen kann. Doch Marta tut noch einmal Gutes für diese Menschen. Nachdem sie sich den ganzen Tag bei uns nicht gemeldet haben, gehen wir davon aus, dass ihnen die Flucht gelungen ist. Marta nimmt ihre Reisetaschen und bringt diese legal über die Grenze nach Mörbisch. Gerade rechtzeitig – als sie dort ankommt, steigt nämlich der Arzt soeben mit seiner Frau und den Kindern in den Bus nach Wien.

ENTTÄUSCHT *Nach Wochen bekam »Tante Agnes« eine Karte aus Tübingen (Baden-Württemberg). Seit dieser Zeit hat sie nie wieder von dieser Familie gehört. Tante Agnes« schreibt dazu in ihrer Broschüre wörtlich: »Kamen sie wohl auf ihre Rechnung? Ich bezweifele es. Denn diejenigen, die sich gut und schnell in der neuen Welt etablieren konnten, meldeten sich öfters. Mit einigen Familien bin ich jetzt noch in Verbindung. Wenn auch selten, aber sie schreiben mir und berichten von ihrem neuen Leben in Freiheit. Sind dankbar, vergessen nichts und ich bin bei ihnen immer willkommen.«*

VATER FESTGENOMMEN – MUTTER MUSS MIT DEN KINDERN ZURÜCK NACH FERTŐRÁKOS – FLUCHT GELINGT BEIM ZWEITEN VERSUCH

PAUL – »DAS KLEINE GRÜNE MÄNNCHEN« – HILFT WIEDER UND BEKOMMT UNTERSTÜTZUNG VON GABOR Es ist Anfang August 1989. Menschen bei der Flucht zu helfen ist für mich bereits zur Gewohnheit geworden. Wenn die Leute nicht zu mir kamen, so ging ich – sofern es meine Arbeit erlaubte – an den Strand, um mit »Gästen«, denen ich eventuell helfen könnte, ins Gespräch zu kommen.

Eines Tages sehe ich einen Mann, der an einem Geländer nächst der Liegewiese lehnt, die Gegend beobachtet, kurz verschwindet und dann wieder zurückkommt. Mir fällt gleich auf, dass er nach einer Fluchtmöglichkeit sucht.

Er dürfte mich ebenfalls beobachtet haben, weil ihm aufgefallen ist, dass ich mehrere Gäste aus Deutschland in ihrer Muttersprache begrüßt habe. Jedenfalls dauert es nicht lange bis er zu mir kommt, mich anspricht und mir erzählt, dass er aus Hannover nach Sopron gekommen ist. Im Hotel Pannonia habe er sich mit seinen Verwandten aus der DDR getroffen, denen er bei der Flucht in den Westen behilflich sein will. Er sei deshalb nach Fertőrákos gefahren, um eine »Schwachstelle« im Eisernen Vorhang zu suchen.

DAS AUTO BLEIBT AM PARKPLATZ ZURÜCK Wir finden schnell Vertrauen zueinander und ich lade beide Familien für den nächsten Abend zu mir nach Hause ein. Sie kommen auch wie vereinbart, lassen aber ihren Wartburg (Auto) auf dem Parkplatz im Bereich der Badeanlage zurück.

Nach dem Essen sitzen wir noch bis spät in die Nacht beisammen. Das Ehepaar aus Hannover fährt nach Sopron. Edith und Jürgen bleiben mit ihren Kindern Daniel und Katja im Haus. Sie berichten mir, dass sie für ihr weiteres Leben in der DDR keine Zukunft sehen würden und deshalb nie mehr zurückkehren werden. Wie nicht anders zu erwarten, ersuchen sie mich um Unterstützung. Ich wende mich wieder an Paul, der inzwischen den Beinamen »das kleine grüne Männchen« – weil er immer grüne Kleidung trug, was für seine Schleusungen durch den Wald sehr vorteilhaft war – erhalten hat und mir sicher auch bei dieser Schleusung helfen wird.

Da es für Paul ebenso wie für mich bereits zur Gewohnheit geworden ist, den Flüchtlingen zu helfen, vereinbaren wir, dass er jeden Abend in mein Wohnhaus kommen und bei Bedarf die Menschen über die Grenze bringen soll.

FRANK HAT KEIN GELD – BRUDER UND SCHWÄGERIN SIND VERSCHWUNDEN *An diesem Nachmittag lerne ich auch noch Frank, einen 23-jährigen, sehr deprimierten Mann, kennen und nehme ihn ebenfalls mit nach Hause. Frank war mit seinem Bruder und dessen Freundin nach Ungarn gekommen. Beide seien abgehauen und hätten ihn allein zurückgelassen. Er habe kein Geld und wisse nicht mehr weiter. In Remscheid habe er zwei Tanten, die ihn aufnehmen würden …, erzählte er mir.*

Ein »Gast« mehr oder weniger, darauf wird es nicht ankommen, es gibt ja auch noch Luftmatratzen zum Schlafen, denke ich mir.

Frank freundet sich schnell mit meiner »Gastfamilie« an und sie beschließen, am nächsten Tag gemeinsam zu flüchten. Wie vereinbart kommt Paul auch an diesem Abend zu uns und hat eine Überraschung. Er erzählt mir, dass er als Helfer seinen Freund Gabor, der einen Lada besitzt – Paul hat kein Auto –, gewonnen hat.

Als Marta unsere Unterhaltung in der Küche hört, will sie nach dem Rechten sehen, öffnet die Tür und ist leicht geschockt, als sie die große Schar an Fremden sieht. Sie lernt Frank kennen, hat Mitleid mit ihm und lädt ihn auf ein »ungarisches Letscho« ein.

EIN BESONDERES GESCHENK – DAS AUTO *Zu unser aller Überraschung kommt Rudolf – jener Mann aus Hannover, der mich am Strandbad angesprochen hat und als Helfer für seine Verwandten fungiert – mit dem Wartburg zu meinem Wohnhaus. Ich bin sichtlich nervös, habe etwas Angst, öffne aber über seine Bitte dann doch die Garage und er stellt das Auto dort ab. »Wir lassen es hier, du kannst damit tun was du willst«, sagt er zu mir. »Um Gottes Willen, was soll ich mit einem Auto aus der DDR?«, frage ich mich. Um keinen Ärger zu bekommen, gebe ich es an meinen Nachbarn weiter, der Autoschlosser ist, den PKW noch in der Nacht zerlegt und die Teile in seiner Garage aufbewahrt.*

SONDERBAR! – DIE WÄSCHE WAR WEG – JÜRGEN WURDE FESTGENOMMEN *Am nächsten Morgen hänge ich noch meine frisch gewaschene Wäsche im Garten auf, wünsche meinen »Gästen« viel Glück, verabschiede mich und fahre zur Arbeit.*

Als ich am Abend nach Hause komme, fällt mir auf, dass meine Wäsche abgenommen wurde. »Ungewöhnlich«, denke ich mir, gehe in den Garten und bemerke, dass jemand in der Kinderschaukel sitzt. Ich bin ganz entsetzt als ich die kleine Katja sehe. Ihr kleiner Bruder Daniel ist auch da. »Mein Gott, was ist passiert«, denke ich, als mir Edith – die Mutter der Kinder – weinend um den Hals fällt. »Wo ist Jürgen?«, frage ich sie, worauf mir Edith erzählt: »Wir wurden von Paul und seinem Freund an den Ortsrand von Fertörákos gebracht, marschierten durch den Wald in Richtung Grenze. Als wir einen Weg queren wollten, kam plötzlich ein Jeep, Soldaten sprangen heraus und liefen auf uns zu. Ich versteckte mich mit den Kindern im Gebüsch. Jürgen – mein Mann – war jedoch nicht schnell genug, wurde erwischt und festgenommen. Frank verschwand im Chaos und konnte entkommen.«

Er schrieb mir später aus Remscheid eine Ansichtskarte (Nordrhein-Westfahlen) und berichtete mir, dass er einfach weitergelaufen und ihm dadurch die Flucht gelungen sei, während die Soldaten mit der Festnahme von Jürgen beschäftigt waren.

Edith ist verzweifelt, die Kinder weinen um ihren Vater. Die Verwandten aus Hannover, die inzwischen nach Österreich gefahren sind, warten dort vergebens. Obwohl ich selbst den Tränen nahe bin, versuche ich Edith zu trösten und erzähle ihr, dass es an der ungarischen Grenze genug Festnahmen gibt, wobei die »Täter« nicht in die DDR zurückgeschickt werden. »Es wird nicht lange dauern und dein Mann wird zu uns kommen« sage ich ihr, obwohl ich davon selbst nicht hundertprozentig überzeugt bin.

DIE FREUDE IST GROSS – JÜRGEN IST DA Stunden des Bangens und Hoffens vergehen bis es gegen 21:00 Uhr ganz leise an der Haustür klingelt. Als ich öffne, steht Jürgen müde aber glücklich vor mir. Die Freude ist groß. Alle umarmen sich und haben Tränen in den Augen. Kurz danach treffen auch die Verwandten aus Hannover, die in Mörbisch vergebens gewartet haben, ein.

Jürgen erzählt, dass er nach Sopron gebracht worden sei und dort auf einen Dolmetsch warten musste. Nach einem Verhör, bei dem er nach seiner Herkunft, dem Aufenthalt seiner Familie sowie dem Grund seiner Flucht befragt worden sei, sei er mit der Auflage, sofort in die DDR zurückzukehren, wieder auf freiem Fuß gesetzt worden.

SOLDATEN GEBEN DEN HINWEIS – DIE FLUCHT GELINGT Doch Jürgen versprach zwar was man von ihm verlangte, verschwendete an eine Rückkehr in die DDR jedoch keinen einzigen Gedanken. Nach seiner Entlassung fuhr er nach Fertörákos und bemerkte, dass er beschattet wird. Um keinen Verdacht gegen mich aufkommen zu lassen, ging er an meinem Haus vorbei in Richtung

Strandbad und versteckte sich im Schilf. Als es dunkel war, verließ er sein Versteck, ging zu unserem Haus, wo seine Familie wartete.

Nachdem sich alle beruhigt haben, hat Jürgen noch eine positive Nachricht für seine Familie. Er erzählt, dass er in Sopron von jungen, sehr netten Soldaten bewacht worden sei. Sie hätten ihn getröstet und zu ihm wörtlich gesagt: »Heute Flucht nix gut, weil viel Razzia, morgen besser!«

DIE FAMILIE WAGTE AM NÄCHSTEN TAG NEUERLICH DIE FLUCHT UND KAM UNBESCHADET DURCH DEN EISERNEN VORHANG NACH MÖRBISCH Die Verwandten kamen tags darauf zu mir und bedankten sich für meine Hilfe – ein Stein fiel mir vom Herzen.

JOURNALISTIN ALS FLÜCHTLING GETARNT *Eines Abends klingelt es wieder einmal an meiner Haustür. Eine junge Dame steht vor mir, stellt sich als Journalistin einer österreichischen Tageszeitung vor und bittet mich, jene Strecke zu beschreiben auf der die Flüchtlinge den Eisernen Vorhang in Richtung Mörbisch überwinden. Sie hat nämlich die Absicht, getarnt als Flüchtling, die Grenze zu überschreiten und darüber eine Reportage zu schreiben. Bereitwillig gebe ich ihr Auskunft und gehe zu Bett.*

Nach einigen Stunden werde ich durch das Läuten an der Eingangstür aus dem Schlaf gerissen. Die Reporterin steht aufgeregt, völlig durchnässt und mit dreckigen Schuhen vor mir und bittet mich, eintreten und sich waschen zu dürfen. Selbstverständlich erlaube ich ihr das und bewirte sie auch noch mit Kaffee und Butterbrot.

Dabei erzählt sie mir: »Ich stellte mein Fahrzeug am Ortsrand vor dem Wald ab, ging auf einem bereits ausgetretenen Pfad in Richtung Grenze und traf auf eine Gruppe von Flüchtlingen. Wir schafften es gemeinsam, ein Loch im Stacheldraht zu finden und uns bis nach Mörbisch durchzuschlagen. Ich war überrascht, als sie mir erzählten, dass sie von »Tante Agnes aus Fertörákos«, der Kassiererin vom Seebad, den Hinweis, auf diesem Weg die Grenze zu überschreiten, bekamen. Danach »kämpfte« ich mich wieder alleine durch den Wald zurück nach Fertörákos.

Ehe wir uns verabschieden führt die Frau noch ein kurzes Interview mit mir. Ihren Namen habe ich leider vergessen.

MUTTER WIRD OHNMÄCHTIG – PAUL ZIEHT SIE DURCH EIN LOCH IM ZAUN IN DIE FREIHEIT

Ich blättere in meinem Notizbuch und finde den Namen Doris. Dazu fällt mir ein, dass ich ihr, deren Mann schon seit Jahren in der Bundesrepublik Deutschland lebt, ebenfalls geholfen habe.

Es ist 18:00 Uhr. Ein arbeitsreicher Tag neigt sich dem Ende, als eine hübsche, langbeinige junge Frau mit ihrem Sohn plötzlich neben mir an der Kassa steht und mich nach einer Möglichkeit zur Flucht fragt. Wie viele andere auch, lade ich die beiden zu mir nach Hause ein. Paul kommt wie an jedem Abend ebenfalls zu mir und bietet seine Hilfe an, die sie dankend annehmen.

Bei Tagesanbruch marschieren sie mit Paul Richtung Grenze, als die Frau im Wald, in unmittelbarer Nähe des Grenzzaunes, plötzlich ohnmächtig wird und bewusstlos zusammenbricht. Nicht nur für Paul steht viel auf dem Spiel, denn zum einen muss er sich um die Frau kümmern, zum anderen würde auch er bei einer Festnahme ins Gefängnis wandern. Doch das »grüne kleine Männchen« (Paul) verliert nicht die Nerven, sucht und findet ein Loch im Zaun. Gemeinsam ziehen beide die Frau durch dieses Loch auf österreichisches Hoheitsgebiet. Wie durch ein Wunder erlangt sie dort wieder das Bewusstsein. Paul überlässt die beiden aber nicht ihrem Schicksal, er begleitet Mutter und Sohn bis in das Ortsgebiet nach Mörbisch. Am nächsten Tag kommt der Ehemann, bedankt sich und holt die Koffer, die sie bei mir gelassen hatten, ab. Er will mir Geld geben, ich lehne jedoch dankend ab, worauf er mir seine Armbanduhr schenkt.

IN WEISSEN STÖCKELSCHUHEN UND ROTER SEIDENBLUSE ÜBER DIE GRENZE – DAS IST NICHT MÖGLICH!

Wenn ich so nachdenke, fallen mir die verrücktesten Dinge ein. Dabei denke ich an Monika, die mit ihrem 9-jährigen Sohn in weißen Stöckelschuhen, roter Seidenbluse, künstlichen Wimpern und schön geschminkt durch den Wald nach Mörbisch flüchten wollte.

Es ist wie gewohnt – kurz vor Dienstschluss. Eine elegant gekleidete Frau kommt mit ihrem Sohn in Begleitung eines ebenfalls gut angezogenen Mannes – es ist ein Rechtsanwalt aus der Bundesrepublik – zu mir, bittet mich um Hilfe und sagt, dass ihr Freund bereits in Mörbisch sei.

Wie üblich fahren wir zu mir nach Hause, wo wir in der Küche die bevorstehende Flucht besprechen. Die Frau ist etwas problematisch, weil sie sich von ihrem Koffer, in dem sie ihre Schönheitsartikel sowie die Unterwäsche und prächtige Kleidung verwahrt hat, nicht trennen will. Der Sohn hat nur einen Rucksack, der völlig ausreichen würde, um die unbedingt notwendigen persönlichen Sachen zu transportieren.

»In dieser Kleidung kannst du dich nicht auf den Weg machen. In diesen Stöckelschuhen wirst du dir den Knöchel verstauchen und dein buntes Gesicht wird im Wald jedem Soldaten auffallen«, sage ich ihr.

Da sie keine Ahnung hat, was sie auf der Flucht erwarten wird, mache ich sie auf die zahlreichen Gefahren aufmerksam. Im Rucksack des Kindes finden wir eine Jeans-Hose, ein T-Shirt und Sportschuhe. Ich kann sie schließlich überreden, diese Kleider bei der Flucht zu tragen. Paul wird wie immer als Fluchthelfer fungieren.

GEPFLEGTES AUSSEHEN WICHTIGER ALS TARNUNG ZUR »GEFAHRENABWEHR« *Als sie am frühen Morgen aufsteht, schminkt sie sich wie vor einem Auftritt im Theater. Ich sage zu ihr: »Die Vögel und Rehlein werden dich bestimmt schön finden, anderen Lebewesen – gemeint sind Grenzsoldaten – wirst du hoffentlich nicht begegnen.« Doch die Frau strotzt vor Selbstvertrauen und entgegnet mir: »Man kann ja nie wissen!« »Wäre sie sogar bereit einen Soldaten zu verführen um über die Grenze zu kommen?«, denke ich mir und hoffe, dass ihr die Flucht gelingt. Da sie sich von ihrem Koffer keinesfalls trennen will, überredet sie mich, diesen für sie nach Mörbisch zu bringen.*

DIE FLUCHT GELINGT – KOFFER PER POST NACH BERLIN *In Mörbisch erwartet mich die nächste Überraschung. Als ich in das Sammellager komme und nach einer hübschen Dame mit einem Sohn frage, gibt man mir zur Antwort, dass beide vor Kurzem mit einem Bus nach Wien gefahren seien. Der Gendarm kann sich auch gut an die beiden erinnern, weil die Kleider der Frau überhaupt nicht verschmutzt waren und sie durch ihr auffälliges Verhalten schnell die Aufmerksamkeit der anderen Flüchtlinge auf sich gezogen hat. Selbstbewusst hat sie für mich eine Adresse in Berlin hinterlassen und gebeten, dass ich ihr den Koffer an diese Anschrift schicken möge.*

Ich bin ziemlich »sauer«, weil ich unnötig über Sopron nach Mörbisch gefahren bin. Doch meine Stimmung wendet sich schnell zum Guten, denn die dort anwesenden Gendarmen sind nicht nur sehr nett, sie bieten mir auch einen Platz an und laden mich auf einen Kaffee ein. Als ich in die Runde blicke, sehe ich viele bekannte Gesichter, die mich ebenfalls erkennen. Während ich mir eine Zigarette anzünde, kommt auch schon jemand zu mir, klopft mir auf die Schulter und fragt mich, ob ich die Tante vom See in Fertőrákos bin. Binnen Minuten bin ich von Flüchtlingen umringt, die sich bei mir bedanken und mir sagen, dass ihnen aufgrund meiner Wegbeschreibung die Flucht nach Mörbisch gelungen ist. Ich blicke in die Runde und sehe diese vielen Menschen, die nur das besitzen was sie am Leib tragen und dennoch glücklich sind. Dabei empfinde ich eine derartige persönliche Genugtuung, dass ich nicht nur meinen Frust über die unnötige Fahrt nach Mörbisch, sondern auch die Gefährlichkeit meines Handelns sowie die zahlreichen Entbehrungen der letzten Wochen schnell vergesse. Der positive und zufriedene Gesichtsausdruck dieser Flüchtlinge ist für mich gleichzeitig eine Bestätigung, dass mein Entschluss, ihnen zu helfen, richtig ist.

STUDENTIN IM PKW ZUR GRENZE »GESCHMUGGELT« – DACHDECKERMEISTER BRINGT SIE SICHER NACH MÖRBISCH

Inzwischen habe ich meinen Frust abgebaut und will aus dem Sammellager gehen, als ich von einem älteren Ehepaar angesprochen und um Hilfe gebeten werde. Der Mann kommt aus Heidelberg (Baden-Württemberg) und erzählt mir, dass sein Freund aus Jena (Thüringen) bereits in den Westen geflüchtet sei. Dessen Tochter, eine Studentin, sei jedoch noch in Budapest und suche eine Möglichkeit zur Flucht. Ich konnte nicht anders und versprach ihnen helfen, worauf sie mich nicht mehr losließen und zum Mittagessen einluden. Dabei lernte ich den Dachdeckermeister Michael Sommer (Mörbisch) kennen, bei dem sie nächtigten. Da ich kein Geld nahm, musste ich mit ihnen danach noch in ein Geschäft gehen, wo ich mir – auf ihre Rechnung - verschiedene Sachen kaufen durfte (musste). Sie begannen sofort den Plan in die Tat umzusetzen, verständigten das Mädchen und die »Dinge nahmen ihren Lauf«.

25.000 DDR-BÜRGER AM PLATTENSEE – ZUFAHRT ZUR GRENZE GESPERRT.

Die ungarische Regierung hatte – wahrscheinlich auf Druck der »Bruderstaaten« – bereits reagiert und die Zufahrt auf den Straßen vom Plattensee nach Sopron für Fahrzeuge mit deutschem (DDR) Kennzeichen untersagt. Man wusste nämlich, dass sich zu diesem Zeitpunkt etwa 25.000 DDR-Bürger auf dem Plattensee aufhalten würden. An sämtlichen Zufahrtstraßen, die nur Fahrzeuge aus Ungarn sowie anderen Staaten (ausgenommen DDR) benutzen durften, gab es Kontrollen durch Polizei und Grenzpolizei. Es war daher nicht einfach, überhaupt in die Nähe der österreichischen Grenze zu kommen. Doch der Mensch ist erfinderisch und die »Magyaren« sind hilfsbereit.

Da in Ungarn zugelassene Fahrzeuge nicht kontrolliert wurden, brachten viele ungarische Studenten die Ausreisewilligen mit ihren bzw. mit den Autos ihrer Eltern nach Sopron oder in eines der umliegenden Dörfer an der Grenze.

MICHAEL SOMMER KOMMT UND BRINGT DIE STUDENTIN ÜBER DIE GRENZE. Noch am selben Abend kommt dieses Mädchen aus Jena mit einer Studentin in einem ungarischen PKW von Budapest zu mir nach Fertörákos. Die nächste Überraschung lässt nicht lange auf sich warten. Wir sitzen in der Küche und reden über die bevorstehende Flucht, als plötzlich die Tür aufgeht. Zu unser aller Überraschung kommt der Dachdeckermeister Michael Sommer in den Raum. Nun kümmern sich drei wildfremde Menschen – eine Studentin, ein Dachdeckermeister und ich als vierfache Großmutter – um ein junges Mädchen. Wir legen – nach meinen Anweisungen – kurz den Plan zur Flucht fest und gehen auseinander. Die Studentin fährt zurück nach Budapest, der Dachdeckermeister macht sich mit der jungen Frau auf den Weg nach Mörbisch und ich bleibe zurück. Wie mir später Michael Sommer erzählt hat, sind beide anstandslos über die Grenze gekommen.

KEIN GELD UND WENIG HOFFNUNG – SIE WOLLTEN DURCH DEN SEE SCHWIMMEN

Die nachstehende Geschichte ist mir ebenfalls persönlich sehr nahe gegangen. Wie schon erwähnt sind die »Gäste« aus der DDR meist mit PKW, die Ungarn vielfach mit Bussen, zum Strand gefahren und haben bei mir angehalten, um ihren Eintritt zu bezahlen.

Doch eines Tages kommt ein junges Ehepaar ängstlich und scheu zu mir an die Kassa. Sie wollen keine Eintrittskarte bzw. haben sie dafür kein Geld. Sie stehen einfach ratlos vor mir, reden nur ganz wenig, und versuchen doch mit mir ins Gespräch zu kommen. Da ich besonders in den letzten Wochen im Umgang mit Menschen, die sich in schwierigen Situationen befanden, genug

Erfahrung gesammelt habe, gelingt es mir binnen kürzester Zeit ihr Vertrauen zu gewinnen.

Sie erzählen mir, dass sie Deutsche aus Rumänien und zusammen mit anderen Menschen durch den Maros (ein Fluss, der die natürliche Grenze zwischen Ungarn und Rumänien bildet), geschwommen seien. Sie seien dabei von rumänischen Grenzsoldaten beschossen, aber nicht getroffen worden. Von der rumänischen Grenze seien sie vorerst mit dem Zug und dann per Autostopp nach Fertörákos gekommen. Ihre vierjährige Tochter hätten sie in Rumänien zurückgelassen. In Graz würde ihr Onkel leben, der die Tochter mit Geld »auslösen« würde. Sie seien völlig mittellos und hätten geplant, durch den Neusiedler See über die Grenze nach Mörbisch zu schwimmen.

DEN NEUSIEDLER SEE KANN MAN NICHT DURCHSCHWIMMEN *»Oh Gott, das können die nie schaffen«, denke ich mir. Die beiden haben nicht nur kein Geld, sie haben auch keine Ahnung von der Beschaffenheit dieses Sees.*

Da sie nicht warten wollen bis ich nach Hause gehen kann, gebe ich ihnen vorerst einmal etwas zu essen und zu trinken. Dabei erkläre ich ihnen, dass eine Flucht durch den See keinesfalls ratsam und die einzig realistische Chance, den Eisernen Vorhang zu überwinden, der Weg durch den Wald sei. Es gelingt mir, sie davon zu überzeugen, worauf ich ihnen die Strecke im Detail beschreibe. Danach ruhen sie sich noch ein wenig aus und »verschwinden«.

Ich freue mich, dass ihnen die Flucht gelungen ist, weil ich nach einigen Tagen aus Graz eine Karte mit den vereinbarten Codewörtern bekomme.

PANEUROPÄISCHES PICKNICK – AUFBRUCHSTIMMUNG IN FERTÖRÁKOS

Bereits einige Tage vor dem 19. August 1989 kursierte im Areal unseres Campingplatzes das Gerücht von einem Paneuropäischen Picknick, das auf einer Wiese in Sopronpuszta – nur einige Kilometer von Fertörákos entfernt – veranstaltet werden soll. Die Menschen der grenznahen Gemeinden beider Staaten sollten sich auf dieser Grünfläche einfinden, bei Würstel, Speck und Bier gemeinsam feiern und neue – grenzüberschreitende – Freundschaften knüpfen. Dazu sollte beim Tor von St. Margarethen ein temporärer Grenzübergang eingerichtet und von 15:00 Uhr bis 18:00 Uhr geöffnet werden. Genaueres wusste ich vorerst nicht, holte mir jedoch nähere Informationen ein.

FREITAG, 18. AUGUST 1989   *Tagsüber kamen wieder zahlreiche »Urlauber« aus der DDR zum Strandbad. Ich weiß nicht mehr genau, ob mich an diesem Tag jemand nach dem Fluchtweg gefragt hat. Der Campingplatz war am Abend jedenfalls voll besetzt. »Morgen wird es wahrscheinlich wieder einige freie Plätze geben, weil viele – wie auch in den vergangenen Tagen bzw. Nächten – flüchten werden«, denke ich mir als ich in meinen Fiat steige und nach Hause fahre. Doch es kam anders, als ich dachte.*

SAMSTAG, 19. AUGUST 1989   *Als ich am Morgen meinen Dienst antrete, bin ich sichtlich überrascht, dass es auf dem Campingplatz kaum »Lücken« gibt. »Komisch, dass niemand geflüchtet ist«, sind meine ersten Gedanken, als mir das für den Nachmittag geplante Paneuropäische Picknick einfällt.*

Es dauert aber nicht lange bis ein Bote kommt und zu mir sagt: »Tante Agnes komm zum Campingplatz, die Deutschen warten auf dich.« Mein Chef, der mein Verhalten in den letzten Wochen zwar nicht unterstützte, aber stillschweigend zur Kenntnis nahm, hat keinen Einwand und ich gehe zu »meinen Freunden«.

Als ich zum Campingplatz komme, stehen die Leute in einer Runde und diskutieren aufgeregt. Sie haben sich über diese Veranstaltung genauestens informiert und fragen mich nach meiner Meinung. Keine einfache Situation für mich, denn es geht nicht um ein oder zwei Familien, sondern um 200 bis 300 Menschen. Einerseits muss ich damit rechnen, dass man mich zur Verantwortung zieht, wenn den ungarischen Behörden bekannt wird, dass ich den Leuten zur Flucht geraten habe. Andererseits werden mich die Menschen dafür verantwortlich machen, wenn sie festgenommen, zurückgeschickt oder gar inhaftiert werden. »Sie werden es schon schaffen und außerdem, was soll mir schon passieren, ich bin eine alte Frau die man sicher nicht einsperren wird,« sind meine Überlegungen, als ich den »Urlaubern« den Weg zu dieser Veranstaltung erkläre. Ich sage ihnen auch, dass sich dort mit Sicherheit eine Gelegenheit ergeben wird, um über die Grenze zu laufen. Danach gehe ich wieder an meinen Arbeitsplatz, denn meine Kollegin, die für etwa zwei Stunden alleine war, hat wenig Freude mit meiner Abwesenheit.

ABFAHRT ZU MITTAG   *Mittlerweile ist es 12:00 Uhr. Wie vereinbart fahren die Flüchtlinge mit ihren Trabis und Wartburgs – um so wenig wie möglich Aufsehen zu erregen, nicht in einer Kolonne, sondern in kurzen Abständen – an* mir vorbei in Richtung Fertörákos zur Veranstaltung nach Sopronpuszta. Die Leute verhalten sich sehr diszipliniert. Es kommt zu keinen Zwischenfällen. Nach etwa einer Stunde ist der Campingplatz fast leer. Nur einige ungarische Gäste baden im See oder liegen auf der Wiese in der Sonne und sprechen ebenfalls von diesem Picknick. Nachdem kein einziges Auto zurückkommt, bin ich guter Hoffnung, dass alle den Grenzübertritt geschafft haben.

HILDA – MEINE FREUNDIN – HAT ALLES GESEHEN Als ich am Abend nach Hause komme, warte ich gespannt auf diesbezügliche Berichte im Radio bzw. Fernsehen. Es kommt aber nur eine kurze Reportage, wobei von einem kleinen Chaos berichtet wird. Nun bin ich etwas beruhigt und hoffe, dass man mich nicht zur Verantwortung zieht. Doch die Wahrheit erfahre ich erst am nächsten Tag.

Hilda, meine Freundin erzählt mir nämlich wie es wirklich abgelaufen ist. »Ich fuhr mit meinem Mann und einigen anderen Schaulustigen zu diesem Tor. Wir konnten aber nur schwer zufahren, weil bereits zahlreiche Autos abgestellt waren und den schmalen Feldweg teilweise blockierten. Daher kamen wir auch nicht bis an die Grenze und konnten das Geschehen nur aus einer größeren Entfernung beobachten.

Augenzeugen erzählten uns, dass beim Hochziehen des Schrankens und anschließender Öffnung des Tores die Deutschen mit riesigem Geschrei aus den Gebüschen kamen und Richtung Grenze liefen. Niemand konnte sie aufhalten. Sie stießen die ihnen im Weg stehenden Stühle und Tische einfach um, drückten das Tor auf und rannten auf österreichisches Staatsgebiet. Zuschauer bzw. Menschen, die die Grenze legal passieren wollten, mussten zur Seite springen, sonst wären sie einfach umgestoßen oder »niedergetrampelt« worden. Den Grenzsoldaten stockte ebenfalls der Atem. Sie konnten nicht eingreifen. Die Leute schrien, als sie auf österreichischer Seite waren, unentwegt: »Wir sind frei! Wir sind frei!«

DIEBE NÜTZTEN JEDE GELEGENHEIT – SIE STAHLEN ALLES

Nach diesem 19. August 1989 wurde die Grenze mit jedem Tag durchlässiger. Unser Campingplatz in Fertörákos blieb nur eine Zwischenstation auf der Flucht ins Burgenland.

Die Leute kamen meist am Vormittag, stellten ihre Zelte auf, ruhten sich aus und gingen baden. Sobald es dunkel wurde, ließen sie alles zurück und machten sich auf den Weg in Richtung Mörbisch. Es gab nur wenige die einmal, oder was ganz selten vorkam, ein zweites Mal übernachteten.

Das blieb natürlich auch den Kriminellen nicht verborgen. Sie lagen ständig auf der »Lauer« und registrierten jeden verlassenen Wohnwagen bzw. jedes »herrenlose« Zelt. Wie Hyänen fielen sie über diese leerstehenden Unterstände her und stahlen alles – von den Toilettenartikeln über ganze Zelte. Bestandteile von Autos waren ebenfalls eine begehrte Beute, auf dem Schwarzmarkt leicht und außerdem noch äußerst gewinnbringend zu verkaufen. In Einzelfällen wurden sogar Autos einfach gestartet oder abgeschleppt und gestohlen.

Ein Fall, über den ich mich für meine Landsleute besonders schäme, ist mir noch genau in Erinnerung.

Eine Familie kam am Vormittag, stellte ihr Zelt auf, ging gegen Abend schwimmen und wollte erst am nächsten Tag flüchten. Als sie aus dem Wasser wieder zu ihrem »Unterstand« kamen, hatten unbekannte Täter alles gestohlen was sich in diesem Zelt befand.

In einem anderen Fall wollten zwei junge Männer tatsächlich Urlaub machen. Sie kamen mit ihren Motorrädern, stellten ihr Zelt am Rande der Liegewiese auf, und fuhren am Abend in die Stadt um sich zu unterhalten. Als sie zurückkamen war das Zelt aufgeschnitten und alles was sich darin befand gestohlen.

Ich muss sagen – so leid mir das tut und ich mich dafür auch noch so geniere –, dass derartige Diebstähle damals ebenso wie die Flucht über die Grenze zum Alltag gehörten.

OLDTIMER AUFBEWAHRT – POLIZEI WOLLTE DAS FAHRZEUG HOLEN – ICH VERWEIGERTE DIE HERAUSGABE

So gegen Ende August 1989 lerne ich eine Familie (aus der DDR) kennen, deren Tochter in Friedrichshafen (Baden-Württemberg, Bodensee) lebte.

Sie haben bereits ihre Flucht geplant, kommen zu mir und suchen nach einem sicheren Abstellplatz für ihren Oldtimer – ein wertvolles Auto der Marke Tatra – weil sie dieses keinesfalls aus Angst vor einem Diebstahl auf dem Campingplatz zurücklassen wollen. Was bleibt mir übrig? Hilfsbereit wie ich bin, biete ich ihnen meinem Hof an. Sie stellen das Auto unter dem Nussbaum ab, versperren es, überkleben das internationale Unterscheidungszeichen DDR mit einem »D« (für die Bundesrepublik Deutschland) und machen sich auf den Weg nach Mörbisch – die Flucht gelingt. Leider »fälschen« sie dieses Unterscheidungszeichen so dilettantisch, dass für jedermann leicht erkennbar ist, dass es sich bei dem Fahrzeug um ein Auto aus der DDR handelt.

DER POLIZIST – EIN »LAUSBUB« AUS DER NACHBARSCHAFT Es dauert keine 14 Tage bis ein Abschleppdienst in Begleitung eines Polizisten kommt und den Oldtimer abholen will. Man glaubt nämlich, dass ich dieses Fahrzeug gestohlen habe. Als ich nach dem Besitzer gefragt werde, sage ich ihnen, dass es einer Familie aus Westdeutschland gehört. Die Männer trauen mir nicht und wollen den PKW aufladen. Da erkenne ich plötzlich den Polizisten. Es ist »Feri«, jener »Lausbub« aus der Nachbarschaft, der als Kind einmal mit dem Ball unsere Fensterscheibe eingeschossen hat.

»Der Bann ist gebrochen«, das Gesprächsklima wird freundlicher. Ich sagte ihm, dass ich das Auto nicht herausgeben werde, weil es spätestens in 14 Tagen von den Besitzern abgeholt werden wird. Ich kann »Feri«, der mich ja kennt, leicht davon überzeugen, dass ich den PKW nicht gestohlen habe, worauf er mit dem Abschleppdienst mein Anwesen wieder verlässt. »Aus Rücksicht auf Tante Agnes lassen wir das Auto hier, aber wir kommen in 14 Tagen wieder,« sagt »Feri« zu den Männern, bevor er in seinen Polizeiwagen steigt. An die Besitzer schreibe ich sofort eine Karte. Sie holen den Oldtimer bald danach ab.

MAREK, EIN POLNISCHER JUNGE, WILL EBENFALLS FLÜCHTEN – MEINE LETZTE HILFE AUF DEM WEG IN DIE FREIHEIT

KRANKES KIND GEPFLEGT Es ist nun bereits Anfang September. Auf politischer Ebene bahnt sich eine Lösung des Flüchtlingsproblems an. Die Nächte sind bereits kälter. Auf dem Campingplatz stehen nur mehr wenige Zelte in denen die Eltern mit ihren Kindern zittern. Eines Tages kommt eine Mutter zu mir und bittet mich um Hilfe. Ihr Kind habe Fieber, sagt sie zu mir und fragt, ob ich für sie Medikamente hätte. Wie immer weise ich niemanden ab, bringe das Kind zu mir nach Hause, verabreiche die notwendige Arznei und pflege es gesund.

MAREK KOMMT MIT EINER FLASCHE POLNISCHEM WODKA Mein Sohn Attila, der mir auch des öfteren geholfen hat, freundete sich mit einem polnischen Jugendlichen, der nur eine Flasche Wodka bei sich hatte, an. Beide konnten sich nur in gebrochenem Russisch verständigen.

Als ich am Abend nach Hause komme, sind beide »gut aufgelegt« und begrüßen mich (neben dem Wodka) auch mit einer Flasche selbstgemachtem Eierlikör. Nun fasst Marek, ein sehr kleiner junger Mann, Mut und bittet mich über meinen Sohn – ich kann mich mit Marek ja nicht verständigen – um Fluchthilfe. Er fragt mich, ob man in Österreich auch Polen aufnimmt und dann wieder ausreisen lässt. Ich kann ihm zwar die Frage nicht beantworten, sage ihm aber, dass ich ihm helfen werde, über die Grenze zu kommen. »Versuchen kann ich es ja, schlechter als in Polen kann es mir ja dort auch nicht gehen,« entgegnet er mir.

Im Morgengrauen bringe ich ihn mit meinem PKW zum Steinbruch. Den Weg durch den Wald nach Mörbisch habe ich ihm schon vorher beschrieben und außerdem noch eine Skizze angefertigt. Als er aus dem Wagen steigt, sagt er: »Bye Bye Mama.« Danach verschwindet der kleine Marek mit seinem Rucksack auf »Nimmerwiedersehen« im nebeligen Wald.

Nach einigen Tagen kommt vorerst eine Ansichtskarte aus Deutschland, Wochen später schreibt er aus Marseille und bedankt sich für die Hilfe.

Ich habe dieses »kleine Männchen« noch heute in Erinnerung und hoffe, dass es an jenem Ort, an dem es ein neues »Zuhause« gefunden hat, glücklich wurde.

DIE GRENZSOLDATEN Zum Abschluss möchte ich noch einige Worte über das Verhalten der ungarischen Grenzsoldaten verlieren. Sie haben ihren Dienst mit »Augenmaß« verrichtet. Meistens waren vier Mann gemeinsam auf Streife, oft hatten sie auch einen Hund dabei. Ich kenne zwar einige Flüchtlinge die festgenommen wurden, von einem Übergriff habe ich jedoch nicht gehört. Sie waren meistens anständig und verständnisvoll. Wenn sie aus einem Busch ein Geräusch hörten, haben sie dieses meist ignoriert und sind weitergegangen oder haben in die andere Richtung geschaut.

DIE ÖSTERREICHER Sie haben sich ebenfalls vorbildlich verhalten. Unter zahlreichen Sträuchern haben sie für Soldaten und Flüchtlinge kleine Geschenke wie Zigaretten, Schokolade, Orangen und Bananen etc. versteckt. Einerseits wollte man den Soldaten die Solidarität mit den Flüchtlingen zeigen, andererseits sie indirekt dazu auffordern, wenn möglich die Menschen nicht am Grenzübertritt zu hindern. Und das – so denke ich – ist ihnen gut gelungen.

STILLE IST EINGEKEHRT

Wir haben nun bereits Ende September 1989. Ungarn hat seine Grenzen geöffnet. Der Eiserne Vorhang verliert langsam seinen Schrecken. Alle in unserem Land aufhältigen, ausreisewilligen DDR-Bürger konnten bzw. können ungehindert auf legalem Weg nach Österreich fahren. Dennoch ist erst ein kleiner Schritt auf dem langen Weg in die Freiheit getan.

Im gesamten Areal der Badeanlage ist ebenfalls Ruhe eingekehrt. Nur einige herrenlose Fahrzeuge, an denen bereits zahlreiche Teile ausgebaut und gestohlen wurden sowie aufgeschnittene Zeltplanen, die erst durch die Müllabfuhr beseitigt werden müssen, lassen erahnen, dass hier tausende Menschen campiert und für ihr weiteres Leben richtungsweisende Entscheidungen getroffen haben. Einzelne Fischer sitzen an den Ufern, hoffen auf einen guten Fang und entspannen sich. Die Tage werden kürzer, die Sonne verschwindet am Horizont, die zahlreichen Vogelarten kommen aus dem Schilf und können das gesamte Seebad nun wieder »ihr Eigen« nennen. Ich schließe mein »Kassenhäuschen«, gehe ebenfalls nach Hause und warte auf den nächsten Sommer.

GELDSCHEINE VERSTECKT   Nun finde ich endlich Zeit für die Hausarbeit. Und da wartet auf mich eine faustdicke Überraschung. Ich habe nämlich kein einziges Mal für meine Hilfe Geld genommen.

Als ich die Lade einer Kommode öffne, finde ich in Handtüchern, in Büchern sowie in meinem Zigarettenetui und zahlreichen anderen Verstecken Forintscheine. Wer die Geldscheine dort versteckt hat, habe ich nie erfahren. Dieses Geld habe ich nicht für mich verwendet, ich habe damit den Ankauf eines Grabsteines für das Grab meines verstorbenen Mannes finanziert.

30 JAHRE DANACH   Nun sind bereits 30 Jahre vergangen. Ich bin mittlerweile 94 Jahre alt und erinnere mich noch an viele Einzelheiten. Selbstverständlich habe ich oft über diese turbulenten Wochen nachgedacht und bin zum Entschluss gekommen, dass ich in jeder Situation wieder so handeln würde. Wenn ich daran denke, diesen Menschen damals geholfen zu haben, überkommt mich auch nach 30 Jahren noch ein Gefühl der Freude und Zufriedenheit. Dass mir *einmal etwas zustoßen – Verfolgung durch die ungarischen Behörden oder durch die Stasi etc. – würde, daran habe ich nur zu Beginn gedacht. Danach war mir das ziemlich gleichgültig. Mir – dieser damals bald 64-jährigen Frau – würden sie kaum etwas antun, dachte ich mir. Sorgen machte ich mir mehr um meine Kinder, die aufgrund meines Handelns eventuell Repressalien durch den Staat hätten erleiden können. Sie hatten meine Hilfsbereitschaft nicht immer gebilligt, aber dennoch »zähneknirschend« zur Kenntnis genommen.*

POSITIVES DENKEN WAR IN JEDER SITUATION GEFRAGT *Ich war oft am Ende meiner Kräfte und habe trotzdem versucht, diesen Leuten Zuversicht zu vermitteln, obwohl ich in jungen Jahren selbst meine Heimat verlassen musste und ebenfalls nicht vorhersehen konnte, wie es weitergehen wird. Mein Schicksal hat sich trotz vieler Entbehrungen zum Guten gewendet.*

Von zahlreichen Flüchtlingen habe ich viel Dankbarkeit – meist in Form von Ansichtskarten – erfahren, die mir mehr Freude als materielle Werte bereitet haben. Einige haben mich immer wieder besucht und kommen auch heute noch zu mir. Es sind Freundschaften entstanden, die bis zur Gegenwart bestehen und die ich niemals missen möchte. Es gab aber auch andere Flüchtlinge, für die ich nur »Mittel zum Zweck« war. Doch das war eine verschwindende Minderheit und daran möchte ich nicht denken.

AUS DER GESCHICHTE LERNEN *Mir scheint es ganz wichtig, dass wir für die Jugend dokumentieren, was damals geschah. Viele werden den Eisernen Vorhang nur aus der Geschichte kennen. Und das ist gut so. Die Menschen – und hier kann ich nur für Ungarn sprechen – haben sich wahrscheinlich mehr Wohlstand erwartet als tatsächlich eingetreten ist. Doch der Weg ist noch nicht zu Ende.*

Die Beseitigung dieser Menschen verachtenden Grenze hat uns zumindest die Freiheit gebracht. Wir sind nicht mehr eingesperrt und können reisen wohin wir wollen. Ich hoffe, dass es nie mehr einen Eisernen Vorhang geben wird.

PERSÖNLICHE GEDANKEN DES AUTORS Nach dem Interview bedanke ich mich bei dieser netten Frau und mache mich auf den Weg nach Hause. Als ich in die Hauptstraße von Fertörákos in Richtung Mörbisch einbiege, werfe ich einen kurzen Blick nach Süden. Dort liegt in einer Entfernung von ca. zehn Kilometern Balf (Wolfs), jenes kleine Dorf, aus dem meine Großeltern mit meiner Mutter im Jahre 1946 vertrieben wurden. Durch diesen Eisernen Vorhang hatte man ihnen für Jahrzehnte jede Möglichkeit genommen, in ihre geliebte Heimat zurückzukehren und sie dazu gezwungen, sich eine neue Existenz aufzubauen. Sie wurden in Rust – nur etwa 20 Kilometer von Balf entfernt – sesshaft und wären auch zu Fuß »nach Hause gegangen«. Doch die Politik hat – ohne Rücksicht auf menschliche Schicksale – anders entschieden.

Am Ortsende von Fertörákos fahre ich bewusst auf dem für Autos gesperrten Radweg durch den Wald nach Mörbisch. Dabei denke ich noch einmal an »Tante Agnes« sowie an die Vielzahl von Menschen, die auf dem Weg in die Freiheit unter Einsatz ihres Lebens diese durch Stacheldraht, Minen (später technische Sperren) und schwer bewaffnete Soldaten gesicherte Barriere überwinden mussten. Heute erinnern nur mehr – dies- und jenseits der Grenze – zwei dem Verfall preisgegebene Objekte daran, dass es an dieser Stelle einmal einen Eisernen Vorhang gab.

QUELLE: ZAHLREICHE PASSAGEN DIESES INTERVIEWS WURDEN AUCH DER VON DR. AGNES BALTIGH PERSÖNLICH VERFASSTEN BROSCHÜRE »ES WAR EINMAL EIN EISERNER VORHANG« ENTNOMMEN.

VII. KAPITEL:
DEUTSCHKREUTZ — FLÜCHTLINGE UND HELFER ERZÄHLEN

SOLIDARITÄT UND HILFSBEREITSCHAFT KENNT KEINE GRENZEN

Monfred Kölly

Deutschkreutz galt mit seiner kilometerlangen Grenze zu Ungarn sowohl bei der Errichtung des Eisernen Vorhanges, als auch beim Zerfall der kommunistischen Diktaturen in Osteuropa als neuralgischer Punkt.

Zum ersten Mal rückte unsere Gemeinde beim Ungarnaufstand 1956 in den Blickpunkt der Weltöffentlichkeit. Obwohl viele Menschen bei uns damals selbst noch in Not waren, nahmen sie Flüchtlinge wie Angehörige auf, sprachen ihnen Mut zu und gaben ihnen nach gelungener Flucht ein Gefühl der Geborgenheit.

Die Medien berichteten zwar im Frühjahr 1989 darüber, dass Ungarn mit dem Abbau dieser Menschen verachtenden Grenze begonnen hatte, doch wir Deutschkreutzer nahmen davon vorerst wenig Notiz. Da die innerdeutsche Grenze als unüberwindbar galt, ahnte bei uns noch niemand, dass tausende Bürger in der DDR bereits mit »Argusaugen« nach Ungarn schielten und Pläne zur Flucht schmiedeten. Und Deutschkreutz mit seiner Nähe zu Sopron spielte dabei eine zentrale Rolle.

Als Anfang August 1989 einzelne Flüchtlinge über die Grenze kamen, wurde uns bewusst, dass der Stacheldraht auch bei uns erste Löcher aufweist. Doch in den folgenden Wochen nahm der Flüchtlingsstrom täglich zu und wir Deutschkreutzer übertrafen an Hilfsbereitschaft alles, was man bisher gekannt hatte. Es wurden nicht nur Kleider und Lebensmittel gesammelt. Einige Gemeindebürger standen an der Grenze, warteten auf Flüchtlinge, brachten sie ins Dorf und gewährten ihnen – bei Bedarf – auch noch Unterkunft in ihren eigenen vier Wänden. Doch damit nicht genug. Einzelne fuhren sogar nach Ungarn, um das Gepäck der Flüchtlinge zu holen oder ihnen einen sicheren Fluchtweg zu weisen.

Journalisten aus aller Welt kamen nach Deutschkreutz und berichteten über das Schicksal der Flüchtlinge sowie über die enorme Hilfsbereitschaft unserer Bevölkerung. Dass nach 30 Jahren noch immer zahlreiche ehemalige Flüchtlinge ihre einstigen Helfer in unserer Gemeinde besuchen, zeigt, dass uns diese Menschen nicht vergessen haben.

Als Bürgermeister der Marktgemeinde Deutschkreutz bin ich darauf sehr stolz und freue mich über die Solidarität, die unsere Bürgerinnen und Bürger damals gezeigt haben. Ich wünsche mir, dass diese Hilfsbereitschaft niemals in Vergessenheit gerät und weiter bestehen bleibt.

Ich danke dem Autor Wolfgang Bachkönig, dass er dieses Kapitel in der »Deutschkreutzer Geschichte« entsprechend gewürdigt hat.

LABG. MANFRED KÖLLY
BÜRGERMEISTER DER MARKTGEMEINDE
DEUTSCHKREUTZ

»WIR WERDEN NIE VERGESSEN WAS IHR FÜR UNS GETAN HABT. DANKE LIEBE BÜRGER AUS DEUTSCHKREUTZ!«

Diese Dankesworte finden sich auf zahlreichen Ansichtskarten, die Menschen nach ihrer geglückten Flucht an die Bürgerinnen und Bürger von Deutschkreutz geschrieben haben. Viele Flüchtlinge sind später wieder an jenen Ort zurückgekommen, an dem sie zum ersten Mal »die Luft der Freiheit geatmet haben«, um sich bei ihren Helfern persönlich zu bedanken.

Deutschkreutz, die wohl bekannteste Gemeinde im Blaufränkischland zählt etwa 3.000 Einwohner und liegt »im Herzen« des Bezirkes Oberpullendorf, »hart« an der ungarischen Grenze. Der Ort war wie viele andere Dörfer des Burgenlandes über Jahrzehnte durch den Eisernen Vorhang von seiner ungarischen Nachbargemeinde Kópháza (zu Deutsch: Kohlenhof) abgeschnitten. In den 40 Jahren der Trennung durch Stacheldraht, Minenfeld und technische Sperren gab es immer wieder Menschen, die versuchten, dieses lebensgefährliche Hindernis zu überwinden. Gab es einen Grenzzwischenfall, so sprach man im Ort zwar darüber, doch der Alltag holte die Bürger schnell wieder ein. Man lebte einfach damit, dass der Stacheldraht dieser Menschen verachtenden Grenze neben bzw. am Ende des ein- oder anderen Weingartens als Symbol zweier Machtblöcke – der kommunistischen Diktatur im Osten und der Freiheit im Westen – stand und niemals überschritten werden durfte.

Die Pfarrkirche von Deutschkreutz – Orientierungspunkt und Stätte der Hoffnung für viele Flüchtlinge

Doch im Sommer 1989 änderte sich dies in nur wenigen Tagen. Deutschkreutz geriet durch die Hilfsbereitschaft seiner Bevölkerung mit einem Mal in die Schlagzeilen der internationalen Medien. Die Marktgemeinde galt nämlich als einer der »Hotspots« zur Zeit der DDR-Flüchtlingswelle.

DAS GELÄNDE BEI DEUTSCHKREUTZ – NAHEZU IDEALE DECKUNG FÜR EINE FLUCHT

Hatten im Bezirk Eisenstadt Mörbisch, Klingenbach und St. Margarethen die Hauptlast des Flüchtlingsstromes der DDR-Bürger zu tragen, so war es im Bezirk Oberpullendorf die Marktgemeinde Deutschkreutz. Durch die unmittelbare Nähe zu Sopron, wo sich tausende ausreisewillige Menschen aus der DDR nach einem als Urlaub getarnten Aufenthalt am Plattensee sammelten, bot sich die Grenze bei Deutschkreutz nahezu für eine Flucht nach Österreich an. Dies deshalb, weil den Flüchtlingen vor allem die Beschaffenheit des Geländes entgegenkam, zumal mit Ausnahme des bereits durchlässig gewordenen Stacheldrahtes keine wie auch immer gearteten Hindernisse (natürliche – wie Wasser, Schilf, Sumpf etc. sowie von Menschen geschaffene) zu überwinden waren. Zahlreiche Bäume und Sträucher boten bei Bedarf Schutz vor den entlang der Grenze patrouillierenden oder auf ihren Wachtürmen stehenden ungarischen Grenzwächtern.

MAN WUSSTE ES AUCH AM PLATTENSEE – DIE DEUTSCHKREUTZER HELFEN Unter anderem hatte sich die Hilfsbereitschaft der Bürger in Deutschkreutz bald bis zum Plattensee herumgesprochen. Da sich viele Flüchtlinge vor allem in der Nacht nur ganz schwer orientieren konnten und durch den abgebauten Stacheldraht den Grenzverlauf nicht kannten, brachten die Deutschkreutzer bei den grenznahen Weingärten Hinweisschilder an. Viele Bürger dieser Gemeinde nahmen die Flüchtlinge wie Angehörige auf. Sie versuchten die meist verängstigten Menschen zu beruhigen, verköstigten sie und gaben ihnen saubere Kleider, die man in der Gemeinde durch Sammlungen organisiert hatte. Manche Bürger gingen sogar soweit, dass sie diese Flüchtlinge vorübergehend in den eigenen vier Wänden aufnahmen, ihnen ihren »Nassbereich« zur Verfügung stellten oder sie in Ausnahmefällen bei sich nächtigen ließen. Einige Deutschkreutzer setzten sich auch der Gefahr einer Verhaftung durch ungarische Grenzbeamte aus, weil sie sich als Fluchthelfer betätigten und zahlreiche DDR-Bürger durch den löchrigen Stacheldraht auf österreichisches Hoheitsgebiet schleusten.

Ich hatte die Gelegenheit mit einigen Zeitzeugen zu sprechen, wofür ich sehr dankbar bin.

SIE HABEN DAS GASTHAUS GEGENÜBER DER KIRCHE MIT DER NETTEN UND HILFSBEREITEN WIRTIN SAMT IHRER TOCHTER NIE VERGESSEN.

Maria Glöckl

FOTO: VON ANNA HEINRICH ZUR VERFÜGUNG GESTELLT

MARIA GLÖCKL (*1930 – 2010) dieses Interview habe ich im Jahre 2014 mit Maria Glöckl geführt) war eine Wirtin mit Leib und Seele für die es selbstverständlich war, diese verängstigten Menschen zu trösten und sie zu versorgen.

Ohne zu hinterfragen hat sie sich von der ersten Stunde an in den Dienst der »guten Sache« gestellt und ist den Flüchtlingen mit Rat und Tat zur Seite gestanden. Zahlreiche Bilder und Eintragungen des Dankes in einem Gästebuch geben Zeugnis jener ereignisreichen Tage des Sommers im Jahre 1989.

»Für mich als Christin war es in meinem ganzen Leben die ›natürlichste Sache Welt‹, anderen Menschen zu helfen, wenn sie in Not waren. Es gab keinen einzigen Flüchtling den wir damals abgewiesen haben. Wir haben sie versorgt, mit viel persönlichem Einfühlungsvermögen ihr Vertrauen gewonnen und dadurch ihr Gefühl, endlich frei zu sein, bestätigt.«

WÖRTLICHES ZITAT VON MARIA GLÖCKL WÄHREND MEINES INTERVIEWS IM JÄNNER 2014.

Anna Heinrich

ANNA HEINRICH, Jahrgang 1962, war damals im Betrieb ihrer Mutter beschäftigt und führt heute als »Kirchenwirtin«, deren Schmankerl bis weit über die Grenzen des Burgenlandes bekannt sind, dieses Gasthaus. Sie hat ihre Mutter in allen Belangen unterstützt und war immer zur Stelle, wenn Hilfe gebraucht wurde.

Durch ihren unentgeltlichen und selbstlosen Einsatz hat sie dafür gesorgt, dass diese Flüchtlinge mit allem Nötigen – sei es mit Lebensmitteln, Kleidern, Toilettenartikeln etc. versorgt wurden. Unter anderem stand sie den Emigranten stets als Ansprechpartnerin zur Verfügung und war ihnen eine wertvolle Stütze beim Eintritt in einen für sie völlig neuen und ungewissen Lebensabschnitt.

»**Ich weiß, dass meine verstorbene Mutter immer stolz darauf war, diesen Menschen geholfen zu haben, nichts bereuen und auch heute wieder so handeln würde.**«

»**Ich denke oft an diesen Sommer des Jahrs 1989 zurück und bin auch nach 30 Jahren noch stolz, Menschen, die jahrelang unterdrückt wurden, nach dieser lebensgefährlichen Flucht erstmalig ein Gefühl der Freiheit gegeben zu haben**«.

WÖRTLICHE ZITATE VON ANNA HEINRICH.

MARIA GLÖCKL ERZÄHLTE MIR IM JÄNNER 2014: »*Ich war im Jahre 1989 Besitzerin des Gasthauses »Zum Kirchenwirt« in Deutschkreutz. Meine Tochter, der das Gasthaus heute gehört, war als Lehrling bei mir angestellt. An meine erste Begegnung mit Flüchtlingen aus der DDR kann ich mich deshalb noch so genau erinnern, weil es ein Ehepaar mit zwei Kindern im Alter von damals sechs und sieben Jahren war.*

Dieses Gasthaus war damals erste Anlaufstelle für viele DDR-Flüchtlinge, die über die Grenze aus Ungarn kamen – Aufnahme 2014.

VERÄNGSTIGT UND VERSTÖRT – ELTERN MIT IHREN ZWEI KLEINEN KINDERN

Ich weiß zwar nicht mehr genau den Tag, denke aber, dass es Mitte Juli 1989 war. Die Familie kommt gegen 22:00 Uhr müde und gezeichnet von der Flucht, völlig konfus und verängstigt, in unser Gasthaus. Meine Tochter Anni und ich erkennen sofort, dass sie sehr verstört sind und versuchen zunächst, diesen vier Menschen mit einfühlsamen Worten die Angst vor einer weiteren Verfolgung zu nehmen.

Wir können nur schwer ihr Vertrauen gewinnen und ihnen vermitteln, dass sie in Österreich sind und nichts zu befürchten haben. Da wir sowohl durch ihre Gestik als auch durch ihre Mimik schnell erkennen, dass sie uns trotzdem mit äußerster Vorsicht begegnen, reden wir weiter auf sie ein und spüren allmählich, dass sie die Furcht vor einer Verfolgung oder einem Verrat langsam ablegen. Nachdem wir eine vertrauensvolle Gesprächsbasis geschaffen haben, laden wir sie zum Essen ein und bieten ihnen auch an, bei uns zu nächtigen. Weil sie jedoch mit der für sie ungewohnten Gastfreundschaft nicht rechnen und ein derartiges Entgegenkommen auch nicht erwarten, zögern sie vorerst, nehmen unser Angebot aber dann dankend an.

PERSÖNLICHE GEGENSTÄNDE AUF DEM CAMPINGPLATZ BEI SOPRON Als sie am nächsten Morgen zum Frühstück kommen, erzählten sie uns, dass sie auf einem Campingplatz bei Sopron noch einige wichtige persönliche Gegenstände zurückgelassen haben. Da sich der Mann nicht mehr über die Grenze wagt, bietet ihm der bei uns im Gasthaus anwesende Günther Glöckl an, nach Sopron zu fahren, um diese Sachen für ihn zu holen.

Der Familienvater beschreibt ihm den Ort und Günther, der ja legal nach Ungarn einreisen kann, macht sich sofort auf den Weg. Der »Botendienst« verläuft ohne Zwischenfälle, Günther kommt noch am Vormittag zurück. Als er mit den Effekten der Familie den Gastraum betritt, scheint das Glück perfekt und die Frau fällt ihm vor Freude nahezu um den Hals. Der Mann will sich unbedingt erkenntlich zeigen, fragt was er denn schuldig sei und will mit Ostmark bezahlen.

Selbstverständlich nahm Günther kein Geld und freute sich, dass er dieser Familie helfen konnte.

FAHRTKOSTEN NACH WIEN ÜBERNOMMEN Doch nun kommt ein weiteres Problem auf die Familie zu. Sie wollen mit dem Zug nach Wien zur Botschaft *der Bundesrepublik fahren. Doch mit Ostmark können sie keine Fahrscheine kaufen, denn die Österreichischen Bundesbahnen nehmen diese Währung nicht an. Ich weiß auch nicht, ob es möglich gewesen wäre, in einer Bank in Deutschkreutz DDR-Mark gegen Schilling (war damals die Währung in Österreich) zu tauschen. Für uns kein Thema – wir legen den Betrag aus, das Ehepaar kann die Tickets erwerben und die Fahrt in die Metternichgasse (Deutsche Botschaft) antreten.*

DAS GASTHAUS ZUR KIRCHENWIRTIN – EIN »GEHEIMTIPP« FÜR ALLE, DIE HILFE SUCHEN

Dass diese Familie nur eine »Vorhut« zu einem nun einsetzenden Flüchtlingsstrom war, hatten wir in unseren kühnsten Träumen nicht geahnt. Es dürfte sich nämlich unter den Flüchtlingen in Sopron herumgesprochen haben, dass es bei uns ein »offenes Haus« gab, denn täglich, manchmal sogar stündlich, kamen mehrere Hilfesuchende zu uns ins Gasthaus. Wir hatten kaum Zeit nachzudenken – wir halfen ganz einfach. Obwohl unser Haus unter den Flüchtlingen längst als »Ort der Sicherheit und Hilfsbereitschaft« galt, traten uns Einzelne dennoch mit einer gewissen Skepsis gegenüber. Inzwischen hatten wir aber genug Erfahrung im Umgang mit diesen Menschen und wussten wie man ihnen die Angst nimmt. Wir gaben ihnen zu Essen, stellten ihnen unsere Waschgelegenheiten zur Verfügung und boten ihnen auch die Möglichkeit, bei uns zu nächtigen. Doch bald war der Ansturm so groß, dass unsere Kapazitäten überschritten waren, weshalb wir die örtliche Caritas sowie das Rote Kreuz um Hilfe ersuchten.

HILFSBEREITSCHAFT – EIN GEBOT DER STUNDE *Da ein Ende dieser Flüchtlingswelle nicht absehbar war, stellte die Pfarrgemeinde im Pfarrheim weitere Räumlichkeiten zur Verfügung, wodurch sich das Geschehen etwas verlagerte und wir merklich entlastet wurden. Es war kein Aufruf notwendig, jeder wusste, dass er nun helfen sollte. Die ganze Gemeinde beteiligte sich an dieser »beispiellosen Hilfsaktion«. Für uns Deutschkreutzer war es selbstverständlich, schnell und unbürokratisch dort zu helfen, wo Hilfe gebraucht wurde. Sämtliche Bürger brachten Kleidung, Handtücher und Hygieneartikel sowie weitere Güter des täglichen Gebrauches. Hilfsmittel aus anderen Bundesländern wurden uns per Post zugeschickt. Reichten die räumlichen Kapazitäten* im Pfarrhaus nicht aus, konnten die Flüchtlinge noch den Nassbereich der Europaschule in Anspruch nehmen.

VIELE HELFER GINGEN BIS AN DIE GRENZE IHRER BELASTBARKEIT In den sechs bis acht Wochen dieses denkwürdigen Jahres 1989 waren wir fast rund um die Uhr im Einsatz. Da die Hotels und Pensionen in Deutschkreutz bald maßlos überfüllt waren, haben mehrere Familien den Flüchtlingen in ihren eigenen »vier Wänden« die Möglichkeit zum Nächtigen geboten und sie auch noch unentgeltlich verköstigt. Es war ein ständiges Kommen und Gehen. In dieser außergewöhnlichen Situation der Not halfen wirklich alle zusammen. Durch diese Vielzahl an Flüchtlingen wurden alle Verantwortlichen – Gemeindebürger, Gendarmen, Hilfsorganisationen, Bedienstete der Bezirkshauptmannschaft etc. auch vor ein logistisches Problem gestellt, zumal alle Flüchtlinge registriert und danach zur Deutschen Botschaft nach Wien gebracht werden mussten. Deshalb wurde auch ein Pendelverkehr zwischen Deutschkreutz und der Bundeshauptstadt eingerichtet. Täglich fuhren zwei Busse von unserer Gemeinde in die Metternichgasse (Sitz der Deutschen Botschaft). Noch heute blicke ich mit Stolz auf die freiwilligen und unentgeltlichen Leistungen sämtlicher Helfer und Helferinnen zurück. Es war einfach einzigartig, was jeder Einzelne geleistet hat.

Unsere Arbeit wurde auch von den Mitarbeitern der Deutschen Botschaft registriert. Zwei Wochen nachdem die Flüchtlingswelle so richtig eingesetzt hatte, bekam ich von der Botschaft einen Anruf, wobei ich in diesem Gespräch gebeten wurde, alle DDR-Bürger gut zu verpflegen und deren Namen zu notieren. Der Botschaftsangehörige bedankte sich für unseren Einsatz und sagte mir auch, dass alles honoriert werden wird.

DIE ANGST VOR DER STASI KONNTE IHNEN NIEMAND NEHMEN Selbstverständlich wollten wir dem Ersuchen der Botschaft nachkommen. Doch das war oft sehr schwierig, denn viele Flüchtlinge waren in der DDR die »Bespitzelung« durch den »allgegenwärtigen« Staatssicherheitsdienst, kurz Stasi genannt, »gewöhnt« und fürchteten sich davor. Wer sollte ihnen auch bestätigen, dass wir nicht Mitglieder dieses Geheimdienstes waren?

Sie waren vorerst sehr skeptisch und misstrauisch. Erst durch Gespräche, die wir mit viel Einfühlungsvermögen führen mussten, konnten wir ihr Vertrauen gewinnen. Die meisten gaben uns trotzdem nur mit Widerwillen ihre *persönlichen Daten bekannt. Wir hörten viele Geschichten, von denen wir kaum glauben konnten, dass man in einem Staat so bespitzelt und »drangsaliert« werden kann. Einige dieser tragischen Erzählungen werden mir immer in Erinnerung bleiben. Anni hatte dann die Idee, ein Gästebuch anzulegen, in dem so manches Ereignis festgehalten ist.*

SOHN IM MAISFELD VERLOREN – IN BUDAPEST »GEFUNDEN«

Spontan fällt mir dazu die Geschichte eines Ehepaares ein, deren Sohn sich beim Überschreiten der Grenze in einem Maisfeld verirrt und den Weg in die Freiheit nicht geschafft hat.

Die völlig verstörten Eltern kommen in unser Gasthaus und erzählen mir unter Tränen, dass sie soeben durch ein Maisfeld über die Grenze gekommen sind und im Dickicht dieser hohen Pflanzen ihren Sohn verloren haben. Unendliches Leid macht sich breit. Mir stehen ebenfalls die Tränen in den Augen. Ich weiß ad hoc nicht wie ich ihnen helfen soll und spiele vorerst »auf Zeit«. Deshalb biete ich ihnen zunächst etwas zum Essen an, setzte mich zu ihnen und versuche sie zu beruhigen, was mir nur ganz schwer gelingt.

Da die Leute sehr misstrauisch sind, kann ich nur ganz langsam ihr Vertrauen gewinnen. Erst als sie ganz sicher sind, dass ich keine »Vertraute« der Stasi bin, erzählen sie mir, dass sie für den Fall einer Trennung der Familie – durch welche Umstände auch immer – an einer bereits festgelegten Örtlichkeit in Budapest einen Treffpunkt vereinbart hätten. Obwohl sie vor einem neuerlichen Grenzübertritt Angst haben, wollen sie sich nach dem Essen sofort wieder auf den Weg nach Ungarn – Budapest – machen. »Was soll ich jetzt tun? Ich kann diese Menschen doch nicht wieder über die Grenze lassen. Die verhalten sich sicher so ungeschickt, dass sie erwischt werden,« denke ich mir und sehe vorerst keine Möglichkeit ihnen zu helfen.

»PETER DER ENGEL« Doch dann kommt mir – ihnen – ein »Glücksengel« namens Peter Schöller († 2015) zuhilfe. Peter hält sich zufällig im Gasthaus auf, hört das Gespräch mit und erklärt sich – wie schon des öfteren – spontan bereit, auch diesen Menschen zu helfen. Er kommt zu uns, lässt sich von den beiden Flüchtlingen genau informieren, setzt sich in sein Auto und macht sich sofort auf den Weg nach Budapest. Als er zur vereinbarten Adresse kommt, *wartet dort bereits der »verlorene Sohn«. Peter gibt sich zu erkennen, der junge Mann steigt in das Auto und beide fahren zurück.*

Obwohl bei den Eltern die Hoffnung der Resignation bereits teilweise gewichen ist, sind sie sehr nervös und kaum zu beruhigen. Die Aufregung lässt sie keinen Schlaf finden. Sekunden werden zu Stunden, Stunden scheinen Tage zu sein.

Da Peter das Risiko einer Festnahme beim illegalen Überschreiten der Grenze in der Nähe von Nikitsch für geringer hält, bringt er den Sohn in das dortige Grenzgebiet, lässt ihn aus dem Wagen steigen, zeigt ihm den Weg und reist bei Deutschkreutz legal in Österreich ein. Anschließend fährt er nach Nikitsch, um den jungen Mann abzuholen. Und diesmal schafft er es und kommt anstandslos durch den – löchrigen – Eisernen Vorhang. Wie vereinbart holt ihn Peter in Nikitsch ab und bringt ihn nach Deutschkreutz. Es ist ein berührender Augenblick, den ich nie vergessen werde, als sie unser Gasthaus betreten. Die Eltern schließen ihren »verlorenen« Sohn in die Arme. Doch nicht nur Vater, Mutter und Sohn »vergießen« Tränen der Freunde. Peter und ich haben ebenfalls feuchte Augen und freuen uns, dass die Familie wieder vereint ist.

SIE HABEN UNS NICHT VERGESSEN – VIELE KOMMEN ZURÜCK

Mit »Spitzel« der Stasi kamen wir ebenfalls in Berührung. Mitarbeiter dieses »allgegenwärtigen«, von allen DDR-Bürgern gefürchteten wie verhassten Geheimdienstes, kamen ebenfalls in unser Gasthaus. Doch wir hatten keine Angst vor diesen Leuten. Wir konnten sie schnell »enttarnen«, gaben ihnen zu verstehen, dass sie unerwünscht sind und haben ihnen keine wie immer geartete Auskunft gegeben. Wenn ich an diese Wochen zurückdenke, freue ich mich, dass wir – und da meine ich viele Bürger aus unserer Gemeinde – mehreren tausend Flüchtlingen auf den Weg in ein neues Leben helfen konnten. Eintragungen in unserem Gästebuch sowie zahlreiche Zuschriften des Dankes der von uns betreuten Menschen zeigen, dass sie unsere Hilfsbereitschaft nicht vergessen haben.

NIE MEHR WIEDER EISERNER VORHANG *Seit den dramatischen Ereignissen des Jahres 1989 sind nun 25 Jahre (zu diesem Zeitpunkt führte ich das Interview) vergangen. Viele Flüchtlinge die damals unter lebensgefährlichen Bedingungen über die Grenze geflüchtet sind und in Deutschkreutz die ersten Minuten in Freiheit verbracht haben, kommen immer wieder gerne in unsere Gemeinde.*

Sie verbringen bei uns einige Urlaubstage, suchen die Örtlichkeit ihrer Flucht auf und denken dabei an die wohl gefährlichsten Stunden ihres Lebens.

Zum Gedenken an diese Menschen verachtende Grenze hat die Pfarrgemeinde im Pfarrheim auf einer Holztafel ein Stück Stacheldraht im Original ausgestellt. Diese Tafel soll die Jugend daran erinnern, dass es einst zwei »Welten« gab, die durch einen Todesstreifen – nur wenige hundert Meter vom Ortsgebiet entfernt – getrennt wurden. Der Stacheldraht, ein Relikt des »Kalten Krieges«, soll auch gleichzeitig als Mahnmal dienen und alle Betrachter darauf aufmerksam machen, dass sich dieser Abschnitt der Geschichte nie mehr wiederholen möge.

Ich denke oft an diese Zeit zurück und freue mich, dass ich in meinem hohen Alter noch die Gedenkfeiern anlässlich des 25-jährigen Jubiläums zum Abbau des Eisernen Vorhanges erleben darf.

30 JAHRE DANACH –
WIR HABEN AUS INNERSTER ÜBERZEUGUNG GEHOLFEN

ANNA, »ANNI«, HEINRICH DAZU: »Heute – 30 Jahre danach – denke ich oft an diesen Sommer des Jahres 1989 zurück. Ich habe meine Mutter damals unterstützt und bewundert, wie sie den Menschen nicht nur selbstlos und aus Mitleid, sondern aus innigster Überzeugung geholfen hat. Sie hat in diesen Wochen nur wenig Schlaf gefunden, viele notwendige Dinge verworfen und niemals nach materiellen Werten gefragt. Helfen hatte immer oberste Priorität.

Dass diese Flüchtlinge verpflegt werden mussten und Gebrauchsgegenstände des täglichen Lebens – Kleider etc. – benötigten, war die eine Seite. Doch was ebenso wichtig war, war die »Seelsorge«. Meine Mutter hat diesen verängstigten Menschen in ihrer Not einfach zugehört, ihnen Mut gemacht und Hoffnung gegeben, wenn sie verzweifelt waren.

ES WAR EINMAL Auch ich werde diese Zeit niemals vergessen. Ich bin mit dem Eisernen Vorhang aufgewachsen und kann mich noch genau an diesen Menschen verachtenden Grenzzaun erinnern. Wir lebten einfach damit. Beim Stacheldraht war die »Welt zu Ende«.

Erst durch Erzählungen der Flüchtlinge wurde mir bewusst, was es heißt, »bespitzelt« zu werden und »eingesperrt« zu sein. Es waren für mich bewe-

gende Stunden, Tage und Wochen, die ich damals erlebte. Jene Tränen der Freude, die diese Menschen damals geweint haben, werde ich nie vergessen.

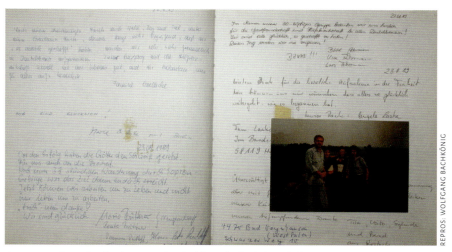

Auszug aus dem Gästebuch von Maria Glöckl – viele Flüchtlinge haben sich mit rührenden Worten für die spontane Hilfe bedankt.

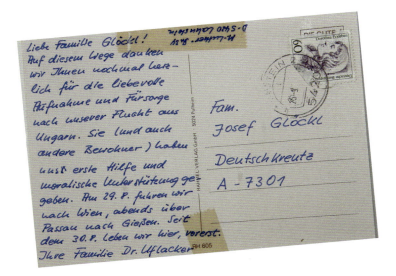

MIT GELIEHENER BEISSZANGE STACHELDRAHT DURCHTRENNT – JAN SAH NACH VIER JAHREN ZUM ERSTEN MAL SEIN KIND

Harald Heinrich

HARALD HEINRICH, Jahrgang 1963, wuchs in Deutschkreutz mit dem Eisernen Vorhang auf. Schon als Kind wurde er mit dieser schrecklichen Grenze konfrontiert.

»Die Ungarn haben immer erzählt, dass Grenze sowie Zug – wenn dieser durch den Korridor fährt – nur deshalb bewacht werden, dass keine Österreicher nach Ungarn flüchten können. Als Kinder haben wir dieses Märchen zunächst noch als Tatsache empfunden. Doch die Wahrheit sah anders aus.«

WÖRTLICHES ZITAT VON HARALD HEINRICH.

HARALD HEINRICH gehörte im Jahre 1989 zur »großen Familie« jener Deutschkreutzerinnen und Deutschkreutzer, die den Flüchtlingen in den wohl schwersten Stunden ihres Lebens – nach geglückter Flucht – selbstlos halfen. Das Gasthaus »Zum Kirchenwirt« (Besitzerin war seine Schwiegermutter Maria Glöckl) war eines der ersten »Anlaufstellen« für DDR-Bürger, nachdem sie den Stacheldrahtverhau unter Lebensgefahr überwunden, den Ort selbst erreicht hatten, oder von Helfern aus Deutschkreutz in die Gemeinde gebracht wurden. Harald half gemeinsam mit seiner Gattin Anni sowie seiner Schwiegermutter Maria Glöckl bei der Versorgung der Flüchtlinge. (Siehe dazu Interview mit Maria Glöckl und Anna Heinrich)

FAMILIENZUSAMMENFÜHRUNG BEIM »KIRCHENWIRT« Doch manchmal wurde die erste Freude über die gelungene Flucht wieder etwas »getrübt«, weil die Menschen Angst vor der »allgegenwärtigen« Stasi hatten. Durch viel Einfühlungsvermögen versuchte Harald, ihnen diese unbegründete Furcht zu nehmen und vermittelte ihnen, dass diese »Agenten« in Deutschkreutz keinen Platz hätten und sofort »verjagt« werden würden.

Besonders nahe ging ihm das Schicksal einer Familie, bei der ein Vater nach vier Jahren zum ersten Mal sein Kind sah. Der Mann war 1985 – als seine Frau schwanger war – über die Berliner Mauer in den Westen geflüchtet. Die Mutter fuhr mit dem Kind im August 1989 nach Ungarn und traf in Sopron »ihren Jan«. Harald leistete indirekte Fluchthilfe, indem er dem Mann eine Beißzange zum Durchtrennen des Stacheldrahtes übergab. Die Familie war nach vier Jahren wieder vereint und konnte nun gemeinsam flüchten. Sie hatten jedoch ihre bescheidenen »Habseligkeiten« vor der Flucht in einem Schließfach im Bahnhof Sopron deponiert. Für Harald gab es kein Zögern. Er setzte sich ins Auto, fuhr nach Sopron, öffnete das Schließfach und binnen kürzester Zeit konnte er der Familie die wenigen, aber für sie immens wichtigen Sachen, übergeben.

ZUR ZEIT DES EISERNEN VORHANGES

HARALD HEINRICH erzählt: *Da die Ungarn besonders darauf bedacht waren, bestmögliche Sicht an der Grenze zu haben, mussten unmittelbar vor dem Stacheldrahtverhau (von Österreich aus gesehen) wildwachsende Sträucher und Gebüsche geschnitten werden. Diese Arbeiten wurden vermutlich von Häftlingen verrichtet. Es handelte sich dabei um einen etwa zwei Meter breiten Streifen, der auf ungarischem Gebiet, jedoch zwischen Grenzstein und Stacheldraht, lag. Um eine mögliche Flucht zu verhindern, wurden diese Arbeiter von vier – mit Maschinengewehren bewaffneten Soldaten – bewacht.*

»Dieses schreckliche Bild mit den bewaffneten Soldaten hat sich in mir – weil ich unmittelbar danebenstand – so eingeprägt, dass ich es heute noch vor mir sehe.«

WÖRTLICHES ZITAT VON HARALD HEINRICH.

SCHÜSSE FIELEN – DANN WAR ES »MUCKSMÄUSCHENSTILL« *Als Kind half ich meinem Großvater bei der Weingartenarbeit. Plötzlich hörten wir laute Schreie in ungarischer Sprache. Und binnen Sekunden waren Schüsse – mehrere Salven aus Maschinengewehren – zu hören. Mit einem Mal herrschte Totenstille. Sogar die Vögel zwitscherten nicht mehr. Doch diese Stille wurde schnell durch lautes*

Hundegebell »durchbrochen«. Wir haben sofort vermutet, dass ein Flüchtling angeschossen oder erschossen wurde. Der Zwischenfall dürfte sich noch auf ungarischem Gebiet ereignet haben, denn wir haben davon nichts mehr gehört.

ZUG BEI DER FAHRT DURCH DEN KORRIDOR STRENG BEWACHT *Ich erinnere mich auch noch an Soldaten, die – bewaffnet mit Maschinengewehren – Züge bewachten. Da es durch das Burgenland keine Gleisanlagen gab (und noch immer nicht gibt), musste der Zug auf der Fahrt nach Eisenstadt oder Wien bei Sopron durch einen Korridor über ungarisches Gebiet fahren. An der Grenze stiegen bewaffnete, ungarische Soldaten zu, die darauf achteten, dass ab diesem Zeitpunkt niemand aus- oder einsteigt bzw. während der Fahrt auf den Zug aufspringt. Lediglich im Bahnhof Sopron gab es einen kurzen Stopp. Beim Aus- bzw. Einsteigen wurde streng darauf geachtet, dass die Passagiere ein gültiges Visum hatten. Kam der Zug zur österreichischen Grenze, entfernten sich die ungarischen Soldaten wieder. Als Kinder hatte man uns – von ungarischer Seite – erzählt, dass der Zug deshalb bewacht werden würde, um eine Flucht von Österreichern nach Ungarn zu verhindern!!!*

SOMMER 1989

Mit der Öffnung des Grenzüberganges nach Sopron – im Jahr 1985 – gab es für uns Deutschkreutzer eine wesentliche Reiseerleichterung, wenn wir nach Eisenstadt oder Wien fuhren. Obwohl noch immer streng kontrolliert wurde – und vor der Grenze oft Kolonnen standen – haben wir uns daran gewöhnt, weil es doch eine Zeit- und Wegersparnis gab. Wenn es Flüchtlinge vereinzelt dennoch schafften, diesen Eisernen Vorhang zu überwinden, bekamen wir in Deutschkreutz davon nur in den seltensten Fällen etwas mit. Doch dann kam das Jahr 1989.

ERSTE MEDIENBERICHTE *Als im Frühjahr 1989 in den Medien über den Abbau des Stacheldrahtverhaues berichtet wurde, nahmen wir in Deutschkreutz davon wenig Notiz. Bei uns änderte sich vorerst nichts. Der Stacheldraht blieb, die Grenze wurde nach wie vor streng bewacht. Wenn wir aus Zeitungs- oder Fernsehberichten vereinzelt von der gelungenen Flucht eines DDR-Bürgers erfahren haben, so schien das für uns Deutschkreutzer »weit entfernt«. Niemand dachte, dass das auch bei uns passieren könnte. Doch das änderte sich schnell.*

SAMMELSTELLE IM PFARRHEIM EINGERICHTET, UNTERKÜNFTE IN BEHERBERGUNGS-BETRIEBEN UND PRIVATHÄUSERN Etwa Mitte August kamen vorerst einzelne Flüchtlinge, woraus sich dann ein wahrer Flüchtlingsstrom entwickelte. Daher mussten logistische Maßnahmen getroffen werden. Das Rote Kreuz richtete im Pfarrheim eine Aufnahmestelle ein, freiwillige Helfer unterstützten die Mitarbeiter des Roten Kreuzes und organisierten Sammlungen, Beherbergungsbetriebe sowie viele Privatpersonen stellten Unterkünfte zur Verfügung. Einige Deutschkreutzer fuhren an die Grenze, um geflüchtete DDR-Bürger in den Ort zu bringen. Manche reisten sogar legal nach Ungarn ein und brachten die Flüchtlinge oder deren Gepäck nach Österreich. Sammlungen wurden im Ort organisiert, wobei sich nahezu alle Deutschkreutzer mit Spenden beteiligten.

JAN SAH ZUM ERSTEN MAL SEIN EIGENES KIND Eines Tages – es muss so gegen Ende August gewesen sein – kam ein Mann namens Jan zu uns ins Gasthaus. Wir saßen beisammen und Jan erzählte mir, dass er vor vier Jahren aus der DDR in die Bundesrepublik Deutschland geflohen sei und auf seine Frau mit dem gemeinsamen Kind, das er noch nie gesehen hatte, warten würde. Seine Geschichte ging mir im wahrsten Sinne des Wortes »unter die Haut«.

Ich war in den 1980er Jahren in der DDR Angehöriger der Volkspolizei und habe mich gegenüber der DDR-Führung kritisch geäußert bzw. am Regime Kritik geübt. Außerdem hatte ich bereits meine Flucht geplant. Da es innerhalb der Polizei auch zahlreiche Spitzel der Stasi gab, blieb dies meinen Vorgesetzten bzw. der Staatssicherheit nicht verborgen. »Gute Freunde« hatten mich verraten. Und es kam wie es kommen musste. An einem Nachmittag bekam ich den Hinweis, dass ich in der kommenden Nacht von Mitarbeitern der Stasi festgenommen werden würde. Ich wusste zwar, dass man ein »Auge« auf mich geworfen hatte, mit einer Festnahme hatte ich jedoch so schnell nicht gerechnet. In einem Zuchthaus der DDR wollte ich keinesfalls landen, zumal ich ja als Polizist wusste, was mich dort erwarten würde. Doch was tun? Ich musste eine Entscheidung treffen – und zwar sofort. Dass meine Frau schwanger war und bald entbinden würde, belastete mich noch zusätzlich. Meine Familie wollte ich ja vor der Geburt unseres gemeinsamen Kindes keinesfalls verlassen. Es blieb mir aber keine Wahl. Ich musste – trotz der Gefahr, dass ich mit einer Kugel im Rücken enden werde – flüchten. Dennoch beschloss ich, dieses Risiko einzugehen und wollte nach geglückter Flucht Frau und Kind über die Familienzusammenführung nachholen.

»Lieber kämpfen und leben, als versklavt sterben.«
WÖRTLICHES ZITAT DES FLÜCHTLINGS JAN.

SCHUSSWECHSEL AN DER BERLINER MAUER Bei Einbruch der Dunkelheit nahm ich meine Dienstpistole, begab mich zur Grenze an der Berliner Mauer und riskierte die Flucht. »Grenzschützer« hatten mich jedoch bemerkt und eröffneten sofort das Feuer auf mich. Obwohl mir die Knie zitterten und meine Nerven vor Angst zum Zerreißen gespannt waren, behielt ich klaren Kopf und schoss mit meiner Pistole zurück. Doch damit hatten diese »Schergen« an der Grenze nicht gerechnet. Ich dürfte sie wahrscheinlich eingeschüchtert haben, weil plötzlich alles ganz still war. Jedenfalls gelang mir die Flucht. Meine Frau Anje hat kurz nach meiner Flucht unser Mädchen – Sophie – entbunden. Das Kind habe ich noch nie gesehen. Den Kontakt zu meiner Familie habe ich immer aufrechterhalten. Anje befindet sich jetzt mit meiner Tochter in Sopron und wartet, dass ich zu ihnen komme und sie «da raushole». Können Sie mir helfen?«

BEISSZANGE ZUM DURCHTRENNEN DES STACHELDRAHTES Selbstverständlich wollte und konnte ich Jan helfen. Da ich den Grenzverlauf kannte, gab ich ihm eine »Eisenbiegerzange« (Beißzange) und sagte ihm, an welcher Örtlichkeit die Grenze nicht so streng bewacht wird. Wir vereinbarten, dass ich mit meinem Auto in der Ried »Goldberg« auf einer Anhöhe auf ihn warten und mich durch Blinkzeichen durch die Lichthupe meines Wagens zu erkennen geben werde.

Jan brach noch am selben Nachmittag auf, reiste – als Staatsbürger der Bundesrepublik Deutschland – legal nach Ungarn ein und traf in Sopron Frau und Kind. Ihr spärliches Gepäck verstauten sie in einem Schließfach auf dem Bahnhof und begaben sich bei Einbruch der Dunkelheit zur Grenze. Zu allem Übel setzte auch noch starker Regen ein. Doch die drei Flüchtlinge ließen sich davon nicht beirren. Jan fand die von mir beschriebene Stelle und durchtrennte den Stacheldraht. Da ich mit meinem PKW nur wenige Meter neben der Grenze stand, konnte ich trotz der Finsternis schemenhaft drei Menschen erkennen. Ich betätigte sofort die »Lichthupe« und gab mich durch das Ein- bzw. Ausschalten der Scheinwerfer zu erkennen. Jan wusste somit wo ich mich befinde und

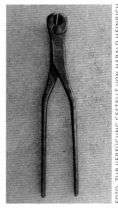

Mit dieser Eisenbiegerzange (Beißzange) durchtrennte Jan den Stacheldraht.

rannte mit Frau und Kind zu meinem Auto. Verdreckt, zitternd vor Angst und völlig durchnässt, stiegen sie zu mir in das Fahrzeug. Sie waren zwar glücklich über die gelungene Flucht, sprachen aber während der ca. zehnminütigen Fahrt zu unserem Gasthaus kaum ein Wort.

SOPHIE DACHTE, DASS IHR VATER EIN FREMDER SEI In der Gaststube gaben wir ihnen vorerst trockene Kleider und bereiteten für sie ein Abendessen zu. Innerlich überwog wahrscheinlich das Glücksgefühl, äußerlich konnten sie ihre Freude aber noch nicht zeigen. Daher war auch die Stimmung etwas gedrückt. Doch dann erlebte ich eine Szene, die mir »feuchte Augen« bereitet hat und mir mein ganzes Leben in Erinnerung bleiben wird. Jan wollte seine Tochter – die er vor wenigen Stunden zum ersten Mal sah – in den Arm nehmen. Doch Sophie wehrte sich dagegen und fing bitterlich zu weinen an, weil sie dachte, dass ihr Vater ein Fremder sei. Ich konnte aber beobachten, dass mit Fortdauer des Abends die Stimmung besser wurde, langsam die drückende »Last von den Schultern« der Erwachsenen fiel und das Kind ebenfalls ruhiger und zutraulicher wurde.

Als die Familie am nächsten Morgen zum Frühstück kam, lachte das Kind bereits und freute sich, als es der Vater – voller Freude und vor Glück strahlend – an seinen Körper drückte.

»Für mich war es ein unbeschreibliches Gefühl des Glücks, als ich die leuchtenden Augen des Kindes sowie die nach vier Jahren in Freiheit vereinte Familie sah. Und dazu durfte ich meinen Beitrag leisten!«
WÖRTLICHES ZITAT VON HARALD HEINRICH.

ICH DENKE OFT ZURÜCK Diese Zeit wird mir immer in Erinnerung bleiben. Ich freue mich noch heute, dass ich Flüchtlingen, die in höchster Not waren, helfen konnte. Für uns war es selbstverständlich, dass wir das getan haben. Und darauf bin ich auch nach 30 Jahren noch stolz!

DIE DDR WAR NIE SEINE HEIMAT – AUF ABGEERNTETEN STOPPELFELDERN ZUM GRENZZAUN GEROBBT – MIT VERLETZUNGEN AN DEN HÄNDEN DEN STACHELDRAHT ÜBERKLETTERT

Dr. Gunnar Busse

DR. GUNNAR BUSSE, Jahrgang 1965, wuchs in Leipzig auf, verbrachte aber viele Wochenenden in der Gemeinde Neuhof bei Wünsdorf – das liegt etwa 37 Kilometer südlich von Berlin und gehört zur Stadt Zossen im Bundesland Brandenburg. Er hatte eine schöne Kindheit und führte, wie er wörtlich sagte, in der DDR kein schlechtes Leben. Eigentlich gab es während seiner Kinder- bzw. Jugendzeit alles, was zu einem normalen Leben dazugehörte.

Die nächsten Angehörigen der Familie lebten fast ausschließlich in Westdeutschland und besuchten die Familie Busse regelmäßig. Je älter Gunnar wurde, umso deutlicher erkannte er die Unterschiede zwischen der DDR Propaganda und dem, was tatsächlich im »Westen« geschah.

»Meine ›geistige Flucht‹ aus der DDR begann eigentlich schon viel früher als 1989. In meiner Familie gab es diesen Gedanken wahrscheinlich bereits seit dem Jahre 1945, als mein Großvater von seinem Gut aus Westpreußen vertrieben wurde und ich, ebenso wie meine Eltern, in der Zone, bzw. der späteren DDR, aufwuchs.«

WÖRTLICHES ZITAT VON DR. GUNNAR BUSSE.

Den tatsächlichen Entschluss, die DDR zu verlassen, fasste der damals 20-jährige Gunnar bei seinem Gelöbnis, das er im Jahre 1985 in Bautzen nach der Einberufung zur NVA (Nationale Volksarmee der DDR) ablegte. Bestärkt, sein Vorhaben in die Tat umzusetzen, wurde er während seines 18-monatigen Grundwehrdienstes, den er als verlorene Zeit wie in einem Gefängnis betrachtete.

Dr. Gunnar Busse fuhr auf einem Motorrad mit seiner Studienkollegin durch die damalige CSSR vorerst nach Budapest. Dort traf er sich mit seiner bereits in der Bundesrepublik lebenden Schwester Evelyn, die beide zur Grenze nach Kópháza (Kojnhof) brachte. Auf einem abgeernteten Stoppelfeld robbte er mit seiner Studienkollegin zum Grenzzaun, überkletterte diesen und flüchtete nach Deutschkreutz.

»**Meine Familie hat die DDR nie als ihre Heimat empfunden.**«
WÖRTLICHES ZITAT VON DR. GUNNAR BUSSE.

DR. GUNNAR BUSSE ERZÄHLT: »*Als im Sommer 1989 die Meldung kam, dass an der ungarischen Grenze zu Österreich Stacheldraht sowie technische Sperren abgebaut werden, und man außerdem dort auf Flüchtlinge nicht mehr schießen darf, war ich zum Verlassen der DDR bereit. Den illegalen Grenzübertritt wagte ich deshalb in Ungarn, weil die innerdeutsche Grenze nach wie vor durch Selbstschussanlagen, Minenfelder, bewaffnete Soldaten etc., gesichert war und mir dort eine Flucht zu gefährlich schien.*

Im August 1989 hatte ich gerade mein viertes Semester beendet und befand mich in den Semesterferien. Ich freute mich auf diesen schon geplanten Urlaub, – den ich dann zur Flucht nützte – weil ich das beantragte Visum für Ungarn bereits erhalten hatte.

ES BEGANN AM 19. AUGUST 1989
IN NEUHOF BEI BERLIN …

Ich brachte meine Mutter – sie war schwerbehindert und durfte deshalb in das nicht sozialistische Ausland reisen – zum Grenzübergang Friedrichsstraße in Berlin. Ihre Reisetasche trug ich fast bis zur Passkontrolle – der Zutritt zum unmittelbaren Grenzbereich wurde mir verwehrt. Vor und hinter uns standen Polen und Schwarzafrikaner, die sich ebenfalls zur Ausreise anstellten, ohne Anstand zur Passkontrolle kamen und wahrscheinlich problemlos die DDR verlassen konnten. Nur ich durfte nicht weitergehen, weil ich ja ein DDR-Bürger war und kein Visum für Westdeutschland besaß.
Meine Mutter fuhr damals zu meiner Schwester Evelyn, die seit 1985 in West-Berlin lebte. In Anbetracht meiner bereits geplanten bzw. bevorstehenden Flucht schmuggelte sie meine Studienbescheinigungen über die Grenze und

deponierte diese bei meiner Schwester. Meine Zeugnisse hatten meine Tante Jutta und Onkel Gerd bereits Mitte August nach Mutterstadt – liegt bei Mannheim, Bundesland Rheinland-Pfalz, mitgenommen. Schon am nächsten Tag kam meine Mutter wieder nach Hause und brachte aktuelle Zeitungen mit, die berichteten, dass an der ungarischen Grenze zu Österreich auf Flüchtlinge nicht mehr geschossen wird.

MONTAG, 21. AUGUST 1989: *Der unwiderrufliche Plan zur Flucht wird jetzt in die Tat umgesetzt. Ich fahre mit meinem Motorrad, einer MZ TS250, von Neuhof in das ca. 200 Kilometer entfernte Leipzig.*

In weiser Voraussicht bzw. aus Angst vor der Stasi vernichte ich zu Hause alle Dokumente, die meine Eltern oder Freunde belasten könnten. Vor Jahren hatten wir nämlich erlebt, wie nach einem missglückten Fluchtversuch ein Dutzend Stasi-Soldaten unser Nachbarhaus durchsuchten. Um glaubhaft zu machen, dass die Eltern von meiner Flucht keine Ahnung haben, schreibe ich einen Abschiedsbrief und zähle dort die Gründe für mein Verlassen der DDR auf. Zum Schein entschuldige ich mich in dem Brief bei ihnen, weil sie mit Sicherheit von meiner Flucht aus der sozialistischen DDR »schwer enttäuscht« sein werden. Diese Zeilen sind mir sehr wichtig, weil ich meine Eltern dadurch vor eventuellen Repressalien der Staatssicherheit bewahren kann.

Mit diesem Motorrad fuhr Dr. Gunnar Busse von Neuhof bis nach Budapest.

In Leipzig wartet meine damalige Studienfreundin Ulrike L. auf mich, die gemeinsam mit mir nach Ungarn in die Ferien fahren will. Da ich weiß, dass ihr Vater Mitglied der SED (Sozialistische Einheitspartei Deutschlands) ist, erzähle ich ihr nichts von meinem Plan zur Flucht.

DIENSTAG, 22. AUGUST 1989 – PENIBLE KONTROLLEN AN DER GRENZE ZUR CSSR
Wir starten mit meinem Motorrad in Richtung CSSR. Da man ja weder mit

Zeugnissen oder sonstigen Urkunden bzw. Dokumenten auf Urlaub fährt, haben wir nur einige Toilettenartikel sowie ein Zelt und zwei Schlafsäcke dabei. Und das ist gut so. Denn am deutsch-tschechischen Grenzübergang Zinnwald müssen wir nämlich alles auspacken und werden komplett durchsucht. Ich bin etwas nervös und außerdem in Sorge, dass die DDR wegen des schon mehrere Wochen anhaltenden, verstärkten »Ausreiseverkehrs«, die Grenzen schließt. Als wir endlich in die CSSR einreisen dürfen, bin ich heilfroh – eine beträchtliche Last fällt von meinen Schultern. Ohne größere Pause geht es an Prag vorbei. Die Nacht zum 23. August 1989 verbringen wir auf einem Zeltplatz zwischen Brünn und Pressburg, fahren am Morgen weiter, können anstandslos die Grenze zu Ungarn passieren und erreichen Budapest.

In der ungarischen Hauptstadt übernachten wir in einer alten Jugendstil-Villa der Familie Wagner und treffen uns dort, wie vereinbart, mit meiner Schwester Evelyn. Evelyn ist nämlich parallel zu mir von Mutterstadt nach Budapest gefahren, um uns an die ungarische Westgrenze zu bringen. Dafür zolle ich ihr heute noch höchsten Respekt, weil sie nämlich erst kurz zuvor den Führerschein erworben und zum ersten Mal allein eine Reise an ein weiter entferntes Ziel angetreten hat. Und das auch noch mit einem für sie völlig fremden Auto – in München hatte sie für diese Fahrt einen Opel-Kadett angemietet.

»ICH HABE MICH GEIRRT« *Am 24. August 1989 teile ich meiner Freundin mit, dass ich nicht mehr in die DDR zurückkehren werde und erlebe eine Überraschung. Bei unserer Abreise war ich nämlich davon ausgegangen, dass sie keinesfalls flüchten und allein nach Hause zurückfahren würde. Doch weit gefehlt! Sie will mit mir die Flucht wagen – und ich muss das zur Kenntnis nehmen.*

Der nächste Rückschlag kommt, als in den Zeitungen von einem schweren Grenzzwischenfall berichtet wird. Ich erfahre, dass am 21. August 1989 in der Nähe von Répcevis (Grenze bei Lutzmannsburg) ein DDR-Flüchtling beim Grenzübertritt erschossen wurde. Meine Fluchtpläne erscheinen plötzlich in einem anderen Licht. Das Risiko ist nun weit höher als erwartet. Obwohl meine Angst steigt, beschließe ich, den Grenzübertritt dennoch zu wagen. Ich fasse neuen Mut und nehme mir vor, mich unbedingt an die allgemein empfohlenen »Richtlinien« – bei Entdeckung oder gar Festnahme keinen Widerstand zu leisten – zu halten.

Als Evelyn zu uns kommt und Ulrike sieht, sagt mir ihre Körpersprache, dass sie von deren Anwesenheit keineswegs begeistert ist. Doch wir beide müssen nun einmal akzeptieren, dass sie mit mir flüchten wird. Da keiner von uns das Gelände bei Kópháza bzw. Nagycenk kennt, hat Evelyn in weiser Voraussicht eine detaillierte Landkarte mitgebracht, die für uns sehr hilfreich ist. Bei näherer Betrachtung der Karte sehen wir, dass die Hauptverbindungsstraße Nr. 84 – sie führt von Sopron zum Plattensee – bei Kópháza in unmittelbarer Nähe zur österreichisch-ungarischen Grenze verläuft. Obwohl wir nicht genau wissen, ob dieses Teilstück durch Soldaten bewacht, bzw. welche Sicherungsanlagen noch vorhanden sind, scheint uns dieses Gebiet für die Flucht geeignet. Wir beschließen, genau dort den illegalen Grenzübertritt zu versuchen.

FREITAG, 25. AUGUST 1989 – DER GEFÄHRLICHSTE ABSCHNITT AUF DEM WEG IN DIE FREIHEIT BEGINNT

Nachdem wir alle Details für die Flucht besprochen haben, steigen wir am Nachmittag des 25. August 1989 in Budapest in den Opel Kadett und nehmen die etwa 200 Kilometer bis zur Grenze bei Kópháza in Angriff. Während der Fahrt verabreden wir uns dahingehend, dass meine Schwester die Nacht in Sopron verbringen wird, während wir versuchen werden, über bzw. durch den Stacheldrahtverhau nach Österreich zu kommen. Am nächsten Tag wollen wir uns dann in Deutschkreutz treffen. Wir haben eine ruhige Fahrt, kommen nach ca. drei Stunden – bereits bei Dunkelheit – nach Nagycenk und beabsichtigen, in Richtung Kópháza-Sopron weiterzufahren.

ERSTES HINDERNIS: POLIZEIKONTROLLEN *Nach dem Ortsgebiet von Nagycenk stoßen wir auf eine Straßensperre, wobei alle Fahrzeuge, die in Richtung Sopron unterwegs sind, angehalten und kontrolliert werden. Als ich die Rotlichter und anschließend mehrere Polizisten sehe, rutscht mir das Herz in die Hose. Gänsehaut überzieht meinen Körper, den Schweiß treibt es mir teilweise aus den Poren meiner Haut. Ich denke, dass jetzt alles vorbei ist, ehe unsere Flucht noch so richtig begonnen hat. Doch wir haben Glück. Als die Polizisten die westdeutschen Kennzeichen auf dem Opel sehen, winken sie uns einfach durch – welch ein Wunder! Es fällt uns kein Stein, sondern ein Felsen vom Herzen. Wir haben jedoch die Nervosität schnell abgelegt, konzentrieren uns* auf den weiteren Verlauf unserer Flucht und setzen die Fahrt in Richtung Sopron fort.

Noch bevor wir in das Ortsgebiet von Kópháza kommen, fahren wir durch ein Waldstück, danach beginnen freie Felder, die sich auf beiden Seiten der Fahrbahn befinden. Hier wollen wir rüber, weil wir feststellen, dass es an dieser Stelle nur mehr ca. 800 m bis zur Grenze sind. Bis zum Stacheldraht haben wir jedoch noch ein Feld mit einer Eisenbahntrasse zu überwinden und müssen anschließend ca. 200 Meter durch den Wald – der bereits Teil der Grenzanlagen ist – gehen.

Jetzt ist es wichtig, dass wir schnell eine geeignete Stelle zum Anhalten finden. Das scheint jedoch schwierig, weil die Straße zu diesem Zeitpunkt sehr stark befahren ist und es dort nur wenige Ausbuchtungen gibt. Wir haben aber Glück. Meine Schwester findet einen Platz, fährt zur Seite und lässt uns aus dem Wagen steigen.

ÜBER DEN STACHELDRAHT – MIT VERDRECKTEN KLEIDERN UND VERLETZUNGEN AN DEN HÄNDEN *Trotz des starken Verkehrsaufkommens können wir die Straße in Richtung Grenze schnell überqueren. Das Gelände ist hier leicht hügelig und daher etwas schwer einzusehen. Für uns mit Sicherheit kein Nachteil. Die Nacht ist warm und hell, wodurch wir auch im Dunkeln gute Sicht haben und uns besser orientieren können.*

> **»Wir robben durch ein abgeerntetes Stoppelfeld. Die Kräfte lassen nach und wir sehen vorerst ›kein Licht am Ende des Tunnels‹. Mir kommt es fast wie eine Ewigkeit vor, bis wir den Bahndamm erreichen.«**
> WÖRTLICHES ZITAT VON DR. GUNNAR BUSSE.

Als wir die Straße verlassen, stoßen wir vorerst auf ein abgeerntetes Stoppelfeld. Da wir auf diesem freien Feld jedoch keine Deckung finden, müssen wir auf allen Vieren die ca. 600 m bis zum Bahndamm robben. Rechts von uns sehen wir deutlich die beleuchtete Kirche von Kópháza, die uns ein wenig als Orientierung dient. Wir robben und sehen »kein Licht am Ende des Tunnels«. Die Kleider sind verschmutzt und die Kräfte lassen nach. Mir kommt es fast wie eine Ewigkeit vor, bis wir endlich den Bahndamm erreichen. Zu unserem Entsetzen ist dieser etwa drei Meter hoch und mit Schottersteinen befestigt. »Wie sollen wir dieses Hindernis nur überwinden, zumal wir ja keinen Lärm machen dürfen«, denke ich mir, als wir langsam zu den Gleisen emporkriechen. Obwohl wir sehr vorsichtig sind, erzeugen die abrutschenden Steine dennoch einen Riesenkrach. Es gelingt uns, diesen Bahndamm – ohne dass wir entdeckt werden – zu überwinden. Nun sind es »nur« mehr etwa 200 m bis zur Grenze. Doch bis dahin müssen wir noch über ein weiteres abgeerntetes Feld und danach durch ein kurzes Waldstück.

UNBEMERKT VON HUNDEN UND SOLDATEN – SPUREN IM GEEGGTEN ERDREICH
Nachdem wir es geschafft haben, den Bahndamm zu überqueren, robben wir auf dem freien Feld weiter in Richtung Wald. Doch etwa 100 m davor fährt uns ein neuerlicher Schreck durch die Glieder. Wir sehen drei Grenzsoldaten, die mit einem Hund direkt auf uns zukommen. In diesem Augenblick ist uns bewusst, dass sie uns entdeckt haben müssen. Doch was sollen wir nun tun? Zurück wollen und können wir keinesfalls. Wenn sie uns erwischen, müssen wir mit einer Festnahme und eventueller Abschiebung in die DDR rechnen. Deshalb bleibt nur die Möglichkeit, alles auf »eine Karte« zu setzen. Wir erheben uns aus der Deckung und laufen, so schnell es nur geht, zu diesem Wald. Dort können wir uns eventuell verstecken, und wenn möglich, werden wir versuchen, über den Stacheldraht nach Österreich zu gelangen. Doch am Waldrand finden wir schon das nächste Hindernis vor. Es ist ein Gestrüpp von Brombeeren, die mit vielen Dornen behaftet sind. Wir kämpfen uns durch das Gestrüpp und kommen zu dem ca. zwei bis drei Meter hohen Stacheldrahtzaun. Jetzt sind wir nur mehr wenige Schritte von der Freiheit entfernt und werden keinesfalls aufgeben. Es ist stockdunkel, weshalb wir die Drahtspitzen nur sehr schwer erkennen können. Der Drang nach Freiheit setzt ungeahnte Kräfte in uns frei, wodurch es uns gelingt, diesen Stacheldrahtzaun ziemlich schnell zu überklettern. Dabei fügen wir uns jedoch blutende Wunden an den Händen zu – die Schmerzen spüren wir in unserer Euphorie jedoch kaum.

EIN HINWEISSCHILD GIBT UNS GEWISSHEIT *Hinter dem Zaun gibt es – Gott sei Dank – kein Gestrüpp, weshalb wir schnell in Richtung Österreich laufen können. Doch plötzlich kommen wir zu einem ca. drei Meter breiten, hellen, geeggten Sandstreifen, der parallel zur Grenze verläuft. Wir überqueren diesen, müssen jedoch dabei unsere Schuhabdruckspuren hinterlassen. Das beunruhigt uns sehr, weil wir dadurch identifiziert werden können. Und schon stehen wir vor der nächsten »Herausforderung« – wir müssen neuerlich durch* ein Gestrüpp mit Dornen. Nachdem wir bereits Wunden an den Händen haben, nehmen wir so kurz vor dem Ziel keine Rücksicht auf unsere körperliche Unversehrtheit, schaffen es auch durch diese natürliche Barriere und stehen vor einem Weinberg.

Endlich sind wir guter Dinge, diese abscheuliche Grenze überwunden zu haben. Sicher sind wir uns jedoch noch immer nicht. Deshalb laufen wir zwischen den Rebstöcken und kommen letztendlich zu einem Schild, das uns zeigt, dass wir österreichisches Staatsgebiet erreicht haben und in Sicherheit sind.

Als wir dieses Hinweisschild sahen, konnten wir es kaum fassen – wir hatten tatsächlich österreichisches Staatsgebiet erreicht. Angst wich endlich der Freude.

Kurze Zeit später bemerken wir die Lichter eines Autos, das uns entgegenkommt. Obwohl wir fest daran glauben, in Österreich zu sein, haben wir noch immer Angst, verstecken uns und lassen es an uns vorbeifahren. Dabei sehen wir, dass auf dem Fahrzeug schwarze, österreichische Kennzeichen montiert sind. In dieser Sekunde sind wir ganz sicher, dass uns die Flucht gelungen ist. Ein unbeschreibliches Gefühl der Erleichterung sowie des Glücks durchdringt unseren Körper. Endlich frei! Deshalb wagen wir uns auch aus dem Versteck und gehen den Weg in Richtung Deutschkreutz entlang. Es dauert nicht lange, bis das nächste Auto kommt. Es ist Stefan Fennes, der uns nach Deutschkreutz bringt.

GASTFREUNDSCHAFT DIE ICH NIE VERGESSEN WERDE Mittlerweile ist es schon spät am Abend und in Deutschkreutz sind scheinbar alle Übernachtungsmöglichkeiten ausgeschöpft. Für Stefan kein Problem. Er nimmt uns einfach mit zu sich nach Hause und bietet uns an, in seinem Wohnhaus zu nächtigen. Wir sind überwältigt von seiner Gastfreundschaft und nehmen dankbar an. Bevor wir zu Bett gehen, sitzen wir noch kurz zusammen und erzählen seiner Frau Maria unsere Geschichte. Ich kann mich nicht erinnern, dass ich in dieser Nacht tatsächlich – wenn auch nur ganz kurz – geschlafen habe.

SAMSTAG, 26. AUGUST 1989 – DIE REISE IN DIE ZUKUNFT BEGINNT Am Morgen bringt uns Stefan zum Pfarrheim, weil unsere Kleider vom Robben schmutzig sowie von den Dornen zerrissen sind. Ich bin überwältigt, wie engagiert dort die Helfer sind und uns Flüchtlinge mit Kleidung, Toilettenartikeln sowie sonstigen Sachen des täglichen Gebrauches versorgen. Wir können uns neue »Klamotten« aussuchen und sind sehr dankbar dafür. Danach fahren wir mit Stefan an jene Stelle, an der wir die Grenze überschritten und das Hinweisschild gesehen haben. Als bleibende Erinnerung an diese denkwürdige Flucht fotografiert er uns mit dieser Tafel – siehe Foto. Interview mit Stefan Fennes im Anschluss an diesen Bericht.

Ohne Worte! – Diese Kleider haben Ulrike und Gunnar während ihrer Flucht getragen.

FOTO: STEFAN FENNES

IN FREIHEIT VEREINT! Wie vereinbart kam meine Schwester Evelyn gegen Mittag (26. August 1989) nach Deutschkreutz. Welch eine Freude – zum ersten Mal in Freiheit vereint. Wir waren alle glücklich, dass diese Flucht gelungen ist, hatten Freudentränen in den Augen und fielen uns in die Arme.

EIN UNGEWOHNTES GEFÜHL – EINREISE IN DIE BUNDESREPUBLIK OHNE KONTROLLE Nachdem wir uns von unserem Helfer verabschiedet hatten, brachte uns meine Schwester nach Wien zur Deutschen Botschaft. Da es bereits Samstagnachmittag war, gab es dort keine Amtsstunden, weshalb man uns nicht weiterhelfen konnte. *Auf meine Frage, wie wir denn ohne gültige Pässe die Grenze nach Westdeutschland passieren sollen, winkten die Beamten nur ab und wünschten uns eine gute Reise. So fuhren wir mit einem etwas »mulmigen Gefühl« einfach weiter in Richtung Salzburg und kamen gegen Abend zum Grenzübergang Walserberg. Als ich die Beamten in Uniform sah, lief es mir schon etwas »kalt über den Rücken«. Würden wir tatsächlich ohne Visum über die Grenze kommen? Vor wenigen Stunden wäre das noch undenkbar gewesen. Doch es wurde Realität. Wir wurden einfach durchgewunken, ein für uns völlig neues Reisegefühl. Gegen Mitternacht erreichten wir Starnberg (liegt direkt an Starnberger See), wo wir meine Cousine Christine und ihren Mann Jockel überraschten und dann ganz lieb empfangen wurden.*

AM 27. AUGUST 1989 *fuhren wir weiter nach Mutterstadt zu meiner Tante Jutta und meinem Onkel Gerd. Da ich kurzfristig in Berlin weiterstudieren wollte, mussten wir am nächsten Tag weiter zum etwa 160 Kilometer entfernten Bundesnotaufnahmelager nach Gießen. Mein Onkel gab mir zum Abschied noch 3.000 DM Startkapital und wünschte mir alles Gute!*

AM 28. AUGUST *brachte uns meine Schwester Evelyn noch bis nach Gießen, wo sich unsere Wege vorerst trennten. Ich wurde im Bundesnotaufnahmelager polizeilich erfasst und vom Bundesnachrichtendienst zu meiner Armeezeit befragt. Im Aufnahmelager verbrachten wir eine Nacht, bekamen am nächsten Tag Zugfahrkarten nach Frankfurt sowie Tickets der Fluglinie »Pan Am« für den Flug nach West-Berlin. Vorher musste ich noch unterschreiben, dass ich in Berlin keine Sozialhilfe beantragen würde. Während des Fluges habe ich ernsthaft gebetet, dass wir nicht in der DDR notlanden müssen.*

> **»Lieber Gott hilf mir, dass wir nicht in der DDR notlanden müssen.«**
> WÖRTLICHES ZITAT VON DR. GUNNAR BUSSE.

NAH DER HEIMAT UND DOCH UNENDLICH WEIT ENTFERNT *Am 31. August 1989 meldeten wir uns in Berlin im Notaufnahmelager Marienfeld an. Hier wurde ich neuerlich polizeilich überprüft und zusätzlich noch vom US Geheimdienst erfasst. Die Entfernung von Marienfeld bis zu meinem Heimatort Neuhof beträgt ganze 37 km – so nah der Heimat und doch – vorerst – »Lichtjahre« davon entfernt.*

Am 19. September 1989 habe ich mich für das Wintersemester an der TU Berlin immatrikulieren lassen und damit nahtlos weiterstudieren können. Den Mauerfall am 9. November 1989 habe ich mit meinen Eltern in West-Berlin gefeiert. Zu meiner Studienkollegin Ulrike habe ich keinen Kontakt mehr. Ich bin im Sommer 2017 mit meiner Frau Manuela und meinem Sohn zurück nach Leipzig gezogen und arbeite derzeit für einen internationalen Automobilzulieferer als Entwicklungsleiter.

»Ich habe meine Flucht aus der DDR zu keiner Zeit bereut.«

SHUTTLE-DIENST ZWISCHEN STACHELDRAHT UND ORTSGEBIET DEUTSCHKREUTZ

Stefan Fennes war einer von zahlreichen Deutschkreutzer Bürgern, die an der Grenze standen und die Flüchtlinge zur Sammelstelle in die Gemeinde brachten.

STEFAN FENNES, Jahrgang 1946, lebte schon seit seiner Geburt am Eisernen Vorhang und wurde bereits als 10-jähriges Kind mit dem ersten Flüchtlingsstrom – es war beim Ungarnaufstand 1956 – konfrontiert. Er erinnert sich noch genau an die enorme Hilfsbereitschaft der Bürger von Deutschkreutz. Und so war es auch 33 Jahre danach.

Im Jahre 1989 war er einer der zahlreichen Helfer, die mit ihren Fahrzeugen im Grenzbereich »patrouillierten« und hunderte DDR-Bürger nach geglückter Flucht nach Deutschkreutz brachten. Doch dabei blieb es nicht. Gab es für die Flüchtlinge keine Möglichkeit zum Nächtigen, so stellte er – so wie viele andere auch – Räumlichkeiten in seinem eigenen Wohnhaus zur Verfügung. Dass man die Menschen auch verpflegte, war für Stefan Fennes und seine Gattin selbstverständlich. So half er auch Dr. Gunnar Busse, als dieser mit seiner Studienkollegin nach einem gelungenen Fluchtversuch österreichisches Hoheitsgebiet erreicht hatte.

»Obwohl wir den Flüchtlingen zugerufen haben, dass sie in Sicherheit wären und nichts zu befürchten hätten, sind sie manchmal vor uns davongelaufen.«

WÖRTLICHES ZITAT VON STEFAN FENNES.

STEFAN FENNES ERZÄHLT: *Mit dem Abbau des Eisernen Vorhanges kamen im Juli 1989 vorerst vereinzelt, und ab Anfang August täglich mehr Flüchtlinge aus der DDR über die ungarische Grenze nach Deutschkreutz. Der Flüchtlingsstrom erreichte dann gegen Ende August, Anfang September, seinen Höhepunkt.*

In unserer Gemeinde setzte eine Hilfsbereitschaft ein, die weit über die Grenzen Österreichs höchste Anerkennung erfahren hat. Von der Grenze, bis zu der etwa drei Kilometer entfernten Rot-Kreuz-Stelle im Ort, gab es – etwas überspitzt formuliert – einen Shuttle-Dienst, an dem auch ich mich mit meinem PKW beteiligte.

ES IST ENDE AUGUST, *etwa 22:00 Uhr und bereits finstere Nacht. Ich stehe mit meinem Auto wieder einmal in unmittelbarer Nähe der Grenze. Dabei beobachte ich eine Gruppe von zehn Personen – es sind drei Ehepaare und vier kleine Kinder – die vermutlich die Orientierung verloren hat. Aufgrund ihres unsicheren Verhaltens ist mir sofort klar, dass sie nicht wissen, ob sie bereits österreichisches Territorium erreicht haben. Deshalb rufe ich ihnen zu:* **»IHR SEID IN ÖSTERREICH.«** *Die Menschen sind zwar misstrauisch, laufen aber – wie viele andere –* **NICHT** *davon. Es gelingt mir, mit ihnen einige Worte zu wechseln und sie davon zu überzeugen, dass ich ihnen nur helfen will. Ich spüre förmlich, dass sie vor Angst zittern, als sie zu Sepp Reinfeld – der mit seinem PKW in meiner unmittelbaren Nähe steht – und mir in die Autos steigen. Wir bringen sie zur Sammelstelle in die Gemeinde. Soviel ich weiß, hat Sepp dann der Gruppe in seinem Wohnhaus Unterkunft gewährt.*

HILFE DANKEND ANGENOMMEN – DR. GUNNAR BUSSE MIT STUDIENKOLLEGIN
Nachdem ich meine »Fahrgäste« abgesetzt hatte, bin ich wieder zur Grenze gefahren. Als ich dort eintraf, sah ich ein junges Pärchen, das ebenfalls die Flucht durch den Grenzzaun geschafft hatte und in Richtung Deutschkreutz unterwegs war. Ich habe sofort angehalten, mich als Österreicher zu erkennen gegeben und den beiden gesagt, dass sie in Sicherheit sind und nichts zu befürchten hätten. Erst nach kurzem Zögern sind sie zu mir ins Auto

gestiegen. Anschließend sind wir zu unserem Wohnhaus gefahren. Dort haben wir beide als Gäste aufgenommen und ihnen ein Zimmer samt Nassbereich zur Verfügung gestellt. Selbstverständlich wurden sie von uns auch verpflegt. Ich erinnere mich noch genau daran, dass wir in dieser Nacht noch länger beisammengesessen sind, wobei uns Gunnar Busse von den Verhältnissen in der DDR erzählt hat.

»Unter anderem sagte ich zu ihm: ›In fünf Jahren wird es keine DDR mehr geben.‹ Darauf Busse: ›Das kann ich nicht glauben, Sie werden sehen, morgen machen sie die Grenze dicht.‹«

Ich sollte Recht behalten, denn die DDR gab es nur mehr wenige Monate.

Doch nicht alle Flüchtlinge haben uns – trotz langem Zögern – vertraut. Manche waren derart verschreckt, dass sie aus Angst einfach davonliefen und manchmal wieder auf ungarisches Gebiet gerieten. Die Soldaten haben dabei sehr unterschiedlich reagiert. Während einige – wenn auch nicht bis aufs »Äußerste« –Dienst nach Vorschrift verrichteten, haben sich andere wieder zur Seite gedreht, oder in Einzelfällen den Flüchtlingen sogar den Weg nach Deutschkreutz gezeigt.

FLUCHT ABGEBROCHEN – LEGALE AUSREISE NACH GRENZÖFFNUNG *Es war in der Nacht zum 11. September 1989, als ich durch eine blinkende Taschenlampe drei Flüchtlingen den Grenzübertritt ermöglichen wollte. Doch dazu kam es nicht mehr. Am Höhepunkt der Flüchtlingskrise fuhr ich sehr oft nach Ungarn und habe das von den Flüchtlingen zurückgelassene Gepäck geholt. Während einer derartigen »Kurierfahrt« sah ich drei Personen, die sich auf einer Straße bei Zinkendorf (Nagycenk) aufhielten. Mir war sofort klar, dass sie zu flüchten beabsichtigen. Und ich hatte mich nicht getäuscht. Da es aber noch nicht dunkel war, lud ich sie einfach zum Essen ein, wodurch wir die Zeit bis zum Abend überbrücken konnten.*

Kurz vor Mitternacht fuhren wir durch das Ortsgebiet von Harkau (Harka) in Richtung Grenze. Beim letzten Haus hielt ich an. Wir stiegen aus dem Fahrzeug, weil ich diesen Leuten den mir am wenigsten gefährlich scheinenden Weg durch den Grenzzaun nach Deutschkreutz zeigen wollte. Ich selbst beabsichtigte, über den offiziellen Grenzübergang nach Deutschkreutz zu fahren.

Auf österreichischer Seite wollte ich auf sie warten. Wir vereinbarten, dass ich mich mit einer blinkenden Taschenlampe zu erkennen geben werde. Dieses Gespräch hörte auch ein Mann, der sich in dem Haus aufhielt. Er kam auf uns zu und sagte in akzentfreiem Deutsch:

»Gerade haben sie in den Nachrichten die Botschaft verbreitet, dass in wenigen Minuten (11. September 1989) die Grenze geöffnet wird und jeder DDR-Bürger legal ausreisen darf.«

Unser Plan war mit einem Mal für den »Papierkorb«.
Welch eine Freude bei uns allen!!!

ÜBER DIE BAHNGLEISE BEI KÓPHÁZA ZUR GRENZE – STACHELDRAHT AUSEINANDERGEDRÜCKT – FLUCHT NACH DEUTSCHKREUTZ GEGLÜCKT

HILKE K., JAHRGANG 1953, verbrachte ihre Kinder- und Jugendjahre in einer Kleinstadt am Rande des Harz, **ING. WERNER K., JAHRGANG 1950,** wuchs in einem Dorf in der »Magdeburger Börde« auf. Beide lebten bis zu ihrer Flucht mit dem gemeinsamen Sohn René, geb. 1972, in einer Kleinstadt der Altmark, im Norden von Sachsen-Anhalt.

Diese drei Familien, denen die Flucht gemeinsam geglückt war, trafen einander anlässlich einer Gedenkfeier ein Jahr danach wieder an jenem Ort, an dem sie den Eisernen Vorhang überschritten hatten.

HILKE fand nach ihrem Studium in einem konfessionellen Krankenhaus der Johanniter eine Anstellung und war dort als Oberärztin tätig. **WERNER** erlernte den Beruf eines Elektromonteurs, studierte Elektrotechnik und arbeitete danach als Elektroingenieur wieder in jenem Betrieb, in dem er seine Ausbildung zum Elektromonteur absolvierte.

Die Familie lebte in gesicherter Existenz und hatte trotz vieler »Unzulänglichkeiten« einen guten Lebensstandard. Obwohl sie wussten, dass es eine Stasi gibt, wurden sie niemals mit deren Mitarbeitern konfrontiert und haben auch keine »Bespitzelung« wahrgenommen.

ERSTE GEDANKEN zur Flucht gab es bereits zu Beginn der 1980er Jahre während einer kleinen Ausreisewelle aus der DDR. Da die Familie wenig Erfolg auf Genehmigung eines Ausreiseantrages sah, nahm sie davon Abstand. Mögliche Konsequenzen für Angehörige schreckten sie ebenfalls davon ab.

Nachdem gemeinsame Urlaubsreisen nur in die »Bruderstaaten der DDR« – wie UdSSR, CSSR, Ungarn, Rumänien, Bulgarien – genehmigt wurden, wurde ihnen immer mehr bewusst, dass sie in ihrer Reisefreiheit stark eingeschränkt waren. Sie lebten in einem »großräumigen, staatenübergreifenden Gefängnis«, dessen Grenze mit Stacheldraht, Minenfeldern und bewaffneten Soldaten gesichert war.

Nach einem Verwandtenbesuch in der Bundesrepublik stellte Hilke den eklatanten Unterschied zwischen Ost und West persönlich fest und war nach ihrer Rückkehr nachdenklich und betroffen. Als ein neuerlicher Reiseantrag nach Westdeutschland aus fadenscheinigen Gründen abgelehnt wurde, und Ungarn an der Grenze zu Österreich gerade mit dem Abbau des Eisernen Vorhanges begonnen hatte, schien der Zeitpunkt für die Flucht gekommen.

»Nun ist es etwa 22.00 Uhr und wir haben diesen so gefürchteten Eisernen Vorhang ohne Festnahme und körperlichen Schaden überwunden. Unfassbar, dass uns in nur zweieinhalb Stunden das gelungen ist, was hunderte Menschen in der DDR über Jahrzehnte versucht haben, daran gescheitert sind und diesen Drang nach Freiheit mit jahrelangem Gefängnisaufenthalt oder sogar mit dem Tod bezahlt haben.«

WÖRTLICHES ZITAT VON ING. WERNER K.

KEINE RÜCKKEHR VOM URLAUB AM PLATTENSEE Da sie bereits mehrmals in Ungarn waren, nützten sie eine als Urlaub getarnte Reise zur Flucht. In der Nacht zum 23. August 1989 gelang es ihnen – in einer Gruppe von insgesamt zehn Personen – zwischen Kópháza und Deutschkreutz den Eisernen Vorhang zu überwinden. Sie liefen ihren Helfern, die auf österreichischer Seite in unmittelbarer Nähe des Eisernen Vorhanges warteten, direkt in die Hände. Anschließend wurden sie im Gasthaus Glöckl sowie bei der Familie Reinfeld versorgt und konnten dort auch nächtigen.

Da in dieser Nacht nicht an Schlaf zu denken war, saßen sie noch bis weit nach Mitternacht beisammen und stellten fest, dass sich in der Gruppe unter den sechs Erwachsenen drei Ärzte, zwei Ingenieure und eine Büroangestellte befanden. Ing. Werner K. erinnert sich noch genau an diese Wochen des Sommers 1989. Er erzählt unter anderem über sein Leben in der DDR, seine Beweggründe zur Flucht und richtet auch den Dank an seine Helfer, die seine Familie niemals vergessen wird. Die K.'s kehren nahezu jährlich an jenen Ort zurück, an dem sie die ersten Schritte in die Freiheit getan haben. Zu ihren Helfern pflegen sie nach wie vor regelmäßigen Kontakt.

SCHAFFUNG EINER GESICHERTEN EXISTENZ IN DER DDR – FLUCHT NACH EINGESCHRÄNKTER FREIHEIT DURCH DEN EISERNEN VORHANG – NEUANFANG IM WESTEN

Meine Gattin Hilke und ich begannen nach einer guten und erfolgreichen 10- bzw. 12-jährigen Schul- und Berufsausbildung im September 1971 ein Studium. 9 Monate danach heirateten wir; unser Sohn René wurde geboren. Noch im gleichen Jahr konnten wir eine eigene Wohnung beziehen. Nach erfolgreichem Abschluss meines Studiums der Elektrotechnik trat ich eine Stelle als Elektroingenieur in meinem Ausbildungsbetrieb an. Hilke versorgte während ihres Medizinstudiums unseren gemeinsamen Sohn und beendete im Jahr 1976 das Studium mit der Approbation als Ärztin. Von großem Vorteil war, dass an ihrem Studienort für René ein Krippen- bzw. Kindergartenplatz zur Verfügung stand (Studenten wurden bevorzugt berücksichtigt).

Im Jahr 1976 wechselte ich meinen Arbeitsplatz und trat in ein Unternehmen in unserem damaligen Wohnort ein. Meine Frau beendete ihr Studium und fand in unserem neuen Heimatort – in einem kirchlichen Krankenhaus – eine Stelle als Ärztin. Neben ihrer beruflichen Tätigkeit mit vielen zusätzlichen

Diensten absolvierte sie zudem noch eine Ausbildung zur Fachärztin. In den folgenden Jahren bauten wir uns eine gemeinsame wirtschaftliche Existenz auf. Aufgrund unserer guten Ausbildung verfügten wir über ein entsprechendes Einkommen und konnten uns trotz vieler »Unzulänglichkeiten« in der DDR einen etwas gehobeneren Lebensstandard leisten. Wir richteten uns in unserer »Nische« ein und lebten in einer großen Wohnung mit Etagenheizung, Garage, Auto, Kleingarten sowie Telefon. Sogar Westfernsehen konnten wir über einen Kabelanschluss offiziell empfangen.

URLAUBSREISEN NUR INNERHALB DER DDR SOWIE IN DIE »BRUDERSTAATEN«
Unsere ersten Urlaube führten uns als Camper auf Zeltplätze zu Binnenseen bzw. an die Ostsee in der DDR. Wir wollten jedoch auch andere Länder sehen und verbrachten daher unsere Ferien von 1980 bis 1984 an der Schwarzmeerküste in Bulgarien. Die Strände am Schwarzen Meer konnten wir samt unserer Campingausrüstung mit dem Auto über die CSSR, Ungarn und Rumänien problemlos erreichen. Auf diesen Reisen wurde uns jedoch immer mehr bewusst, dass wir in unserer Reisefreiheit doch sehr eingeschränkt waren und fragten uns immer wieder, ob das jetzt alles in unserem Leben war.

Damals trugen wir uns zum ersten Mal mit dem Gedanken, die DDR legal zu verlassen. Wir scheuten uns aber, diesen letzten Schritt zu tun und einen Ausreiseantrag zu stellen. Zum einen sahen wir keine Chancen für einen positiven Ausgang, zum anderen wollten wir unseren nahen Angehörigen keine Unannehmlichkeiten bereiten.

1987 – ERSTE REISE IN DIE BUNDESREPUBLIK *Ab dem Jahr 1985 führten uns unsere Urlaubsreisen nur noch bis Ungarn. Die tatsächliche »Wende« in unserem Leben trat im Jahre 1987 ein. Damals hatte unser Sohn Jugendweihe und als Geschenk gab es für die ganze Familie eine geführte Reise in den Kaukasus. Kurz danach durfte Hilke zum 60. Geburtstag ihres Onkels in die BRD reisen. In den wenigen Tagen konnte sie den krassen Unterschied zwischen West und Ost mit eigenen Augen sehen und erleben.*

»Nach ihrer Wiederkehr wirkt Hilke äußerst nachdenklich und auch sehr betroffen. Als ein neuerlicher Reiseantrag aus fadenscheinigen Gründen abgelehnt wird, wächst unsere Unzufriedenheit immer mehr.«
WÖRTLICHES ZITAT VON ING. WERNER K.

Im Frühjahr 1989 stellte Hilke einen neuerlichen Reiseantrag, weil sie ihre Tante zu deren 60. Geburtstag besuchen wollte. Dieser wurde jedoch nicht genehmigt. Als Grund gaben die Behörden an, dass keine Blutsverwandtschaft bestehen würde. Eine derartige Vorgangsweise konnten wir keinesfalls verstehen, mussten diese aber zur Kenntnis nehmen. Ein weiterer Beitrag zu unserer bereits bestehenden Unzufriedenheit, die nahezu von Tag zu Tag größer wurde und bald das Fass zum »Überlaufen« brachte.

ABBAU DES GRENZZAUNES IN UNGARN – KONKRETE GEDANKEN AN EINE MÖGLICHE FLUCHT *Zu diesem Zeitpunkt kamen im Fernsehen die ersten Meldungen über den Abbau der Grenzanlagen in Ungarn zu Österreich. Bestärkt durch die fadenscheinige Ablehnung der Reise meiner Frau in die Bundesrepublik, waren wir nun fest entschlossen, die DDR zu verlassen. Durch die Entfernung des Stacheldrahtzaunes sahen wir jetzt eine reelle Chance, mit unserem Sohn ohne körperlichen Schaden diese Menschen verachtende Grenze zu überwinden. Die Pläne zur Flucht wurden nun konkret. Wir trafen die ersten Vorbereitungen.*

KEIN WORT VON FLUCHT IN DEN EIGENEN VIER WÄNDEN *Nun ist höchste Vorsicht geboten. Niemand – auch nicht die nächsten Angehörigen – dürfen erfahren, dass wir nach unserem Urlaub nicht mehr in die DDR zurückkehren werden. Aus Angst vor Bespitzelung – unser Haus könnte ja auch »verwanzt sein« – bereden wir unser Vorhaben nur außerhalb unserer Wohnung. Da wir unserem Sohn René keinesfalls von der geplanten Flucht zu diesem Zeitpunkt erzählen können, müssen wir besonders vorsichtig sein. Eine unbedachte Bemerkung kann bereits seine Aufmerksamkeit erregen. Im Radio – via Deutschlandfunk – verfolgen wir die Nachrichten und sind daher immer über das Geschehen an der ungarischen Grenze zu Österreich bestens informiert. Nahezu täglich wird darüber berichtet, dass die Zahl jener DDR-Bürger, denen der illegale Grenzübertritt in die Freiheit gelingt, ständig steigt. Wir sind daher guter Dinge und treffen im Juni 1989 wie geplant die Vorbereitungen für den Urlaub in Ungarn. Die dafür notwendige Genehmigung ist beantragt und die Reise wird bald danach auch bewilligt. Bei der Staatsbank tauschen wir DDR-Mark in Kronen für die CSSR und Forint für Ungarn in maximaler Höhe des festgelegten Limits. Im Wohnwagen verstauen wir nur unsere Urlaubskleider sowie einige haltbare Lebensmittel und Konservendosen. Sämtliche Wertsachen müssen* wir zurücklassen, weil niemand nur den geringsten Verdacht schöpfen darf, dass wir flüchten werden. Unser Sparguthaben wollen wir aber keinesfalls dem Staat überlassen. Deshalb heben wir einen Großteil unseres Geldes kurz vor Kassaschluss ab und machen uns auf die Reise. Bis das auffallen wird, werden wir zumindest in der CSSR, wenn nicht bereits in Ungarn sein, denken wir. Die Schlüssel für die Wohnung übergeben wir unseren Nachbarn und bitten sie, die Zimmerpflanzen zu versorgen sowie die Post aus dem Briefkasten zu entnehmen.

Reiseanlange – dieses Dokument berechtigte die Familie K. zur Fahrt in den Urlaub nach Ungarn.

SÄMTLICHE DOKUMENTE BEI DEN ELTERN DEPONIERT Unsere Reise in ein neues Leben mit einer ungewissen Zukunft beginnt am **29. JULI 1989** Das Auto steht mit dem angekoppelten, bereits beladenen Wohnwagen vor dem Haus. Mit viel Wehmut versperren wir die Eingangstür, werfen noch einen letzten Blick zurück, setzen uns in das Fahrzeug und fahren in Richtung Ungarn los. Die Tage zwischen Hoffen und Bangen beginnen. Wir wissen ja nicht, was uns erwartet. Scheitert unser Fluchtversuch, sind wir – im besten Fall – in wenigen Tagen wieder zurück in unserer Wohnung. Erwischen uns die Ungarn und liefern uns an die DDR aus, so können wir wegen Republikflucht auch in einem Gefängnis landen. Doch daran wollen wir nicht denken.

Unsere persönlichen Dokumente – Abschlusszeugnisse, Dekrete, Ernennungen, Geld, etc. – dürfen keinesfalls in der Wohnung bleiben. Man weiß ja nie. Bei einer Wohnungsöffnung durch die Stasi könnten diese in deren Hände fallen und für immer verschwinden. Deshalb packen wir die für uns so wichtigen Wertgegenstände in eine Tasche, fahren auf dem Weg nach Ungarn bei meinen Eltern – sie lebten in einem Dorf südlich von Magdeburg – vorbei und bitten sie, die Tasche für uns aufzubewahren. Da wir unsere bevorstehende Flucht auch vor ihnen geheim halten müssen, führen wir Sicherheitsbedenken an und erzählen ihnen, dass vor kurzem bei unseren Nachbarn eingebrochen worden sei. Der Abschied von meinen Eltern fällt uns deshalb nicht ganz so schwer, weil sie zu diesem Zeitpunkt bereits im Rentenalter sind. Als Pensionisten dürfen sie nämlich gemeinsam in die Bundesrepublik reisen, wodurch der persönliche Kontakt auch in Zukunft aufrechterhalten werden kann.

VOM PLATTENSEE ZUR GRENZE BEI SOPRON – RENÉ STIMMT ERST NACH BEDENKZEIT DER FLUCHT ZU Noch am selben Tag fahren wir weiter. Wir können ohne Probleme die Grenze zur CSSR passieren und erreichen anstandslos einen privaten Campingplatz in der Nähe von Bratislava. Dort verbringen wir einige Tage und setzen unsere Reise am 5. August 1989 in Richtung Plattensee fort. Der Grenzübertritt von der CSSR nach Ungarn verläuft ebenfalls problemlos. Wie in den Jahren zuvor fahren wir auf einen uns bereits bekannten Zeltplatz in der Nähe von Keszthely. Bevor wir die Flucht wagen, wollen wir noch ein paar Urlaubstage genießen. Von Urlaubsstimmung sind wir aber weit entfernt. Unsere Gedanken drehen sich im Kreis. Die nervliche Belastung steigt. Jetzt müssen wir unserem Sohn sagen, dass wir flüchten und nicht mehr in die Heimat zurückkehren werden. Wir suchen nach geeigneten Worten. Wie befürchtet zeigt er sich von diesem Vorhaben vorerst wenig begeistert. Verständlich, denn auch er muss seinen gesamten Freundeskreis aufgeben. Obwohl wir René nicht zur Gänze davon überzeugen können, dass wir in der Bundesrepublik in Freiheit leben, uns eine Existenz aufbauen und neue Freunde finden werden, stimmt er nach einigen Tagen Bedenkzeit dann doch zu. Eine weitere Hürde ist »genommen«. Nun gilt jede Konzentration der unmittelbar bevorstehenden Flucht. Deshalb kaufen wir täglich die »Bild-Zeitung« und verfolgen die Berichte über DDR-Bürger, denen die Flucht nach Österreich geglückt ist. In diesen Meldungen werden hauptsächlich die Orte Mörbisch und Sopron erwähnt. Unter anderem lesen wir von der Massenflucht beim Paneuropäischem Picknick am 19. August 1989 und ärgern uns, dass wir davon nicht vorher erfahren haben. Da unser Urlaub nun langsam zu Ende geht, beschließen wir, in Richtung Sopron aufzubrechen. **AM 22. AUGUST 1989** verlassen wir den Campingplatz am Plattensee in Richtung Sopron.

»SAMMELSTELLE« CAMPINGPLATZ BALF Unser Ziel ist eigentlich das Dorf Harka unmittelbar an der Grenze zu Österreich. Doch noch bevor wir nach Sopron kommen, sehen wir ein Hinweisschild auf den Campingplatz nach Balf. Kurz ent-

schlossen ändern wir unsere Route, fahren nach Balf und stellen dort unser Auto samt dem Wohnwagen ab. Nach der Erledigung der üblichen Anmeldeformalitäten machen wir uns sofort mit unserem Auto auf den Rückweg zur Straße Nr. 84, um einen geeigneten Ausgangsort für unseren illegalen Grenzübertritt zu erkunden.

Auf der Straße in Richtung Sopron (Nr. 84) entdecken wir zwischen Nagycenk und Kópháza eine Waldschneise und bleiben dort stehen. Neben einem großen Holzstapel sehen wir mehrere in der DDR zugelassene Autos, die ihre Besitzer dort abgestellt haben und offensichtlich geflüchtet sind. Die Fahrzeuge sind bereits geplündert bzw. ausgeschlachtet. Unter anderem fällt uns eine Familie – zwei Erwachsene und ein Kind – auf, die vermutlich ebenfalls Vorbereitungen zur Flucht treffen. Wir kommen sofort mit ihnen ins Gespräch und können sie überzeugen, erst einmal mit uns auf den Campingplatz zurückzukehren, um unser gemeinsames Vorhaben zu besprechen. Nach kurzer Betrachtung der Örtlichkeit scheint uns allen die von mir bereits erwähnte Waldschneise als guter Ausgangspunkt für die geplante Flucht. Wir wollen aber warten bis es dunkel wird und fahren mit der anderen Familie zurück auf den Campingplatz nach Balf. Dort haben sich bereits etliche Personen – darunter auch viele Kleinkinder – versammelt, die offensichtlich ebenfalls die Flucht planen. Doch direkt sagt das vorerst niemand. Während einer Unterhaltung mit einer weiteren Familie – zwei Erwachsene, zwei Kinder – fasst die Frau Mut und fragt meine Frau: »Sind wir etwa eine Interessensgemeinschaft?« Durch diese Frage ist uns sofort klar, dass sie sich uns anschließen wollen. In das Gespräch schalten sich nun auch weitere Personen sowie ein »Schleuser«, der eine Gruppe von 20 bis 25 Leuten über die Grenze bringen will, ein. Nach einer kurzen Diskussion beschließen wir – mit den zwei weiteren Familien – uns dieser Gruppe nicht anzuschließen und die Flucht auf eigene Faust zu wagen.

AUFBRUCH ZUR GRENZE *Jede Familie geht nun zu ihrem Auto bzw. Wohnwagen, trifft ihre eigenen Vorbereitungen. Da wir nicht ausschließen können, dass wir auf der Flucht auch vor den ungarischen Grenzern davonlaufen bzw. durch ein Loch im Stacheldraht kriechen müssen, dürfen wir in unserer Bewegung so wenig wie nur möglich eingeschränkt sein. Deshalb nehmen wir nur das Nötigste mit. Wir beschränken uns auf Wäsche zum Wechseln, Zahnputzzeug, Geld und Ausweise. Das tun auch die zwei anderen Familien.*

Mittlerweile ist es ca. 19:30 Uhr geworden. Es beginnt bereits leicht zu dämmern. Wie vereinbart machen wir uns nun auf den Weg zur Grenze. Zwei

Camper bringen uns mit ihrem Auto bzw. Wohnmobil zu der von uns bereits zuvor ausgekundschafteten Waldschneise an der Straße Nr. 84. Mit der Gewissheit, dass es jetzt kein Zurück mehr gibt, verabschieden wir uns von unseren Helfern und hoffen, dass wir in wenigen Stunden in Freiheit sein werden. Da es bereits dunkel geworden ist, können wir im Schutze der Finsternis einem Waldweg folgen, der unserer Orientierung zufolge in Richtung Grenze führen sollte. Die immer größer werdende Angst versuchen wir zu unterdrücken. Nun dürfen wir keinen Fehler machen, um ja nicht die Aufmerksamkeit der vermutlich patrouillierenden Grenzer zu erregen. Vor allem müssen wir darauf achten, dass sich die Kinder so ruhig wie nur möglich verhalten. Ohne vorheriger Absprache findet jeder in der Gruppe sofort seine Rolle. Zwei Männer übernehmen die Führung, dazwischen die Frauen mit den Kindern. Ich mache den Schluss, weil ich aufpasse, dass niemand zurückbleibt.

DIE BAHNGLEISE – WICHTIGE ORIENTIERUNGSHILFE *Nun kommen wir an den Rand eines Waldes, erkennen in einer tiefen »Schlucht« schemenhaft Bahngleise und suchen Deckung, um die Örtlichkeit weiter zu beobachten. Da wir ja noch immer nicht genau wissen, wo die Grenze verläuft, müssen wir einige Zeit warten. Mir kommt es wie eine Ewigkeit vor. Außerdem stechen mich eine Vielzahl von Mücken und beeinträchtigen mein bereits sehr angespanntes Nervensystem noch zusätzlich.*

Plötzlich hören wir in der weiteren Umgebung ein Gewirr von Stimmen sowie Geräusche und hoffen, dass es keine Soldaten sind. Jetzt müssen wir besonders darauf achten, dass vor allem die Kinder ruhig sind. Wir dürfen ja keinesfalls auffallen. Wenn sie uns entdecken, ist unsere Flucht noch vor der Grenze zu Ende. Es dauert aber nicht lange und alles ist wieder ruhig. Dennoch bleiben wir in unserem Versteck und warten ab. In der Ferne sehen wir die Lichter eines Zuges, der an uns in Richtung Sopron vorbeifährt. Das ist für uns ganz wichtig, denn jetzt wissen wir, dass die Schienen parallel zur Grenze verlaufen. Der Zeitpunkt für den letzten, jedoch auch gefährlichsten Abschnitt unserer Flucht ist gekommen.

»Während der Zug an uns vorbeifährt, wissen wir, dass die Grenze parallel zu den Schienen verlaufen muss. Wir laufen weiter und stehen plötzlich vor dem Stacheldraht.«

WÖRTLICHES ZITAT VON ING. WERNER K.

DRÄHTE WERDEN AUSEINANDERGEBOGEN – DIE FLUCHT GELINGT   Wir steigen eine ca. drei Meter tiefe Böschung hinab, queren die Gleise und klettern den Hang wieder hoch. Dabei rutschen jedoch zahlreiche Steine ab und verursachen ziemlich laute Geräusche. Jetzt heißt es Ruhe bewahren und hoffen, dass uns niemand entdeckt hat. Am Horizont können wir nun neuerlich Bäume sowie Büsche erkennen und vermuten dort die Grenze. Nun lassen wir uns nicht mehr aufhalten, laufen darauf zu und stehen plötzlich vor einem Stacheldrahtzaun. Da wir von der Grenzsicherung in der DDR wissen, dass der Draht auch unter Strom stehen kann, sind wir sehr vorsichtig. Wir können aber aufgrund des Zustandes – Verwachsungen, durchhängende Drähte etc. schnell erkennen, dass diese Befestigung schon seit Jahren nicht mehr gewartet bzw. erneuert wurde. Die beiden Männer, die die Gruppe anführen wagen es daher, die Drähte mit bloßen Händen anzufassen, biegen sie auseinander und wir schlüpfen – einer nach dem anderen – durch diese Lücke. Anschließend überqueren wir noch ein Stück unbebautes Land, kommen neuerlich zu einem Draht, der uns abermals den Schrecken durch die Glieder fahren lässt. Doch es gibt schnell Entwarnung. Es sind Drähte eines Weingartens, der ebenso wie die Bahnlinie auf ungarischer Seite, parallel – jedoch auf österreichischem Hoheitsgebiet – zur Grenze verläuft. Um aus diesem Gefahrenbereich so schnell wie nur möglich wegzukommen, kriechen wir unter den Drähten der einzelnen Reihen durch. Obwohl wir uns jetzt ziemlich sicher sind, dass wir uns bereits in Österreich befinden und frei sind, brechen wir dennoch nicht in Jubel aus. Ein gewisser Grad der Unsicherheit besteht noch immer. Um weiter in Deckung bleiben zu können, beschließen wir, zwischen den Reihen entlangzulaufen. Als diese zu Ende sind, gelangen wir auf einen durch Nässe aufgeweichten Rübenacker, überqueren diesen und kommen zu einem Feldweg.

SIGNALE AUS TASCHENLAMPEN ALS ZEICHEN DER FREIHEIT   In der Hoffnung, es endlich geschafft zu haben, gehen wir den Feldweg entlang. Nach etwa 100 Metern stehen plötzlich zwei hell gekleidete Männer mit Taschenlampen vor uns. Einem kurzen Schrecken weicht schnell – und das zum ersten Mal seit Wochen – ein Gefühl der Freude. Die Männer rufen uns nämlich zu:

»Nun seids in Sicherheit! Ihr seids in Österreich!«
»Als wir kurz danach noch ein Schild mit der Aufschrift: ›Keine Angst,

Ihr seid in Österreich‹ sehen, brechen wir in Jubel aus und fallen uns vor Glück alle in die Arme.«
WÖRTLICHES ZITAT VON ING. WERNER K.

Die beiden Österreicher erzählen uns, dass sie hier jede Nacht stehen würden, um Leute an der Grenze »abzufangen«. Einer von ihnen ist – wie ich nachher erfahre – Stefan Fennes aus Deutschkreutz. Stefan bringt uns mit seinem PKW nach Deutschkreutz und setzt uns vor dem Gasthaus Glöckl (Kirchenwirt) ab. Die anderen beiden Familien bringt der zweite Mann (Sepp Reinfeld) ebenfalls in dieses Gasthaus.

EINE GASTFREUNDSCHAFT DIE SICH MIT WORTEN NICHT BESCHREIBEN LÄSST
Nachdem wir unseren Durst mit dem ersten Bier in Freiheit gestillt haben, setzt sich meine Frau sofort telefonisch mit unseren Verwandten in der Bundesrepublik in Verbindung und benachrichtigt sie über unsere gelungene Flucht. Anschließend begeben wir uns in das schräg gegenüberliegende Pfarrheim.

FOTO: ZUR VERFÜGUNG GESTELLT VON HILKE UND ING. WERNER K.

Ein Jahr nach der Flucht – Hilke K. und Ing. Werner K. mit ihrem Helfer Stefan Fennes in unmittelbarer Nähe jener Stelle, an der sie einst die ersten Schritte in die Freiheit getan hatten.

Hier haben hilfsbereite Bürger eine Anlaufstelle für die Flüchtige eingerichtet. Wir erhalten trockene Kleidung und können essen und trinken. Ein Gendarm ist ebenfalls anwesend und notiert sich unsere Personalien. Nachdem wir uns gestärkt haben, bringt uns Stefan Fennes zur Familie Reinfeld, wo sich bereits die anderen beiden Familien befinden. Wir – das ist unsere gesamte Gruppe von insgesamt zehn Personen – dürfen dort duschen und nächtigen und werden auch noch verpflegt. Doch die »Nacht der Freude«, in der ja an Schlaf nicht zu denken ist, ist noch lange nicht zu Ende. Im Wohnzimmer sitzen wir an einem großen Tisch noch bis gegen 04:00 Uhr Früh beisammen und jeder erzählt seine persönliche Geschichte. Dabei stellt sich heraus, dass sich in der Gruppe unter den sechs Erwachsenen drei Ärzte, zwei Ingenieure und eine Büroangestellte befinden.

UNSER WEG IN DIE BUNDESREPUBLIK

Am nächsten Morgen lud uns die Familie Reinfeld noch zu einem gemeinsamen Frühstück ein. Danach – etwa gegen 10:00 Uhr – brachte uns ein Bus zusammen mit anderen Flüchtlingen zur Botschaft der Bundesrepublik nach Wien. Als wir dort ankamen, standen vor dem Gebäude Kamerateams, weil sie von den »Ankömmlingen« ihre Aufnahmen machen wollten. Im Innenhof befanden sich zahlreiche Flüchtlinge, die auf den weiteren Transport warteten. Selbstverständlich wurde uns auch Essen und Trinken angeboten. Besonders aufgefallen ist uns, dass sich unter diesen Flüchtlingen sehr viele junge Leute mit Kleinstkindern und sogar Säuglingen befanden. Im Laufe des Nachmittags teilte uns ein Angehöriger der Botschaft mit, dass in den letzten zwei Tagen über 600 Personen registriert wurden. Der Mann erklärte auch kurz den weiteren Ablauf des Tages. Nach der Erfassung unserer Personalien erhielt jeder Flüchtling 200 Schilling (14 Euro), einen Stadtplan von Wien und einen Fahrschein für die Bahn nach Deutschland. Danach verließen wir die Botschaft. Die Gruppe trennte sich. Jede Familie verbrachte den ersten Nachmittag in Freiheit für sich und besichtigte nach eigenem Ermessen die österreichische Bundeshauptstadt.

Am Abend trafen wir uns wieder vor dem Westbahnhof und bestiegen den Zug – mit einigen zusätzlichen Waggons für die Flüchtlinge – von Wien nach Amsterdam. In den einzelnen Abteils war eine euphorische, aber vielfach auch gespannte Stimmung zu spüren. Am 24. August 1989 überfuhr der Zug um ca. 04:00 Uhr die deutsche Grenze bei Passau und hielt kurz an. Dabei stiegen freiwillige Helfer des Deutschen Roten Kreuzes zu und versorgten uns mit Getränken und Imbissen. Etwa um 07:00 Uhr kamen wir in Frankfurt – Hauptbahnhof – an. Die zusätzlichen Waggons wurden abgekoppelt und nach Gießen weitergeleitet, wo wir gegen 8.00 Uhr eintrafen. Zu Fuß ging es anschließend bis zum Notaufnahmelager Gießen in der Nähe des Bahnhofes.

In dieser bereits überfüllen Sammelstelle erwarteten uns neuerlich mehrere Fernsehteams.

LAGER ÜBERFÜLLT – MIT DEM BUS IN EINE AUFGELASSENE KASERNE DER NATO NACH SCHÖPPINGEN Da wir in dem Lager wegen Überbelegung keinen Platz hatten, wurden wir verpflegt und mit einem Bus nach Schöppingen, – eine ca. 7.000 Einwohner zählende Stadt im Münsterland, etwa 300 Kilometer nördlich von Frankfurt/Main – gebracht. Es war im wahrsten Sinne des Wortes eine mehrstündige »Fahrt ins Blaue«, denn niemand im Bus kannte diesen Ort. Dort wurden wir in der Turnhalle einer ehemaligen, aufgelassenen NATO-Kaserne untergebracht. Am nächsten Tag gingen wir zu Fuß in die Gemeinde. In einer Bank tauschten wir unser gesamtes Bargeld (DDR-Mark, Tschechische Kronen und Ungarische Forint, sogar Hartgeld wurde angenommen) in D-Mark um. Wir waren erstaunt, wie komplikationslos dies möglich war.

VON DEN VERWANDTEN ABGEHOLT – ERSTE WOHNUNG IN BRAUNLAGE IM HARZ Aus einer Telefonzelle im Ort setzte sich meine Frau mit den Verwandten erneut in Verbindung und informierte sie über unseren neuen Aufenthaltsort. Am zweiten Tag stellten wir uns zur Erledigung der Formalitäten für das Bundesaufnahmeverfahren an. Während wir in der Warteschlange standen, sagte man uns, dass sich unsere Verwandten bereits im Gelände befinden und uns suchen würden. Nach einer überaus herzlichen Begrüßung informierten wir die Beamten, dass wir bei den Verwandten unterkommen werden, worauf uns binnen kürzester Zeit der Aufnahmeschein ausgestellt wurde. Danach ging alles sehr schnell. Wir konnten uns von unseren neuen Bekannten – mit denen wir in den letzten Tagen Freud und Leid geteilt hatten – kaum verabschieden. Es blieb lediglich Zeit für eine kurze Umarmung sowie einige wenige Worte, verbunden mit Glückwünschen für eine neue – ungewisse – Zukunft. Nachdem wir Telefonnummern sowie Kontaktadressen getauscht hatten, stiegen wir zu unseren Verwandten ins Auto und fuhren mit ihnen – und unseren wenigen Habseligkeiten – nach Braunlage/Harz (ein Ort mit ca. 6.000 Einwohnern, 100 Kilometer südlich von Wolfsburg). In Braunlage war für uns schon eine Ferienwohnung organisiert, in der wir etwa eine Woche verbrachten. Durch einen glücklichen Zufall konnten wir danach eine Dachgeschoßwohnung in der Wohnanlage unserer Verwandten beziehen. Mit Hilfe des Sozialamtes der Stadt Braunlage statteten wir diese Wohnung entsprechend aus. Gleich-

zeitig waren wir bemüht, die unumgänglichen, bürokratischen Formalitäten zu erledigen. Das war manchmal etwas anstrengend, weil Unmengen von Vordrucken ausgefüllt werden mussten. Die Mitarbeiter der Stadtverwaltung waren sehr hilfsbereit, manchmal hatten wir aber den Eindruck, dass sie mit dieser Situation (wir waren wohl die ersten Flüchtlinge aus der DDR in dieser Gemeinde) überfordert waren. Weitere Aufgaben waren unter anderem: für unseren Sohn den Schulbesuch zu organisieren, eine Bankverbindung einzurichten oder beim Arbeitsamt die notwendigen Anträge zu stellen. Jeder einzelne Tag war mit der Erledigung sämtlicher Behördenwege sowie mit der Suche nach einem Arbeitsplatz – vorrangig für meine Frau – verplant. Nach erfolgreichen Vorstellungsgesprächen entschied sie sich für die Stelle als Ärztin am kommunalen Krankenhaus (Öffentlicher Dienst) in Salzgitter, die sie Mitte November 1989 antrat.

UMZUG NACH SALZGITTER *Nach erfolgreicher Suche einer neuen Wohnung zogen wir Ende Oktober 1989 nach Salzgitter – eine Stadt mit ca. 100.000 Einwohnern, 24 Kilometer südöstlich von Braunschweig. Unser Sohn wechselte in das Gymnasium in Salzgitter-Bad und führte seine schulische Ausbildung weiter, die er 1992 mit dem Abitur abschloss. Ich brauchte etwas länger, um eine entsprechende Anstellung als Ingenieur zu finden. Letztendlich begann ich am 01.April 1990 bei der Siemens AG in Hannover eine Tätigkeit als Engineerer für Sekundärtechnik von Mittel- u. Hochspannungsschaltanlagen (10-220KV) für Industrie- und Energieversorgungsunternehmen, die ich bis zum Eintritt in das Rentenalter innehatte.*

DANK AN UNSERE HELFER *Im Sommer 1990 besuchten wir gemeinsam mit jenen Familien, mit denen wir geflüchtet waren, Deutschkreutz. Es war uns nämlich ein besonderes Anliegen, unsere Fluchthelfer zu besuchen.*
Während unseres Aufenthaltes veranstaltete die Gemeinde eine Gedenkfeier, um an die dramatischen Ereignisse des Sommers 1989 zu erinnern. Zu dieser Feier fanden sich zahlreiche ehemalige DDR-Bürger ein, denen damals die Flucht durch den Eisernen Vorhang nach Deutschkreutz geglückt war. Es war aber auch ein Wiedersehen mit unseren Helfern, wobei wir die Möglichkeit nützten, um uns bei ihnen zu bedanken. Mit Worten und Gesten haben wir bei dieser Veranstaltung zum Ausdruck gebracht, dass wir niemals vergessen haben – und vergessen werden – was sie in diesen schweren Stunden für uns

getan haben. Während dieses Festaktes durfte meine Frau eine am Pfarrhaus angebrachte Gedenktafel mit der Aufschrift:

ZUR ERINNERUNG AN DIE FLÜCHTLINGE IM HISTORISCHEN JAHR 1989

DEUTSCHKREUTZ, AM 11. AUGUST 1990

am Pfarrhaus enthüllen.

Festansprache von Oberschulrat in Ruhe, Josef Leser (Peppi), anlässlich der Gedenkfeier im August 1990.

Bild links: Hilke K. enthüllt am 11. August 1990 anlässlich der Feier zur Erinnerung an die Flüchtlinge von 1989 eine Gedenktafel.

Bild rechts: Diese von Hilke K. enthüllte Gedenktafel soll an die dramatischen Ereignisse des Sommers 1989 erinnern. Der Stacheldraht oberhalb der Schrift soll nachfolgenden Generationen vor Augen führen, dass Freiheit nichts Selbstverständliches ist und es eine Zeit gab, in der Menschen großräumig »eingesperrt« waren. Durch Stacheldraht, Minenfelder und bewaffnete Soldaten wurde diese Freiheit eingeschränkt sowie der Kontakt der Menschen zueinander über Jahrzehnte durch Androhung von Gewalt unterbunden.

30 JAHRE DANACH *In den folgenden Jahren bauten wir uns eine sichere, solide Existenz auf und können heute auf eine für uns erfolgreiche Zeit zurückblicken. Die Kontakte zu unseren Helfern in Deutschkreutz wurden seit unserem ersten Besuch – im Jahre 1990 – gepflegt und bis zur Gegenwart weiter vertieft.*

Abschließend möchte ich dahingehend resümieren, dass sich – trotz der nicht zu verhindernden politischen Veränderung in der DDR, die schlussendlich mit dem Zerfall dieses Staates endete – unsere Flucht gelohnt hat. Daran sind bei uns nie Zweifel entstanden.

Jetzt genießen wir unseren wohlverdienten Ruhestand. Dazu gehören auch die jährlichen Besuche in Deutschkreutz bei unserem Freund Stefan Fennes und weiteren Bekannten wie zum Beispiel bei den Familien Reinfeld, Leser, Hofstaedter und Zistler.

ANSTATT MIT FISCHEN KAM SIE MIT DEN FLÜCHTLINGEN HOLGER UND HOLGER, DIE IN DER NÄHE IHRES FISCHTEICHES UMHERGEIRRT WAREN, NACH HAUSE

Elfi Berger

ELFI BERGER, Jahrgang 1949, erlebte in Deutschkreutz die Flüchtlingswelle an »vorderster Front«. Sie war eine von zahlreichen Bürgern aus dieser Gemeinde am einstigen Eisernen Vorhang, die den Flüchtlingen half und ihnen, wenn notwendig, in ihrem Privathaus Unterkunft gewährte. Elfi Berger denkt dabei auch an jene zahlreichen Helfer, die Tag und Nacht zur Versorgung dieser Menschen im Einsatz waren. Ein aufrichtiger Dank der Flüchtlinge gilt den Mitarbeitern sämtlicher Blaulichtorganisationen sowie Privatpersonen, die dringend benötigte Hilfsgüter zur Verfügung gestellt haben. Viele Bürger aus Deutschkreutz und Umgebung gingen sogar soweit, dass sie in unmittelbarer Nähe der Grenze gewartet und die Flüchtlinge in das Auffanglager nach Deutschkreutz gebracht haben.

ELFI BERGER war im Juli 1989 als Sekretärin in der Pfarre Deutschkreutz beschäftigt und daher erste Ansprechperson für die Flüchtlinge. Als sie in den ersten Tagen der Flüchtlingsbewegung für ein in Ungarn mit zwei kleinen Kindern aufhältiges Paar um Fluchthilfe gebeten wurde, konnte sie sich vorerst nicht vorstellen, wie das zu schaffen wäre. Nach Rücksprache mit ihrem Mann und ihrem Schwager wurde ein Fluchtplan erstellt, der aber von ungarischen Grenzwachebeamten vorerst vereitelt wurde. Das Paar wurde festgenommen, jedoch nach kurzer Anhaltung wieder auf freiem Fuß gesetzt. Erst nach zwei gescheiterten Versuchen gelang der Familie die Flucht – die Eltern kamen mit ihren zwei Kindern unversehrt nach Deutschkreutz.

Die umtriebige Helferin hat über diesen Sommer 1989 persönliche Aufzeichnungen verfasst und darin einzelne Ereignisse festgehalten.

»In habe in meinem ganzen Leben nie eine Zeit wie jene vom 24. Juli 1989 bis zur Öffnung der Grenze so intensiv verspürt und gelebt und mich so stark von Gottes Hilfe begleitet und getragen gefühlt.«

WÖRTLICHES ZITAT VON ELFI BERGER.

EINE MUTTER MIT ZWEI KLEINEN KINDERN WARTET AUF HILFE ZUR FLUCHT DURCH DEN EISERNEN VORHANG

»Es ist Montag, der 24. Juli 1989, als gegen Mittag eine ca. 65 Jahre alte Frau etwas nervös zu mir in den Pfarrhof kommt und vorerst nicht weiß, ob sie sich mir anvertrauen soll. Nach einem kurzen belanglosen Gespräch dürfte ich ihr Vertrauen gewonnen haben, weil sie sich – wenn auch nur sehr zögernd und die passenden Worte suchend – entschließt, mich um Hilfe zu bitten. Sie fragt mich, ob ich jemanden kenne, der ihre Nichte mit deren zwei Mädchen im Alter von fünf und zehn Jahren von Sopron über die Grenze nach Deutschkreutz bringen kann.

Vorerst weiß ich nicht wie ich reagieren soll, gebe ihr keine Antwort und weiche dieser Frage geschickt aus. In nur wenigen Minuten bin ich im wahrsten Sinne des Wortes in einem »Dilemma«. Ich will ihr zwar helfen, weiß aber nicht wie ich das bewerkstelligen soll. Dabei denke ich immer wieder an meine Tochter, die ebenfalls zehn Jahre alt ist. »Was würde ich wohl tun, wenn meine Nichte mit meinem Kind hinter dem Eisernen Vorhang wäre und ich auf sie warten würde?«, sind Gedanken die ich in die Mittagspause mitnehme, ohne der Frau eine Zu- bzw. Absage gemacht zu haben. Als ich nach Hause komme, erzähle ich meinem Mann davon, der mich für den Fall einer Hilfeleistung bei einem illegalen Grenzübertritt auf die drohenden Gefahren hinweist.

GEMEINSAM ZUM STACHELDRAHT *Während ich wieder zum Pfarrhof fahre, denke ich an meine Freunde in Deutschland, die aus Harka (zu Deutsch Harkau – eine kleine, einst deutschsprachige Gemeinde, nur wenige Kilometer von Sopron entfernt) im Jahre 1946 vertrieben wurden. »Wie wäre es ihnen damals wohl ergangen, wenn sie hilfesuchend auf solche »Angstbündel« wie ich eines bin, getroffen wären«, denke ich und suche zumindest nach einem Kompromiss, um mein Gewissen zu beruhigen.*

Als ich zum Pfarrhof komme, sehe ich, dass die Frau schon ungeduldig auf mich wartet. Ich gehe sofort auf sie zu und biete ihr an, mit ihr gemeinsam in meinem PKW die Grenze abzufahren. Dies deshalb, damit sie sich – für den Fall, dass sie ihre Angehörigen selbst über die Grenze bringt – im Gelände besser orientieren kann. Dabei treffen wir meinen Schwager Josef Winkler, der sich zufällig im Grenzgebiet aufhält. Wir erzählen ihm, dass sich die Nichte meiner Beifahrerin mit ihrem Lebensgefährten in Sopron befindet. Sie wartet dort mit ihrem Lebensgefährten sowie ihren zwei kleinen Kindern auf eine günstige Gelegenheit zur Flucht und sucht nach einem Helfer.

Josef, der den Grenzverlauf und mögliche Löcher im Eisernen Vorhang sehr genau kennt, erklärt sich sofort bereit zu helfen. Er besorgt eine Landkarte, auf der auch sämtliche Feldwege eingezeichnet sind, und fährt mit seinem privaten Auto zu einem Campingplatz bei Sopron. Dort trifft er die Familie, bespricht mit den Eltern den Plan zur Flucht und zeigt ihnen die Stelle für einen möglichen Grenzübertritt.

GEPLANTE FLUCHT – ENTLANG DES GOLDBACHES NACH ÖSTERREICH Es wurde vereinbart, dass die Eltern mit ihren Kindern in der Nacht zum 26. Juli 1989 bei Nagycenk (zu Deutsch Zinkendorf – das Gemeindegebiet grenzt an jenes von Deutschkreutz) durch ein Loch im Eisernen Vorhang zum Goldbach gelangen, am Ufer des Baches entlang gehen und direkt auf österreichisches Staatsgebiet kommen. Mein Schwager (Josef Winkler), die Frau (die zu mir kam und mich um Fluchthilfe für die Familie gebeten hat) und mein Mann halten sich im Dickicht direkt an der Grenze versteckt und werden dort auf sie warten. Ich bleibe mit meiner Schwester zu Hause.

In Erwartung dieser verängstigten und wahrscheinlich auch hungrigen Flüchtlinge deckten wir den Tisch, bereiteten ein Festmahl vor und überzogen die Betten, weil wir ja davon ausgingen, dass sie bei uns nächtigen werden. Mit ihrem Eintreffen rechneten wir bis gegen Mitternacht – so einfach stellten wir uns das vor.

»Wir warteten, – die Zeit verging, – wir wurden un-geduldig, – niemand kam. Unser Gefühl täuschte uns nicht – die Flucht war gescheitert«.

MEIN MANN KOMMT ALLEINE ZURÜCK 26. Juli 1989: Mitternacht ist bereits vorüber. Meine Schwester und ich warten ungeduldig zu Hause und hoffen, dass nichts passiert ist. Mit jeder Minute steigt unsere Nervosität. Gegen 02:00 Uhr kommt mein Mann – allein – zur Tür herein und ist ganz aufgeregt.

Er erzählt, dass er auf ungarischer Seite mehrere Grenzsoldaten sowie einen Lastwagen sah. Außerdem wurde der gesamte Grenzverlauf mit Scheinwerfern ausgeleuchtet. Dabei habe er auch Stimmen gehört und beobachtet, wie sich das Fahrzeug wieder ins Landesinnere entfernte. »Die haben mit Sicherheit das Paar mit den beiden Kindern erwischt. Ich hoffe nur, dass sie unseren Schwager mit dieser Frau nicht festgenommen und ebenfalls verschleppt haben«, sagt er völlig aufgelöst.

Meine Schwester und ich setzen uns nun sofort in meinen PKW und fahren zur Grenze. Mein Mann bleibt im Haus. Wir fahren sämtliche Feldwege entlang des Stacheldrahtes ab, sehen die beiden jedoch nicht. Angst und Verzweiflung werden immer größer, die Hoffnung sie zu finden mit jeder Minute geringer. Die Morgendämmerung beginnt. Endlich – total erschöpft und von Gelsen zerstochen, aber unversehrt – taucht mein Schwager mit der Frau aus dem Dickicht auf. Nun fahren wir gemeinsam nach Hause und beraten was wir weiter tun werden.

HAPPY END NACH FÜNF TAGEN

Nachdem sich mein Schwager und die Frau von dem Schock erholt haben, fahren sie am nächsten Tag legal über die Grenze, suchen und finden die Familie. Die Eltern erzählen ihnen, dass sie mit den Kindern in der Nacht zum 26. Juli 1989 zur Grenze fuhren und wie vereinbart diese überschreiten wollten. Dabei wurden sie jedoch von ungarischen Grenzsoldaten beobachtet, vor dem Grenzübertritt angehalten, festgenommen und ins Landesinnere - nach Sopron - gebracht. Dort hat man sie wieder freigelassen und ihnen mit einer Abschiebung in die DDR gedroht, falls sie in den nächsten 24 Stunden wieder aufgegriffen werden würden. Da eine Auslieferung in die DDR gleichzeitig die Wegnahme ihrer Kinder (in der DDR) bedeutet hätte, hatten sie sich bereits entschlossen, freiwillig in die DDR zurückzukehren.

Josef konnte sie jedoch von ihrem Vorhaben abbringen. Er brachte sie nach Kópháza (zu Deutsch Kohlenhof, grenzt ebenfalls an Deutschkreutz), wo sie auf eine günstige Gelegenheit für einen neuerlichen Fluchtversuch warteten.

ALARM AUSGELÖST - FLUCHTVERSUCH SCHEITERT *Doch einen Tag danach - es ist der 27. Juli 1989 - fassen sie neuen Mut und wagen einen weiteren Versuch, der ebenfalls scheitert. Bei Kópháza (Kojnhof) durchtrennen sie mit einer*

Zange einen Draht im Grenzzaun, lösen jedoch dabei den akustischen Alarm aus. Sie müssen vor den Grenzsoldaten in einer Brombeerstaude Deckung suchen und durch das Dickicht zurück in Richtung Sopron laufen. Dabei zerkratzen sie sich den ganzen Körper. Außerdem bekommt die Mutter dazu noch gesundheitliche Probleme, weshalb vorerst an einen weiteren Fluchtversuch nicht zu denken ist. Die Retter aus Deutschkreutz halten den Kontakt mit ihnen weiterhin aufrecht.

SONNTAG, 31. JULI 1989 – ES IST GESCHAFFT *Am Freitag (29. Juli 1989) fährt Josef nach Kópháza und bringt ihnen neue Kleider, weil diese durch die Dornen der Brombeerstauden teilweise Löcher haben sowie total verdreckt sind. Dabei vereinbaren sie einen neuerlichen Fluchtversuch für den nächsten Tag - diesmal jedoch bei Sopronkövesed (zu Deutsch Gissing) nach Nikitsch. Da dieses Dorf von Kópháza 20 km entfernt ist, fahren mein Gatte und meine Schwester am 30.Juli 1989 legal über die Grenze, bringen die Familie nach Sopronkövesed und lassen sie auf einem Weg nächst dem Grenzzaun aus dem Fahrzeug steigen. Danach reisen beide wieder nach Österreich ein. Mein Gatte bleibt in Deutschkreutz, meine Schwägerin Paula Winkler und mein Schwager fahren an die Grenze nach Nikitsch, um sie nach geglückter Flucht nach Deutschkreutz zu bringen. Doch wieder gibt es ein Problem.*

Um den Grenzzaun zu überwinden, müssen die Flüchtlinge ein großes Maisfeld durchqueren, in dem sich ein mit Grenzsoldaten besetzter Wachturm befindet. Sie kommen deshalb nur ganz langsam voran, weil sie immer in Deckung bleiben, sich ruhig verhalten und meist auf dem Boden kriechen müssen. Das ist vor allem für die Kinder sehr schwierig.

Nachdem sie zum vereinbarten Zeitpunkt nicht zum festgelegten Treffpunkt kommen, befürchten Paula und Josef, dass sie neuerlich erwischt und festgenommen worden sind. Deshalb laufen sie laut ihre Namen rufend der Grenze entlang. Doch niemand rührt sich. Die Eltern wagen sich mit ihren Kindern nicht aus der Deckung, obwohl sie die Rufe ihrer »Retter« hören - wie sie ihnen später sagen. Enttäuscht fahren beide wieder nach Deutschkreutz zurück.

Es gibt aber doch noch ein glückliches Ende. Am Nachmittag – 31. Juli 1989 – erreicht uns ein Telefonanruf aus Nikitsch. Sie haben es nach einer 15 Stunden dauernden Odyssee bei teilweise 30 Grad im Schatten geschafft und sind wohlbehalten über die Grenze gekommen. Josef holt sie ab und bringt sie zu uns nach Hause. Jetzt löst sich die ganze Anspannung und die

Angst weicht dem Glücksgefühl. Die Eltern sitzen mit ihren Kindern auf dem Boden, beginnen zu weinen und können etwa eine ¾ Stunde die Tränen nicht unterdrücken. Letztendlich fällt auch uns ein großer Stein vom Herzen!«

»Nachdem wir fast eine Woche mit diesen Flüchtlingen gelitten sowie deren Angst und Verzweiflung persönlich miterlebt hatten, konnten wir gar nicht anders, auch allen anderen Menschen, die nachfolgend über die Grenze kamen, mit Freude zu begegnen und ihnen jede nur mögliche Hilfe zu gewähren.«

AUSZUG AUS IHREN PERSÖNLICHEN AUFZEICHNUNGEN

Von Woche zu Woche wurde der Eiserne Vorhang durchlässiger, wodurch die Zahl der Flüchtlinge von Tag zu Tag stieg. In Deutschkreutz sowie in der gesamten Umgebung wurden Kleidersammlungen organisiert. Durch diesen ständig steigenden Flüchtlingsstrom stießen die Hilfsorganisationen jedoch bald an ihre Grenzen. Die Bürger in Deutschkreutz haben aber auch in dieser außergewöhnlichen Situation viel Menschlichkeit bewiesen und spontan geholfen. Waren die Kapazitäten zur Unterbringung erschöpft, so wurden die Flüchtlinge von zahlreichen Einheimischen in ihren Privathäusern aufgenommen, verpflegt, ihnen die Möglichkeit zum Duschen eingeräumt und – wenn ihre Kleider durchnässt oder dreckig waren – »neu« eingekleidet. Standen nicht genügend Busse für die Fahrt in die Deutsche Botschaft nach Wien zur Verfügung, haben wir ihnen auch ein Bett für die Nacht zur Verfügung gestellt. Selbstverständlich hat niemand dafür auch nur einen Schilling – damals gab es noch diese Währung – genommen.

12. AUGUST 1989: AUF DER FLUCHT DIE SCHUHE VERLOREN *Eine Familie mit zwei Kindern kam beim »Kreutzer Wald« über die Grenze, blieb mit dem Auto im Schlamm stecken, ließ alles im Fahrzeug zurück, verlor auf der Flucht auch noch die Schuhe und suchte im Pfarrhof Hilfe.*

Der damalige Kaplan war alleine, wusste sich nicht zu helfen und rief mich an. Ich ging in das nächste Schuhgeschäft, bat um Schuhe, bekam welche geschenkt und brachte sie den Flüchtlingen in den Pfarrhof. Nachdem ich wusste, dass die Aufnahmekapazitäten in der Deutschen Botschaft in Wien erschöpft waren, nahm ich die Familie zu mir nach Hause. Sie blieben dann über das Wochenende und wurden erst am Montag nach Wien gebracht.

15. AUGUST 1989: »ICH DENKE, ICH BIN IM SCHLARAFFENLAND« *An diesem Tag ging ich zu einem Fischteich, der in der Nähe der Grenze liegt und unseren Freunden gehört. Doch anstatt mit Fischen kam ich mit den Flüchtlingen Holger und Holger nach Hause. Vater und Sohn waren mit einem Kompass durch den Wald geirrt und mir in die Hände gelaufen.*

An diesem Tag nahm ich noch weitere Flüchtlinge bei mir auf. Die Zahl weiß ich nicht mehr so genau. Jedenfalls saßen am Abend etwa 20 Personen bei uns am Tisch. Heute weiß ich nicht mehr woher ich die Lebensmittel nahm, weil ich am Vortag (der 15. August ist ein Feiertag) nicht zum Einkaufen gekommen bin. Glücklicherweise hatten wir immer einen größeren Vorrat an »Essbarem« im Hause, weil wir ja nicht wussten, was in der Nacht auf uns zukommt. Jedenfalls wurden alle satt - das hat mich an die wunderbare »Brotvermehrung« in der Bibel erinnert. Holger senior sagte noch zu mir während wir das Abendessen einnahmen: »Ich denke, ich bin im Schlaraffenland.«

18. AUGUST 1989: KLEIDERSAMMELSTELLE EINGERICHTET *Am Vormittag bekam ich einen Anruf von der Bank wobei ich gefragt wurde, ob ich nicht zwei Schachteln mit Kleidung in das nächste Gasthaus bringen kann. Da mir das ganze nun doch etwas zu viel wurde, bat ich den Kaplan, im Pfarrheim ein Kleiderdepot einrichten zu dürfen, der mir sofort seine Zustimmung erteilte.*

Um 13:00 Uhr brachte ich an der Tür zum Pfarrhof ein Plakat mit der Bitte um Kleider- sowie Toilettenartikelspenden an. Dieser Aufruf hat sich in Deutschkreutz sowie in der Umgebung wie ein Lauffeuer herumgesprochen. Um 18:00 Uhr war der Saal bereits derart gefüllt, dass wir kaum noch Platz zur Lagerung weiterer Spenden hatten. Neben zahlreichen Privatpersonen haben sich auch die Freiwilligen Feuerwehren des gesamten Bezirkes an dieser Beschaffung von Hilfsgütern beteiligt. Eine mir zunächst unbekannte Frau aus Kobersdorf ging in einen Laden, kaufte alle dort lagernden Handtücher und brachte diese zur Sammelstelle.

Dass wir nun einen Vorrat hatten, war ganz wichtig, weil in der Nacht zum 19. August neuerlich sehr viele Flüchtlinge kamen. Wir konnten sie im Pfarrhof nicht mehr versorgen und weckten deshalb – mitten in der Nacht – einige Bürger, von denen wir wussten, dass sie schon geholfen hatten und baten sie um Unterkunft für diese Menschen.

19. AUGUST 1989: *Feuerwehrmänner und Privatpersonen im »Grenzeinsatz«*
Der Flüchtlingsstrom wurde von Tag zu Tag stärker, weshalb jetzt die Kapazitäten im Pfarrhof nicht mehr ausreichten. Da nicht alle Flüchtlinge sofort nach Wien gebracht werden konnten, die Gasthäuser und Privatquartiere ausgelastet waren, mussten weitere Möglichkeiten zur Unterbringung gefunden werden. Deshalb wurden in der Schule einige Räume zur Verfügung gestellt, der Sportverein stellte sich ebenfalls in den Dienst der »guten Sache« und öffnete seine Kabinen. Das Rote Kreuz stellte ein Zelt auf und lieferte neben anderen Gütern auch Matratzen. Die Männer der Freiwilligen Feuerwehr sowie zahlreiche Privatpersonen waren schon seit Wochen – vor allem während der Nacht – im »Grenzeinsatz« und fungierten unentgeltlich als Helfer.

Nun hatten wir in Deutschkreutz ein offizielles Flüchtlingslager, das auch rund um die Uhr betreut werden musste, eingerichtet. Doch das war kein Problem, weil es genügend freiwillige Helfer gab, wobei einige manchmal im »Auffanglager« mehr Zeit als zu Hause verbrachten. Unsere Anlaufstellen waren die ersten Orte der Geborgenheit nach einer oft lebensgefährlichen Flucht, wie uns die Menschen nachher erzählten. Zu den zahlreichen Bürgern aus der DDR kamen jetzt auch die Flüchtlinge aus Rumänen. Doch wir waren gut aufgestellt. Jeder von uns ging auch nach der offiziellen Grenzöffnung durch die Ungarn an die Grenze seiner Leistungsfähigkeit. Der Flüchtlingsstrom über Deutschkreutz ebbte nämlich nicht sofort ab, weil unter fast allen in Ungarn aufhältigen Ausreisewilligen – aus der DDR und aus Rumänien – bekannt war, dass Deutschkreutz die erste Adresse der Hilfeleistung im Westen war.

30 JAHRE DANACH *Es waren Tage und Wochen, die nicht nur mich, sondern sämtliche Helfer geprägt haben. Uns war wahrscheinlich gar nicht bewusst, dass wir in diesem Sommer des Jahres 1989 auf viele persönliche Werte – insbesondere auf unsere Freizeit – verzichtet haben. Wir haben nicht nach dem Wie, Warum und Weshalb gefragt, wir haben, obwohl wir ja vorerst das Leid dieser Menschen gar nicht genau kannten, einfach – und das ganz selbstlos und unentgeltlich – geholfen. Für uns war es eine besondere Freude, wenn wir gemerkt haben, dass diese Menschen, von denen viele über Jahre bespitzelt und verfolgt wurden, langsam Vertrauen zu uns gewonnen und unsere Hilfe angenommen haben. Ich bereue keine Sekunde meines damaligen Handelns und würde heute genau das tun was ich zur Zeit dieser Flüchtlingskrise getan habe. Deshalb will und kann ich – 30 Jahre danach – mit ruhigem Gewissen sagen:*

»Es war eine Zeit in der so viele Helfer ohne vorher festgelegter Logistik zusammengearbeitet und Tag und Nacht das Richtige getan haben. Niemand wusste damals, was ihn in der nächsten Nacht erwartet – sei es der Zuspruch für eine ›kaputte Seele‹ oder die Versorgung mit Gütern des täglichen Gebrauches. Wir waren einfach zur Stelle, wenn man uns brauchte.«

WÖRTLICHES ZITAT VON ELFI BERGER.

GEWAGTE FLUCHT AM 46. GEBURTSTAG – GESCHENK: DIE FREIHEIT!!!

DIPL.-ING. ACHIM SASSIK, Jahrgang 1943, lebte mit seiner Gattin und seiner Tochter bis zu seiner Flucht in Potsdam-Babelsberg. Sowohl Achim als auch seine Frau Christina hatten eine ansprechende Arbeitsstelle und verfügten für die damaligen Verhältnisse in der DDR über einen ansehnlichen Wohlstand. Unter anderem konnten sie eine Wohnung, einen neuwertigen PKW sowie einen Bungalow am Plessower See in Werder – 12 Kilometer von Potsdam-Babelsberg entfernt – ihr Eigen nennen. Doch ein entscheidender Faktor fehlte ihnen – die Freiheit! Sie konnten nämlich das »Gefängnis DDR« mit der ständigen Bespitzelung und Bevormundung nicht mehr ertragen und entschlossen sich zur Flucht.

FOTO: ZUR VERFÜGUNG GESTELLT VON DIPL.-ING. ACHIM SASSIK

Christina und Dipl.-Ing. Achim Saßik 30 Jahre nach ihrer geglückten Flucht.

DIPL.-ING. ACHIM SASSIK brach seinen Urlaub, den er mit seiner Frau und seiner Tochter in einem Ferienheim seines Betriebes angetreten hatte, ab und fuhr mit der Familie zunächst in die westungarische Stadt Györ. Dort trafen sie sich mit Freunden aus der Bundesrepublik, die ihnen bei der Flucht behilflich waren. Exakt am Tag seines 46. Geburtstages ging es nach dem Abendessen, das – in Erwartung einer ungewissen Zukunft – niemandem schmeckte, an die Grenze nach Kópháza. Dort drückte Achim den Stacheldrahtverhau des Eisernen Vorhanges auseinander und ermöglichte seiner Familie die Flucht. Vater, Mutter und Tochter zwängten sich durch das Loch in die Freiheit und kamen völlig erschöpft und mit nassen, sowie verschmutzten Kleidern nach Deutschkreutz.

»**Wir werden diese 100 Jahre, die der ›Antifaschistische Schutzwall‹ den Weltfrieden sichert, nicht abwarten und haben bereits beschlossen, die DDR zu verlassen. Trotz unseres fortgeschrittenen Alters werden wir den Neuanfang in freier Selbstbestimmung wagen.**«

WÖRTLICHES ZITAT VON DIPL.-ING. ACHIM SASSIK AUFGRUND EINER REDE VON ERICH HONECKER.

DER »ANTIFASCHISTISCHE SCHUTZWALL« WIRD AUCH IN 100 JAHREN NOCH BESTEHEN – FALSCH GEDACHT ERICH!!!

DIPL.-ING. ACHIM SASSIK ERZÄHLT: *Am 19.01.1989 hielt der Staatsratsvorsitzende der DDR, Erich Honecker, anlässlich des 500. Geburtstages von Thomas Müntzner (*1489 – †1525 – Theologe, Reformer und Revolutionär zur Zeit des Bauernkrieges, der im Gegensatz zu Martin Luther für die gewaltsame Befreiung der Bauern eintrat) eine Rede. Dabei ließ er verlauten, dass der »Antifaschistische Schutzwall« – von den meisten Menschen in der DDR nur als »Mauer« bezeichnet – noch hundert Jahre den Weltfrieden sichern und uns vor den imperialistischen Kriegstreibern in der Bundesrepublik schützen wird. Pläne, die bereits als unüberwindbar geltende Zuchthausmauer noch weiter auszubauen, und die Bürger durch diesen Todesstreifen von der Freiheit des Westens zu trennen, lagen schon seit längerer Zeit vor. Doch die Träume dieses dahinsiechenden Machtapparates haben sich nicht erfüllt. Und wir haben dabei mitgeholfen.*

Wir, dass ist die Familie Saßik, ein Drei-Personen-Haushalt, Achim 46 Jahre, Christina 36 Jahre und Anja 8 Jahre, wohnhaft – gewesen – in Potsdam-Babelsberg. Babelsberg ist der größte Stadtteil der ca. 175.000 Einwohner zählenden Stadt Potsdam und liegt (lag) an der östlichen Stadtgrenze von West-Berlin mit der Enklave Steinstücken, unmittelbar neben der Mauer.

BEVORMUNDUNG UNERTRÄGLICH In den vergangenen Jahren wurde uns immer mehr bewusst, dass unsere zukünftige, berufliche und soziale Entwicklung nur mit einem gesellschaftlichen Bekenntnis zur DDR möglich ist. Doch davon haben wir uns immer weiter entfernt. Wir konnten einfach diese Bevormundung der Diktatur mit der allgegenwärtigen Stasi nicht mehr ertragen. Massive Versuche, uns zur »gesellschaftlichen Mitarbeit« zu bewegen, hatten einen Zustand erreicht, der letztendlich eine Entscheidung verlangte. 1986 bekannten wir uns zu unserer inneren Einstellung und waren entschlossen, der DDR den Rücken zu kehren.

In meiner Funktion als Betriebsleiter in einem Chemiehandelsbetrieb in Babelsberg – meine Frau arbeitete als Abteilungsleiterin in einem Unternehmen das Sicherheitsglas erzeugte und war für den Vertrieb zuständig, erwartete man ein Bekenntnis zum Staat DDR. Meine seit Jahren erklärte Verweigerung des Beitrittes zur SED sowie eine Mitgliedschaft in den »Kampfgruppen der Arbeiterklasse« war gleichzusetzen mit einer Ablehnung der Interessen dieses Arbeiter- und Bauernstaates. Außerdem verstärkten unsere Verbindungen zur Bundesrepublik unser Ansinnen zur Flucht, worauf erste Pläne geschmiedet wurden. Eine offizielle Ausreiseantragstellung war aufgrund einer familiären Besonderheit ausgeschlossen.

OPERATION MACHTE EINE FLUCHT UNMÖGLICH Bereits vorhandene Fluchtpläne westdeutscher Freunde waren zwar ihrer Meinung nach erfolgversprechend, jedoch aus unserer Sicht hochgradig gefährlich – und das nicht nur für uns. Ein Scheitern hätte hohe Haftstrafen, im Besonderen für unsere Angehörigen ebenso wie für unsere Freunde, bedeuten können. Fluchthelfer mussten nämlich mit mehrjährigen Haftstrafen rechnen. Und niemand wollte in Bautzen oder einem anderen der gefürchteten Gefängnisse der DDR landen! Deshalb versuchten wir, das Risiko so gut es eben ging zu minimieren.

Doch sämtliche Pläne zur Flucht mussten wir im Jahre 1987 ad acta legen. Ich musste mich nämlich einer unbedingt notwendigen Operation am rechten

Knie unterziehen, die eine längere Rehabilitationszeit erforderlich machte.

NEUERLICHEN FLUCHTPLAN VERWORFEN – ZU GEFÄHRLICH   *Nachdem ich genesen war, schmiedeten wir im Jahre 1988 wieder konkrete Pläne für die Flucht. Unsere Freunde aus der Bundesrepublik waren der Meinung, ein Grenzübertritt mit gefälschten Papieren von Dritten, die uns ähnlich sehen sollten, würde eine Ausreise ermöglichen. Nach gelungenem Grenzübertritt könnte der Verlust dieser Dokumente bei der bundesdeutschen Botschaft in Budapest gemeldet werden. Die Folgen konnten wir zu diesem Zeitpunkt nicht einschätzen. Es schien uns aber zu gefährlich, weshalb wir diesen Plan verworfen haben. Doch an unserem Vorhaben, die DDR zu verlassen, hielten wir weiter fest. Es wurde immer unerträglicher – wir wollten einfach weg.*

GRAND PRIX VON UNGARN – EINE MÖGLICHKEIT ZUR FLUCHT

Konkret planten wir mit unseren Freunden aus der Bundesrepublik die Flucht für den August 1989. Als Tarnung sollte ein Besuch des Grand Prix von Ungarn in Budapest dienen. Wir wollten uns am 13. August dort treffen, schafften es aber bereits früher in Ungarn, und zwar nicht in Budapest, sondern in Györ zu sein.

SAMSTAG, 12. MAI 1989 – DER »COUNTDOWN« BEGINNT   *An diesem Samstag kamen unsere Freunde aus dem Westen zu uns. Um nicht aufzufallen und die Antragstellung für eine Aufenthaltsberechtigung zu vermeiden, reisten sie von Westberlin in Ostberlin ein. Neuerlich wurden alle Einzelheiten besprochen. Vermutlich wollten sich unsere Freunde letztmalig versichern, ob wir es uns womöglich anders überlegt hätten. Wir waren ja nicht mehr die Jüngsten und ein Sinneswandel wäre sicherlich verständlich gewesen. Aber wir blieben bei unserer Entscheidung.*

UNGARN BEGINNT MIT DEM ABBAU DES GRENZZAUNES   *Zehn Tage zuvor – am 2. Mai 1989 – wurde bekannt, dass die ungarischen Behörden den Stacheldrahtverhau mit den Signalanlagen an der Grenze zu Österreich teilweise demontieren wollen. War es nur eine Erneuerung bestimmter Grenzbereiche? War es wirklich ein Zeichen von Veränderung? Würde sich dort eventuell eine Möglichkeit zur Flucht ergeben? Es waren Gedanken, die uns einfach »fesselten« und nicht mehr* losließen. So ging es vielen Menschen in der DDR, die nur auf einen günstigen Augenblick für eine Flucht warteten und von diesen Meldungen »elektrisiert« wurden. Da es für uns in Potsdam nicht schwer war, westliches Fernsehen zu empfangen, ließen wir nach Möglichkeit keine diesbezüglichen Nachrichten aus und waren dadurch über das Geschehen in Ungarn immer bestens informiert.

ES MUSS SEIN In weiser Voraussicht hatten wir unseren Jahresurlaub – nicht zuletzt wegen der beabsichtigten Flucht – anlässlich eines Besuches des Grand Prix für August 1989 eingeplant. Gestärkt durch die Ereignisse in »unserem Bruderstaat« beantragten wir Anfang Juni eine Reiseerlaubnis für Ungarn. Wir hätten in diesem Jahr ohne weiteres auch die Möglichkeit gehabt, unseren Urlaub in einem Ferienheim, vergeben durch die Gewerkschaft meines damaligen »sozialistischen Arbeitgebers«, in Anspruch zu nehmen. Da wir jedoch keinesfalls den Verdacht einer beabsichtigten Flucht aufkommen lassen durften, nahmen wir dieses Angebot zum Schein an.

HOCHZEIT – FRAU UND KIND ALS »GEISELN« IN DER DDR Während unseres für die Behörden der DDR offiziellen Urlaubes in Templin heiratete die Tochter meiner Cousine in der Bundesrepublik. Selbstverständlich gab es eine Einladung zur Hochzeit, teilgenommen haben wir daran jedoch nicht. Trotz unserer bereits geplanten Flucht wollten wir gerne dabei sein und haben wir einen Antrag zur Teilnahme an dieser Feier gestellt. Letztlich wurde diese Genehmigung auch erteilt – jedoch nur für mich allein! Meine Frau und meine Tochter hätte ich in der DDR als »Geiseln« zurücklassen müssen. Ich lehnte dankend ab und verzichtete auf diese Reise. Wir hofften dennoch, dem jungen Paar unsere Glückwünsche überbringen und mit ihnen feiern zu können – was uns letztendlich auch gelang. Die Überraschung war nämlich umso größer, als wir plötzlich zum vorabendlichen Polterabend erschienen. **WENN DAS DIE PASS- UND MELDESTELLE IN POTSDAM GEWUSST HÄTTE!** Zu dieser Zeit vermutete man uns nämlich noch an unserem Urlaubsort in Templin.

DER TAG IST GEKOMMEN – WIR FLIEHEN

4. AUGUST 1989 Nachdem wir nicht wissen konnten, wann bzw. ob wir unsere Angehörigen überhaupt noch einmal sehen werden, will sich meine Frau von ihren Eltern verabschieden. Wir fahren deshalb am 4. August in das ca. 270 km entfernte Hettstedt und kommen noch in der gleichen Nacht nach Potsdam-Babelsberg zurück. Auf der Rückfahrt sprachen wir kaum ein Wort miteinander. Die Verabschiedung gestaltet sich nämlich nicht ganz problemlos. Als meine Frau ihren Eltern unsere bereits geplante und nun unmittelbar bevorstehende Flucht mitteilte, stießen wir auf wenig Zustimmung. Wir befürchteten sogar die Gefahr einer »Überreaktion«. Doch alles ging gut.

5. AUGUST 1989 Wir fahren nach Templin – liegt im Landkreis Uckermark, im Norden von Brandenburg – und beziehen unser Zimmer im dortigen Ferienheim. Die Koffer lassen wir gepackt, weil wir am 8. August in Richtung Ungarn starten wollen. Während meine Frau und unsere Tochter im Ferienheim bleiben, fahre ich am Abend zurück in unsere Wohnung nach Potsdam-Babelsberg – Hin- und Rückfahrt 250 Kilometer! In den drei noch verbleibenden Nächten treffe ich die noch ausständigen Vorbereitungen für unsere Flucht. Unter anderem muss ich mir Gedanken machen, welche Sachen – Dokumente, Kleidung etc. – wir mitnehmen können, um bei einer Kontrolle an der Grenze nicht aufzufallen. Schließlich fährt man ja nicht mit Herbst- oder Winterbekleidung sowie Heiratsurkunde oder Lehrabschlusszeugnis zu einem Autorennen. Von einigen Dingen, die wir für wichtig hielten, ohne dass sie es wirklich waren, wollten wir uns einfach nicht trennen. Unter anderem fuhr ich eines Nachts von Potsdam in das 160 Kilometer entfernte Egeln (bei Magdeburg,) um ein Fernsehgerät, mit dem wir alle Programme (West wie Ost) in Farbe empfangen konnten, bei einem väterlichen Freund zu deponieren. Weshalb ich das getan habe, weiß ich nicht mehr. Dieser Aufwand stand nämlich in keinem Verhältnis zum Nutzen. Außerdem war uns klar, sollte die Flucht gelingen, werden wir auch unser neuwertiges Auto in Ungarn zurücklassen müssen – was uns noch viel mehr schmerzt. Gott sei Dank kann ich nach 30 Jahren darüber lächeln.

Trotz strengster Geheimhaltung kommen wir ohne die Hilfe von Bekannten und Freunden nicht aus. Wir vertrauen uns ihnen aber nur »bedingt« an und sagen ihnen, dass wir zum Grand Prix von Ungarn nach Budapest fahren. Obwohl sie sich ziemlich sicher sind, dass wir fliehen werden, stellen sie keine weiteren Fragen – und dafür sind wir auch sehr dankbar.

Die täglichen Berichte in den Medien lassen den Schluss zu, dass es nicht nur bei der Demontage einiger weniger Grenzsicherungsanlagen zwischen Ungarn und Österreich geblieben ist bzw. bleiben wird. Es ist uns aber bewusst, dass die Grenze trotz anhaltendem Abbau der Sicherungsanlagen durch die ungarische Grenzwache weiterhin fast lückenlos bewacht wird. Und das sollten bis zum 11. September 1989 – Tag der Grenzöffnung – zahlreiche DDR-Bürger »am eigenen Leib« erfahren.

BANGES WARTEN   Nun haben wir sämtliche Vorbereitungen für unsere Flucht abgeschlossen, aber noch immer keine Reiseerlaubnis für den »Urlaub« nach Ungarn bekommen. »War unsere beabsichtigte Flucht trotz strengster Geheimhaltung aufgeflogen?« Zu dieser Zeit wurden nämlich einzelne Antragsteller von der Stasi bereits observiert. Wie wir später im Notaufnahmelager Gießen erfahren haben, brachte man dem einen oder anderen Antragsteller die Unterlagen in seine Wohnung. Der »Besuch« diente einzig und allein der Kontrolle, ob der Betreffende eventuell Handlungen für eine bevorstehende Flucht gesetzt hat.

Nach mehrmaligen Anrufen bei den Behörden bekamen wir endlich die von uns so sehr begehrte Reiseanlage für den visafreien Reiseverkehr (eine Reiseanlage wurde für die Reise in »Bruderstaaten« des Ostblocks – Ungarn, Rumänien, Tschechoslowakei etc. ausgestellt. Ein Visum gab es nur für andere Staaten und war weit schwerer zu bekommen. Anmerkung des Autors). Unsere bisherigen, mit viel Risiko durchgeführten Vorbereitungen, waren somit nicht umsonst gewesen. Wir verließen unseren Ferienort Templin und fuhren nach Berlin. Bei Freunden, die wir schon seit vielen Jahren kennen, verbrachten wir die letzte Nacht in der DDR. Um bei einer Kontrolle an der Grenze keinesfalls den Eindruck einer Flucht zu erwecken, nahmen wir nur Sachen mit, die man im Urlaub benötigt. Alles andere ließen wir bei unseren Freunden zurück und hofften, dass wir es – wenn auch auf Umwegen – wiederbekommen würden. Letztendlich war es auch so.

ERSPARNISSE BEI MEHREREN BANKEN ABGEHOBEN   Nach einem gemeinsamen Frühstück und tränenreicher Verabschiedung verlassen wir die »Hauptstadt der Deutschen Demokratischen Republik« und fahren auf der Autobahn in Richtung Dresden.

Um unsere Ersparnisse den DDR-Behörden nicht zur Gänze zu überlassen, heben wir unterwegs einen Teil bei verschiedenen Sparkassen per Scheck ab. Eine neuerliche nervliche Belastung, weil immer nur 500 DDR-Mark pro Scheck abgehoben werden durften und wir daher mehrere Geldinstitute aufsuchen mussten. Einen Restbetrag, für weitere Mietzahlungen und sonstige Kosten, beließen wir auf dem Konto, sollten wir unerwartet unsere Flucht abbrechen müssen. Mit dem von uns abgehobenen Geld hatten wir ein Auskommen für vier Monate budgetiert.

DRESDEN – BRATISLAVA – GYÖR In Erwartung einer ungewissen Zukunft nähern wir uns in gedrückter Stimmung langsam der Grenze zur Tschechoslowakei. Angst, die wir bis zu unserer gelungenen Flucht nicht mehr abschütteln können, ist seit der Abfahrt aus Berlin unser ständiger Begleiter. »Welche Hindernisse würden sich uns in den Weg stellen? Würden wir an der Grenze abgewiesen werden? Was passiert, wenn sie uns aus der DDR nicht aus- bzw. in die Tschechoslowakei nicht einreisen lassen?« Gedanken die uns unentwegt quälen und uns fast zur Verzweiflung bringen. Dass wir nur das Notwendigste mitgenommen haben, kommt uns beim ersten Grenzübertritt entgegen. Sollten sie uns fragen, weshalb wir unseren Urlaubsort Templin vorzeitig verlassen haben, haben wir auch eine Antwort parat. Wir werden ihnen sagen, dass wir nur zum Autorennen nach Budapest fahren. Doch es kommt ganz anders, denn wir können relativ schnell und anstandslos die Grenze zur Tschechoslowakei passieren. Wir erreichen Bratislava, können ohne Anstand nach Ungarn einreisen und fahren weiter nach Györ. Obwohl wir noch immer sehr nervös sind, beginnen wir uns langsam zu beruhigen. An den Besuch des Grand Prix von Ungarn verschwenden wir ab jetzt keinen einzigen Gedanken.

GYÖR – UNTERKUNFT VERWEIGERT Völlig übermüdet und verschwitzt treffen wir am Abend des 9. August 1989 in Györ ein und suchen eine Unterkunft für die Nacht. Nach mehreren vergeblichen Versuchen gaben wir auf. Für uns völlig unverständlich, weil wir sowohl über DDR-Mark, als auch über Forint verfügen. Eine arge Demütigung für uns. »Sind wir DDR-Bürger Menschen 2. Klasse«, fragen wir uns und sind gezwungen, die Nacht in unserem Auto zu verbringen. Da wir völlig ortsunkundig sind, wissen wir auch nicht genau wo wir uns befinden. Doch eines weiß ich heute noch. Kalt war unser Quartier nicht, aber sehr unbequem! Am frühen Morgen beobachten uns einige Anwohner aus distanzierter Entfernung und sind wahrscheinlich verwundert, weil die Scheiben unseres Autos total beschlagen sind. Nach Reinigung der Fenster wird sichtbar, dass wir auf einem ackerähnlichen Platz, unweit des Campingplatzes, die Nacht verbracht haben.

10. AUGUST 1989 Eine weitere Nacht können und wollen wir nicht in unserem Auto verbringen. Wir gehen auf den in unmittelbarer Nähe liegenden Zeltplatz, wo man uns einen kleinen »eiähnlichen« Wohnwagen zur Verfügung stellt. Dieses bereits in die Jahre gekommene »Gefährt« ist mit zwei ca. 50

cm breiten und etwa 180 cm langen Doppelstockliegen ausgestattet. Obwohl wir sehr müde sind, finden wir nur ganz wenig Schlaf. Zum einen haben wir Angst, weil wir nicht wissen, was in den nächsten Tagen auf uns zukommt, zum anderen liegen wir wie auf einer schiefen Ebene in den defekten, bereits durchgelegenen »Betten«.

In diesem Wohnwagen – offene Tür – verbrachten wir eine schlaflose Nacht.

Doch ein Gutes hat dieser Campingplatz. Wir können uns zum ersten Mal seit unserer Abreise aus Berlin waschen und die Zähne putzen. Bei unserem Rundgang auf dem Zeltplatz stellen wir fest, dass vor dem Eingang einige sehr verstaubte DDR-Autos abgestellt sind. Die Besitzer sind vermutlich »Leidensgenossen«, haben die Fahrzeuge einfach abgestellt und sind Richtung Österreich unterwegs. Wir finden auch ein Telefon, rufen unsere Freunde in Westdeutschland an und teilen ihnen mit, dass wir uns bereits in Györ befinden. Sie versprechen uns, dass sie sich sofort auf den Weg machen werden, buchen ein Zimmer im Hotel Klastrom in Györ, wo wir uns für den 12. August, 12:00 Uhr, verabreden. Ein Wunder, was man mit Westgeld alles erreichen kann!!!

Unsere Freunde haben sich tatsächlich sogleich ins Auto gesetzt, sind 1.000 Kilometer durchgefahren und bereits um 11:00 Uhr zum vereinbarten Treffpunkt gekommen. Wir haben sie sofort gesehen, weil wir uns schon seit dem frühen Morgen in der Nähe des Hotels aufgehalten und auf sie gewartet haben. Nach einer freudigen Begrüßung mit freundschaftlicher Umarmung beziehen wir das von unseren Bekannten reservierte Zimmer. Endlich einmal eine mehr als menschenwürdige Unterkunft mit der Möglichkeit, die körperliche Hygiene wieder in Ordnung zu bringen.

ÜBERRASCHUNG – FLUCHT NUR IN DER KOMMENDEN NACHT MÖGLICH *Nun dürfen wir keine Zeit verlieren, weil uns unsere Freunde mitteilen, dass sie bereits am Montag wieder zu Hause sein müssen. Wir sind sehr überrascht, denn für die Flucht bleibt uns nur die kommende Nacht. Und das ohne Vorbereitung und Ortskenntnis. Wie sollen wir das mit einem achtjährigen Kind nur schaffen? So haben wir uns das nicht vorgestellt. Wenn ich daran denke, läuft es mir heute noch kalt über den Rücken.*

Wir setzen uns sofort zusammen und suchen auf einer Landkarte, die unsere Freunde mitgebracht hatten, nach einer geeigneten Stelle für einen mit möglichst wenig Risiko verbundenen Grenzübertritt. Eine Vorstellung, wo das sein soll, haben wir nicht wirklich. Niemand von uns kennt das Gelände im Grenzbereich. Nach einem genauen Studium der Karte beschließen wir, die Gegend um Kópháza – Kohlnhof – zu erkunden und brechen sofort auf. Die Frauen bleiben in Györ zurück.

Auf der Bundesstraße 84 fahren wir Richtung Sopron und kommen nach etwa einer Stunde nach Nagycenk – Zinkendorf, können dort mit freiem Auge keine Grenze erkennen und setzen unseren Weg in Richtung Kópháza fort. Am Ortsrand von Kópháza sehen wir eine Kirche und in gerader Line westlich davon einen unmittelbar an der Grenze stehenden Wachturm, der wie ein Fels aus der Brandung ragt. Bei diesem Anblick regt sich ein ungutes Gefühl – gepaart mit Angst und Schrecken – in mir. Gedanken, was alles passieren kann, gehen mir durch den Kopf. Ich denke dabei vor allem an meine Frau und an meine Tochter. Sollten wir in einem »DDR-Knast« landen, werden sie uns unser Kind wahrscheinlich wegnehmen. Ich schiebe diese Gedanken beiseite, denn es nützt nichts – es gibt kein Zurück. Wir fahren weiter in die Ortschaft, besichtigen die Kirche und stellen fest, dass der Grenzzaun von dieser Stelle »nur« ca. 700-800 m entfernt sein kann. Eine Fünf-Kilometer-Sperrzone wie in der DDR scheint es hier auch nicht zu geben. Zum einen kann uns der Kirchturm eine gute Orientierungshilfe sein, zum anderen sehen wir auf österreichischer Seite die Spitze des Kirchturmes von Deutschkreutz. Ein älterer Herr, der in der Umgebung der Kirche um Sauberkeit bemüht ist, erkennt sofort, dass wir eine geeignete Stelle für einen Grenzübertritt suchen und bietet uns seine Hilfe an. Dass auf unserem PKW Nummernschilder der Bundesrepublik montiert sind, stört ihn nicht. Wahrscheinich wurde er bereits mehrmals damit konfrontiert. Letztendlich fragt er uns direkt, ob wir flüchten wollen, ist sofort bereit, uns den Grenzverlauf zu erklären und uns einen günstigen Fluchtweg zu zeigen. Obwohl wir in unserem Hinterkopf noch immer die allgegenwärtige Stasi – er könnte ja ein Mitarbeiter sein – haben, legen wir mit Fortdauer des Gesprächs unser anfängliches Misstrauen ab und beginnen dem Mann zu vertrauen. Diese Nacht sei gut meint er, die Wachen seien wegen einer Feier nur bis zu 50% anwesend. Ein echt guter Hinweis, der uns sehr zuversichtlich stimmt. Seine Erklärungen beinhalten auch eine Baumgruppe, die ca. 500 m von Kópháza – in Richtung Grenze – entfernt ist. Diese Baumgruppe mit ihren kugeligen Laubkronen war dann bei unserer Flucht ein weiterer wichtiger Orientierungspunkt, weil sie am Beginn eines Waldstreifens lag, der in Richtung Grenze verlief. Mit der Gewissheit, eine geeignete Stelle für die Flucht gefunden zu haben, fahren wir nun zurück nach Györ.

GEBURTSTAG – KEINE FEIERSTIMMUNG Der 12. August 1989 sollte nicht nur der Tag unserer Flucht sein. Ich wurde 46 Jahre alt, hatte mit meiner Familie eine gesicherte Existenz aufgegeben und alles in der DDR zurückgelassen, was wir uns in vielen Jahren durch harte Arbeit erworben hatten. Mit einem Mal standen wir am Anfang eines neuen Lebens und besaßen nur das, was wir am Körper trugen. Doch trotz innerlicher Aufregung und erkennbarer Angst wollte ich diesen Geburtstag zumindest mit einem guten Abendessen feiern. In der Nähe des Hotels befand sich eine gemütliche Taverne, wo wir die letzten Stunden bis zum Aufbruch an die Grenze verbringen wollten.

Als wir in die Taverne kommen, sind wir die einzigen Gäste. Nachdem uns kein Platz zugewiesen wird, setzen wir uns wahllos an einen Tisch. In unserer Aufregung fällt uns vorerst gar nicht auf, dass es daneben einen gedeckten Tisch

Skizze vom Gelände bei Kópháza, wo wir die Grenze überschritten haben.

gibt, der für uns reserviert ist. Der Kellner kommt und nimmt unsere Bestellung auf. Wir warten jedoch vergeblich auf die von uns bestellten Speisen und Getränke. Im Gegensatz dazu wird auf dem gedeckten Nebentisch aufgetragen, obwohl dort niemand sitzt. Als es uns schon zu lange dauert, fragen wir nach, worauf sich das Personal entschuldigt und uns erklärt, dass der gedeckte Tisch mit der bereits servierten Kulinarik für uns reserviert ist. Wir merken, dass die Kellner ebenso aufgeregt sind wie wir. Obwohl keinem von uns zum Feiern zumute ist, versuchen wir trotzdem zu essen. Doch die Anspannung ist zu groß. Es schnürt uns einfach den Hals zu und der Magen verweigert jegliche Nahrungsaufnahme. Mir kommt es vor, als wäre es das »letzte Abendmahl«.

FOTO: ZUR VERFÜGUNG GESTELLT VON DIPL.-ING. ACHIM SASSIK

In dieser Taverne lud ich anlässlich meines 46. Geburtstages zum Essen ein – zum Feiern war niemandem zumute.

NEUWERTIGES AUTO BLEIBT ZURÜCK Unsere Freunde scheinen doch etwas ruhiger zu sein, denn sie essen die bereits erkalteten Speisen. Meine Frau und ich werden von zunehmender Nervosität geplagt, die unsere Körper nicht zur Ruhe kommen lässt und letztendlich zu einer starken Anspannung mit zunehmendem Angstgefühl führt. Wahrscheinlich registrieren wir jetzt erst so recht, dass unsere Flucht unmittelbar bevorsteht, weil wir doch mit einer etwas längeren Vorbereitungszeit gerechnet haben. An unserem Tisch herrscht beunruhigende Stille. Wir sprechen kaum noch miteinander. Zweifel und Unsicherheit regen sich auch in mir. Doch ich weiß, dass ich jetzt stark sein muss. Daher versuche ich ruhig zu wirken und meinen körperlichen sowie geistigen Zustand vor meiner Frau, meinem Kind und den Freunden zu verbergen. Das gelingt mir aber nur sehr schwer. Da kaum jemand spricht, verlassen wir bald die Gaststätte und fahren ins Hotel. Die Frauen beziehen die Zimmer und wir Männer treffen die letzten Vorbereitungen für die Flucht. Unser Auto, einen LADA-Kombi 2104, Baujahr 1988, stelle ich unweit vom Hotel in einer Nebenstraße ab. Ich nehme nur einige ganz persönliche Sachen heraus und lasse alles andere zurück. Unter anderem auch eine Flasche Sekt, die aus Anlass meines Geburtstages »entkorkt« werden sollte. Verweigerte uns unser Körper das Geburtstagsessen, so ließ er auch keine Getränke zu.

Bevor wir uns von unserem Fahrzeug entfernen, notiere ich mir noch die Straße sowie die Hausnummer des Abstellplatzes. Wenn es auch kaum der Realität entspricht, so habe ich dennoch ein wenig Hoffnung (die sich später zu meiner Überraschung dann doch erfüllt hat), dass ich unseren PKW eventuell wieder abholen kann. Wir haben das Auto, auf das wir zehn Jahre warten mussten und uns vom Mund abgespart haben, erst vor einem Jahr um fast 26.000 DDR-Mark gekauft. Und jetzt einfach abstellen und zurücklassen? Ich bringe es kaum übers Herz!

»Den Kaufvertrag für ein eigenes Auto in Händen zu halten, gehörte nach einer Wartezeit von manchmal bis zu zehn Jahren zu den glücklichsten Momenten eines DDR-Bürgers«.

WÖRTLICHES ZITAT VON DIPL.-ING. ACHIM SASSIK.

Es bleibt uns keine andere Wahl. Wir stehen mit dem Rücken zur Wand. Ich werfe noch einmal einen schwermütigen Blick auf den von mir so geschätzten fahrbaren Untersatz. Anschließend gehe ich in der schwülen und warmen Nacht mit meinen Freunden über den Marktplatz zu deren Auto. Wir sprechen dabei kaum ein Wort. Im Fahrzeug warten wir den Zeitpunkt für die Fahrt zur Grenze ab und reden über die Zukunft. An meiner belegten Stimme sowie dem fahlen Gesichtsausdruck erkennen meine Freunde wie nahe mir das alles geht und sprechen mir Mut zu. Einer sagt: »Dort wo ihr hinwollt, sind Autos auf jeder Tankstelle zu haben.« Ich enthalte mich einer Antwort und versuche ein wenig zu schlafen, kann aber kein Auge zumachen. In Gedanken sage ich mir, dass sie mit ihrer Aussage wohl recht haben mögen, nur zum Kauf eines Autos werde ich erstmal kein Geld haben.

In der Hoffnung auf ein glückliches Ende dösen wir bis gegen 02:00 Uhr dahin und begeben uns zum Hotel. Die Frauen haben auch kein Auge zugetan und stehen mit unserer Tochter zum Abmarsch bereit.

»Unsere Tochter hat keine Ahnung, was jetzt passiert. Aus Sicherheitsgründen haben wir sie in den Plan nicht eingeweiht und ihr erzählt, dass wir zu einer Nachtwanderung aufbrechen werden, um Tiere zu beobachten.«

WÖRTLICHES ZITAT VON DIPL.-ING. ACHIM SASSIK.

UNBEKANNTES AUTO IM GRENZBEREICH – ANGST VOR DER STASI *Beim Bezahlen der Hotelrechnung zeigt man sich an der Rezeption wenig überrascht. Wahrscheinlich ahnt man, wohin die Reise gehen wird. Wir setzen uns ins Auto und fahren in Richtung Grenze. Im Wagen spürt man die Anspannung. Wir sprechen kaum ein Wort, denn jeder ist in Gedanken versunken, hat Angst und versucht seine Nervosität zu unterdrücken. Nach etwa einer Stunde – gegen 03:00 Uhr – kommen wir zur Grenze und suchen nach einem geeigneten Ort, um das Auto möglichst unauffällig anzuhalten. Wir müssen jetzt nämlich bald aussteigen und das letzte – und wohl gefährlichste – Stück des Weges bis zum Stacheldraht zu Fuß fortsetzen. In einem Waldstück finden wir zwei Plätze, die wir am Nachmittag ausgekundschaftet hatten. Doch an beiden Stellen befinden sich DDR-Fahrzeuge, die dort herrenlos abgestellt sind.*

Ein neuer Wartburg erregt dabei unser besonderes Interesse und treibt uns den Puls in die Höhe. Im Fahrzeug befinden sich keine Insassen, jedoch Decken, die darauf schließen lassen, dass hier jemand genächtigt haben muss. Wie elektrisiert stehe ich da, als mir das Wort Stasi durch den Kopf schießt. Hat man uns etwa eine Falle gestellt? Halten sich Mitarbeiter der Stasi im Wald versteckt, um uns zu verhaften? Fragen auf die wir keine Antwort geben können. Wir halten dennoch an unserem Plan fest und fahren so schnell es geht aus dem Wald. Nun kommen wir zu einer weiteren Stelle, die wir uns am Nachmittag ebenfalls als Orientierungshilfe eingeprägt haben und steigen aus dem Fahrzeug.

Mittlerweile färbt sich der Himmel am Horizont langsam grau und es beginnt zu dämmern. Wir dürfen jetzt keine Zeit mehr verlieren, wollen wir den Schutz der Dunkelheit nutzen. Die kugelige Baumgruppe wird im beginnenden Grau des Tages gut sichtbar.

»Jetzt müsst ihr aber gehen, es wird schon langsam hell«, waren die letzten Worte unserer Freunde als wir aus dem Fahrzeug stiegen, die uns einerseits motivieren und andererseits »antreiben« sollten.

Ab diesem Moment sind wir völlig auf uns allein gestellt. Wir überqueren ein freies Feld bis zu dieser Baumgruppe. Zuvor hatte ich unserer Tochter »eingebläut« sehr leise zu sein.

»Um mit uns zu sprechen, hatten wir mit Anja vereinbart, sich durch Zupfen an unserer Bekleidung bemerkbar zu machen.«

WÖRTLICHES ZITAT VON DIPL.-ING. ACHIM SASSIK.

Nachdem wir ca. 150 m auf einem freien Feld in Richtung Grenzen gegangen sind, macht sich Anja durch ein erstes Zupfen bemerkbar. Flüsternd teilt sie mir mit, dass ihre Schnürbänder noch offen sind. Also anhalten und die Ursache beseitigen. Es wird langsam heller.

Wir nähern uns der beschriebenen Baumgruppe, die eine Markierung zwischen Wald und Feld bildet. Eine Trennlinie führt in gerader Richtung direkt zur Grenze. Nun versuchen wir die Deckung der Bäume zu nutzen und durch den Wald zum Grenzzaun zu gelangen. Nach wenigen Metern müssen wir jedoch abbrechen. Ein dichter Unterholzbewuchs mit verwundenem Brombeergestrüpp bildet ein unüberwindbares Hindernis und lässt kein Durchkommen zu. Deshalb sind wir gezwungen, am Rande des Waldes auf einem angrenzenden, freien Feld entlang zu gehen. Eine zusätzliche Gefahr, weil wir kaum Deckung haben. Die hohe Luftfeuchtigkeit fördert die »Produktion von Angstschweiß«. Zu allem Unglück setzt jetzt auch noch leichter Nieselregen ein und erschwert unser Fortkommen noch zusätzlich. Deshalb geraten wir immer mehr unter Zeitdruck. Doch wir müssen weiter. Meine beiden Frauen folgen mir im Abstand von einigen Metern, während ich versuche, den Weg und die Lage zu sondieren. Nur langsam nähern wir uns der Grenze. Es wird heller und die schützende Dunkelheit beginnt dem werdenden Tag zu weichen.

GRASHALME ZEIGEN, DASS ES KEINE ELEKTRISCHE SICHERUNG GIBT *Der linksseitige Baumbewuchs des Waldes lichtet sich und ich kann im dunklen Grau des Morgens senkrecht stehende Gebilde erkennen. Je länger ich sie beobachte, umso mehr »Köpfe und Arme« scheinen sie zu bekommen. Es sind aber Gott sei Dank keine Grenzwächter, sondern »nur« die Pfähle an denen der Stacheldraht befestigt ist. Die im Erdreich erkennbaren, festgefahrenen Reifenspuren lassen vermuten und bestätigen mir letztendlich, dass wir uns bereits im unmittelbaren Grenzbereich befinden müssen.*

Nun erreichen wir die erste Drahtsperre. Ich erinnere mich sofort an den Mann in Kópháza, der mir am Abend geraten hatte, mit längeren Grashalmen von unten nach oben an den Drähten, die an den Zaunpfählen befestigt sind, entlang zu fahren. Sollte es sich um Signaldrähte handeln, so würden sich die

Grashalme biegen, sagte er.

Nachdem ich Pfosten und Drahtverhau bis zu einer Höhe von 80 cm geprüft habe und sich kein Grashalm gebogen hat, gehe ich davon aus, dass es keine elektrische Sicherung gibt. Es gelingt mir, die Drähte so weit auseinander bzw. nach oben zu schieben, dass ich dieses Hindernis überwinden kann. Meine Frau bleibt mit Anja vorerst noch hinter dem Drahtverhau. In der beginnenden Morgendämmerung sehe ich den Bahndamm und am Rand einen ca. einen Meter hohen Strauch. Ich schlage vor, diesen Strauch als Deckung zu nutzen und helfe meiner Frau und meiner Tochter unter dem Stacheldraht durchzukriechen. Unser Kind verhält sich sehr ruhig und gibt keinen Laut von sich. Das kommt uns in unserer Angst sehr entgegen.

EIN LICHTSCHEIN DURCHBRICHT DIE DÄMMERUNG – ES IST »NUR« EIN ZUG *Nun sind wir froh, den ersten Teil dieser Grenzsperre überwunden zu haben, als uns plötzlich der Atem stockt. Wir erreichen den Strauch beim Bahndamm, werden dabei aber auf einen Lichtschein aufmerksam, der sich auf uns zu konzentrieren scheint. Dieser kommt aus jener Richtung, aus der wir am Vortag von der Kirche in Kópháza einen Wachturm gesehen haben. »Jetzt haben sie uns entdeckt«, befürchte ich ehe wir uns zu Boden werfen, auf die Erde gepresst und zitternd darauf warten, was nun kommen wird. Es ist gespenstisch still. Auch Anja gibt keinen Laut von sich. Meine Frau und ich sehen uns nur an. Vergeblich versuche ich, den Lichtkegel des Scheinwerfers, der immer näherkommt, zu lokalisieren. Doch zu unserer Überraschung sind es keine Grenzsoldaten. Es ist der Frontscheinwerfer einer Lokomotive, die da aus Richtung Kópháza kommend, auf uns zufährt. Unsere Angst wird etwas geringer, als ich auch noch Fahrgäste, die sich im Zug befinden, sehe. Ich weiß jetzt, dass wir diese Chance wahren müssen. Da es sich um eine eingleisige Bahntrasse handelt, kann auch kein Zug entgegenkommen. Daher nützen wir den Lärm des vorbeifahrenden Zuges, verlassen nach dem letzten Waggon unsere Deckung und laufen so schnell wir können über den Bahndamm. Die von uns verursachen Geräusche »schluckt« der Luftstrom der Eisenbahn. Jetzt gibt es kein Halten mehr. Gleichgültig was passiert, wir laufen weiter. Unser Informant von der Kirche in Kópháza hatte uns nämlich gesagt, dass die letzten 200 Meter auf ungarischem Gebiet als Niemandsland gelten und daher kaum bewacht werden. Der nach dem Bahndamm beginnende Waldstreifen sei bereits die Grenze zu Österreich.*

DAS KANN NUR ÖSTERREICH SEIN *Völlig außer Atem und von Nervosität gezeichnet, erreichen wir diese Baumgruppe und laufen in Erwartung, nur wenige Schritte von österreichischem Staatsgebiet entfernt zu sein, in den Wald hinein. Doch nach nur wenigen Metern und die Freiheit zum Greifen nahe, scheint unsere Flucht abermals an einem seidenen Faden zu hängen. Plötzlich treffen wir auf ein weiteres Hindernis. Es ist neuerlich ein Grenzzaun. Doch als wir davorstehen, sehe ich, dass dieser Zaun die »besten Jahre« bereits hinter sich und viele Löcher hat. Wir können relativ leicht durchschlüpfen, laufen durch den sich immer mehr lichtenden Wald und stehen vor geradlinig verlaufenden Weingartenreihen. Das muss Österreich sein! Wir haben es geschafft!!!*

KÓPHÁZA WAR NICHT FÜR ALLE EIN GLÜCKLICHER BODEN *Dass die Grenze löchrig war hatten wir gehört. Unbewacht war sie jedoch keineswegs. Diese Erfahrung machten (einige Tage nach unserer gelungenen Flucht) etwa hundert DDR-Bürger – ebenfalls bei Kópháza. Sie versuchten einen »Massengrenzdurchbruch« nach Deutschkreutz. Nur wenigen gelang die Flucht, der Großteil wurde von den Grenzposten gestellt. Dieser Versuch ging in die Geschichte als »Schlacht von Kópháza« ein. Eine Gedenktafel erinnert noch heute daran.*

WIR SIND IN FREIHEIT!

Nach wenigen Minuten sehen wir einen PKW mit österreichischem Kennzeichen. Von unseren Schultern fällt eine Last, die wir schon seit Wochen mit uns herumgeschleppt haben. Jetzt wissen wir, dass wir uns der Gefahr nicht umsonst ausgesetzt haben. Wir sind glücklich, dass die gesamte Familie unversehrt das rettende Ufer erreicht hat. Als uns der Fahrer sieht, bleibt er sofort stehen und bietet uns seine Hilfe an.

In seinem Auto befanden sich jedoch bereits einige Flüchtlinge, die in großer Aufregung und völliger Verzweiflung diskutierten. Dabei habe ich vernommen, dass mehrere Personen gemeinsam die Grenze überschritten hatten und ihnen dabei offensichtlich ein Kind abhandengekommen war. Die Männer stiegen aus und gingen zur Grenze zurück, um das Kind zu suchen. Wir haben sie nicht wiedergesehen.

Als uns der Lenker vorschlägt, in sein Auto zu steigen, um uns nach Deutschkreutz zu fahren, lehnen wir dankend ab. Es ist uns ein Bedürfnis, dass er bei der Gruppe bleibt und sie bei der Suche nach dem Kind unterstützt.

Außerdem wollen wir unsere Nervosität und innere Anspannung »runterfahren« und den Fußmarsch dazu nutzen, Anja den Beginn unseres neuen Lebens zu erklären.

ANJA ERFÄHRT DIE WAHRHEIT – EINE TROTZREAKTION STELLT SICH EIN *Diese Erklärung gestaltete sich jedoch nicht so einfach wie wir uns das vorgestellt hatten. Die Plötzlichkeit, mit der die Tatsache eines neuen Lebens und der Verlust der Heimat über sie hereinbrach, sollte auch noch in Zukunft Spuren hinterlassen. Als achtjähriges, wohlbehütetes Mädchen, konnte sie natürlich die politischen Verhältnisse, weshalb wir aus der DDR geflüchtet waren, nicht erkennen bzw. verstehen. Es stellte sich eine Trotzhaltung ein, für die wir auch in Zukunft noch einiges Verständnis aufbringen mussten.*

Die Indoktrination (eine vehemente, keinen Widerspruch und keine Diskussion zulassende Belehrung, die durch Manipulation von Menschen und gesteuerte Auswahl von Informationen geschieht) des sozialistischen Bildungswesens hatte bereits Früchte getragen. Ein noch nicht ausgeführter Pionierauftrag schien ihr große Sorgen zu bereiten. Um sie etwas abzulenken, nahm ich sie auf meine Schultern und ersuchte sie, in Richtung Deutschkreutz nach beleuchteten Laternen Ausschau zu halten.

OH DU SCHRECK! UNSERE FREUNDE SIND NICHT BEIM VEREINBARTEN TREFFPUNKT *Nachdem es langsam hell geworden ist, erreichen wir müde und abgeschlagen den Ortsrand von Deutschkreutz. Wir hoffen, dass sich unsere Freunde bereits beim vereinbarten Treffpunkt nächst der Kirche befinden. Da wir den Kirchturm aus unserem Blickfeld verloren haben, irren wir in der noch »verschlafenen« Gemeinde etwas orientierungslos umher. Dabei begegnen wir einer älteren Dame, die vor einem Hauseingang steht und uns den Weg erklärt. Als wir zum Kirchplatz kommen, suchen wir verzweifelt – jedoch erfolglos – nach unseren Freunden. Ein Rückschlag in unserer immer positiver werdenden Stimmung.*

GLÜCKLICHER ZUFALL – ES GAB KEINEN PLAN »B« *Meine Vermutung, dass sie uns in den Weinbergen suchen würden, sollte sich bestätigen. In unserer steigenden Nervosität treffen wir nun zum zweiten Mal den hilfsbereiten PKW-Lenker, dem wir in den Weinbergen begegnet waren. Ich frage ihn nach einem grünen Golf mit WAF-Kennzeichen (für Warendorf), worauf er sich sofort bereit* erklärt, neuerlich in die Weinberge zu fahren, um nach weiteren Flüchtlingen zu suchen und dabei auch nach dem Golf Ausschau zu halten. Ein glücklicher Zufall will es, dass er mit unseren Freunden zusammentrifft, die uns bereits im Grenzbereich suchen. Die Information, dass wir schon bei der Kirche warten würden, löste die Spannung auch bei ihnen.

»Erst jetzt ist uns bewusst, dass wir im Falle eines Scheiterns unserer Flucht keinen Plan »B« gehabt hätten.«

<small>WÖRTLICHES ZITAT VON DIPL.-ING. ACHIM SASSIK.</small>

AN FREUNDLICHKEIT NICHT ZU ÜBERTREFFEN Während wir vor der Kirche warten, kommt ein freundlicher Mann aus der Gemeinde auf uns zu und fragt uns, ob wir aus dem »Ungarischen« kommen. Gleichzeitig treffen auch unsere Freunde ein. Der freundliche Mann – Johannes Reinfeld – ist unser zweiter, sehr positiver Kontakt in der neu gewonnenen Freiheit. Er bittet uns in sein Haus und ermöglicht uns eine warme Dusche sowie den Wechsel der durchnässten und verdreckten Wäsche. Währenddessen bereitet Frau Reinfeld ein Frühstück zu. Das erste Essen, das wir seit einigen Tagen in Ruhe zu uns nehmen können und vom Magen durch die kaum mehr vorhandene Nervosität auch vertragen wird. Wir merken, dass sich die ganze Spannung, die sich in den letzten Tagen aufgebaut hat, löst. Während des Frühstücks sprechen wir über die Lage in der DDR sowie über die Fluchtsituation an der österreichischen Grenze. Herr Reinfeld ist sehr interessiert, ein sehr aufgeschlossener und gut informierter Gesprächspartner. Es ist zwar nur eine kurze, aber sehr aufschlussreiche und intensive Begegnung. Wir sollten uns aber noch einmal begegnen.

AUFBRUCH IN DIE NEUE HEIMAT Nach telefonischer Kontaktaufnahme mit der bundesdeutschen Botschaft in Wien wurde uns geraten, mit unseren Freunden den direkten Weg in die Bundesrepublik zu nehmen. Auf der Fahrt in unsere neue Heimat genossen wir nicht nur die neu gewonnene Freiheit, sondern auch die Landschaft beidseits der Autobahn. Da die letzten Tage für alle sehr anstrengend waren, wechselten wir uns als Fahrer ab. Die erlaubten – und auch gefahrenen, hohen Geschwindigkeiten, besonders auf der deutschen Autobahn – waren doch etwas ungewöhnlich und erforderten, vor allem von mir, höchste Konzentration.

BUNDESBÜRGER MIT ALLEN RECHTEN UND PFLICHTEN   Als wir zum Grenzübergang bei Passau kamen, wurden zu meiner Verwunderung die meisten Autos einfach durchgewunken. So etwas hatte ich bisher an keiner Grenze erlebt. Für unseren weiteren Aufenthalt in der Bundesrepublik schien es uns jedoch vernünftig, dass wir uns als DDR-Bürger zu erkennen geben. Deshalb zeigten wir den Beamten unsere Ausweise, worauf wir zur Seite gewunken und angehalten wurden. Es folgte eine kurze, aber intensive Befragung, die wahrscheinlich von Mitarbeitern des Bundesnachrichtendienstes durchgeführt wurde. Dabei mussten wir unsere Personalien bekanntgeben. Man fragte uns unter anderem auch nach Ort, Zeit und Datum des Grenzübertrittes von Ungarn nach Österreich. Nach etwa 45 Minuten war die Einvernahme beendet. Wir wurden aufgefordert, uns im Sammellager Gießen zu melden und konnten unsere Reise fortsetzen.

Die erste Fahrt in unserer neuen Heimat ging nach Lüdenscheid im Sauerland. Dort blieben wir vorerst vier Tage und fuhren dann in das ca. 126 Kilometer entfernte Gießen, um alle notwendigen Aufnahmeformalitäten zu erledigen. Durch die ständig steigende Zahl von DDR-Flüchtlingen begann sich das Lager schnell zu füllen und war an die Grenze seiner Aufnahmekapazität gestoßen. Viele Flüchtlinge wurden daher am Abend in Notunterkünfte der näheren und weiteren Umgebung gebracht. Wir waren jedoch davon ausgenommen, weil wir bei unseren Freunden nächtigen konnten und pendelten daher bis zum Abschluss des Verfahrens täglich zwischen Gießen und Lüdenscheid. Nachdem wir sämtliche Fragen zufriedenstellend beantwortet hatten, konnten unsere Aufnahmeformalitäten sehr rasch beendet werden. In nur wenigen Tagen waren wir Bundesbürger mit allen Rechten und Pflichten.

Mit Erreichen des Status eines Bundesbürgers endete nun unser Aufenthalt in Lüdenscheid. Wir »verlegten unser Domizil« zu unseren Verwandten nach Everswinkel – 25 Kilometer von Münster in Nordrhein-Westfalen entfernt – und fanden dort für vier Monate eine erste Bleibe. Für uns von großem Vorteil, weil in der Umgebung von Münster der Großteil unserer Familie ansässig ist.

LAKONISCHE VERABSCHIEDUNG VOM BETRIEB   Ich konnte es mir nicht verkneifen, mich von meiner Arbeitsstelle in Potsdam zu verabschieden. Montags gab es zu Arbeitsbeginn immer eine Besprechung, wobei man über die zu erledigenden Aufträge der kommenden Woche sprach. Und genau zu diesem Zeitpunkt rief ich in der Firma an. Mein Anruf erreichte den Direktor, der mich sofort fragte, ob ich denn krank sei. Ich erklärte ihm, dass es mir momentan so gut wie selten zuvor geht, ich mich derzeit in der Bundesrepublik aufhalte und gedenke, mein weiteres Leben mit meiner Familie auch dort zu verbringen. Nachdem er mir mit einigen stotternden und fast unverständlichen Worten erklärte, dass er mein Verhalten überhaupt nicht komisch finde, wurde das Gespräch beendet. Wie mir meine Arbeitskollegen nach einem Jahr erklärten, wurde die Besprechung sofort beendet, um dem Betriebsdirektor Meldung zu machen.

»Unsere Flucht hatte doch einiges Aufsehen erregt. Jetzt waren wir die Feinde des Sozialismus und Verräter an der Arbeiterklasse.«
WÖRTLICHES ZITAT VON DIPL.-ING. ACHIM SASSIK.

AUFBAU EINER NEUEN EXISTENZ Wir hatten in der DDR einen, wenn auch nicht allzu großen, jedoch komfortablen Hausstand hinterlassen. Ein kleiner Bungalow am Plessower See in Werder (12 Kilometer von Potsdam entfernt), gebaut auf Pachtland, gehörte dazu. Nach unserer Flucht hatten wir, außer einigen Kleidungsstücken und unseren Optimismus, nichts mehr. Die Unterstützung unserer Verwandtschaft stärkte uns und verlieh uns Kraft zur Gestaltung unserer Zukunft. Ein Mann, der ebenso wie ich Gast bei der Hochzeit der Tochter meiner Cousine war, bot sich an, mir bei der Suche nach einer Arbeitsstelle behilflich zu sein. Seine Unterstützung zeigte schnell Erfolg, denn ich konnte bereits am 04. September 1989 in der Produktionsleitung der Friemann & Wolf AG (FRIWO) in Ostbevern – etwa 22 Kilometer nordöstlich von Münster – zu arbeiten beginnen. Meine Frau, bisher in der sozialistischen Planwirtschaft tätig, musste sich zunächst auf die Marktwirtschaft umstellen und sich die notwendigen Kenntnisse am Computer aneignen. Unsere Tochter hatte nur sehr kurze Ferien und setzte ihre Schulzeit nur 14 Tage nach unserer Flucht in der 3. Klasse fort. Für sie war die Umstellung – so unser Empfinden heute – am schwersten.

Meine Frau nahm am 01.01.1991 eine Stelle in der Buchhaltung eines großen Unternehmens an und ist seit 1. September 2018 im wohlverdienten Ruhestand.

WIR BEKOMMEN UNSER AUTO ZURÜCK Noch im Jahre 1989 bemühte sich der ADAC die rechtmäßigen Besitzer der von DDR-Bürgern in Ungarn zurückgelassenen Fahrzeuge auszumitteln. Nach einem Aufruf meldeten wir uns und erhielten die Antwort, dass unser Auto nach Budapest gebracht worden wäre. Es würde sich in einem Zolllager befinden und sei in einem guten Zustand. Der PKW müsste jedoch umgehend abgeholt werden, weil die ungarischen Behörden eine Versteigerung planen würden, teilte man uns mit. Welch eine Freude! Wir bekommen unser Auto schon nach wenigen Wochen – auf das wir in der DDR zehn Jahre gewartet hatten – wieder zurück. Selbstverständlich machten wir uns sofort auf den Weg nach Budapest, mussten einige kleine Reparaturen vornehmen und fuhren mit unserem einst mit viel Stolz erworbenen fahrbaren Untersatz in unsere neue Heimat. Den Lada haben wir dann im Jahre 1990 für wenig Geld verkauft. Soviel ich weiß, diente er dem neuen Besitzer dann als Transportfahrzeug für die Verbringung von Gütern zwischen Ost und West.

EIN RÜCKSCHLAG – VERSPRECHEN NICHT EINGEHALTEN – ARBEITSPLATZ VERLOREN

Mein Berufsleben verlief vorerst nicht ganz so wie ich mir das vorgestellt habe. Die Firma, in der ich zu arbeiten begann, hatte mir einen 1½ Jahresvertrag angeboten, denn ich annahm, um überhaupt erst einmal eigenes Geld zu verdienen. Kurz vor Ablauf der Frist wurde mir zugesichert, dass mein Arbeitsplatz auch weiterhin gesichert sei. Man sagte mir wörtlich: »Wenn ich keine goldenen Löffel stehlen würde, wüsste man nicht, warum ich nicht in der Firma bleiben könnte.« Ich war frohen Mutes und dachte, dass ich mir jetzt keine Sorgen machen muss. Doch weit gefehlt! Acht Tage nach dieser freundlichen Aussage wurde mir erklärt, dass der Konzern diese Stelle doch nicht weiter besetzen wird.

Ich war innerhalb einer Woche ohne Arbeit und musste mich beim Arbeitsamt anmelden. Die Suche gestaltete sich etwas schwierig. In meinem Beruf als ausgebildeter Maschinenbauingenieur war die Arbeitslosenrate äußerst hoch. Allein im Münsterland waren zu diesem Zeitpunkt ca. 180 Maschinenbauingenieure auf Arbeitsuche. Die Vermittlung einer neuen Stelle durch das Arbeitsamt war kurzfristig nicht möglich.

Da ich beharrlich mein Ziel zum Aufbau einer neuen Existenz verfolgte, machte ich mich selbst auf Arbeitsuche und hatte bald Erfolg. Eine Arbeitsstelle in meiner Branche fand ich zwar nicht, mir wurde eine Tätigkeit als Produktentwickler in einem Betonerzeugungsunternehmen angeboten. Ich nahm diese Stelle an und arbeitete mich bis zum Vertriebsingenieur hoch. Diese eigenständige, umfangreiche und leistungsfordernde Arbeit machte mir sehr viel Freude. In dieser Branche blieb ich dann bis zu meiner Pensionierung.

DANKE AN ALLE, DIE UNS BEI DER FLUCHT UND BEIM AUFBAU UNSERES NEUEN LEBENS GEHOLFEN HABEN

Als »Ruheständler« genieße ich nun all das, was ich durch harte Arbeit erreicht habe und konzentriere mich auf die Erhaltung und Pflege unseres im Jahre 1993 errichteten Eigenheimes.

Meine Frau und ich wurden Mitglied der »Interessengemeinschaft ehemaliger DDR-Flüchtlinge e.V.« Diese Gemeinschaft kämpft für die Rechte der DDR-Flüchtlinge, für die Ausgereisten sowie aus der DDR-Haft freigekauften Menschen. Für uns völlig unverständlich, hat die Regierung des wieder vereinigten Deutschland diskriminierende Maßnahmen gegen diese Personen beschlossen.

Unsere Tochter ist längst erwachen und »ausgeflogen«. Sie hat ihre neue Heimat in der Schweiz gefunden. An die Flucht und ihre anfänglichen Schwierigkeiten kann sie sich kaum noch erinnern. Rückblickend können wir feststellen, dass unser Unternehmen »Flucht« ein Erfolg war. Dafür möchten wir all jenen Dank sagen, die zum Gelingen beigetragen haben.

EIN BLICK ZURÜCK – VERHARMLOSUNG DES UNRECHTSREGIMES

Noch vor Weihnachten des Jahres 1989 wurden alle Bürger, die die DDR illegal verlassen hatten, amnestiert. Da ich dem Frieden nicht so recht traute, verzichteten wir vorerst einmal auf die mögliche Rückreise. Doch am 3. Jänner 1990 war es dann soweit. Ich fuhr – jedoch alleine, Frau und Tochter blieben aus Sicherheitsgründen in der Bundesrepublik zurück – nach Potsdam in unsere Wohnung, für die ja immer noch Miete gezahlt wurde.

Ein Treffen mit Bekannten zeigte, dass der Zusammenbruch der DDR mit dem Fall der Mauer bei den Menschen große Verunsicherung erzeugte. Wir diskutierten bis in die frühen Morgenstunden über die Zukunft der DDR. An eine Wiedervereinigung wagte zu diesem Zeitpunkt kaum jemand zu denken. Die Idee vieler DDR-Bürger war das Weiterbestehen einer reformierten, sozialistischen DDR. Es sollte eine Alternative zur kapitalistischen Bundesrepublik – jedoch nur mit der Währung der Bundesrepublik, der D-Mark – sein. Welch eine Illusion!!!

Aufgrund der weiterhin verharmlosenden Darstellung dieses Unrechtsregimes DDR, fahren wir immer weniger in den Osten. Darüber zu sprechen, würde sicherlich ein neues Buch füllen.

Obwohl sich Lebensverhältnisse und Infrastruktur wesentlich verbessert haben, besteht unter den Menschen im Osten weiterhin eine breite Unzufriedenheit.

NACH STUNDENLANGER WARTEZEIT UND HEFTIGEM WORTWECHSEL KONNTE DER VW-GOLF OFFIZIELL ÜBER DIE GRENZE NACH DEUTSCHKREUTZ GEBRACHT WERDEN

Dr. Anton Fennes

FOTO: WOLFGANG BACHKÖNIG

DR. ANTON FENNES, Jahrgang 1952, ist in Deutschkreutz geboren und aufgewachsen. Zu Jahresbeginn 1989 kam er als Redakteur und Historiker zum ORF ins Landesstudio-Burgenland nach Eisenstadt und war dort bis zu seiner Pensionierung im Jahre 2017 beschäftigt. Als Historiker galt sein Interesse der Zeitgeschichte und besonders dem Eisernen Vorhang, zumal auch Deutschkreutz über Jahrzehnte durch diese bedrohliche Grenze von seinen östlichen Nachbargemeinden hermetisch »abgeriegelt« war. **DR. FENNES** informierte als Redakteur und unentgeltlicher Fluchthelfer, der selbst vor Ort war, im Sommer 1989 via ORF über die Flüchtlingskrise sowie über die Ereignisse an der burgenländisch-ungarischen Grenze.

Die unmittelbare Nähe seiner Heimatgemeinde Deutschkreutz zum Eisernen Vorhang bedeutete für Anton Fennes in seiner Kindheit nichts Spektakuläres. Seine Erinnerung an den Stacheldraht sowie an die Wachtürme mit bewaffneten Soldaten beschränkt sich auf das »Wasserholen« von der unmittelbar neben der Grenze noch immer »sprudelnden« Rudolfsquelle. An dieser Quelle wurde mittlerweile eine moderne Füllanlage errichtet, in der das Mineralwasser, bekannt als »Juvina«, in Flaschen gefüllt und österreichweit ausgeliefert wird.

Im Kindesalter war es seine Pflicht, mit Freunden Mineral- bzw. Sauerwasser von der Rudolfsquelle mit dem Fahrrad nach Hause zu bringen. Diese Gelegenheit ließen sich die Buben nicht entgehen, um den nur wenige Meter entfernten Grenzzaun zu »erkunden«. Dort sahen sie den Soldaten zu, wie sie auf ihre Wachtürme kletterten und mit dem Fernglas nach Flüchtlingen Ausschau hielten oder sie – Toni und seine Freunde – beobachteten.

Als Jugendlicher wurde ihm dann erst bewusst, was diese Grenze mit den strengen Kontrollen für die Menschen bedeutete. Wollte man in den 1970er bzw. 1980er Jahren nach Ungarn einreisen, so wurde man gezwungen, an der Grenze den »Adatlap« (persönlicher Fragebogen oder Datenblatt) auszufüllen. Man musste den Mädchennamen der Mutter, die Farbe mit dem Kennzeichen des Autos sowie den Zweck der Reise bekanntgeben und weitere völlig unverständliche Angaben machen. Selbstverständlich war es strengstens untersagt, ungarische Forint mitzunehmen oder bei der Ausreise außer Landes zu bringen. Forint nach Ungarn zu schmuggeln war für Toni und seine Freunde auch nicht nötig, weil sie über gute Kontakte verfügten und diese zu einem akzeptablen Kurs wechseln konnten. Und ungarisches Geld ist ihnen bei der Ausreise in den seltensten Fällen übriggeblieben.

> **»Um in die Nachbargemeinden Kópháza und Harka zu fahren, mussten die Deutschkreutzer weite Umwege über Klingenbach oder Rattersdorf in Kauf nehmen. Eine spürbare Reiseerleichterung gab es erst mit der Eröffnung des Grenzüberganges nach Kópháza am 1. Juli 1985.«**
> WÖRTLICHES ZITAT VON DR. ANTON FENNES.

FLUCHTROUTEN AUSGEKUNDSCHAFTET, FLÜCHTLINGEN DEN WEG DURCH DEN STACHELDRAHTVERHAU GEWIESEN, PKW ÜBER DIE GRENZE GEBRACHT

DR. ANTON FENNES ERINNERT SICH: *Jahresbeginn 1989 in Deutschkreutz. Für mich eigentlich nichts Besonderes, was im Osten Europas und nicht in der mittelburgenländischen Grenzgemeinde passierte. Mit der Eröffnung des Grenzüberganges Deutschkreutz-Kópháza (1. Juli 1985) ist das Leben der Deutschkreutzer etwas einfacher geworden. Vor allem für jene, die zu ihren Arbeitsplätzen nach Eisenstadt oder Wien pendeln müssen und ohne größere Probleme die Abkürzung über Ungarn nehmen können. Das war aber nicht immer so.*

40 Jahre lag die Grenzgemeinde direkt am Eisernen Vorhang. Wachtürme, Stacheldraht und Minenfelder verhinderten jeglichen Kontakt zu den Nachbarn in Kópháza, Sopron oder Harka. Deutschkreutz war eine Gemeinde ohne

Hinterland – im Norden und Osten von ungarischen Grenzsoldaten rund um die Uhr überwacht und kontrolliert. Eine Reise nach Ungarn war mit heute unvorstellbaren Hindernissen und Schikanen verbunden.

Doch am 2. Mai 1989 setzte eine neue Ära in der europäischen Geschichte ein. Ungarische Grenzsoldaten begannen bei Nickelsdorf mit dem Abbau des Stacheldrahtverhaues und entfernten somit dieses bedrohliche und besonders gefürchtete Symbol des Eisernen Vorganges. Die nationalen und internationalen Medien dokumentierten dieses Aufsehen erregende Ereignis vor Ort. Über die Lage an der Grenze bzw. im Grenzbereich war ich immer bestens informiert, weil ich meist über den Grenzübergang Deutschkreutz-Kópháza durch Ungarn ins ORF-Studio nach Eisenstadt fuhr.

ZUM FUSSBALLLÄNDERSPIEL DDR – ÖSTERREICH NACH LEIPZIG Mitte Mai 1989 reiste ich mit meinem viel zu früh verstorbenen Freund Peter Schöller zum Fußballqualifikationsspiel für die Weltmeisterschaft in Italien nach Leipzig. Wir sahen das Match DDR gegen Österreich (es endete 1:1, die Tore erzielten Toni Polster und Ulf Kirsten).

Diese Stampiglien in seinem Pass erinnern Dr. Anton Fennes an seine Reise in die DDR – nur wenige Monate vor dem endgültigen Fall des Eisernen Vorhanges.

Unsere Reise in die DDR traten wir bereits eine Woche vor Beginn des Spieles an, weil wir uns in den Städten Weimar, Dresden, Erfurt sowie in Leipzig Sehenswürdigkeiten anschauen wollten. Dabei gab es keine Beanstandungen durch Polizei oder sonstige »verdeckte Ermittler«. Während unseres Aufenthaltes lernten wir viele nette Leute kennen. Als wir diese in Restaurants bzw. Diskotheken einladen wollten, gab es die ersten Probleme. Für uns war der Zutritt ohne weiteres gestattet, jedoch nicht für unsere ostdeutschen Freunde. Mit einem Mal wurden wir mit den typischen »Ostblock-Methoden« konfrontiert, die wir von zahlreichen Besuchen in osteuropäischen Ländern schon Jahre zuvor kennengelernt hatten. Für uns also nach wie vor nichts Neues. Deshalb gingen *wir auch davon aus, dass sich in den kommenden Monaten und Jahren an dieser Vorgangsweise der kommunistischen Behörden nichts ändern wird. Wir waren der Meinung, dass die kommunistischen Machthaber wie immer alles unter ihrer Kontrolle hatten. Doch wir sollten uns gewaltig täuschen, weil wir damals nicht ahnten, dass Hunderttausende DDR-Bürger bereits den Abbau des Stacheldrahtverhaues an der ungarischen Grenze zu Österreich mit besonderem Interesse verfolgten.*

»Während unserer Reise durch einzelne Städte der DDR hatten wir den Eindruck, dass das Regime noch lange nicht am Ende war und die Bürger dieses weitläufige ›Gefängnis‹ in den nächsten Jahren nicht verlassen können.«
　　WÖRTLICHES ZITAT VON DR. ANTON FENNES.

Als wir wieder nach Haus kamen, hörten wir zu unserer Überraschung von ersten Fluchtversuchen einzelner DDR-Bürger. Die Öffentlichkeit nahm das – meist kommentarlos – zur Kenntnis. Ungarn arbeitete – ohne besonderes Aufsehen zu erregen – weiter am Abbau dieses bedrohlichen und gefürchteten Grenzzaunes. Niemand war beunruhigt, weil man ja keinesfalls mit einem Flüchtlingsstrom rechnete.

ERSTE DIREKTE BEGEGNUNG MIT FLÜCHTLINGEN AUS DEM SOGENANNTEN ARBEITER- UND BAUERNPARADIES *Mitte Juni 1989 wurde ich zum ersten Mal Zeuge einer geglückten Flucht. Ein Pärchen aus der DDR hatte bei Deutschkreutz den Stacheldrahtverhau überwunden.*
Ich hielt mich damals mit meinen Freunden anlässlich einer Grillparty bei der Mineralwasserabfüllanlage »Juvina« auf, die in unmittelbarer Nähe der Grenze liegt. Mitten in der Nacht stand plötzlich dieses Pärchen vor uns. Wir waren alle derart überrascht, dass wir es kaum fassen konnten. Flüchtlinge bei uns in Deutschkreutz? Niemand hätte zu diesem Zeitpunkt damit gerechnet. Ab dann war mir bewusst, dass im Osten Europas und vor allem in der DDR, die Menschen das diktatorische, kommunistische System nicht mehr akzeptierten. Das Paar wurde von uns versorgt und anschließend nach Deutschkreutz gebracht, wo ihnen ein Freund sofort Unterkunft in seinem Haus anbot. Dieser ersten Begegnung mit Flüchtlingen sollten noch einige weitere folgen.

DIE WELLE VON FLÜCHTLINGEN AUS DER DDR ROLLTE AUCH IM BURGENLAND AN
In den kommenden Tagen und Wochen sickerte immer mehr durch, dass sich im Raum Sopron zahlreiche DDR-Bürger sammeln und auf eine günstige Gelegenheit zur Flucht warten. Peter Schöller und ich suchten vorerst einmal diese Plätze – im Bahnhofsgelände, auf dem Szechenyi ter und vor allem auf dem Campingplatz Löver am südlichen Stadtrand von Sopron (jetzt findet dort jeden Sommer das legendäre VOLT-Festival statt) – auf und konnten bald mit den Leuten Kontakte knüpfen, die immer enger und intensiver wurden.

Ich konzentrierte mich vor allem auf den Zeltplatz Löver in Sopron. Anfänglich begegneten mir die Menschen noch mit etwas Misstrauen. Mir gelang es aber schnell, ihr Vertrauen zu gewinnen und sie weihten mich bald in ihre Fluchtpläne ein. Nun musste ich noch nach einem geeigneten Fluchtweg suchen. Dies fiel mir nicht besonders schwer, weil ich ja die Gegend von meinen Fahrten nach Ungarn kannte. Nachdem ich die Grenzregion sorgfältig ausgekundschaftet hatte, entschloss ich mich nach einigen Tagen, ihnen die Route über die Gemeinde Harkau nach Deutschkreutz zu zeigen. Und zwar aus zwei Gründen. Zum einen, weil am großen Silo am Deutschkreutzer Bahnhof für die Flüchtlinge eigens ein von Weitem sichtbares, gelbes Licht installiert worden war und zum anderen, weil Peter Schöller mir glaubwürdig versicherte, dass die ungarischen Grenzbehörden den Flüchtlingen nicht gerade aggressiv gegenüberstehen und ihre Kontrollgänge an der Grenze nicht sehr aufmerksam absolvierten. Peter konnte ich vertrauen, denn er wusste wovon er sprach, weil er aufgrund seiner zahlreichen Aufenthalte in Ungarn dort bestens vernetzt war. Meinem Freund Peter Schöller, der damals Tag und Nacht als unentgeltlicher Fluchthelfer im Einsatz war, möchte ich am Ende dieses Artikels noch einige Zeilen widmen.

»Die Fluchtroute bei Harka schien mir deshalb sicherer, weil man dort bei Nacht das gelbe Drehlicht vom Silo des Bahnhofes sehen konnte. Das war eine wichtige Orientierungshilfe, wodurch es den Flüchtlingen erspart blieb, ungewollt im Kreis zu gehen. Die Welle von Flüchtlingen aus der DDR rollte auch im Burgenland an.«

WÖRTLICHES ZITAT VON DR. ANTON FENNES.

Ein ungarischer Grenzer am Wachturm – wenn Flüchtlinge die Grenze überschritten, blickten sie oft in die andere Richtung.

DIE HUNDE IN HARKA ALS AUFMERKSAME WÄCHTER Obwohl ich mir sicher bin, dass wir es schaffen werden, starte ich mit einem etwas flauen Gefühl im Magen mit einer kleinen Gruppe den ersten Fluchtversuch. In der Dunkelheit bringe ich die Flüchtlinge vom Campingplatz Löver mit meinem Auto zu einem Sammelplatz in die Nähe von Harkau. Alles geht problemlos vor sich. Meine Befürchtungen einer Anhaltung durch ungarische Grenzer bestätigen sich Gott sei Dank nicht. Doch dann fährt uns mit einem Mal der Schrecken in die Glieder. Als wir gemeinsam durch das Dorf marschieren, beginnen plötzlich Hunde zu bellen, die man bis Sopron hören muss. Obwohl wir alle sehr nervös und irritiert sind, bleibt jeder zu meinem Erstaunen völlig ruhig. Alle sind bestrebt, nur ja keinen Laut von sich zu geben und so schnell wie nur möglich aus dem Ort zu kommen. Unmittelbar vor dem Grenzzaun zeige ich ihnen den Fluchtweg – Richtung Licht am Silo – und verlasse die Gruppe. Die Flüchtlinge finden das Loch im Stacheldrahtverhau. Sie marschieren ohne nennenswerte Schwierigkeiten über die an diesen Tagen und Nächten dort nicht ganz so intensiv bewachte Grenze nach Deutschkreutz. Die Tipps meines Freundes Peter waren absolut richtig.

Doch da gab es noch ein Problem. Die Flüchtlinge mussten ihr gesamtes Gepäck in ihren Autos zurücklassen. Da ich mir nun sicher bin, dass der Gruppe die Flucht geglückt ist, entschließe ich mich, deren Wertsachen aus ihren Zelten bzw. Fahrzeugen zu holen. Ich verstaue die Koffer und Taschen in meinem Auto, passiere anstandslos den Grenzübergang bei Kópháza und übergebe diese an meine damalige Kollegin und spätere Gattin Doris Wagner, die mit unserer gemeinsamen Freundin Susi Schandl (heute Hackl) bereits auf mich wartet. Sie bringen die Reiseutensilien

Susi Schandl li., und Doris Wagner halfen Flüchtlingen in höchster Not

zu den Flüchtlingen, die sich beim Kirchenwirt sowie im Pfarrheim von Deutschkreutz eingefunden haben. Doris und Susi sind ebenso glücklich wie die Flüchtlinge, als sie ihnen ihr meistens bescheidenes Reisegepäck übergeben.

WEITERER »SHUTTLEDIENST« TROTZ BEANSTANDUNG AN DER GRENZE In den folgenden Tagen fuhr ich immer wieder zum Campingplatz, erklärte den dort wartenden Flüchtlingen die Fluchtroute oder brachte sie direkt in die Nähe der Grenze nach Harka. Ihre Gepäckstücke transportierte ich in der bereits zur Gewohnheit gewordenen Art wie immer über den Grenzübergang nach Deutschkreutz. Manchmal reise ich mehrmals täglich nach Ungarn ein bzw. aus Ungarn aus. Die Grenzer kümmerten sich meist auch nicht darum, obwohl ihnen das mit Sicherheit aufgefallen war. Doch das änderte sich zu meiner Überraschung mit einem Mal, weil ich bei der Ausreise genau kontrolliert werde.

An einem Nachmittag stoppt mich eine ungarische Grenzbeamtin, schaut in mein Fahrzeug, sieht die Gepäckstücke und will wissen, woher ich diese habe. Ich erkläre ihr wahrheitsgemäß, dass sie vom Campingplatz in Lövér seien und ich diese Koffer und Taschen nach Deutschkreutz bringen will. Dies scheint mir die Frau jedoch nicht zu glauben. Es kommt zu einem heftigen Wortwechsel, worauf sie bei den Verantwortlichen auf dem Campingplatz nachfragt und meine Angaben überprüft. Diese bestätigen, dass ich die Wahrheit gesagt habe, worauf sie in meinem Reisepass einen Vermerk anbringt, der besagt, dass ich beim Grenzübertritt eine strafbare Handlung begangen habe. Ich darf danach nach Österreich ausreisen, lasse mich davon aber nicht beirren und setze meinen »Shuttledienst« weiter fort.

TROTZ SCHIKANEN AN DER GRENZE »DDR-PKW« LEGAL NACH ÖSTERREICH GEBRACHT Doch damit nicht genug. Ich hatte noch ein weiteres, besonders aufregendes Erlebnis.

Insider auf dem Campingplatz wissen längst, dass ich ihnen ohne allzu großes Aufsehen einen direkten Weg über die Grenze zeigen kann. Eines Tages tritt ein Pärchen mit einem besonderen Wunsch an mich heran. Beide bitten mich, ihnen eine Fluchtroute ins Burgenland zu zeigen und fragen mich, ob ich auch ihren fünf Jahre alten VW-Golf, den sie von ihren Verwandten in Westdeutschland geschenkt bekommen haben, über die Grenze bringen könnte. Sie übergeben mir die Autoschlüssel samt den dazugehörigen Dokumenten und sagen mir, dass ich das Fahrzeug behalten kann, falls eine Überstellung nach Österreich nicht möglich ist.

Für mich war es selbstverständlich, ihnen zu helfen. Mit der Fluchtroute hatte ich ja kein Problem. Doch wie sollte ich das mit dem Auto organisieren? Keine einfache Aufgabe, zumal zahlreiche Wartburgs, Trabis, Ladas etc. entlang der Straßen in Grenznähe standen – die meisten bereits als zerlegte Wracks!

MIT VEREINTEN KRÄFTEN Um zu verhindern, dass auch dieses Fahrzeug als »Ersatzteillager« dient, kontaktiere ich meinen Freund Denes in Sopron. Obwohl Akademiker, arbeitet er damals mit seiner Frau sehr oft im Wein- und Obstbau bei meinen späteren Schwiegereltern in Sigless. Denes sichert mir sofort seine Hilfe zu, worauf wir den VW-Golf in einen nicht frei zugänglichen Park bringen und dort verstecken. Dies war deshalb möglich, weil er den verantwortlichen Leiter für die Pflege dieses Parks kannte. Der erste Schritt war nun getan. Wenn der Diebstahl zwar nicht zur Gänze unterbunden war, dann war er zumindest wesentlich erschwert.

Nun habe ich etwas Zeit gewonnen und rufe meinen langjährigen Bekannten an, den ich noch von meiner Gymnasialzeit her kenne. Manfred Pfnier war damals als Moderator beim ÖAMTC tätig und für die Verkehrsnachrichten in Radio-Burgenland verantwortlich. Er sichert mir zu, sich sofort um diesen speziellen Fall zu kümmern und verspricht mir, mich sofort zu verständigen, sobald er die Möglichkeit einer offiziellen Überstellung von DDR Autos nach Österreich in Erfahrung gebracht hat. Zu meiner Überraschung benötigt er dazu nur einen Nachmittag.

Selbstverständlich will ich diesen speziellen Fall auch medial verwerten. Nach Rücksprache mit meinen Kollegen aus der ORF-Informationsabteilung fahre ich (als Beifahrer) in einem ÖAMTC-Abschleppwagen, begleitet von einem Kamera-

FOTO: ZUR VERFÜGUNG GESTELLT VON DR. ANTON FENNES

Der VW-Golf – fachmännisch verladen und nach heftigem Wortwechsel legal nach Österreich gebracht.

team, nach Sopron. Das Auto befindet sich noch an jener Stelle, wo wir es abgestellt haben und ist weder aufgebrochen, noch beschädigt. Da der Fahrer des Abschleppwagens sein Handwerk im wahrsten Sinne des Wortes versteht, können wir den VW-Golf binnen kürzester Zeit verladen. Das Kamerateam filmt jeden Handgriff, kommt problemlos über die Grenze und bringt die Aufnahmen ins Studio nach Eisenstadt. Die Kollegen gestalten einen kurzen Beitrag noch am Abend für die Sendung Burgenland heute. Wir machen uns ebenfalls auf den Weg und kommen anstandslos – jedoch nur bis zum Grenzübergang Kópháza-Deutschkreutz. Dort ist vorerst einmal Endstation. Die ungarischen Grenzer wollen von einer möglichen, offiziellen Überstellung von Autos aus der DDR nach Österreich nichts wissen. Nach zahllosen Telefonaten und heftigen Diskussionen mit den ungarischen Zollbeamten dürfen wir nach stundenlangem Warten am frühen Abend mit dem VW-Golf ausreisen. Wir fahren sofort zu meinem Elternhaus nach Deutschkreutz. Dort stelle ich den Wagen mit den Fahrzeugpapieren im Hof ab. Ich informiere meine – völlig überraschte – Mutter, dass das Auto in den nächsten Tagen von den Besitzern – Flüchtlingen aus der DDR – abgeholt werden wird.

ENTTÄUSCHUNG   Eines Abends ruft mich meine Mutter an und erzählt mir, dass soeben zwei Männer zu ihr gekommen seien und nach dem Auto gefragt hätten. Sie zeigt ihnen, wo das Auto geparkt ist. In der Folge seien die Flüchtlinge einfach eingestiegen und ohne sich zu bedanken, grußlos weggefahren. Zu meiner Verwunderung haben sich diese Leute auch bei mir nie mehr gemeldet. Das war für mich aber das einzige negative Erlebnis während dieser überaus spannenden, weltpolitisch historischen Flüchtlingsbewegung. Ansonsten habe ich mit diesen Menschen nur die besten Erfahrungen gemacht. Und zahlreiche Flüchtlinge haben uns später in Deutschkreutz immer wieder besucht.

»Die Freude, vielen Flüchtlingen geholfen zu haben, übertrifft bei weitem die Enttäuschung über das Verhalten der beiden Männer bei der Abholung ihres Autos.«
WÖRTLICHES ZITAT VON DR. ANTON FENNES.

Ende August zeichnete sich dann ein Ende dieses enormen Ansturms von DDR-Bürgern auf ihrem durchaus strapaziösen und manchmal auch gefährlichen Weg in den freien, demokratischen Westen ab. Die Massenflucht bei

St. Margarethen – 19. August 1989 – während des sogenannten Paneuropa Picknicks und die offizielle Ausreisegenehmigung für DDR-Bürger durch die ungarischen Behörden am 11. September 1989 beendeten schließlich diese illegale Flüchtlingsbewegung.

Ein Jahr später begleitete ich den damaligen deutschen Arbeitsminister Norbert Blüm an die Grenze bei St. Margarethen. In einem Interview betonte er die weltpolitische Bedeutung dieser denkwürdigen Monate im Jahr 1989.

»**Denn als der Eiserne Vorhang ein Loch hatte, dann haben die Leute anstelle der Abstimmung mit dem Stimmzettel, die mit den Füßen vorgenommen … Ich glaube, hier hat das Sterbeglöcklein des Sozialismus geläutet.**«

WÖRTLICHES ZITAT DES ARBEITSMINISTERS (1982 – 1998) DER BUNDESREPUBLIK DEUTSCHLAND, NORBERT BLÜM, IN EINEM INTERVIEW MIT DR. ANTON FENNES IM JAHRE 1990.

30 JAHRE DANACH   Mit Jahresende 1989 hat sich die geopolitische Landkarte Europas grundlegend geändert. Vier Jahrzehnte kommunistische Parteiendiktatur im Osten Europas sind vorbei und der Eiserne Vorhang ist Geschichte. Bis jetzt. Wir schreiben das Jahr 2019.

Wenn ich an diese Wochen des Sommers 1989 zurückdenke, so ist mir heute bewusst, dass damals sehr besonnene Politiker an den »Hebeln der Macht« waren. Sie haben verhindert, dass es zu bewaffneten Auseinandersetzungen gekommen ist. Das Streben der Menschen in den Ostblockstaaten nach Freiheit war einfach stärker.

Für mich war es eine sehr spannende Zeit, zumal ich vor Ort einiges selbst erlebt habe, den Flüchtlingen helfen und darüber auch berichten durfte. Dass ich einmal enttäuscht wurde, will ich als Ausnahme bewerten. Wie viele andere Helfer bin ich ebenfalls stolz, dass ich damals meinen Beitrag zur Fluchthilfe leisten konnte, weil wir viel Dankbarkeit erfahren haben. Ich würde es auch nach 30 Jahren wieder tun.

IN MEMORIAM PETER SCHÖLLER *1951 – †2015

Peter Schöller

MEIN FREUND PETER SCHÖLLER *gehörte zu jenen Helfern aus Deutschkreutz, die damals zu jeder Tages- und Nachtzeit unermüdlich im Einsatz waren. Da er sich schon zur Zeit des Eisernen Vorhanges oft in den ungarischen Nachbargemeinden aufhielt, verfügte er über ein profundes Netzwerk, das bei der Fluchthilfe für zahlreiche DDR-Bürger sehr hilfreich war. Ob dies- oder jenseits der Grenze – Peter stand den Flüchtlingen uneigennützig und selbstlos mit Rat und Tat zur Seite. Es war für ihn eine besondere Genugtuung, wenn er helfen konnte und ein Flüchtling den Weg in die Freiheit geschafft hatte.*

DER LETZTE TOTE AM EISERNEN VORHANG – SAMMLUNG FÜR DEN SCHWER ERKRANKTEN GRENZSOLDATEN   Wie in dem Buch bereits ausführlich berichtet, war am 21. August 1989 bei Lutzmannsburg das letzte Todesopfer am Eisernen Vorhang zu beklagen. Bei einem Gerangel zwischen einem Flüchtling und einem ungarischen Grenzsoldaten löste sich aus dessen Waffe ein Schuss. Tödlich getroffen sank der Mann zu Boden.

Der Grenzsoldat erlitt einen schweren Schock und musste sich in psychiatrische Behandlung begeben, die er selbst nicht bezahlen konnte, weil er völlig mittellos war. Als Peter Schöller davon erfuhr, organisierte er in der Gemeinde sowie unter ehemaligen DDR-Flüchtlingen eine Spendenaktion, die 10.000.– Schilling (726.– Euro) einbrachte. Das Geld übergab er gemeinsam mit Josef Leser – siehe Interview mit Josef Leser – an den ungarischen Grenzsoldaten.

In der Presse wurde die Sammlung einer breiten Öffentlichkeit zur Kenntnis gebracht.

SIE WOLLTEN NICHT FLÜCHTEN UND HABEN DIE ENTSCHEIDUNG, DIE DDR FÜR IMMER ZU VERLASSEN, AUF DER RÜCKFAHRT AUS DEM URLAUB GETROFFEN

Tobias Hermeling

TOBIAS HERMELING war, als er mit seinen Eltern und seiner 10-jährigen Schwester flüchtete, gerade 15 Jahre alt. Als die Familie die DDR zur Fahrt in die Ferien verließ, verschwendete man noch keinen Gedanken an eine Flucht. Gemeinsam verbrachten sie ihren Urlaub am Plattensee, traten die Heimreise an und besuchten auf dem Weg nach Mansfeld (Heimatstadt) noch eine Bekannte in Esztergom. Dort wurden sie von einem ihnen unbekannten Urlauber aus Westdeutschland angesprochen und zur Flucht »animiert«. Binnen weniger Minuten trafen seine Eltern die folgenschwere, jedoch richtige Entscheidung, die DDR für immer zu verlassen. Die Hermeling´s durchtrennten mit bloßen Händen in der Nacht zum 21. August 1989 bei Kópháza den Stacheldraht des Eisernen Vorhanges und kamen unversehrt nach Deutschkreutz.

»**Als ich hörte, dass in Ungarn der Stacheldraht abgebaut wird, war ich bitter enttäuscht. Ich dachte nämlich, dass wir aus der DDR nicht ausreisen dürfen und unser Urlaub somit ins Wasser fällt.**«
WÖRTLICHES ZITAT VON TOBIAS HERMELING.

»**Wenn wir nun einmal da sind, so gehen wir doch rüber.**«
DIESE WORTE – ALS LETZTER IMPULS ZUR FLUCHT – SAGTE TOBIAS HERMELING ZU SEINEM VATER, ALS DIE FAMILIE UNMITTELBAR VOR DEM STACHELDRAHT-VERHAU STAND UND ER – VATER – ÜBERLEGTE, OB SIE TATSÄCHLICH DIESEN SCHRITT IN EINE UNBEKANNTE ZUKUNFT WAGEN SOLLEN.

Die Familie baute sich in Neusiedl/See eine neue Existenz auf und lebt dort seit dem Jahre 1992. Tobias Hermeling ist heute ein international anerkannter Multimediakünstler mit Atelier in Neusiedl am See. (www.hermeling.com). Hier entstehen u.a. seine Bilder, die in zahlreichen Galerien Europas sowie in den USA ausgestellt werden.

DAS INTERVIEW

EIN HERZLICHER EMPFANG Nachdem wir den Zeitpunkt unseres Interviews mehrmals verschoben haben, komme ich (Autor) an einem sonnigen Nachmittag im April 2018 in die Wohnung von Tobias Hermeling nach Neusiedl/See und werde dort von diesem äußerst netten und sehr sympathischen jungen Mann begrüßt.

Er bittet mich in sein Atelier, ich stelle mich kurz vor und wir kommen sofort ins Gespräch. Zunächst führt er mich in einen Nebenraum und zeigt mir einen Kleiderschrank. Als er die beiden Flügeltüren öffnet, fehlen mir vorerst die Worte, denn ich traue kaum meinen Augen. Ich sehe nämlich keine Kleider, sondern eine Wand, auf der sich zahlreiche Briefe und Fotos befinden, die ihn an seine Jugend in der DDR sowie an die ersten Monate nach seiner Flucht erinnern.

»Zeitkapsel« nennt Tobias Hermeling diese als Kleiderschrank getarnte Wand, in der er zahlreiche Fotos und Briefe zur Erinnerung an seine Jugend aufbewahrt.

TOBIAS HERMELING, Jahrgang 1974, wurde in Halle an der Saale geboren und wuchs in Mansfeld, Bundesland Sachsen-Anhalt, einer damals ca. 3.000 Einwohner zählenden Gemeinde, auf. Sein Vater, ein Dipl. Ing., war als Produktionsleiter in einem VEB (= volkseigener Betrieb der DDR), der Hartpapierrollen und Kunststoffrohre erzeugte, beschäftigt, seine Mutter war Lehrerin. Die Familie hatte es durch viel Fleiß für die damaligen Verhältnisse in der DDR zu einem ansehnlichen Lebensstandard gebracht. Sie lebten in einer Wohnung, verfügten über einen eigenen PKW der Marke Wartburg und besaßen ein Gartenhäuschen. Tobias und seine jüngere Schwester, Jahrgang 1979, hatten alles, was sich bescheidene Kinder während der Schulzeit wünschten.

Personalausweis von Tobias Hermeling

Wie die Menschen in Westdeutschland lebten, wusste man in unserer Familie, weil es möglich war, den Fernsehsender ARD zu empfangen und außerdem Verwandte, die im Westen lebten, uns des öfteren in Mansfeld besuchten. Obwohl Tobias und seiner Schwester in ihrer Kindheit kaum etwas fehlte, war er als Schüler von dem

Tobias Hermeling als 15-Jähriger, nur wenige Wochen (Mai 1989) vor seiner Flucht, mit Freunden in einem Wehrlager.

reichhaltigen Angebot an westlichen Konsumgütern, die im Fernsehen gezeigt wurden, besonders beeindruckt. Für ihn war es eine ganz andere Welt, wie er sagte. Über die Stasi wusste er zwar schon in frühester Jugend Bescheid, wurde aber erst in der 8. Schulstufe von seinen Eltern darauf aufmerksam gemacht, in Gesellschaft auf seine Wortwahl zu achten.

GEMEINSAME REISEN IN DEN WESTEN GAB ES NICHT *Die Reisefreiheit war stark eingeschränkt. Meine Eltern durften niemals gemeinsam zu einem Verwandtenbesuch nach Westdeutschland reisen. Wenn es eine Genehmigung gab, so wurde diese nur meinem Vater oder meiner Mutter erteilt. Meine Schwester und ich mussten in jedem Fall zu Hause bleiben. Erschwerend war außerdem noch, dass wir praktizierende evangelische Christen und meine Eltern nicht Mitglieder in der Partei waren. Aus diesem Grund stießen Vater und Mutter bald an die Grenzen ihrer beruflichen Laufbahn. Vater konnte daher keinesfalls Betriebsleiter in seiner Firma werden. Er dachte ab und zu wage an Flucht und die Möglichkeit die DDR mit einem falschen Pass zu verlassen. Ihm schien das aber mit der Familie zu gefährlich. Hätte er eine reelle Chance zur Flucht für die gesamte Familie gesehen, so hätte er diese Möglichkeit wahrscheinlich auch in Betracht gezogen.*

SOMMER 1989 – WIR WOLLTEN NUR IN DIE FERIEN FAHREN – EINEN PLAN ZUR FLUCHT GAB ES NICHT

TOBIAS HERMELING erzählt, wie er diesen Sommer 1989 erlebt hat: *Für den August 1989 hatten meine Eltern schon zu Jahresbeginn einen Urlaub am ungarischen Plattensee geplant. Als sie die Genehmigung für diese Reise beantragten, wusste noch niemand, dass Ungarn mit dem Abbau des Stacheldrahtes beginnen würde. Für uns hatte Ungarn nämlich das »Flair des Westens« zumal es dort volle Läden gab und man sich relativ frei bewegen konnte.*

Ich freute mich auf diese Ferien besonders, weil ich bereits im Jahre 1987 in einem Ferienlager in Székesfehérvár (etwa 130 km vom Plattensee entfernt) viele schöne Tage verbrachte. Ungarn war für mich wie ein Traum, weil man in diesem Land Sachen bekommen konnte, die es in der DDR nicht gab – ich denke da etwa an Pepsi-Cola oder Südfrüchte.

Als ich im Mai 1989 zum ersten Mal hörte, dass die Ungarn bereits mit der Entfernung dieses Stacheldrahtverhaues begonnen haben, war ich zunächst

sehr enttäuscht. Ich dachte nämlich, dass dieser Urlaub, auf den ich mich so sehr gefreut habe, gestrichen wird, weil man uns aus der DDR mit Sicherheit nicht ausreisen lassen wird. Doch – »Gott sei Dank« – weit gefehlt. Wir erhielten das Reisevisum und kamen – obwohl die Flucht nicht geplant war – bis zur Wiedervereinigung nie wieder in unsere Heimat zurück.

Diese Reiseanlage – nur gültig mit dem Personalausweis – galt als Berechtigung, die DDR höchstes 30 Tage für eine Reise nach Ungarn zu verlassen.

FREITAG, 11. AUGUST 1989: WIR FAHREN IN DIE FERIEN Endlich kam der von mir schon lange ersehnte Tag. Obwohl die ganze Familie in Urlaubsstimmung war und meine Eltern kein Wort über eine Flucht – die auch nicht geplant war – erwähnten, sagte mir mein »Bauchgefühl«, dass es ein Abschied für immer sein könnte. Die Gedanken, dass wir doch flüchten werden, ließen mich einfach nicht los. Deshalb habe ich – ohne dass es die Eltern gewusst haben – meine persönlichen »Schätze« wie Zeichnungen, selbst verfasste Geschichten etc. in den Urlaub mitgenommen. Ich war nämlich schon als Schüler ein sehr kreativer Mensch und wollte diese für mich so wichtigen Manuskripte keinesfalls zurücklassen.

Gut gelaunt und in Erwartung vieler schöner Tage sind wir zunächst in die CSSR (heute Tschechien) gefahren. An der Grenze gab es keine Probleme, weil unsere Papiere ja in Ordnung waren. In Prag haben wir einen Zwischenstopp eingelegt und eine Nacht verbracht. Ich weiß noch, dass ich mit meiner Mutter und meiner Schwester in einem Privatquartier geschlafen habe. Da für meinen Vater kein Bett zur Verfügung stand, war er gezwungen, im Auto zu übernachten. Wir mussten sehr sparsam sein, weil unsere finanziellen Mittel ziemlich beschränkt waren. Geld hatten wir zwar, durften jedoch nur eine bestimmte Summe – wie hoch die war, daran erinnere ich mich heute nicht mehr – umtauschen - das trifft nur auf Ungarn zu.

Von Prag fuhren wir nach Székesfehérvár und verbrachten dort einige Tage. Danach reisten wir an den Plattensee nach Balatonakarattya und bezogen unser Quartier in einem Ferienhaus.

ÄRGERLICH – MEINE ELTERN WAREN BEIM PANEUROPÄISCHEN PICKNICK NICHT DABEI An den Kiosken nächst dem Plattensee gab es »Westzeitungen« zu kaufen, woraus meine Eltern von der Flucht hunderter DDR-Bürger anlässlich des Paneuropäischen Picknicks bei St. Margarethen erfuhren. Sie haben sich schrecklich darüber geärgert, nicht dabei gewesen zu sein.

Viele an den Stränden sowie in den Gastronomie- und Beherbergungsbetrieben rund um den Plattensee aufhältigen »Urlauber aus der DDR« trugen sich mit dem Gedanken einer Flucht. Doch niemand sprach davon bzw. traute dem anderen, weil es vor Agenten der Stasi – die sich als Urlauber getarnt eingeschleust hatten – nur so »wimmelte«.

DIE EREIGNISSE ÜBERSCHLAGEN SICH –
MEINE ELTERN ENTSCHLIESSEN SICH ZUR FLUCHT

FOTO: ZUR VERFÜGUNG GESTELLT VON TOBIAS HERMELING

Aus der Zeitung erfahren die Eltern von Tobias Hermeling von der Flucht hunderter DDR-Bürger beim Tor von St. Margarethen.

MONTAG, 21. AUGUST 1989: ZWISCHENSTATION IN ESZTERGOM Unser Urlaub neigt sich dem Ende zu. Wir verlassen den Plattensee, fahren nach Esztergom und wollen in dieser ca. 30.000 Einwohner zählenden Stadt am Donauknie vor der eigentlichen Heimreise einen kurzen Zwischenstopp einlegen. Einen Plan zur Flucht gibt es nicht. In Esztergom besuchen wir eine Freundin meiner Mutter, die dort eine kleine Privatzimmervermietung betreibt. Anschließend wollen wir zurück nach Mansfeld fahren. Doch plötzlich kommt alles ganz anders – die Ereignisse überschlagen sich im wahrsten Sinne des Wortes.

Meine Eltern kommen mit einem Mann aus Westdeutschland ins Gespräch, der in diesem Beherbergungsbetrieb seinen Urlaub verbringt. Er sagt zu ihnen – wörtliches Zitat: »Viele Ostdeutsche hauen ab, warum haut ihr nicht auch ab?«

SPONTANER ENTSCHLUSS – FLUCHT! *Mein Vater entgegnete dem Mann, dass er sich mit dem Wartburg nicht bis an Grenze zu fahren getraue, worauf ihm dieser anbot, uns in seinem 3er BMW zum Eisernen Vorhang zu bringen. Ich weiß heute noch nicht genau wie das passiert ist, meine Eltern haben sich nach kurzer Beratung zur Flucht entschlossen. Im Nu hatten wir die notwendigsten Sachen gepackt und waren bereit für eine Reise von der niemand wusste, wohin sie gehen wird.*

Als wir in den BMW steigen sagen sie zu mir, dass wir nur eine Spritztour machen und bald wieder zurückkommen werden. Nun ist mir endgültig klar – wir werden flüchten. Unser Wartburg, auf den meine Eltern so lange warten mussten und noch länger dafür gespart hatten, blieb einfach zurück. Um nicht aufzufallen brachte die Freundin meiner Mutter unser Fahrzeug kurz nach der Flucht in die Stadt Esztergom und stellte es dort ab. Eine willkommene Beute für alle »Ersatzteiljäger«, denn nach einiger Zeit stand dort nur mehr die Karosserie.

Nachdem ich mir nun ganz sicher bin, dass wir uns bereits auf der Flucht befinden, frage ich meine Mutter nach dem Ziel, worauf sie mir antwortet: »Bleib ruhig, sag nichts der Schwester.«

WIR HABEN ANGST – ANHALTUNG DURCH EINEN STREIFENPOLIZISTEN *Etwa auf halber Strecke zwischen Esztergom und Sopron stockt uns plötzlich der Atem. Ein Streifenpolizist überholt uns mit seinem Motorrad, winkt uns zur Seite und hält uns an. Der Beamte verlangt die Papiere des Lenkers, geht ein wenig skeptisch um das Auto und überlegt die weitere Vorgangsweise seiner Amtshandlung. »Müssen wir zurück, was wird passieren?« denke ich mir. Auch meine Eltern haben Angst, weil sie für den Augenblick nicht wissen was geschehen wird. »Wie muss es ihnen wohl zu Mute gewesen sein, weil sie ja auch die Verantwortung für mich und meine kleine Schwester zu tragen hatten«, frage ich mich noch heute. Doch es wendet sich schnell alles zum Guten. Völlig überraschend macht der Polizist den Fahrer darauf aufmerksam, dass das Licht an der linken vorderen Seite defekt ist, gibt ihm die Papiere zurück,* worauf wir unsere Fahrt fortsetzen können.

Obwohl uns der »berüchtigte Stein – jedoch nur für den Moment – vom Herzen fällt«, sind wir nervös, weil wir ja noch gar nicht wissen, wo wir über die Grenze flüchten können.

Wir haben zwar eine Landkarte aus der DDR bei uns, diese »endet« jedoch am Eisernen Vorhang zwischen Österreich und Ungarn. Dahinter ist keine einzige Gemeinde eingezeichnet. Mein Vater kann nur – auf ungarischem Gebiet – das Symbol eines Campingplatzes an der Grenze bei Kópháza erkennen. Deshalb fahren wir auch nach Kópháza. Welcher Ort sich auf der österreichischen Seite befindet, bzw. wie weit dieser vom Stacheldraht entfernt ist, ist uns ebenso unbekannt wie die Beschaffenheit des Geländes. Doch wir haben nur ein Ziel vor Augen: gesund und gemeinsam über diese Grenze zu kommen. Zu diesem Zeitpunkt haben wir wahrscheinlich gar nicht daran gedacht, in welcher Gefahr wir uns befinden bzw. welche Repressalien uns im Falle einer Festnahme mit anschließender Abschiebung in die DDR drohen würden.

»ACHTUNG STASI« – ES SIND NUR DREI BETRUNKENE UNGARN Mittlerweile ist es etwa 20:00 Uhr geworden. Die Dämmerung hat bereits eingesetzt, als wir Kópháza erreichen. Wir sind überrascht, als unser »Begleiter« direkt in Richtung Grenze fährt, vor einem Soldaten anhält und diesen fragt, wo sich der auf unserer Karte eingezeichnete Campingplatz befindet. Mit unserem in der DDR zugelassenen Wartburg wäre dies unmöglich gewesen, für Autos mit westdeutschem Kennzeichen bzw. Staatsbürger aus der BRD war die Zufahrt zur Grenze jedoch gestattet. Nachdem er mit dem »Grenzwächter« gesprochen hat, fahren wir zurück, halten bei einem Bahnübergang an und steigen aus dem Fahrzeug. In diesem Moment kommen drei Männer aus einem Maisfeld. »Jetzt ist unsere Flucht zu Ende. Das sind sicher Leute von der Stasi die uns nun verhaften werden«, denke ich und befürchte, dass wir festgenommen, »abgeschoben« und in einem Gefängnis in der DDR landen werden. Wir hatten aber Glück. Es sind drei betrunkene Ungarn, die uns zu verstehen geben, dass es hier in unmittelbarer Nähe keinen Campingplatz gibt und die Grenze nur mehr ca. 500 m entfernt ist.

Doch jetzt beginnt meine kleine Schwester plötzlich zu weinen, worauf sie mein Vater in den Arm nimmt, ihr ein kleines Kuscheltier zusteckt und sie zu beruhigen versucht. Dies dürfte ihm aber so nahe gegangen sein, dass er mich nun fragt, ob wir denn tatsächlich flüchten sollen. »Jetzt sind wir schon mal da, wir gehen nicht wieder zurück«, habe ich in meiner jugendlichen Unbekümmertheit geantwortet. Danach setzen wir unseren Weg fort und gehen im Schutze der Dunkelheit über einen Bahndamm in Richtung Grenze.

DIE FLUCHT GELINGT – DURCH DEN ROSTIGEN STACHELDRAHT NACH DEUTSCHKREUTZ

Nachdem wir nun die ersten »Hürden« genommen haben, kommen wir zu einem abgeernteten Maisfeld und nähern uns weiter der Grenze. Die Spannung steigt, denn die Freiheit ist bereits »zum Greifen« nahe, weil wir jetzt nur mehr einen Steinwurf vom letzten Hindernis – es ist der Stacheldrahtzaun – entfernt sind. Unser Begleiter aus Westdeutschland ist immer noch bei uns.

Doch nun müssen wir plötzlich in Deckung gehen. Zitternd vor Angst werfen wir uns zu Boden, weil wir das Gebell von Hunden hören. Wir fürchten uns, bewegen uns nicht und warten jeden Augenblick darauf, dass uns die Grenzwächter aufstöbern und festnehmen werden. Minuten die für uns zu Stunden werden vergehen. Das Hundegebell ist immer gleichbleibend. Noch rühren wir uns nicht von der Stelle, finden aber bald heraus, dass es sich bei diesem Gebell um keine echten Hunde, sondern nur um eine täuschend ähnliche Akustik aus einem Lautsprecher handelt.

Wir verlassen daraufhin unsere Deckung und kommen nun zu einer Waldschneise. Diese wird von einem sich drehenden Flutlichtkegel der ungarischen Grenzer ausgeleuchtet und kontrolliert. Da es keine andere Möglichkeit gibt, den Grenzzaun zu erreichen, müssen wir dieses Hindernis unbedingt überwinden.

ÜBERRASCHUNG – DER STACHELDRAHT IST ROSTIG UND LÄSST SICH LEICHT BRECHEN
Wir laufen weiter durch Gestrüpp, das von dem Lichtkegel nicht erfasst wird – hoffentlich in Richtung Grenzzaun. Genau wissen wir das nicht, weil wir uns ohne Plan nur schwer orientieren können. Unser Fahrer begleitet uns auch noch das letzte Stück. Vater muss jetzt meine Schwester tragen. Sie ist schon müde geworden und ihre nackten Beine sind durch die Dornen des Gestrüpps bereits aufgekratzt.

Zu unserer Überraschung kommen wir ganz schnell zu dem Stacheldraht und wissen vorerst nicht, wie wir diesen überwinden sollen. Werkzeug zum Durchtrennen des Drahtes haben wir nicht. Wir versuchen es mit bloßen Händen und haben Glück. Der Draht »ist bereits in die Jahre gekommen« und so rostig, dass er sich leicht biegen bzw. brechen lässt. Binnen kürzester Zeit schaffen wir es, die Drähte abzubrechen bzw. so weit auseinanderzuschieben, dass ein Loch entsteht und wir durchschlüpfen können. Nun wähnt uns unser Begleiter in Sicherheit und geht zurück nach Ungarn. Wir wissen aber immer noch nicht ob es wie an der innerdeutschen Grenze einen zweiten Zaun bzw. ein weiteres Hindernis gibt. Orientierungslos irren wir umher und erkennen in der Dunkelheit schemenhaft Weinberge. Als wir zum ersten Weingarten kommen, atmen wir erleichtert auf. Wir sehen nämlich ein Schild auf dem zu lesen ist: »Ihr seid in Österreich, ihr seid in Sicherheit.« Nun können wir unser Glück kaum fassen und gehen vertrauensvoll Lichtern entgegen, bei denen wir uns ziemlich sicher sind, dass es ein österreichisches Dorf ist.

ES KÖNNTEN AGENTEN DER STASI SEIN – WIR STEIGEN NICHT IN DAS AUTO Nun erreichen wir eine asphaltierte Straße, kommen zu einer Marienkapelle und sprechen ein Dankgebet. Ein Auto hält an. Der Fahrer fragt uns, ob wir Flüchtlinge sind. Seine Beifahrerin erkennt unsere Nervosität und versucht uns zu beruhigen. Daraufhin bieten sie an, uns nach Deutschkreutz zu bringen. Auf den letzten Metern wollen wir jedoch kein Risiko eingehen, – es könnten ja Agenten der Stasi sein – bedanken uns höflich und setzen unseren Weg zu Fuß fort. Das Ehepaar fährt mit dem Auto neben uns her.

Es ist nun etwa 22:30 Uhr. Wir treffen – ca. vier Stunden nachdem wir in Esztergom aufgebrochen waren – müde aber glücklich mit völlig verschmutzen Kleidern in Deutschkreutz ein. Unser ganzes Hab und Gut sind verdreckte Klamotten die wir am Körper tragen sowie ein Rucksack mit den nötigsten Sachen. Ich habe jedoch noch 100 Westmark (D-Mark) bei mir, die ich im Mai von meiner Tante zur Konfirmation erhalten habe.

Zuerst gehen wir in den Pfarrhof, wo sich bereits mehrere Flüchtlinge sowie zahlreiche Helfer aus Deutschkreutz aufhalten. Wir bekommen neue Kleider und werden danach zur »Kirchenwirtin« gebracht, wo wir äußerst nett empfangen werden. Dort erhalten wir noch ein warmes Abendessen und können in diesem Gasthaus auch nächtigen. Wenn ich mich an diese erste Nacht im Westen erinnere, so läuft es mir heute noch kalt über den Rücken. Es war wie im Rausch – ich fühle mich wie in einer neuen Welt.

BITTE DIE PAPIERE AUS UNSERER WOHNUNG HOLEN Noch am gleichen Abend – es ist der 21. August 1989 – rufen wir unsere Tante in der Bundesrepublik an. Wir sagen ihr, dass wir geflohen sind, uns derzeit im burgenländischen

Deutschkreutz aufhalten und uns in Sicherheit befinden. Da sie ohnehin geplant hat, uns in Mansfeld zu besuchen und die beantragte Reise bereits genehmigt ist, bitten wir sie, gemeinsam mit dem Großvater so schnell wie möglich in unsere Wohnung zu fahren. Sie sollten, noch bevor die Stasi von unserer Flucht Kenntnis erlangt hat, einige wichtige persönliche Dokumente abholen und in Sicherheit bringen. Ich erinnere mich, dass an diesem Tag auch das Zweite Deutsche Fernsehen nach Deutschkreutz kam und uns um ein Interview gebeten hat. Einen »Auftritt« vor der Kamera haben wir jedoch abgelehnt, weil wir Angst hatten, dass uns Agenten der »allgegenwärtigen Stasi« im Fernsehen sehen und unsere Tante bereits bei der Wohnung »erwarten« könnten. Dem war aber nicht so. Die Tante ist gemeinsam mit meinem Großvater und meinem Onkel nach Mansfeld gefahren, hat unter anderem die Diplomzeugnisse meiner Eltern sowie weitere wichtige Urkunden geholt, diese in ihrem »Strumpfhalter« versteckt und über die Grenze nach Westdeutschland geschmuggelt.

ZUR BOTSCHAFT NACH WIEN *Am Morgen des 22. August 1989 werden wir nach Wien zur Botschaft gebracht. Doch zuvor bringen wir unseren Dank nicht nur mündlich zum Ausdruck. Wir tragen uns in das Gästebuch der Kirchenwirtin ein, woraus heute noch ersichtlich ist, dass wir diese freundliche Aufnahme sowie die erste Nacht in Freiheit niemals vergessen werden. Wir sind auch heute noch sehr dankbar dafür und erinnern uns gerne daran, dass es damals Menschen gab, die uns in dieser schwierigen Situation geholfen haben.*
In der Botschaft bekommen wir vorerst provisorische Dokumente sowie Fahrscheine für die Fahrt in das Flüchtlingslager nach Gießen. Wir müssen jedoch nicht nach Gießen reisen, weil uns mein Onkel spontan angeboten hat, dass wir vorerst bei ihm und seiner Familie in Krefeld wohnen dürfen. Mit diesen 100 DM die ich zur Konfirmation von meiner Tante bekommen habe, bezahlen wir die Differenz für die Fahrt von Gießen nach Köln. Als wir in den Zug steigen, beginnt für uns die Fahrt in eine andere, freie Welt. Am Kölner Hauptbahnhof werden wir von meinem Onkel abgeholt. Danach fahren wir in seine Wohnung nach Krefeld. Hier wird uns wieder eine unglaubliche Gastfreundschaft entgegengebracht. Wir dürfen bei ihm und seiner Familie in den ersten Wochen wohnen. Die Welle der Hilfsbereitschaft endet nicht an der Wohnungstür, sondern wird weitergetragen von Freunden und Nachbarn der Gastgeberfamilie. Nach etwa zwei Monaten beziehen wir unsere eigene

Wohnung. Es ist für mich in dieser Zeit sehr spannend, den Unterschied zwischen Ost und West so hautnah erleben.

Für meine Schwester und mich begann gleich nach dem Sommer das neue Unterrichtsjahr in der Schule in Krefeld. Wir konnten uns problemlos akklimatisieren und fanden schnell Freunde. Mein Vater fand rasch Arbeit in seinem Tätigkeitsfeld und konnte bereits am 1. November 1989 seine neue Stelle antreten.

HEIMAT IM HERZEN Meinen Bezug zur Heimat habe ich nie verloren. Zum ersten Mal fuhr ich nur sieben Monate nach meiner Flucht »nach Hause«. Ich weiß gar nicht mehr wie mir damals zumute war, nachdem ich als »Ostdeutscher im Herzen« Freunde und Verwandte jetzt als »Westdeutscher« bzw. als Ostdeutscher mit »Westpass« besuchen durfte. Schneller als ich mir das in meinen kühnsten Träumen vorstellen konnte, war ich wieder an jenem Ort, den ich seit meiner Flucht immer vermisste und befürchtete, nie mehr in meinem Leben »heimatliche Luft atmen« zu können. Es war ein unglaublich tolles Gefühl der Freude, meine vertraute Umgebung mit diesen mir so nahestehenden Menschen nach nur wenigen Wochen wieder zu sehen.

Im Jahre 1992 übersiedelte unsere Familie nach Neusiedl/See, weil mein Vater, der bei einem international renommierten Unternehmen beschäftigt war, firmenintern nach Pressburg wechselte.

30 JAHRE DANACH – ES WAR DIE RICHTIGE ENTSCHEIDUNG Wenn ich an meine Kindheit in der DDR zurückblicke, so war es für mich eine Lebenserfahrung, die mich geprägt hat. Obwohl mir während meiner Schulzeit kaum etwas fehlte, habe ich mir doch viele Dinge gewünscht, die es im Westen, jedoch nicht bei uns im Osten, gab.

AUCH IN DER DDR GAB ES »KLUGE KÖPFE« Ich habe in meinem Leben zwei total unterschiedliche Systeme kennen und zu vergleichen gelernt. Der Konsumgesellschaft des Westens mit ihrem Überfluss standen so manche Entbehrungen des Ostens gegenüber. In meiner Wahrnehmung stand jedoch mehr der Mensch und nicht das Konsumdenken im Vordergrund. Deshalb erinnere ich mich noch gerne zurück an meine Jugend in der DDR. Von einer Existenz der »allgegenwärtigen Stasi« habe ich zwar gewusst, persönlich davon aber noch nichts »gespürt«. Rückblickend steht die DDR nicht nur für das Schlechte *einer unmenschlichen Diktatur. Nicht zu vergessen sind auch die vielen positiven Dinge die das gesellschaftliche Miteinander der Menschen prägten. Beispielsweise verfügte die DDR über eine Vielzahl »kluger Köpfen«, denen jedoch oft durch die Blockadehaltung einiger Parteimitglieder die Möglichkeit genommen wurde, ihr Wissen bzw. ihr Talent in Produktivität umzusetzen.*

CHANCE GENÜTZT *Unter den damaligen Verhältnissen in der DDR hätte ich mich vermutlich persönlich nicht so entwickeln können wie nach unserer Flucht. Als Mensch mit einem christlichen Wertesystem wäre es für mich wahrscheinlich nur schwer möglich gewesen, zu studieren bzw. meine Interessen umzusetzen. Diese Voraussetzungen wurden mir im Westen geboten.*

Wenn ich die letzten 30 Jahre meines Lebens in »Zeitraffer« Revue passieren lasse, so denke ich, dass es von meinen Eltern damals eine gute Entscheidung – die ich ja auch ein wenig beeinflusst habe – war, die DDR zu verlassen. Niemand konnte zum Zeitpunkt unserer Flucht vorhersehen, dass die Mauer nur einige Wochen danach fallen würde.

VERSORGUNG DER FLÜCHTLINGE, VERTEILUNG DER HILFSGÜTER – EINE LOGISTISCHE HERAUSFORDERUNG

OBERSCHULRAT IN RUHE, JOSEF LESER, Jahrgang 1942, war vorerst Lehrer und danach – von 1990 bis zu seiner Pensionierung im Jahre 2002 – Direktor an der Hauptschule seiner Heimatgemeinde Deutschkreutz. Während der Zeit der Flüchtlingskrise übte er die Funktion des Vizebürgermeisters (von 1987 – 1992) aus. Als politischer Vertreter der Gemeinde suchte und pflegte er den Kontakt zu den ungarischen Nachbarn, insbesondere zu der nur wenige Kilometer entfernten Partnergemeinde Zinkendorf (zu Ungarisch Nagycenk).

»Da sich die Helfer im Pfarrhof untereinander kannten, bin ich davon überzeugt, dass die Stasi bei uns keine Mitarbeiter einschleusen konnte.«

»Die Leute kamen vielfach durchnässt und in zerrissenen Kleidern bei uns an. Sie hatten all ihr bescheidenes Hab und Gut in Ungarn zurückgelassen. Manche hatten nicht einmal eine Zahnbürste bei sich.«

WÖRTLICHE ZITATE VON JOSEF LESER.

Josef Leser fertigte damals diese Hinweistafel, die für die Flüchtlinge eine wertvolle Orientierungshilfe war, an.

JOSEF LESER wuchs in Deutschkreutz auf und kannte den Eisernen Vorhang bereits seit seiner frühesten Kindheit. Er lebte einfach mit dieser Grenze. Daher war es für ihn auch nichts Besonderes, dass am Ende einzelner Weingärten bzw. Äcker ein Maschendrahtzaun mit Stacheldraht die Hoheitsgebiete von Österreich und Ungarn trennte. Dieser Grenzzaun sowie Wachtürme mit bewaffneten, sowie auf den Feldern patrouillierenden Soldaten, prägten über Jahrzehnte das Bild im Gelände des Grenzbereiches beider Staaten.

Zum ersten Mal wurde Josef Leser im Alter von 14 Jahren mit Flüchtlingen, die aus Ungarn über die Grenze nach Deutschkreutz flohen, konfrontiert. Es war beim Ungarnaufstand im Jahre 1956, als über Wochen größere Gruppen vor dem kommunistischen Regime flüchteten und in seiner Heimatgemeinde Hilfe suchten. Damals, so erinnert sich Josef Leser, hatten seine Eltern mehrere Flüchtlinge in ihrem Wohnhaus aufgenommen, sie versorgt und ihnen bis zur Verbringung im Sammellager auch Unterkunft gewährt.

IN DEN SOMMERMONATEN DES JAHRES 1989 war er vorwiegend für die logistische Abwicklung der Flüchtlingsbetreuung zuständig. Er fuhr aber auch selbst mit seinem PKW an die Grenze, brachte an den Pfählen der Weingärten Hinweistafeln an, um den Flüchtlingen den Weg nach Deutschkreutz zu weisen. Traf er dabei Flüchtlinge an, so nahm er sie in seinem Fahrzeug mit und brachte sie zur Sammelstelle nach Deutschkreutz.

LOGISTISCHE ABWICKLUNG – EINE HERAUSFORDERUNG *Diese »Neue Volkswanderung« setzte bereits Anfang Juni mit einzelnen illegalen Grenzübertritten von DDR-Bürgern, die in unsere Gemeinde kamen, ein. Der Höhepunkt wurde dann im August erreicht und endete mit der Grenzöffnung Anfang September. Da das Gemeindegebiet von Deutschkreutz an »Hotter« mehrerer ungarischen Gemeinden grenzt, galten wir auch als einer der Hot-Spots zur Zeit der Flüchtlingskrise. Vor allem in Sopron mit seinen etwa 70.000 Einwohnern suchten zahlreiche DDR-Bürger die Anonymität und bereiteten ihre Flucht vor. Die Dörfer Harkau (Harka), Kojnhof (Kópháza) und Zinkendorf (Nagycenk), waren ebenfalls Anlaufstellen für eine geplante Flucht. Außerdem wies der Stacheldraht in diesem Grenzbereich durch den bereits begonnenen Abbau zahlreiche Löcher auf. Die Beschaffenheit des Geländes kam den*

Flüchtlingen ebenfalls sehr entgegen, zumal es für eine Flucht ausreichend Schutz zum illegalen Grenzübertritt bot.

In den ersten Wochen konnte die Exekutive mit Unterstützung der Bevölkerung noch für die Aufnahme und Verpflegung sorgen, weil nur vereinzelt Flüchtlinge kamen und sofort weitertransportiert wurden. Doch der Flüchtlingsstrom wurde gegen Ende Juli immer stärker, wodurch die staatlichen Organisationen bald an ihre Grenzen stießen. Die Bürger von Deutschkreutz erkannten die Zeichen der Zeit und richteten im Pfarrhaus eine Sammelstelle ein. Die Bevölkerung zeigte damals eine Hilfsbereitschaft, die weit über die Grenzen Österreichs Anerkennung fand.

Um diesen immer stärker werdenden Zustrom zu bewältigen und den verängstigten Menschen entsprechend Schutz bieten zu können, war eine professionelle, logistische Planung erforderlich. Die Leute kamen vielfach mit durchnässten und zerrissenen Kleidern zu uns in den Pfarrhof. Um nicht entdeckt zu werden, mussten sie Deckung suchend auf dem lockeren und oft feuchten oder nassen Erdboden durch ein Loch bzw. unter dem Stacheldraht über die Grenze kriechen. Viele hatten nicht einmal eine Zahnbürste bei sich. Wir richteten daher an die Bevölkerung einen Spendenaufruf und baten um »Klamotten« und Toilettenartikel. Das war kein Problem, denn die Menschen aus Deutschkreutz und den umliegenden Gemeinden brachten oft mehr als wir benötigten bzw. lagern konnten. Waschgelegenheiten konnten wir den Flüchtlingen ebenfalls bieten, weil die Schule ihren Nassbereich zur Verfügung stellte.

Es gab auch Flüchtlinge, die gar nicht zu uns ins Lager kamen, weil einzelne Deutschkreutzer mit ihren PKWs direkt an der Grenze »patrouillierten« und die Leute zu sich nach Hause nahmen. Manche wagten es sogar, mit ihren Autos nach Ungarn in Beherbergungsbetriebe oder auf Campingplätze zu fahren, Flüchtlinge aufzunehmen und nach Deutschkreutz zu bringen. Auch ich habe mich einmal als »Schleuser« betätigt, bin zum Schloss nach Zinkendorf gefahren und habe in meinem PKW einige DDR-Bürger über die Grenze geschmuggelt.

Viele Flüchtlinge wurden von den Helfern in ihren Privathäusern verpflegt und wenn nötig ihnen auch Unterkunft gewährt. Erst danach kamen sie zum Registrieren in den Pfarrhof, in Einzelfällen brachte man die Flüchtlinge sogar privat zur Botschaft nach Wien.

Unsere Aufgabe bestand vorwiegend darin, sämtliche Spenden jeglicher Art zu verwalten, gezielt an die Bedürftigen auszugeben, Verpflegung bereitzustellen und wenn nötig, auch für eine Nächtigungsmöglichkeit zu sorgen. Dazu bot sich das gegenüber dem Pfarrhof liegende Gasthaus »Zur Kirchenwirtin« an.

Außerdem versuchten wir die Sammelstelle im Pfarrhof nach Möglichkeit rund um die Uhr zu besetzen. Das gelang uns durch die zahlreichen freiwilligen Helfer. Mit einem provisorischen Dienstplan konnten wir für sie Freizeit und Dienst koordinieren. Obwohl wir durch persönliche und sehr einfühlsame Gespräche versuchten, das Vertrauen der Flüchtlinge zu gewinnen, war das ganz schwer, weil sie immer wieder fürchteten, dass sich unter den Helfern Mitarbeiter der verhassten und »allgegenwärtigen« Stasi befinden könnten. Da sich jedoch in unserer Gemeinde die Helfer untereinander kannten und Fremde in dem Pfarrhof keinen Zutritt hatten, war ich davon überzeugt, dass die Stasi bei uns keine Mitarbeiter eingeschleust hatte. Besonders verängstigt waren kleine Kinder, die sich manchmal weinend an ihre Eltern klammerten.

HINWEISTAFELN WAREN EINE WICHTIGE HILFE *Nachdem Flüchtlinge immer wieder erzählten, dass sie nach dem Grenzübertritt orientierungslos im Gelände umhergelaufen waren und nicht erkannt hatten, dass sie sich bereits auf österreichischem Staatsgebiet befinden, mussten wir dem entgegenwirken. Sie dachten nämlich, österreichisches Hoheitsgebiet nur an den besonders sorgfältig bearbeiteten Weingärten zu erkennen - und das war ein erheblicher Unsicherheitsfaktor. Deshalb beschlossen wir, auf den Pfählen der grenznahen Weingärten Hinweistafeln mit der Aufschrift:* **»SIE SIND IN ÖSTERREICH, KEINE GEFAHR MEHR, WIR HELFEN!«,** *anzubringen. Um den Flüchtlingen während der Nacht eine zusätzliche Orientierungshilfe zu bieten, wurden im Areal des im Ortsgebiet befindlichen Lagerhauses Scheinwerfer installiert und der Silo beleuchtet. Für viele Deutschkreutzer gehörte es in diesen Wochen einfach dazu, sich in den Dienst der guten Sache zu stellen und diesen Menschen selbstlos zu helfen.*

DIE HILFSBEREITSCHAFT DER DEUTSCHKREUTZER *wurde nicht nur von den Flüchtlingen dankend angenommen. Sie fand auch in den Medien weit über Österreichs Grenzen Anerkennung. Höchste Repräsentanten der Bundesrepublik Deutschland bedankten sich über das Gemeindeamt bei allen Bürgern* die geholfen hatten. Als Vizebürgermeister habe ich der Gemeindezeitung »Der Trommler« diesen Dank - auch seitens der Kommunalpolitik - an die Bevölkerung weitergegeben und nachstehende Kolumne verfasst:

> ### MITBÜRGERINNEN UND MITBÜRGER!
> ### FLÜCHTLINGE IN FREIHEIT!
>
> *Ab Mitte August bis zur legalen Ausreise der DDR-Bürger aus Ungarn war unsere Gemeinde Zwischenstation und Aufenthalt vieler Flüchtlinge, die zum Großteil aus der DDR stammten. Der Weg durch den löchrig gewordenen Eisernen Vorhang war sehr beschwerlich und die Erlebnisse dieser Menschen gingen »unter die Haut«. Die meisten kamen mit sehr wenig Habseligkeiten, aber froh in Freiheit zu sein. Das Rote Kreuz, die Freiwillige Feuerwehr, Caritas und vor allem sehr viele Private zeigten in diesen Wochen große Hilfsbereitschaft rund um die Uhr und kümmerten sich fürsorglich um die Flüchtlinge.*
> *Große Strapazen wurden auf sich genommen, aber die Bevölkerung von Deutschkreutz zeigte nicht zum ersten Mal, dass hier das soziale Engagement großgeschrieben wird. Auf freiwilliger Basis leisteten Helferinnen und Helfer vorbildliche Arbeit. Wir wollen allen für diese großartigen Dienste vollste Anerkennung und vollstes Lob aussprechen. Zu danken ist auch all jenen, die mit Sachaufwand und Geldspenden geholfen haben. Viele der DDR-Flüchtlinge haben bereits Arbeit und Wohnung in der BRD gefunden, wie dies aus zahlreichen Dankschreiben hervorgeht.*
> *Deutschkreutzerinnen und Deutschkreutzer haben bewiesen, dass Solidarität und Humanität für sie keine »Fremdwörter« sind.*
>
> Oktober 1989
>
> Ihr Vizebürgermeister:
> Josef Leser

SAMMLUNG FÜR KRANKEN GRENZWACHESOLDATEN

Wie bereits berichtet hat es am 21. August 1989 bei Lutzmannsburg den letzten schweren Grenzzwischenfall am Eisernen Vorhang gegeben. Bei einem »Gerangel« zwischen einem ungarischen Grenzwachesoldaten und einem Flüchtling löste sich ein Schuss aus dem Gewehr des Soldaten. Der Flüchtling wurde dabei so schwer verletzt, dass er noch im Grenzgebiet verstarb. Seine Lebensgefährtin konnte mit ihrem Sohn auf österreichisches Staatsgebiet entkommen.

Der Soldat erlitt einen schweren Schock, verfiel in Depressionen und musste über längere Zeit kostspielige ärztliche Hilfe, die er selbst nicht finanzieren konnte, in Anspruch nehmen. Um vorerst die ärgste finanzielle Not zu lindern, *wurde in Deutschkreutz vom Kaufmann Peter Schöller (†) ein Spendenaufruf gestartet und 10.000.- Schilling (726.- Euro) gesammelt.*

Josef Leser fuhr damals mit Peter Schöller (†) nach Steinamanger (zu Ungarisch Szombathely) und überbrachte das Geld an die Familie.

VIII. KAPITEL:
ST. MARGARETHEN – FLÜCHTLINGE, HELFER UND
EXEKTIVBEAMTE ERZÄHLEN

ERINNERUNGEN UND GEDANKEN

Eduard Scheuhammer

Geschätzte Leserinnen und Leser!
Liebe Zeitzeugen!

»Es gibt keine Freiheit ohne gegenseitiges Verständnis«, heißt es in einem Sprichwort. Verständnis, das heißt – verstehen, sich in andere Menschen hineinversetzen und mitfühlen.

St. Margarethen ist ein Dorf an der Grenze und damit haben wir zu leben gelernt. Ich erinnere mich – wenn ich an meine Jugendzeit zurückdenke – an den Stacheldraht, an Wachtürme und Minenfelder, die ich aus der Entfernung mit Respekt betrachtet habe. Sehr lebhaft sind mir noch die peniblen Grenzkontrollen in Erinnerung, aber auch das Andenken an unsere Freunde von der Volkstanzgruppe in Sopron wird wach. Musik und Brauchtum haben uns ebenso verbunden, wie die Hoffnungen und Träume junger Menschen – wir haben uns verstanden.

Anlässlich des Jubiläumsjahres »30 Jahre Fall des Eisernen Vorhanges« ist dieses Buch entstanden, das sich auch mit dem Paneuropäischen Picknick und dem damit im Zusammenhang stehenden – unglaublichen – Ereignis am Grenzübergang Sopron/St. Margarethen befasst. Viele St. Margarethener, darunter auch ich, waren am 19. August 1989 Zeugen einer Massenflucht, mit der die wenigsten gerechnet hatten.

Erinnerungen werden wach, an jubelnde, vor Freude weinende Menschen – DDR-Bürger, deren erklärtes Ziel das »Tor zur Freiheit« war. Ein historischer Moment, nicht nur für unsere Gemeinde, sondern für die ganze Welt, war es doch ein weiterer Mosaikstein, der wenig später auch zum Fall der Berliner Mauer geführt hat. Erst viel später habe ich erfahren, dass damals, im Vorfeld des Paneuropäischen Picknicks, auch unser Bürgermeister, Ing. Andreas Waha, ein wichtiger Partner der ungarischen Organisatoren war. Er und viele St. Margarethener Familien haben dafür gesorgt, dass den ankommenden Menschen vor Ort geholfen wurde.

30 Jahre nach dem historischen Ereignis hat sich einiges geändert. Mit diesem Buch wird ebenso wie mit dem gepflegten Gedenkpark, wo nun auch ein Museum entsteht, die Erinnerung wachgehalten, um den Menschen künftig dieses, für Europas Zukunft so prägende Ereignis, näher zu bringen – eine sehr gute Idee.

Ich danke dem Autor Wolfgang Bachkönig, dass er mit diesem Buch mithilft, um in Freiheit Verständnis zu wecken – für das Leben jenseits und diesseits der Grenze.

EDUARD SCHEUHAMMER
BÜRGERMEISTER ST. MARGARETHEN/BGLD.

DAS TOR ZUR FREIHEIT

19. AUGUST 1989 – NACH DER MASSENFLUCHT VON ETWA 750 DDR-BÜRGERN DURCH EIN ROSTIGES GITTERTOR BEI ST. MARGARETHEN BEGINNT EINE GEOPOLITISCHE NEUORDNUNG IN EUROPA

Die »Preßburger-Straße«, genannt auch »Römische-Bernstein-Straße« bei St. Margarethen (heute wird sie als Ödenburger-Straße bezeichnet), diente bereits den Römern als wichtige Verbindung von der Nord- bzw. Ostsee in den Mittelmeerraum und galt auch zur Zeit der Monarchie als bedeutender Transportweg zwischen den Städten Ödenburg und Pressburg. Nach dem Ersten Weltkrieg verlor diese Straße etwas an Bedeutung, ermöglichte jedoch bis zur Schließung des Eisernen Vorhanges im Jahre 1949 den kleinen Grenzverkehr zwischen Ödenburg und der nur etwa zehn Kilometer entfernten burgenländischen Gemeinde St. Margarethen.

Der durchgehende Stacheldraht wurde an dieser Straße von einem Tor, das bis zum Ende der 1960er Jahre durch die Verminung der Grenze gesichert war, unterbrochen. Und gerade dieses, dem Verfall preisgegebene rostige Gittertor, war am 19. August 1989 auf den Titelseiten sämtlicher Printmedien sowie bei Berichten zahlreicher Fernsehanstalten weltweit zu sehen. Berichte in den Medien über diesen 19. August 1989 beinhalteten oft den historischen Satz:

»Der Fall der Berliner Mauer begann mit der Öffnung eines rostigen Gittertores bei St. Margarethen.«

FOTO: JOSEF ALTENBURGER

So sah dieses rostige Gittertor, das über Jahrzehnte die kommunistische Diktatur des Ostens von der Demokratie des Westens trennte, aus.

Nach der Grenzöffnung und dem damit verbundenen Beitritt Ungarns in den »Schengen-Raum« hat diese Straße wieder enorm an Bedeutung gewonnen, weil sie täglich von hunderten ungarischen Pendlern für die Fahrt zu ihrem Arbeitsplatz nach Österreich genützt wird.

Dieses Tor dient nun als Symbol der Freiheit und soll an das einstige rostige Gittertor erinnern.

DAS PANEUROPÄISCHE PICKNICK ERMÖGLICHTE DIE FLUCHT – WIE ES DAZU KAM

Die Idee zu diesem Paneuropäischen Picknick war am 20. Juni 1989 von Ferenc Mészáros während eines Empfanges nach einem Vortrag von Dr. Otto Habsburg (*1911 - †2011) in Debrecen geboren worden. In kurzer Zeit wurde aus der Idee ein handfester Plan: Die Veranstaltung sollte am 19. August 1989 an der Grenze bei Sopron stattfinden. An einem Lagerfeuer sollten die Bewohner dies- und jenseits der Grenze bei Würstel und Bier gemeinsam einen gemütlichen Nachmittag verbringen, bereits bestehende Freundschaften vertiefen und neue schließen.

Damit auch die österreichischen Gäste daran teilnehmen konnten, sollte ein temporärer Grenzübergang auf der alten Preßburger Straße zwischen St. Margarethen und Fertörákos für drei Stunden geöffnet werden.

Die Zeit zur Organisation war überaus knapp bemessen, mussten doch zahllose Genehmigungen eingeholt werden – 30 Jahre danach auch für uns, aber vor allem für junge Menschen, die den Eisernen Vorhang nur aus der Geschichte kennen, völlig unvorstellbar. Auf ungarischer Seite halfen vor allem die lokalen Netzwerke und die Verbindungen des reformfreudigen Politbüromitgliedes der Ungarischen Sozialistischen Arbeiterpartei, Imre Pozsgay (*1933 – †2016), der gemeinsam mit Dr. Otto Habsburg die Schirmherrschaft übernahm. Auf der österreichischen Seite fand man im damaligen Bürgermeister von St. Margarethen, Andreas Waha (* 1930 – †2014), einen bereitwilligen Unterstützer.

VERANSTALTUNGSORT –
EINE WIESE BEI SOPRONPUSZTA NAHE DER GRENZE

Diese Veranstaltung hatte sich unter den tausenden DDR-Bürgern, von denen viele bereits mit dem Gedanken einer Flucht in Ungarn Urlaub machten, von Sopron bis zum Plattensee herumgesprochen. Sie sahen eine günstige Möglichkeit zur Flucht, nahmen an diesem »Fest des Friedens« teil, oder hielten sich in Grenznähe auf.

Das offizielle Programm begann um 14.00 Uhr mit einer internationalen Pressekonferenz in Sopron. Pünktlich um 15.00 Uhr sollte das Tor geöffnet und den rund 200 auf österreichischer Seite wartenden Personen der Grenzübertritt nach Ungarn ermöglicht werden. Die Grenzkontrolle sollte von Beamten des Zollamtes Klingenbach sowie von ungarischen Grenzorganen erfolgen. Plötzlich stürmten hunderte DDR-Bürger von einem Maisfeld zum Tor und drückten dieses auf. Die ungarischen Zöllner waren mit der Situation völlig überfordert. Sie hatten nur die Möglichkeit der Anwendung von Waffen- oder Körpergewalt mit unvorhersehbaren Folgen oder den »Dingen freien Lauf« zu lassen. Letztendlich haben sie durch richtige Einschätzung der Lage sowie dem Befehl ihres Kommandanten, Oberstleutnant Árpád Bela, folgend, die richtige Entscheidung getroffen. Sie haben die Flüchtenden einfach laufen lassen. Für eine gezielte Kontrolle oder gar das Stoppen des Ansturmes – ohne Anwendung von Schusswaffen – waren die personellen Ressourcen nicht vorhanden. Die beiden österreichischen Exekutivbeamten hinderten die Flüchtenden ebenfalls nicht am illegalen Grenzübertritt. Man ließ die Menschenmenge einfach passieren. Als man den Flüchtenden zu verstehen gab, dass sie sich bereits auf österreichischem Boden befinden, spielten sich unbeschreibliche Szenen ab: Die Menschen tanzten, umarmten einander und weinten vor Freude. Bei dieser Massenflucht gelang in nur drei Stunden mehr als ca. 750 Bürgern der DDR der illegale Grenzübertritt ins Burgenland – in eine für sie über Jahrzehnte nur scheinbar erreichbare Welt des Westens.

Sie wurden vorerst im Freizeitzentrum von St. Margarethen untergebracht, von dort mit Bussen zur Botschaft der Bundesrepublik Deutschland nach Wien und anschließend mit Sonderzügen nach Westdeutschland gebracht. Das Paneuropäische Picknick gilt als wesentlicher Meilenstein jener Ereignisse, die zum Ende der DDR und zur Wiedervereinigung der beiden deutschen Staaten geführt haben.

Bei diesem »rostigen Gittertor zur Freiheit« gab es auch einen Zwischenfall mit einem zehnjährigen Jungen. Über die Rettung dieses Kindes, das sich noch auf ungarischem Staatsgebiet befand – die Eltern aber bereits auf österreichischer Seite waren – gibt es geringfügig unterschiedliche Interpretationen. Jedenfalls wurde das Kind von dem österreichischen Zollwachbeamten Walter Horvath zu seinen bereits auf österreichisches Staatsgebiet geflüchteten Eltern gebracht. Tatsache ist, dass alle Beteiligten – sei es auf ungarischer oder österreichischer Seite – trotz der angespannten Situation Nervenstärke gezeigt haben und bedacht waren, das Kind zu seinen Eltern zu bringen. Dieses Verhalten zeigt Menschlichkeit im wahrsten Sinne des Wortes und hat letztendlich auch zu einem Happy End geführt.

DAS PANEUROPÄISCHE PICKNICK ERMÖGLICHTE ETWA 750 DDR-BÜRGERN DEN WEG IN DIE FREIHEIT – LÁSZLÓ NAGY ERINNERT SICH

Erich Bader

LÁSZLÓ NAGY, 1957, gehörte zu den insgesamt sechs Personen, die im Jahr 1988 das Ungarische-Demokratische-Forum (MDF) Sopron gegründet haben. Bei den dramatischen Ereignissen am »Tor zur Freiheit« im Jahr 1989 war er Mitglied des Präsidiums dieser oppositionellen Organisation.

Historische Ereignisse, bei denen die Idee an Personen gebunden ist, sind äußerst selten. Das Paneuropäische Picknick gehört dazu, weil durch die völlig überraschende Flucht von ca. 750 DDR-Bürgern am 19. August 1989 eine geopolitische Veränderung in Europa begonnen hat.

FERENC MÉSZÁROS teilte seine Gedanken zu diesem Paneuropäischen Picknick zum ersten Mal am 20. Juni 1989 bei einer Veranstaltung in Debrecen einem kleinen Kreis mit. Nach einem Vortrag, den Otto Habsburg damals gehalten hatte, saßen einige Teilnehmer noch gemütlich beisammen und erörterten verschiedene aktuelle politische Themen. Unter anderem sprach man über den bereits begonnen Abbau des Eisernen Vorhanges an der ungarischen Grenze zu Österreich. Man stellte jedoch mit Befremden fest, dass trotz der bereits fortgeschrittenen Entfernung des Stacheldrahtverhaus in Ungarn die Berliner Mauer »unangetastet« bleibt. Die innerdeutsche Grenze wird weiterhin streng bewacht wird, und an der Westgrenze der Tschechoslowakei werden keine Maßnahmen zur Entfernung dieses Menschen verachtenden Grenzzaunes gesetzt.

WEITERE OSTEUROPÄISCHE STAATEN SOLLTEN DEM BEISPIEL UNGARNS FOLGEN
Mészáros vertrat die Meinung, dass man die Diskussion an der ungarischen Grenze zu Österreich weiterführen und dazu Bürger beider Staaten einladen sollte. Die Menschen sollten sich bei diesem Picknick direkt an einer Stelle, an der der Grenzzaun bereits entfernt wurde, dies- und jenseits der »Grenzlinie« treffen, am Lagerfeuer Speck braten und grenzüberschreitend miteinander feiern. Mit dieser Veranstaltung wollte man einer breiten Öffentlichkeit zur Kenntnis bringen, dass Ungarn Teile seines Stacheldrahtverhaues bereits abgebaut hat und andere osteuropäische Staaten die Grenzüberwachung zu Westeuropa nach wie vor aufrechterhalten.

Zehn Tage nach dieser Veranstaltung trat das Ungarische-Demokratische-Forum (MDF) in Debrecen zusammen, bei der Mészáros dem Präsidium seine Gedanken zur Veranstaltung eines Paneuropäischen Picknicks zur Kenntnis brachte. Maria Filep, eine MDF-Aktivistin, war von der Idee fasziniert, und beide begannen sofort mit der Vorbereitung dieses Festes. Filep hat Mitglieder des MDF in Sopron kontaktiert und dort die Vertreter der Oppositionseinheiten (MDF, SzDSz, – Bund Freier Demokraten – Fidesz, Unabhängige Partei der Kleinen Landwirte) für diese Idee begeistern können. Die Verantwortlichen in Debrecen haben bei Otto Habsburg und Imre Pozsgay (bekleidete verschiedene Ministerposten in der Ungarischen Regierung. 1989 war er Mitglied des Politbüros der Ungarischen-Sozialistischen-Arbeiterpartei. In oppositionellen Kreisen galt er als äußerst populärer Politiker) nachgefragt und konnten diese als Schirmherren gewinnen. Die Einladung von Vertretern der Presse, das Bedrucken von T-Shirts sowie der Transport von Speck, Brot und Zwiebel nach Sopron gehörten ebenfalls zu ihrem Aufgabenbereich.

DOMINOEFFEKT – VOM »TOR ZUR FREIHEIT« BIS ZUM ZERFALL DER SOWJETUNION

Um möglichst vielen Menschen die Möglichkeit zu geben, an der Veranstaltung teilzunehmen, wurde als Termin ein Samstag – 19. August 1989 – bestimmt. Die Organisatoren in Sopron haben die Örtlichkeit ausgewählt und die Genehmigungen zur temporären Grenzöffnung – sowohl in Ungarn, als auch in Österreich – eingeholt. Weiters haben sie Plakate sowie Flugblätter drucken lassen, diese selbst verteilt bzw. die Verteilung in beiden Staaten veranlasst.

Einer gelungenen Veranstaltung sollte somit nichts mehr im Wege stehen. So war es auch im »wahrsten Sinne des Wortes«, weil dieser Tag seinen festen Platz in der europäischen Geschichte hat bzw. immer haben wird. Laut Schätzungen der Polizei kamen ca. 20.000 Besucher nach Sopronpuszta.

Es war eine ruhige freundschaftliche Feier mit vielen glücklichen Menschen beider Staaten, die es sichtlich genossen, nach Jahrzehnten der Trennung wieder einen gemeinsamen Nachmittag verbringen zu können.

Doch plötzlich überstürzten sich die Ereignisse. Niemand hatte damit gerechnet, dass hunderte DDR–Bürger das rostige Gittertor aufdrücken, die Grenzsoldaten einfach bei Seite schieben und diese temporäre Grenzöffnung zur Flucht nützen würden. Es war der größte Massenexodus nach dem Bau der Berliner Mauer, der als Katalysator einen Dominoeffekt hervorgerufen und vorerst zur Grenzöffnung am 11. September 1989 geführt hat. Als weitere Kettenreaktion folgte der Fall der Berliner Mauer, die sanfte Revolution in Prag, die blutige Revolution in Rumänien und schlussendlich die Wiedervereinigung Deutschlands. Die Auflösung der Sowjetunion am 31. Dezember 1991 beendete den geopolitischen Umbruch in Europa. Rückblickend muss man sagen, dass die Zeit einfach dazu reif war, und die Ereignisse beim »Tor zur Freiheit« wahrscheinlich der Anlass für diese von niemandem erwartete Kettenreaktion waren.

19. AUGUST 1989 – EIN BESONDERER TAG DER FÜR IMMER EINEN FESTEN PLATZ IN DEN EUROPÄISCHEN GESCHICHTSBÜCHERN HABEN WIRD

LÁSZLÓ NAGY erzählt, wie er den 19. August 1989 erlebt hat: *Nach drei Wochen intensiver Organisationsarbeit kam endlich dieser von uns allen mit Spannung* erwartete Tag. Da sämtliche Teilnehmer pünktlich beim Tor sein mussten, habe ich mit meinem Auto die Lotsung übernommen. Ich war damals für die Betreuung der Diplomaten sowie Vertreter der Medien zuständig. Dies deshalb, weil ich mich aufgrund meiner Sprachkenntnisse – ich spreche neben Ungarisch auch fließend Deutsch und Englisch – mit den Leuten am besten verständigen konnte und ihnen bei Bedarf die Festreden übersetzen sollte. Unter anderem erklärte ich ihnen, weshalb wir dieses Picknick veranstalten und welche Ziele wir verfolgen.

VERSPÄTETES EINTREFFEN AM »TOR ZUR FREIHEIT« Das offizielle Programm begann um 14.00 Uhr mit einer internationalen Pressekonferenz auf der Terrasse im Hotel Lövér in Sopron. Daran nahmen wir – Mária Filep, László Magas, Ferenc Mészáros, László Nagy, Zsolt Szentkirályi – als Organisatoren und als Gast der Parlamentsabgeordnete Dezső Szigeti, teil. Die Reden wurden in ungarischer, deutscher und englischer Sprache gehalten. Zahlreiche Reporter der internationalen Presse waren als Beobachter anwesend.

Von den ungarischen Medien kamen lediglich die Journalisten Ottó Abinéri, Reporter der Zeitung »Határőr« und Lajos Horváth Soproni von »Magyar Hírlap«. Da László Vass, in Vertretung des Abgeordneten Imre Pozsgay erst verspätet zur Pressekonferenz kam, verzögerte sich der Beginn und dauerte wegen der zahlreichen Fragen bzw. Antworten, die ich in Deutsch und Englisch übersetzen musste, auch etwas länger.

»Als wir uns der Grenze näherten, begegnete uns eine fast unüberschaubare Menschenmenge, die eine Zufahrt zum ›Tor zur Freiheit‹ unmöglich machte. Wir waren zwar überrascht, ahnten aber nicht, dass unter diesen Leuten viele DDR-Bürger waren, die in Richtung Tor drängten und die temporäre Grenzöffnung zu Flucht nützen wollten.«
WÖRTLICHES ZITAT VON LÁSZLÓ NAGY.

Durch diese Verzögerung kam ich mit dem gesamten Konvoi erst zwischen 15:30 Uhr und 15:40 Uhr in die unmittelbare Nähe der Grenze. Der Bus mit den Vertretern der Medien konnte wegen der zahlreichen Menschen, die dort unterwegs waren, nicht direkt zum Tor fahren und musste etwa 100 Meter davor anhalten. Dies deshalb, weil die Straße von Österreichern, die nach Sopronpuszta zum Picknick gingen sowie von mehreren Gruppen von

Flüchtlingen, die plötzlich ihre Deckung in den Maisfeldern verließen und in Richtung Tor liefen, blockiert war. Daher traf ich mit der Delegation nicht wie geplant um 15:00 Uhr, sondern erst gegen ca.15:40 Uhr beim Tor ein. Zu diesem Zeitpunkt hatten viele Flüchtlinge dieses rostige Gittertor bereits aufgedrückt und drängten über die Grenze nach Österreich.

UNÜBERSICHTLICHE LAGE *Laut Programm wären wir als Organisatoren mit den Journalisten durch das Tor zu Fuß über die Grenze zum Marktplatz nach St. Margarethen gegangen. Dort hätten uns Bürgermeister Andreas Waha und Pál Csóka (Pál Csóka war einer der Organisatoren des Paneuropäischen Picknicks. Er hat acht Tage vor Beginn der Veranstaltung Waha kontaktiert und ihn um Hilfe bezüglich der Ansuchen bei den österreichischen Behörden zur temporären Grenzöffnung gebeten) sowie die örtliche Musikkapelle empfangen. Nach einem kurzen Festakt wären wir wieder gemeinsam zurück nach Sopronpuszta marschiert und hätten wie geplant am Picknick teilgenommen.*

Doch wir kamen vorerst nicht einmal bis zum Tor, weil totales Chaos herrschte. Massen von Menschen hatten sich bereits dort eingefunden bzw. drängten von ungarischer Seite in Richtung Tor, Österreicher wollten in die Gegenrichtung nach Sopronpuszta zum Picknick. Die Beamten der Grenzwache waren machtlos, weil sich dieser Auflauf von Menschen einfach nicht lenken ließ bzw. die Anordnung der Grenzer keinesfalls befolgte. Jeder versuchte so schnell wie nur möglich zum Tor und anschließend über die Grenze zu kommen. Niemand von uns hatte nur im Traum gedacht, dass diese Veranstaltung ein derartiges Interesse hervorrufen würde. Daher waren wir auch nicht darauf vorbereitet.

»Oberstleutnant Árpád Bella behielt die Übersicht, zeigte Nervenstärke und übernahm eine Verantwortung, die weit über seine Kompetenzen hinaus ging.«
WÖRTLICHES ZITAT VON LÁSZLÓ NAGY.

OBERSTLEUTNANT AUßER DIENST, ÁRPÁD BELLA, war damals Einsatzleiter auf ungarischer Seite und erinnert sich noch genau an diese denkwürdigen Stunden. *Kurz vor der geplanten Grenzöffnung kamen die Kollegen der österreichischen Zollwache zum Tor. Ich besprach mit Johann Göltl die Situation bzw. wie wir den Grenzübertritt der Delegation ohne längere Wartezeit* möglich machen könnten. Wenige Minuten vor dem für 15.00 Uhr geplanten Eintreffen der Organisatoren des Picknicks mit den Journalisten, beobachtete ich auf einem etwa 100 Meter weit einsehbaren Straßenabschnitt eine größere Gruppe von Fußgängern. Als sie näherkamen, wusste ich sofort, dass es nicht die angekündigten Medienvertreter bzw. Veranstalter des Picknicks, sondern Bürger aus der DDR waren. Ich ging ihnen in Richtung Tor entgegen. Da ich fließend Deutsch spreche, konnte ich mit ihnen kommunizieren bzw. ihre Gespräche untereinander verstehen, worauf mir schnell klar wurde, dass sie flüchten wollten. Für weitere Fragen gaben sie uns keine Möglichkeit, weil sie uns einfach ignorierten und weitergingen. Sie drückten den Torflügel auf, rannten wie der Blitz an uns vorbei und verursachten ein großes furchtbares »Durcheinander«.

FOTO: COVER DES BUCHES: ÁTTÖRÉS PÁNEURÓPAI PIKNIK

Abbildung des Schlosses, mit dem das Tor damals gesichert war.

ANMERKUNG LÁSZLÓ NAGY: *Árpád Bella hat mir gesagt, dass er den Bügel des Schlosses – womit das Tor offiziell verschlossen war – ohne diesen in den Schließmechanismus zur drücken, nur in den Rahmen gesteckt hat. Das sollte ihm – ohne den Schlüssel suchen zu müssen – ein schnelles Öffnen des Schlosses bzw. des Tores ermöglichen. Doch die Flüchtlinge haben das in Richtung Ungarn zu öffnende Tor nach außen – in Richtung Österreich – gedrückt. Dadurch hat sich nicht nur das Schloss verbogen. Er wurden auch die Scharniere aus dem morschen Holz gerissen, wodurch das Tor über keine Befestigung verfügte und »in der Luft« hing.*

»Ich musste damals eine Entscheidung treffen. Zum Nachdenken blieb mir keine Zeit. In keiner Sekunde habe ich daran gedacht, die Menschen durch Anwendung von Gewalt am Grenzübertritt zu hindern.«
WÖRTLICHES ZITAT VON ÁRPÁD BELLA.

DURCH ÜBERLEGTES HANDELN ESKALATION VERMIEDEN *In Rekonstruktion der Ereignisse muss ich sagen, dass das plötzliche Auftreten der DDR-Bürger ebenso unerwartet wie vorhersehbar war. In einem Fernschreiben vom 17. August 1989* hatten meine Vorgesetzten zwar erwähnt, dass sehr viele Menschen an dieser Veranstaltung teilnehmen könnten, dass es tatsächlich so kommen würde, damit hat niemand gerechnet. Außerdem wurde das »von oben« immer wieder dementiert, weshalb auch nur fünf Beamte zur Passabfertigung eingeteilt wurden. Jedem war bewusst, dass man eine Menschenmenge, die über die Grenze drängt, gemäß der bestehenden Dienstanweisung ohne Anwendung von Gewalt weder anhalten noch aufhalten hätte können.

Als Einsatzleiter befürchtete ich in diesem Fall eine Eskalation. Wenn diese Masse an Menschen bis zum Tor kommt und versucht, die »rote Linie« zu überschreiten, so würden zwangsweise emotionale Spannungen entstehen, die sehr schnell in Panik ausarten könnten. Wenn Menschen in Panik geraten, so neigen sie sehr schnell zu Gewalt und Gewalt erzeugt bekanntlich Gegengewalt.

In diesem Fall wären bewaffnete Grenzorgane und völlig wehrlose Flüchtlinge aneinandergeraten. Und was dann passiert wäre, daran möchte ich nicht denken. Als ich in diesen wenigen Sekunden eine Entscheidung treffen musste, habe ich an Fachliteratur gedacht, die besagt:

»Bei Massenbewegungen von Menschen bedarf es zur Aufrechterhaltung der Ordnung einer hohen Schwelle an Toleranz, des Verständnisses und des Dialoges.«

Und daran habe ich mich – trotz aller Befürchtungen um meine Person – gehalten. Die Geschichte hat allen damals eingesetzten Grenzwacheorganen recht gegeben.

»Was wir taten – oder auch nicht taten – ist im Nachhinein auf breite Zustimmung gestoßen.«
WÖRTLICHES ZITAT VON ÁRPÁD BELLA.

Der Ehrlichkeit halber muss ich aber sagen, dass niemand vorhersehen konnte, dass alles so kommen würde, wie es tatsächlich passiert ist.

»Obwohl ich damals selbst so entschieden habe, finde ich es nicht gut, wenn in einem Staat, derartige folgenschwere Entscheidungen ›Oberstleutnante‹ an ›vorderster Front‹ treffen. Dann gäbe es bald keine Ordnung und das Recht hätte auch keine Geltung. Beamte sollten grundsätzlich die

von den Volksvertretern (Politikern) beschlossenen Gesetze vollziehen. Doch an diesem 19. August 1989 herrschte eine Ausnahmesituation.«
WÖRTLICHES ZITAT VON ÁRPÁD BELLA.

Siehe dazu Interview mit Árpád Bella: »DER GRENZWÄCHTER AM EISERNEN VORHANG – EIN HELD DER KEINER SEIN WOLLTE«

Aus Gestik und Mimik des Oberstleutnants außer Dienst, Árpád Bella – Bild Mitte – ist gut zu erkennen, dass er wahrscheinlich sagt bzw. denkt: »Was hätte ich anderes tun sollen?«

ORGANISATOREN DES PANEUROPÄISCHEN PICKNICKS KONNTEN NICHT AN DER GEPLANTEN VERANSTALTUNG IN ST. MARGARETHEN TEILNEHMEN

Wir standen nun in der Nähe des Tores und konnten die Grenze nicht überschreiten. Weitere Flüchtlinge aus der DDR trafen nach Abflauen der ersten Welle ununterbrochen als Familie, aber auch Einzelpersonen, am Grenzübergang ein. In dieser für alle unübersichtlichen Situation unterließen die ungarischen Grenzsoldaten die Passkontrollen bei den Österreichern. Sie drehten ihnen einfach den Rücken zu. Von ungarischer Seite drängten die Flüchtlinge, die Grenzsoldaten von hinten umgehend – manchmal stießen sie diese beinahe um – durch das Tor auf österreichisches Staatsgebiet. Da sich der Flüchtlingsstrom von ungarischer Seite weiter verstärkte, war für die Österreicher ein Grenzübertritt nahezu unmöglich geworden. Sie reagierten aber sehr schnell, bildeten vor dem Tor ein Spalier (Gasse) und ermöglichten dadurch den DDR-Bürgern die schnelle Flucht über die »rote Linie«.

»Die Beamten der Grenzwache drehten sich einfach um und ließen den Dingen freien Lauf.«
WÖRTLICHES ZITAT VON LÁSZLÓ NAGY.

EINE LOGISTISCHE HERAUSFORDERUNG Als Andreas Waha und Pál Csóka von den Ereignissen erfuhren, eilten sie sofort zur Grenze. Sie konnten es kaum fassen, was sie dort sahen. Hunderte Flüchtlinge – darunter viele Familien mit kleinen Kindern – standen beim Tor oder hatten sich bereits zu Fuß auf den Weg nach St. Margarethen gemacht. Sie hatten teilweise Tränen in den Augen, weinten vor Freude oder zeigten durch Gestik bzw. Mimik, dass sie glücklich waren, endlich diesem »Gefängnis DDR« entkommen zu sein.

Tumultartige Szenen beim »Tor zur Freiheit«. Die Menschen liefen um ihr Leben, um dem »Gefängnis DDR« zu entkommen.

Waha fuhr sofort zurück ins Dorf, um die notwendigen logistischen Maßnahmen zu treffen. Weiters sorgte er dafür, dass die Flüchtlinge kostenlos telefonieren konnten, um ihre Angehörigen in der DDR bzw. Bundesrepublik von der gelungenen Flucht zu verständigen. Er kontaktierte die Botschaft der BRD in

Wien und half auch bei der Suche von Transportmöglichkeiten, die die nun »freien Menschen« noch am selben Tag nach Wien brachten. Von dort ging es meist nach wenigen Stunden mit dem Zug weiter in das Aufnahmelager nach Gießen. Manche benötigten nicht einmal neue Dokumente, weil sie in der Botschaft der Bundesrepublik Deutschland in Budapest einen gültigen Reisepass erhalten hatten. Mit diesem Dokument konnten sie ungarisches Staatsgebiet jedoch nicht verlassen. Das wäre nur mit einer Einreisestampiglie im Pass nach Ungarn möglich gewesen – und diese hatten sie nicht, weil die Urkunde in Ungarn ausgestellt wurde. Österreich hätte sie mit diesem gültigen Dokument als Staatsbürger der Bundesrepublik Deutschland anerkannt, die ungarischen Grenzbeamten jedoch nicht!

Man sieht ihm die Freude an, dass er es geschafft hat.

DAS PICKNICK WIRD FORTGESETZT – ANSPRACHEN WERDEN WIE GEPLANT GEHALTEN

Wir standen nun als Veranstalter des Picknicks nahezu fassungslos an der Grenze. Nach kurzer Beratung entschieden wir, dass wir unser Programm trotz dieser dramatischen Ereignisse fortsetzen werden und fuhren mit der Delegation zurück nach Sopronpuszta. Auf diesem riesigen Areal standen nur mehr etwa 30 Personen der Organisatoren. Sie wirkten unter diesen ca. 20.000 Teilnehmern ziemlich »verloren«, hatten jedoch von der Massenflucht beim »rostigen Gittertor« bereits Kenntnis erlangt. Dies war für uns sehr überraschend, weil uns damals weder ein Funkgerät, noch ein Feldtelefon zur Verfügung stand. Da sie auch kein tragbares Radiogerät besaßen, dürften sie durch einen Kurier von dieser Massenflucht erfahren haben.

Keiner von uns konnte nur erahnen, dass mit dieser Veranstaltung wahrscheinlich der »erste Stein aus der Berliner Mauer« geschlagen wurde und somit der geopolitische Umbruch in Europa begonnen hatte. Und wir als Organisatoren des Paneuropäischen Picknicks hatten einen – wenn auch nur ganz kleinen – Beitrag zu dieser europäischen Veränderung geleistet, der vielen Menschen die Freiheit brachte.

»An diesem Nachmittag haben sich die Ereignisse einfach überschlagen. Niemand hatte vorhersehen können, dass ein kleines, rostiges Gittertor zu einem unendlich weiten Tor auf dem Weg in die Freiheit wird.«
WÖRTLICHES ZITAT VON LÁSZLÓ NAGY.

Obwohl wir diese sich überschlagenden Ereignisse psychisch noch nicht verarbeitet hatten, setzten wir unser Programm fort. Walburga Habsburg und László Vass hielten in Vertretung der Schirmherren ihre Ansprachen. Die Teilnehmer im »Lager der Schicksalsgenossen« verlasen einen Aufruf der Organisatoren in acht verschiedenen Sprachen. Die Redner waren György Konrád (»Gedanken im Grenzland«) sowie Klaus Lange und Vinzenz von und zu Liechtenstein im Namen der Paneuropa Union. Den Brief von László Tőkés, den er persönlich Anfang August über die Grenze geschmuggelt hatte, verlas Lukács Szabó.

Während der Veranstaltung stand das gesamte Gremium untereinander laufend in Kontakt. Wir wussten ja nicht, ob wir nicht beschattet werden, bzw. welche Folgen wir zu erwarten hatten. In jedem Fall wollten wir auf Repressalien durch die Behörden vorbereitet sein.

ERINNERUNGEN AN 1956 UND 1968 – ANGST VOR INTERNIERUNG *Für mich war es besonders schwierig, weil ich die Reden für die ausländischen Gäste übersetzen musste und daher das Podium nicht verlassen konnte. Doch die Informationskette funktionierte – auch ohne technische Hilfsmittel – bestens. Ich erinnere mich noch an ein Gespräch mit György Konrád. Dabei habe ich ihn gefragt, ob wir nun das gleiche Schicksal erleiden und wir ebenso wie hunderte aufständische Ungarn im Jahre 1956, viele Tschechen 1968 oder Lech Walesa bzw. die Angehörigen in einem Gefängnis landen werden. Konrád antwortete: »Ich denke, dass wir diesmal eventuell eine Chance haben, dass es zu tiefgreifenden* *politischen Änderungen kommen wird und somit die Möglichkeit besteht, dass sie uns nicht einsperren werden.« Während einer Ansprache, die ich nicht zu übersetzen brauchte, fragte mich Carl-Gustav Ströhm (Journalist der deutschen Tageszeitung »Die Welt«): »Was passiert mit Ungarn?« Ich sagte ganz ruhig, obwohl ich in Wirklichkeit sehr aufgeregt und nervös war:*

»Es wird sich in ein, zwei Jahren herausstellen, ob wir an die Regierung kommen oder im Gefängnis landeten werden!«

Mit dieser Antwort hatte er nicht gerechnet und darüber nur gelächelt. Als wir uns im Jahre 1999 neuerlich begegneten, hat er sich an diese Worte noch immer erinnert.

DROHUNG MIT REPRESSALIEN *Niemand von uns wusste damals, wie sich die politische Situation in Ungarn – vor allem an der Grenze – weiter entwickeln wird. Über dieses Picknick – und die damit verbundene Massenflucht – haben die Medien in vielen europäischen Staaten noch am gleichen Tag berichtet. In Ungarn war die – damals noch staatlich zensurierte – Berichterstattung sehr »zurückhaltend«. Laszlo Magas – heute Präsident unserer Stiftung – erhielt als Hauptverantwortlicher des Picknicks von Gyula Kovacs, einem hohen Beamten der ungarischen Grenzwache, noch am selben Nachmittag eine versteckte Drohung: »So habe ich mir diese Veranstaltung nicht vorgestellt. Das wird sicher noch ein Nachspiel haben!« Obwohl sich das gesamte Gremium über den Verlauf dieses Nachmittags und die damit verbundene Flucht der DDR-Bürger gefreut hat, waren wir durch diese Aussage doch etwas beunruhigt. Wir hatten ehrlich gesagt auch etwas Angst, dass man uns zur Verantwortung ziehen wird.*

Von dieser versteckten Drohung des Gyula Kovacs hat auch László Vass von Laszlo Magas erfahren. Vass nahm in Vertretung des Staatsministers Imre Pozsgay an der Veranstaltung teil und war somit der ranghöchste Staatsbeamte vor Ort. Er kontaktierte sofort hochrangige Beamte der Grenzwache und sicherte uns im Falle der behördlichen Verfolgung seine Hilfe zu. Er gab uns die Geheimnummer von Imre Pozsgay, verteilte seine eigene Visitenkarte und berichtete in seiner kurzen Rede von den Ereignissen an der Grenze.

Die Veranstaltung wurde von den tausenden Gästen programmgemäß fortgesetzt. Niemanden interessierten die im Hintergrund laufenden Diskussionen. Es herrschte die erhoffte Volksfeststimmung. Pörkölt wurde gekocht,

Wurst und Speck gebraten, Bier und Wein getrunken. Jeder freute sich, dass dieser schreckliche Zaun endlich abgerissen wurde bzw. wird und hatte nur den Slogan: »Bau ab und nimm mit«, im Kopf. Die ausgelassene Stimmung der Menschen konnte dann nur noch der »Himmel, der seine Schleusen öffnete«, mit Blitz, Donner und Starkregen beenden. Sonst hätte diese Feier mit Sicherheit bis weit nach Mitternacht gedauert.

»Als ich die Menschen sah, dass sie für kurze Zeit alle Sorgen vergaßen und in froher Runde ausgelassen feierten, war mir so richtig bewusst, dass wir ihnen mit dieser Veranstaltung einen ›Hauch von Freiheit‹ gegeben hatten. Durch die Flucht hunderter DDR-Bürger lebte in mir auch die Hoffnung, dass es den Rest dieses Eisernen Vorhanges, der in Ungarn bereits teilweise abgebaut worden war, bald nicht mehr geben wird.«
WÖRTLICHES ZITAT VON LÁSZLÓ NAGY.

Ich stieg in mein Auto und fuhr mit meiner Familie nach Hause. Auf Höhe der Strafanstalt Sopron-Kőhida sah ich eine Vielzahl von Trabants und Wartburgs mit DDR-Kennzeichen. Die Besitzer hatten die Fahrzeuge einfach am Straßenrand abgestellt und waren wahrscheinlich durch das rostige Gittertor geflüchtet. Den Menschen war die Freiheit wohl wichtiger als ihre Autos, die sie sich vom Mund abgespart hatten und vermutlich auch jahrelang darauf warten mussten. Ob sie wohl jemals wieder abgeholt werden? Ich denke nicht.

Trotz dieser dramatischen Ereignisse habe ich sehr gut geschlafen, weil ich auf gut Deutsch gesagt, hundemüde – über den Verlauf der Veranstaltung jedoch sehr glücklich – war. Über die mir drohenden Repressalien habe ich mir überhaupt keine Gedanken gemacht.

ANGST VOR POLIZEI DURCH LÄRM DER AUTOS So war es auch bei László Magas, dem Hauptorganisator unserer Gruppe. Nicht aber bei seiner Frau! Jahre später hat sie mir erzählt, dass sie die ganze Nacht kein Auge zugetan hat. Autos fuhren immer wieder an ihrem Haus vorbei und bremsten abrupt ab. Sie hat gedacht, dass jeden Augenblick die Polizei kommen und ihren Mann abholen würde. Bei ihr wurden nämlich böse Erinnerungen wach. In Ihrer Kindheit hat sie in den 1950er Jahren erlebt, wie Mitarbeiter des ungarischen Geheimdienstes ÁVH (die ungarische Stasi) eines Nachts ihren Großvater abgeholt und verschleppt hatten. Am Morgen hat sie dann selbst über sich gelacht.

Das Haus der Familie befindet sich nämlich an einer stark befahrenen »T-Kreuzung« in Sopron. Verkehrsbedingt mussten dort alle Autos bremsen bzw. anhalten, bevor sie weiterfuhren. Im Halbschlaf hat sie das jedoch – auch aufgrund der Ereignisse bei Tag – ganz anders empfunden. Wenn wir uns heute treffen, können wir – Gott sei Dank – darüber lachen. Aber wer wusste damals schon, was morgen passieren wird???

30 JAHRE DANACH Wenn ich an diese Wochen der Vorbereitung mit der anschließenden Ausführung dieses Picknicks zurückdenke, so war sich von uns wahrscheinlich niemand bewusst, welche Folgen diese Veranstaltung für das gesamte Gremium hätte haben können. Wir wollten die Menschen beider Staaten einfach zusammenführen und ihnen zeigen, dass die Trennung bald Geschichte sein könnte. Dass sich dann die »Ereignisse überschlagen« haben, damit hat niemand gerechnet. Ich möchte gar nicht daran denken, wass passiert wäre, wenn die Hardliner des kommunistischen Regimes die Oberhand behalten hätten. An unserer Grenze waren damals besonnene Männer – allen voran Árpád Bella – im Einsatz. Sein Verhalten hat weltweit Anerkennung erfahren.

Das Paneuropäische Picknick ist in die Geschichte eingegangen, obwohl wir das gar nicht beabsichtigt hatten. Ich bin froh, dass ich diesem Komitee damals angehören durfte. Nicht ganz ungewollt haben wir einen kleinen Beitrag dazu geleistet, dass viele Menschen heute in Freiheit leben können. Und darauf bin ich stolz.

László Nagy hat nach dieser geopolitischen Änderung in Europa zahlreiche Ehrungen erfahren. Hotel Adlon in Berlin am 8. November 2014. V.li. sitzend: Michail Gorbatschow, Miklós Nemeth, stehend v.li.: László Nagy, Árpád Bella.

Li.: László Nagy mit Hans Dietrich Genscher (*1927 – † 2016, Außenminister der BRD im Jahre 1989 – mit kurzen Unterbrechungen von 1974 bis 1992) in Potsdam.

László Nagy am 19.08.2009 mit der Bundeskanzlerin der Bundesrepublik Deutschland in Memorialpark Fertörákos.

DER GRENZWÄCHTER AM EISERNEN VORHANG

OBERSTLEUTNANT IN RUHE, ÁRPÁD BELLA – EIN HELD DER KEINER SEIN WILL

Oberstleutnant in Ruhe, Árpád Bella – Menschen sind mir wichtiger als Gesetze

OBERSTLEUTNANT IN RUHE, ÁRPÁD BELLA, war an diesem denkwürdigen Samstag des 19. August 1989 diensthabender Offizier der ungarischen Grenzwache, als etwa 750 DDR-Bürger durch das berüchtigte »rostige Gittertor bei St. Margarethen« das jetzt »Tor zur Freiheit« genannt wird, von der Diktatur des Ostens in die Freiheit des Westens flohen.

Obwohl Bellas Verhalten damals von seinen Vorgesetzten scharf kritisiert wurde und man ihm sämtliche Kompetenzen entzogen hatte, waren sie gezwungen, nur vier Tage danach – **AM 23. AUGUST 1989** – seine Erfahrung neuerlich in Anspruch zu nehmen. Bella wurde von seiner Dienstbehörde in Sopron nach Kópháza beordert, um dort eine kurz vor der Eskalation stehende Situation zu »entschärfen«. Nach Abgabe von Warnschüssen durch ungarisches Wachpersonal erklärten sich die Einheimischen mit den Flüchtlingen solidarisch. Es drohte eine tätliche Auseinandersetzung der aufgebrachten Menschenmenge mit den Grenzwachesoldaten. Dank seiner »Zweisprachigkeit« (Bella spricht fließend Deutsch), seiner Erfahrung und äußerst bedachtem Vorgehen, gelang es ihm, mit der damals amtierenden Bürgermeisterin, Mária Pilsits, eine Katastrophe abzuwenden.

ANMERKUNG: Die Zeitzeugen Mária Pilsits und Ferenc Taschner geben an, dass sich der Vorfall am **15. AUGUST 1989** zugetragen hat. Inhaltlich stimmen die Aussagen zwischen Árpád Bella, Mária Pilsits und Ferenc Taschner jedoch überein. Siehe dazu Interviews mit beiden: »**WARNSCHÜSSE DURCH SOLDATEN DER UNGARISCHEN GRENZWACHE IN KÓPHÁZA**« (Pilsits) und »**FLÜCHTLINGE HINGEN AM GRENZZAUN – WARNSCHÜSSE IN DIE LUFT ABGEGEBEN**« (Taschner).

ÁRPÁD BELLA, Jahrgang 1946, hatte den Mut, einen damals laut ungarischem Recht durchaus gerechtfertigten, gesetzlich noch immer aufrechten Schießbefehl nicht selbst auszuführen bzw. nicht ausführen zu lassen. Nur ihm ist es zu verdanken, dass eine Eskalation der Lage vermieden werden konnte. Durch sein entschlossenes und vor allem mutiges Handeln hat er an diesem Nachmittag nicht nur hunderten Menschen den Weg in die Freiheit ermöglicht, er hat wahrscheinlich eine Katastrophe mit unabsehbaren Folgen verhindert.

»**Es gab fast täglich neue Dienstanweisungen, doch Menschen waren mir wichtiger als Gesetze. Ich bin auch nach 30 Jahren noch stolz, in diesem Chaos damals die richtige Entscheidung getroffen zu haben.**«
WÖRTLICHES ZITAT VON ÁRPÁD BELLA ÜBER SEINEN EINSATZ AN DER GRENZE AN DIESEM 19. AUGUST 1989.

»**Wenn damals geschossen worden wäre, so wäre dieses ›Tor bei St. Margarethen‹ nicht als ›Tor der Freiheit‹, sondern als Pilgerstätte zum Gedenken an zahlreiche Tote in die Geschichte eingegangen. Es wäre nicht zum Ruhme, sondern zur Schande Ungarns geworden.**«
WÖRTLICHES ZITAT VON ÁRPÁD BELLA.

ÁRPÁD BELLA BESCHEIDEN – ICH WAR KEIN HELD

Árpád Bella setzte damals nicht nur seinen Job, er setzte sogar seine persönliche Freiheit aufs Spiel. Er wies die ihm zur Grenzsicherung zugeteilten Grenzwachesoldaten an, gegen bestehende Gesetze zu handeln, wodurch hunderte DDR-Bürger illegal durch einen offiziell geöffneten Grenzübergang ins Burgenland gelangen konnten. Im Falle des Scheiterns von »Glasnost und Perestroika« (Zitat von Michael Gorbatschow »Transparenz und Umgestaltung«) wäre der Offizier mit Sicherheit zur Verantwortung gezogen worden und im schlimmsten Falle in einem »Gulag Sibiriens« – so nannte man die gefürchteten Straf- und Arbeitslager in der damaligen Sowjetunion – gelandet.

Árpád Bella, der stets betont kein Held zu sein, lernte ich in Sopron kennen. Schon vom ersten Augenblick an empfanden wir gegenseitige Sympathien. Dem Treffen wohnte auch Oberst in Ruhe, Stefan Biricz (er war damals Bezirksgendarmeriekommandant von Eisenstadt und an diesem 19. August für den Einsatz der Gendarmerie verantwortlich), der den Kontakt zu Bella herstellte, bei. Ich nützte die Gelegenheit, diesen äußerst netten und sehr kooperativ wirkenden Offizier zu den Ereignissen im August des Jahres 1989 zu befragen. Mit Árpád Bella verbindet mich nun schon seit mehr als 15 Jahren eine besondere Freundschaft. Wir treffen uns jährlich mindestens zwei- bis dreimal, wobei die Ereignisse dieses 19. August 1989, wenn nicht ausführlich diskutiert, zumindest »gestreift« werden.

BERUFLICHER WERDEGANG Árpád Bella wurde in der westungarischen Grenzstadt Sopron geboren, ging dort zur Schule und verbrachte in unmittelbarer Nähe des Eisernen Vorhanges seine Jugendzeit. Nach dem Gymnasium besuchte er die Militärhochschule – Fachrichtung Grenzwache, mit besonderer Ausbildung zur Personen- und Fahrzeugkontrolle an den Grenzübergängen – in Budapest. Nach Abschluss seines Studienlehrganges (1969) hatte er das Glück, wieder in seine Heimat zurückkehren zu dürfen. Er wurde zum Grenzwachbezirkskommando Sopron versetzt und als junger Offizier an der Grenzkontrollstelle Sopron – Klingenbach eingesetzt.

Mit Stolz erzählte er über seinen ersten großen Fahndungserfolg: »Es war am 12. Jänner 1971, als wir an der Grenzkontrollstelle Sopron einen aus Österreich kommenden und in Jugoslawien zugelassenen Reisebus anhiel-

FOTO: ZUR VERFÜGUNG GESTELLT VON OBERSTLEUTNANT IN RUHE, ÁRPÁD BELLA

Árpád Bella (3. von rechts in Zivilkleidung) als junger Offizier mit Kollegen der Grenzwache.

ten. Nachdem wir die Insassen kontrolliert hatten, begannen wir mit der Durchsuchung des Busses und wurden fündig. In einem Versteck fanden wir insgesamt 8,4 kg Schmuck im Gesamtwert von 1,9 Millionen Forint. Für die damalige Zeit ein Aufgriff, der nicht alltäglich war und uns eine Belobigung von höchster Stelle einbrachte. 1,9 Millionen Forint – eine für mich unvorstellbare Summe, zumal ich damals als verheirateter Familienvater (zwei Kinder) monatlich 2.400.- Forint verdiente.«

ANGEFEINDET UND REHABILITIERT Árpád Bella, der Zeit seines Lebens um sein berufliches Fortkommen bestrebt war, wurde bereits im Jahre 1979 zum stellvertretenden Leiter der Grenzkontrollstellen des Bezirkes Sopron bestellt. Die Tage und Monate nach diesem 19. August 1989 waren für den »Grenzer am Eisernen Vorhang« besonders schwer. Er musste viel Kritik, die bis zu Anfeindungen von Kollegen, Untergebenen und Vorgesetzten führte, über sich ergehen lassen. Eine schwere Zeit für Árpád Bella, denn viele seiner Vorgesetzten und Mitarbeiter, die dem kommunistischen Regime »treu« geblieben waren, konnten sein Verhalten an diesem denkwürdigen Tag keinesfalls nachvollziehen und wünschten sich eine Verurteilung dieses einst so mutigen Offiziers.

Mit den Jahren verschwanden seine Kritiker zusehends von der »Bildfläche« und sein damaliger Weitblick fand auch in der neuen ungarischen Regierung Anerkennung. Im Jahre 1992 wurde er in den Führungsstab des Grenzwachkommandos nach Budapest berufen, nahm an Schulungen der mitteleuropäischen Polizeiakademie im In- und Ausland teil und bekam danach eine leitende Position im Innenministerium. Er wurde zum Abteilungsleiter für internationale Angelegenheiten bestellt.

IM KAMPF GEGEN DIE ORGANISIERTE KRIMINALITÄT Selbst als er im Jahre 2001 in den wohlverdienten Ruhestand trat, erinnerte man sich an die ausgezeichnete Fachkompetenz des erfahrenen Offiziers. Er folgte dem Ruf seiner einstigen Vorgesetzten als Mitarbeiter in die Koordinationszentrale einer Behörde zur Bekämpfung der organisierten Kriminalität. Erst durch einen schweren familiären Schicksalsschlag musste er im Jahre 2007 seine berufliche Laufbahn zur Gänze beenden. Heute lebt er mit seiner netten Lebenspartnerin in seinem geliebten Dorf – in Csapod (30 km südlich von Sopron).

DRASTISCHE SPARMASSNAHMEN TREFFEN DIE GRENZWACHE

ÁRPÁD BELLA ERZÄHLT: *Die ungarische Regierung hatte bereits seit Mitte der 1980er Jahre mit schweren budgetären Problemen zu kämpfen. Es wurden drastische Einsparungen beschlossen, die vor allem Militär und Grenzwache betrafen. Durch einen noch intensiveren »Pro-Westlichen-Kurs« versuchte man den »Gulaschkommunismus« weiter aufzuweichen um zusätzliche Touristen, die Devisen bringen sollten, ins Land zu bekommen. Dazu mussten jedoch vor allem die noch zum Teil vorhandenen Schikanen bei den Grenzkontrollen verringert bzw. ganz abgebaut werden. Der Grenzwache, zur Zeit des »Kalten Krieges« verlässlichster Partner der kommunistischen Regierung, wurde eine radikale Reform verpasst. Die finanziellen und personellen Ressourcen für die seit Jahren mit großem Aufwand durchgeführte Grenzüberwachung waren nicht mehr vorhanden, weil die Regierung das Geld für den Ankauf von Gütern des täglichen Lebens benötigte, was letztendlich den Abbau des Eisernen Vorhanges zur Folge hatte. Wie wir alle wissen, hatte damals die Welt nach Ungarn geblickt, weil Ungarn das erste Land des Ostblocks war, welches diese Menschen verachtende Grenze einfach abbaute. Als man am 2. Mai 1989 bei Hegyeshalom, Sopron, Köszeg sowie Sezentgotthárd mit dem Abbau des Stacheldrahtes begann, konnte niemand ahnen, wohin dieser Weg führen würde. Viele Ungarn hatten noch den Einmarsch sowjetischer Panzer aus dem Jahre 1956 in schrecklicher Erinnerung. Niemand wusste wohin dieser Weg führen sollte. Vor allem ältere Menschen, die noch zu gut in Erinnerung hatten, mit welcher Brutalität die Russen in ihrer Heimat gewütet hatten, waren teilweise in Angst und Schrecken versetzt.*
Am 14. Mai 1989 kam Károly Grosz – er war damals Generalsekretär der regierenden Sozialistischen Arbeiterpartei (MSZAP) – persönlich nach Sopron sowie an die Grenze bei Fertörákos, um das Ende von Stacheldraht und technischen Sperren zu verkünden.

> **»Wir müssen auch ohne diese brutalen Barrieren in der Lage sein, unsere Grenze zuverlässig zu sichern.«**
> KÁROLY GROSZ, DAMALS GENERALSEKRETÄR DER REGIERENDEN SOZIALISTISCHEN ARBEITERPARTEI UNGARNS.

Doch die Grenzwache war dazu weder ausgebildet, noch mit der notwendigen Technik ausgestattet. Die Soldaten hatten plötzlich ihren wichtigsten »Partner« (Stacheldraht und – wenn auch überaltert – technische Sperren) verloren. In der Bevölkerung war zwar der Respekt vor Waffen und Uniform vorhanden, schwand aber zusehends. Außerdem waren nur ganz wenige »Grenzwächter« bereit, ihre Waffe für ein dem Ende entgegengehendes Regime einzusetzen. Wie wir alle wissen gab es jedoch am 21. August 1989 bei Lutzmannsburg einen tragischen Zwischenfall. Während einer Rangelei zwischen einem Grenzsoldaten und einem Flüchtling aus der DDR löste sich durch einen unglücklichen Zwischenfall aus einem Maschinengewehr ein Schuss, wobei der DDR-Bürger tödlich getroffen wurde.

DIENSTANWEISUNGEN WURDEN TÄGLICH GEÄNDERT *Als in den folgenden Wochen und Monaten immer mehr DDR-Bürger ins Land kamen und versuchten, die Grenze nach Österreich illegal zu überschreiten, musste man zur Kenntnis nehmen, dass die Grenzwache mit der neuen Situation nicht umgehen konnte und ganz einfach überfordert war. Es gab keine neuen eindeutigen Befehle – wir waren uns im wahrsten Sinne des Wortes selbst überlassen. Eine Dienstanweisung jagte die andere, Gesetze wurden unterschiedlich ausgelegt, jeder musste beim Einschreiten Einfühlungsvermögen und Fingerspitzengefühl beweisen.*

GRENZWACHE GERÄT IN BEDRÄNGNIS *In manchen pro westlich orientierten Medien gab es über diesen einst so stolzen Wachkörper fast täglich zum Teil lakonische Berichte: »An der westlichen Grenze lassen sich die Grenzsoldaten oft durch Gruppen von Flüchtlingen einschließen. Viele Soldaten haben Angst und wissen nicht wie sie sich verhalten sollen,« um nur zwei derartige Zitate zu nennen.*

Kommunistisch orientierte Medien hoben wieder die hohe Einsatzbereitschaft und den unbändigen Willen der Grenzwache hervor und fanden nur lobende Worte für die Männer an vorderster Front. »Unsere Soldaten leisten trotz widrigster Begleitumstände – mangelnde technische Ausrüstung, desolater Zustand des Fuhrparkes etc. – eine hervorragende Arbeit. Sie agieren äußerst menschlich und beweisen im Umgang mit diesen Menschen, die im Falle einer Festnahme zu zittern und zu weinen beginnen, viel »Fingerspitzengefühl«, obwohl sie von den Flüchtlingen oft überrannt werden und dadurch den Flüchtlingsstrom kaum stoppen können.«

HARDLINER ÜBEN HEFTIGE KRITIK *Vorgesetzte wieder kritisierten die mangelnde Ausbildung (von wem und wann sollten »die Grenzer« für diese für* *sie jetzt neue Situation geschult worden sein?? – die Führung der Grenzwache hatte ja selbst keine Ahnung wie sie mit dieser für sie ebenfalls neuen Situation umgehen sollte), unprofessionelles Verhalten, schmutzige Kleidung sowie Angstgefühl bei den einschreitenden Organen. »Das liberale Verhalten der Soldaten gefährde das Ansehen der Grenzwache«, hieß es von einigen Hardlinern. Welche Gesetze bzw. Dienstanweisungen sollten sie vollziehen, wenn es fast täglich neue Anordnungen gab?*

Da die ungarische Regierung ihren liberalen Kurs weiter fortsetzte, wurde das Land von ausreisewilligen DDR-Bürgern regelrecht überschwemmt. Kam man in die Nähe des Plattensees, so traf man dort fast ausschließlich Menschen aus der DDR an.

Bis zum Monatsende August 1989 wurden von der ungarischen Grenzwache etwa 10.000 Menschen beim Versuch, die Grenze illegal zu überschreiten, aufgegriffen. Davon kamen mindestens **7.500** *aus der DDR. Der überwiegende Teil dieser Flüchtlinge wurde ab Anfang August nach einem kurzen Verhör jedoch wieder auf freiem Fuß gesetzt. Dabei wurde ihnen im Falle einer neuerlichen Festnahme die Abschiebung in das Herkunftsland angedroht. Vor allem zu Beginn der Flüchtlingswelle zog die Polizei von Flüchtlingen, die bei einem gescheiterten Fluchtversuch festgenommen wurden, die für Ungarn gültige Aufenthaltsbewilligung ein. Genaue Aufzeichnungen darüber gibt es nicht. Man schätzt, dass es etwa 2.500 Personen waren. Bis 31. Juli 1989 wurden* **465 PERSONEN** *per Flugweg in die DDR abgeschoben und* **DIREKT AN AGENTEN DER STASI** *übergeben.*

Die Botschaft der Bundesrepublik Deutschland teilte mit, dass bis zur offiziellen Grenzöffnung am 11. September 1989 etwa 6.000 Bürgern aus der DDR die Flucht über die Grüne Grenze gelang.

19. AUGUST 1989 – »ICH KONNTE NICHT ANDERS«

Ende Juli hatte ich erfahren, dass für den 19. August 1989 in Sopronpuszta (ein Landstrich zwischen St. Margarethen und Steinabrückl – ungarisch Sopronköhida, bekannt durch die dortige Strafanstalt) ein Paneuropäisches Picknick geplant war. Es sollte ein Fest des Friedens werden, zu dem die Bevölkerung beider Staaten eingeladen wurde. Bei Gulasch, Würstel, Speck und Bier wollte man über die Zukunft Europas diskutieren und von Freiheit träumen. Dazu hatte man mittels Plakaten auch die Bürger aus St. Margarethen und Umgebung eingeladen. Den Ehrenschutz für dieses Fest hatte der EU-Abgeordnete

Otto Habsburg gemeinsam mit Imre Pozsgay, der damals Mitglied des Politbüros der USAP (Ungarische Sozialistische Arbeiterpartei) war, übernommen.

Um dieses Fest des Friedens gemeinsam feiern zu können bzw. den Menschen beider Staaten ein legales Überschreiten der Grenze zu ermöglichen, wurde zwischen St. Margarethen und Sopronkőhida ein provisorischer Grenzübergang eingerichtet. Ein verrostetes Gittertor an der Preßburger Straße, die einst Sopron mit der heutigen slowakischen Hauptstadt Bratislava (Pressburg) verband, wurde am 19. August 1989 zwischen 15:00 Uhr und 18:00 Uhr für den nationalen Grenzverkehr geöffnet. Grenzwachebeamte auf ungarischer und Zollwachebeamte auf österreichischer Seite sollten die Reisedokumente kontrollieren.

Nachdem sämtliche Genehmigungen für die Veranstaltung erteilt waren, wurde von uns ein Plan zur Grenzsicherung ausgearbeitet. Mit der Leitung des Einsatzes wurde ich jedoch erst am 16. August 1989 betraut. Auch mir war natürlich nicht verborgen geblieben, dass sich im Raum Sopron sowie auf dem Campingplatz in Fertőrákos hunderte DDR-Bürger, die bereits vom Plattensee kamen, aufhielten und auf eine günstige Gelegenheit zur Flucht lauerten. Da in den Gemeinden dies- und jenseits der Grenze Flugblätter verteilt wurden, erwarteten wir viele Besucher. Dass auch einige »Urlauber aus der DDR« an dem Fest teilnehmen werden, war uns selbstverständlich bekannt. Wir hatten auch bedacht, dass der eine oder andere einen Fluchtversuch unternehmen könnte und unser Einsatzkonzept darauf ausgerichtet. Gerechnet hatten wir mit der Bildung von kleinen Gruppen, die unabhängig voneinander durch den Wald über die Grenze flüchten könnten. Der Abbau des Stacheldrahtverhaues war ja bereits zügig fortgeschritten, die Löcher im Eisernen Vorhang »riesengroß«. Doch mit einem Ansturm von Menschenmassen, die sich durch nichts aufhalten lassen, haben wir einfach nicht gerechnet.

MEINEN HOCHZEITSTAG HATTE ICH MIR ANDERS VORGESTELLT *Nun kam dieser 19. August 1989. Obwohl es unser Hochzeitstag war, sollte es für mich ein Arbeitstag wie jeder andere werden. Mein Einsatzkonzept für den »Fall des Falles« hatte ich nicht nur in meiner Aktentasche, es war auch in meinem Kopf fest »verankert«. Doch was sollte mir passieren, hatte ich doch als Offizier der ungarischen Grenzwache genügend Diensterfahrung, um auch schwierige Situationen zu meistern. Ich ahnte nicht was mir bevorstand und welche folgenschwere Entscheidung ich an diesem Tag noch zu treffen hatte.*

Das »Tor bei St. Margarethen« wie es einst war – geschlossen von 1946 bis 1989.

Am frühen Morgen verabschiedete ich mich wie vor jedem Arbeitstag von meiner Familie. Bevor ich das Haus verließ, versprach ich meiner Frau, dass wir am Abend bei gutem Essen, Wein und Champagner mit unseren beiden Kindern den gemeinsamen Hochzeitstag feiern werden.

Bereits um die Mittagszeit war ein starker Zustrom zum Festgelände zu verzeichnen. Die Menschen waren entspannt und genossen den warmen Sommertag. Kurz vor 15:00 Uhr begab ich mich mit meinen Mitarbeitern zu diesem rostigen Gittertor, das nun als Grenzübergang diente, um mit den Beamten der österreichischen Zollwache letzte Details für die bevorstehende Grenzöffnung zu besprechen. Es war eine freundliche und entspannte Atmosphäre. Da ich die deutsche Sprache beherrsche, konnte ich mich mit den Kollegen sehr gut verständigen.

Doch plötzlich bemerkte ich auf der Anhöhe eines Weges eine Menschenmenge, die von ungarischer Seite kommend geradewegs auf das Tor zuging. Etwa 200 Personen waren es. Man hörte kein einziges Wort, ein Schweigen, das vollkommene Stille verbreitete. Kein Blatt rührte sich. Ich dachte zuerst, dass es die angekündigte Delegation sei, doch schnell war mir bewusst, dass ich mich geirrt hatte. Es waren Bürger der DDR – von einer kleinen Gruppe, worauf unser Einsatzkonzept ausgerichtet gewesen wäre, kein Gedanke. Ich verfiel für einen Augenblick in eine »Schockstarre«. Mir blieb keine Zeit zum Nachdenken. Durch meinen Kopf gingen tausende Gedanken, die ich nicht ordnen konnte. Ich hatte nämlich auch die Verantwortung für meine Kollegen zu tragen, denn schon bei einem einzigen Flüchtling, der es schaffte über die Grenze zu kommen, mussten wir mit disziplinären Maßnahmen rechnen. Was

Das Tor wird geöffnet – der Weg in die Freiheit beginnt.

soll ich nun tun? Welche Anordnungen soll ich treffen? Oh Himmel hilf mir! Doch zum Beten war keine Zeit. Ich musste handeln – und zwar schnell, und vor allem so, dass niemand zu Schaden kommt.

WAS BIN ICH FÜR EIN PECHVOGEL *dachte ich mir und bin für Sekundenbruchteile in Selbstmitleid verfallen. Doch all das nützte nichts. Die Menschenmenge setzte ihren Weg unbeirrt fort. Wie das Tor einer Schleuse, das den Wassermassen nicht standhalten kann, wurde dieses brüchige Gittertor, nachdem es mit Gewalt geöffnet worden war, bis zum Anschlag aufgedrückt. Im Gedränge brach Hektik aus. Alle hatten Angst und wollten so schnell es nur ging durch dieses Tor auf österreichisches Staatsgebiet. Männer, Frauen und Kinder sahen nur ein Ziel – Freiheit!!! Beim Passieren dieses rostigen Gittertores hatten sie zum Teil Freudentränen in den Augen, in den Händen kleine Kinder und auf den Schultern Rucksäcke, die ihr gesamtes Hab und Gut beinhalteten.*

Ich war ebenfalls sehr aufgeregt, denn ich musste sofort eine Entscheidung treffen, weil meine Kommandanten weder vor Ort, noch telefonisch erreichbar waren. Die gesamte Verantwortung für den Einsatz musste ich deshalb alleine tragen. Innerlich war ich – jedoch nur für Sekunden – wie gelähmt und für einen Augenblick handlungsunfähig. Doch äußerlich habe ich auch dann die Fassung nicht verloren, als meine Mitarbeiter von den Deutschen einfach beiseite geschoben wurden. »Nur keine Gewalt, niemand darf zu Schaden kommen, ich muss das durchstehen«, dachte ich mir. Und diese Gedanken zwangen mich, Ruhe zu bewahren. Ich habe in keiner Sekunde daran gedacht, Gewalt anzuwenden

»Es ist geschafft mein Junge - wir sind endlich frei«

bzw. dies zu befehlen. Mir war nur wichtig, dass die Situation keinesfalls eskalieren darf und niemand zu Schaden kommt. Deshalb ließ ich den Dingen freien Lauf. Ich wies meine Mitarbeiter an, einfach zur Seite zu schauen, sich umzudrehen bzw. wenn notwendig zur Seite zu treten. Eine Kontrolle der Reisedokumente bzw. eine Hinderung am Grenzübertritt ohne Gewalt wäre auch nicht mehr möglich gewesen. Mit jeder Minute wurde mir jedoch bewusster, dass ich durch diese Gesetzesverletzung für Jahre in einem Gefängnis landen könnte.

»Ein zweifelhafter Vorwurf gegen mich, weil ich bestehende Gesetze nicht vollzogen habe. Durch einen Warnschuss sollte die Menschenmenge gestoppt werden. Ein Disziplinarverfahren wurde mir angedroht.«

Etwa eine Stunde nach der Grenzöffnung – es ist etwa 16:00 Uhr – kommt der stellvertretende Grenzabschnittskommandant, Oberstleutnant Gyula Kovacs, in Zivilkleidung zum Gittertor, durch das zu diesem Zeitpunkt bereits zahlreiche Flüchtlinge auf österreichisches Staatsgebiet drängen. Kovacs geht sofort auf mich zu und macht mich dafür verantwortlich, dass gegen diese Massengrenzverletzung von den ungarischen Grenzbeamten nichts unternommen wird. Er wirft mir Untätigkeit vor und sagt wörtlich zu mir:

»Du hast noch keinen einzigen Warnschuss abgegeben um diesen illegalen Grenzübertritt zu verhindern. Ich werde ein Verfahren gegen dich einleiten.«

ANMERKUNG: *Ein Verfahren gegen mich wurde zwar eingeleitet, dieses wurde jedoch vom Grenzwachabschnittskommandanten Colonel Istvan Franko nicht weiterverfolgt.*

ELTERN GELINGT DIE FLUCHT – IHR KIND WIRD FESTGEHALTEN *Anschließend erteilt mir Kovacs den Befehl, sofort Ordnung zu schaffen. Auf meine Frage, ob bzw. mit wem und wie ich das Gittertor nun schließen und die Menschenmenge aufhalten soll, gibt er mir keine Antwort. Er geht weiter zu einem meiner Mitarbeiter, um ihm – und wahrscheinlich auch mir – zu zeigen, wie man die Flüchtenden am illegalen Grenzübertritt hindert!!! Als eine Gruppe von DDR-Bürgern an ihm – Kovacs – in Richtung Österreich vorbeigeht, ergreift er einen Mann am Arm und zieht ihn zurück. Die anderen gehen einfach weiter. Ein junger unerfahrener Feldwebel (Grenzwachebeamter) beobachtet Kovacs dabei und sieht sich ebenfalls zum Handeln gezwungen. Er hindert einen etwa zehn Jahre alten Jungen am Grenzübertritt, dessen Eltern sich bereits auf österreichischem Staatsgebiet befinden.*

Der Mann, den Kovacs festhält, reißt sich los, worauf er – Kovacs – zu dem Feldwebel geht und diesen für sein vorbildliches Verhalten lobt. Obwohl die Situation weiter unübersichtlich ist und die Menschen unentwegt durch das Gittertor drängen, verlässt Kovacs den Grenzbereich und fährt zurück nach Sopron. Er will sich seine Uniform anziehen!!! Der Feldwebel freut sich, dass er von seinem Vorgesetzten gelobt wird, verlässt nun zufrieden den Kontrollposten und bewacht das Kind.

Ich bin weiter auf mich allein gestellt. Kovacs hat mir zwar befohlen, Ordnung zu schaffen, wie ich das machen soll, hat er mir jedoch nicht gesagt. Eines ist mir klar, einen Warnschuss werde ich persönlich nicht abgeben und auch keinem meiner Mitarbeiter anordnen das zu tun. Dass wir die Flüchtlinge nicht aufhalten können ist mir bewusst.

Doch was wird aus dem Kind, wenn es tatsächlich nicht über die Grenze kommt? Ich fürchte, dass die westlichen Medien über den Vorfall berichten werden. Sie werden uns sicher vorwerfen, dass wir nicht in der Lage waren, Hunderte Flüchtlinge am Grenzübertritt zu hindern, einem kleinen Kind jedoch mit Körperkraft verwehrt haben, zu seinen Eltern über die Grenze zu gehen. Und diese Verantwortung habe ich zu tragen. Was jedoch viel schlimmer für mich ist, dass ich diese Vorgangsweise mit meinem Gewissen nicht vereinbaren kann.

HAPPY END – DAS KIND KOMMT ZU SEINEN ELTERN *Ich blicke auf die österreichische Seite und sehe eine kleine Gruppe von Flüchtlingen, – darunter auch die Eltern des Kindes – die sich mit zwei österreichischen Zollwachebeamten,* *aufgeregt und mit den Händen wild gestikulierend, unterhalten. Sie deuten immer wieder auf den ungarischen Kontrollpunkt, wo sich das Kind befindet. Mir ist sofort klar, dass in Kürze einer der österreichischen Zöllner zu mir kommen wird. Ich muss unbedingt eine Lösung finden, weil es sonst zu einem ernstlichen Zwischenfall kommen wird. Wenn ich den Befehl meines Vorgesetzten befolge, wird die Lage eskalieren, lasse ich das Kind über die Grenze, muss ich damit rechnen, dass ich zur Verantwortung gezogen werde. Doch für mich ist sofort klar – ich werde das Risiko eingehen und dem Jungen einen Grenzübertritt ermöglichen.*

Wie erwartet kommt der österreichische Zollwachebeamte Johann Göltl zu mir und fragt mich nach dem Kind. Er bittet mich, den Jungen freizulassen und ihm den Grenzübertritt zu ermöglichen. Ich erkläre Göltl, dass ich den Befehl meines Vorgesetzten nicht aufheben kann und suche weiter nach einer Lösung. Während Johann Göltl zurecht enttäuscht nach Österreich zurückgeht, beobachte ich, wie der Zöllner Walter Horvath den Kontakt zu dem Feldwebel sucht. Um Göltl schart sich nun neuerlich die Gruppe mit den Eltern des Kindes, denen er von seiner erfolglosen Mission erzählt.

Mir ist bewusst, dass ich nun schnell handeln muss und mir fällt zum Glück plötzlich ein, wie ich das machen werde. Ich beordere den Feldwebel zu mir, wodurch das Kind unbewacht in unmittelbarer Nähe des Gittertores alleine zurückbleibt. Dabei hoffe ich, dass Horvath reagieren, über die Grenze kommen und das Kind zu seinen Eltern auf österreichisches Staatsgebiet bringen wird. Und tatsächlich – es kommt so wie ich mir das erhofft habe. Während ich den Feldwebel frage, weshalb er das Kind dort bewacht und er mir erzählt, dass er dies über Anordnung des Stabschefs (Kovacs) tut und auf seine weiteren Weisungen wartet, kommt Walter Horvath tatsächlich über die Grenze. Er erfasst das Kind und bringt es zu meiner Freude zu seinen auf österreichischer Seite wartenden Eltern. Nachdem ich gesehen habe, dass der Bub nun in Österreich ist, danke ich dem Feldwebel für seine Meldung und schicke ihn wieder zu seinem ursprünglichen Standort zurück. Mit Spannung erwarte ich, wie er reagieren wird, wenn er sieht, dass das Kind verschwunden ist. Der Feldwebel ist zwar überrascht, dass der Junge weg ist, blickt in die Menge und kümmert sich nicht weiter darum. Für ihn war der Fall abgeschlossen.

Nachdem dieser Vorfall zur Zufriedenheit aller Beteiligten – was mich besonders freut – erledigt ist, sehe ich den Kommandanten der Zollwachstelle Sopron, Miklós Jenöfi, mit einem weiteren Beamten.

Jenöfi trug Zivilkleidung und war bereits zum Zeitpunkt der Grenzöffnung vor Ort. Warum und weshalb weiß ich nicht. Er ist zur Zeit der illegalen Grenzübertritte auch nicht in Erscheinung getreten, hat sich am Straßenrand in der Nähe des Gittertores aufgehalten und das Geschehen beobachtet.

Plötzlich kommt Johann Göltl neuerlich zu mir, ist sehr aufgeregt und beschwert sich über unsere Vorgangsweise. In das Gespräch mengt sich nun auch Jenöfi ein und kündigt an, dass er sich über das Verhalten der österreichischen Zollwachebeamten – die das Kind seiner Ansicht nach unberechtigt aus Ungarn entführt haben – via Außenministerium beschweren wird. Göltl ist darüber sehr erbost, fragt mich um meine Meinung und ersucht mich, mit meinem Kommandanten zu sprechen und wenn möglich auf ihn Einfluss zu nehmen, diese Beschwerde nicht weiterzuleiten. Ich kann Göltl beruhigen und sage ihm, dass ich als Einsatzleiter auf ungarischer Seite die Verantwortung trage.

Mit Miklós Jenöfi habe ich über den Vorfall dann tatsächlich noch gesprochen. Er fragte mich, ob ich gesehen habe, was die österreichischen Zollwachebeamten getan haben. Ich bejahte dies und stellte die Gegenfrage, wobei er mir zur Antwort gab, dass auch er die »Kindesentführung« beobachtet habe. Als er mir vorwarf, diese Straftat nicht verhindert zu haben, kam es zu einer kurzen wörtlichen Auseinandersetzung, wobei ich ihm ebenfalls Untätigkeit vorwarf.

Soweit mir bekannt ist, hat es über das ungarische Außenministerium keine Beschwerde gegen die beiden österreichischen Zöllner gegeben. Das Verfahren gegen mich wurde, wie bereits angeführt, eingestellt.

ICH BIN STOLZ AUF MEINE ENTSCHEIDUNG *Wenn ich zurückdenke, so bin ich heute stolz auf meine damalige Vorgangsweise, jedoch auch auf meine Mitarbeiter, die nicht die Nerven verloren und sich äußerst besonnen verhalten haben. Hätte ich seinerzeit nach den noch immer bestehenden Gesetzen gehandelt und Befehle wie vorgesehen erteilt, so wäre der illegale Grenzübertritt zuerst durch Anwendung von Körperkraft zu verhindern gewesen. Dabei wäre es mit Sicherheit zu einer tätlichen Auseinandersetzung gekommen, die wahrscheinlich im Falle der Notwehr zu einem* **SCHUSSWAFFENGEBRAUCH** *geführt hätte. Verletzte und Tote wären die Folge gewesen. Aber was wäre dann passiert und wie würde ich heute damit leben? Daran will ich nicht denken. So konnten etwa 750 Personen in die Freiheit entkommen.*

INFORMATION AUS DEN MEDIEN *Meine Familie hatte die Ereignisse via*

Radio Burgenland sowie im österreichischen Fernsehen verfolgt. Chaos an der Grenze! Hunderte DDR-Bürger flohen in den Westen!

Es waren Schlagzeilen, die meine Frau – sie verstand alles, weil sie fließend Deutsch sprach – und die Kinder in Furcht und Unruhe versetzten. Und mittendrin der Mann, der Vater als Entscheidungsträger.

Als ich am Abend müden Schrittes in meine Wohnung kam, waren die ersten Worte meiner Frau: »Wer soll für die Familie sorgen, wenn du im Gefängnis sitzt?« Eine Antwort auf diese Frage habe ich ihr nie gegeben. Zum Feiern unseres Hochzeitstages war mir übrigens auch nicht mehr zumute.

FREISPRUCH UND HOHE AUSZEICHNUNGEN Für viele Offizierskollegen galt Árpád Bella zunächst als Verräter. Doch wie die Geschichte gezeigt hat, haben Glasnost und Perestroika die Oberhand behalten. Der stellvertretende Grenzwachkommandant, Oberstleutnant Gyula Kovacs, strebte wie angekündigt ein Verfahren wegen Dienstpflichtverletzung gegen Árpád Bella an. Sein Chef, Grenzwachkommandant Colonel István Frankó, hat diese Anzeige nach Einvernahme aller Betroffenen jedoch eingestellt und nicht weitergeleitet.

Oberstleutnant in Ruhe, Árpád Bella, hat mit der Demokratisierung Ungarns für sein hohes Maß an Verantwortungsgefühl anlässlich der Ereignisse des Jahres 1989 viele Ehrungen erfahren. Unter anderem wurde er vom ungarischen Präsidenten mit dem **VERDIENSTORDEN DER REPUBLIK UNGARN** ausgezeichnet, von seiner Heimatstadt Sopron wurde ihm das **EHRENZEICHEN** für Verdienste um diese Stadt verliehen.
Am 22. Februar 2011 wurde er mit dem **VERDIENSTKREUZ AM BANDE DES VERDIENSTORDENS DER BUNDESREPUBLIK DEUTSCHLAND** ausgezeichnet. Bei einem internationalen Symposium, – »Cinema for Peace Heroes Gala« – das im November 2014 im Hotel Adlon in Berlin stattfand, wurden einige Prominente geehrt, die sich um den »Mauerfall« besondere Verdienste erworben haben. Unter anderem wurde dem früheren Präsidenten der Sowjetunion, Michail Gorbatschow, der Titel »Mann des Jahrhunderts« verliehen. Árpád Bella war ebenfalls Gast dieser Veranstaltung und wurde für seinen Einsatz beim »Tor zur Freiheit« als **»HELD DES FRIEDENS«** geehrt.

Wenn über die Ereignisse des Jahre 1989 bzw. über die Flucht durch das »Tor bei St. Margarethen« berichtet wird, so ist Árpád Bella, »der Grenzer am

Michail Gorbatschow (sitzend) begrüßt Árpád Bella in Berlin, daneben Miklós Németh, damals ungarischer Ministerpräsident, neben Németh (links) Johann Göltl

Eisernen Vorhang«, ein weltweit begehrter Interviewpartner in Printmedien und Fernsehen. Wahrheitsgetreu und ohne persönliche Bewertung der politischen Situation schildert er ausführlich die dramatischen Stunden dieses 19. August 1989. Obwohl er Heldenmut bewies, betont er immer wieder: »Ich bin kein Held, für mich waren und sind Menschen wichtiger als Gesetze.«

»**Man suchte damals keine Helden, sondern nur Sündenböcke. Doch niemand war bereit, die Verantwortung für eine Anklage zu übernehmen.**«
   OBERST ISTVÁN FRANKÓ, GRENZWACHKOMMANDANT SOPRON.

30 JAHRE DANACH – VOM »VERRÄTER ZUM HELDEN« *Wenn ich meine Vorgangsweise an diesem 19. August 1989 nach 30 Jahren betrachte, so bin heute noch stolz darauf, dass ich damals so gehandelt habe. Aber nicht nur ich, auch meine Kollegen vor Ort haben in diesen schweren Stunden bewiesen, dass sie keine Gewalt gegen Menschen anwenden wollen. Sie haben äußerst besonnen und mit viel menschlichem Einfühlungsvermögen reagiert und dadurch eine Eskalation des Geschehens verhindert. Die Geschichte hat gezeigt, wie schnell man vom Verräter zum Helden werden kann. Ich habe es am eigenen Leib verspürt.*

Niemand hätte – noch zu Beginn des Paneuropäischen Picknicks – gedacht, dass an diesem 19. August 1989 ein »winziges Stück« aus der Berliner Mauer geschlagen wird. Und wir Grenzer am Eisernen Vorhang zwischen Sopron und St. Margarethen haben dazu – nichts ahnend – auch noch einen kleinen Beitrag geleistet.

Sie standen an diesem denkwürdigen 19. August 1989 dies- und jenseits des Eisernen Vorhanges und hatten schwerwiegende Entscheidungen zu treffen. Seit Jahren sind sie nun Freunde und halten regelmäßig Kontakt zueinander. Über Einladung des damaligen burgenländischen Landespolizeidirektors Mag. Hans Peter Doskozil traf man sich 24 Jahre später beim »Tor von St. Margarethen«. Beide schilderten dem obersten Sicherheitschef des Burgenlandes die dramatischen Ereignisse jener Stunden an diesem rostigen Gittertor, die sie ihr ganzes Leben niemals vergessen werden.

Für mich grenzt es heute noch an ein Wunder, dass es gelungen ist, diesen quer durch unseren Kontinent verlaufenden Eisernen Vorhang ohne »Blutvergießen« zu entfernen und dadurch eine geopolitische Neuordnung in Europa herbeizuführen. Ich denke, dass das nur möglich war, weil die damals verantwortlichen Politiker sehr besonnen gehandelt haben und sich der Gefahr, die den Bürgern im Falle einer Gewaltanwendung gedroht hätte, bewusst waren.

Wenn ich diese 30 Jahre Revue passieren lasse, so ist nicht alles so gekommen, wie ich mir das erhofft habe. Wir Ungarn sind zwar frei, wir sind aber noch lange nicht am Ziel. Die Menschen in unserem Lande haben keinesfalls den Wohlstand der westeuropäischen Staaten erreicht. Es ist noch viel zu tun.

Doch eines haben wir geschafft: wann immer wir wollen, können wir in (fast) jeden Staat der Welt reisen. Der Reisepass liegt zu Hause im Wohnzimmer und nicht auf irgendeiner Behörde. Obwohl ich mit dem Eisernen Vorhang aufgewachsen bin und auch dort meinen Dienst verrichtet habe, ist es für mich heute unvorstellbar, dass ein Stacheldraht das Zusammenleben der Menschen dies- und jenseits der Grenze unterbindet. Ich blicke deshalb sehr positiv in die Zukunft und hoffe, dass es diesen Menschen verachtenden Grenzzaun mit all seinem Schrecken nie mehr geben wird.

SCHWERER GRENZZWISCHENFALL BEI KÓPHÁZA – ÁRPÁD BELLA MUSSTE DIE FLÜCHTLINGE BERUHIGEN UND DIE EIGENEN SOLDATEN VOR TÄTLICHKEITEN DURCH DIE AUFGEBRACHTE BEVÖLKERUNG DES DORFES SCHÜTZEN

Nur wenige Tage nach diesem denkwürdigen **19. AUGUST 1989** ereignete sich bei Kópháza ein weiterer schwerer Grenzzwischenfall. Am **23. AUGUST 1989 (LAUT ANGABEN DER ZEUGEN MÁRIA PILSITS FERENC TASCHNER AM 15. AUGUST 1989,)** wollten – offiziellen Aufzeichnungen zufolge – 62 (54 Erwachsene und acht Kinder) DDR-Bürger über bzw. durch den Stacheldrahtverhau in die österreichische Gemeinde Deutschkreutz flüchten. Warnschüsse wurden abgegeben. Einheimische erklärten sich mit den Flüchtlingen solidarisch und wären beinahe gegen die eigenen Soldaten tätlich vorgegangen.

OBERSTLEUTNANT IN RUHE, ÁRPÁD BELLA, stand damals zum zweiten Mal im Mittelpunkt des Geschehens. Als die Situation zu eskalieren schien, wurde der erfahrene Offizier, dem man wegen seines Verhaltens – am **19. AUGUST 1989 BEIM »TOR DER FREIHEIT«** – sämtliche Kompetenzen entzogen hatte, von seinen Vorgesetzten in Sopron nach Kópháza beordert. Die Dorfbewohner zeigten keinesfalls Verständnis für die Vorgangsweise der Soldaten und beschimpften diese. Sie wären wahrscheinlich auch bereit gewesen, im Falle einer weiteren Anhaltung der Flüchtlinge gegen die »Ordnungskräfte« Gewalt anzuwenden. Da Bella fließend Deutsch spricht, konnte er sich mit beiden Seiten der aufgebrachten Menschenmenge verständigen. Durch viel Einfühlungsvermögen und überlegtes Vorgehen – wobei er immer bedacht war, körperlichen Schaden von allen Beteiligten abzuwenden – ist es ihm gelungen, gemeinsam mit der damals amtierenden Bürgermeisterin von Kópháza, Mária Pilsits, eine Katastrophe zu verhindern.

Mit Mária Pilsits habe ich dazu ein Interview geführt. Siehe: **»WARNSCHÜSSE DURCH SOLDATEN DER UNGARISCHEN GRENZWACHE BEI KÓPHÁZA – BEVÖLKERUNG ERKLÄRTE SICH MIT DEN FLÜCHTLINGEN SOLIDARISCH – DROHENDE KATASTROPHE KONNTE DURCH AUTORITÄT DER BÜRGERMEISTERIN ABGEWENDET WERDEN«**

OBERSTLEUTNANT IN RUHE, ÁRPÁD BELLA, musste bereits vier Tage nach der temporären Grenzöffnung beim »Tor zur Freiheit« nahe St. Margarethen eine äußerst gefährliche Situation »bereinigen«. Darüber erzählt er:

An diesem 23.(15.) August 1989 sollte ich am Straßen-Grenzübergang zwischen Kópháza und Deutschkreutz bei der Ehrung des »Einmillionsten« Grenzgängers anwesend sein. Da man mit meinem Verhalten beim »Tor zur Freiheit« nur wenige Tage zuvor nicht einverstanden war, wurden mir sämtliche Kompetenzen entzogen. Ich war etwas in »Ungnade« gefallen. Doch mit einem Mal änderte sich die Situation. Meine Vorgesetzten »erinnerten« sich plötzlich meiner Fähigkeiten, schwierige Situationen ohne Gewaltanwendung zu lösen. Wahrscheinlich hatten auch einige Angst, sich freiwillig einer drohenden Konfrontation zu stellen. Dass ich fließend Deutsch spreche, war meinen Vorgesetzten »sehr willkommen«.

Gegen 17:00 Uhr beorderte man mich nach Kópháza, weil es dort am Nachmittag einen schweren Grenzzwischenfall gegeben hatte. Beim Eintreffen in Kópháza begegnete ich zufällig der Bürgermeisterin – Mária Pilsits. Das war für mich sehr hilfreich, weil sie bereits seit Längerem vor Ort war und mir die notwendigen Informationen geben konnte. Wir gingen gemeinsam zum Warteraum des Bahnhofes, wo sich 62 (Eintragung im Dienstbuch der Grenzwache ersichtlich) aufgebrachte Flüchtlinge – darunter acht Kinder – sowie ca. 80 Einheimische aufhielten, die sich mit den Flüchtlingen solidarisch erklärt hatten. Unter den Flüchtlingen wurde kolportiert, dass ein kleines Mädchen während der Flucht bei einer Schießerei durch eine Kugel verletzt worden sei – die Flüchtlinge wussten ja nicht, dass »lediglich« Warnschüsse in die Luft abgegeben wurden.

Wie sich später herausstellte, war das ein Missverständnis. Das Kind hatte an der Schulter eine epitheliale (leichte Hautabschürfung) Wunde, die mit an Sicherheit grenzender Wahrscheinlichkeit von keinem Geschoß aus einer Waffe herrühren konnte. Die Verletzung könnte sich das Mädchen vermutlich auf der Flucht am Ast eines Baumes bzw. beim Durchqueren eines Gestrüpps zugezogen haben.

Die Situation war derart angespannt, dass ein tätliches Vorgehen gegen die eigenen Soldaten nicht ausgeschlossen werden konnte. Sie wollten unbedingt mit einem Offizier der Grenzwache sprechen und verlangten Aufklärung. Im Warteraum befanden sich zwei Kameraleute aus Dänemark und Deutschland, denen die Soldaten ihre Kameras abnehmen wollten.

FILME AUSGEFOLGT – JOURNALISTEN AUF FREIEM FUSS GESETZT Ich ersuchte die Bürgermeisterin vorerst mit den »Rädelsführern« zu reden und ihnen zu erklären, dass wir nichts unversucht lassen werden, um für alle eine – ohne Gewaltanwendung – zufriedenstellende Lösung zu finden. Mária Pilsits fand *dank ihrer Persönlichkeit und Akzeptanz in der Bevölkerung die richtigen Worte und konnte die Situation etwas »entschärfen«. Da ich sofort erkannte, dass niemand Verständnis zeigte, weil man die Journalisten festhielt und ihnen die Kameras abnehmen wollte, begab ich mich sofort zu ihnen und überprüfte ihre Reisepässe. Diese waren in Ordnung. Die Reporter aus Dänemark waren am gleichen Tag – 23.(15.) August 1989 – beim Grenzübergang Sopron legal nach Ungarn eingereist und zufällig auf die Flüchtlinge getroffen.*

Das dänische Fernsehteam konnte keine Drehgenehmigung vorweisen. Die Reporter aus Deutschland verfügten zwar über eine derartige Bewilligung, diese galt jedoch nur für Budapest und war außerdem bereits am 22. (14.) August 1989 (einen Tag vor diesem Tumult) abgelaufen. Nach den damals geltenden ungarischen Gesetzen hätte ich die Journalisten deshalb festnehmen und zur weiteren Vernehmung auf eine Polizeidienststelle bringen müssen. In Anbetracht der angespannten Situation konnte ich dieses Risiko keinesfalls eingehen, weil sich der Zorn der bereits sehr aufgebrachten Menschen eventuell auch an uns hätte »entladen« können. Außerdem wollte bzw. musste ich Zeit gewinnen und sofort Maßnahmen setzen, um die Proteste der Flüchtlinge sowie der Einheimischen so schnell wie nur möglich zu beenden.

Deshalb sah ich mir die Filme sofort an und stellte fest, dass sie mit keinem unserer Sicherheitskräfte ein Interview geführt hatten. Auf den Bildern waren ausschließlich Flüchtlinge und nur schemenhaft Soldaten auf den Straßen von Kópháza zu sehen. Da diese Vorgangsweise gegen keine gesetzlichen Bestimmungen verstieß, gab ich das Filmmaterial zurück und setzte die Journalisten auf freiem Fuß. Gemeinsam konnten wir dann die aufgebrachten Menschen beruhigen und eine tätliche Auseinandersetzung verhindern.

BEFREMDEND *ist für mich heute noch die Tatsache, dass meine Vorgesetzten nicht die in den Straßen des Dorfes aus Maschinenpistolen abgegebenen Warnschüsse – es wurden insgesamt 158 Patronen verschossen – interessierten. Sie wollten nur wissen, ob die Kamerateams im Besitz einer Drehgenehmigung sind. Dass die Einheimischen gegen das Vorgehen der Grenzwachesoldaten protestierten, war für meine Behörde ebenfalls zweitrangig.*
Am Abend hat sich dann der Zorn einiger Bürger von Kópháza neuerlich entladen und gegen uns gerichtet. Nach einer Besprechung bei der Bürgermeisterin wurde unser Fahrzeug auf der Heimfahrt nach Sopron von Einheimischen, die sich noch auf der Straße befanden, angehalten.

»Als die Einheimischen den Wagen sahen und uns als Grenzpolizisten erkannten, haben sie uns kurz angehalten, das Auto bespuckt und uns – mit den Händen wild gestikulierend – gedroht.«

WÖRTLICHES ZITAT VON ÁRPÁD BELLA.

Es ist aber zu keinem weiteren Zwischenfall gekommen. Wir konnten Kópháza ungehindert verlassen.
Über diesen Vorfall gab es am 26.8.1989 einen Bericht im ungarischen Fernsehen. In der landesweit ausgestrahlten Sendung »Panorama« hat sich der Redakteur György Kalmár sehr kritisch über den Einsatz geäußert. Er hat vor allem die Vorgangsweise der Grenzwache – insbesondere die Abgabe der Warnschüsse, die Beteiligung der Arbeitermiliz am Grenzschutz sowie die Abweisung der DDR-Bürger aus der Grenzregion – kritisch hinterfragt. Dass es ein angesehener Journalist wagte, indirekt die Regierung öffentlich – und das auch noch im staatlichen Fernsehen – zu kritisieren, war damals nahezu undenkbar. Und doch ist es geschehen. Es war ein erstes Zeichen, dass man objektiv berichten will und die Bevölkerung keinesfalls mit dem Verhalten der Staatsgewalt einverstanden ist.

DIE DRAMATISCHE FLUCHT DER FAMILIE PFITZENREITER

IN NUR DREI TAGEN VON BREITENWORBIS IN THÜRINGEN DURCH »DAS TOR ZUR FREIHEIT« BIS NACH FRANKFURT AM MAIN

Margret und Hermann Pfitzenreiter kamen 29 Jahre nach ihrer dramatischen Flucht wieder an jeden Ort zurück, an dem sie einst die ersten Schritte in die Freiheit setzten.

MARGRET UND HERMANN PFITZENREITER erlangten via Westfernsehen im Mai 1989 Kenntnis, dass Ungarn mit dem Abbau des Eisernen Vorhanges begonnen hatte. Sie sahen darin eine reelle Chance zur Flucht, stellten einen Visaantrag und erhielten – zu ihrer eigenen Überraschung – die Genehmigung zur Fahrt in die Ferien. Die als Urlaubsreise getarnte Flucht führte Margret und Hermann Pfitzenreiter mit ihren beiden Kindern – damals acht und 15 Jahre alt – im August 1989 vorerst über die Tschechoslowakei nach Ungarn. Nach einem kurzen Zwischenstopp wollten sie nach Jugoslawien weiterfahren und anschließend über die als allgemein etwas leichter zu überwindende Grenze nach Österreich flüchten. Doch es kam alles ganz anders.

In Bratislava verweigerte man ihnen den Bezug eines Hotelzimmers, weil sie über keine Westmark verfügten. Nach einer schlaflosen Nacht, die die Familie im Auto verbringen musste, fuhren sie weiter nach Ungarn. Dort wurden sie kurzfristig festgenommen, verhört, wieder freigelassen und landeten schlussendlich auf dem Campingplatz in Fertörákos. Durch ein Flugblatt erfuhren sie von dem Paneuropäischen Picknick und flüchteten durch das »Tor zur Freiheit« bei St. Margarethen – am 19. August 1989 – über die Grenze ins Burgenland.

»Als der Rezeptionist eines Hotels in Bratislava nach der Zusage, an uns Zimmer zu vermieten, den Wartburg sieht, sagt er uns, dass wir in dem Hotel nur dann nächtigen können, wenn wir in Westgeld bezahlen.

Wir entgegnen ihm, dass wir keine D-Mark haben, worauf er uns zu verstehen gibt, dass er uns dann die Zimmer nicht überlassen kann.«

WÖRTLICHES ZITAT VON MARGRET UND HERMANN PFITZENREITER.

MARGRET UND HERMANN PFITZENREITER, beide Jahrgang 1953, sind in der etwa 2.000 Einwohner zählenden Gemeinde Breitenworbis aufgewachsen. Breitenworbis liegt im Bundesland Thüringen, Landkreis Eichsfeld, ca. 100 Kilometer südlich von Erfurt.

Da der Ort nur zwölf Kilometer von der einstigen innerdeutschen Grenze entfernt war, waren die Menschen über diese skrupellose Grenzsicherung weit besser als in so manchen anderen Gebieten der DDR informiert. Stacheldraht, Minenfelder und Selbstschussanlagen stellten eine unüberwindbare Barriere dar und verhinderten ein Entkommen aus dem einstigen »Gefängnis dieses Staates«.

Vor der Grenze gab es außerdem noch ein Sperrgebiet, das nur wenige Kilometer vom Elternhaus von Hermann Pfitzenreiter entfernt war. Dieses Sperrgebiet, das bereits fünf Kilometer vor der eigentlichen Grenze begann, wurde in drei Sperrzonen unterteilt. Ein Vordringen bis zum Stacheldraht war nur unter äußerster Lebensgefahr möglich, weil sich etwa 500 Meter davor ein Minenfeld sowie eine Selbstschussanlage befanden.

DDR-Bürger die innerhalb dieses Sperrgebietes wohnten, durften dort keine Besuche empfangen, weil es für Fremde strengstens untersagt war, diese Zone zu betreten. Wenn Verwandte aus dem Westen zu Besuch kamen, so musste man sich eben außerhalb dieses Sperrgebietes treffen. Besucher durften keinesfalls bei ihren Bekannten innerhalb des Sperrgebiets nächtigen.

HERMANN PFITZENREITER ERZÄHLT ÜBER SEIN LEBEN IN DER DDR

FUSSBALLSPIELE IM SPERRGEBIET – GEGNER DURFTE NUR MIT 15 MANN ANREISEN
Bis zu meiner Flucht im Jahre 1989 war ich aktiver Fußballer. Hatte eine Mannschaft innerhalb dieses Sperrgebietes ein Spiel gegen einen dort ansässigen Gegner zu bestreiten, so hatte dieser Verein eine Liste mit 20 Personen zu erstellen. Diese Liste musste bei den Behörden hinterlegt und um »Einreisegenehmigung« in das Sperrgebiet angesucht werden. Von diesen 20 Namen wurden dann fünf gestrichen, 15 durften zum Spiel fahren. Die Anreise war nur mit einem Bus erlaubt. Im Bus bekam jeder Spieler bzw. Funktionär

seinen Platz zugewiesen. Darüber musste eine Liste angefertigt werden, worauf man ersehen konnte, welche Person sich auf welchem Sitz befindet. Aufgrund dieser Aufzeichnungen konnten die Kontrollorgane leicht überprüfen, ob die »Kopfzahl« auch tatsächlich mit den auf der Liste angeführten Personen bzw. mit deren Identität übereinstimmte.

NOTAR WAR MITARBEITER DER STASI Bereits in meiner frühesten Kindheit wurde ich in meinem Elternhaus mit dem Wort Stasi konfrontiert, wusste daher was dieses Wort bedeutet und kannte deren abscheuliche Tätigkeiten. Da wir keinesfalls regimetreu waren, hat man nämlich hinter »vorgehaltener Hand« sehr oft über die Bespitzelung durch diesen allseits verhassten Geheimdienst gesprochen. Meine Mutter hat diese Menschen verachtende Diktatur aus »gutem Grund« abgelehnt und mich daher entsprechend erzogen. Man hat uns enteignet, wir »durften jedoch aus Gottes Gnaden« weiter im eigenen Haus als Hauptmieter wohnen und mussten dafür auch noch Miete bezahlen!! Dass meine Familie dieses Regime ablehnte, habe ich schon in meiner frühesten Kindheit gespürt, weil man in der Schule besonders auf mich – das heißt auf mein Verhalten und auf meine Äußerungen – geachtet hat.

Mein Großvater – Vater meiner Mutter – war ein Bauer und bewirtschaftete zu Beginn der 1950er Jahre eine große Landwirtschaft. Im Jahre 1956 verließ er illegal die DDR und wanderte in die Bundesrepublik aus. Da mein Vater 1953 verunglückte, legte er via Testament fest, dass der gesamte Besitz meinem Bruder und mir übertragen werden muss. Wir durften aber dieses Erbe nicht antreten, weil Opa inzwischen seinen Wohnsitz in der BRD hatte. Deshalb habe ich eine Klage eingebracht, die jedoch abgewiesen wurde. Der Notar hat mich noch entrüstet gefragt, was ich mir anmaße, gegen eine Verfügung des Staates ein Rechtsmittel einzubringen. Zu allem Überdruss wurde uns auch noch nahegelegt, aus unserem Haus, in dem wir jetzt nur mehr als Mieter wohnten, auszuziehen. Doch damit nicht genug. Das Haus wurde von der Gemeinde für 5.000.- Ostmark an einen Interessenten verkauft und wir mussten in ein gegenüberliegendes Objekt einziehen. Später habe ich erfahren, dass der Notar ein Mitarbeiter der Stasi war.

MILITÄRDIENST UND HEIRAT Nach Beendigung meiner Pflichtschulzeit wählte ich unter einer »Handvoll« mir angebotenen Berufen – eine gänzlich freie Berufswahl hatte ich nicht – den Beruf eines Schlossers. Das Werk in dem ich *arbeitete erzeugte Kunstdünger, der in alle Welt exportiert wurde. Nach der Lehre wurde ich in die Volksarmee eingezogen, lehnte jedoch den Dienst an der Grenze ab und verzichtete somit auf zahlreiche Vergünstigungen. Nach genau 546 Tagen, in denen ich viele Schikanen – worüber ich nicht öffentlich sprechen möchte – über mich ergehen lassen musste, durfte ich abrüsten.*

Im Jahre 1974 heiratete ich meine Gattin Margret, die ebenfalls als nicht regimetreu galt. Außerdem war sie nicht Mitglied der FDJ (Freie deutsche Jugend) und hatte ebenso wie ich bereits in ihrer Schulzeit Probleme mit der Bespitzelung durch Mitarbeiter der »allgegenwärtigen« Stasi. Doch nun kam das nächste Problem auf uns zu – wir suchten eine Wohnung.

Da wir den Behörden aus den Akten der Stasi als »keinesfalls zuverlässige Bürger« bekannt waren, hätten wir auf eine eigene Unterkunft einige Jahre warten müssen. Als Fußballspieler war ich jedoch etwas »privilegiert« und verfügte außerdem noch über einige Kontakte zu maßgeblichen Personen. Das verkürzte die Wartezeit erheblich und wir konnten bald unsere eigenen vier Wände beziehen.

ERSTE REISE IN DEN WESTEN *Durch die unmittelbare Grenznähe meiner Heimatgemeinde Breitenworbis konnten die Bürger – selbstverständlich auch Margret und ich – problemlos Westfernsehen empfangen. Wir waren daher über die Ereignisse in aller Welt bestens informiert. Nahezu jeder Haushalt sah somit die Sendungen von ARD und ZDF, doch niemand sprach darüber. Klopfte es an der Tür, so wurde sofort auf das Programm eines DDR-Senders umgeschaltet.*

Im Jahre 1988 verließ ich zum ersten Mal die DDR und reiste zu meinen Verwandten in die Bundesrepublik. Meine Frau musste zu Hause bleiben. Vor meiner Abreise haben wir auch darüber gesprochen, dass ich gleich »drüben« bleiben könnte. Das kam für mich jedoch nicht in Frage. Ich hätte meine Familie niemals alleine zurückgelassen. Einen legalen Ausreiseantrag für die gesamte Familie wollten wir nicht stellen. Zu diesem Zeitpunkt haben wir auch noch nicht an eine Flucht gedacht.

DIE FLUCHT — NACH FESTNAHME NERVLICH AM ENDE — FLUCHTROUTE GEÄNDERT

Doch plötzlich wendete sich das Blatt. Im Mai 1989 berichtete das Fernsehen, – selbstverständlich die Sender aus der BRD – dass die Ungarn an der

Grenze zum Burgenland mit dem Abbau des Stacheldrahtverhaues begonnen haben. Zu diesem Zeitpunkt haben wir uns zum ersten Mal ernstlich mit dem Gedanken getragen, aus der DDR zu flüchten. Dazu kam noch, dass wir gerade Besuch von Verwandten aus der Bundesrepublik hatten, die uns in unserem Vorhaben bestärkten. Außerdem sahen wir vor allem für unsere Kinder in diesem Regime keine Zukunft. Nach Abwägung aller Für und Wider stand für uns eindeutig fest, dass wir unsere Heimat – wenn auch schweren Herzens – für immer verlassen werden. Dazu gab es keine Alternative.

ALLES GING SCHNELLER ALS WIR GEDACHT HATTEN *Wir stellten einen Visaantrag, planten unsere Flucht für Oktober 1989 und hatten uns darauf eingestellt. Geheimhaltung hatte höchste Priorität, weil man ja nie wusste, wem man sich anvertrauen konnte. Weder unsere Eltern, Kinder oder Geschwister durften davon erfahren. Es gab nur eine Bekannte der wir von unserer beabsichtigten Flucht erzählt und bei der wir auch unsere persönlichen Dokumente versteckt bzw. deponiert haben. Jeder – auch im engsten Familien- oder Freundeskreis – konnte nämlich ein Mitarbeiter der Stasi sein. Republikflucht war eines der ärgsten Verbrechen die es damals in der DDR gab. Ich möchte gar nicht daran denken, was mit unseren Kindern passiert wäre, wenn die Stasi von unserem Fluchtplan erfahren hätte. Wir hatten große Angst, dass man sie auch uns – wie in vielen anderen Fällen passiert – wegnehmen könnte.*

Doch zu unserer Überraschung ging alles schneller als wir gedacht hatten. Wir erhielten die Ausreisebewilligung bereits für August 1989 – das ging fast etwas zu schnell. Nun mussten wir vorerst unsere Gedanken ordnen und uns einen Fluchtplan zurechtlegen. Es gab viele schlaflose Nächte. Mit einem Mal sollte alles vorbei sein. Wir sollten alles zurücklassen, worauf wir Jahrzehnte gespart hatten. Nur mit dem was wir am Leib trugen, sollten bzw. mussten wir uns eine neue Existenz in einer völlig fremden Umgebung aufbauen. Wie sollte das gehen? Fragen die uns über Wochen quälten. Dazu kam noch die Angst, dass unser Fluchtplan auffliegen könnte. Doch es gab kein Zurück, weil wir fest entschlossen waren, unser Vorhaben in die Tat umzusetzen. Ganz wichtig für uns war, dass die Kinder im Fernsehen keine westlichen Nachrichten sehen und vom Abbau des Eisernen Vorhanges in Ungarn erfahren.

»Bereits acht Wochen vor unserer Flucht überkam mich ein schreckliches Gefühl der Angst, das ich bis zum Überschreiten der Grenze nach Österreich nicht mehr verdrängen konnte.«

WÖRTLICHES ZITAT VON MAGRET PFITZENREITER.

URLAUB IN BERLIN – FLUCHTROUTE GEPLANT *Die Wochen vergingen und der »Tag X« rückte immer näher – die Nervosität stieg von Stunde zu Stunde. Die Vorbereitungen nahmen konkrete Formen an. Wir erstellten eine Liste auf der wir uns sämtliche Dinge notierten, die man für einen Urlaub benötigt. Selbstverständlich durften wir keine wichtigen Dokumente mitnehmen. Man fährt ja nicht mit Geburts- oder Heiratsurkunde und Gesellenbrief in die Ferien. Unseren Kindern erzählten wir, dass wir unseren diesjährigen Urlaub in Berlin verbringen werden. Ganz konnten sie das nicht glauben, haben sich aber vorerst nicht weiter darum gekümmert.*

Nun galt es eine Route zu finden, die uns am wenigsten gefährlich schien. Obwohl wir von den Löchern im Eisernen Vorhang zwischen Ungarn und dem Burgenland wussten, schien uns eine Flucht über Jugoslawien doch einfacher. In der DDR war nämlich allgemein bekannt, dass dort die Grenze zu Österreich nicht so gut gesichert ist wie jene zwischen Ungarn und dem Burgenland.

ES IST SOWEIT – WIR VERLASSEN DIE HEIMAT UND FAHREN EINER UNGEWISSEN ZUKUNFT ENTGEGEN *Wir schreiben den 17. August 1989. Endlich ist der Tag gekommen, an dem wir für immer – oder auch nur für kurze Zeit im Falle einer Festnahme und Auslieferung in die DDR – dieses von uns so verhasste Regime verlassen werden.*

Nach einer schlaflosen Nacht verabschieden wir uns am Morgen von den Eltern meiner Frau. Gegen 08:00 Uhr steigen wir mit unseren beiden Buben, die damals acht und 15 Jahre alt waren, in den Wagen und treten offiziell die Urlaubsreise an. Vor allem meiner Frau bricht fast das Herz, als sie sich nochmals umdreht und ihre nichtsahnenden Eltern winken sieht. »Das wars wohl für die nächsten zehn Jahre«, denken wir. Dies deshalb, weil es in der DDR nach zehn Jahren immer eine Amnestie gab und Republikflüchtlinge zum Besuch ihrer Angehörigen wieder einreisen durften. Doch mit dem Fall der Mauer kam ja alles ganz anders.

KEINE ZIMMER OHNE WESTGELD FÜR BÜRGER DER DDR IN EINEM HOTEL IN BRATISLAVA *Als wir uns auf der Autobahn in Richtung Dresden befinden, fällt unserem älteren Sohn auf, dass wir keinesfalls nach Berlin fahren. Er sagt:*

»Da geht es aber nicht nach Berlin, ihr wollt doch abhauen.«

Jetzt bleibt uns keine andere Wahl. Wir müssen den Kindern erzählen, dass wir flüchten werden.

»Ja, wir werden flüchten und ab jetzt seid einfach nur still.«
WÖRTLICHES ZITAT VON MARGRET PFITZENREITER.

IM AUTO ÜBERNACHTET *Die Reise verläuft vorerst wie geplant. An der Grenze zur Tschechoslowakei haben wir keine Probleme. Doch in Bratislava erleben wir eine Überraschung, weil wir als Menschen 2. Klasse behandelt werden. Dass wir einfache Menschen sind wussten wir. Dass man aber einen derartigen Unterschied zu Bürgern der BRD macht, damit haben wir nicht gerechnet. Es war einfach abscheulich.*

Etwas müde und abgespannt kommen wir in Bratislava an und wollen dort in einem Hotel übernachten. Ich gehe zur Rezeption und frage nach einem Zimmer. Da ich Deutsch spreche, denkt der Mann, dass ich aus der BRD komme, sieht darin kein Problem und erklärt mir, dass es noch freie Betten gibt. Ich verlasse das Hotel, gehe zu meiner Familie, die im Auto sitzt und fahre zum Eingang. Als der Rezeptionist den Wartburg sieht, sagt er mir, dass er uns die Zimmer nur dann überlassen kann, wenn wir in Westgeld bezahlen. Ich entgegne ihm, dass wir keine D-Mark haben, worauf er uns zu verstehen gibt, dass wir dann in dem Hotel nicht nächtigen können.

18. AUGUST 1989: FESTNAHME IN UNGARN – STUNDENLANG VERHÖRT UND WIEDER FREIGELASSEN *Nach dieser überaus beschwerlichen Nacht, in der wir keine Ruhe fanden, fahren wir gekränkt und bitter enttäuscht weiter nach Ungarn. Auch diese Grenze können wir anstandslos passieren und kommen dem nächsten Unglück ein Stück näher.*

Wir sind nun einige Kilometer auf einer Landstraße in Ungarn unterwegs, sehen ein geöffnetes Tor und vermuten, dass der Weg durch dieses Tor in Richtung österreichische Grenze führt. Doch weit gefehlt! Das Tor ist nämlich nur deshalb offen, weil es die Landarbeiter passieren müssen, um ihre Arbeitsplätze auf den Feldern zu erreichen.

Der festen Überzeugung nun in Richtung Grenze unterwegs zu sein, fahren wir durch das Tor – und diesen Weg etwa zehn Minuten entlang. Doch plötzlich stehen vor uns Grenzsoldaten und halten uns an. Sie nehmen uns fest und bringen uns in eine nahegelegene Kaserne. Dort wird jeder von uns stundenlang einzeln verhört. Man will von uns unbedingt wissen, weshalb wir durch dieses Tor gefahren sind. Wir bestreiten die Absicht einer Flucht und sagen den Grenzwachebeamten immer wieder, dass unsere Kinder ihre Notdurft verrichten mussten. Wie erwartet glauben sie uns kein Wort und setzen uns nach vier Stunden wieder auf freiem Fuß. Als wir in unser Auto steigen und wegfahren wollen, kommt ein Grenzer auf uns zu und sagt: »Euer Pass ist registriert, ihr könnt nicht mehr zurück in die DDR.« »Auch das noch«, denke ich mir. Mit diesen Worten hat uns der Mann die Entscheidung abgenommen. Trotz aller Pannen müssen wir jetzt irgendwie nach Österreich kommen, denn bei einer Rückkehr in die DDR würden wir mit Sicherheit in einem Gefängnis landen. Wahrscheinlich würden sie uns die Kinder auch wegnehmen.

Mit den Nerven völlig am Ende sagt uns unser körperlicher Zustand, dass wir es bis zur jugoslawischen Grenze nicht schaffen werden. Deshalb fahren wir in Ungarn weiter und kommen zum Neusiedler See, von dem wir bis dato nicht wussten, dass es den überhaupt gibt. Mittlerweile ist es 16:00 Uhr geworden. Wir »landen« auf einem Campingplatz in Balf, auf dem neben den Zelten ausschließlich Fahrzeuge aus der Bundesrepublik stehen. Und die nächste negative Überraschung »folgt auf den Fuß«. Als wir den Campingwart nach einem Stellplatz fragen und dieser sieht, dass wir aus der DDR kommen, sagt er zu uns in perfektem Deutsch:

»Diesen Campingplatz könnt ihr euch nicht leisten, außerdem wollt ihr bestimmt abhauen. Fahrt weiter nach Fertörákos, denn der dortige Zeltplatz ist seit 1. August 1989 auch für DDR-Bürger geöffnet.«

Dass er uns mit diesem Verweis den Weg in die Freiheit öffnet, weiß weder er noch wir. Jedenfalls sind wir gezwungen, nach Fertörákos zu fahren, um dort neuerlich unser Glück zu versuchen. Gegen 17:00 Uhr kommen wir zum Strandbad in Fertörákos und begegnen zum ersten Mal seit zwei Tagen einem

Menschen der wirklich bereit ist, uns zu helfen.

An der Zufahrt zu Campingplatz und Strandbad steht eine ältere Dame, die, wie wir später erfahren, als Ansprechpartnerin für ausreisewillige DDR-Bürger gilt und kurz »Tante Agnes, der Engel aus Fertőrákos«, genannt wird. Als ich frage, was die Nächtigung auf dem Zeltplatz kostet, sagt auch sie in perfektem Deutsch:

»Gar nichts, ihr wollt doch sicher auf die andere Seite. Kommt nach 18:00 Uhr zu mir, da habe ich Dienstschluss. Ich helfe euch bei der Flucht.«

Nach den negativen Erlebnissen der letzten Tage konnten wir kaum glauben, dass es auch noch hilfsbereite Leute gibt, die uns Bürgern aus der DDR Menschlichkeit entgegenbringen. Als wir zum Zeltplatz kamen, war ich schon etwas vorsichtiger, weil ich mir ziemlich sicher war, dass die Stasi dort Mitarbeiter eingeschleust hatte. Zu allem Übel hatten wir auch noch kein Zelt. In Bratislava wollten wir eines kaufen, das war aber nicht möglich, weil die Zelte dort ausverkauft waren. Doch Tante Agnes hatte auch da eine Lösung parat.

LEERE ZELTE WIE SAND AM MEER *Wir fahren nun weiter und kommen nach einigen hundert Metern zum Campingplatz. Dort steht ein älterer Mann, der sofort ahnt, dass wir flüchten wollen und zu uns sagt: »Na und, das nächste Service für das Auto machen wir in Wolfsburg?«*

Nun ist es endlich 18:00 Uhr und ich gehe vorerst mit einem etwas mulmigen Gefühl zu Tante Agnes, weil ich mir ja nicht sicher bin, ob sie für die Stasi arbeitet. In der DDR konnte man das niemals wissen. Ich habe aber schnell mein Vorurteil abgelegt und ihr vertraut. Agnes erkennt sofort, dass ich sehr nervös bin und nicht weiß was ich tun soll. Sie sagt zu mir:

»Ihr habt zwei Kinder dabei, da ist eine Flucht durch den Schilfgürtel nicht möglich. Ich schlage vor, euch einen Schleuser zu besorgen. Wartet noch zwei Tage auf dem Zeltplatz, dann wird euch der Schleuser sicher über die Grenze nach Mörbisch bringen.«

Ich bin wie vor den Kopf gestoßen, weil ich diese Worte erst verarbeiten muss. Ich weiß ja überhaupt nicht wie es weitergehen bzw. was geschehen soll. Als ich ihr sage, dass wir kein Zelt haben, tut sie das nur mit einer simplen Hand-

bewegung ab und entgegnet mir: »Da stehen ja genug leere Zelte. Die Besitzer sind längst über alle Berge. In einem dieser Zelte könnt ihr ohne Weiteres schlafen.«

Nach all diesen erniedrigenden Abweisungen, die wir hilfesuchend in Bratislava und Balf erlebt hatten, waren wir glücklich, diese Frau getroffen und dadurch einen Silberstreif am Horizont erblickt zu haben. Endlich hatten wir – wenn auch nur aus Stoff – wieder ein Dach über dem Kopf. Unser Auto haben wir gar nicht ausgeräumt und sind einfach zum nächsten leeren Zelt gegangen. Wir wollten etwas Ruhe finden – das war aber unmöglich. Obwohl Margret und ich todmüde waren, haben wir in dieser Nacht zum 19. August 1989 kaum ein Auge zugemacht. An Schlaf war überhaupt nicht zu denken. Rückblickend kann ich mir gar nicht vorstellen, woher wir all die Kraft für die Flucht nahmen. Wahrscheinlich war der Drang nach Freiheit so groß, dass Körper und Geist ungeahnte Kräfte freisetzten. Von einem für den 19. August 1989 geplanten Paneuropäischen Picknick wussten wir zu diesem Zeitpunkt nichts. Dass wir daran teilnehmen und flüchten werden, stand ebenfalls noch in den Sternen.

19. AUGUST 1989 – EIN GLÜCKSENGEL AUS ROSENHEIM BEGEGNET UNS Nach dieser schlaflosen, von Angst und Ungewissheit geprägten Nacht verlasse ich am Morgen das Zelt. Es ist alles ruhig. Keiner spricht mit dem anderen, weil er sich fürchtet, dass er ein Mitarbeiter der Stasi sein könnte. Wie ich nachher in Erfahrung gebracht habe, waren in der Nacht tatsächlich Stasi-Leute auf dem Campingplatz und haben die Kennzeichen der dort abgestellten Autos notiert. Mit Sicherheit auch das von unserem Wartburg.

Auf dem Areal des Campingplatzes begegne ich einem Mann, den uns wahrscheinlich »Gott geschickt hat«. Er sollte auf unserem Weg in die Freiheit eine entscheidende Rolle spielen. Dabei möchte ich festhalten, dass ich diesen Menschen zum ersten Mal in meinem Leben gesehen habe. Ich weiß bis heute nicht wie er heißt. Ich weiß nur, dass er aus Rosenheim kam und den Leuten unentgeltlich beim illegalen Grenzübertritt half. Es tut mir heute noch leid, dass wir ihn nicht nach der Flucht besuchen und uns bei ihm persönlich bedanken konnten. Wie ich in Erfahrung gebracht habe, ist er inzwischen jedoch verstorben.

Nachdem wir einige Worte gewechselt haben, erkennt der Mann sofort, dass auch wir flüchten wollen und bietet mir an, uns mit seinem Auto unentgeltlich über die Grenze zu bringen. Wir wollen jedoch keinesfalls unseren

Wartburg zurücklassen und nach Möglichkeit mit diesem Fahrzeug über die Grüne Grenze «abhauen». Er sagt mir, dass dies unmöglich sein wird, fährt aber mit mir in seinem Auto trotzdem die gesamte Grenze ab, um nach einem Weg zu suchen. Für uns ist es auch kein Problem in Grenznähe zu kommen, weil er fast täglich nach Österreich fährt. Bei den Kontrollen ist da die ein oder andere Packung Zigaretten für die Grenzer, die er bereits kennt, von großem Vorteil.

»Einen Durchbruch am Straßengrenzübergang wage ich nicht.«
WÖRTLICHES ZITAT VON HERMANN PFITZENREITER.

Wie bereits von ihm vorhergesagt, finden wir keine Straße an der Grünen Grenze, die ein »Abhauen« mit dem Auto ermöglichen würde. Der Mann bietet mir an, die Flucht über den Straßengrenzübergang bei Klingenbach zu wagen. Wenn wir zur Grenze kommen, müsste ich mit dem Wartburg nur wenige Zentimeter hinter seinem Wagen fahren. Beim Öffnen der Schranken würde er einfach Gas geben, wobei ich ebenfalls mein Fahrzeug beschleunigen und ihm folgen müsste. Nachdem wir uns die Örtlichkeit angesehen haben, verwerfe ich diesen Plan, weil er mir einfach zu gefährlich scheint. Ich würde nämlich dabei nicht nur das Leben meiner Familie, sondern auch das anderer Menschen gefährden.

Dabei erzählt er mir auch von einem Picknick, das am Nachmittag in Grenznähe stattfinden wird. Auf dem Rückweg nach Fertörákos zeigt er mir diese Örtlichkeit. Wir kommen zu einer Wiese, auf der gerade die Vorbereitungen für dieses Fest laufen und fahren weiter zum »Tor zur Freiheit«, das zu diesem Zeitpunkt geschlossen ist. Meine Gattin, die sich mit den Kindern alleine auf dem Campingplatz befindet, hat nicht nur Angst um sich und die Kinder, sie fürchtet auch, dass mir etwas zugestoßen ist.

»Das Picknick können wir vergessen, wir schaffen es zu Fuß nicht bis zu der sechs Kilometer entfernten Grenze.«
WÖRTLICHES ZITAT VON HERMANN PFITZENREITER.

Als ich mit meinem »Fluchthelfer« endlich wieder zum Zeltplatz zurückkomme, hält Margret ein Flugblatt in Händen, das dieses Picknick für den Nachmittag ankündigt. Wir besprechen nun was wir tun werden, wobei ich den Plan, einen

Durchbruch am Straßengrenzübergang zu wagen, endgültig ad acta lege. Zu Margret sage ich, dass ich auch bei dem Picknick für eine Flucht wenig Chancen sehe, weil die Grenze vom Veranstaltungsort ca. fünf Kilometer entfernt ist und wir diesen Weg mit den Kindern unmöglich schaffen können. »Jetzt oder nie«, sagen wir uns und entschließen uns nach Abwägung aller Für und Wider spontan zum Picknick zu fahren und nach Möglichkeit die Flucht zu versuchen.

FOTO: LANDESPOLIZEIDIREKTION BURGENLAND

Mit solchen Plakaten lud man die Menschen in den österreichischen und ungarischen Grenzgemeinden sowie auf dem Campingplatz in Fertőrákos zum Picknick ein.

DURCH DAS »TOR ZUR FREIHEIT« – GRENZER HABEN SICH EINFACH UMGEDREHT

Wir setzen uns sofort ins Auto, halten noch einmal am Kassenhäuschen bei Tante Agnes an und rufen ihr zu: »Bis heute Abend!« Doch Agnes weiß sofort, dass wir einen Fluchtversuch unternehmen werden und sagt zu uns: »Ihr kommt nicht mehr zurück.«

In der Hoffnung, dass uns irgendwie die Flucht gelingen wird, verlassen wir den Campingplatz und fahren zum Paneuropäischen Picknick. Vor dem Festgelände befinden sich mehrere Polizisten, die sämtliche DDR-Bürger auf eine Wiese, die als Parkplatz dient, zum Abstellen ihrer Fahrzeuge einweisen. Wir steigen aus dem Auto, lassen alles zurück und schließen uns einem »Rudel von Leuten«, die bereits in Richtung Grenze marschieren, an. Dabei kommt uns »der Rosenheimer« – er war bereits beim Tor – mit seinem Fahrzeug entgegen und sagt:

»Das Tor ist auf, die Naglers habe ich schon hingebracht, sie sind schon in Österreich, steigt ein, ich fahre euch auch hin.«

WÖRTLICHES ZITAT DES »ROSENHEIMERS«.

In dem Auto hat jedoch nur mehr meine Gattin mit unseren beiden Jungs Platz, weil sich noch eine uns bekannte Frau mit den Kindern darin befindet. Ich muss mich zu Fuß auf den Weg machen. »Der Rosenheimer« fährt sofort los und bringt alle wie versprochen zum Tor. Dieses ist bereits aufgedrückt und zahlreiche Flüchtlinge laufen durch. Die beiden Frauen können nicht warten, müssen in einer Gruppe bleiben und kommen – Gott sei Dank – mit den Kindern ungehindert über die Grenze. Ich treffe nur wenige Minuten danach ein und stoße ebenfalls auf eine Vielzahl von DDR-Bürger, die auch in Richtung Österreich drängen. Während wir ängstlich durch das nun bereits offene Tor gehen, stehen mehrere ungarische Grenzer dort, drehen sich zur Seite oder blicken einfach in Richtung Österreich. Niemand hindert uns am Grenzübertritt. Nur wenige Meter hinter diesem Tor wartet meine Frau mit den Kindern, die ich nun glücklich in die Arme schließen kann. Ich erinnere mich noch genau daran, dass auf österreichischer Seite eine größere Menschenmenge stand, uns mit tobendem Applaus begrüßte und laut rief: »Rennt, rennt, dann seid ihr in Freiheit.« Es ist für mich noch immer ein herzergreifendes Gefühl, wenn ich an die vielen Leute denke, die an beiden Seiten der Straße im Spalier standen und mit uns die Freude über die neu gewonnene Freiheit teilten.

»Wir fühlten uns nicht nur in einer anderen Welt – wir waren es auch.«
WÖRTLICHES ZITAT VON MARGRET UND HERMANN PFITZENREITER UNMITTELBAR NACH DEM GRENZÜBERTRITT.

11 PERSONEN IN EINEM PKW *Nun stehen wir endlich auf österreichischem Gebiet, können unser Glück kaum fassen und machen einen etwas verlorenen und verstörten Eindruck. Das sieht auch ein Österreicher, der sich mit seinem PKW in dem »Empfangskomitee« befindet. Er kommt auf uns zu und bietet uns an, in seinen Wagen zu steigen, um uns zur Sammelstelle nach St. Margarethen zu bringen. Obwohl das Fahrzeug bereits übervoll ist, können wir noch einen Platz ergattern. Die Kinder klettern in das Fahrzeuginnere, Margret und ich setzen uns in den geöffneten Kofferraum. Mit dem Fahrer sind es nun elf Personen, die er in die Ortschaft bringt. In St. Margarethen werden von der Gendarmerie unsere Personalien aufgenommen, danach fahren wir mit Bussen nach Wien zur Botschaft der Bundesrepublik Deutschland.*

Margret und Hermann Pfitzenreiter im Kofferraum eines PKWs – die ersten Meter in Freiheit auf dem Weg von der Grenze zum Sammellager in St. Margarethen – wo man sitzt und womit man fährt ist in diesem Augenblick gleichgültig.

DER »ENGEL AUS ROSENHEIM« IST UNS NEUERLICH »ERSCHIENEN«

Auf der Fahrt zum »Tor zur Freiheit«, haben wir dem »Engel aus Rosenheim« erzählt, dass wir den Wartburg auf der Wiese nächst dem Festgelände abgestellt und darin all unsere Sachen zurückgelassen haben. Obwohl wir keinen Gedanken daran verschwendeten, ihn zu bitten, unser bescheidenes Eigentum zu holen, hat er es dennoch getan.

Während wir über die Grenze flüchteten und anschließend nach St. Margarethen gebracht wurden, ist er – ohne dass wir davon in Kenntnis waren – zurückgefahren und hat alle unsere persönlichen Dinge aus dem Fahrzeug genommen. Diese wollte er uns dann zur Sammelstelle – nach St. Margarethen – bringen. Wir waren aber schon mit einem Bus zur Botschaft nach Wien unterwegs. Kurz entschlossen ist er einfach nach Wien weitergefahren. Wir trauten unseren Augen kaum, als unser »Glücksengel« gegen 22:00 Uhr mit seinem Wagen plötzlich vor der Botschaft stand. Er hat uns alles was sich in unserem PKW befand übergeben. Nur unseren DDR-Autoatlas, den wir aber nach einigen Wochen auch noch bekommen sollten, ließ er im Wartburg zurück.

NUR EIN KANISTER BENZIN Als ich ihn fragte was er denn dafür bekommt, hat er jede von mir angebotene Zuwendung abgelehnt. Selbst den Reservekanister mit Benzin hat er uns gebracht. Diesen Behälter – jedes Auto in der DDR führte damals einen vollen Reservekanister mit Benzin mit, weil man ja nicht bei jeder Tankstelle Benzin bekam – habe ich ihm geschenkt. Zu meiner Freude hat er ihn auch angenommen.

VON WIEN NACH FRANKFURT In der Botschaft bekamen wir Verpflegung, Fahrkarten für die Zugfahrt nach Gießen sowie »Begrüßungsgeld«. In Wien verbrauchten wir jedoch keinen einzigen Pfennig (DM bzw. Pfennig war damals die Währung in der BRD), weil die freundlichen Wiener Taxifahrer uns mit gellendem Hupkonzert zum Westbahnhof brachten und dafür kein Geld nahmen. Nach unserer Ankunft habe ich sofort mit unseren Verwandten in Frankfurt/Main Kontakt aufgenommen. Ich habe ihnen mitgeteilt, dass wir uns nach gelungener Flucht bereits in Wien befinden und noch heute mit dem Zug nach Gießen fahren werden. Gleichzeitig haben sie uns angeboten, dass wir bei ihnen vorerst Unterkunft nehmen können.

Gegen Mitternacht saßen wir bereits im Zug nach Gießen. Auf Höhe Passau kam ein Begleiter der Botschaft ins Abteil und fragte, ob jemand vielleicht im Raum Frankfurt/Main Verwandte hätte. Wir meldeten uns und durften deshalb den Zug in Frankfurt/Main verlassen. Dabei erhielten wir jedoch die Weisung, uns am nächsten Tag im Flüchtlingslager Gießen zu melden – was wir auch taten. Obwohl ich sofort eine Anstellung gefunden hätte, dauerte es noch einige Tage bis ich zu arbeiten beginnen konnte, weil ich auf sämtliche Bewilligungen aus Gießen warten musste. Margret fand ebenfalls bald einen Arbeitsplatz, weshalb wir schnell mit dem Aufbau einer neuen Existenz beginnen und nach acht Wochen eine eigene Wohnung beziehen konnten. Nach zehn Jahren haben wir in Waghäusl, etwa 100 Kilometer südlich von Frankfurt/Main, ein Grundstück gekauft und ein Wohnhaus errichtet. Dort leben wir heute noch und können nach jahrzehntelanger, harter Arbeit unsere Pension genießen.

In diesem Autoatlas aus der DDR war die »Welt an der Grenze zu Österreich zu Ende«. Die Pfitzenreiters bekamen ihn zurück und halten dieses Relikt der Erinnerung an ihre Zeit in der DDR noch heute in Ehren.

UNSER WARTBURG WURDE AUF EINEN PARKPLATZ DER STASI NACH BERLIN GEBRACHT – WIR BEKAMEN IHN WIEDER ZURÜCK Es gab ja nicht so viele Leute in der DDR die ein eigenes Fahrzeug besaßen. Vielfach war ein Kauf nur auf dem Schwarzmarkt möglich und musste außerdem noch bar bezahlt werden. Wir waren aber in der glücklichen Lage eines zu besitzen und dieses Auto war dazu noch neuwertig. Den Wartburg hatten wir erst im Mai 1989 gekauft und waren damit nur ganze 10.000 Kilometer gefahren. Daher kann sich jedermann vorstellen, weshalb wir versucht haben, mit diesem Auto zu flüchten und es zu behalten. Wir haben es nur deshalb – schweren Herzens – zurückgelassen, weil wir keine andere Möglichkeit zu Flucht sahen. Wie schön, aber vor allem wie wichtig wäre es gewesen, beim Aufbau unserer neuen Existenz ein Fahrzeug zu besitzen! Wir hatten aber alles zurückgelassen und doch wendete sich das Schicksal immer zum Guten. Glück kann man zwar nicht erzwingen, man kann aber einiges dazu beitragen, dass man wieder zu neuem Glück kommt. Und das haben wir getan.

Im Februar 1990 – wir hatten damals bereits ein anderes Auto gekauft – wurden wir verständigt, dass unser PKW auf einem Parkplatz der Stasi in Berlin steht und wir ihn von dort abholen können. Unser Auto – es war übrigens eines der wenigen – wurde mit einem Autotransporter von Fertörákos nach Berlin gebracht und dort zur Ausfolgung an den Besitzer abgestellt. Es war nichts beschädigt, sogar unser DDR-Autoatlas lag noch im Wagen. Da wir aber bereits ein anderes Fahrzeug besaßen, verkauften wir diesen fast neuwertigen PKW – der uns auch an so manche schönen Stunden in unserer Heimat erinnerte – bereits am nächsten Tag.

30 JAHRE DANACH — DER ANFANG WAR SCHWER

»Wir wissen auch nach 30 Jahren noch nicht, ob wir alles richtig gemacht haben. Doch eines ist sicher. Mit unserer Flucht haben wir einen – wenn auch nur ganz geringen – Beitrag zur Wiedervereinigung der beiden deutschen Staaten geleistet.«

WÖRTLICHES ZITAT VON MARGRET UND HERMANN PFITZENREITER.

Wir haben alles zurückgelassen was uns »lieb und teuer war«. Eltern, Freunde, Wohnung etc. und sind einfach »abgehauen«. Am Anfang war es ganz schwer für uns. Zwei Kinder, kein Zuhause, kein Geld und ein fremdes Land. Wir sind daher sehr dankbar, dass uns unsere Verwandten beim Start in ein neues Leben wo immer sie konnten unterstützt haben. Doch wir waren in Freiheit und durften jetzt über unser eigenes Leben selbst bestimmen.

Ob wir alles richtig gemacht haben, wissen wir nicht. Es hätte ja auch durchaus sein können, dass wir in unserer Heimat auch nach dem Fall der Mauer einen gewissen Wohlstand erreicht hätten. Wenn es auch einzelne Verlierer durch die Wiedervereinigung gibt und der Osten Deutschlands wirtschaftlich noch einiges aufzuholen hat, so ist doch jeder ein freier Bürger, der nicht mehr durch die »allgegenwärtige« Stasi bespitzelt wird. Außerdem kann er freiwillig entscheiden, wann er wohin auf Reisen geht. Niemand ist bei der Ausstellung eines Reisepasses der Willkür der Behörden ausgesetzt. Jeder bekommt auf Antrag seinen Reisepass, der nicht auf einem Amt, sondern zu Hause im Wohnzimmer liegt.

ZUM BEGRÄBNIS DES VATERS DURFTEN WIR NICHT FAHREN Ich erinnere mich noch genau an den Tag der Grenzöffnung. Wir sind damals in das von Waghäusl ca. 350 Kilometer entfernte Duderstadt an der innerdeutschen Grenze gefahren, haben dort Freunde getroffen und mit ihnen gefeiert.

Im November 1989 verstarb der Vater von Margret. Es war ein schwerer Schicksalsschlag, der uns nicht nur wegen seines Todes sehr hart traf. Erschwerend kam nämlich noch hinzu, dass wir nicht zu seinem Begräbnis fahren konnten, weil wir zu diesem Zeitpunkt noch wegen Republikflucht verhaftet worden wären. Den ersten Besuch von unserer Familie bekamen wir zu Weihnachten 1989. Die Mutter meiner Frau kam nach Waghäusl. Sie überbrachte uns auch unsere Dokumente – Gesellenbrief, Staatsbürgerschaftsnachweis, Heiratsurkunde, etc., die wir bei einer Bekannten vor der Flucht deponiert hatten.

Margret und Hermann Pfitzenreiter 29 Jahre danach im »Park zur Freiheit« bei St. Margarethen. Diese Gedenktafel zeigt die dramatischen Ereignisse des 19. August 1989.

Zum ersten Mal fuhren wir dann im Februar 1990 wieder nach Breitenworbis, verbrachten dort einige Tage, besuchten Angehörige, Verwandte sowie Freunde und kehren danach wieder in unsere Wahlheimat zurück. Auch in den folgenden Jahren zog es uns immer wieder zu unseren Wurzeln. Die Zeitabstände der Besuche werden jedoch länger, weil wir auch in unserer neuen Heimat glücklich sind. Doch an den Ort wo unsere Wiege stand, kommen wir nach wie vor gerne zurück.

DURCH DAS ROSTIGE GITTERTOR AUS DEM »GEFÄNGNIS DDR«

Gendarmerieoberst in Ruhe, Stefan Biricz

GENDARMERIEOBERST IN RUHE, STEFAN BIRICZ, behielt die Ruhe, zeigte Übersicht und logistisches Geschick bei der Bewältigung des Flüchtlingsansturmes am 19. August 1989. Er leitete den Einsatz nach dem illegalen Grenzübertritt beim rostigen Gittertor von St. Margarethen. Nach Rücksprache mit den vorgesetzten Sicherheitsbehörden veranlasste er die Versorgung der Flüchtlinge und organisierte nach Kontaktnahme mit dem Botschafter den Transport zur Botschaft der Bundesrepublik Deutschland nach Wien.

Flüchtlinge vertrauten diesem erfahrenen Beamten trotz Angst vor Uniformen, nachdem sie durch das rostige Gittertor dem »weitläufigen Gefängnis DDR« entkommen waren.

STEFAN BIRICZ, Jahrgang 1939, verfügte als langjähriger Kommandant des Gendarmeriepostens Mörbisch am Neusiedler See über viel Erfahrung bei Amtshandlungen an der Grenze, weil er über Jahrzehnte direkt am Eisernen Vorhang seinen Dienst verrichtete. Die Überwachung der Staatsgrenze – auf dem Neusiedler See ebenso wie auf dem Land – gehörte damals zu seinen vielfältigen Aufgaben als Gendarm. Da er immer wieder mit Menschen, denen die Flucht durch den Eisernen Vorhang gelungen war – darunter auch Bürgern aus der DDR –, konfrontiert wurde, war er im Umgang mit Flüchtlingen bestens vertraut.

LÖCHER IM STACHELDRAHT – FLUCHT WAR DENNOCH GEFÄHRLICH

STEFAN BIRICZ war als Bezirksgendarmeriekommandant im Sommer 1989 für die logistische Bewältigung des Flüchtlingsstromes im gesamten Bezirk Eisenstadt-Umgebung zuständig. Der Bezirk Eisenstadt hatte mit den »Hot Spots« in St. Margarethen, Mörbisch und Klingenbach die Hauptlast an der burgenländisch-ungarischen Grenze zu tragen. Durch seine langjährige Diensterfahrung sowie durch seine guten Kontakte zu Behörden, Hilfsorganisationen und Gemeinden hat er es gemeinsam mit allen dafür Verantwortlichen geschafft, auf kurzem Wege dort Hilfe zu leisten, wo diese am dringendsten benötigt wurde.

OBERST STEFAN BIRICZ ERINNERT SICH NOCH GENAU WAS DAMALS GESCHAH:
Bereits einige Wochen vor dem 27. Juni 1989 begannen die Ungarn mit der Entfernung des Drahtverhaues. In den Monaten Juli und August 1989 war dieser Stacheldraht, obwohl in einem verhältnismäßig schlechten Zustand, in großen Abschnitten an der Staatsgrenze zu Österreich – so auch im Grenzbereich der Bezirke Eisenstadt und Mattersburg – noch immer vorhanden. Die Überwachung der Grenze durch die Ungarn war, wenn auch etwas eingeschränkt, ebenfalls noch aufrecht. Nach unseren Informationen hatte der nach wie vor gut bewachte Stacheldraht bereits Löcher, eine Flucht barg jedoch immer noch erhebliche Gefahren in sich. Bei einer Festnahme durch die ungarische Grenzwache landete man meist vorerst im Gefängnis und musste danach mit einer Abschiebung in die osteuropäischen Staaten rechnen. Die Gendarmen waren durch diese Löcher im Eisernen Vorhang auf illegale Grenzgänger jederzeit vorbereitet, aber trotzdem etwas verwundert, als sich am 9. Juli 1989 plötzlich drei DDR-Bürger am Gendarmerieposten in St. Margarethen meldeten. Sie gaben an, dass sie von Ungarn kommend, die Staatsgrenze nach Österreich illegal überschritten hatten.

»Obwohl die Ungarn bereits im Mai 1989 mit dem Abbau des Stacheldrahtverhaues begonnen hatten, wurde die Grenze in den Bezirken Eisenstadt-Umgebung und Mattersburg dennoch streng bewacht. Eine Flucht war daher nach wie vor sehr gefährlich.«

WÖRTLICHES ZITAT VON STEFAN BIRICZ.

AUS EINZELPERSONEN WERDEN GRUPPEN – DER FLÜCHTLINGSSTROM STEIGT TÄGLICH *Das war meines Erachtens der Beginn dieser Flüchtlingswelle, die letztendlich mit dem Zusammenbruch der DDR endete. In den Abendstunden des 11. Juli 1989 meldete sich am Gendarmerieposten Mörbisch/See ein Ehepaar aus der DDR mit einem Kind, das gleichfalls angab, illegal von Ungarn nach Österreich gekommen zu sein. Nur wenige Stunden später, gegen 05.45 Uhr des 12. Juli 1989, wurden in der Gemeinde Mörbisch/ See weitere vier DDR-Bürger (ein Mann, zwei Frauen und ein Kind) aufgegriffen, die ebenso aus Ungarn ohne gültige Reisedokumente nach Österreich gelangt waren. Sie wurden in der Gemeinde bereits von einem Bekannten aus der Bundesrepublik erwartet, der sie nach Erledigung der Formalitäten mit seinem PKW in das »Freie Deutschland« – gemeint ist natürlich die Bundesrepublik Deutschland – brachte. Am 13. Juli 1989 trafen weitere vier Flüchtlinge aus der DDR in Mörbisch ein; zwei Tage später neuerlich vier Personen. Am 19. Juli 1989 kam ein ostdeutsches Ehepaar mit zwei Kindern zum Gendarmerieposten Siegendorf, zwei weitere Bürger der DDR meldeten sich am Gendarmerieposten in St. Margarethen. Die Anzahl der Flüchtlinge, die nun in den folgenden Tagen zu den einzelnen Gendarmeriedienststellen kamen, erhöhte sich täglich. Aus Einzelpersonen wurden ganze Gruppen, die den Weg in die Freiheit suchten. Die »Hauptlast« hatte Mörbisch zu tragen, obwohl viele Personen auch bei Siegendorf oder Klingenbach über die Grenze ins Burgenland flüchteten. Bis zum 15. August 1989 wurden allein in Mörbisch insgesamt 157 Personen registriert. Zwischen 16. und 21. August 1989 gelang weiteren 94 Menschen die Flucht in die Festspielgemeinde. Im gleichen Zeitraum registrierte man auf den Gendarmeriedienststellen in Siegendorf und St. Margarethen etwa 100 Emigranten.*

Erörterung der Lage nächst dem heutigen Grenzübergang – ganz links Stefan Biricz, in der Mitte in Uniform Alexander Horvath.

DIE BURGENLÄNDER ZEIGEN GROSSE HILFSBEREITSCHAFT *Vor allem die Bürger von Mörbisch zeigten viel Verständnis für die Flüchtlinge. Wenn einzelne Mörbischer nicht selbst als Fluchthelfer tätig waren, so erwarteten sie die Flüchtlinge in der Gemeinde und wiesen ihnen den Weg zum örtlichen Gendarmerieposten. Nachdem ihre Personalien aufgenommen waren, brachte man sie zu der eigens vom Roten Kreuz eingerichteten und gemeinsam mit der Bevölkerung betreuten »Labstelle«, die sich vorerst neben dem Gendarmerieposten und danach in der Winzerhalle befand. Dort versorgte man die Menschen mit Lebensmitteln sowie, wenn nötig auch mit Kleidung, ehe von den Gendarmen der Weitertransport zur Botschaft der Bundesrepublik Deutschland nach Wien mit Taxis oder Bussen organisiert wurde. Sämtliche Transportkosten wurden unter Vorlage der Rechnungen von der Botschaft sofort beglichen.*

»Ab Mitte Juli 1989 erhöhte sich fast täglich die Zahl der Flüchtlinge, die sich auf den Gendarmerieposten Mörbisch, St. Margarethen und Siegendorf meldeten. Die Menschen in diesen Gemeinden solidarisierten sich mit ihnen und spendeten Kleider, Lebensmittel sowie Toilettenartikel etc. Es war eine logistische Herausforderung, die von allen Blaulichtorganisationen mit Hilfe der Bevölkerung bravourös bewältigt wurde und in aller Welt höchste Anerkennung erfahren hat.«

WÖRTLICHES ZITAT VON STEFAN BIRICZ.

Für Samstag den 19. August 1989 war von der Paneuropäischen Union (Präsident Dr. Otto Habsburg) in Sopronpuszta, im Gemeindegebiet von Fertörákos (Ungarn), ca. drei Kilometer von der Staatsgrenze entfernt, ein Picknick organisiert worden. Die österreichische Gendarmerie hatte man davon offiziell nicht in Kenntnis gesetzt.

Durch Plakate in den Grenzgemeinden wurden auch die Österreicher zu dieser Veranstaltung eingeladen. Der Beginn war für 15.00 Uhr angesetzt, die Zufahrt zum Veranstaltungsort sollte über die einstige »Preßburgerstraße« (kürzeste Verbindung zwischen Sopron und St. Margarethen) von St. Margarethen erfolgen. Zu diesem Zweck wurde von den Behörden beider Staaten beim Grenzstein B 5, ein ab 15.00 Uhr zeitlich befristeter Sonder-Grenzübergang eingerichtet. Um den Übertritt zu ermöglichen, plante man die Öffnung eines alten Gittertores, das zu dieser Zeit noch quer über die »Preßburgerstraße« verlief und in den Stacheldrahtverhau eingebunden war. Die Grenzkontrolle sollte von Beamten der Zollwache Klingenbach gemeinsam mit Organen der ungarischen Grenzwache erfolgen.

EIN TOR AUS MORSCHEM HOLZ UND ROSTIGEM DRAHT »SCHREIBT« GESCHICHTE
Nun kam der 19. August 1989. Es war ein Samstag im Hochsommer, die Sonne schickte ihre Strahlen »ohne Erbarmen« zur Erde nieder. An den Seen tummelten sich die Badegäste und genossen dieses herrliche Wetter. Einer gelungenen – völkerverbindenden – Feier in Sopronpuszta stand nichts mehr im Wege. Feiern konnten wir Exekutivbeamte zwar nicht, wir waren aber trotzdem zufrieden um nicht zu sagen glücklich, dass wir vielen Menschen am Ende des Tages den Weg in die Freiheit ebnen konnten.

Für uns Gendarmen sollte es ein Wochenende wie jedes andere werden. Doch mit dem Picknick in Sopronpuszta haben sich die Ereignisse »überschlagen«. Für Millionen von Menschen im mitteleuropäischen Raum – und später auch in aller Welt – stand die ca. 2.500 Seelen zählende Gemeinde St. Margarethen am Rande des Ruster Hügellandes plötzlich im Mittelpunkt. Ein dem Verfall preisgegebenes (der Rahmen aus morschen Brettern, die von einem rostigen Maschendrahtzaun umgeben waren) zweiflügeliges uraltes Tor, das durch den entlang der Grenze verlaufenden Stacheldraht unterbrochen war, sollte nach Jahrzehnten wieder einmal geöffnet werden. Menschen beider Staaten durften an dieser einst so wichtigen Straße den bereits in Auflösung begriffenen Eisernen Vorhang überschreiten und miteinander feiern.

Als Bezirksgendarmeriekommandant war ich damals in Eisenstadt stationiert und hatte mich an diesem Tag von 07.00 bis 15.00 Uhr zum Dienst eingeteilt. Ich wusste zwar, dass sich viele DDR-Bürger in Sopron und Umgebung aufhalten würden, mit einem Ansturm von Flüchtlingen auf diese vorübergehende Grenzöffnung rechnete jedoch niemand. Daher habe ich für meinen Bezirk auch keine besonderen Maßnahmen getroffen bzw. angeordnet.

DAS TOR WIRD AUFGEDRÜCKT – DIE MENSCHEN LAUFEN DER FREIHEIT ENTGEGEN

Für mich beginnt dieser 19. August 1989 zunächst sehr ruhig, zumal es in der Nacht keine besonderen Vorfälle gegeben hat. Mit den Büroarbeiten komme ich gut voran und beschließe, am Nachmittag zur Grenze nach St. Margarethen zu fahren. Sollte es die Situation entgegen meinen Erwartungen dennoch erfordern, so bin ich vor Ort und kann sofort die notwendigen Entscheidungen treffen. Wie gut diese Entscheidung war, sollte ich wenige Stunden später erfahren.

Auf dem örtlich zuständigen Gendarmerieposten in St. Margarethen ist Konrad Luckenberger zum Dienst eingeteilt. Der Beamte wird von mir angewiesen, sich ab 14:00 Uhr beim Grenzübergang aufzuhalten, weil ich damit rechne, dass viele Österreicher mit ihren Autos zufahren werden und eventuell die sehr schmale Straße nahe der Grenze verparken könnten.

Gegen 14:15 Uhr fahre ich von Eisenstadt wie geplant nach St. Margarethen und treffe gegen 14.30 Uhr, noch vor Öffnung des Tores, beim Grenzstein B 5 ein. Wie erwartet befinden sich dort bereits zahlreiche Menschen aus der Umgebung und warten auf den Grenzübertritt. Sie verhalten sich sehr diszipliniert, die Fahrzeuge sind so geparkt, dass der Verkehr nicht behindert wird.

Der Gendarm Konrad Luckenberger ist bereits anwesend, ebenso zwei Zollwachebeamte, die für die Kontrolle der Reisedokumente bei Grenzübertritten zu sorgen hatten. Die Passkontrolle lag damals im Zuständigkeitsbereich der Zollwache und wurde mit Auflösung dieses Wachkörpers der Gendarmerie, und nach deren Auflösung der Bundespolizei übertragen. Ungarische Grenzorgane sind ebenfalls schon vor Ort und warten auf den Zeitpunkt des Beginns der Kontrolle. Nichts deutet auf ein besonderes Ereignis hin – weder auf österreichischer noch auf ungarischer Seite.

»Wir sind alle völlig überrascht, als eine kaum überschaubare Menschenmenge durch das Tor auf österreichisches Staatsgebiet läuft. Niemand kann – und will – diese nach Freiheit strebenden Flüchtlinge aufhalten.«

WÖRTLICHES ZITAT VON STEFAN BIRICZ.

Wie vorgesehen wird das Tor pünktlich um 15.00 Uhr geöffnet, die auf österreichischem Hoheitsgebiet wartenden Bürger, die am Picknick teilnehmen wollen (meist sind es Einwohner aus St. Margarethen und Mörbisch), stellen sich in einer Reihe zur Passkontrolle an. Es sind ca. 200 Personen. Konrad Luckenberger und ich stehen im Bereich des Grenzverlaufes auf österreichischer Seite, während sich die beiden Beamten der Zollwache auf ungarischem Hoheitsgebiet befinden. Daneben haben die ungarischen Grenzorgane Aufstellung genommen. Die Lage scheint ruhig, ein Flügel des Tores ist zu diesem Zeitpunkt etwas mehr als einen Meter geöffnet – der zweite ist geschlossen –, um eine effiziente Personenkontrolle durchführen zu können. Einem geordneten Grenzübertritt von beiden Seiten steht nichts mehr im Wege.
Doch die Situation ändert sich blitzartig und droht mit einem Mal zu eskalieren. Von einer Sekunde zur anderen läuft von ungarischer Seite kommend, eine kaum überschaubare Menschenmenge auf dieses Tor zu, schiebt diesen – nur ca. einen Meter offenen Flügel – weiter zur Seite und drängt durch den nun weit geöffneten Torflügel auf österreichisches Staatsgebiet. Eine Kontrolle dieser Personen ist weder durch die ungarischen Grenzorgane noch durch die österreichischen Beamten möglich. Den Flüchtlingen scheint alles gleichgültig zu sein. Sie kümmern sich nicht um die von den Organen beider Länder geäußerten Anordnungen, denn sie haben nur ein Ziel – unbeschadet auf österreichisches Territorium und somit in die Freiheit zu gelangen. Sie laufen um ihr Leben und drängen sich durch das geöffnete Tor in eine neue Zukunft. Nichts und niemand kann sie aufhalten!

TROTZ ANGESPANNTER LAGE HANDELN ALLE SEHR ÜBERLEGT *In dem allgemeinen Chaos stockt uns für wenige Sekunden der Atem, wir können einfach nicht sofort reagieren und doch muss etwas geschehen.*
Während ich mich auf die Ereignisse an der Grenze konzentriere, läuft eine mehrere hundert Personen zählende Gruppe durch das Tor und bewegt sich, bzw. läuft auf der »Preßburgerstraße« in Richtung St. Margarethen. Ich weise

Konrad Luckenberger an, an seinem Standort zu bleiben, laufe den Flüchtlingen hinterher und kann sie nach ca. 400 bis 500 m ein- bzw. überholen. Diese mehrere hundert Personen zählende Gruppe besteht aus Männern und Frauen jeden Alters (auch Kleinkinder und Säuglinge sind dabei).

Breits in Freiheit auf dem Weg nach St. Margarethen - Millionen von Menschen sahen dieses Bild in einer Deutschen Tageszeitung.

»**Mir ist sofort klar, dass diese Menschen panische Angst vor Uniformen haben. Deshalb rufe ich ihnen zu, dass sie sich auf österreichischem Staatsgebiet – und in Sicherheit – befinden und nichts zu befürchten haben.**«

WÖRTLICHES ZITAT VON STEFAN BIRICZ.

Durch Zeichen gebe ich diesen verschreckten Menschen zu verstehen, dass sie anhalten sollen. Obwohl sie panische Angst vor der Uniform haben, gelingt es mir, die Gruppe zum Stehenbleiben zu bewegen. Ich erkläre ihnen, dass sie nicht mehr laufen müssen, weil sie sich bereits auf österreichischem Staatsgebiet befinden. Wahrscheinlich habe ich schnell ihr Vertrauen gewonnen, weil die Leute vor Freude zu schreien beginnen, einander um den Hals fallen und viele ein Glücksgefühl empfinden, das sie vor Freude zum Weinen bringt. Dieser »Freudentaumel« dauert einige Minuten.

Nachdem sie sich wieder beruhigt haben, erkläre ich ihnen, dass wir mit einem Grenzübertritt von derart vielen Menschen nicht gerechnet haben und deshalb darauf auch nicht vorbereitet sind. Ich komme mit ihnen ins Gespräch und kann, nachdem ich ihnen sage, dass sie von uns nichts zu befürchten haben, langsam ihr Vertrauen gewinnen. Als ich ihnen mitteile, dass sie bis zum nächsten Ort – nach St. Margarethen – einen Fußmarsch von ca. vier

Kilometern zurücklegen müssen, ist ihnen das völlig gleichgültig. Sie entgegneten mir: »Was sind schon vier Kilometer im Vergleich zu den Strapazen die wir bis hierher auf uns genommen haben«, und gehen frohen Mutes weiter.

FREUDE ÜBER FREIHEIT IST STÄRKER ALS MÜDIGKEIT *Auf dem Weg bis nach St. Margarethen merkt man keinem einzigen Flüchtling die Anspannung der letzten Tage an. Alle zeigen ein Gefühl der Freude, es wird gelärmt und gelacht. Nach ca. 10 bis 15 Minuten kommt der Gruppe der Gendarm Johann Dinhof (er war damals stellvertretender Kommandant des Gendarmeriepostens St. Margarethen und befand sich außer Dienst) in seinem privaten PKW entgegen. Der Beamte ist auf dem Weg nach Sopronpuszta, weil er ebenfalls an dem Picknick teilnehmen will. Er wird von mir angewiesen, sich sofort »in den Dienst zu stellen«, zum Gendarmerieposten nach St. Margarethen zu fahren und umgehend mit dem Dienstwagen des Postens und einem Funkgerät zurückzukehren. Dinhof folgt meiner Weisung, ich gehe mit der Gruppe weiter in Richtung St. Margarethen. Ein weiterer Zufall kommt mir sehr gelegen und soll sich für die Verbringung der Flüchtlinge als wahrer »Glücksgriff« erweisen.*

Etwa 15 Minuten nachdem ich meinen Kollegen Dinhof zum Gendarmerieposten beordert habe, kommt uns der Autobusunternehmer Anton Eichberger aus Rust/ See in seinem Kleinbus entgegen. Auch er ist auf dem Weg zum Picknick nach Sopronpuszta. Eichberger wird ebenfalls von mir angehalten und ersucht, mehrere Busse zu organisieren, um die Leute zur Botschaft der Bundesrepublik Deutschland nach Wien bringen zu können. Der Unternehmer betritt dabei »kein Neuland«, weil er bereits wiederholt mit seinem Taxi (einem Kleinbus) und seinem Omnibus für die Gendarmen des Postens Mörbisch Transporte der DDR-Bürger zur Botschaft nach Wien durchgeführt hat. Da er jedoch nur zwei Busse besitzt, verspricht er, über andere Unternehmen die notwendigen Transportmittel zu organisieren. Auch er wendet sein Fahrzeug, fährt nach Rust und organisiert von seinem Büro aus die benötigten Busse.

Die Lage hat sich sichtlich entspannt, wir haben etwa 1,5 km zurückgelegt, als Dinhof mit dem Dienstwagen zur Gruppe kommt. Ich ordnete nun an, dass er den »Tross« übernehmen muss und nach St. Margarethen zum Freizeitzentrum zu bringen hat. Dort sollen die Leute bis zu ihrem Abtransport verbleiben. Da wir weitere Unterstützung benötigen, beordere ich per Funk einige Gendarmen des Bezirkes Eisenstadt zum Freizeitzentrum nach St. Margarethen. Ich weiß natürlich, dass unser Funk von Journalisten oder auch Exekutivorganen bzw. Behörden in Ungarn abgehört werden könnte, gebe daher den Beamten keine weiteren Informationen und sage nur, dass sie dort weitere Weisungen erhalten werden. Danach fahre ich nach St. Margarethen und informiere den Kantinenwirt im Freizeitzentrum, dass in Kürze hunderte Flüchtlinge eintreffen werden. Ich weise ihn an, für diese Menschen Wurstsemmeln, Würstel sowie Getränke zur Verfügung zu stellen und die Rechnung dann meinem Kollegen Johann Dinhof auszufolgen. Für die Begleichung der anfallenden Kosten verbürge ich mich persönlich, weil ich weiß, dass sämtliche Kosten von der Botschaft der Bundesrepublik getragen werden.

BOTSCHAFTER SAGT SOFORTIGE HILFE ZU Anschließend fahre ich weiter zum Gendarmerieposten, von wo ich zuerst den Bezirkshauptmann von Eisenstadt-Umgebung, Hofrat Dr. Schuszter, als zuständigen Behördenleiter, von dem Vorfall verständigte. Schuszter ist mit dem Vorschlag, die Leute nach Wien zu bringen, einverstanden. Er überlässt mir die weitere Organisation. Nach diesem Telefongespräch setzte ich, wie in unseren internen Dienstvorschriften vorgesehen, den diensthaben Offizier beim Landesgendarmeriekommando in Eisenstadt sowie den Journaldienstbeamten bei der Sicherheitsdirektion für das Burgenland von dem Vorfall in Kenntnis.

> **»Binnen kürzester Zeit gelingt es mir, Omnibusse zu organisieren, um die Flüchtlinge nach Wien zu bringen. Der Botschafter der Bundesrepublik Deutschland zeigt sich sehr kooperativ und sagt mir zu, mit den Österreichischen Bundesbahnen sofort Kontakt aufzunehmen, um den Menschen die Weiterfahrt nach Deutschland zu ermöglichen.«**
> WÖRTLICHES ZITAT VON STEFAN BIRICZ.

Anschließend nehme ich – ebenfalls telefonisch – mit der Botschaft der Bundesrepublik Deutschland Kontakt auf. Eine Frau nimmt das Gespräch entgegen. Ich schildere ihr kurz die Situation und ersuche, den Botschafter persönlich sprechen zu dürfen. Sie stellt sofort die Verbindung her, worauf ich den Botschafter informiere, dass bei St. Margarethen im Burgenland etwa 750 DDR-Flüchtlinge aus Ungarn illegal über die Grenze nach Österreich gelangt seien. Weiters teile ich ihm mit, dass wir im Burgenland jetzt »Haupturlaubszeit« haben, weshalb rund um den Neusiedler See sämtliche Hotels und sonstige Unterkünfte ausgebucht seien. Es ist daher unmöglich, diesen Menschen im Bereich von Eisenstadt ein Quartier zu besorgen. Gleichzeitig teile ich dem Botschafter mit, dass ich bereits einen Transport nach Wien organisiert habe und die Flüchtlinge noch heute zur Botschaft der Bundesrepublik gebracht werden. Er bedankt sich sehr herzlich und sagt mir, dass er sofort bei den Österreichischen Bundesbahnen einen Sonderzug organisieren werde, der diese Menschen noch in der Nacht in die Bundesrepublik bringen wird.

Als ich zum Freizeitzentrum zurückkehre, ist Kollege Johann Dinhof mit den Flüchtlingen bereits dort eingetroffen. Die Leute liegen im Gras oder stehen gruppenweise im Gelände – meist unter Bäumen im Schatten – und konsumieren die bereitgestellten Speisen und Getränke. Vor dem Eingang stehen schon mehrere in der Bundesrepublik zugelassene Fahrzeuge, deren Besitzer sich ebenfalls im Areal befinden und sich angeregt mit den DDR-Bürgern unterhalten. Es hat den Anschein, dass sich viele Personen aus West- und Ostdeutschland bereits kennen, weil mehrere DDR-Bürger in diese Personenkraftwagen steigen und sofort wegfahren. Wir sind auch davon überzeugt, dass viele von ihnen – ohne von uns registriert worden zu sein – bereits auf dem Weg zu Freunden oder Verwandten in die Bundesrepublik Deutschland sind.

MISSTRAUEN BEI ERFASSUNG DER PERSONALIEN Nach und nach treffen die von mir aus dem Bezirk Eisenstadt nach St. Margarethen beorderten Gendarmen im Freizeitgelände ein. Anton Eichberger kommt mit einem, sein Chauffeur mit dem zweiten Bus. Wir informieren nun die Emigranten, dass sie jetzt nach Wien zur Botschaft der Bundesrepublik gebracht werden. Der Weitertransport ist bereits durch die Botschaft veranlasst und wird mit einem Sonderzug der Österreichischen Bundesbahnen in die Bundesrepublik erfolgen. Die Leute nehmen das sehr gefasst auf und sind durchwegs gut gelaunt. Nur einige wenige stehen abseits der zahlreichen Gruppen, sind sehr verschreckt und blicken in Erwartung der Dinge etwas sorgenvoll in die Zukunft.

Eine weitere logistische Herausforderung war die Erfassung der Daten sämtlicher Flüchtlinge. Auch das schaffen wir. Noch vor dem Einsteigen in die Busse schreiben die Beamten die persönlichen Daten der Flüchtlinge auf. Die

Leute verhalten sich sehr diszipliniert. Jeder hat einen Personalausweis bei sich, wodurch unsere Arbeit sehr erleichtert wird. Anschließend bringen wir die Flüchtlinge gruppenweise zu den Bussen, weil wir Freunde oder Bekannte keinesfalls trennen wollen. Als im ersten Bus alle Plätze besetzt sind, steige ich ebenfalls ein und sage wörtlich: »Ich wünsche Ihnen eine gute Reise nach Wien.« Danach beginnen alle Insassen zu jubeln, sie freuen sich wie kleine Kinder, dass sie frei sind und endlich einmal in die österreichische Bundeshauptstadt fahren können. Für mich ein besonders ergreifender Augenblick. Ich freue mich mit diesen glücklichen Menschen, dass alles so reibungslos funktioniert. Wien war ja vor wenigen Stunden für sie noch unerreichbar gewesen. Jetzt sind sie auf einmal auf dem Weg in diese schöne Stadt und können die ersten Schritte in die Freiheit tun. Nachdem sich der erste Bus in Bewegung setzt, lärmen, lachen und jubeln sie – so mancher wird wahrscheinlich auch eine Träne der Freude »vergossen« haben.

Kurze Zeit später verabschiede ich den zweiten Bus. Und wieder zeigt mein Wunsch einer guten Reise nach Wien, die gleiche Wirkung. In kurzen Abständen treffen jetzt die weiteren Busse ein, der Weitertransport erfolgt auf die gleiche bereits bewährte Art und Weise. Bei der Verabschiedung gibt es stets dieselbe Reaktion. Mittlerweile ist auch der Bezirkshauptmann von Eisenstadt-Umgebung zum Freizeitzentrum gekommen und erteilt seine Weisungen nun persönlich an die eingesetzten Gendarmen.

DAS TOR ZUR FREIHEIT IST WIEDER (JEDOCH NUR FÜR KURZE ZEIT) GESCHLOSSEN – DIE LETZTEN FLÜCHTLINGE VERLASSEN UNVERSEHRT ST. MARGARETHEN *Die geflüchteten DDR-Bürger wurden mit insgesamt neun Bussen nach Wien gebracht. Das letzte Fahrzeug verließ St. Margarethen gegen 21.00 Uhr. Für die Gendarmen war der Tag jedoch noch lange nicht zu Ende. Sämtliche aufgenommenen Personalien mussten protokolliert und Vorfallenheitsberichte an Behörden und vorgesetzte Dienststellen erstattet werden. Eine genaue Zahl von Flüchtlingen, die an diesem Tag ohne gültiges Visum die Grenze nach St. Margarethen überschritten haben, gibt es nicht. Meinen Schätzungen zufolge dürften es jedoch ca. 750 Personen gewesen sein. Doch nicht nur bei St. Margarethen gab es an diesem 19. August 1989 einen Ansturm von DDR-Bürgern, die illegal nach Österreich kamen. Bei Mörbisch/See überschritten 45 und im Bereich Siegendorf weitere 17 DDR-Bürger ohne gültiges Reisedokument die Staatsgrenze.*

DAS ROTE KREUZ HILFT –
ZELTE FÜR DIE HILFESUCHENDEN

Am nächsten Tag – es ist der 20. August 1989 – feierte die Gemeinde Breitenbrunn im Bezirk Eisenstadt-Umgebung ihr 300-jähriges Bestehen. Ich war in meiner Eigenschaft als Bezirksgendarmeriekommandant des gleichnamigen Bezirkes ebenso wie zahlreiche andere Persönlichkeiten des öffentlichen Lebens, der Wirtschaft und der Politik sowie weiteren Vertretern von Behörden, Ämtern und Institutionen Ehrengast dieser Feier. Unter anderem war auch der Landessekretär des Roten Kreuzes, Heinz Unger, anwesend. Während des Mittagessens kam das Gespräch unter anderem auch auf die am Vortag erfolgte Flucht hunderter DDR-Bürger beim rostigen Gittertor in St. Margarethen. Ich gab dabei zu verstehen, dass die Gendarmerie durch die täglich steigende Zahl an Flüchtlingen nicht mehr in der Lage sei, diese Hilfesuchenden entsprechend zu betreuen. Unger erklärte mir, dass das Rote Kreuz Burgenland zur Bewältigung solcher Ereignisse – er meinte große Unglücksfälle oder Katastrophen – Einrichtungen besitze, welche die Gendarmerie jederzeit anfordern könne, wodurch die Versorgung dieser Menschen wesentlich erleichtert werden würde. Zu diesem Zeitpunkt wusste ich natürlich nicht, dass ich bereits nach wenigen Stunden auf dieses Angebot zurückkommen werde bzw. muss.

NEUERLICHER ANSTURM IN MÖRBISCH – DAS ERSTE ROT-KREUZ ZELT WIRD AUFGESTELLT *Als ich mich gegen 15:00 Uhr auf der Heimfahrt von Breitenbrunn befand, rief mich der Kommandant des Gendarmeriepostens Mörbisch, Günter Portschy, per Funk und setzte mich in Kenntnis, dass in Mörbisch starker »Fremdenverkehr« herrsche. Ich wusste sofort, dass er Flüchtlinge meinte und fragte nach der Zahl. Portschy darauf: »Weit über hundert.« Ich fuhr sofort nach Mörbisch zum Gendarmerieposten, der damals im evangelischen Gemeindehaus, gegenüber der evangelischen Kirche, im 1. Stock untergebracht war. Auf dem Gehsteig vor dem Eingang standen bereits ca. 20 bis 30 Personen und warteten. Einige hatten erst vor kurzem illegal die Grenze überschritten, andere waren bereits registriert und warteten auf einen Weitertransport bzw. auf Weisungen der Beamten, was sie nun zu tun hätten. Im Vorraum der zu den Kanzleiräumen führenden Stiege sowie vor der eigentlichen Eingangstür zum Posten befanden sich weitere Flüchtlinge, die ebenfalls kurz zuvor von Ungarn nach Österreich gekommen waren. Die Räume der Dienststelle waren bereits mit Flüchtlingen überfüllt, dazwischen Gendarmen, die mit der Aufnahme* der Personalien beschäftigt waren. Im Sozialraum standen die Menschen in einer Schlage vor der Wasserleitung, weil sie das für die Beamten bestimmte Mineralwasser (wurde ihnen unentgeltlich zur Verfügung gestellt) bereits leergetrunken hatten. Eine weitere Schlange von 10 bis 15 Personen hatte sich vor dem WC gebildet, weil sie ihre Notdurft verrichten mussten.

»Da die räumlichen Kapazitäten auf dem Gendarmerieposten Mörbisch erschöpft sind und die Beamten die Flüchtlinge nicht mehr versorgen können, nehme ich mit dem Roten Kreuz Kontakt auf und ersuche um Unterstützung bei deren Versorgung.«
WÖRTLICHES ZITAT VON STEFAN BIRICZ.

Nachdem ich mir einen Überblick verschafft hatte, war mir klargeworden, dass die Bewältigung dieses »Menschenauflaufes«, vor allem aber die Betreuung und Labung durch die diensthabenden Gendarmen nicht mehr zu bewältigen war. Ich erinnerte mich sofort an das vor wenigen Stunden erhaltene Angebot, rief bei der Bezirksstelle des Roten Kreuzes in Eisenstadt an und ersuchte um entsprechende Hilfe zur Betreuung der Flüchtlinge. Bereits nach etwa einer Stunde kam ein älterer, uniformierter Rot-Kreuz-Mann zum Gendarmerieposten Mörbisch und erklärte, dass er vom Landesverband beauftragt worden sei, gemeinsam mit anderen Rot-Kreuz-Helfern in Mörbisch eine Labe- bzw. Versorgungsstation einzurichten. Es dauerte keine 30 Minuten und schon traf ein Rot-Kreuz-Wagen mit Anhänger in Mörbisch ein. Mitarbeiter dieser Hilfsorganisation stellten innerhalb kürzester Zeit auf einem Grundstück neben dem Gendarmerieposten ein Zelt auf, wodurch mit Unterstützung der Bevölkerung eine reibungslose Versorgung der Flüchtlinge gewährleistet werden konnte. Sämtliche DDR-Bürger wurden an dieser Station mit Lebensmitteln (Wurstsemmeln, etc.) und Getränken versorgt und erst nach entsprechender Labung, mit Bussen, meist mit denen des Unternehmers Anton Eichberger aus Rust, nach Wien gefahren. An diesem Tag wurden vom Gendarmerieposten Mörbisch 163 »Ostdeutsche« und zwei Rumänen registriert; am Gendarmerieposten Siegendorf waren es 19 (DDR-Bürger).

DAS HERZ HAT AUFGEHÖRT ZU SCHLAGEN *Am 21. August 1989 gegen 00.45 Uhr, kam der DDR-Bürger Klaus Reck in das Gebäude der Grenzkontrollstelle Klingenbach. Nachdem er das Zollamt betreten hatte, brach er zusammen und* starb an den Folgen eines Herzinfarktes. Für ihn dürften die Strapazen sowie die Aufregung um seine Flucht zu viel gewesen sein.

FLUCHT BEI KLINGENBACH – »BEGLEITUNG DURCH MILITÄRFAHRZUG« *An diesem 21. August 1989 sammelte sich auf ungarischem Staatsgebiet im Bereich des Grenzüberganges Sopron - Klingenbach eine größere Gruppe von DDR-Bürgern. Gegen 16.00 Uhr begann die gesamte Gruppe – analog beim Tor von St. Margarethen – plötzlich im Gelände neben dem ungarischen Grenzabfertigungsgebäude in Richtung Österreich zu laufen. Die Menschen wurden angeblich von ungarischen Militär-LKWs verfolgt, auf denen sich einige Grenzsoldaten befanden. Laut Mitteilung von Personen, welche die Flucht dieser Leute von österreichischer Seite beobachtet hatten, seien diese Militärfahrzeuge hinter der Menschenmenge nur so schnell gefahren, wie der langsamste Flüchtling laufen konnte. Es hatte den Anschein, als ob die Fahrt der Soldaten nur eine symbolische Handlung gewesen sei und sie den Flüchtlingen nur »Begleitschutz« gegeben hätten. Nachdem sich alle flüchtenden Personen bereits auf österreichischem Territorium befunden hätten, seien die Soldaten von ihren Fahrzeugen gesprungen und hätten sich entlang des Grenzverlaufes postiert aber nicht eingegriffen.*

Die Flüchtlinge meldeten sich sofort nach dem Überschreiten der Grenze beim Zollamt Klingenbach. Gendarmen des Gendarmeriepostens Siegendorf übernahmen die Amtshandlung und setzten mich dann von dem Vorfall in Kenntnis. Ich befand mich zu diesem Zeitpunkt in Mörbisch und ersuchte die Mitarbeiter des Roten Kreuzes, dass sie sich auch um die Flüchtlinge in Klingenbach kümmern mögen.

Anschließend fuhr ich ebenfalls nach Klingenbach und leitete dort die weitere Amtshandlung. Beim Roten Kreuz kam man meinem Ersuchen nach, einige Helfer wurden sofort nach Klingenbach beordert. Auf dem Weg nach Klingenbach wurden Semmeln, Brot, Wurst, Käse und alkoholfreie Getränke gekauft, um auch diese Menschen verköstigen zu können. Das war gleichzeitig der »Startschuss« zu einer vorerst provisorisch eingerichteten Labe- und Versorgungsstelle des Roten Kreuzes in Klingenbach, die jedoch weiter ausgebaut wurde und noch mehrere Monate in Betrieb bleiben sollte. Später übersiedelte man in die Mehrzweckhalle, wo eine behördliche Flüchtlingssammelstelle errichtet wurde. Als ich beim Zollamt Klingenbach eintraf, standen mehrere größere Gruppen vor dem Gebäude auf der Straße, viele

Menschen befanden sich aber auch in den Amtsräumen. Sie wurden nach der Registrierung mit Bussen ebenfalls zur Botschaft der Bundesrepublik Deutschland nach Wien gebracht. Ich erinnere mich noch genau – es waren exakt 206 Personen.

WEITERE FLÜCHTLINGE KOMMEN IN DIE GEMEINDEN AN DER GRENZE In Mörbisch kamen an diesem Tag 93 und in St. Margarethen vier DDR-Bürger nach Österreich. Auch an den folgenden Tagen war die Zahl der Flüchtlinge – sie waren ausschließlich aus der DDR – verhältnismäßig hoch. So kamen im Gemeindegebiet von Mörbisch am 22. August 131, am 23. August 104, am 24. August 59, am 25. August 151, am 26. August 36 und am 27. August 159 Flüchtlinge an. Bei Klingenbach waren es vom 22. bis 27. August 151, und im Bereich St. Margarethen 21 DDR-Bürger, die von der Gendarmerie registriert wurden. Vom 28. August bis 10. September 1989 wurden von den Gendarmerieposten Mörbisch, St. Margarethen und Siegendorf weitere 433 DDR-Bürger registriert. Mit ihnen kamen, jedoch in weit geringerer Zahl, auch Personen anderer osteuropäischer Staaten über die österreichisch-ungarische Staatsgrenze illegal ins Burgenland. Von Juli bis September 1989 waren es im Grenzbereich der Bezirkshauptmannschaft Eisenstadt-Umgebung 65 Rumänen, 15 Tschechoslowaken, vier Sowjetbürger, zwei Polen, ein Bulgare und drei Vietnamesen, die illegal unser Hoheitsgebiet betraten und um politisches Asyl ansuchten.

FINSTERNIS SCHÜTZT BEI DER FLUCHT Die Staatsgrenze wurde von den illegalen Grenzgängern meist in der Nacht überschritten. Deshalb trafen sich am südlichen Ortsrand von Mörbisch (Ende der Bundesstraße 52), nächst dem Grenzsteine B 2, immer wieder einige Mörbischer und Bewohner aus der unmittelbaren Umgebung, die direkt neben der Grenze standen und auf Flüchtlinge warteten. Sie gingen »Flüchtlinge schauen«, wie man im Volksmund zu sagen pflegte. Durch das Reden sowie durch die von den Einheimischen verursachten Geräusche wurden die illegalen Grenzgänger vielfach irritiert und verängstigt. Sie kannten nämlich den genauen Grenzverlauf nicht und vermuteten daher, dass dies ungarische Grenzorgane seien, die sie anhalten und festnehmen könnten. Zu dieser Zeit musste Ungarn die Grenze laut Vertrag zu Österreich auch für DDR-Bürger sperren sowie eventuell aufgegriffene Staatsbürger osteuropäischer Staaten festnehmen und in ihr Heimatland zurückstellen.

»Um die Flüchtlinge nicht durch ›Schaulustige‹ zu verunsichern, mussten wir die Straße zur Grenze sperren. Die Zufahrt war nur für Anrainer (zur Bewirtschaftung der Weingärten etc.) während des Tages erlaubt.«
WÖRTLICHES ZITAT VON STEFAN BIRICZ.

NACHTFAHRVERBOT AUF DER BUNDESSTRASSE 52 *Um die Grenzgänger nicht weiter zu verunsichern, wurde am 28. August 1989 mit Verordnung der Bezirkshauptmannschaft Eisenstadt-Umgebung die Bundesstraße 52 vom Zollhaus in Mörbisch bis zur Grenze für alle Fahrzeuge und Fußgänger gesperrt. Nur während des Tages durften die Anrainer zu ihren Weingärten fahren und dort die notwendigen Arbeiten verrichten. Die Sperre wurde streng überwacht und zeigte sofort Wirkung. Es kam in der Folge zu keinen diesbezüglichen Klagen seitens der Grenzgänger.*

GASTHAUS »DIANA« (MITHRÁSZ) TREFFPUNKT VOR DER FLUCHT *Einige Gemeindebürger aus Mörbisch und Umgebung machten es sich zur Aufgabe, DDR-Bürger aus dem Nachbarort von Mörbisch, aus Fertörákos in Ungarn, illegal nach Österreich zu bringen. Aus diesem Grund gingen sie entweder über den südlich der Gemeinde befindlichen Wald unrechtmäßig nach Ungarn, oder sie fuhren in einem Fahrzeug legal über die Grenzkontrollstelle Klingenbach-Sopron nach Fertörákos. Treffpunkt jener Ausreisewilligen, die illegal nach Österreich wollten, war das Lokal »DIANA« (heute Mithrász) am nördlichen Ortsrand von Fertörákos. Dort nahmen sie mit ihren Fluchthelfern (meist aus Mörbisch) Kontakt auf. Nachdem ihnen die Route für die Flucht erklärt wurde, gingen sie den ca. zwei km langen Weg durch den Wald bis nach Mörbisch. Die Schleuser bewegten sich ebenfalls in der »Grauzone« und nahmen das Risiko auf sich, von den ungarischen Grenzorganen festgenommen und inhaftiert zu werden.*

»Die Mörbischer Bevölkerung half nicht nur durch Spenden. Viele warteten direkt an der Grenze auf die Flüchtlinge und fuhren mit ihnen zur Sammelstelle ins Dorf. Einige fungierten als Schleuser, nahmen die Flüchtlinge beim Gasthaus Mithrász in Fertörákos auf und brachten sie direkt über die Grenze.«
WÖRTLICHES ZITAT VON STEFAN BIRICZ.

FESTNAHME, GEFÄNGNIS Die ungarischen Grenzorgane wussten, dass mehrere Schleuser unterwegs waren, die zahlreiche DDR-Bürger über die Grenze nach Mörbisch brachten. Sie konnten nicht immer tatenlos zusehen und mussten einmal ein Exempel statuieren. Es geschah am 31. August 1989. Martin Sommer – er war damals Vizebürgermeister und von 1992 bis 2002 Bürgermeister von Mörbisch –, Herbert Reinprecht, Martin Kanitsch (beide ebenfalls aus Mörbisch), Leopold Pusser (aus Eisenstadt) wollten ca. 30 Personen, darunter die Mehrzahl aus Rostock, unentgeltlich von Fertörákos nach Mörbisch »schleppen« Die Gruppe wurde gegen 22.30 Uhr von ungarischen Grenzorganen nahe der Grenze aufgegriffen, verhaftet, in die Kaserne nach Fertörákos gebracht und anschließend nach Sopron überstellt. Am folgenden Tag wurden sie einem Schnellrichter vorgeführt und zu einem Jahr Einreiseverbot nach Ungarn verurteilt. Die »österreichischen Schleuser« blieben insgesamt etwa 20 Stunden in »Gewahrsam« der ungarischen Behörden und durften dann wieder ausreisen. Später gaben sie an, dass alle ungarischen Amtspersonen (Soldaten, Richter, etc.) sehr nett zu ihnen gewesen seien. Sie hätten genug zu essen und zu trinken bekommen, seien aber in einer Zelle eingesperrt gewesen.

DDR WIRD (D) D (R) – NUR DAS »D« FÜR DEUTSCHLAND BLEIBT Ab dem 11.09.1989 durften die DDR-Bürger auch ohne Genehmigung ihrer Heimatbehörden von Ungarn nach Österreich ausreisen. Ab 00.00 Uhr rollte eine fast unüberschaubare Fahrzeugkolonne mit Ausreisewilligen über alle ungarisch-burgenländischen Grenzübergänge nach Österreich. Die meisten »Ostdeutschen« wollten gleich in die Bundesrepublik weiterfahren. An allen Grenzübergängen, so auch in Klingenbach, hatten sich viele Österreicher und Staatsbürger der Bundesrepublik Deutschland eingefunden und applaudierten bei jedem Fahrzeug mit DDR-Kennzeichen, wenn es auf österreichisches Territorium kam. Da diese erste offizielle freie Ausreise von Bürgern der DDR nach Westeuropa in aller Welt viel Aufsehen erregte, waren sämtliche Printmedien sowie verschiedene Teams in- und ausländischer Fernsehanstalten vor Ort. An vielen Fahrzeugen sah man am internationalen Unterscheidungskennzeichen DDR ein D sowie das R durchgestrichen, sodass nur ein D für Deutschland auf dem Schild sichtbar blieb. Auch das Rote Kreuz war zugegen, jeder Fahrzeuglenker erhielt 100.– D-Mark in bar, um die Reisekosten (Benzin) bis zur Grenze in die Bundesrepublik begleichen zu können.

»Als Ungarn den Grenzübergang bei Klingenbach öffnete, standen zahlreiche Österreicher am Straßenrand, winkten den Flüchtlingen zu und freuten sich mit ihnen, dass sie nun endlich gefahrlos in die Freiheit gelangen konnten.«

WÖRTLICHES ZITAT VON STEFAN BIRICZ.

Die Kolonne schien kein Ende zu nehmen und bewegte sich bis zum Morgengrauen in Richtung Westen. Viele Österreicher verharrten an der Grenze und winkten den Menschen bei der Einreise in unser Land zu. Ab diesem Zeitpunkt kehrte zwar wieder der Alltag ein, doch die Reisebewegung blieb weiterhin enorm hoch. Täglich kamen hunderte, wenn nicht tausende DDR-Bürger mit ihren »Trabis und Wartburgs«, jetzt jedoch legal, über die Grenze nach Österreich.

Am 3. Oktober 1990 trat nach dem Volkskammerbeschluss vom 23. August 1990 die DDR dem Geltungsbereich des Grundgesetzes der Bundesrepublik bei. Seit diesem Zeitpunkt gibt es nur mehr ein Deutschland. Die Flucht der DDR-Bürger über Ungarn in den »Westen«, jedoch vor allem die aufsehenerregende Flucht am 19.August 1989 von ca. 750 Menschen durch das rostige Gittertor bei St. Margarethen, ist in die Geschichte eingegangen. Dieses dramatische Ereignis wird weltweit mit dem Anfang vom Ende der Deutschen Demokratischen Republik als selbständiger Staat gleichgesetzt.

BUNDESKANZLER HELMUT KOHL BEIM TOR ZUR FREIHEIT *Der deutsche Bundeskanzler (von 1982 bis 1998) Helmut Kohl (*1930 – †2017) besuchte am 18. Juli 1996 das Burgenland, um sich bei jenen Menschen zu bedanken, die im Jahre 1989 bei der Betreuung der DDR-Flüchtlinge mitgewirkt hatten. Er besichtigte auch jenen historischen Ort an der Grenze, an dem am 19. August 1989 durch die Flucht der etwa 750 DDR-Bürger »Der Fall der Berliner Mauer«, begonnen haben könnte, wodurch es dann letztendlich zum Niedergang dieses Staates kam. Ich war damals ebenfalls dabei und wurde Helmut Kohl von dem damals amtierenden Landeshauptmann des Burgenlandes (1991 – 2000), Karl Stix, (*1939 - †2003) als Zeitzeuge vorgestellt.*
Nicht bestätigten Meldungen zufolge sagte der Bundeskanzler am Tag der deutschen Wiedervereinigung im Jahre 1990 unter anderem auch, dass der Boden unter dem Brandenburger Tor auch ein Stück ungarischer Boden sei. Dieses Gedächtnisprotokoll habe ich über eine persönliche Anregung des

damaligen österreichischen Außenministers (1987 – 1995) Dr. Alois Mock (*1934 – †2017) erstellt, der den Grenzbereich beim Grenzstein B 05 ebenfalls besichtigte und mich darum ersucht hat. Als Argument führte er eine eventuelle historische Verwertung der Erinnerungen eines Zeitzeugen an. Verschiedene im Protokoll angeführte Daten habe ich den Dienstbüchern

li. Helmut Kohl, mi. Stefan Biricz, re. Karl Stix.

li. Stefan Biricz, Bundeskanzler (Österreich) Franz Vranitzky, re. Helmut Kohl

und Chroniken der angeführten Dienststellen entnommen, den größten Teil der geschilderten Vorkommnisse habe ich jedoch persönlich erlebt.

30 JAHRE DANACH Wenn ich das Rad der Zeit zurückdrehe und an diesen Sommer des Jahres 1989 denke, so bin ich dankbar, dass ich damals einen positiven Beitrag bei der Bewältigung der Flüchtlingsproblematik leisten durfte. Vor allem der 19. August 1989 gehört zu jenen Tagen in meinem Leben, die ich nie vergessen werde. Die Beamten beider Staaten haben in diesem anfänglichen Chaos, Ruhe, Übersicht und viel »Fingerspitzengefühl« bewiesen. Ein »kleiner Funke« hätte wahrscheinlich genügt und das »Pulverfass« wäre explodiert. An die Folgen möchte ich nicht denken. Jeder Einzelne hat damals menschliches Handeln vor gesetzliche Vorschriften gestellt. Die Geschichte hat allen handelnden Personen – von den diensthabenden Offizieren bis zu den rangniedrigsten eingeteilten Beamten beider Länder –, die damals vor Ort waren, Recht gegeben.

»Die Geschichte hat gezeigt, dass wir damals alles richtig gemacht haben. Die Menschen ließen sich einfach nicht mehr unterdrücken. Das Burgenland stand nach 1956 wieder einmal im Fokus sämtlicher Medien aus aller Welt und hat für die Hilfeleistung höchstes Lob erhalten.«
WÖRTLICHES ZITAT VON STEFAN BIRICZ.

Auch nach 30 Jahren weiß ich, dass ich damals richtig gehandelt habe. Ich freue mich noch immer, Menschen die in Not waren persönlich geholfen bzw. einen wesentlichen Beitrag dazu geleistet zu haben, damit ihnen rasch geholfen wurde. Ich würde in jedem einzelnen Fall auch heute noch die gleichen Entscheidungen treffen und so helfen wie ich das damals getan habe.

»ALS FLÜCHTLINGE NUMMER 13 UND 14« KAMEN ANNETTE UND OLAF DURCH DAS ROSTIGE GITTERTOR ÜBER DIE GRENZE INS BURGENLAND

Olaf und Annette Trimmel-Schwenke mit ihren beiden Kindern.

ANNETTE TRIMMEL SCHWENKE sehnte sich schon in ihrer frühesten Jugend nach einem Leben im freien Westen. Sie stellte deshalb keinen Ausreiseantrag, weil sie die Schikanen der Behörden nicht über sich ergehen lassen wollte. Erst in der letzten von drei Urlaubswochen in Bulgarien entschied sie sich mit ihrem Freund Olaf zur Flucht.

Im Flüchtlingslager Zugliget in Budapest erlangten beide vom Paneuropäischen Picknick Kenntnis und wurden dort auch instruiert, wie eine Flucht gelingen könnte. Nach einem kurzen »Zwischenstopp« am Veranstaltungsgelände in Sopronpuszta gingen sie mit einer Gruppe von Flüchtlingen, »flankiert von bewaffneten Grenzwachesoldaten« auf einem Feldweg zum rostigen Gittertor bei St. Margarethen Sie überschritten als Flüchtlinge Nummer 13 und 14 die Grenze ins Burgenland.

ANNETTE TRIMMEL-SCHWENKE, Jahrgang 1963, wuchs in der ca. 2.000 Einwohner zählenden Gemeinde Halsbrücke – liegt im Bundesland Sachsen, etwa 35 km von Dresden entfernt – auf. Wegen einer schweren Krankheit der Mutter sorgten die Großeltern sowie deren Töchter Roswitha und Gerlinde bereits in ihrer frühesten Kindheit für die kleine Annette. Roswitha stellte schon als junge Frau einen Ausreiseantrag, verließ im Jahre 1968 die DDR und zog zu ihrem Ehemann nach Rust im Burgenland (Österreich). Gerlinde gründete bald danach ebenfalls eine eigene Familie. Annette lieb bis zur Genesung der Mutter bei den Großeltern, begann im Jahre 1969 mit der Pflichtschule und legte zehn Jahre danach die Reifeprüfung ab. Schon in ihrer frühesten Jugend träumte sie von einem Leben im freien Westen.

MEIN LEBEN IN DER DDR

STAATSBÜRGERKUNDE – REINE »POLITPROPAGANDA« Annette Trimmel-Schwenke erzählt, was sie damals erlebte: *In der Zeit zwischen 1979 und 1982 erlernte ich den Beruf einer Wirtschaftskauffrau. Bereits in der 8. Klasse meiner Pflichtschulzeit fiel es mir schwer, zu begreifen, was mir im Unterrichtsfach »Staatsbürgerkunde« vermittelt werden sollte. Damals habe ich schon erkannt, dass dieser Gegenstand nur dazu diente, mich (bzw. uns Schüler) politisch zu »manipulieren«. So war das auch während meiner Zeit als Lehrling. Doch weil wir Lehrlinge nicht ganz »doof« waren und uns nicht gegen die Staatsgewalt auflehnen wollten, haben wir die wichtigsten Passagen der auf das politische System in der DDR ausgerichteten Lehrbücher auswendig gelernt. Bei den Prüfungen haben wir die Fragen so beantwortet – sowohl schriftlich als auch mündlich – wie es die Lehrer haben wollten. Denn nur so hatten wir unsere Ruhe.*

Ein weiteres großes Problem war für mich die eingeschränkte Reisefreiheit. »Gewöhnliche« DDR-Bürger – dazu zählten auch wir – durften nämlich nur ganz wenige Länder – meist nur »Bruderstaaten« des Ostblocks – bereisen. Dazu benötigte man eine Reiseanlage für den visafreien Reiseverkehr, die wir meist anstandslos ausgefolgt bekamen. Ein Visum für westliche Staaten war Privilegierten vorbehalten. Für mich war es ein besonderer Glücksfall, dass ich im Jahre 1979 mit meiner Freundin an den Plattensee nach Ungarn fahren durfte. Das Jugend-Reisebüro stellte nämlich nur eine begrenze Anzahl an Plätzen zur Verfügung. Zum ersten Mal in meinem Leben erlebte ich damals einen Hauch von Freiheit.

ERSTE GEDANKEN ZU FLUCHT: »ICH WOLLTE SO LEBEN WIE MEINE TANTE« *In den Jahren 1981 und 1982 durfte ich über die Jugendtouristik am Schwarzen Meer in Bulgarien einige Urlaubstage verbringen. Obwohl auch dieser Staat von Kommunismus geprägt war, überkam uns doch – wenn auch nur geringfügig – ein Gefühl der Freiheit und Unabhängigkeit. Alles war anders. So konnten wir etwa Südfrüchte, die in Hülle und Fülle vorhanden waren, kaufen. Für uns etwas ganz Neues, weil wir das in der DDR so nicht kannten. Zuhause bekamen wir Obst nur einmal pro Woche zugeteilt, wobei die zugewiesene Menge von der Anzahl der Familienmitglieder abhängig war. Deshalb war es für uns immer ein Fest der Freude, wenn meine Tante Roswitha mit ihrem Mann Hans und den beiden Kindern zu uns nach Halsbrücke kam. Das Auto war voll beladen mit Pfirsichen, Nektarinen, Weintrauben, Äpfeln und* natürlich mit gutem Ruster Wein. »Weihnachten und Ostern« an einem Tag! Doch bei der Abfahrt gab es Tränen – wir konnten es kaum erwarten, bis sie wieder zu uns kamen.

Ich hatte ebenfalls den Traum, so wie meine Tante im Westen zu leben und beschäftigte mich deshalb schon längere Zeit mit einer Ausreise aus der DDR. Wenn es möglich gewesen wäre, so wäre ich sofort ins Auto gestiegen und mit ihr nach Österreich gefahren. Von diesem Traum der Freiheit erzählte ich jedoch niemandem, weil ich Angst vor einer Bespitzelung durch »Freunde« mit anschließendem Verrat an die Stasi hatte.

IN UNGARN SPÜRTE ICH EINEN HAUCH DES WESTENS Meine Schulfreundin, mit der ich immer verreist war, heiratete im Jahre 1982 einen Ungarn, verließ die DDR und zog mit ihm in seine ungarische Heimat. Ich besuchte sie etwa dreimal im Jahr und merkte den gravierenden Unterschied zwischen den beiden Staaten. Ungarn war für uns DDR-Bürger wie der Westen. Es gab volle Läden und man konnte kaufen was das Herz begehrte; Jeans, Schallplatten, leckeres Essen, gute Zigaretten, etc.

Da wir nur 400 Ostmark pro Jahr umtauschen durften – und über dieses Geld kaum verfügten – waren wir auf den Tausch von Waren angewiesen, um unseren Urlaub zu finanzieren. Der große »Renner« in Ungarn waren damals Elektrogeräte wie Mixer oder Näh- und Strickmaschinen sowie Sachen des täglichen Gebrauchs wie etwa Bettwäsche. An den Grenzübergängen war jedoch äußerste Vorsicht geboten, weil sowohl die Ausfuhr als auch die Einfuhr von Waren aus bzw. in die DDR streng kontrolliert wurde. Es gehörte schon jede Menge Glück dazu, um diese Kontrollen unbeschadet zu überstehen. Deshalb reiste ich meist mit dem Nachtzug Dresden-Budapest.

SAISONARBEIT AN DER OSTSEE Im Jahre 1985 hatte ich das eintönige Dasein satt. Trotz harter Arbeit in meinem erlernten Beruf verdiente ich monatlich nur 436 Ostmark. Obwohl ich keine Ausgaben hatte, reichte das Geld kaum zum Leben. Deshalb beschloss ich im Mai 1985, an die Ostsee zu fahren und für eine Saison als Kellnerin zu arbeiten. Ich schuftete Tag und Nacht, kehrte zufrieden und »reich« Mitte Oktober zurück, beantragte ein Visum und fuhr zu meiner Freundin nach Ungarn.

»ARBEITSLOSE GIBT ES IN DER DDR NICHT« Als ich aus Ungarn zurückkam, gab es für mich eine – negative – Überraschung. Seit meiner Rückkehr von der Ostsee galt ich als arbeitslos und hatte mich als arbeitslose DDR-Bürgerin in Ungarn aufgehalten. Und das gefiel meinem Großvater überhaupt nicht – ich wohnte nämlich seit meinem 18. Lebensjahr bei meinen Großeltern, weil meine Eltern nur über eine Zwei-Zimmer-Wohnung verfügten. In der DDR galt eine Zwei-Zimmer-Wohnung für drei Personen als ausreichend. Für Großvater war es unvorstellbar, arbeitslos zu sein, weshalb er mich zurechtwies und mir sagte, dass ich mir schnellstens Arbeit suchen soll, weil er das »Zigeunerleben« nicht dulden würde. Deshalb nahm ich bald eine Stellung als Kellnerin an. In meiner Freizeit trampte ich mit meiner Freundin bis Bulgarien.

MEINE ERSTEN GEDANKEN ZUR FLUCHT

Während dieser Touren lernte ich einen Fernfahrer aus der Bundesrepublik kennen. Damals – es war im Jahre 1984 – trug ich mich zum ersten Mal ernstlich mit dem Gedanken, aus der DDR abzuhauen. Doch mein Leben sollte eine andere Wendung bekommen. Die Flucht wagte ich jedoch erst im August 1989 mit meinem damaligen Freund Olaf, den ich im Herbst 1986 kennenlernte und 1996 heiratete.

Im Jahre 1988 wurde meine beste Freundin aus der DDR ausgewiesen. Ich war sehr traurig, weil ich fürchtete, sie nie wieder zu sehen. Damals sagte die Mutter meiner Freundin zu mir:

»Im Westen ist der Himmel blauer und der Zucker süßer«.

Diese Worte werde ich nie vergessen, weil meine Sehnsucht, die DDR ebenfalls zu verlassen, immer stärker wurde. Doch Olaf und ich mussten noch ein Jahr warten.
Im Februar 1989 erfüllte ich mir einen lang ersehnten Wunsch. Durch harte Arbeit und eisernes Sparen hatte ich endlich das Geld zum Erwerb eines Autos. Für 25.000 Ostmark kaufte ich mir auf dem Schwarzmarkt einen 13 Jahre alten Lada. Da einige unserer Freunde bereits Anträge zur Ausreise gestellt hatten, unterhielten wir uns – Olaf und ich – bereits mehrmals die Woche darüber, dies auch zu tun. Wir wollten aber diese Schikanen der Behörden bis zum Erhalt eines Ausreiseantrages nicht über uns ergehen lassen, weshalb wir davon Abstand genommen haben. Warum wir das getan haben, obwohl unser

Entschluss, die DDR zu verlassen, bereits feststand, weiß ich bis heute nicht.

Mit diesem Lada traten Annette und Olaf die Urlaubsreise nach Bulgarien an, fuhren dann weiter nach Ungarn und ließen das Fahrzeug schweren Herzens in Sopron zurück. Als sie nach einigen Wochen beabsichtigten, den PKW abzuholen, waren sämtliche brauchbare Teile gestohlen – es war nur mehr die Karosserie vorhanden.

STIMMZETTEL BEI DEN GEMEINDERATSWAHLEN DURCHGESTRICHEN – VISUM FÜR DEN URLAUB DENNOCH BEKOMMEN Seit zwei Jahren suchten Olaf und ich nun bereits eine Wohnung. Es war aber aussichtslos, weil wir weder verheiratet waren, noch Kinder hatten. Als im Frühjahr 1989 in meinem Heimatort der Gemeinderat gewählt wurde, kam ich, so wie viele andere Bürger auch, meiner Wahlpflicht nach. Nicht nur wegen der vergeblichen Wohnungssuche hatte ich die »Schnauze« von dem Regime voll.

»**Ich war derart zornig, dass ich im Wahllokal vor den dort anwesenden Wählern alle auf dem Stimmzettel angeführten Namen durchgestrichen habe.**«

Obwohl wir aufgrund meines Verhaltens – die Stasi hatte davon mit Sicherheit Kenntnis erlangt – nicht damit gerechnet hatten, eine Ausreiseerlaubnis für den Sommerurlaub zu erhalten, haben wir dennoch die Genehmigung bekommen. Den Urlaub haben wir dann angetreten und der DDR – bis zur Wiedervereinigung – für immer den Rücken gekehrt.

SCHLAGZEILE IN DER ZEITUNG: »FLÜCHTLINGE AUS DER DDR« – ANIMATION ZUR FLUCHT *Nachdem wir die Reiseanlage für den visafreien Reiseverkehr erhalten hatten, brachen wir Ende Juli 1989 mit unserem alten Lada in Richtung Bulgarien auf. Nach einem erzwungenen Zwischenstopp in Ungarn – die Benzinpumpe war defekt geworden – erreichten wir nach drei Tagen unseren Urlaubsort am Schwarzen Meer. Drei Pärchen warteten dort schon auf uns, wobei bereits ein Paar für September 1989 über einen genehmigten Ausreiseantrag verfügte.*

Etwa am 7. Tag unseres Urlaubs gingen wir an einem Kiosk vorbei und lasen auf dem Titelblatt der Bild-Zeitung die Schlagzeile »Flüchtlinge aus der DDR«. Wie elektrisiert blieben wir stehen und kauften für teures Geld die Zeitung. Daraus erfuhren wir was zu Hause gerade passiert und dass das Gelände der Botschaft in Budapest mit DDR-Bürgern total überfüllt ist. Uns schien es, als ob die ganze DDR auf Wanderschaft sei. An eine sofortige Flucht dachten wir vorerst nicht. Unsere Freunde blieben noch 14 Tage auf dem Zeltplatz, wir eine Woche länger.

ENTSCHEIDUNG ZUR FLUCHT IN DER LETZTEN URLAUBSWOCHE

Die letzte Woche unseres Urlaubs war nun angebrochen, unsere Freunde waren bereits abgereist und der Drang in uns, die DDR zu verlassen, wurde immer stärker. Wir suchten nun ernsthaft nach einer Möglichkeit mit möglichst wenig Risiko von Ungarn nach Österreich zu flüchten. Auf einen genauen Plan konnten wir uns aber vorerst nicht einigen. Die Heimreise aus dem Urlaub führte uns wie auch in den vergangenen Jahren vorerst zu meiner in Derecske – liegt in unmittelbarer Nähe von Debrecen – wohnhaften Freundin. Wir wollten uns dort nicht lange aufhalten, weil wir mit meinen Eltern vereinbart hatten, uns mit ihnen in Kemberg – 60 km von Leipzig entfernt – am 19. August zu treffen, weil meine Großmutter Geburtstag feierte. Wie geplant war dieser Aufenthalt nur sehr kurz, aber für unsere Zukunft richtungsweisend. Wir haben nämlich bei meiner Freundin den unwiderruflichen Entschluss gefasst, dass wir flüchten werden. Anstatt nach Kemberg sind wir nun nach Budapest gefahren.

BOTSCHAFT DER BUNDESREPUBLIK WEGEN ÜBERFÜLLUNG GESCHLOSSEN *Bei meiner Freundin haben wir über die Medien erfahren, dass die Botschaft der Bundesrepublik in Budapest bereits wegen Überfüllung geschlossen ist. Als* *neuen Zufluchtsort nannte man uns die Kirche im Budapester Bezirk Zugliget, wo neben der dortigen Kirche ein provisorisches Flüchtlingslager eingerichtet worden war. Der Zufall wollte es, dass ein Bekannter von ihr am nächsten Tag – 18. August 1989 – in Budapest einen Termin hatte. Das kam uns sehr gelegen, weil wir nicht wussten, wie wir diese Kirche finden sollten – ein Navi gab es ja zu dieser Zeit noch nicht. Gemeinsam fuhren wir mit dem Mann in unserem PKW nach Budapest zur besagten Kirche und kamen gegen Mittag dort an.*

ES IST VORBEI – EIN ZURÜCK GIBT ES NICHT MEHR *Vor der Kirche halten sich bereits zahlreiche DDR-Bürger auf, die offensichtlich ebenfalls flüchten wollen. Als wir aus dem Lada steigen, sagt Olaf zu mir:*

»So, das war´s. Wir brauchen jetzt nicht mehr nach Hause zu fahren. Die Stasi hat uns fotografiert und unsere Autonummer gespeichert.«

PANEUROPÄISCHES PICKNICK – DIE FLUCHT

Wir gehen in die Kirche und erfahren, dass am 19. August 1989 bei Sopron ein Paneuropäisches Picknick veranstaltet wird. Dort wollen Ungarn und Österreicher den Eisernen Vorhang im Rahmen eins großen Volksfestes gemeinsam – symbolisch – abtragen. Heute weiß ich, dass die Veranstaltung unter dem Slogan **»BAU AB UND NIMM MIT«** *stand.*

Im Flüchtlingslager Zugliget erhalten wir einen provisorischen Reisepass der Bundesrepublik, der jedoch kein Ausreisevisum aus Ungarn und auch kein Einreisevisum in die Bundesrepublik beinhaltet. Außerdem fehlt ein Passbild, das wir bis 15:00 Uhr beibringen müssen. Gut, dass es in Ungarn Passbildautomaten – die wir in der DDR kaum gekannt hatten – gibt. Nach einigen Informationen über das Picknick mit eventueller Möglichkeit zur Flucht, kommen wir zur Überzeugung, dass wir es schaffen können. Man sagt uns, dass wir uns einfach unter das Volk mischen sollen, dann wird sich schon eine Möglichkeit ergeben, um über die Grenze zu kommen. Obwohl wir sehr zuversichtlich sind, können wir weder Angst noch Nervosität unterdrücken. Wir wissen ja nicht was die nächsten Stunden oder Tage bringen werden. Außerdem können wir nicht ausschließen, dass uns die Stasi eine Falle gestellt hat und wir schon bald in einem Gefängnis in der DDR landen werden. Weiters dürfen wir keine Zeit verlieren und machen uns sofort auf den Weg in Richtung Sopron. Im Auto nehmen wir noch einen »Gleichgesinnten« mit, haben aber ein sehr ungutes Gefühl, weil wir befürchten, dass es ein Mitarbeiter der allgegenwärtigen Stasi sein könnte. Dem ist aber nicht so – Gott sei Dank!

Nach einer beschwerlichen Fahrt bei starkem Verkehrsaufkommen auf äußerst schlechten Straßen passieren wir zahlreiche Dörfer und erreichen gegen 18:00 Uhr Sopron.

MIT TRÄNEN IN DEN AUGEN ALLEINE IM MAISFELD *Wir fahren durch die Stadt und halten in unmittelbarer Nähe der Grenze an. Der Mitfahrer steigt eilig aus dem Auto und schlägt uns vor, nicht bis morgen zu warten, sondern den Grenzübertritt im Alleingang zu wagen. In einem Maisfeld soll ich mein Auto, für dessen Erwerb ich so hart gearbeitet und lange gespart habe, einfach zurücklassen. Undenkbar für mich. Doch Olaf scheint dieser Plan zu gefallen. Er will mich nämlich davon überzeugen, das Fahrzeug einfach stehen zu lassen. Mit dem Unbekannten sollen wir auf den uns fremden Äckern und Wiesen sowie eventuell durch ein Waldstück in Richtung Grenze laufen, um ein Loch im Eisernen Vorhang zu suchen. »Nein, niemals, das werde ich nicht machen«, sage ich zu Olaf, worauf er mich einfach stehen lässt und mit diesem Mann verschwindet. Bis heute weiß ich nicht, was in diesem Moment in seinem Kopf vorgegangen ist.*

Plötzlich stehe ich wie versteinert alleine – und wie von Gott verlassen – im Maisfeld, die Schweißperlen im Gesicht, zitternd vor Angst und Tränen in den Augen. Ich kann es nicht fassen, dass Olaf mit diesem fremden Kerl einfach verschwindet und mich an dem mir völlig fremden Ort zurücklässt. Mir bleibt keine Wahl, als hier auszuharren und zu versuchen, meine Gedanken zu ordnen. Dabei fürchte ich mich auch noch vor ungarischen Grenzsoldaten, die jederzeit wie »Phönix aus der Asche« auftauchen und mich verhaften können. Doch nach einer Stunde des Wartens und Bangens kommt Olaf plötzlich alleine zu mir zurück. Im Sonnenuntergang beraten wir gemeinsam was zu tun ist und kommen zum Entschluss, unsere Flucht wie geplant am nächsten Tag beim Paneuropäischen Picknick zu versuchen.

SCHEINWERFER DER UNGARISCHEN GRENZWACHE ERLEUCHTEN DIE FELDER Um uns einen Überblick über die Lage zu verschaffen, suchen wir einige Gasthäuser in Sopron auf. In jedem Lokal befinden sich sowohl DDR-Bürger als auch Ungarn, wobei uns diese Ungarn mit äußerster Freundlichkeit begegnen. Von den DDR-Bürgern spricht niemand von einer Flucht – man weiß ja nie ob sich nicht ein Mitarbeiter der Stasi im Raum aufhält. Als man uns fragt, ob wir flüchten wollen, verneinen wir dies und geben den Leuten zur Antwort, dass wir hier übernachten und morgen nach Hause fahren werden. Dabei bringt man uns nur ein ungläubiges Lächeln entgegen. Vor allem bei den Ungarn verspüren wir, dass sie mit uns Mitleid haben.

Wir verlassen nun wieder Sopron und fahren auf eine Wiese, wo wir im Auto übernachten. Doch wir können kaum Ruhe finden, weil wir Angst vor Kontrollen haben. Durch Scheinwerfer die die Nacht taghell erleuchten, werden wir immer wieder aus dem leichten Schlaf gerissen, wenn es uns doch einmal gelingt, kurz einzunicken. Im Lichtkegel dieser Scheinwerfer beobachten wir in der Ferne Grenzsoldaten bei ihren Patrouillen, haben aber Glück, dass sie uns nicht sehen.

SAMSTAG, 19. AUGUST 1989 Wir haben die Nacht – Gott sei Dank – unbeschadet überstanden und halten an unserem Plan fest, am Nachmittag das Paneuropäische Picknick zu besuchen und dabei, wenn möglich, zu flüchten. Mittlerweile habe ich mich auch damit abgefunden, dass ich mein »geliebtes« Auto, das uns in den letzten Monaten so wertvolle Dienste geleistet hat, zurücklassen muss.

Gegen 08:00 Uhr fahren wir von unserem »Schlafplatz« in ein Wohngebiet nach Sopron und stellen schweren Herzens den Lada ab. Wir nehmen unsere Pässe, die wir im Flüchtlingslager in Zugliget erhalten haben sowie unsere DDR-Personalausweise und die Zahnbürsten aus dem Fahrzeug und schließen es ab. Danach machen wir uns zu Fuß auf den Weg in Richtung Festgelände Paneuropäisches Picknick. Sämtliche persönliche Sachen, die wir in den Urlaub mitgenommen haben, bleiben im PKW zurück. Nach einigen Schritten blicke ich wehmütig und mit Tränen in den Augen zurück und hoffe, dass ich das Fahrzeug nach gelungener Flucht eventuell aus Sopron abholen kann.

KEIN RUMMELPLATZ – LANDKARTEN WEISEN DEN WEG ZUR GRENZE Total erschöpft nehmen wir müden Schrittes die etwa fünf Kilometer von Sopron bis zum Festgelände nach Sopronpuszta (Gemeindegebiet Fertörákos) in Angriff. Als wir gegen 12:00 Uhr dort ankommen sind wir völlig überrascht, weil wir anstelle eines von uns erwarteten Rummelplatzes mit Imbissbuden und Karussell nur Landkarten, die den Weg zur Grenze in Richtung Österreich zeigen, vorfinden. Zu unserer Überraschung treffen wir dort auch unseren Mitfahrer, der versucht hatte, alleine über die Grenze zu kommen. Soldaten hatten ihn in der Nacht erwischt, kurz festgenommen, wieder freigelassen und ins Landesinnere zurückgeschickt. Mit jeder Minute steigt die Zahl der Besucher – es sind fast ausschließlich DDR-Bürger, die wenig Interesse an diesem Fest haben und nur eine Möglichkeit zur Flucht suchen. Als sich die erste größere Gruppe in Richtung Grenze in Bewegung setzt, schließen wir uns sofort an.

SOLDATEN MIT GEWEHREN AN DEN WEGRÄNDERN *Die Sonne schickt ihre Strahlen ohne Erbarmen vom Himmel und treibt uns den Schweiß aus dem Körper. Obwohl wir sehr müde sind, gehen wir einfach weiter, denn der Drang nach Freiheit setzt in uns ungeahnte Kräfte frei. Je näher wir zur Grenze kommen umso mehr Soldaten sehen wir, die mit ihren Gewehren am Wegrand stehen. Wir haben Angst, weil wir wissen, dass es noch einen aufrechten Schießbefehl gibt. Wären wir an der innerdeutschen Grenze, so würde dieser jetzt wohl vollzogen werden. Doch alle gehen das Risiko ein, marschieren weiter und hoffen, dass dies in Ungarn nicht der Fall sein wird. Außerdem kreisen Hubschrauber in der Luft die noch zusätzliche Angst in uns schüren – heute wissen wir, dass es Fotografen waren.*

In unserer Gruppe sind auch viele Mütter bzw. Väter mit ihren kleinen Kindern. Diese nehmen wir einfach in die Mitte und setzen den Marsch in Richtung Grenze fort. Nichts kann uns jetzt aufhalten. Wir haben nur ein Ziel – und das heißt Freiheit! Unter uns Flüchtlingen besteht zu diesem Zeitpunkt ein unbeschreiblicher Zusammenhalt, obwohl wir uns zuvor noch nie begegnet sind. Ein unbeschreibliches, tolles Gefühl – wir verstehen uns ohne Worte.

VERTRAUTE STIMMEN DER FREIHEIT AM ROSTIGEN GITTERTOR *Nur noch wenige Schritte und der »Ausbruch aus dem Gefängnis DDR« ist uns gelungen. Wir sehen das rostige Gittertor, vernehmen einen lauten Knall und erschrecken, weil wir fürchten, dass ein Grenzsoldat die Nerven verloren und geschossen hat. Doch Gott sei Dank, weit gefehlt. Die Österreicher öffneten schon Sektflaschen* als Willkommensgruß. Plötzlich ruft eine Stimme: »Kommt´s rüber, ihr seid in Österreich.« Eine Masse an Menschen setzt sich in Bewegung, drückt das Tor einfach zur Seite und läuft über die Grenze. Noch können wir nicht realisieren was geschehen ist. Wir haben keine Landkarte, können uns nur ganz schwer orientieren und wissen daher auch nicht genau wo wir gelandet sind. Jemand zählt und sagt, dass ich die Nummer 13 bin und Olaf die Nummer 14.

Eine erdrückende Last fällt von unseren Schultern. Jetzt sind wir zwar frei, jedoch ganz auf uns alleine gestellt und besitzen nur das was wir am eigenen Leib tragen. Die Freude ist etwas getrübt, weil wir wissen, dass wir unsere Eltern und Freunde – wenn überhaupt – für lange Zeit nicht wieder sehen werden. Irgendwie habe ich im Kopf, dass Rust/See, das ist der Ort wo meine Tante Roswitha wohnt, von hier nicht weit entfernt sein kann – ein kleines Fenster der Hoffnung tut sich auf.

Sie haben es geschafft – Annette und Olaf nur wenige Augenblicke nachdem sie durch das rostige Gittertor in die Freiheit geflüchtet waren.

EIN GLÜCKLICHER ZUFALL Wir sehen nun einige Busse, die bereitstehen, um die Flüchtlinge zur Botschaft der Bundesrepublik nach Wien zu bringen. Als wir beide etwas verloren und hilflos wirkend dastehen, spricht uns plötzlich ein Busfahrer an: »Wo wollt ihr denn hin«, fragt er uns. Nachdem wir ihm den Ort Rust/See und den Namen meiner Verwandten nennen, schlägt er die Hände zusammen und sagt: »Das gibt's ja nicht, das sind ja meine Nachbarn, ich bin der Herr Eichberger. Steigt ein, ich bringe euch nach Rust/See.«

Wir sprechen bei den Gendarmen vor Ort vor und fragen, wie lange wir uns in Rust/See aufhalten dürfen. Dabei »genehmigt« man uns zwei Tage und weist uns an, uns am 21. August 1989 gegen 13:00 Uhr im Flüchtlingslager in Mörbisch/See zu melden. Danach fahren wir mit Anton Eichberger zur Familie meiner Tante nach Rust/See. Als wir aus dem Bus steigen, kommt Sylvia – meine Cousine – gerade aus dem Haus und traut ihren Augen nicht.

Bild rechts Annette und Olaf – dieses Foto war auf zahlreichen Titelseiten internationaler Printmedien zu sehen.

Wir umarmen uns innig und vergießen Tränen der Freude. Eine Herzlichkeit schlägt uns entgegen, die wir kaum fassen können. Schon am nächsten Tag wagen es mein Cousin und meine Tante nach Sopron zu fahren, um die von uns im Auto zurückgelassenen Sachen zu holen. Es gelingt ihnen tatsächlich, denn mein PKW steht noch dort, wo wir ihn abgestellt haben. Sie räumen unser Fahrzeug komplett leer und passieren unbehelligt den Grenzübergang nach Österreich. Das werde ich den beiden immer danken.

VERSTÄNDIGUNG DER ELTERN UND FREUNDE Doch jetzt wartete noch ein großes Problem auf uns. Wir mussten nämlich unsere Eltern verständigen, die jedoch über keinen Telefonanschluss verfügten – ein Telefon gab es in gewöhnlichen Haushalten der DDR nicht. Deshalb habe ich meine Freundin an ihrem Arbeitsplatz angerufen und sie gebeten, ihnen zu sagen, dass wir derzeit in Österreich sind und nicht mehr zurückkommen werden.

Als sie ans Telefon ging, sagte sie sofort:

»›Schön, dass ihr da seid, da können wir uns ja am Abend treffen‹ – und schon schnürte es mir die Kehle zu. ›Nein meine Liebe, wir können uns nicht treffen, wir sind nämlich in Österreich.‹«

Natürlich glaubte sie mir kein Wort. Erst als ich anfing zu heulen hatte sie begriffen, dass ich keinen Spaß gemacht hatte.

Die wenigen Stunden bei meinen Verwandten waren sehr schön, gingen jedoch viel zu schnell vorbei. Der 21. August 1989 war für mich sehr bedrückend, denn es hieß Abschied nehmen. Tante Roswitha und Onkel Hans linderten unsere ärgste Not indem sie uns einige Pakete mit vielen wichtigen Sachen für den täglichen Gebrauch mit auf die Reise gaben. Danach brachten uns Roswitha und ein Freund der Familie nach Mörbisch/See, wo wir uns wie vereinbart im Flüchtlingslager gemeldet haben. Doch zuvor zeigten sie uns noch das Seebad. Dort aß ich meinen ersten Eisbecher im Westen – es war wie eine Henkersmahlzeit, weil wir mit dem Bus nach Wien gebracht wurden und neuerlich nicht wussten, was auf aus zukommt.

Noch am gleichen Abend ging es mit dem Zug in das Flüchtlingslager nach Gießen (Bundesland Hessen, etwa 65 Kilometer von Frankfurt/Main entfernt). Dort mussten wir zur Aufnahme unserer Personalien fünf anstrengende Tage mit »Anstellen und Warten« verbringen. Unfassbar welche Massen an Flüchtlingen aus der DDR in diesem Lager untergebracht waren – und täglich Neuankömmlinge! Da Olaf in Frankfurt/Main Verwandte hatte, wurden wir von der Behörde dem Bundesland Hessen zugewiesen.

12 QUADRATMETER – UNSER NEUES ZUHAUSE *In einem Hotel, genannt Felsengarten, in Baunatal/Regershausen (ein Ort mit ca. 2.300 Einwohnern in Nordhessen, etwa 13 Kilometer von Kassel entfernt), das für Flüchtlinge angemietet worden war, fanden wir eine erste Bleibe. Ein Zimmer mit 12 Quadratmetern war jetzt unser neues Zuhause! Wir waren aber vorerst zufrieden, zumal wir im September noch kostenlos verpflegt wurden. Olaf hatte bereits nach 14 Tagen eine Anstellung als Möbelpacker gefunden. Mir gelang es ebenfalls bald einen Job zu finden. Am 12. Oktober 1989 begann ich bei Aldi zu arbeiten, wo ich heute noch beschäftigt bin.*

OLAF WECHSELT IN DEN FERNVERKEHR – DER LADA IST NUR NOCH EIN WRACK
Olaf konnte sich an seiner neuen Arbeitsstelle nicht zurechtfinden, weil er nur ausgebeutet wurde. Doch kein Nachteil ohne Vorteil. Er fand schnell einen neuen Job im Fernverkehr und konnte sich somit den großen Traum seiner Jugend erfüllen. In Baunatal hatten wir schnell neue Freunde – darunter auch viele »Leidensgenossen« – gefunden, weshalb wir uns dort bald gut eingelebt hatten.

Nachdem ich im September 1989 erfuhr, dass es die Möglichkeit gibt, mit einer Genehmigung mein Auto abholen zu lassen, war ich so richtig happy. Zum einen war es für uns ganz wichtig wieder mobil zu sein, zum anderen verfügten wir noch nicht über das Geld für den Kauf eines neuen Fahrzeuges. Außerdem bedeutete mir mein Lada sehr viel, war es doch mein erstes Auto, das ich mir vom Mund abgespart hatte und es mich auch an so manche schöne Stunde als Teenager in der DDR erinnerte. In diesem Auto steckte auch das gesamte Geld, das mein Eltern für mich seit Beginn meiner Schulzeit sowie während meiner Jugend für mich gespart hatten. Ich wandte mich deshalb an meine Freundin in Ungarn und bat sie nachzusehen, ob es tatsächlich noch dort abgestellt ist, wo wir es zurückgelassen hatten. Als sie den Wagen sah, traute sie ihren Augen nicht. Es stand nur noch ein Schrotthaufen da. Die Reifen waren ebenso wie alle anderen brauchbaren Teile abmontiert und gestohlen. Schade, das hat sich mein Lada nicht verdient!

An den 9. November 1989 kann ich mich auch noch sehr genau erinnern. Als ich aus der Tagesschau erfuhr, dass die DDR die Grenzen öffnete, war ich zuerst sprachlos und dann außer mir vor Freude, weil ich es kaum erwarten konnte, meine Eltern wieder zu sehen.

OLAFS ELTERN – DER ERSTE BESUCH AUS DER HEIMAT Vor allem die ersten Wochen nach der Flucht waren sehr schwer für uns, weil wir uns in der neuen Umgebung erst zurechtfinden mussten. Obwohl wir die Freiheit gewonnen hatten, hatten wir unsere Angehörigen und Freunde sehr vermisst und sehnten uns danach, sie so bald wie möglich wiederzusehen. Und dieser Wunsch sollte sich schneller erfüllen als wir zu hoffen gewagt hatten.

Denn schon eine Woche nach der Grenzöffnung kamen Olafs Eltern mit seinem Bruder im Trabi zu uns nach Baunatal-Regershausen ins »Übergangswohnheim«. Die Freude war riesengroß, als wir uns gegenseitig in die Arme fallen konnten. Wir hatten uns viel zu erzählen, weil ja die letzten Wochen für alle sehr turbulent verlaufen waren. Jeder war neugierig was der andere erlebt hatte. Dabei beschlossen wir, Olafs Onkel, der uns nach der Flucht sehr geholfen hatte, zu besuchen. Obwohl wir fünf Personen waren (Trabis waren nur für vier Personen zugelassen), fanden wir im Trabi Platz und schafften die 181 Kilometer bis nach Frankfurt/Main. Die Fahrt war zwar nicht unbedingt angenehm, doch für uns ganz wichtig, weil wir Olafs Onkel mit seiner Frau, *denen wir so viel zu verdanken hatten, unbedingt wiedersehen wollten.*

Da es nach der Grenzöffnung auch für uns die Möglichkeit einer Einreise in die DDR – ohne Verweigerung einer neuerlichen Ausreise – gab, wollten wir so schnell wie nur möglich wieder in unsere Heimat fahren.

WEIHNACHTEN 1989 – WELCH EIN GLÜCK – WIR KONNTEN IN DER HEIMAT FEIERN
Das Weihnachtsfest 1989 sollte für mich nicht nur ein besonderes Fest des Friedens, der Freiheit und der Freude werden. Es sollte mich auch deshalb so glücklich machen, weil ich bei meiner Flucht keinesfalls erwarten durfte, dass ich diese besinnlichen Tage zu Hause mit meinen Angehörigen und Freunden erleben kann.

Im Dezember 1989 erwarben wir nämlich einen VW-Polo und beschlossen, Weihnachten zu Hause in Halsbrücke zu verbringen. Am Grenzübergang Ifta – Thüringen – sollten am 23. Dezember 1989 pünktlich um 00:00 Uhr die Schranken für die Einreise in die DDR geöffnet werden. Bereits Tage vor der Abreise kauften wir vor allem Sachen, die in der DDR nicht immer bzw. nur schwer zu bekommen waren. Wir packten den Innenraum unseres kleinen Autos mit Waschpulver, Kaffee, Süßigkeiten sowie mit zahlreichen anderen persönlichen Geschenken bis zum Dach voll und machten uns auf die 350 Kilometer lange Reise. Als wir gegen 17:00 Uhr zur Grenze nach Ifta kamen, hatte sich dort bereits eine kilometerlange Autoschlange über insgesamt fünf Spuren gebildet. Wir stellten uns auf eine unendliche Wartezeit ein. Doch früher als erwartet öffneten sich bereits gegen 19:00 Uhr die Schranken. Wir konnten problemlos die Grenze passieren und fuhren in freudiger Erwartung eines Wiedersehens mit unseren Angehörigen der Heimat entgegen. Wenn ich an die Fahrt über die ca. 260 Kilometer von Ifta nach Halsbrücke denke, so kann ich heute noch dieses heimatverbundene, wohltuende Gefühl, das meinen Körper damals durchdrang, verspüren. Es war so unendlich schön und ich war so glücklich, wieder zu Hause und außerdem frei zu sein – und dazu noch viel früher als ich das bei meiner Flucht zu hoffen gewagt hatte. Für mich war es eines der schönsten Weihnachtsfeste die ich je erlebt habe.

30 JAHRE DANACH – EIN NEUES ZUHAUSE ABER KEINE HEIMAT *Wir arbeiteten hart am Aufbau einer neuen Existenz und bezogen am 5. Jänner 1990 eine Drei-Zimmer-Wohnung im Zentrum von Baunatal. Zum Glück hatten uns die Vorbesitzer die Einbauküche überlassen, wodurch ich die Möglichkeit zum*

Kochen hatte. Da das Geld für neue Möbel noch nicht reichte, kauften wir sämtliche Einrichtungsgegenstände über Zeitungsannoncen. Bis zum Erwerb einer Schlafzimmereinrichtung schliefen wir vorerst nur auf Matratzen, die wir auf den Boden legten. Doch wir waren glücklich, zufrieden – und was für uns besonders wichtig war – wir waren frei. Wir durften nun die Welt bereisen und daran konnte uns jetzt niemand mehr hindern.

FAMILIENGLÜCK *1995 kam unser Sohn Benjamin zur Welt, 2004 unsere Tochter Emelie. Im Jahre 1996 gaben wir uns das Eheversprechen und wählten als Ort der Hochzeit unsere alte Heimat. Wir heirateten in der Kirche von Siebenlehn, dem Heimatort meines Mannes (Siebenlehn liegt nur 14 Kilometer von meinem Heimatort Halsbrücke entfernt). Seit 2003 arbeitet mein Mann ebenfalls bei der Firma Aldi GmbH & Ko. KG als Lastkraftwagenfahrer. Im Jahr 2008 kauften wir uns in Baunatal ein Reihenhaus.*

Wahrscheinlich würde ich unter gleichen Bedingungen und Begebenheiten diesen Weg neuerlich wählen, wobei ich mir eingestehen muss, dass ich mich im Hessenland nie zuhause fühle. Ich habe zwar ein neues Zuhause, aber keine neue Heimat gefunden.

Durch treue und liebe Freunde ist der Kontakt in die Heimat nie abgerissen. Unser Sohn ist im Februar 2018 in den Heimatort seines Vaters gezogen. Er kann bis heute nicht nachvollziehen warum wir unsere Heimat verlassen haben.

DIESER EINE JUNGE MUSS NOCH RÜBER!

Gruppeninspektor in Ruhe, Walter Horvath, kurz vor seinem Pensionsantritt – er brachte das Kind über die Grenze nach Österreich und übergab es seinen Eltern.

GRUPPENINSPEKTOR IN RUHE, WALTER HORVATH, behielt während der Flucht von hunderten DDR-Bürgern durch ein rostiges Gittertor bei St. Margarethen die Übersicht, brachte ein achtjähriges Kind, das von seinen Eltern im Chaos getrennt wurde, über die Grenze nach Österreich und »einte« die Familie.

HORVATH, Jahrgang 1957, trat im Jahre 1987 der österreichischen Zollwache bei und verrichtete auf den Zollämtern Nickelsdorf, Klingenbach und Eberau seinen Dienst. Bereits im Jahre 1995 – noch vor Auflösung der Zollwache – kam er zur österreichischen Bundesgendarmerie, danach zur Bundespolizei und beendete seine aktive Laufbahn auf der Polizeiinspektion in Großpetersdorf am 31. März 2017.

WALTER HORVATH war im August 1989 Mitarbeiter auf dem Zollamt Klingenbach im Bezirk Eisenstadt-Umgebung. Am 19. August 1989 war er anlässlich der »temporären Grenzöffnung« beim »Tor von St. Margarethen« zur Grenzsicherung bzw. zur Dokumentenkontrolle bei der Ein- und Ausreise der Grenzgänger eingeteilt.

> »Kurz entschlossen nehme ich den Buben an der Hand, – die Grenzwachebeamten leisten keinen Widerstand, der Einsatzkommandant lässt den Dingen ebenfalls freien Lauf – gehe mit ihm zum Tor und sage zu dem Kind: ›Jetzt kannst du zu deinen Eltern laufen.‹«
>
> WÖRTLICHES ZITAT VON GRUPPENINSPEKTOR IN RUHE, WALTER HORVATH, NACHDEM ER SICH AUF UNGARISCHES STAATSGEBIET BEGEBEN UND DEN ACHTJÄHRIGEN JUNGEN ÜBER DIE GRENZE NACH ÖSTERREICH GEBRACHT HATTE.

DER RÜSTIGE PENSIONIST hat die Ereignisse von damals noch genau in Erinnerung und erzählt, wie er diesen 19. August 1989 tatsächlich erlebt hat: *Als ich an diesem Samstag – es war ein heißer Sommertag – meinen bereits* zur Routine gewordenen Dienst auf dem Zollamt in Klingenbach antrat, sollte es eigentlich ein Tag wie jeder andere werden. Wir wussten, dass der Eiserne Vorhang durch den bereits seit drei Monaten andauernden Abbau »Löcher« hatte und die Ungarn nicht mehr mit der Intensität vergangener Jahre kontrollierten. Dadurch hatten sie vielen DDR-Bürgern die Flucht ins Burgenland ermöglicht. Mit einem Ansturm auf das rostige Gittertor hatten wir nicht gerechnet, zumal der **GRENZÜBERTRITT NUR FÜR UNGARISCHE UND ÖSTERREICHISCHE STAATSBÜRGER GESTATTET WAR.** Doch es sollte anders kommen. Nur durch das besonnene Handeln der ungarischen Grenzorgane konnte ein schwerer Grenzzwischenfall, dessen Folgen nicht abzusehen gewesen wären, verhindert werden. Ohne dass mir dies bewusst war, stand auch ich mit einem Mal im Mittelpunkt des Geschehens.

In nur wenigen Minuten konnte ich durch mein entschlossenes Handeln das Glück einer Familie »retten«. Vater und Mutter befanden sich bereits in Österreich als das Tor geschossen wurde, ihr etwa achtjähriges Kind stand noch auf ungarischer Seite.

DIENSTAUFTRAG: ÜBERWACHUNG DES GRENZVERKEHRS ANLÄSSLICH DES PAN-EUROPÄISCHEN PICKNICKS Um unseren Dienst auch ordnungsgemäß verrichten zu können, fuhr ich mit meinem Vorgesetzten zeitgerecht von unserer Dienststelle in Klingenbach zum etwa acht Kilometer entfernten Einsatzort nach St. Margarethen. Dies deshalb, weil wir uns die Örtlichkeit nochmals genau ansehen und uns eventuell mit den ungarischen Kollegen austauschen wollten. Wir waren – wie geplant, zeitgerecht – bereits ca. eine Stunde vor der um 15:00 Uhr geplanten Grenzöffnung beim rostige Gittertor – Grenzstein B5, an der Preßburger-Straße.

Noch ist es ruhig – Erkundung der Lage unmittelbar vor Grenzöffnung v.li. Johann Göltl, ein ungarischer Grenzer, Walter Horvath.

Die Lage war ruhig. Vorerst hielten sich nur wenige Menschen im Bereich der Grenze auf und warteten auf die Öffnung des Gittertores zum beabsichtigten Grenzübertritt. Wie geplant gingen mein Kollege und ich zu den ebenfalls bereits anwesenden ungarischen Grenzwachebeamten und hielten eine kurze Lagebesprechung ab. Bis 15:00 Uhr hatte sich auf beiden Seiten eine stattliche Zahl von Aus- bzw. Einreisewilligen angesammelt. Anzeichen für eine Massenflucht gab es vorerst nicht. Dass sich in unmittelbarer Nähe der Grenze hunderte DDR-Bürger aufhalten und auf einen günstigen Moment zur Flucht warten würden, haben wir und wahrscheinlich auch unsere ungarischen Kollegen nicht bemerkt.

DIE SITUATION ESKALIERT

Um 15:00 Uhr soll dieses morsche, mit Maschendraht eingebundene Holztor, von den ungarischen Kollegen etwa bis zur Hälfte geöffnet werden. Dies deshalb, weil die Menschenmenge dadurch auf beiden Seiten etwas »gesplittet«, der Andrang einigermaßen gestoppt und die Möglichkeit einer genauen Kontrolltätigkeit gegeben sein soll.

ANMERKUNG DES AUTORS: Das Tor wurde laut Angaben von Oberstleutnant in Ruhe, Árpád Bella, durch eine Gruppe von Flüchtlingen aufgedrückt. Wie auch immer es zur Öffnung des Tores kam, als Tatsache gilt, dass dieser Torflügel – sollte er durch ungarische Grenzbeamte auch nur einen Meter geöffnet worden sein (oder auch nicht) – von den Flüchtlingen fast bis zum Anschlag aufgedrückt wurde. (Siehe Interview mit Árpád Bella: **»DER GRENZWÄCHTER AM EISERNEN VORHANG«**.)

Ich stehe unmittelbar vor diesem Tor, um die Dokumente der Reisenden, die den Grenzübertritt kaum erwarten können, zu kontrollieren. Da die Menschen vor allem von ungarischer Seite über die Grenze drängen, ist die Lage bereits in den ersten Minuten kaum überschaubar. Die auf österreichischer Seite wartenden Leute sind sichtlich überrascht. Sie bleiben in unmittelbarer Nähe des Tores stehen. Nur einzelne Personen versuchen, auf ungarisches Staatsgebiet zu gelangen. Niemand rechnet mit einer Eskalation des Geschehens. Doch in wenigen Minuten ändert sich alles.
»Wie Phönix aus der Asche« taucht auf ungarischer Seite plötzlich eine für mich unüberschaubare Menschenmenge auf und setzt sich – wie eine »nicht

Diese Massenflucht kann niemand verhindern – Grenzwachebeamte auf beiden Seiten müssen tatenlos zusehen, hunderte DDR-Bürger drängen durch das rostige Gittertor in Freiheit.

aufzuhaltende Walze« – in Richtung Österreich in Bewegung. Nun bricht ein Chaos aus, niemand weiß was zu tun ist. Die ungarischen Kollegen reagieren sehr besonnen, wenden keine Körperkraft oder Waffengewalt an, weichen zur Seite und können dadurch eine totale Eskalation der Lage mit unabsehbaren Folgen vermeiden. Das morsche Holz des Gittertores hält dem Druck ebenfalls nicht stand und wird durch die ersten in der Gruppe zur Gänze aufgedrückt. Auch wir müssen tatenlos zusehen wie die Flüchtenden auf österreichisches Hoheitsgebiet gelangen. Ich weiß zunächst nicht was ich tun soll, bin fast starr vor Schreck, ordne aber schnell meine Gedanken und stelle fest, dass ich den »Dingen freien Lauf« lassen muss. Eine Kontrolle bzw. eine Hinderung der Menschen an diesem illegalen Grenzübertritt sind für uns keinesfalls möglich. Hätten wir uns in den Weg gestellt, so wären mein Kollege und ich wahrscheinlich überrannt – eventuell auch »zertrampelt« – worden.

Nachdem sich etwa 700 Menschen durch diese Öffnung gedrängt haben, gelingt es den ungarischen Kollegen das Tor bis auf etwa einen Meter wieder zu schließen, um die vorgeschriebene Kontrolltätigkeit durchführen zu können. Und nun beginnt ein Drama. Ich stehe plötzlich im Mittelpunkt des Geschehens und bin heute noch darauf stolz, wie ich damals reagiert habe.

DIE RETTUNG EINES KLEINEN BUBEN, DER VERLOREN HINTER DEM ROSTIGEN GITTERTOR STAND UND SEINE ELTERN SUCHTE

Während sich die Menschenmenge auf der Preßburger-Straße zu Fuß in Richtung St. Margarethen bewegt, bemerke ich in dem Chaos, dass zwei junge Menschen in der Nähe des Gittertores verzweifelt umherirren.

Als ich sehe, dass der Vater Tränen in den Augen hat, spreche ihn an und teile ihm mit, dass er den unmittelbaren Grenzbereich verlassen soll, weil er sich bereits auf österreichischem Hoheitsgebiet befinden würde. Der Mann entgegnet mir, dass sein Sohn in diesem »Durcheinander« durch ungarische Grenzwachebeamte von ihm getrennt worden sei. Der Junge sei noch hinter dem Gittertor auf ungarischem Territorium und würde von ungarischen Sicherheitskräften festgehalten.

Da mir bewusst ist, dass die Eltern im Falle einer Rückkehr mit einer Verhaftung rechnen oder das Kind in Ungarn lassen müssen, beschließe ich – ohne auch nur eine Sekunde zu zögern oder einen Vorgesetzten fragen – zu helfen. Ich muss aber rasch handeln und darf keine Zeit verlieren, weil ich befürchten muss, dass der Junge binnen kürzester Zeit von der Grenze weggebracht werden wird.

»Als mir der Vater sagt, dass sich sein achtjähriger Sohn noch hinter diesem rostigen Tor auf ungarischer Seite befindet, zögere ich keine Sekunde, laufe hinüber, nehme den Jungen an der Hand und bringe ihn zu seinen Eltern«

WÖRTLICHES ZITAT VON WALTER HORVATH.

EIN KLEINER JUNGE MIT EINEM BLAUEN JEANSANZUG *Als ich den Vater frage, wie sein Sohn aussieht und ob ich ihn sehen kann, zeigt er mit ausgestreckter Hand – völlig aufgelöst und der Verzweiflung nahe – auf einen kleinen Buben hinter dem Gittertor, der von Grenzern festgehalten wird. Er sagt zu mir mit zitternder Stimme: »Es ist dieser kleine Junge mit dem blauen Jeansanzug.« Ich denke in diesem Augenblick an keine gesetzlichen Vorschriften, weil es mir ganz gleichgültig ist was passieren kann bzw. wird. Ich will dieses Kind nur zu seinen Eltern bringen. Meinem Kommandanten sagte ich kein Wort, drücke einige Leute zur Seite und begebe mich durch das jetzt nur noch einen »Spalt« geöffnete Gittertor auf ungarisches Hoheitsgebiet. Nachdem ich zu* den unmittelbar neben dem Tor stehenden Grenzwachebeamten mit dem Kind komme, versuche ich die Sprachprobleme zu umgehen und gebe ihnen durch karge Worte und Gesten zu verstehen, dass sich seine Eltern hinter dem Tor auf österreichischer Seite befinden würden. Ich bitte sie, mir das Kind zu übergeben, um es vor der endgültigen Schließung des Tores zu seinem Vater bringen zu können. Die Grenzwachebeamten weigern sich. Ich will aber die Situation nicht weiter eskalieren lassen und gehe zu dem nur wenige Schritte entfernten uniformierten Einsatzkommandanten, den ich von der Besprechung, die unmittelbar vor der Grenzöffnung stattgefunden hat, kenne und daher weiß, dass er etwas Deutsch spricht. Ich schildere ihm kurz den Sachverhalt und sage, dass es bei dieser Vielzahl von Menschen, denen heute bereits die Flucht gelungen ist, auf diesen kleinen Jungen auch nicht mehr ankommen würde.

ICH HABE DAS KIND EINFACH AN DER HAND GENOMMEN UND BIN ÜBER DIE GRENZE GEGANGEN *Der Offizier (vermutlich Obstlt Bella) ist aufgrund der Ereignisse sichtlich nervös und gibt mir ziemlich aufgeregt zu verstehen: »Ich kann nicht, der Grenzabschnittskommandant ist hier. Wir dürfen niemanden mehr hinüberlassen« und dreht sich einfach zur Seite. Diese Geste deute ich als stille Zustimmung und nehme an bzw. hoffe, dass mich niemand hindern wird, das Kind durch das Tor zu »schleusen«. Deshalb muss ich nun binnen weniger Sekunden eine Entscheidung treffen. Ich will den Jungen unter allen Umständen zu seinen Eltern bringen und sage zum Kommandanten: »Ich werde schon aufpassen, aber dieser Bub muss noch rüber.« Kurz entschlossen nehme ich das Kind an der Hand – die Grenzwachebeamten leisten keinen Widerstand, der Einsatzkommandant lässt den Dingen ebenfalls freien Lauf – und ich gehe mit dem Buben in Richtung Tor. Dort angekommen sage ich zu dem Kind: »Jetzt kannst du zu deinen Eltern laufen.«*

Als ich diese Worte ausspreche und den Jungen anschließend seinen Eltern übergebe, bricht auf österreichischer Seite eine größere Gruppe von Menschen, die das Geschehen offensichtlich genau beobachtet hat, in Jubel aus. Ich verspüre ein besonderes Glücksgefühl in meinem Körper und bin gerührt vor Freude, dass es mir trotz Widerstand gelungen ist, diese Familie zu vereinen. Doch was nun folgt, kann ich vorerst nicht verstehen. Offensichtlich sind nicht alle über mein Vorgehen erfreut.

VORWURF: GRENZVERLETZUNG, MENSCHENSCHMUGGEL Nachdem ich das Kind den Eltern übergeben habe, gehe ich wieder zurück zu dem nun bereits geschlossenen Tor. Ich höre den Grenzabschnittskommandanten – den ich bis dato als solchen nicht erkannt habe, weil er Zivilkleidung trägt – in deutscher Sprache laut schimpfen (Bei dem Grenzabschnittskommandanten handelt es sich mit ziemlicher Sicherheit um Hauptmann Miklós Jenöfi, der als »Hardliner« galt – Anmerkung des Autors). Er wirft mir vor, dass ich – und das auch noch in Uniform – eine Grenzverletzung begangen habe und droht mir mit einer Beschwerde beim Außenministerium. Ich weiß nicht wie mir geschieht, bin wie vom Blitz getroffen und verstehe die Welt nicht mehr. Es dauert einige Minuten bis ich diese mir unverständlichen Vorwürfe verdrängen kann. Meine Freude, dass ich das Kind unversehrt über die Grenze gebracht habe, überwiegt gegen alle mir angedrohten Konsequenzen. Außerdem hoffe ich auf Unterstützung von meinem unmittelbaren Vorgesetzten, der die Vorwürfe gegen mich mitbekommen hat. Zu meiner Verwunderung tritt genau das Gegenteil ein. Ich als »kleiner Inspektor« stehe plötzlich alleine »im Regen«.

»Was wird mich erwarten, ich bin noch provisorischer Inspektor und kann jederzeit entlassen werden. Werde ich nun meine Anstellung verlieren?« Gedanken die sich in meinem Kopf im Kreis drehen und mir binnen Sekunden jene Freude, die ich noch vor etwa zehn Minuten verspürt habe, nehmen.

Anstatt mich zu trösten macht mir mein Vorgesetzter weitere Vorhaltungen – seine Worte trafen nicht gerade mein Niveau und waren weit unter der »Gürtellinie«, weshalb ich von einer Veröffentlichung Abstand nehmen will. Wahrscheinlich hatte er als Einsatzleiter nur Angst um seine eigene Karriere, die Verantwortung für diese Amtshandlung, verbunden mit eventuellen dienstlichen Konsequenzen, hätte in jedem Fall nur ich persönlich zu tragen gehabt.

Da mir der ungarische Grenzwachekommandant weitere Vorwürfe macht, verlasse ich meinen Standort entferne mich vom Tor und entdecke unter den »Zuschauern« unseren Chef, den Zentralinspektor der Zollwache, Dr. Otto Gratschmayer. Er hat ein Fahrrad bei sich, trägt sportliche Freizeitkleidung und ist außer Dienst. Ich erstatte dennoch sofort Meldung, berichte ihm, dass ich das Kind über die Grenze gebracht und seinen Eltern übergeben habe. Weiters erzähle ich ihm, dass ich deshalb eine Beschwerde über das Außenministerium zu erwarten habe sowie von den Vorhaltungen meines unmittelbaren Vorgesetzten. Dr. Gratschmayer gratuliert mir und sagt, dass er die Bearbeitung dieser Beschwerde gerne übernehmen wird und erteilt mir den

Auftrag, mich nicht mehr in unmittelbarer Nähe der Grenze aufzuhalten, um den ungarischen Grenzabschnittskommandanten nicht weiter zu provozieren.

Diese Anerkennung meiner Arbeit durch den Zentralinspektor ist wie »Balsam auf meine offene Wunde« und lässt wieder Freude in mir aufkommen – jedoch bis vorerst nur zur Schließung dieses rostigen Gittertores.

Ich muss nämlich mit meinem unmittelbaren Vorgesetzten noch zur Dienststelle nach Klingenbach zurückfahren. Es gibt im wahrsten Sinne des Wortes eine »Standpauke«, wobei die Wortwahl bis weit unter die »Gürtellinie« reicht. Außerdem werden mir ein Disziplinarverfahren sowie Verweigerung der Definitivstellung angedroht.

NACH 30 JAHREN

Fakt ist, dass es nie zu einer Beschwerde über das Außenministerium gekommen ist, eine Disziplinaranzeige gegen mich wurde niemals erstattet und meine Definitivstellung erfolgte anstandslos.

Wenn ich an diese Amtshandlung, die zu den schönsten Erlebnissen meiner 30-jährigen Dienstzeit gehört, denke, überkommt mich auch nach 30 Jahren noch ein Gefühl des Glücks und unendlicher Freunde. Zu gern würde ich das heute längst erwachsene »Kind« persönlich kennenlernen. Ich bin stolz, in diesen bangen Minuten diese Entscheidung getroffen zu haben und würde es heute wieder tun.

Außerdem bin ich sehr dankbar, dass ich endlich den Vorfall an diesem 19. August 1989 so schildern kann, wie er sich tatsächlich zugetragen hat.

VERSTÄNDNIS Heute weiß ich, was für den damaligen Grenzabschnittskommandanten – Obstlt in Ruhe, Árpád Bella – »auf dem Spiel« stand. Er hatte den gesamten Einsatz zu verantworten und hätte nach den zu diesem Zeitpunkt immer noch geltenden ungarischen Gesetzen diesen illegalen Grenzübertritt unbedingt – auch unter Anwendung von Körperkraft und letztendlich auch unter Androhung von Waffengewalt – unbedingt verhindern müssen. Er hat aber »gegen Gesetze und für die Menschen« entschieden. Hätte die damals in Osteuropa herrschende Diktatur – wenn auch nur langsam – nicht einer Demokratie weichen müssen, dieser Einsatzkommandant (Bella) wäre wahrscheinlich seines Amtes enthoben worden oder schlimmstenfalls in einem sibirischen Gefängnis gelandet.

VERSÖHNUNG Nach einigen Jahren war ich zur Feier des 60. Geburtstages eines Kollegen der Zollwache in Baumgarten, Bezirk Mattersburg, eingeladen. Unter den geladenen Gästen war auch der damalige Einsatzkommandant Árpád Bella, den ich seit dem Vorfall vom 19. August 1989 nicht mehr gesehen, jedoch gleich erkannt hatte. Bella dürfte mich ebenfalls erkannt haben, weil er den Kontakt zu mir suchte, auf mich zukam und mich fragte, ob ich jener Beamte sei, der damals das Kind über die Grenze gebracht hat. Ich »bejahte« dies, worauf wir in einem sehr konstruktiven Gespräch dieses Ereignis »aufgearbeitet« haben. Als er mir als Grund für sein damaliges Verhalten bzw. seine »Ausnahmesituation« Angst vor einer Entlassung, verbunden mit einer Gefängnisstrafe, die er unter Umständen auch in Sibirien hätte absitzen müssen, nannte, zeigte ich Verständnis für sein Handeln.

Nach diesem für uns beide sehr guten Gespräch boten wir uns das »Du-Wort« an und gingen als Freunde auseinander. Nun sind wir beide bereits im wohlverdienten Ruhestand und leben in zwei Staaten, in denen unsere Jugend den Eisernen Vorhang nur noch aus der Geschichte kennt.

NUR GEMEINSAM WAGTEN SIE DURCH DAS ROSTIGE GITTERTOR DIE FLUCHT IN DIE FREIHEIT

Walter und Simone Sobel

DEM EHEPAAR SIMONE UND WALTER SOBEL gelang an diesem denkwürdigen 19. August 1989 mit ihren beiden Töchtern während einer kurzfristigen Grenzöffnung – ein rostiges, von morschen Brettern gehaltenes Gittertor wurde einfach weggedrückt – bei St. Margarethen die Flucht über die ungarische Grenze ins Burgenland. Nachdem der erste Versuch an der ungarisch-jugoslawischen Grenze gescheitert war, fuhren sie vom Platten- zum Neusiedler See und warteten auf dem Campingplatz in Fertörákos drei Tage auf diesen Augenblick.

Als sie von dem Paneuropäischen Picknick mit einer temporären Grenzöffnung hörten, glaubten sie an ihre Chance und nützten diese. Während Walter zu Fuß ging, wurde Simone mit ihren Kindern von einem Österreicher – den sie weder vorher, noch nachher sah – von Fertörákos zum etwa acht Kilometer entfernten »Tor der Freiheit« gebracht. Obwohl man ihr mehrmals sagte: »Du bist frei, du kannst gehen« wartete sie auf ihren Mann – erst dann gingen sie mit den Kindern gemeinsam über die Grenze.

SIMONE, DAMALS 24, UND WALTER SOBEL 25, waren ein junges Ehepaar, das mit ihren zwei kleinen Töchtern – zwei und vier Jahre alt – in Blankenburg im Harz, Bundesland Sachsen-Anhalt, in einem beschaulichen Häuschen lebte. Obwohl sie sich eine gesicherte Existenz aufgebaut hatten, verachteten sie dieses Regime, das sie andauernd bespitzelte und ihnen jegliche Reisefreiheit nahm. Vor allem Walter sah kaum eine Möglichkeit des beruflichen Fortkommens sowie der Verwirklichung seiner privaten Träume.

Die Aussage von Erich Honecker (* 1912 – †1994 – als Staatsratsvorsitzender mächtigster Politiker in der damaligen DDR), wonach die Mauer auch in 100 Jahren noch stehen würde, hat neben zahlreichen anderen Beweggründen wesentlich dazu beigetragen, dass sie sich entschlossen, im Sommer 1989 dieses Land endgültig zu verlassen. Sie fuhren zuerst nach Ungarn, wollten von dort nach Jugoslawien flüchten und dann die Grenze nach Österreich überschreiten. Doch die ersten zwei Versuche an der jugoslawisch-ungarischen Grenze scheiterten. Obwohl Walter Sobel nicht mehr an die Chance glaubte, fuhren sie vom Platten- zum Neusiedler See und schafften am 19. August 1989 beim »Tor von St. Margarethen« den Weg in die Freiheit.

WALTER SOBEL, JAHRGANG 1963, kam im Alter von drei Jahren mit seinen Eltern aus Polen in die DDR. Er ist in der heute 21.000 Einwohner zählenden Stadt Blankenburg aufgewachsen. Schon als kleiner Junge stand er dem Regime äußerst kritisch gegenüber. Er äußerte wann immer er es für passend hielt seine ablehnende Meinung gegen diese diktatorische Staatsform. Dass er außerdem noch westliche Kleidung trug, brachte ihm zusätzliche »Minuspunkte«. Durch dieses auffällige Verhalten zog er sich schon bald die Missgunst des Lehrkörpers zu und musste sich jeden Samstag beim Schulleiter melden. Daher dachte er schon in frühester Kindheit an eine Flucht aus der DDR.

Nach dem Ende seiner Schulzeit erlernte er den Beruf eines Stahlschmelzers sowie eines Kammerjägers (Kammerjäger = Schädlingsbekämpfer, bekämpfen Schädlinge in geschlossenen Räumen). Konkret wurden diese Fluchtpläne dann mit dem Eintritt in die Volksarmee der DDR. Er meldete sich zum Einsatz an die Westgrenze, weil er als »Grenzschützer« eine gute Möglichkeit zur Flucht sah. Als »gewöhnlicher Bürger der DDR« kam man nämlich überhaupt nicht in die Nähe der Grenze zur Bundesrepublik Deutschland. Selbst das Fußballspielen war im Sperrgebiet nicht möglich. Er wollte einfach nur weg aus diesem durch Mitarbeiter der Stasi durchwanderten Staat und seiner Familie ein Leben in Freiheit ermöglichen.

WALTER SOBEL sah jedoch kaum eine Chance, die deutsch-deutsche Grenze in die Bundesrepublik unbeschadet zu überwinden. Deshalb suchte er bei Urlaubsreisen an den Plattensee sowie beim Besuch des Formel 1 Rennens auf dem Hungaroring nahe Budapest nach einer Schwachstelle im Eisernen Vorhang. Nach Auslotung mehrerer Varianten schien ein illegaler Grenzübertritt nach Jugoslawien mit dem geringsten Risiko einer Festnahme möglich.

Im Jänner 1988 begann dann die exakte Planung der Flucht, die über Ungarn, Jugoslawien und Österreich in die Bundesrepublik Deutschland erfolgen sollte. Vorerst erzählte er seiner damals 58-jährigen Mutter, einer Invalidenrentnerin, dass er nach einem Urlaub in Ungarn nicht mehr in die DDR zurückkommen wird. Da die schwerkranke Mutter in den Westen reisen durfte, brachte sie seine wichtigsten Dokumente vorerst nach Westdeutschland und deponierte diese bei Freunden. Außerdem stellten seine Eltern einen Ausreiseantrag, der positiv erledigt wurde. Sie verließen im Jänner 1989 die DDR und verlegten ihren ständigen Wohnsitz in die Bundesrepublik Deutschland.

Deshalb war es für Walter Sobel keineswegs eine Flucht ins Ungewisse. Neben mehreren Verwandten lebten nun auch seine Eltern in der Bundesrepublik, wodurch er die Lebensumstände dort genauestens kannte und daher der negativen Propaganda der kommunistischen »Maschinerie« – die liegen alle unter Brücken und haben keine Arbeit etc. – keinen Glauben schenkte.

SIMONE SOBEL, JAHRGANG 1964, ist gelernte Physiotherapeutin und wurde nach »strengen kommunistischen Regeln« erzogen. Sie wollte vorerst nicht flüchten, weil sie in der DDR mit ihrem Leben zufrieden war. Die Eltern waren überzeugte Sozialisten im Sinne der Sozialistischen Einheitspartei Deutschlands (SED). Ihr Vater war Sekretär der Freien Deutschen Jugend (FDJ) und arbeitete in der metallverarbeitenden Industrie der »Harzer Werke«, ihre Mutter war im Rathaus beschäftigt, der Bruder übte den Beruf eines Richters aus. Die Familie genoss zahlreiche Privilegien. Man konnte sich einen Urlaub an der Ostsee leisten und wusste – im Gegensatz zu vielen anderen DDR-Bürgern – auch wie »Bananen und Aprikosen (Marillen) schmecken«. Doch ihr Mann galt als eigensinnig und teilte keinesfalls die politischen sowie gesellschaftlichen Ansichten ihrer Eltern.

GESICHERTE EXISTENZ AUFGEBEN? Nachdem ihr Mann – Walter Sobel – andauernd von einer Flucht sprach und keine Alternative für sein berufliches Fortkommen sah, hat Simone bald erkannt, dass er davon nicht mehr abzubringen war. Daher musste sie überlegen, ob sie diese gesicherte Existenz aufgeben und ihre Eltern – die ihr das wahrscheinlich nie verzeihen würden (was auch tatsächlich eingetreten ist) – für immer verlassen soll. Sie wusste ja nicht was sie »drüben« erwartet.

»Dass ich dort arbeiten muss, war mir selbstverständlich klar. Da ich der festen Überzeugung war, dass wir es gemeinsam schaffen, habe ich mich aus Liebe und Vertrauen zu meinem Mann für die Flucht entschieden,«
WÖRTLICHES ZITAT VON SIMONE SOBEL.

Vor den Eltern von Simone Sobel war höchste Geheimhaltung des Fluchtplanes geboten, weil diese ja »treu zur Partei« standen. Deshalb kam auch ein Ausreiseantrag – der mit Sicherheit abgelehnt worden wäre – nicht in Frage. In diesem Fall wäre es wahrscheinlich gewesen, dass ihre Familienangehörigen (Eltern der Gattin und eventuell auch ihr Bruder) ihren Arbeitsplatz verloren hätten. Deshalb gab es zu einer Flucht keine Alternative, obwohl auch in diesem Fall Repressalien für die Angehörigen zu erwarten waren.

DIE FLUCHT

SIMONE UND WALTER SOBEL ERZÄHLEN WAS SIE DAMALS ERLEBT HABEN: *Nachdem für uns feststand, dass wir im Jahre 1989 unseren Urlaub zur Flucht nützen werden, haben wir im Frühjahr ein Visum für Ungarn beantragt und auch erhalten. Wir wollten an den Plattensee, dort vorerst eine Woche Urlaub machen und anschließend den illegalen Grenzübertritt über Jugoslawien wagen.*

Da wir auch damit rechnen mussten, dass diese Flucht misslingen kann und wir danach in die DDR zurückkehren müssen, durfte auch unseren Freunden nicht auffallen, dass wir unsere Heimat für immer verlassen werden. Wir haben die persönlichen Dinge aufgeteilt und unsere Flucht so geplant, dass wir bei einem Scheitern wieder unbemerkt nach Hause kommen können. Es wäre ja nicht auszudenken gewesen, was mit den Kindern im Falle unserer Verhaftung passiert wäre.

Endlich kommt der Tag an dem wir die Fahrt in unseren geplanten zweiwöchigen »Urlaub« antreten können. Es ist vermutlich der 10. August 1989, ganz genau wissen wir das nicht mehr. Wir laden nur die notwendigsten Kleidungsstücke samt Toilettenartikel – weil wir ja keinesfalls auffallen dürfen – in unseren Trabi und verlassen mit den Kindern Blankenburg in Richtung Ungarn. Eine befreundete Familie, der wir von unserer geplanten Flucht nichts erzählen, fährt in ihrem Auto ebenfalls mit uns zum Plattensee.

DIE SUCHE NACH EINEM LOCH IM EISERNEN VORHANG SCHEITERT

Wie geplant wollen sie die erste Woche einmal Urlaub machen und dann die Flucht wagen. Doch Walter Sobel ist äußerst »angespannt« und kann es kaum erwarten, bis sie aufbrechen.

Mit der Notlüge »Wir wollen noch Freunde in den Weinbergen besuchen«, trennen sie sich von der befreundeten Familie, steigen in den Trabi und brechen zum Grenzgebiet in Richtung Jugoslawien auf. Etwa 24 Stunden fahren sie ohne Pause an der ungarisch-jugoslawischen Grenze entlang und suchen ein Loch im Zaun. Sie halten das Fahrzeug immer wieder an, steigen aus, gehen in den Wald und stoßen auf den Stacheldraht.

Sie finden keine Öffnung, es gibt keine Möglichkeit durchzukommen. Vor allem die Kinder halten die Qualen bei dieser brütenden Hitze kaum aus. Verzweiflung besiegt die Hoffnung. Was tun? Walter ist mit den Nerven völlig am Ende und kann nicht mehr. Deshalb beschließen sie, an den Plattensee zurückzufahren. Müde und abgeschlagen öffnet Walter ein Bier und sagt zu seiner Frau: »*Es hat keinen Zweck, wir fahren nach Hause. Wir schaffen das nicht.*« Doch Simone ist stark. Sie fragt sich, ob ein Jahr Vorbereitung umsonst gewesen sein soll, nimmt jetzt nicht nur das »Zepter«, sondern auch eine Landkarte in die Hand. Sie will keinesfalls aufgeben. Obwohl Walter der »Kartenleser« ist und sie sich auf Landkarten wenig auskennt, sucht und findet sie den Neusiedler See, der bei Sopron-Fertörákos an Österreich grenzt. »*Wenn ich mich für etwas entschieden habe, dann gehe ich auch geradlinig nach vorne und es gibt kein Zurück*«, sagt sie später in einem Interview. Obwohl sie befürchten müssen, dass ihre Daten – eventuell auch der Stasi – bekannt sind, halten sie an ihrer Entscheidung zur Flucht fest.

Simone sorgte durch ihr positives Denken dafür, dass ihr Mann schnell neuen Mut »geschöpft« hatte. Der Fluchtplan wurde geändert, sie fuhren vom Balaton (Plattensee) zum Neusiedler See. Auf dem Campingplatz – dieser liegt im Areal der Badeanlage von Fertörákos – stellten sie ihr Zelt auf. Sie waren jetzt zwar in Grenznähe, jedoch in einem Gelände, das sie überhaupt nicht kannten. Wie sollte da eine Flucht gelingen?

CAMPINGPLATZ FERTÖRÁKOS – EINE NEUE CHANCE

Obwohl auf dem Zeltplatz in Fertörákos bereits hunderte DDR-Bürger campieren, vertrauen sie sich niemandem an, weil sie befürchten, dass sich unter diesen »Urlaubern« auch zahlreiche Mitarbeiter der Stasi befinden. »*Es war wie in der DDR. Die Leute wussten untereinander, dass jeder der dort campierte über die Grenze wollte, wagten es aber nicht, mit dem anderen darüber reden*«, so Simone. Tagsüber reisten die Menschen an, bei Dunkelheit verschwanden sie wieder ohne vorher nur ein Wort darüber zu verlieren. Zelte in denen sich am Abend noch »Urlauber« aufhielten waren am Morgen leer. Das gesamte »Inventar« sowie die Trabis und Wartburgs blieben herrenlos zurück.

1.000 DM FÜR EINE »SCHLEPPUNG« Simone und Walter Sobel bleiben mit den Kindern vorerst auf dem Campingplatz und überlegen verschiedene

Fluchtvarianten. Walter wird eines Morgens beim Bäcker von einem Schleuser angesprochen, der ihm für 1.000.- D-Markt eine »Schleppung« durch den Eisernen Vorhang nach Mörbisch anbietet. »*In einer Woche geht´s los,*« sagt er. Der Familienvater gibt ihm zu verstehen, dass er einverstanden ist, weiß aber, dass er so lange nicht warten will. Doch dann kommt ihnen der Zufall zu Hilfe.

Am 18. August 1989 fällt ihnen ein Flugblatt in die Hände, auf dem zu einem Paneuropäischen Picknick eingeladen wird. Da dieses in ungarischer Sprache abgefasst ist, können sie damit vorerst nur wenig anfangen, entnehmen jedoch daraus, dass es am 19. August 1989 für kurze Zeit eine Grenzöffnung geben muss. Es dauert aber nur wenige Stunden, bis dieses Flugblatt auch in deutscher Sprache auf dem Campingplatz verteilt wird.

PANEUROPÄISCHES PICKNICK – WAS IST DAS? Mit dem Begriff »Paneuropäisches Picknick« können sie vorerst nur wenig anfangen, finden aber bald heraus, dass es ein grenzüberschreitendes Fest für die Bürger der Grenzregion sein soll. Obwohl sie weder die genaue Örtlichkeit, noch eine Programmfolge kennen, sehen sie aber im Rahmen dieser Veranstaltung eine reelle Chance zur Flucht. Deshalb beschließen sie, dass sie zum Zeitpunkt der Grenzöffnung bei dem etwa acht Kilometer entfernten Tor sein »müssen«. Sie ziehen sämtliche Kleidungsstücke die sie mitgebracht haben (zwei- und dreifach) an und machen sich mit den beiden kleinen Kindern sowie weiteren vier Personen auf den Weg. Den Trabi und das Zelt lassen sie mit anderen persönlichen – bescheidenen - »Besitztümern« die sie nicht tragen können, zurück.

Nachdem sie das Strandbad verlassen haben, werden sie plötzlich von einem ihnen unbekannten Österreicher angesprochen, der seine Hilfe anbietet. Simone und Walter erkennen sofort, dass er kein »Agent der Stasi« ist und vertrauen ihm. Gemeinsam mit einer anderen Frau und deren Kindern steigt Simone in das Fahrzeug des Österreichers, der sie zum Tor, das für einen temporären Grenzübergang geöffnet werden soll, bringt. Walter geht mit dem anderen Mann durch den Wald der besagten Stelle.

Als sie dort ankommen, befinden sich bereits hunderte DDR-Bürger in der Nähe dieses Tores, beobachten das Geschehen und warten auf eine günstige Gelegenheit zur Flucht. Doch was dann passiert hat weder jemand geplant, noch in seinen »kühnsten Träumen« erahnt. Alle warten gespannt, dass diese für 15:00 Uhr vorgesehene Grenzöffnung endlich erfolgt.

»OHNE MEINEN MANN GEHE ICH NICHT ÜBER DIE GRENZE«
Die Ungarn haben sich jedoch etwas früher bei dem Tor eingefunden, denn es ist noch nicht 15:00 Uhr, als sie dieses einen Spalt öffnen und mit den Kontrollen beginnen wollen. Plötzlich laufen die Menschen aus einem Maisfeld, das ihnen Deckung geboten hat, hervor, drücken das Tor auf und stürmen auf österreichisches Hoheitsgebiet. Niemand kann sie aufhalten. Die ungarischen Grenzbeamten sind sichtlich überrascht und leisten keinen Widerstand, die österreichischen Zollwachebeamten müssen ebenfalls zur Seite treten. Binnen kürzester Zeit drängen hunderte Menschen durch dieses verrostete, morsche Gittertor.

Als Simone mit den Kindern dort steht sagt jemand zu ihr: *»Ihr könnt weitergehen, ihr seid frei.«* Doch Simone bewegt sich nicht von der Stelle, denn sie wartet auf Walter, ihren Mann. Es dauert – Gott sei Dank – nicht lange bis er kommt und sie in die Arme schließen kann. Gemeinsam überschreiten sie die Grenze. *»Ich war wie in Trance und hatte keine Gefühle, für mich war das alles unwirklich, ich bin da einfach durchgegangen und wusste nicht was passiert,«* sagte Simone über die Sekunden jener Schritte, die sie von der *»Gefangenschaft«* in die Freiheit führten.

ENDLICH IN FREIHEIT – DIE LETZTEN GELDSCHEINE AUS DEM FENSTER GEWORFEN
Nachdem wir über die Grenze kommen, wissen wir vorerst nicht wie es weitergehen soll. Die Österreicher haben nämlich auch nicht mit dieser Massenflucht gerechnet und sind auf einen derartigen »Ansturm« nicht vorbereitet. Sogar Journalisten, die sich bei dem Tor eingefunden haben – und über diese erste »Toröffnung« seit Fertigstellung des Eisernen Vorhanges vor 40 Jahren berichten wollen – sind überrascht und können kaum fassen, was passiert.

Zusammen mit den anderen Flüchtlingen machen wir uns in mehreren Reihen auf den Weg nach St. Margarethen, als uns ein Journalist fragt, ob er uns in seinem Auto mitnehmen kann. Ich bin außer mir und werfe während der Fahrt nach St. Margarethen meine letzten zwei Geldscheine – es waren Ostmark – aus dem Fenster. Das klingt zwar etwas arrogant, war es aber nicht. Es war einerseits die Freude, andererseits die Erleichterung, dass wir es geschafft hatten, mit unseren Kindern unbeschadet über die Grenze gekommen zu sein. Es war mein Abschied aus der DDR, doch ein Abschied, der zugleich den Aufbruch in eine neue Welt bedeutet hat, sagt Walter Sobel.

Die Österreicher reagieren jedoch schnell, organisieren Busse und bringen uns nach Wien zur Botschaft der Bundesrepublik Deutschland. Dass wir noch nicht zur Gänze in Freiheit sind, wird uns erst wieder in Wien bewusst. Wir dürfen nämlich die Botschaft vorerst nicht verlassen und können deshalb auch unsere Angehörigen nicht sofort verständigen. Dies auch, weil man weiß, dass sich in Wien – und hier vor allem in der Nähe der Botschaft – zahlreiche Agenten der Stasi befinden. Nach einem kurzen Aufenthalt in der Botschaft geht es mit einem Sonderzug weiter in das Aufnahmelager nach Gießen.

Dort müssen sie aber nicht bleiben, weil sie bald nach Ankunft des Zuges abgeholt und zu den Eltern von Walter Sobel gebracht werden, die bereits eine Notunterkunft für die Familie organisiert haben. Für Simone ist es schwieriger, weil sie ihre Angehörigen zunächst nicht sehen kann.

»Ich habe alles verdrängt und mich für meinen Mann entschieden, der Schmerz kam erst im Nachhinein. Es hat mir sehr weh getan, dass meine Angehörigen – meine Eltern waren ja in der Partei, mein Bruder hat studiert – zahlreiche Repressalien über sich ergehen lassen mussten.«
WÖRTLICHES ZITAT VON SIMONE SOBEL.

DER START IN EIN NEUES LEBEN

ERSTE WOHNUNG OBERHALB EINES BORDELLS Den Start in eine neue Zukunft müssen sie sich hart erarbeiten. Walter findet nur drei Tage nach der Flucht in Hagen (Stadt in Nordrhein-Westfalen mit ca. 175.000 Einwohnern) eine Anstellung, bald danach auch Simone. Während sie unermüdlich an dem Aufbau einer neuen Existenz arbeiten, fällt in Berlin die Mauer. Als Simone die Bilder im Fernsehen sieht, denkt sie, dass es eventuell besser gewesen wäre, wenn sie ihr schönes Haus nicht verlassen hätte. *»Doch das war nur ein kurzer Augenblick. Wir sind jetzt hier, können uns hier weiterentwickeln und bleiben hier,«* denkt sie und sagt noch 30 Jahre danach, dass es der richtige Weg war. Obwohl sie alles zurückgelassen haben, war ihnen trotz dieses Mauerfalls klar, dass es kein Zurück gab. Sie hatten Pläne, die sie keinesfalls aufgeben wollten.

Doch die Suche nach einer neuen »Bleibe« erweist sich weit schwieriger als gedacht. Die erste ihnen zugewiesene Wohnung liegt über einem Bordell. Als Simone den Besitzer fragt, wie man denn einer Familie mit Kindern eine derartige Wohnung vermieten kann, sagt dieser in seiner »geldgierigen« Art: »Ein lukratives Geschäft.« Selbstverständlich ist ihnen klar, dass sie dort nicht lange bleiben werden, suchen und finden nach zwei Monaten – vorerst in einer Gegend, in der vorwiegend polnische Staatsbürger sowie »Neuankömmlinge« aus der DDR wohnhaft sind – eine neue Unterkunft. Etwa zwei Jahre danach ziehen sie in die ca. 35.000 Einwohner zählende, von Hagen etwa 35 Kilometer entfernte Stadt Kamen, werden dort sesshaft und gründen einen Familienbetrieb.

30 JAHRE DANACH – ALLE ZIEHEN AN EINEM STRANG

GEMEINSAM SIND WIR STARK Bereits im Jahre 1991 haben sich Simone und Walter in Kamen ein physiotherapeutisches Zentrum aufgebaut, das als Familienbetrieb geführt wird. Die Sobels ziehen alle an einem Strang, denn *»nur zusammen sind wir stark«*, lautet ihr Leitspruch. Durch die hohe Qualität der medizinischen Betreuung ist dieses Gesundheitszentrum für die Bewohner in der Region rund um Kamen längst ein Begriff geworden. Neben der Fachkompetenz schätzt man von den Sobels vor allem ihre Freundlichkeit sowie ihre einfühlsame Art, die sie – auch geprägt durch ihr Leben in der DDR mit der Flucht in den Westen – kranken Menschen zuteil werden lassen.

DIE HEIMAT NIEMALS VERGESSEN Die Sobels haben aber auch in der Zeit des Wohlstandes nicht vergessen wo ihre Wurzeln sind. Blankenburg ist und bleibt immer ihre Heimat. Zumindest drei Mal im Jahr fahren sie in die ca. 300 Kilometer entfernte, etwa 20.000 Einwohner zählende Stadt, um alte Freunde zu besuchen. Auch das Haus, das sie einst verlassen haben, steht noch immer am Waldrand und »scheint sich zur freuen«, als es Simone und Walter betreten. Mit etwas Wehmut erinnern sich beide an die schönen Stunden die sie einst dort verbracht haben. Jede einzelne Latte am Zaun könnte Zeugnis geben, wie sie Walter – in äußerster Fachkompetenz – angebracht hat.

Besonders gern erinnern sie sich an Frank und Mona mit denen sie viel Zeit verbracht haben. Sie haben von ihrer Flucht nichts gewusst und ihnen »nur« für einen »Urlaub« auf dem Plattensee ihr Zelt geliehen. Es blieb auf dem Campingplatz in Fertörákos zurück. Die Freundschaft hat sich bis heute erhalten.

> »Für den Mut, den unsere Eltern damals aufgebracht und die Flucht gewagt haben, sind wir ihnen heute noch dankbar.«
> WÖRTLICHES ZITAT DER BEIDEN TÖCHTER SABRINA UND INDRA.

FLUCHTHELFER IM AUFFÄLLIGEN ORANGE-WEISSEN VW-BUS

Erwin Dunkl

FOTO: WOLFGANG BACHKÖNIG

ERWIN DUNKL, Jahrgang 1962, lebt seit Geburt in St. Margarethen. Obwohl das Gemeindegebiet des Ortes direkt an ungarisches Hoheitsgebiet grenzt und Erwin mit seiner Familie nur unweit der nach Sopron führenden Preßburger-Straße (Ödenburger-Straße) wohnt, nahm er in seiner Jugend kaum Notiz vom Eisernen Vorhang. Es war einfach so, dass man diese Straße nur dann befuhr, wenn man Felder bewirtschaftete oder zu einem Spaziergang nützte. Beim Stacheldrahtverhau, der durch ein rostiges Gittertor – dass am 19. August 1989 europäische Geschichte schrieb – unterbrochen wurde, ging es einfach nicht mehr weiter.

Von der Flüchtlingswelle im Jahre 1989 erlangte Dunkl nach ersten Medienberichten auch durch seinen Freund Erich Halwax Kenntnis. Beide hielten sich über mehrere Wochen nahezu täglich in Grenznähe auf österreichischem Gebiet auf, oder fuhren zu den Campingplätzen nach Sopron und Umgebung.

ERWIN DUNKL UND ERICH HALWAX waren mit einem auffallenden, orangeweißen VW-Bus unterwegs. Dass sie als unentgeltliche Fluchthelfer tätig sind, hatte sich bald unter den DDR-Bürgern herumgesprochen. Hatten Erich und Erwin den Flüchtlingen ihre Hilfe nicht von sich aus angeboten, so kamen die »Ausreisewilligen« nach anfänglichem Misstrauen auf sie zu und baten sie, ihnen bei der Flucht zu helfen. Die beiden Helfer brachten die Flüchtlinge vorerst in unmittelbare Nähe der Grenze, setzten sie dort ab und zeigten ihnen einen – relativ – sicheren Fluchtweg nach Mörbisch. Das Gepäck brachten sie legal über die Grenze, fanden sich beim vereinbarten Treffpunkt im Sammellager (Mörbisch) ein und übergaben ihnen ihre Wertsachen.

»Mein auffälliger VW-Bus war bald unter den DDR-Bürgern bekannt. Das Fahrzeug eignete sich bestens als ›Flüchtlingstransporter‹, weil es für neun Personen zugelassen war. Wenn ich keine Flüchtlinge transportiert habe, so hatte ich im Auto genügend Platz, um deren Gepäck über die Grenze bringen.«
WÖRTLICHES ZITAT VON ERWIN DUNKL.

FLUCHTHILFE VON DER GRENZE IN ÖSTERREICH AUF UNGARISCHES STAATSGEBIET AUSGEWEITET

ERWIN DUNKL erzählt, wie er die Zeit damals erlebte: *Zu Beginn der Flüchtlingskrise kam Erich Halwax zu mir und ersuchte meine Gattin und mich, ihn bei der Fluchthilfe einzelner DDR-Bürger zu unterstützen. Wir trafen uns nahezu täglich bei Erich, der in Mörbisch, unweit der Grenze wohnt, gingen bei Einbruch der Dunkelheit zum Grenzzaun, warteten auf Flüchtlinge und brachten diese zu seinem Wohnhaus. Dort wurden sie verpflegt und erhielten bei Bedarf saubere Kleider. Danach fuhren wir mit ihnen zum Sammellager in Mörbisch. Siehe dazu Interview mit Erich Halwax:* **»KEIN MANN DER STASI« – ARZTFAMILIE MIT ZWEI KLEINEN MÄDCHEN ZUR FLUCHT VERHOLFEN«**

»AKTIONSRADIUS« AUSGEDEHNT *Doch bald dehnten wir diese Hilfeleistung auch auf ungarisches Staatsgebiet aus. Wir reisten legal nach Ungarn ein und fuhren zum Steinbruch in Fertörákos. Beim Gasthaus Mithrász – liegt auf einer Anhöhe in der Nähe des Stacheldrahtverhaues – sammelten sich die DDR-Bürger, um in Gruppen durch den Eisernen Vorhang nach Mörbisch zu flüchten. Meist waren sie sehr verängstigt, weil einige von ihnen beim Fluchtversuch bereits erwischt oder durch Schüsse abgeschreckt worden waren und zurückgelaufen sind. Unter anderem hielten sich dort ungarische Schlepper* *auf, die für die Schleusung nach Mörbisch Geld verlangten. Doch wir »störten ihr Geschäft«, zeigten den Flüchtlingen einen – relativ – sicheren Weg über die Grenze und sagten ihnen auch, dass jenseits des Stacheldrahtverhaues Vertrauenspersonen aus Mörbisch warten und sie in das Sammellager bringen werden.*

AUTOS ZURÜCKGELASSEN – WERTSACHEN NACH MÖRBISCH GEBRACHT *Viele DDR-Bürger stellten ihre Autos in Ungarn nahe der Grenze ab, versperrten diese und flüchteten. Die wenigen Wertsachen – meist war es nur Urlaubskleidung – ließen sie schweren Herzens einfach zurück. Wenn wir sie in Mörbisch – nur wenige Meter, nachdem sie den Stacheldrahtverhau überwunden hatten – »aufgriffen« und zum Sammellager brachten, waren sie meist derart verängstigt, dass sie kein Wort über die Lippen brachten. Erst als sie dort das »Rote-Kreuz« an den Wänden sahen, legten sie die Angst etwas ab, hatten jedoch noch immer im »Hinterkopf«, dass auch dort die Stasi ihre Mitarbeiter eingeschleust haben könnte. Es dauerte oft Stunden, bis sie Vertrauen in uns – Helfern – fanden. Einige kamen – meist sehr zögernd – auf mich zu und ersuchten mich, ihr Gepäck aus den in Ungarn zurückgelassenen Autos zu holen.*

Wenn ich mit den Koffern und Taschen über die Grenze fuhr, haben mich die Zöllner oft gefragt, was ich als Einzelperson mit diesen vielen Kleidern tun würde. Als ich ihnen zur Antwort gab, dass ich auf der Fahrt in den Urlaub bin, haben sie meist nur gelacht und mich durchgewunken. Einzelne Flüchtlinge baten mich auch, ihr Fahrzeug ins Hinterland zu bringen und auf einem öffentlichen Parkplatz abzustellen, weil sie die Hoffnung nicht aufgegeben hatten, ihren »fahrbaren Untersatz« zu einem späteren Zeitpunkt abholen zu können. Selbstverständlich kam ich auch dieser Bitte nach, tat dies aber meist bei Dunkelheit. Manchmal hatte ich die Schlüssel von mehreren Autos bei mir. Doch nicht alle legten Wert auf ihren Wagen.

»Viele DDR-Bürger waren über die gelungene Flucht derart glücklich, dass sie keinen Wert auf ihr Auto legten. Sie gaben mir die Schlüssel und sagten, dass ich die Fahrzeuge als Ganzes oder als ›Ersatzteillager‹ verschenken kann.«

WÖRTLICHES ZITAT VON ERWIN DUNKL.

»ZIGEUNER« AUF DEN FAHRZEUGEN An einem dieser turbulenten Tage reisen Erich Halwax und ich wie so oft in Ungarn legal ein und fahren sofort zur Anhöhe beim Gasthaus Mithrász, wo einige Trabis und Wartburgs abgestellt sind. Von weitem sehen wir schemenhaft »Gestalten«, die auf den Motorhauben und Dächern der Fahrzeuge sitzen. Wir nähern uns langsam, stellen mein Auto ab, gehen zu diesen PKWs und erkennen, dass es »Zigeuner«, wie man damals sagte, sind. Sie geben uns zu verstehen, dass diese Fahrzeuge ihr Eigentum wären. Davon lassen wir uns aber nicht beeindrucken, sperren die Autos auf, nehmen das Gepäck heraus und verstauen es in meinem Wagen. Die »Zigeuner« hindern uns zwar nicht daran, bleiben jedoch auf den Fahrzeugen sitzen und verschwinden erst, nachdem wir die Autos »ausgeräumt« haben.

Doch dann fährt uns der Schreck in die Glieder. Als wir wegfahren wollen, kommt plötzlich ein Streifenwagen mit Polizisten auf uns zu. »Jetzt landen wir in einem Gefängnis«, sind meine ersten Gedanken. Die Beamten kontrollieren uns nur sehr oberflächlich, finden keinen Grund zur Beanstandung und wir können den Parkplatz verlassen. Ich denke, dass die ungarischen Exekutivorgane unsere Fahrzeuge genau kannten und wussten, dass wir Österreicher als Fluchthelfer tätig waren. Sie ließen uns einfach gewähren und waren gar nicht daran interessiert, uns zur Verantwortung zu ziehen.

Eines Tages unterstützte ich Michael S. aus Mörbisch, der ebenfalls vielen Flüchtlingen beim illegalen Grenzübertritt half. Er ersuchte mich, gemeinsam mit ihm einen auf dem Parkplatz beim Steinbruch in Fertörákos abgestellten Trabi nach Sopron zu überstellen. Ganz wohl war mir dabei nicht. Ich erklärte mich aber dennoch dazu bereit. Michael fuhr mit seinem Wagen vor mir, ich mit dem Trabi unmittelbar dahinter. In Sopron hielt er vor einem Wohnhaus an, öffnete das Haustor und ich fuhr hinein. Das Auto haben wir dann im Hof versteckt und das Tor verschlossen. Danach hat mich S. wieder zurück nach Fertörákos gebracht. Wer diesen Trabi dann abgeholt hat, weiß ich nicht.

FAMILIE ZUR FLUCHT VERHOLFEN – AUTO VERSTECKT UND IN DER NACHT ÜBER DIE GRENZE GEBRACHT An einem Nachmittag bin ich wie so oft mit Erich Halwax auf dem Campingplatz Löver in Sopron unterwegs. Dort kontaktiert uns ein Familienvater und bittet uns, ihm bei der Flucht behilflich zu sein. Für uns ist es selbstverständlich, der Familie zu helfen. Wir haben – um die Wahrheit zu sagen – nahezu darauf gewartet. Deshalb haben wir uns ja auf dem Parkplatz aufgehalten.

Da wir über genügend Erfahrung verfügen, ist »Fluchthilfe« für uns bereits Routine. Außerdem war für uns jede gelungene Flucht längst zum Erfolgserlebnis geworden. Wir hatten nämlich so richtig Freude daran, wenn wir das Sammellager in Mörbisch betraten und dort Flüchtlinge sahen, die dank unserer Hilfe den Eisernen Vorhang überwunden und die Freiheit erlangt hatten.

Wir lassen die Eltern mit den Kindern in meinen Wagen steigen, bringen sie in die Nähe der Grenze und zeigen ihnen einen Weg zum Stacheldrahtverhau, der in diesem Bereich bereits Löcher aufweist. Der Familie gelingt die Flucht. Die vier Flüchtlinge laufen – wie so viele andere auch – Helfern in Mörbisch direkt in die Arme und werden zum Flüchtlingslager gebracht.

KEIN TRABI ODER WARTBURG – EIN VW GOLF Doch da gab es noch ein Problem. Diese Familie nannte nicht wie Tausende andere einen Trabi oder Wartburg ihr Eigentum, sondern besaß einen VW-Golf, mit dem sie nach Ungarn gekommen war. Ein Novum in der DDR. Und dieses Fahrzeug wollten sie auf keinen Fall zurücklassen. Da eine Flucht mit dem Auto auf der Straße oder im Gelände unmöglich war, war es für uns eine Herausforderung, den Wagen über die Grenze zu bringen. Derartiges hatten wir bis dato ja noch nicht gemacht. Wir hatten aber binnen kürzester Zeit einen Plan.

Um Zeit zu gewinnen, bringen wir das Auto vorerst einmal nach Sopron und verstecken es in einem Hof. Danach fahren wir zurück nach Mörbisch, um uns Kennzeichen von einem PKW gleicher Marke und Type zu besorgen. Da wir ja keinesfalls auffallen dürfen, benötigten wir noch eine Begutachtungsplakette. Auch das ist kein Problem. Ein Freund, der in einer Autowerkstätte arbeitet, erklärt sich dazu bereit, für uns ein »Duplikat« anzufertigen. Mit den Kennzeichen des anderen Fahrzeuges sowie mit der Begutachtungsplakette fahren wir nun nach Sopron. Wir tauschen die Nummernschilder der DDR gegen die aus Österreich und bringen die Begutachtungsplakette an. Erich Halwax fährt mit seinem PKW zurück, ich übernehme die gefährliche Aufgabe, das Fahrzeug der Flüchtlingsfamilie über die Grenze zu bringen.

MOTOR »STREIKT« AM GRENZÜBERGANG Die Fahrt bis zum Grenzübergang Sopron-Klingenbach verläuft ohne Anstand. Vor dem Schlagbaum halte ich an, dieser wird geöffnet und ich fahre bis zum Kontrollposten nach vor. Als sich der Beamte etwa auf gleicher Höhe der Lenkertür »meines Autos« befindet, halte ich an, stelle den Motor ab und weise die Dokumente vor. Ich werde nicht beanstandet und man gibt mir zur verstehen, dass ich weiterfahren kann.

Doch aus mir unerklärlichen Gründen lässt sich der Motor nicht mehr starten. Mir wird angst und bange und ich versuche meine Nervosität zu unterdrücken. Die Grenzwachebeamten werden aufmerksam und kommen auf mich zu. Oh Gott! Jetzt ist es vorbei. »Wenn denen auffällt, dass ich andere Kennzeichen montiert habe, glauben sie sicher, dass ich das Auto gestohlen habe und sperren mich ein«, denke ich mir. Dabei rede ich mir ein, ganz ruhig zu bleiben. Das gelingt mir auch ganz gut, denn die Grenzer schöpfen keinen Verdacht. Sie wollen mich scheinbar nur »loswerden«. Schnell eilen weitere Beamte herbei und schieben das Auto an. Ein Stein fällt mir vom Herzen. Der Motor beginnt zu laufen, der Grenzbalken öffnet sich und ich kann zur österreichischen Grenzabfertigung fahren. Nun achte ich besonders darauf, dass mir nur ja nicht das gleiche Unheil widerfährt. Ich stelle den Motor nicht mehr ab, kann die österreichische Grenze ungehindert passieren und den Wagen den Besitzern übergeben. Als ich sehe, wie sich diese Menschen freuen, habe ich schnell vergessen, dass ich auch in einem ungarischen Gefängnis hätte landen können.

»Als ich auf österreichischer Seite nicht beanstandet werde, fällt mir kein Stein, sondern ein Felsbrocken vom Herzen und der Pulsschlag erreicht wieder seinen Normalwert.«

WÖRTLICHES ZITAT VON ERWIN DUNKL.

Mit diesem VW-Bus verhalf Erwin Dunkl damals vielen DDR-Bürgern zur Flucht bzw. brachte deren Gepäck über die Grenze.

DURCH DEN WEINGARTEN IN DIE FREIHEIT *Ich erinnere mich noch an einige Familien mit kleinen Kindern. Sie waren derart verängstigt, dass sie die Flucht bei Fertörákos alleine nicht wagten, auf dem Hügel beim Gasthaus Mithrász standen und überlegten, wie sie durch den Stacheldrahtverhau kommen können. Ob manche bereits einen gescheiterten Fluchtversuch hinter sich hatten, weiß ich nicht. Jedenfalls konnte ich sie nicht ihrem Schicksal überlassen.*

Da in meinem VW-Bus – der sich für »Flüchtlingstransporte« bestens eignete – insgesamt neun Personen Platz fanden, half ich vor allem Familien mit Kindern. Außerdem war ich mit der Örtlichkeit bestens vertraut und wusste, wo ein Entkommen über die Grenze mit relativ wenig Risiko verbunden war. Daher brachte ich viele Eltern mit ihren »Sprösslingen« zu einem Weingarten, dessen Reihen in Richtung Grenze angelegt waren. Dies deshalb, weil mir bekannt war, dass sich jenseits des Grenzzaunes einige Helfer aus Mörbisch – oft war das Martin Kanitsch – aufhielten, denen sie dann in »die Hände« laufen würden. Vor diesem Weingarten ließ ich sie aus dem Wagen steigen und sagte ihnen, dass sie neben den Rebstöcken etwa 500 Meter entlanggehen müssen und dann zum Stacheldrahtverhau kommen würden. Der Zaun sei dort bereits »löchrig« und ein Überschreiten – der an dieser Stelle nicht so streng bewachten Grenze – möglich. Oft pendelte ich an einem Nachmittag bzw. Abend bis zu drei Mal zwischen dem Gasthaus Mithrász und dem Weingarten.

GEFÄHRLICHE SITUATION MIT EINEM KAMERAMANN *Eines Nachmittags komme ich wieder einmal auf die Anhöhe zum Gasthaus Mithrász, um dort bereits versammelten DDR-Bürgern zur Flucht zu verhelfen. Ich pendle wie in den vergangenen Tagen zwischen dem »Sammelplatz« und dem Weingarten.*

Dabei dürfte mich ein Mann beobachtet haben, weil er weiß, dass ich als Fluchthelfer unterwegs bin. Als ich von einer »Tour« zurückkomme, nähert er sich meinem Auto und stellt sich als Journalist des französischen Fernsehens vor. Er fragt mich, ob er mich bei einer Fahrt begleiten und die Flüchtlinge beim Überschreiten der Grenze filmen darf. Im bin damit einverstanden, vereinbare jedoch mit ihm, dass die Leute nur von hinten aufgenommen werden dürfen. Dies deshalb, weil ich niemanden in Schwierigkeiten bringen will. Mir ist ja bekannt, dass Angehörige von Flüchtlingen in der DDR zur Verantwortung gezogen werden, wenn man ihre Verwandten bzw. Freunde in den Medien auf der Flucht erkennt.

Er hat Glück, denn einige Leute warten schon auf mich, die mich ansprechen und mich bitten, sie zum Stacheldrahtverhau zu bringen. Er fragt sie – wie vereinbart beim Einsteigen bzw. im Auto – ob er sie auf der Flucht von hinten filmen darf. Begeistert sind sie nicht, weil sie sich einerseits ihrer persönlichen sowie der Gefahr ihrer Angehörigen in der DDR bewusst sind. Aber nach anfänglichem Zögern sind sie einverstanden. Wir fahren in Richtung Grenze bzw. zu dem Weingarten, der zum Stacheldraht führt. Dort lasse ich die Leute aussteigen. Sie verschwinden und laufen entlang der Rebstöcke zur Grenze. Der Journalist filmt alles mit. Doch dabei werden wir vermutlich von Soldaten beobachtet.

Als wir wieder auf dem Rückweg sind, kommen nämlich plötzlich Soldaten aus einem Gebüsch und zwingen mich zum Anhalten. Sie wollen unbedingt die Kamera. Es kommt zu einer heftigen Diskussion, bei der wir uns aufgrund der Sprachprobleme mit Händen und Füßen verständigen. Ich gebe ihnen immer wieder zu verstehen, dass wir keine Kamera bei uns haben und will ihnen zur »Beruhigung« einige Dosen Bier schenken, deren Annahme sie jedoch verweigern. Zum Glück haben wir die Kamera unter Kleidungsstücken versteckt, sodass diese von außen nicht sichtbar ist. Ob mir die Soldaten das glauben, weiß ich nicht. Jedenfalls dürfen wir unsere Fahrt ohne weitere Kontrolle fortsetzen.

30 JAHREN DANACH Es sind einfach Geschichten, die das Leben schreibt. Ich war damals keine 30 Jahre alt und habe in Freiheit gelebt. Obwohl ich mir nicht vorstellen konnte, dass man Menschen unterdrückt und einsperrt, nur weil sie frei sein wollen, hatte ich ebenso wie viele andere einfach den Drang zu helfen. Es gab Nächte, in denen ich kaum geschlafen habe, weil ich ja am nächsten Tag wieder zur Arbeit musste. Doch das war mir gleichgültig. Hatte ein DDR-Bürger dank meiner Hilfe die Flucht geschafft und ich sah, wie glücklich er war, so verspürte auch ich ein innerliches Glücksgefühl. Ich war stolz auf mich, weil ich dazu meinen Beitrag leisten durfte. Es war schlicht und einfach gesagt, für mich ein Erfolgserlebnis. So ging es mir auch bei jedem Kleidungsstück sowie bei dem Auto, das ich über die Grenze brachte. Ich denke, dass keinem von uns Helfern bewusst war, in welcher Gefahr er sich befand. Noch heute verspüre ich eine besondere Freude, dass ich damals dabei sein und helfen durfte.

UNTERDRÜCKUNG – FLUCHT – HEIMKEHR

Sven Lehmann – Freiheit und Achtung der Menschenrechte sind wichtige Prinzipien in seinem Leben.

FOTO: VON SVEN LEHMANN ZUR VERFÜGUNG GESTELLT

SVEN LEHMANN glückte am 9. August 1989 – beim zweiten Versuch durch den Wald nahe Siegendorf, Bezirk Eisenstadt-Umgebung – die Flucht nach Österreich. Er trennte sich unmittelbar vor der Grenze von einer Gruppe von Flüchtlingen, überwand im »Alleingang« zwei Stacheldrahtsperren und entkam den Grenzwachesoldaten, die bereits mit Spürhunden nach ihm gesucht hatten.

SIEGENDORF ist eine mehrheitlich kroatische Gemeinde im Bezirk Eisenstadt-Umgebung und zählt ca.3.000 Einwohner. Der Ort liegt etwa auf halbem Weg (Entfernung Siegendorf – Sopron = 10 Kilometer) zwischen der westungarischen Stadt Ödenburg (Sopron) und der burgenländischen Landeshauptstadt Eisenstadt. Die beiden Gemeindegebiete grenzen aneinander und waren 40 Jahre durch den Eisernen Vorhang getrennt.

SVEN LEHMANN, JAHRGANG 1966, wuchs in Sörnewitz an der Elbe (einem Ortsteil von Coswig, Bundesland Sachsen, Landkreis Meißen), ca. 15 km von Dresden entfernt, auf. Schon als Jugendlicher lehnte er diesen autoritären Staat ab und hatte eine äußerst negative Einstellung zu seinen »Volksvertretern«. Das blieb auch dem Ministerium für Staatssicherheit »Stasi« nicht verborgen. Durch sein »republikschädigendes Verhalten« hatte Sven sowohl im dienstlichen als auch im privaten Bereich zahlreiche Repressalien zu ertragen, weshalb er sich schon in jungen Jahren mit dem Gedanken einer Flucht aus der DDR trug.

> »Ich galt als staatsfeindliches Element in der DDR, wollte keine weiteren Repressalien ertragen und in Freiheit leben. Deshalb habe ich mich zur Flucht entschlossen.«
>
> »Als ich das Loch im Zaun gefunden hatte, hätten mich auch Spürhunde nicht mehr an der Flucht hindern können.«
>
> WÖRTLICHE ZITATE VON SVEN LEHMANN NACH SEINER GEGLÜCKTEN FLUCHT.

SVEN LEHMANN kam nach seiner Flucht vorerst in das »Auffanglager« nach Gießen (Bundesland Hessen, etwa 65 Kilometer von Frankfurt/Main entfernt). Nur wenige Tage danach wurde er von einem Freund abgeholt und nach Heilbronn (Bundesland Baden-Württemberg, Regierungsbezirk Stuttgart) gebracht. Dort fand er bald eine Arbeitsstelle und war schon 12 Tage nach der geglückten Flucht in seinem erlernten Beruf als Werkzeugmacher tätig. Bereits nach einigen Wochen bezog er eine eigene Wohnung. Nach der Wende – zwei Jahre nach der Flucht – kehrte er an »seine Wurzeln« zurück und lebt seit dieser Zeit wieder in seiner Heimat – in Sörnewitz.

MEINE (WOLFGANG BACHKÖNIG) ERSTE BEGEGNUNG MIT SVEN LEHMANN

Es ist ein ruhiger Nachmittag im Oktober 2009. Ich sitze an meinem Schreibtisch im Büro der Landespolizeidirektion Burgenland in Eisenstadt. Zunächst scheint es ein Tag wie jeder andere zu sein, an den ich mich aber trotzdem noch viele Jahre erinnern werde. Routinemäßig studiere ich einen Akt und freue mich, dass meine Kollegen im südlichen Burgenland einer Diebesbande das »Handwerk« gelegt haben. Als ich kurz aus dem Fenster blicke, sehe ich in der Herbstsonne eine wunderschöne Landschaft mit buntgefärbten Blättern an den Bäumen. Im wahrsten Sinne des Wortes ein goldener Herbst mit einer einzigartigen Natur, wie sie sonst nur auf Gemälden zu sehen ist.

Doch dann läutet das Telefon und »durchbricht« die Stille. Ein Mann mit sächsischem Dialekt meldet sich, stellt sich kurz vor und erzählt mir bzw. fragt mich: »Guten Tag, ich bin Sven Lehmann aus Coswig (eine kleine Stadt mit ca. 21.000 Einwohnern in der Nähe von Dresden) und verbringe derzeit meinen Urlaub im Burgenland. Im August 1989 bin ich bei Siegendorf aus Ungarn illegal über die Grenze nach Österreich geflüchtet. Ich will nur fragen, ob es von meiner Flucht einen Akt gibt«. »Hat Ihre Flucht besonderes Aufsehen erregt, wurden sie von der österreichischen Exekutive festgenommen oder hat es sonstige Zwischenfälle gegeben, die einer breiten Öffentlichkeit bekannt geworden sind?«, frage ich Herrn Lehmann. Als er dies verneint, teile ich ihm mit, dass sein illegaler Grenzübertritt – wie auch bei zehntausenden anderen DDR-Bürgern – bei unseren Behörden nicht aktenkundig ist.

»STASI« GIBT ES IN ÖSTERREICH NICHT Sven war zwanzig Jahre nach seiner

Flucht mit Frau und Kind an den Ort seines unerlaubten Grenzübertrittes zurückgekehrt, um ihnen seinen damaligen Fluchtweg zu zeigen. Unter anderem wollte er sich informieren, ob – wie im einstigen »Gefängnis DDR« von der »Stasi« – auch von den österreichischen Sicherheitsbehörden ein Akt über ihn angelegt worden sei. Dies deshalb, weil er davon ausging, dass es wenigstens eine Tageseintragung in einem Protokoll über seine Vernehmung, seine Weiterreise oder über die Ausfolgung der Fahrkarten gibt.

Wir unterhielten uns noch einige Minuten, wobei mich Sven fragte, ob es Aufzeichnungen aus der Zeit der DDR-Flüchtlingswelle geben würde. »Selbstverständlich«, entgegnete ich ihm, »jedoch keinesfalls über Personen, die sich in Österreich nach ihrem illegalen Grenzübertritt gesetzeskonform verhalten und daher bei uns keine strafbaren Handlungen gesetzt haben.« Weiters teilte ich ihm noch mit, dass ich mich privat mit der Geschichte des Burgenlandes beschäftige und bereits einige Bücher sowie Broschüren darüber verfasst habe. Über die Ereignisse des »Sommers 1989« habe ich in meinen Werken selbstverständlich berichtet, weil die Blicke der gesamten Welt damals auf das Burgenland gerichtet waren. Zum einen bewunderte man den Mut tausender DDR-Bürger, zum anderen würdigte man die einzigartige Hilfsbereitschaft der burgenländischen Bevölkerung. Ich bot Sven Lehman an, ihm einige Broschüren zu übersenden, er bedankte sich und gab mir seine Adresse, worauf wir unser freundschaftliches Gespräch beendeten.

Nach einigen Wochen bekam ich einen zehnseitigen Brief mit seinem Lebenslauf. Darin erzählt er von der **UNTERDRÜCKUNG** während seiner beruflichen Laufbahn – über seine **FLUCHT** aus der DDR durch Ungarn über Österreich nach Heilbronn in die Bundesrepublik Deutschland – sowie über seine **HEIMKEHR** nach Coswig.

Diese Zeilen mit den Details über das Leben sowie über die Flucht eines Menschen, der niemals straffällig geworden war und nur Freiheit und Menschenwürde gesucht hatte, haben mich persönlich tief berührt. Ich habe daher vor der Veröffentlichung dieses Buches wieder mit Sven Kontakt aufgenommen und ihn gebeten, über diesen für ihn einschneidenden Lebensabschnitt neuerlich berichten zu dürfen. Sven hat mir nicht nur die Erlaubnis dazu erteilt, er hat mir auch bei weiteren Recherchen für dieses Buch geholfen und mir außerdem noch geschildert, wie er seine damalige Entscheidung – aus der DDR zu flüchten und den Start in ein neues, ungewisses Leben – nach 30 Jahren sieht.

DRR – BULGARIEN – UNGARN – ÖSTERREICH Bereits im Alter von 21 Jahren sah Sven Lehmann in der DDR für ihn keine Zukunft und stellte deshalb im Juli 1987 seinen ersten Ausreiseantrag in die Bundesrepublik. Wie damals üblich, ließ man junge Männer, die auch noch einen Beruf mit Zukunft erlernt hatten, wenn überhaupt, dann nur unter kaum erfüllbaren Auflagen ausreisen. Deshalb war es für ihn auch keine Überraschung, als dieser Antrag ebenso wie der zweite, ohne Begründung abgelehnt worden war. Doch Sven wollte dieses »Gefängnis DDR« einfach verlassen und stellte in den Jahren 1987 und 1988 einen Antrag für eine Urlaubsreise nach Ungarn. Da Ungarn als »Bruderstaat« des DDR-Regimes galt, wurde dieses Ansuchen in beiden Fällen genehmigt.

In beiden Urlauben gab es ernstliche Gedanken über eine Flucht in den Westen, zumal ihm die Grenze von Ungarn nach Österreich leichter zu überwinden schien als jener innerdeutsche Todesstreifen zur Bundesrepublik.

Als er über den Abbau des Grenzzaunes an der burgenländisch-ungarischen Grenze hörte, fasste er – im Frühjahr 1989 - dann den endgültigen Entschluss, die DDR zu verlassen. Da man ja nie wusste, von wem man durch die allgegenwärtige »Stasi« bespitzelt wird, beantragte er – bereits mit der Absicht, aus der DDR zu flüchten – ein Touristenvisum für Bulgarien, das damals ebenfalls als »Bruderstaat« der DDR galt. Nachdem dieses Touristenvisum genehmigt wurde, fuhr er zuerst nach Bulgarien und reiste wieder nach Ungarn zurück. In der Nähe von Szentgotthárd (Grenzort auf ungarische Seite zu Heiligenkreuz im Lafnitztal, südliches Burgenland) wurde er von ungarischen Grenzsoldaten verhaftet und für eine Nacht interniert. Der zweite »Anlauf« war von Erfolg gekrönt. Bei Siegendorf gelang ihm der illegale Grenzübertritt auf österreichisches Hoheitsgebiet.

SO LEBTE ICH IN DER DDR – AUS DER »STASI-AKTE«

DER DRANG NACH FREIHEIT LAG BEREITS IN MEINER WIEGE. *Schon meine Großeltern waren oft auf Reisen und haben das durch Fotos und Ansichtskarten dokumentiert. Bereits als Kind »stöberte ich wiederholt in der Vergangenheit« und fand Fotos aus den 1930er Jahren, als die noch unverheirateten »Mittezwanziger« ein Jahr in München lebten und schöne Urlaube in den Alpen verbrachten. Eines dieser Bilder hat wahrscheinlich ein »Feuer« in mir entfacht, das noch heute in meinem »Körper brennt«. Dieses Foto zeigt meinen*

Großvater, der bei Sonnenschein in kurzen »Klamotten« auf einem Gletscher umherläuft, neben einer Hütte stecken Ski im Schnee.

Ich halte mich ebenfalls sehr gerne in den Bergen auf, bin ein leidenschaftlicher Kletterer und wollte das auch einmal machen: in die Alpen fahren, im Sommer auf Gletschereis stehen und auch einen dieser hohen Gipfel besteigen. Wieso konnten die Großeltern es damals machen und ich darf das nicht? Eine Frage, die mich immer quälte und mich in meinem Entschluss, die DDR zu verlassen, weiter bestärkte.

»Ich bin ein Mensch, der die Freiheit über alles liebt. Es gibt im Leben nichts Schrecklicheres, als immer bevormundet und bespitzelt zu werden sowie seine eigene Meinung nicht öffentlich sagen zu dürfen.«
WÖRTLICHES ZITAT VON SVEN LEHMANN.

Bereits wenige Monate nach meiner erlangten Freiheit bin ich dann – es war im Sommer 1990 – zweimal in diese faszinierenden Alpen gefahren. Die Fahrt war teilweise wie ein »Rausch für die Augen«. Endlich konnte ich jene Berge erblicken, die auf dem kleinen Bild, das ich in dem Fotoalbum gefunden hatte, zu bewundern waren. Als ich auf der Inntalautobahn bei Innsbruck vorbeifuhr, blickte ich auf den Berg Isel und konnte die in aller Welt bekannte Schisprungschanze sehen, auf der schon viele Schispringer aus der DDR gesprungen waren und auch gewonnen hatten. Noch heute bin ich mit meiner Familie immer wieder in den Alpen unterwegs. Bei mancher Tour in die Berge bin ich bis ganz nach oben gekommen, stand oft auf dem höchsten Gipfel einer Bergkette, blickte »in die Vergangenheit« und genoss die Gegenwart.

BEI NEUERLICHEM REISEANTRAG MIT INHAFTIERUNG GEDROHT *Geboren wurde ich in Meißen (Bundesland Sachsen, Landkreis Meißen – weltbekannt durch die Herstellung des Meißener Porzellans), verbrachte meine Schul- und Jugendzeit in Sörnewitz, wo ich den Beruf eines Werkzeugmachers erlernte. Über Schikanen während meines Grundwehrdienstes könnte ich ein Buch schreiben. Ich will mich jedoch nur auf meine berufliche Laufbahn beschränken.*

Nach meinem ersten Übersiedlungsantrag in die Bundesrepublik Deutschland wurde ich zum »Rat des Kreises, Abteilung Inneres«, vorgeladen. Man erklärte mir, dass ich keinen Anspruch auf eine Ausreise hätte und schickte mich trotz mehrerer Einwände wieder nach Hause. Ich gab aber nicht auf, stellte eine neuerliche Anfrage, die mir eine Drohung einer Inhaftierung wegen Behinderung von staatlichen Organen einbrachte. Spätestens seit diesem Zeitpunkt war man auf mich aufmerksam geworden – wahrscheinlich galt ich bei der »Stasi« als »Staatsfeind«.

Nun wusste natürlich die »Stasi« über mich genauestens Bescheid, weshalb ich für ein Studium – unter anderem auch wegen meiner beiden Ausreiseanträge – nicht zugelassen wurde. Man teilte mir nämlich kurz vor Studienbeginn zu meiner Verwunderung mit (im Nachhinein betrachtet war diese Mitteilung aber keinesfalls überraschend, zumal ich ja auf der »Schwarzen Liste« der »Stasi« stand), dass ich als »staatsfeindliches Element« keinesfalls auf Kosten des Staates studieren könne. Diese Ablehnung bezog sich, wie mir 20 Jahre später in meiner »Stasi-Akte« bewiesen wurde, auf meine bereits erwähnten Ausreiseanträge. Ein weiteres Hindernis für mich war, dass ich vorerst in einem größeren Betrieb gearbeitet habe und dort mit dem negativen Status eines Ausreiseantragstellers behaftet gewesen bin. Falls dieses Unternehmen der Auffassung war, dass die Vorgaben der zu erwirtschaftenden Erträge bei Abgang eines Mitarbeiters nicht erfüllt werden können, so gab es keine Möglichkeit einer positiven Antragserledigung für eine Reise in die Bundesrepublik. Da ich mich aber nach wie vor mit dem Gedanken einer baldigen Ausreise aus der DDR trug, verließ ich dieses Unternehmen und übersiedelte in einen kleineren Betrieb.

»Ich wollte legal in die Bundesrepublik ausreisen. Doch als »staatsfeindliches Element«, blieb mir diese Möglichkeit verwehrt.«
WÖRTLICHES ZITAT VON SVEN LEHMANN.

An meiner neuen Arbeitsstelle waren jedoch noch drei weitere Kollegen, unter ihnen auch der Sohn des Firmeninhabers (in der DDR gab es neben den staatlichen Betrieben auch zahlreiche Privatfirmen – vor allem viele Handwerker oder etwa Bäcker, Fleischer etc. – die Anzahl der Mitarbeiter war jedoch begrenzt, in meiner Firma waren zehn Arbeitskräfte erlaubt), die einen Ausreiseantrag gestellt hatten. Das machte die Sache nicht einfacher – im Gegenteil - meine »Ausgangslage« hatte sich dadurch mit Sicherheit nicht gebessert. Ich blieb aber in diesem Unternehmen, weil ich dennoch mehr Möglichkeiten einer legalen Ausreise sah. »Zurück an den Start,« dachte ich mir und gab die Hoffnung nicht auf. Die Wartezeit für eine positive Erledigung eines derartigen Ansuchens dauerte nämlich mindestens zwei Jahre. Es gab *aber Extreme – eine Genehmigung in nur wenigen Tagen (bei besonders guten Beziehungen mit entsprechenden finanziellen Mitteln bzw. wenn jemand vom Regime im Land unerwünscht war) oder auch eine Wartezeit von mehreren Jahren (wenn man Menschen besonders schikanieren wollte – wahrscheinlich zählte ich aufgrund meiner »Stasi-Akte« zu diesen).*

PLÖTZLICH WAREN SIE NICHT MEHR DA *Eines Tages war der ältere Sohn des Chefs zu unser aller Überraschung verschwunden. Sein Ausreiseantrag war genehmigt worden. Er war mit seiner Familie nach Franken (Bundesrepublik Deutschland, Bundesland Bayern) gezogen. Als wir nach einigen Wochen eine Ansichtskarte aus Venedig bekommen hatten, schien es für mich wie ein Märchen – einer von uns, der vor wenigen Tagen noch mit mir im gleichen Betrieb gearbeitet hatte, war plötzlich in einer anderen, für uns scheinbar unerreichbaren Welt – unfassbar!!! Nur kurz danach durfte – für uns auch unverständlich – ein weiterer Mitarbeiter ausreisen. Als die Freundin eines Arbeitskollegen von einem Verwandtenbesuch aus dem Ruhrgebiet nicht mehr zurückkam, stellte dieser mit seiner Tochter ebenfalls einen Antrag zur Ausreise in die Bundesrepublik. Strategie der Behörden war es nämlich, von einer Familie nur einem Mitglied einen Ausreiseantrag in den Westen zu genehmigen, weil man annahm, dass dieser »Urlauber« dann wieder zu seinen Angehörigen in die DDR zurückkehren wird. Doch die Menschen ließen sich immer weniger unterdrücken und begannen nun einen latenten Kampf gegen das Regime. Die »Stasi« war zwar »allgegenwärtig«, konnte aber nicht verhindern, dass sich Anträge für Urlaube in die »Bruderstaaten« sowie Ausreiseanträge in die Bundesrepublik aus jedem Winkel der DDR häuften. Als auch der zweite Sohn des Betriebsleiters ein Ausreisegesuch vorlegte, waren die »Hüter des Gesetzes« auf uns aufmerksam geworden und haben uns verstärkt überwacht. Unter den Mitarbeitern herrschte Misstrauen, man redete nur mehr sehr wenig miteinander. Selbstverständlich litt darunter auch die Arbeitsmoral, weshalb wir die vorgegebenen Ziele – wenn überhaupt – nur schwer erreichen konnten. Ein älterer Arbeitskollege erzählte mir, dass er seinen Schwiegersohn aus der Familie gewiesen habe, weil er mitbekommen hatte, dass dieser ein Spitzel der »Stasi« gewesen war.*

Für mich wurde dieser Zustand immer unerträglicher. Unter diesen Voraussetzungen sah ich in diesem Staat keine Perspektive, weshalb ich in meinem Vorhaben, das »Gefängnis DDR« zu verlassen, täglich gestärkt wurde. Durch diese zwar nicht sichtbaren, jedoch immer mehr spürbaren Bespitzelungen wurde mir dieser Entschluss fast täglich erleichtert. Doch wer verlässt schon gerne seine Heimat? Ich konnte aber nicht mehr anders. »Ich werde die erste sich mir bietende Möglichkeit zu einer Flucht nützen«, waren Gedanken, die mir Tag und Nacht durch den Kopf gingen. Ich wollte das Risiko einer Festnahme mit anschließender Inhaftierung – auf »Republik- bzw. Fahnenflucht« stand ja eine mehrjährige Gefängnisstrafe, so gering wie nur möglich halten. »In Bautzen muss ich ja nicht landen«, sagte ich mir. Deshalb kam ich zum Entschluss, eine »getarnte Urlaubsreise« zum Verlassen dieses von mir so verhassten Staates zu nützen.

BETRÄCHTLICHE REISEBESCHRÄNKUNGEN – »WERTLOSE DDR-MARK«

Der Urlaub eines »gewöhnlichen DDR-Bürgers« (außerhalb der DDR) beschränkte sich auf das Gebiet der ehemaligen »Ostblock-Bruderstaaten (Ungarn, Rumänien, Bulgarien, Tschechoslowakei, Polen sowie auf die Sowjetunion – Reisen in die Sowjetunion gab es nur als betreute Gruppenfahrt oder gegebenenfalls als Mitglied einer Delegation oder zum Studium). Selbst bei einer Reise in diese »verbündeten Staaten war es möglich, dass für einen Aufenthalt bestimmte Auflagen erteilt wurden.

Bei Urlauben nahmen wir einfach Lebensmittel aus der Heimat mit. Dass unsere »Ostmark« (offizielle Bezeichnung: Mark der Deutschen Demokratischen Republik) praktisch nichts wert war, wurde uns Bürgern der DDR schon bei Reisen in diese »Bruderstaaten so richtig bewusst. Deren Währungen galten nämlich im internationalen europäischen Vergleich keinesfalls als Hartwährungen im Wechselkurs zur Deutschen Mark (BRD), dem Schweizer Franken oder etwa dem Österreichischen Schilling. Nach Ungarn durften wir maximal 2.650 Forint pro Person mitnehmen. Das sollte für drei Wochen reichen!!!

Als ich mir einmal in Budapest einen »Hot-Dog« kaufte und dafür 110 Forint bezahlte, verging mir gleich der Appetit. Das waren umgerechnet fast 16 DDR-Mark bei einem Stundenlohn von vier Mark. Obwohl wir jede Mark mehrmals »umdrehen« mussten, bedeutete Urlaub nicht zugleich Hunger, denn wir deckten uns eben zu Hause mit Lebensmitteln ein und nahmen diese in die Ferien mit. Wer ein Fahrzeug mit Anhänger besaß, hatte die besten Karten, denn er konnte auch noch Ersatzteile wie Zündkerzen, Zylinderkopfdichtung,

Keilriemen etc. mitnehmen, weil ja unsere Trabis und Wartburgs Zuverlässigkeit nicht gerade auszeichnete.

REISEDOKUMENTE NUR UNTER BESTIMMTEN AUFLAGEN Einen Reisepass für die »freie Welt vor dem Eisernen Vorhang«, den man nach der Rückkehr wieder abgeben musste, gab es vielfach erst im Rentenalter. Bekamen

Diese Münzen dienten in der DDR als Zahlungsmittel

jüngere DDR-Bürger ein solches Dokument, so mussten sie als »Pfand« ein Familienmitglied zurücklassen. Polen und die Tschechoslowakei konnte man mit einem Personalausweis besuchen. Pro Tag durfte man maximal 20 »Ostmark« tauschen, dies wurde von der Staatsbank genauestens kontrolliert. Für Ungarn, Rumänien, Bulgarien, die Mongolei und die Sowjetunion gab es die »Reiseanlage«. Wurden Bürger von der »Stasi« zu Regimegegnern erklärt, wurde der Personalausweis ganz eingezogen. Man bekam einen Ausweisersatz – das sogenannte PM-13-Dokument. Mit diesem Papier konnte man keinen Nachbarstaat besuchen. Es gab auch Fälle wo der Aufenthalt in Ost-Berlin verboten war.

KEINE ANNÄHERUNG AN DIE INNERDEUTSCHE GRENZE – FLUCHT ZU GEFÄHRLICH
Eine Flucht über die innerdeutsche Grenze in die Bundesrepublik Deutschland schien mir wegen der brutalen Grenzsicherung zu gefährlich. Der Eiserne Vorhang war in der DDR weit schwieriger zu überwinden als in den anderen Ostblockstaaten. Außerdem war dazu Ortskenntnis nötig, die ich ja nicht hatte. Auf Landkarten konnte man sich nicht verlassen, weil diese meist ungenau und vielfach gefälscht waren. Außerdem war Kartenmaterial mit eingezeichnetem Grenzverlauf, wenn überhaupt, nur sehr schwer zu bekommen. Jemanden danach zu fragen bedeutete schon eine Gefahr, weil man ja nicht wusste, ob man nicht einem Spion der »Stasi« auf den Leim gehen würde.

»Der »einfache Mann« kam nicht einmal in die Nähe der innerdeutschen Grenze, weil es davor bereits eine fünf Kilometer breite Sperrzone gab.

Eine Flucht durch diese brutalen Befestigungsanlagen schien mir zu gefährlich, weil den Schergen dieses rücksichtslosen Überwachungsstaates ein Menschenleben einfach nichts wert war.«

WÖRTLICHES ZITAT VON SVEN LEHMANN.

Ich selbst schaffte es nie in Grenznähe zu kommen. Aus Gesprächen mit Bekannten wusste ich, dass es dort Zäune mit Selbstschussanlagen, geeggte Streifen zur Spurensicherung und Tretminen gab. Trat man auf eine solche Mine, war man bei deren Explosion zwar nicht immer sofort tot, es wurden einem aber zumindest die Beine abgerissen oder »zu Brei« gemacht. Grenzsoldaten hatten Schießbefehl und machten sich selbst strafbar, wenn sie diesen nicht ausführten. Um Erkundigungen zu verhindern, wurde eine durchschnittlich fünf Kilometer breite Sperrzone nach innen geschaffen. Ein Aufenthalt in diesem Gebiet war nur mit einer Sonderbewilligung möglich. Ich kannte Leute aus Dörfern (die innerhalb dieser Sperrzonen lagen), die trotz ihrer eigenen »Heimat-Berechtigung« für die Teilnahme an einer Geburtstagsfeier in einem Nachbarort eine weitere Bewilligung benötigten.

FLUCHT DES BRUDERS DER STIEFMUTTER ENDET IN BAUTZEN – 15 MONATE HAFT
Bautzen liegt im Bundesland Sachsen, unweit der polnischen Grenze und galt zu »DDR-Zeiten« als Gefängnis, in dem vorwiegend Republik- bzw. Fahnenflüchtige inhaftiert wurden. Es war eines der am meisten gefürchteten Gefängnisse in der DDR.

ZUR ERKLÄRUNG: *In Bautzen gab es zwei Gefängnisse. Das bekanntere und berüchtigte ist* **BAUTZEN I** *– ein Komplex, der aus Ziegelbauten besteht. Wegen seines Aussehens hieß er das »Gelbe Elend« (Baujahr 1904). Es ist auch in der Umgebung gut sichtbar. Bautzen I gibt es heute noch.*
BAUTZEN II: *Dieses zweite unauffällige Gefängnis war mitten in der Stadt und unter anderen Behördengebäuden als Gefängnis nicht sofort zu erkennen. Hier drin regierte die Stasi als Untersuchungs- und Vollstreckungsorgan. Die Existenz von Bautzen II war nur wenigen bekannt, selbst Insassen bekamen spät oder gar nicht mit, wo sie eigentlich inhaftiert waren. Bautzen II ist heute geschlossen und dient als Gedenkstätte.*
Jürgen, der Bruder meiner Stiefmutter, hatte im Sommer 1980 die Flucht gewagt. Er wollte über die Ostsee das »Gefängnis DDR« verlassen. Der Flucht-

versuch scheiterte, Jürgen wurde verhaftet und fasste 15 Monate in dieser berüchtigten Haftanstalt Bautzen aus. Nach etwas mehr als einem Jahr wurde er entlassen und durfte in die BRD ausreisen.

Jahre, Monate und Tage vergingen. Die »Daumenschraube« wurde immer weiter angezogen. Ich spürte, dass die »unsichtbaren Agenten der Stasi« andauernd um mich waren. Das Leben in diesem »Gefängnis« wurde für mich immer unerträglicher. Als im Sommer 1989 westliche Fernsehsender (die wir offiziell ja nicht empfangen durften) von Löchern im Eisernen Vorhang an der ungarischen Grenze zum Burgenland berichteten, schien der Zeitpunkt zur Flucht auch für mich gekommen. Dass viele Flüchtlinge unversehrt österreichisches Gebiet erreichten, bestärkte mich in meinem Vorhaben. Viele Gedanken gingen mir durch den Kopf. Ich »wog« alle »Für und Wider« ab und sah schlussendlich nur eine Möglichkeit um in Freiheit zu leben – meine Flucht in den Westen. Nur wann, wo und wie ich das tun werde, wusste ich noch nicht. Dass es aber schon in allernächster Zeit passieren wird, war mir klar.

»Nachdem ich mich zur Flucht entschlossen hatte, suchte ich nach einer Vertrauensperson. Doch diese war nur sehr schwer zu finden, weil man ja nicht wusste, wer wen bespitzelte und an die Stasi verriet.«
WÖRTLICHES ZITAT VON SVEN LEHMANN.

DIE PLANUNG BEGINNT *Nachdem ich mehrere »Varianten« durchgedacht hatte, beschloss ich, über Umwege nach Ungarn zu reisen und dort über die Grenze nach Österreich zu flüchten. Um bei den Behörden keinen Verdacht zu erwecken, stellte ich den Antrag für ein Touristenvisum nach Bulgarien. Da ich wegen meiner nicht regimetreuen Vergangenheit mit einer strengen Kontrolle rechnen musste, war es unbedingt nötig, meine persönlichen Sachen zu sichern. Man fährt ja nicht mit Geburtsurkunde, Gesellenbrief usw. in den Urlaub. Ich brauchte eine Vertrauensperson, die ich in meine Pläne einweihen konnte. Das war aber nicht so einfach, weil man ja nicht wusste, wer wen bespitzelt. Nach langen Überlegungen entschloss ich mich, einem Freund aus dem Ort, der vor wenigen Tagen aus Ungarn zurückgekommen und dessen Freundin bereits geflüchtet war, von meinem Vorhaben zu erzählen. Er erklärte sich dazu bereit, mich bei meinen Plänen zu unterstützen, obwohl er ein großes Risiko einging, denn bereits das Nichtmelden einer beabsichtigten Flucht war strafbar. Schlimmstenfalls hätte er in Bautzen landen können.*

Nachdem mein Freund mir seine Hilfe versprochen hatte, packte ich sofort einen Koffer mit allen für mich wichtigen Effekten. Diesen Koffer, den er meiner Familie nach meiner geglückten Flucht übergeben sollte, holte er noch in der Nacht von meiner Wohnung ab, brachte ihn zu meiner Arbeitsstelle und versteckte ihn in einem nur schwer zugänglichen Raum. Die Reise trat ich dann nur mit den notwendigsten persönlichen Sachen (einigen Kleidungsstücken und Toilettenartikeln) sowie einem Ausweis und dem Führerschein an. Vorher prägte ich mir aber noch zwei Telefonnummern, die ich mir aus Angst nicht notierte, ein. Eine davon war die von Jürgen (Bruder meiner Stiefmutter – missglücke Flucht durch die Ostsee beschrieben, nach Haft in Bautzen Ausreise in die BRD genehmigt). Jürgen war, seitdem er die DDR verlassen hatte, nicht mehr zu Hause gewesen. Seine Freundin, deren Schwester und ihre Mutter durften aber im Frühsommer 1989 seine Eltern in der DDR besuchen, wobei ich mit ihnen Kontakt hatte. Beim Abschied sagte ich noch zu ihnen: »Wir sehen uns wieder.« Beim Gedanken, nach gelungener Flucht nie wieder in meine Heimat (ebenso wie Jürgen) zu kommen, blutete mir das Herz. Und dennoch war ich bereit, die DDR unter allen Umständen zu verlassen.

ICH VERSCHWINDE AUS DIESEM STAAT – MEINE FLUCHT

Der Tag X rückt immer näher und ich werde auch zusehends nervös. Wenn ich daran denke, dass ich ebenso wie Jürgen in Bautzen landen und schlimmstenfalls mein Leben verlieren kann, wird mir ganz »flau« im Magen. »Werde ich meine Heimat noch einmal sehen, werde ich meine Familie noch einmal in die Arme schließen können, werde ich meine Freunde, mit denen ich viele schöne Stunden erlebt habe, vielleicht erst in einigen Jahren besuchen können?« Fragen, auf die ich keine Antwort finde. Doch mein Entschluss steht fest. Es gibt für mich keine Zukunft in diesem Staat – ich werde flüchten.

ZUM BAHNHOF – ICH LASSE ALLES ZURÜCK *Nach einer sehr unruhigen Nacht verlasse ich meine Wohnung, gehe mit meinem Fahrschein, den ich mir schon einige Tage zuvor gekauft habe, zum Bahnhof und steige in den Reisezug nach Bulgarien. Dieser Fahrschein gilt von Dresden bis Varna und enthält – vorsichtshalber – auch die Berechtigung zur Rückfahrt. Ein genaues Reisedatum ist nicht vorgeschrieben, was für mich von großem Vorteil ist, weil ich zeitlich* nicht gebunden bin – ich weiß ja nicht, ob ich nicht doch zurückfahren muss. Meine bescheidenen Besitztümer lasse ich in meiner Wohnung und steige in den Zug. Die Fahrt ist sehr ermüdend, denn sie dauert fast zwei Tage. Es geht durch die Tschechoslowakei, über Ungarn und Rumänien bis an die bulgarische Schwarzmeerküste nach Varna. In Varna bleibe ich zwei Tage und fahre dann wieder zurück nach Ungarn. Alles was ich nicht mehr benötige – viel habe ich ja nicht – schicke ich per Post nach Hause. Darunter auch meinen Wecker, der noch heute bei uns in der Küche steht (DDR-Spott: »Die Ruhla-Uhr geht nach wie vor«).

Als ich in Budapest ankomme, besitze ich nur noch jene Sachen, die ich am Körper trage sowie an Bargeld 2.650.- Forint. Von Budapest will ich per Autostopp zur Grenze fahren, muss mir jedoch vorerst eine Bleibe für die Nacht suchen, weil ich sehr erschöpft und außerdem nicht ortskundig bin. Außerdem gibt es mir mehr Sicherheit, wenn ich bei Tageslicht meine Reise fortsetze. Bei Szentgotthárd will ich ein Loch im Eisernen Vorhang suchen und über die Grenze nach Heiligenkreuz ins Burgenland flüchten.

SOLDATEN MIT MASCHINENPISTOLEN IM ANSCHLAG — FESTNAHME

Ich kann es kaum erwarten bis es hell wird und setze bei Tagesanbruch meine Reise in Richtung Westen fort. Doch wie? Mit 2.650.- Forint werde ich wahrscheinlich nicht weit kommen. Für die Zugfahrt bis zur österreichischen Grenze wird das Geld vermutlich reichen. Ich brauche aber noch einige Forint, weil ich mir auch etwas zu essen kaufen muss. Um Geld zu sparen, beschließe ich, es per Autostopp zu versuchen. Ich habe Glück. Die ungarischen Autofahrer sind sehr freundlich und nach einigen Stunden bin ich bereits im Grenzgebiet zu Österreich – wie geplant in Szentgotthárd angekommen. Um ja nicht aufzufallen, verstecke ich mich in einem Gebüsch nahe der Gemeinde. Ich nehme meinen mitgebrachten Taschenfaltplan zur Hand, versuche mich zu orientieren und stelle fest, dass die Grenze von meinem Standort nur noch ca. zwei Kilometer entfernt ist. Noch ist es hell und eine sofortige Flucht scheint mir daher zu gefährlich. Ich warte bis zum Einbruch der Dunkelheit, weil ich außerdem müde bin und mich von den Strapazen des Tages erholen will. Die Angst lässt mich jedoch keine Ruhe finden. Ich versuche mir immer wieder einzureden, dass ich es schaffen werde. Es fehlen ja nur mehr wenige Meter bis zum »rettenden« Ufer. Den Gedanken des Scheiterns meines Fluchtversuches mit anschließender Inhaftierung in Bautzen will ich verdrängen – doch das gelingt mir nicht.

ICH STARTE DEN ERSTEN VERSUCH – WEIT BIN ICH NICHT GEKOMMEN Endlich hat sich der Tag »geneigt« und die Dämmerung muss der Dunkelheit weichen. Ich habe mich etwas erholt, wage mich aus meinem Versteck und marschiere los in Richtung Grenze. Etwas ängstlich – mit einem mulmigen Gefühl im Bauch und schlotternden Beinen – gehe ich, Deckung suchend, oft in gebückter Stellung der Straße entlang. Dass ich bereits beobachtet werde, fällt mir nicht auf, denn weit komme ich nicht. Schon nach einigen hundert Metern wird die Nacht durch Scheinwerfer taghell erleuchtet. Lichtkegel werden direkt auf mich gerichtet und »streichen« mir übers Haupt. Ich bin fast starr vor Schreck. Vor und dann auch hinter mir, »tauchen« plötzlich Soldaten mit Maschinenpistolen im Anschlag auf. Sie waren mir schon länger gefolgt, hatten mich umstellt und nur auf einen günstigen Augenblick für den Zugriff gewartet.

»Als ich die Soldaten mit den Maschinengewehren im Anschlag sehe, rutscht mir ›das Herz in die Hose‹. Ich bleibe sofort stehen und achte darauf, nur ja keine unüberlegte Bewegung zu machen. Die Soldaten könnten dies nämlich als Provokation bzw. Angriff auf sie werten und auf mich schießen.«
WÖRTLICHES ZITAT VON SVEN LEHMANN.

Ich kann mich kaum bewegen, wage es nicht, nur noch einen Schritt zu gehen, denn im Falle einer Kurzschlusshandlung eines Soldaten wäre nicht nur mein Traum von Freiheit zu Ende, ich könnte auch noch mein junges Leben verlieren. Durch eine unüberlegte, eventuell auch ungewollte Bewegung könnte ein Soldat mit dem Finger am Abzug seiner Maschinenpistole eine Salve an Schüssen auslösen und meinen Körper durchsieben. Als die Soldaten merken, dass ich keine Anstalten zur Flucht mache, geben sie mir gestikulierend zu verstehen, dass ich verhaftet bin. Bei der anschließenden Festnahme leiste ich keinen Widerstand. Ich bin aufgrund meines geistigen und körperlichen Zustandes dazu auch gar nicht in der Lage und ergebe mich meinem Schicksal.

Durch verschiedene Gesten geben sie mir zu verstehen, in ihr Auto zu steigen und bringen mich anschließend zur Dienststelle. Da ich keinen Wider-

stand leiste, wenden sie ebenfalls keine Körperkraft an. Auf der Dienststelle werden mir meine letzten »Habseligkeiten« – eine Stofftasche mit meinen persönlichen Dokumenten, mein Gürtel sowie die Schnürsenkel meiner Schuhe abgenommen. Danach werde ich in eine Zelle gesperrt. Meine Gedanken drehen sich im Kreis. Ich verstehe nicht, warum man einen Menschen einsperrt, der niemandem etwas zuleide getan und nur seine Freiheit gesucht hat.

Nach einigen Stunden, die mir wie eine Ewigkeit vorkommen, holen sie mich zur Vernehmung. Als ich das Zimmer zur Einvernahme betrete, wartet dort bereits ein Dolmetsch auf mich. Ich muss nun Rede und Antwort »stehen«. Als man mich fragt, weshalb ich mich in Grenznähe aufgehalten habe, suche in nach einer Ausrede und antworte, dass ich mich verlaufen habe. Wie erwartet glauben sie mir nicht und halten mir entgegen, dass ich nicht der erste DDR-Bürger sei, der in diesem Abschnitt bei einem Fluchtversuch über die Grenze nach Österreich festgenommen worden ist.

Nachdem sie mich aufklären, dass es zwischen Ungarn und der DDR ein bilaterales Abkommen gibt, welches besagt, dass DDR-Bürger nach der Festnahme bei einem Fluchtversuch mit einem »Gefangenentransport« wieder in ihr Land abgeschoben werden, verliere ich die letzte Hoffnung auf ein Leben in Freiheit. Ich bin sowohl psychisch als auch physisch am Ende.

Als ich schon damit rechne, dass ich in Bautzen landen werde, gibt es plötzlich einen Silberstreif am Horizont. Der Dolmetsch übersetzt die Worte des Kommandanten und sagt zu mir: »Wir können sie jetzt wieder freilassen und von einem Bericht an die Behörden in der DDR absehen, wenn sie uns versprechen, dass sie nie wieder in die Nähe unserer Grenze nach Österreich kommen und alleine in die DDR ausreisen. Außerdem müssen sie zugeben, dass sie flüchten wollten.« »Irgendwie werde ich mich schon durchschlagen, ich will nur diese Räume verlassen,« denke ich und lege, nachdem ich ja keine andere Wahl habe, ein Geständnis ab. Die Grenzer halten ihr Wort. Ich bekomme meine »Utensilien« – wenn auch nicht vollständig – zurück und werde auf freiem Fuß gesetzt. Die noch vorhandenen 2.500 Forint teilt ein Beamter – jedoch in zwei ungleiche Teile. 500 Forint bekomme ich, 2.000 werden einbehalten. »Mit diesem Geld werden wir ihr Taxi bezahlen«, wird mir als Begründung mitgeteilt. Obwohl ich mir mit diesen 500 Forint wahrscheinlich nicht einmal eine Wurstsemmel kaufen kann, erhebe ich keinen Einspruch, weil mir die Freiheit wichtiger erscheint.

ICH BIN VERZWEIFELT Es dauert tatsächlich nicht lange und ein Taxi fährt vor. Ich muss einsteigen und werde weggebracht. Wohin weiß ich vorerst nicht. Der Fahrer fährt mit mir einfach durch die finstere Nacht. Vergeblich versuche ich mich an den Ortstafeln zu orientieren. Werden die Beamten ihr Versprechen halten, wird mich der Fahrer den DDR-Behörden übergeben? Gedanken die mich andauernd quälten und mir die Gänsehaut über den Rücken laufen lassen. Doch plötzlich hält der Lenker an und befiehlt mir aus dem Wagen zu steigen. Es ist finstere Nacht, ich bin allein mitten in Ungarn und habe auch noch die Orientierung verloren. Kaum Geld, Hunger und kein Dach über dem Kopf. Wie soll das weitergehen?

Verzweifelt und hoffnungslos gehe ich einer Straße entlang und komme sehr bald zum Plattensee. In einem Gebäude – es ist, wie ich gleich erfahren werde, eine Molkerei – sehe ich, dass der Eingang beleuchtet ist. Als ich den Portier um etwas zu essen und trinken bitte, werde ich von diesem Mann, den ich offensichtlich in seiner Nachtruhe störe, einfach davongejagt. Den Tränen nahe denke ich plötzlich an meine Rückfahrkarte, die ich ja noch bei mir habe. Ich halte aber an meinem Entschluss fest, keinesfalls »den Rückzug« anzutreten.

ICH FASSE NEUEN MUT Mit hängendem Kopf ziehe ich in der Finsternis weiter und komme in ein Dorf, in dem sich mein Schicksal nun zum Guten zu wenden beginnt. Ich sehe einen Trabi mit einem Kennzeichen aus dem Bezirk Erfurt. Mehrere Männer stehen im Kreis um das Fahrzeug, einer leuchtet mit der Taschenlampe auf die Motorhaube des Autos. Als ich näherkomme, sehe ich, dass darauf eine Landkarte liegt. Nachdem ich aus der Finsternis auftauche und zu ihnen komme, sind sie ebenso überrascht wie ich. Ich erkenne sofort, dass sie ebenfalls »Leidensgenossen« und keine Agenten der »Stasi«, wie ich kurz befürchtet habe, sind. Ich stelle mich kurz vor, erzähle ihnen, was mir nur wenige Stunden zuvor widerfahren ist und freue mich, dass ich mich der Gruppe anschließen darf und von ihnen außerdem noch zu essen und zu trinken bekomme. Es tut mir wirklich gut, wieder Menschen um mich zu haben, mit denen ich mich einerseits austauschen, und zu denen ich andererseits auch noch Vertrauen haben kann. Im Laufe der nächsten Tage stoßen noch weitere DDR-Bürger zur Gruppe, die ebenfalls in Ungarn »umhergeirrt« sind und flüchten wollen. Wir sind jetzt zwei Frauen und sieben Männer die nur ein Ziel haben – über die Grenze nach Österreich zu kommen und endlich frei zu sein.

AUSREISEVERSUCH AUF LEGALEM WEG – ZUR BOTSCHAFT NACH BUDAPEST Gemeinsam beschließen wir über Stuhlweißenburg (Székesfehérvár) nach Budapest zu fahren, in der Botschaft der BRD vorzusprechen und auf legalem Weg die Ausreise in die Bundesrepublik zu versuchen. Wir wollen aber keinesfalls mit Gewalt auf das Gelände, wo sich bereits zahlreiche Landsleute widerrechtlich aufhalten (ich möchte das Wort »besetzt« vermeiden), um die Ausreise zu erzwingen. Unser Ziel ist es, einen Reisepass zu bekommen, der uns einen legalen Grenzübertritt ermöglicht. »Wenn mit diesem Reisepass eine Ausreise aus Ungarn nicht möglich ist, sind wir mit Sicherheit registriert und können nicht einfach spurlos verschwinden. Die allgegenwärtigen Agenten der »Stasi« wissen dann wo wir uns aufhalten«, wendet einer aus der Gruppe ein.

Wir bleiben aber trotzdem dabei und machen uns auf den Weg. In Stuhlweißenburg halten wir, weil ich dort ein Internat kenne, das wir auch aufsuchen. Nach mehreren Tagen können wir uns endlich wieder einmal richtig waschen – wie angenehm, wieder einmal ein Gefühl der »Reinlichkeit« zu verspüren! Wir verbringen in dieser Herberge die Nacht und fahren am nächsten Tag nach Budapest. Als wir zur Botschaft kommen, hat sich vor dem Gebäude bereits eine lange Warteschlange gebildet. Ich muss mich anstellen um einen Termin zu erhalten, sehe jedoch aufgrund dieser Situation wenig Möglichkeiten, überhaupt in die Botschaft zu kommen. Während wir warten, kommen uns schon Leute entgegen und zeigen uns ihren »Schatz«. Sie haben einen Reisepass bekommen. In mir kommt jetzt Hoffnung auf, dass es auch für uns diese Chance gibt. Gleichzeitig weiß ich aber auch, dass es jetzt keinesfalls mehr möglich ist, in die DDR zurückzukehren. Die verhasste »Stasi« hat mit Sicherheit Agenten eingeschleust, die jeden, der sich in dieser Schlange um einen Reisepass anstellt, registriert.

Nach der Wende wurde bekannt, dass das Gelände damals von der »Stasi« tatsächlich observiert und die vor der Botschaft in der Warteschlange angestellten Menschen fotografiert wurden.

Wir stehen abwechselnd den ganzen Tag und müssen nach Büroschluss unverrichteter Dinge wieder abziehen. Am zweiten Tag droht uns das gleiche Schicksal. Kurz vor Dienstende befinde ich mich in der Reihe, bleibe hartnäckig und will keinesfalls ohne Erfolg wieder zurück zur Gruppe. »Volles Risiko« denke ich mir, binde unsere Dokumente mit einem Gummiband zusammen und werfe das Bündel über die Köpfe der vor mir stehenden Menschen direkt vor die Füße des anmarschierenden Botschaftsangehörigen. Ich *habe Glück. Der Mann nimmt unsere Ausweise an sich, verschwindet und kommt kurze Zeit später zurück. Wir erhalten einen Termin für den Donnerstag kommender Woche (heute ist Dienstag) und bekommen gleichzeitig unsere Dokumente wieder zurück. Wie soll ich diese Zeit überstehen? Mein Geld reicht wahrscheinlich nicht einmal vier Tage um mich mit Nahrung zu versorgen. Wo werde ich übernachten? Können wir in der Herberge bleiben. Tausende Gedanken gehen mir durch den Kopf und ich beschließe, alles auf mich zukommen zu lassen.*

Am Abend fahren wir wieder in unser Quartier nach Stuhlweißenburg. Über eine Woche müssen wir noch ausharren. Peinlich für mich, denn ich bin auf meine Bekannten – die selbst nur wenig haben und mich versorgen müssen – angewiesen. Weißbrot mit Wasser und manchmal etwas Obst steht auf meinem täglichen Speiseplan.

»KRISENSITZUNG« – WARTEN ODER FLÜCHTEN *In der Nacht hocken wir beisammen und diskutieren was weiter zu tun ist. Nachdem ich schon einmal festgenommen wurde und mit einem »Blauen Auge« davongekommen bin, würde ich gerne diese Woche zuwarten, die Lage beobachten, mir den Reisepass ausstellen lassen und dann legal nach Österreich ausreisen. »Vielleicht kommen wir gar nicht mehr vor die Botschaft, weil die Ungarn die Umgebung absperren. Dann geht es mit einem wenig komfortablen Transport in die DDR und gleich ins Gefängnis«, wirft einer ein – Bautzen ruft! »Wir könnten es in der Gegend von Ödenburg versuchen, dort soll die Grenze nicht mehr so scharf bewacht werden und Minen lägen ebenfalls keine mehr.*

»Obwohl ich Angst habe, dass ich neuerlich festgenommen und nach Auslieferung in die DDR in Bautzen landen kann, werde ich die Flucht wagen. Und zwar so bald wie möglich. Ich habe nämlich kein Geld und kann mir nicht einmal etwas zu essen kaufen.«
WÖRTLICHES ZITAT VON SVEN LEHMANN.

Ich kenne einen Zeltplatz bei Wolfs (Balf – liegt ca. 10 km von Ödenburg entfernt). Von dort könnten wir die Lage sondieren«, sagte ein anderer. Auf der Landkarte schauen wir uns alles gemeinsam an und durchsuchen unsere Fahrzeuge nach Zangen, Lampen und Handschuhen, weil wir ja damit rechnen müssen, den Stacheldraht zu durchtrennen. Obwohl ich meine Bedenken habe, steht für mich fest: »Jetzt oder nie!« Ich überwinde vorerst die Angst und schließe mich der Gruppe, die aus neun Personen besteht und mittlerweile eine verschworene Gemeinschaft geworden ist, an. Eine andere Möglichkeit habe ich ja kaum, weil ich zum einen kein Geld und zum anderen auch keine persönlichen Dokumente besitze. Ich kann mir nicht einmal etwas zu essen oder eine Zugkarte für eine Rückfahrt in die DDR kaufen. Mit Einbruch der Dunkelheit sind unsere zwei Autos »startklar«, wir setzen uns hinein und fahren in Richtung Ödenburg.

WIR NEHMEN DAS RISIKO

8. AUGUST 1989 Es ist eine regnerische Nacht, das Verkehrsaufkommen ist äußerst gering, wir werden nicht kontrolliert und kommen zügig voran. Als wir von Ödenburg über Wolfs (Balf) und Kroisbach (Fertőrákos) in Richtung Grenze fahren, sehen wir in einer Entfernung von einigen hundert Metern ein »taghell« beleuchtetes Gebäude. Wie ich jetzt weiß, ist es die Haftanstalt von Steinabrückl (Sopronkőhida). Durch die intensive Beleuchtung, die Mauern mit den Stacheldrahtkränzen und einem Wachposten vor dem Einfahrtstor, halte ich es für eine Kaserne. Es wirkt auf mich wie ein »Fingerzeig«, der zu noch größerer Vorsicht mahnt. »Es darf nicht sein, dass ich in einem solchen Verlies ende,« waren meine Gedanken, während ich vor Angst Gänsehaut am ganzen Körper bekomme.

Die Haftanstalt von Steinabrückl (Sopronkőhida) – bei deren Anblick überkam mich die Angst vor einer neuerlichen Internierung

Hinter jedem Gebüsch kann ein Armeefahrzeug stehen, uns anhalten und die Papiere verlangen. Das habe ich schon einmal erlebt. Weitere Angstgefühle durchdringen meinen Körper. Ich werde sichtlich nervös. Auf einer Anhöhe sehen wir in größerer Entfernung ein weiteres hell erleuchtetes Gebäude. Das muss schon Österreich – der Grenzübergang Klingenbach – sein, wie wir auf unserer Karte feststellen. Nun können wir uns orientieren und wissen genau, wo wir uns befinden.

DIE AUTOS BLEIBEN IN ÖDENBURG Am Ortsrand von Ödenburg stellen wir unsere Fahrzeuge ab – schweren Herzens, denn für die Besitzer bleiben Schätze zurück auf die sie nicht nur lange gewartet, sondern für die sie auch sehr viel Geld bezahlt haben. Nachdem wir die Autos verlassen haben, ziehen die Fahrer die Zündschlüssel ab, verstecken sie im Fond und verraten uns für den Notfall die Verstecke.

Wir machen uns nun auf den Weg und gehen im Schutz der Dunkelheit in einer Entfernung von etwa zwei bis drei Metern neben- sowie hintereinander auf einer mit wenigen Büschen und Bäumen bewachsenen Wiese Richtung Norden. Plötzlich bemerke ich von hinten ein Auto. Ich werfe mich sofort zu Boden und bleibe so lange im Dreck liegen, bis es weit genug entfernt ist und der Fahrer mich nicht mehr sehen kann. Eine Frau stellt sich nur hinter ein Gebüsch, weshalb sie von den anderen Männern sofort gerügt wird.

ICH ENTFERNE MICH VON DER GRUPPE Da meine Kollegen auf einem Weg – dieser liegt parallel zur Straße, die den Grenzübergang Klingenbach mit Sopron verbindet – in Richtung Österreich gehen wollen, trenne ich mich von ihnen. Mir scheint dieser Fluchtweg einfach zu wenig sicher, weil er wenig Deckung bietet und außerdem unweit des von mir bereits beschriebenen Gefängnisses liegt. Weiters scheint mir das Tarnverhalten einiger Mitglieder unserer Gruppe zu gefährlich. Meiner Ansicht nach nehmen sie einfach zu viel Risiko. Vielleicht bin ich auch wegen meines bereits gescheiterten Fluchtversuches etwas zu vorsichtig. Nun setze ich meinen Weg allein fort, die anderen bleiben beisammen.

»Ich habe ein Loch im Zaun gefunden – auch Spürhunde können mich an der Flucht jetzt nicht mehr hindern.«
   WÖRTLICHES ZITAT VON SVEN LEHMANN.

DIE NACHT ZUM 9. AUGUST 1989 Vorerst muss ich aber eine kurze Rast einlegen. Etwas müde suche ich auf einem weiten Feld hinter einem Johannisbeerstrauch Deckung, lege mich auf den Boden, beobachtete die Gegend und lausche nach Geräuschen. Der Wind pfeift mir um die Ohren, meine Kleidung ist durch den leichten Nieselregen bereits etwas durchnässt. Als ich langsam wieder zu Kräften komme, sehe ich nur mehr das Ziel vor Augen und nehme all meinen Mut zusammen. Mir ist jetzt gleichgültig was passieren wird. Ich will jetzt nur über diese verdammte Grenze und wage mich aus meinem Versteck. Im Schutz der Dunkelheit robbe ich im nassen Erdreich bis zum Ende dieses Feldes und sehe auch schon das erste Hindernis. Trotz Regen und Wind spüre ich in meiner Angst weder Nässe noch Kälte. Als ich meinen Kopf kurz hebe, sehe ich vor mir einen etwa 10 bis 15 Meter hohen Wachturm, der den Soldaten zur Beobachtung der Grenze dient. Vor diesem »schrecklichen, zur Menschenjagd errichteten Ungeheuer« befinden sich noch zwei Stacheldrahtzäune, die mir die letzten Meter auf den Weg in die Freiheit versperren sollen.

»Ängstlich und völlig durchnässt robbe ich im tiefen Erdreich diesem verdammten Stacheldraht entgegen und hoffe, dass ich – unbemerkt von den Soldaten auf dem Wachturm – die letzten Meter in die Freiheit schaffen werde.«
WÖRTLICHES ZITAT VON SVEN LEHMANN.

In der Dunkelheit kann ich eine Reifenspur in Richtung dieses Stacheldrahtverhaues erkennen, die ich sofort nütze, weil ich mir sicher bin, dass in dieser Spur keine Minen versteckt sein können. Ich schleppe mich Meter für Meter im Dreck kriechend etwa 30 Minuten zum Zaun. Plötzlich verspüre ich wieder ein Gefühl der Angst, das sich mit jedem Meter der Annäherung an diese Sperren verstärkt. Ich fürchte, dass der Wachturm besetzt ist, mich der Grenzer sehen kann und mich wie an der innerdeutschen Grenze oft geschehen, einfach abknallen wird. Eine weitere Gefahr besteht für mich darin, dass noch kurz vor dem Stacheldraht Signaldrähte, Minen oder sonstige elektronische Sicherungen im Erdreich versteckt sein könnten.

ERSTER VERSUCH GESCHEITERT – ICH BLEIBE IM ZAUN STECKEN Ohne dass mich die Grenzer bemerken, erreiche ich die erste Stacheldrahtsperre und sehe, dass die Maschen im unteren Teil kleiner sind als im oberen. Ich wickle einen der senkrechten Drähte nach oben, drücke die Maschen auseinander und versuche mich durchzuzwängen. Der erste Versuch misslingt – ich bleibe stecken. Nun bin ich zwar etwas nervös, behalte aber einen klaren Kopf und ziehe meine Jacke aus. Zuerst schiebe ich die Jacke durch das Loch und krieche anschließend durch diese Lücke, die ich nun etwas vergrößert habe. Den zweiten Zaun kann ich ebenso überwinden.

Plötzlich höre ich aus einer Entfernung von etwa 50 Metern Stimmen und

Schritte von mindestens zwei Personen. Das Schlimmste ist aber, dass sie von einem Spürhund begleitet werden. Mir stockt der Atem. Alles aus und vorbei denke ich. Nun werde ich in Bautzen landen, denn ein zweites Mal lassen die mich nicht mehr laufen.

Das Glück hat mich jedoch diesmal nicht verlassen. Aufgrund der für mich günstigen Windrichtung kann mich das Tier nicht riechen. Die Grenzwächter haben mich nicht bemerkt und setzen ihre Patrouille fort. Mein Glaube, es geschafft zu haben, wird von Minute zu Minute größer. Trotzdem rechne ich mit weiteren Hindernissen, weil ich weiß, dass die innerdeutsche Grenze noch zusätzlich mit Panzersperren und Kraftfahrzeuggräben gesichert ist. An manchen Stellen befinden sich auch Selbstschussanlagen, die durch Auslösedrähte aktiviert werden. Von der ungarischen Grenze habe ich das aber noch nie gehört. Trotzdem bin ich weiter äußerst vorsichtig, robbe bzw. gehe frohen Mutes in Richtung Österreich weiter.

EIN »FELSEN« FÄLLT MIR VOM HERZEN – ICH SEHE EINEN GRENZSTEIN MIT »Ö«

Langsam fängt es an zu dämmern und ich verliere den Schutz der Dunkelheit. Zuversichtlich stimmt mich, dass ich nun schon einige Umrisse von Gebäuden – vermutlich auf österreichischem Hoheitsgebiet – sehen und mich besser orientieren kann. Ich komme zu einem Gutshof, vor dem ein Auto, das ich als russisches Fabrikat definieren kann, abgestellt ist. Wieder wird mir angst und bange. Das muss noch Ungarn sein. Um Gottes Willen, jetzt nur keinen Fehler machen. Mein Gedächtnis erinnert mich sofort an die Festnahme vor einigen Tagen bei Szentgotthárd. Vielleicht warten meine Häscher noch auf mich? Hatte mich der Posten auf dem Wachturm doch bemerkt und eine Fahndung ausgelöst? Das Ziel bereits vor Augen, bekomme ich noch einmal einen Schweißausbruch. Nun muss ich meine Fluchtrichtung leicht korrigieren und laufe über eine Wiese, an deren Ende ich einen Grenzstein mit einem »Ö« erkenne. Als nächstes sehe ich ein Schild, das sich an einem Baum befindet und die Aufschrift: »Privatweg, Befahren verboten«, trägt.

EINE TRÄNE DER FREUDE – ICH HABE ES GESCHAFFT!

9. AUGUST 1989 Erleichtert laufe auf einem Weg in Richtung Norden und höre das Läuten der Kirchenglocken. »Da muss bald eine Ortschaft kommen«, sage ich mir, verfalle fast in eine Euphorie der Freude und setze meinen Weg *voller Zuversicht fort. Eine Horde Wildschweine, die im Unterholz friedlich schnüffelt, kann mich auch nicht mehr aufhalten. Der Wald ist nun zu Ende, vor mir liegt Siegendorf, dahinter eine Gebirgskette. Eine Riesenlast fällt von meinen Schultern. So beginnt für mich der 9. August 1989 – der erste Tag in meinem Leben den ich in Freiheit verbringen darf. Jetzt bin ich mir sicher – ich lasse mich nie wieder einsperren!!!*

Es ist ein unbeschreibliches Gefühl der Freiheit als ich den Kirchturm von Siegendorf sehe.

ICH BIN EIN FREIER MENSCH! *Was mache ich nun? Wie soll es weitergehen? Melde ich mich bei der Polizei? Neue Probleme für mich, die aber im Gegensatz zu dem was ich bisher in meinem Leben durchgemacht habe, leicht zu bewältigen sind. Müde von den Anspannungen der vergangenen Nacht, aber glücklich alles ohne körperlichen Schaden überstanden zu haben, komme ich nun nach Siegendorf. Während ich durch die Ortschaft gehe, sehe ich in einem Haus Licht. Ich habe Glück. Es ist ein Beherbergungsbetrieb. »Was wird mich nur erwarten, werden sie mich einfach wegschicken?«, denke ich mir als ich kurz entschlossen die Hausglocke betätige. Eine Frau öffnet die Tür, sieht mich in meinen durchnässten Kleidern vorerst etwas verstört an und lädt mich auf ein Frühstück ein. Meine erste Begegnung in der neu gewonnenen Freiheit tut mir für mein fast verlorenes Ego wirklich gut und stimmt mich für die Zukunft sehr positiv. Danach nimmt sie mir meine »verdreckten Kleider ab«, steckt diese in die Waschmaschine und verständigt die Gendarmerie. Welch eine Überraschung, dass ich Hemd, Hose und Pullover bereits nach etwa einer Stunde, und auch noch getrocknet, bekomme. Dass es einen Wäschetrockner gibt, habe ich bis dato nicht gewusst.*

ZUR GENDARMERIE – MEINE FREUNDE HABEN SIE AUCH NICHT ERWISCHT. *Nachdem ich mich gestärkt habe, bringt mich die Frau zum Gendarmerieposten nach Eisenstadt. Bevor sie sich verabschiedet, steckt sie mir noch Geld zu. Von den Gendarmen habe ich ebenfalls einen positiven Eindruck, weil sie sich äußerst korrekt verhalten. »Wie hätte mich die Polizei wohl in der DDR behandelt, wenn sie mich in Ungarn erwischt und abgeschoben hätten?«, ein Gedanke, den ich schnell verwerfe, weil es ja Gott sei Dank anders gekommen ist.*

»Als ich die Gendarmen sehe, bekomme ich wieder Gänsehaut am ganzen Körper, weil ich die Angst vor Uniformen noch nicht abgelegt habe. Doch es kommt alles ganz anders. Die Beamten sind sehr freundlich und sorgen dafür, dass ich zur Botschaft der Bundesrepublik Deutschland nach Wien gebracht werde.«
WÖRTLICHES ZITAT VON SVEN LEHMANN.

Während auf der Dienststelle meine Personalien aufgenommen werden, kommt die Meldung, dass bei St. Margarethen eine Gruppe von acht DDR-Flüchtlingen über die Grenze gekommen ist. Das ist meine Gruppe! Mit Freude erfüllt mich diese Nachricht, weil ich immer wieder daran gedacht habe, wie es ihnen wohl ergangen ist. Nun ist es Gewissheit – alle haben es unversehrt geschafft.

IN DIE BOTSCHAFT NACH WIEN *Nachdem die Gendarmen meine Personalien aufgenommen und alle notwendigen Formalitäten erledigt hatten, organisierten sie den Transport zur Botschaft nach Wien. Da nur ein Kleinbus für acht Personen zur Verfügung stand, gab man mir eine Fahrkarte und brachte mich auch noch zur Bushaltestelle. Während ich auf den Bus wartete, war ich einer älteren Frau aufgefallen, die mir eine Frage gestellt hatte. Nach meiner Antwort in dem für sie nur teilweise verständlichen sächsischen Dialekt fragte sie mich, woher ich denn komme. Ich kam mit ihr ins Gespräch und erzählte ihr, dass ich aus der DDR über Ungarn nach Österreich geflüchtet war und nun auf dem Weg zur Botschaft der Bundesrepublik Deutschland nach Wien sein. Dabei muss sie von meinem Schicksal so angetan gewesen sein, dass auch sie mir Geld gab (möchte ausdrücklich betonen, dass ich keinesfalls darum gebeten habe).*

AUFGENOMMEN BEI FREUNDEN Seit mehreren Tagen war ich quer durch Europa unterwegs. Habe viel gesehen, viel erlebt, Entscheidungen getroffen bei denen es um mein Leben ging und tausende Kilometer mit der Eisenbahn, per Auto oder zu Fuß zurückgelegt. Ich habe mich teils in großer Gefahr befunden, schlechte und gute Menschen kennen gelernt. Es ist mir vor allem in den ersten Tagen meiner Flucht nur wenig Hilfsbereitschaft widerfahren. Doch in den wenigen Stunden meiner Freiheit, die ich im Burgenland verbracht hatte, hatte ich derart viel Menschlichkeit erlebt, die mich mit großer Hoffnung in die Zukunft blicken ließ.

WIEN – ICH KAUFTE FÜR MEINE FREUNDE BANANEN Die Fahrt mit dem Bus nach Wien war sehr angenehm. Mal schaute ich mir die Gegend an, mal nickte ich kurz ein. Nachdem ich in Wien aus dem Bus gestiegen war, ging ich in die Metternichgasse zur Botschaft der BRD. Dort traf ich meine Freunde aus der Gruppe, mit denen ich mich durch Ungarn »geschlagen« hatte. Wir wurden sehr freundlich aufgenommen, erhielten Gutscheine für eine Nächtigung in einem Hotel sowie Bahnkarten für die Fahrt nach Gießen. Dort hatte man ein Auffanglager für Übersiedler aus der DDR eingerichtet.

Mittlerweile war Mittwoch geworden. Wir hatten noch einen ganzen Tag Zeit, bis unser Zug vom Westbahnhof nach Gießen abfahren würde. Deshalb »schlenderten« wir gemütlich durch die österreichische Hauptstadt und genossen diese Stunden in der neu gewonnenen Freiheit. Da ich nun über etwas Bargeld verfügte, wollte ich mich bei meiner Gruppe, die mich ja mehrere Tage »verköstigt« hatte, revanchieren. Ich kaufte eine »Staude Bananen« und eine Packung Wegwerfrasierer. Gelitten hatte nicht nur unser Äußeres, sondern auch mein Magen. In einer Fußgängerzone der Wiener Innenstadt bewunderten wir die Ruhe der Menschen, die in den »Schanigärten« vor den Gasthäusern saßen und setzten uns ebenfalls an einen der freien Tische. Eine Stärkung hatte ich ja schon bitter nötig, weil ich in den letzten Tagen nur wenig gegessen hatte. Es dauerte nicht lange bis mir mein Essen serviert wurde. Obwohl es wunderbar aussah, gut schmeckte und ich außerdem noch Hunger hatte, bekam ich den Teller nicht leer. Wahrscheinlich hatte meine Psyche die Ereignisse der vergangenen Tage noch nicht vollständig verarbeitet.

Ich saß nun vor meinem halb vollen Teller, blickte in der Gegend umher und dachte über meine Zukunft nach. Dabei fielen mir jene Telefonnummern, die ich mir nicht notiert, sondern nur eingeprägt hatte, wieder ein. Nachdem ich bezahlt hatte, stand ich sofort auf und suchte nach einer Telefonzelle. Von dort rief ich zuerst in meiner Firma in Meißen an. Am anderen Ende der Leitung war ein Konstrukteur, der ebenfalls einen Ausreiseantrag gestellt hatte. »Hallo Sven ist hier, ich melde mich aus dem Urlaub.« »Wo bist Du?« »In Wien!« »In Wiiiien?«, fragte er etwas ungläubig. »Ja in Wien«, entgegnete ich ihm nicht ganz ohne Stolz. Dann hörte ich nur noch Stimmengewirr aus dem Büro. Jetzt wusste dort jeder Bescheid. Die Nachricht erreichte wie von mir beabsichtigt auch bald meinen Freund, der den versteckten Koffer mit meinen persönlichen Sachen bei passender Gelegenheit meiner Familie überbrachte.

DIE »FAHRT IN EIN NEUES LEBEN«

Mit den besten Eindrücken von der österreichischen Hauptstadt bestiegen wir den Zug nach Gießen. Ein weiteres Wunder erlebte ich während der Bahnfahrt. Die Deutsche Reichsbahn glänzte weder durch Pünktlichkeit, noch durch Sauberkeit. Ich war sichtlich überrascht, als ich einen kleinen Waschraum betrat, der nicht nur sauber war, sondern auch über warmes Wasser verfügte. Nun konnte ich die in Wien gekauften Wegwerfrasierer verwenden und endlich den Bart aus meinem Gesicht entfernen.

Zu meiner Freude verlief die Fahrt nach Gießen sehr ruhig, die Grenze zwischen Österreich und der Bundesrepublik Deutschland konnten wir ebenfalls anstandslos passieren. Welch ein Wunder – war ich doch in meinem Leben bisher immer kontrolliert worden oder musste eine Grenze in Lebensgefahr überschreiten.

In Gießen angekommen gab es keinen, der auf mich wartete. Ich war in einer anderen Welt. Sofort rief ich Jürgen (er hatte wie bereits beschrieben 1981 seine Ausreise durch eine gescheiterte Flucht erzwungen), der sich im ca. 250 Kilometer entfernten Heilbronn eine neue Existenz aufgebaut hatte, an. »Alter Schwede«, ich wusste, dass wir uns wiedersehen«, hat er zu mir gesagt, als er meine Stimme erkannte. Danach hat er sich ins Auto gesetzt, ist zu mir in das Anhaltezentrum gekommen und hat mich abgeholt. Wir sind dann gemeinsam zu ihm nach Heilbronn gefahren. Am nächsten Tag hat er mir von Kopf bis Fuß neue Kleider gekauft. In den Läden kam ich aus dem Staunen nicht heraus. Ich war tief beeindruckt, denn derart volle Geschäfte, in denen wir eingekauft hatten, hatte ich bis dato noch nie gesehen. Am Montag fuhren wir nochmals nach Gießen, weil mein Aufnahmeverfahren noch abgeschlossen werden musste. Danach kehrten wir nach Heilbronn zurück. Bereits eine Woche nach meiner Flucht unterschrieb ich einen Arbeitsvertrag. Nicht ganz drei Wochen nach meinem letzten Arbeitstag in der DDR – am 21. August 1989 – begann ich in meinem Lehrberuf als Werkzeugmacher zu arbeiten. Nur einige Wochen danach – im September bezog ich eine eigene Wohnung.

»SAN-SIRO« IN MAILAND Doch dieser Herbst hatte noch weitere positive Überraschungen für mich parat. Gleich nach dem Mauerfall besuchte mich meine Schwester. Noch vor Weihnachten kamen mein Vater, mein Bruder und meine Großmutter auf eine »Kurzvisite« zu mir nach Heilbronn. Wer hätte das Anfang August noch für möglich gehalten?

»Im Sommer 1989 hätte ich nicht in meinen kühnsten Träumen daran gedacht, dass ich einmal in meinem Leben nach Italien fahren und dort ein Fußballspiel sehen kann.«
WÖRTLICHES ZITAT VON SVEN LEHMANN.

Bei diesem Familientreffen war auch Jürgen anwesend. Wir sprachen über das kommende Jahr und beschlossen, Spiele der Fußball-WM in Italien zu besuchen. Im Juni 1990 saßen wir vier (Vater, Bruder, Jürgen und ich) aus dem »Nest Sörnewitz in der DDR« im neugebauten San-Siro-Stadion in Mailand.

WAS FREIHEIT BEDEUTET – WEIHNACHTSWUNDER 1989

Dazu fällt mir eine interessante Geschichte ein. 53 Jahre nachdem meine Großmutter München verlassen hatte, konnte sie zum ersten Mal wieder in die »Bayrische Metropole« reisen und ihre Jugendfreundin besuchen.

Meine beiden Großeltern arbeiteten in den Jahren 1935 und 1936 in München, hatten dort viele Freunde, kehrten aber wieder nach Sachsen zurück. Als sich meine Großmutter damals auf dem Münchner Hauptbahnhof von ihrer besten Freundin verabschiedete, dachte keine von beiden, dass sie auf ein Wiedersehen 53 Jahren warten müssten. Infolge der beiden unterschiedlichen politischen Systeme konnten sie ihre Freundschaft nur durch ständigen Briefwechsel, der nie unterbrochen wurde, aufrechterhalten.

Großmutter hatte mir als Kind und später auch als Jugendlichen oft von Pauline – ihrer Münchner Freundin – erzählt, die sie so gerne besuchen würde.

Gleich nach dem Krieg war das nicht möglich, dann kam der Eiserne Vorhang mit der »Abschottung« der DDR. Eine Erlaubnis zur Ausreise wurde ihr als »gewöhnliche Bürgerin der DDR im aufrechten Arbeitsverhältnis« nicht erteilt. Im höheren Alter musste sie ihren Mann – meinen Großvater – pflegen. Nach seinem Tod war ihr diese »Weltreise« – für die außerdem viele bürokratische Hindernisse zu überwinden gewesen wären – mit 80 Jahren fast zu beschwerlich.

MIT GROSSMUTTER NACH MÜNCHEN *Um die Weihnachtszeit 1989 besuchte mich auch Großmutter in meiner »neuen Heimat« in Heilbronn. Ich habe mich darüber sehr gefreut und ihr ein besonderes Geschenk gemacht. Nachdem ich mit ihrer Freundin Pauline telefonisch Kontakt aufgenommen hatte, konnte ich einen Termin für einen Besuch in München vereinbaren.*

Großmutter konnte es kaum erwarten, war zwar sehr ruhig, aber doch etwas nervös, als wir in den Zug nach München stiegen. Sie wusste ja nicht was in den nächsten Stunden auf sie zukommen würde. Von der Stadt München hatte sie seit Jahrzehnten nur aus den Medien bzw. aus den Briefen ihrer Freundin gehört. Die alte Frau hatte zwar gehofft, jedoch nicht mehr damit gerechnet, dass sie jemals in ihrem Leben wieder nach München kommen und ihre Freundin treffen würde.

Ich hatte vereinbart, dass Pauline beim Eintreffen des Zuges in München auf dem Bahnsteig stehen und mit einer Zeitung winken würde. Und so geschah es auch. Noch bevor der Zug angehalten hatte, hatte Großmutter ihre Freundin vom Waggon aus entdeckt: »Meine Pauline!«, rief sie, als sie aus dem Waggon stieg und »schnellen Schrittes« auf sie zuging. Beide lagen sich in den Armen und hatten Freudentränen in den Augen. Ihre Köpfe mit den silbergrauen Locken sahen fast gleich aus. Zwei Menschen, die über Jahrzehnte innige Freundschaft verband, hatten sich als junge Mädchen verabschiedet und als Großmütter erst nach 53 Jahren wieder getroffen. Ich war sichtlich stolz den beiden Frauen diese Freude bereitet zu haben. Für mich war es das schönste Weihnachtsfest seit meiner Kindheit.

Nach zwei Jahren verließ ich Heilbronn, übersiedelte wieder in meine Heimat, gründete eine Familie und arbeite noch heute in meinem erlernten Beruf als Werkzeugmacher.

30 JAHRE DANACH – ICH WÜRDE WIEDER SO HANDELN *Wie bereits erwähnt, bin ich ein Mensch, der die Menschenrechte achtet, gerne reist und die Freiheit liebt.*

All das wäre in der DDR nicht möglich gewesen. Außerdem wusste, bzw. ahnte ja niemand – wahrscheinlich mit Ausnahme einiger weniger Politiker oder Agenten der Geheimdienste – dass sich dieser Staat nur wenige Monate nach meiner Flucht auflösen würde. Ich denke, dass jeder, der damals aus der DDR geflüchtet ist, einen wesentlichen Beitrag zur Wiedervereinigung der beiden deutschen Staaten geleistet und indirekt die Freiheit der Bürger erzwungen hat.

DER REISEPASS – EIN »HEILIGES DOKUMENT« Ein Dokument, das ich als gewöhnlicher DDR-Bürger im arbeitsfähigen Alter wohl kaum erhalten hätte, war ein Reisepass. Mir hat man nur einen Personalausweis mit Ergänzung – das war eine Reiseanlage – ausgestellt. Diese Dokumente erlaubten mir jedoch nur in die »befreundeten Bruderstaaten des damaligen Ostblocks« zu fahren. Der Rest dieser schönen Welt wäre – hätte die DDR weiter bestanden – für mich bis zur Rente unerreichbar gewesen.

Heute kann ich dank der EU-Freizügigkeit mit dem Personalausweis problemlos in jeden Staat der Europäischen Union – nur für wenige Länder in Europa braucht man einen Reisepass – reisen. Ganz wichtig ist für mich, dass ich einen Reisepass, der mich zur Ausreise aus Deutschland und Einreise in alle Staaten der Welt berechtigt, anstandslos bekomme. Dieser Reisepass liegt griffbereit in meinem Schrank. Wenn es mir heute einfällt, kann ich – mit wenigen Ausnahmen – in jeden Staat dieser Erde reisen. Ich muss niemanden fragen und kann einfach starten.

RÜCKBLICK Auch heute kann ich mich noch in die Zeit vor der Wende hineindenken. Was habe ich wann, warum und wie gemacht? Niemand verlässt gerne seine Heimat. Die Entscheidung, im Sommer 1989 »alles auf eine Karte zu setzen« und zu versuchen, den Eisernen Vorhang zu überwinden, war richtig. Ein kleiner »Federstrich« in meinem Antrag durch die Behörden der DDR hätte eine Reise nach Ungarn unmöglich machen können und diese einmalige Chance wäre vergeben gewesen.

Ich bin schon im Jahr 1991 wieder nach Sachsen zurückgekehrt. Das Mädchen, mit dem ich damals zusammen war, ist heute meine Ehefrau. Unser Sohn ist erwachsen. Gemessen an den wahrscheinlichen Verhältnissen – würde es die DDR noch geben – haben wir unseren Lebensstandard deutlich verbessert, ohne dass wir zu einer bevorzugten Gruppe gehören.

OST UND WEST IM JAHR 2019 Unterschiede im Leben der Menschen in Deutschland gab es immer und wird es wahrscheinlich auch immer geben. Durch die vielen verschiedenen Landschaften sowie durch die kleinen und großen Siedlungen, Dörfer, Gemeinden oder Städte, durch die unterschiedliche Mentalität der Bewohner, bedingt durch die Historie der einzelnen Bundesländer, wird es immer zu Differenzen kommen. Einen Teil dazu trägt auch die 40-jährige Geschichte der einstigen DDR bei, die man sich bei jeder beabsichtigen »staatlichen Veränderung« vor Augen führen sollte. Man sollte aber auch nicht vergessen, dass es damals in Europa besonnene Politiker – einige auch in der DDR – gab, die eine gewaltfreie Trennung ohne Blutvergießen möglich machten.

Entscheidend für ein weiteres Zusammenwachsen der einzelnen Regionen zwischen Ost und West ist in jedem Fall das Einkommen. In diesem Bereich gibt es noch beträchtlichen Nachholbedarf. Der größte Umbruch kam für die meisten DDR-Bürger mit der »Deindustrialisierung« ganzer Regionen. Die Schließung bzw. Abwanderung von Betrieben sowie zahlreiche Rationalisierungsmaßnahmen brachten Arbeitslosigkeit oder Arbeitsplätze mit schlechter Bezahlung. Dies ist auch heute noch spürbar. In vielen Gegenden fehlen immer noch große Firmen, die bessere Einkommen ermöglichen und auch im Umfeld neue Arbeitsplätze schaffen. Um die Menschen nicht zu »verärgern« (Abwanderung stoppen etc.) – wobei ich mich ebenfalls betroffen fühle – müsste die Politik schon bald entsprechende Maßnahmen setzen, die das »Gefälle zwischen Ost und West« (Lebensstandard etc.) nicht weiter vertiefen, sondern auf ein gleiches Niveau anheben.

ICH BIN ZUFRIEDEN Seit meiner Lehre als Werkzeugmacher bin ich fast immer in der Metallbranche tätig. Ich freue mich, dass ich für den Unterhalt meiner Familie sorgen kann und in Freiheit und Wohlstand leben darf. Viele Jahre arbeite ich nun schon in einem Werkzeugbau. Dort bediene ich eine große CNC-Fräsmaschine. Für die Monteure werden die Einzelteile vorgefertigt, manchmal sind diese 1000 kg schwer.«

Ausflug in die Märchenkulisse des Elbsandsteingebirges – meine Gattin Kathrin mit meinem Sohn Bruno.

EIN ARZT DER WEIT MEHR ALS SEINE PFLICHT TAT

Dr. Josef Altenburger

DR. JOSEF ALTENBURGER, Jahrgang 1949, ist in der Gemeinde St. Margarethen, Bezirk Eisenstadt-Umgebung, nur unweit des Eisernen Vorhanges aufgewachsen. Den Stacheldrahtverhau kannte er bereits in seiner frühesten Jugend. **Sein Onkel** hatte nämlich in einem Waldstück, etwa 300 Meter von der Grenze entfernt, mehrere Bienenstöcke aufgestellt. Da ihn Josef zur Betreuung der Bienenvölker oft begleitete, kam er auch in die Nähe der damals von ungarischer Seite streng bewachten Grenze. Dort war für beide die »Welt zu Ende« – man lebte einfach damit. An einen Grenzzwischenfall – bis zum Jahre 1989 – kann er sich nicht erinnern.

»Als ich zu einem Notfall gerufen wurde und auf der Preßburger-Straße in Richtung Grenze fuhr, kamen mir viele junge Menschen mit Kindern entgegen. Ich wusste nicht, dass es Flüchtlinge waren. Erst als ich eine erschöpfte Frau medizinisch versorgte, erzählten mir ihre Freunde, dass sie soeben durch ein rostiges Gittertor nach Österreich geflüchtet seien.«

WÖRTLICHES ZITAT VON DR. JOSEF ALTENBURGER.

DR. JOSEF ALTENBURGER war in den 1980er und 1990er Jahren Gemeindearzt in St. Margarethen. An dem Wochenende der Grenzöffnung (19. August 1989) war er diensthabender Arzt und für den Sprengel St. Margarethen, Rust, Oslip, Oggau und Mörbisch zuständig. In den Tagen und Wochen der Flüchtlingskrise betreute Dr. Josef Altenburger als diensthabender Arzt die Sammelstellen des Roten Kreuzes in Mörbisch/See und Klingenbach.

ERSTE BEGEGNUNG MIT FLÜCHTLINGEN Zum ersten Mal wurde Dr. Josef Altenburger während der Polenkrise – es war ihm Jahre 1981 – mit Flüchtlingen konfrontiert. Eine Gruppe von etwa 20 polnischen Staatsbürgern, die aus ihrer Heimat geflohen waren, war in der Eselmühle am nördlichen Ortsrand von St. Margarethen vorübergehend untergebracht. Als zuständiger Gemeindearzt hat er diese Flüchtlinge, darunter auch eine schwangere Frau, medizinisch betreut. Die Frau brachte im Krankenhaus Eisenstadt dann einen gesunden Buben zur Welt. Das Kind wurde in St. Margarethen getauft, der Arzt übernahm die Patenschaft. Bevor diese Flüchtlinge nach Kanada weitergereist sind, wurden sie von der Familie Altenburger in ihre Privatwohnung eingeladen. Nach ausgezeichneten kulinarischen Köstlichkeiten wurde das junge Paar noch mit Toilettenartikeln sowie mit Gegenständen des täglichen Gebrauches versorgt. Das Kind ist nun bereits ein erwachsener Mann und mittlerweile in Kanada ein bekannter Modefotograf. Mit den einstigen Flüchtlingen hat sich der Kontakt bis zur Gegenwart erhalten. Vor nicht allzu langer Zeit haben sie die Familie Altenburger in St. Margarethen besucht.

19. AUGUST 1989

DR. JOSEF ALTENBURGER erzählt: *Von Flüchtlingen, die in den vergangenen Wochen über die ungarische Grenze ins Burgenland gekommen waren, habe ich ebenso wie viele Bürger in St. Margarethen nur aus den Medien erfahren. In der Gemeinde war diese Flüchtlingswelle bis zum 19. August 1989 jedenfalls nicht das vorrangige Thema. Dass auf ungarischer Seite an diesem Sonntag ein Paneuropäisches Picknick veranstaltet wurde, zu dem auch die Bevölkerung von St. Margarethen und Umgebung eingeladen war, war mir nicht bekannt.*

NOTFALL AN DER GRENZE *Für mich war es zunächst ein Wochenende wie jedes andere. Als diensthabender Arzt hatte ich zahlreiche Patienten zu versorgen. Am frühen Nachmittag des 19. August 1989 hielt ich mich in meiner Ordination in St. Margarethen auf, als ich von der Einsatzzentrale des Roten Kreuzes in Eisenstadt angerufen und auf die Preßburger-Straße zu einem Notfall beordert wurde. Während ich auf dieser Straße in Richtung Grenze fuhr, kamen mir unentwegt Fußgänger – es waren meist junge Menschen mit kleinen Kindern – entgegen. Da ich weder von diesem Paneuropäischen*

Picknick, noch von einer Grenzöffnung wusste, dachte ich zunächst keinesfalls an Flüchtlinge.

Auf Höhe des zweiten Zollamtsgebäudes, das sich etwa 800 Meter vor diesem rostigen Gittertor an der Grenze befindet, sehe ich eine kleine Gruppe von Menschen, bleibe stehen und stelle mich vor. Ich gehe sofort zu einer Frau, der offensichtlich die brütende Hitze sowie die Strapazen der Flucht zu viel geworden sind. Sie leidet an akutem Erschöpfungszustand, befindet sich jedoch nicht in Lebensgefahr. Während ich sie medizinisch versorge, erzählen mir die anderen von dem Paneuropäischen Picknick sowie von der Grenzöffnung und den hunderten Flüchtlingen.

Nachdem die Frau wieder zu Kräften gekommen ist, lasse ich sie sowie weitere Personen – bis mein Auto weit über den letzten Platz gefüllt ist – in das Fahrzeug steigen und bringe sie in meine Wohnung nach St. Margarethen. Dabei merke ich, dass diese Menschen sehr verängstigt sind und mir nicht grenzenlos vertrauen. Doch das ändert sich schnell, als meine Gattin Ulrike und ich sie bei uns im Wintergarten mit Essen und Trinken versorgen und ihnen Mut zusprechen. Bevor ich sie zur Sammelstelle – die inzwischen beim Schwimmteich am östlichen Ortsrand eingerichtet ist – bringe, übergeben wir ihnen noch zahlreiche Kleidungsstücke und packen ihnen Kaffee sowie einige Lebensmittel für die Reise ein.

»MEIN AUTO STEHT IN UNGARN, KÖNNEN SIE MIR HELFEN?« *Als ich mit meinen »Gästen« zur Sammelstelle komme, lasse ich sie aus dem Wagen steigen und sehe mich dort noch etwas um. Plötzlich spricht mich ein Flüchtling an und erzählt mir, dass sein Auto in Ungarn steht, er dort bereits einen Käufer hat und dieser auf einen Anruf von ihm warten würde. Telefonzellen gab es damals nur vereinzelt, das Zeitalter der Handys war noch lange nicht angebrochen, das Postamt war – weil Sonntag – geschlossen. Für mich war es aber kein Problem, weil ich als Arzt über ein Autotelefon, das ich mir erst vor kurzen einbauen ließ, verfügte. Jedenfalls ermöglichte ich dem Mann zu telefonieren. Ob der Kauf dann tatsächlich zustande gekommen ist, weiß ich nicht.*

Mittlerweile wird die Menschenmenge im Sammellager immer größer. Ich begebe mich neuerlich in Richtung Grenze, hole weitere Flüchtlinge – meist junge Leute mit kleinen Kindern – nach St. Margarethen und bringe sie zu uns nach Hause. Nachdem wir sie versorgt haben, fahre ich sie wieder zum Sammellager.

ENTLAUFENEN HUND GESUCHT –
VERIRRTES FLÜCHTLINGSPÄRCHEN ANGETROFFEN

Eine Begebenheit ist mir noch ganz besonders in Erinnerung – dies deshalb, weil wir zwei verängstigen jungen Menschen helfen konnten. Ich weiß zwar das Datum nicht mehr ganz genau, es dürfte aber am Tag nach dieser dramatischen Flucht von hunderten DDR-Bürgern durch das rostige Gittertor gewesen sein.

An diesem Nachmittag befinde ich mich mit meinem Schwiegervater im Gemeindegebiet von St. Margarethen, um einen entlaufenen Hund zu suchen. Wir gehen am südöstlichen Ortsrand von St. Margarethen auf einem Güterweg in Richtung Mörbisch, als uns auf der Rückseite des alten Steinbruches ein junges Pärchen entgegenkommt. Beide sind völlig verängstigt, verstört und desorientiert. Obwohl sie sich bereits auf österreichischem Staatsgebiet befinden und von der Grenze mindestens drei bis vier Kilometer entfernt sind, haben sie noch immer Angst, von den Grenzwachesoldaten gefasst zu werden. Mein Schwiegervater und ich können sie aber beruhigen und versuchen ihr Vertrauen zu gewinnen. Dies gelingt uns aber erst nach mehreren einfühlsamen Worten. Die Angst vor der allgegenwärtigen Stasi kann man nahezu greifen. Sie sind nämlich noch immer misstrauisch, als wir ihnen anbieten, in unser Auto zu steigen, um sie nach St. Margarethen zu bringen. Gemeinsam fahren wir jetzt zu unserem Wohnhaus und versorgen sie mit Speisen und Getränken.

Als sie uns beim Essen erzählen, dass sie durch den Schilfgürtel des Neusiedler See über die Grenze geflüchtet sind, ist mir klar, was sie durchgemacht haben mussten. Der See ist nämlich von jener Stelle, an der wir sie angetroffen hatten, mindestens sechs Kilometer entfernt. Sie haben in jedem Fall die Orientierung verloren, sonst müssten sie zuerst nach Mörbisch gekommen sein. Wahrscheinlich sind sie an diesem Ort vorbeigegangen und haben sich im Wald verirrt.

Nachdem sich die beiden gestärkt hatten, übergaben wir – auch ihnen – noch einige Kleidungsstücke sowie eine Wegzehrung. Danach brachte ich sie zur Sammelstelle.

WIE DAS SCHICKSAL SO SPIELT *Am nächsten Abend saß ich mit meiner Gattin beim Fernsehen, als ein Bericht über Flüchtlinge gesendet wurde. Dabei wurden auf dem Westbahnhof abfahrbereite Züge nach Deutschland sowie*

Flüchtlinge gezeigt. Wir trauten unseren Augen nicht, – waren aber glücklich – als wir das junge Pärchen erkannten, als es gerade in einen Waggon stieg.

30 JAHRE DANACH *Wenn ich heute auf der Preßburger-Straße nach Sopron fahre, denke ich manchmal noch an diesen Flüchtlingsstrom. Dass es dort einmal eine streng bewachte Grenze gegeben hat, sieht man auf österreichischer Seite nur mehr durch die Präsenz von Polizei und Bundesheer. Auf ungarischer Seite ist der Stacheldrahtverhau zur Gänze verschwunden. Das rostige Gittertor gibt es ebenfalls nicht mehr. Ein gut gepflegter Park mit einem Denkmal sowie einigen Schautafeln und einem »symbolischen Tor zur Freiheit« erinnern an die Ereignisse dieses 19. August 1989.*

Meine Gattin Ulrike und ich sind auch nach 30 Jahren stolz, diesen Menschen damals geholfen zu haben. Kontakte gibt es immer noch. Einige besuchen uns wenn sie in der Gegend sind, mit anderen gibt es einen Schriftverkehr.

19. AUGUST 1989: MIT DEM PFERDEWAGEN DURCH DAS ROSTIGE GITTERTOR IN DIE FREIHEIT

Gabriele und Franz Katter

FRANZ KATTER, ein Landwirt aus St. Margarethen, fuhr an diesem 19. August 1989 auf einer Kutsche, die von zwei Pferden gezogen wurde, zum Paneuropäischen Picknick nach Sopronpuszta. Auf dem Pferdewagen befanden sich noch seine Gattin Gabriele, die zwei Kinder des Ehepaares sowie unsere Verwandte Maria Kugler und deren beiden Sprösslinge. Obwohl der Platz auf der kleinen Kutsche durch die sieben Personen sehr beengt war, nahm Katter auf dem Rückweg noch zwei junge DDR-Bürger auf, um ihnen die Flucht zu ermöglichen. Als sie zur Grenze kamen, war jedoch der bis 18:00 Uhr befristete Übergang bereits geschlossen.

»Als wir zum rostigen Gittertor kamen und dieses geschlossen war, dachte ich in keinem Augenblick daran, diese Menschen ihrem Schicksal zu überlassen. Ich ging zu den Grenzwächtern, bat sie um Öffnung und konnte mit den beiden Flüchtlingen die Grenze anstandslos passieren.«
WÖRTLICHES ZITAT VON FRANZ KATTER.

FRANZ KATTER, Jahrgang 1951, ein passionierter Pferdeliebhaber und Kutschenfahrer, lernte so wie alle anderen Bürger der Gemeinde St. Margarethen schon als Kind mit dem Eisernen Vorhang zu leben. Seine erste Begegnung mit der ungarischen Grenzwache an diesem Menschen verachtenden Todesstreifen hatte er bereits in seiner frühesten Jugend.

BLEIBENDE ERINNERUNG AN DEN EISERNEN VORHANG – ALS KIND VON BEWAFFNETEN SOLDATEN ANGEHALTEN An einem Wintertag – es dürfte im Jahre 1965 oder 1966 gewesen sein – sattelte Franz Katter im Alter von etwa 14 Jahren mit seinem Freund die Pferde, um »auszureiten«. Als beide auf dem schneebedeckten Boden – in der Ried Puszta – an der Grenze entlangritten, wurden sie plötzlich von zwei bewaffneten ungarischen Grenzsoldaten angehalten. Die Soldaten waren völlig überraschend und wahrscheinlich unbefugt auf österreichisches Hoheitsgebiet gekommen. Sie hatten ihre Waffen gegen Katter und seinen Freund in einem derart gefährlichen Winkel gerichtet, dass beide in den Lauf der Gewehre blicken mussten. Nach einigen unverständlichen Worten, die die Soldaten auf Ungarisch gegen sie richteten, durften die beiden Jugendlichen ihren Weg fortsetzen.

19. AUGUST 1989 – MIT DER KUTSCHE ZUM PANEUROPÄISCHEN PICKNICK

Franz Katter weiß noch genau was er damals erlebt hat: *In diesem Sommer 1989 hörte ich zwar hin und wieder von DDR-Flüchtlingen, die über die Grenze ins Burgenland gekommen waren, ich persönlich beschäftigte mich aber wenig damit. Etwa drei bis vier Wochen vor dem 19. August 1989 kursierte im Reitverein das Gerücht, dass es in nächster Zeit beim Tor an der Grenze eine vorübergehende Grenzöffnung geben wird. In Sopronpuszta – so hörte man – will man ein Paneuropäisches Picknick veranstalten. An diesem Fest sollen hochrangige Politiker sowie die Bürger der Grenzregion beider Staaten teilnehmen. Man sprach von einer grenzüberschreitenden Veranstaltung mit Musik, Würstel und Bier, wobei man gemeinsam den »Aufbruch in eine neue Zeit« feiern will.*

Doch aus dem Gerücht wurde bald eine Tatsache und der Reitverein St. Margarethen, dem ich damals ebenfalls angehörte, stellte eine Abordnung. Um alle Vorschriften einzuhalten, fertigten wir Fotos von Kutschen an, füllten die Formulare aus und übergaben diese der Behörde.

AUFBRUCH ZUM PICKNICK UM 14:00 UHR Gegen 14:00 Uhr des 19. August fuhr ich mit der Kalesche – im Volksmund »Kaless« genannt – auf der Preßburger-Straße vom Ortsgebiet St. Margarethen zur Grenze. Auf dem Wagen befanden sich noch meine Gattin Gabriele, eine befreundete Frau und insgesamt vier Kinder. Durch die ohnehin zu hohe Personenanzahl war die Sitzfläche sehr beengt. Kaum vorstellbar, dass später noch weitere zwei Menschen Platz finden »müssen«.

Als wir uns kurz vor 15:00 Uhr dem Tor näherten – es dürften noch etwa 100 Meter bis zur Grenze gewesen sein – kam uns eine fast unüberschaubare Menschenmenge entgegen. Ich habe davon weiter keine Notiz genommen bzw. an Flüchtlinge überhaupt nicht gedacht. Eine Musikkapelle spielte vor Ort und viele Schaulustige, die wahrscheinlich auch zu dem Picknick wollten, hatten sich eingefunden. Die Straße war blockiert, die Pferde waren unruhig und stellten sich immer wieder auf die Hinterhufe.

WIE »FERNGESTEUERT« Nach einem kurzen Halt konnten wir dann die Grenze passieren. Wir fuhren nicht auf dem Feldweg, sondern nahmen einfach über Wiesen und Äcker den Weg zum Veranstaltungsort nach Sopronpuszta. Dabei kamen uns immer wieder Menschen entgegen, die apathisch wirkten, traurigen Blickes und ängstlich waren und wie ferngesteuert in Richtung Grenze gingen. Dass es sich dabei um Flüchtlinge handelt, war mir zu diesem Zeitpunkt noch immer nicht bewusst.

Als wir zum Festgelände kamen, ging es dort zu wie auf einem Jahrmarkt. Eine Musikkapelle spielte auf, die Menschen tanzten, sangen, aßen und tranken. Es herrschte eine Volksfeststimmung wie ich sie selten zuvor erlebt hatte.

Um niemanden durch eventuell »scheuende« Pferde zu gefährden, blieb ich beim Gespann. Die Frauen gingen mit den Kindern zur Veranstaltung und feierten mit. Wir hielten uns dort jedoch etwas länger als geplant auf. Spätestens um 18:00 Uhr sollten wir nämlich an der Grenze sein, weil zu diesem Zeitpunkt der temporäre Grenzübergang wieder geschlossen wurde. Trotz höchster Eile schafften wir es nicht. Und das war – rückblickend gesehen – gut so, weil wir dadurch zwei jungen Menschen den Weg in die Freiheit ebneten.

»TRABI«, HAB UND GUT ZURÜCKGELASSEN – MIT DER KUTSCHE ÜBER DIE GRENZE

Da die Zeit knapp geworden war, nahmen wir über Wiesen und Äcker eine Abkürzung, um auf die Preßburger-Straße in Richtung Grenze zu gelangen. Dabei mussten wir steil bergauf fahren und kamen am Rande eines Waldes vorbei. Plötzlich stand eine Frau vor mir, gab ein Zeichen zum Anhalten und schrie:

»Würden Sie die zwei mitnehmen?«

Ich hielt die Kutsche an und sah ein junges Pärchen, das vor einem »Ostblockauto« – vermutlich einem »Trabi« – stand und offensichtlich nach Österreich wollte. Diesen Anblick werde ich niemals vergessen, weil das Fahrzeug voll bepackt war. Nur Lenker- und Beifahrersitz waren frei. Der Fond (hintere Teil des Wageninneren) war bis zum Dach mit Sachen vollgeräumt, durch die Fenster konnte man weder nach innen, noch nach außen sehen.

FOTO: ZUR VERFÜGUNG GESTELLT VON FRANZ KATTER

Obwohl wir im »Kaless« kaum Platz hatten, war für mich klar, dass ich diese Menschen nicht ihrem Schicksal überlassen kann. Ich sagte zu den Kindern, dass sie zusammenrü-

Mit diesem Pferdegespann brachte Franz Katter das Pärchen über die Grenze.

cken und sich auf den Boden setzten sollen. Als Maria Kugler sah, dass es dennoch sehr eng war, stieg sie sofort von der Kutsche, überließ ihren Platz der uns unbekannten Frau und ging zu Fuß weiter. Dadurch konnte diese »im Fond« bei den Kindern und bei Gabriele sitzen, den Mann setzte ich zu mir auf den »Kutschbock«. Kurz entschlossen ließen die beiden junge Leute alles zurück. Die Frau nahm nur ihre Toilettentasche und ein Handtuch mit. Beide waren sichtlich erleichtert. Ich merkte ihnen aber an, dass sie sehr ängstlich waren. Mittlerweile war es bereits 17:30 Uhr und mir war bewusst, dass ich es bis 18:00 Uhr nicht mehr bis zur Grenze schaffen werde. »Ich muss es versuchen, denn über den regulären Grenzübergang Klingenbach kann ich mit diesen beiden Flüchtlingen nicht fahren«, waren meine Gedanken als ich mich entschloss, den Grenzübertritt beim rostigen Gittertor nach St. Margarethen zu versuchen.

Nachdem sich alle im »Kaless« positioniert hatten, fuhr ich im »flotten Trab« so schnell ich konnte zur Grenze. Dabei erzählten mir die beiden, dass sie nach Bulgarien auf Urlaub fahren wollten. Als sie während der Fahrt im Radio vom Abbau des Eisernen Vorhanges an der burgenländisch-ungarischen Grenze sowie von einer Veranstaltung in Grenznähe gehört hatten, änderten sie abrupt ihren Plan. Sie entschlossen sich zur Flucht, fuhren nach Sopron und suchten eine Möglichkeit zum illegalen Grenzübertritt.

DAS TOR WAR GESCHLOSSEN – GRENZER LIESSEN DAS GESPANN PASSIEREN Als ich zum Tor kam, war genau das eingetreten, was ich befürchtet hatte. Es war bereits nach 18:00 Uhr und der Grenzübergang geschlossen. Zum Glück befanden sich noch einige Grenzer – von beiden Staaten – vor Ort.

»Was soll ich nur machen, diese Menschen werde ich keinesfalls im Stich lassen, weshalb eine Ausreise für uns über Klingenbach unmöglich ist«, dachte ich mir.
    WÖRTLICHES ZITAT VON FRANZ KATTER.

Somit hatte ich keine andere Wahl, hielt die Pferde vor dem Tor an und ging zu den Beamten. Ich ersuchte sie, mir den Grenzübertritt zu ermöglichen und dieses Tor für uns noch einmal kurz zu öffnen. Dabei hatte ich schon ein etwas mulmiges Gefühl. Sollte ich nämlich bei dieser Fluchthilfe erwischt werden, so muss ich zumindest mit einer empfindlichen Strafe rechnen. Außerdem hatte *ich auch noch die Verantwortung für meine Gattin sowie für die vier kleinen Kinder zu tragen. Ich ging aber das Risiko ein und bin noch heute stolz darauf.*

Die Beamten öffneten das Tor und wir konnten ungehindert die Grenze nach Österreich passieren. In diesem Augenblick wurden unsere beiden »Mitfahrer« ganz bleich vor Angst und zitterten am ganzen Körper. Ich habe noch heute das Bild vor Augen, wie sich der Kehlkopf bei dem Mann, der neben mir auf dem Kutschbock saß, nach oben und unten bewegte, ja so richtig »hin und her hüpfte«. Mit dem Grenzübertritt hatte sich meine Nervosität sofort gelegt, weshalb ich mich wieder den beiden Flüchtlingen widmen konnte.

HOCHSITZE DER JÄGERSCHAFT ODER WACHTÜRME AN DER GRENZE? *Ich wollte den Mann beruhigen und sagte ihm, dass wir uns bereits in Österreich befinden und er sich nicht mehr zu fürchten brauche. Doch die Angst konnte er nicht ganz ablegen. Diese flammte für kurze Augenblicke immer wieder auf, weil er auf der Fahrt nach St. Margarethen im Gelände vereinzelt Hochsitze der Jägerschaft sah. Bei deren Anblick wurde ihm angst und bange, denn er dachte, dass es Wachtürme der Grenzwache sein können. Wir kamen aber unversehrt in den Ort. Die beiden Flüchtlinge ließ ich dann bei der behelfsmäßig eingerichteten Sammelstelle aussteigen. Danach gab es noch für längere Zeit einen brieflichen Kontakt.*

BRENNENDE KERZEN IM FENSTER EINES HAUSES SOLLTEN DEN FLÜCHTLINGEN ZU VERSTEHEN GEBEN, DASS SIE IN SICHERHEIT SIND, AN DIE TÜR KLOPFEN UND UM HILFE BITTEN KÖNNEN

Josefa Gollubits

JOSEFA GOLLUBITS, Jahrgang 1938, wohnt seit Geburt in St. Margarethen, direkt an der »Preßburger-Straße«, die vom Ortsgebiet zum etwa fünf Kilometer entfernten »Tor der Freiheit« führt. Gegenüber ihrem Wohnhaus befand sich an jenem denkwürdigen 19. August 1989 das auf einer Wiese provisorisch eingerichtete Auffanglager für die aus Ungarn geflüchteten DDR-Bürger.

Während eines Spazierganges mit ihrem Hund sah sie, dass sich viele ihr zunächst unbekannte Menschen, die ziemlich erschöpft waren, aus Richtung Ungarn näherten. Während diese an ihr vorbeigingen, vernahm sie, wie ein kleines Kind zu ihrer Mutter sagte:

»Mama, ich bin so durstig.«

Erst als sie diese Worte in deutscher Sprache hörte, wusste sie, dass es keine Ungarn, sondern Flüchtlinge aus der DDR waren, die nach St. Margarethen kamen.

JOSEFA GOLLUBITS ist in der Gemeinde als äußerst gläubige und hilfsbereite Frau bekannt, die immer dann zur Stelle ist, wenn Menschen in Not sind. Sie stellte diesen bis auf die Haut durch Staub verschmutzen, überwiegend erschöpften und teilweise verletzten Emigranten ihren Nassbereich zur Verfügung und versorgte ihre Wunden. Soweit der Vorrat eben reichte, verköstigte sie die Flüchtlinge und versorgte sie ausreichend mit Flüssigkeit.

»Über Ersuchen einzelner DDR-Bürger stellte ich am Abend in die Fenster unserer Wohnung mehrere Kerzen und zündete diese an. Brennende Kerzen sollten für Flüchtlinge, die einen anderen Fluchtweg benützten als Erkennungszeichen gelten, dass sie die Grenze bereits überschritten haben und man ihnen in diesem Hause hilft.«
WÖRTLICHES ZITAT VON JOSEFA GOLLUBITS.

JOSEFA GOLLUBITS erzählt, wie sie diesen richtungsweisenden Tag erlebt hat: *Bereits einige Wochen vor dem 19. August 1989 kursierte in St. Margarethen das Gerücht, dass es in nächster Zeit beim »Tor der Freiheit« eine Grenzöffnung geben könnte. Ich wäre zwar darüber sehr erfreut gewesen, weil wir Verwandte in Ungarn hatten und diese dann auch unbürokratisch besuchen hätten können, maß dem aber wenig Bedeutung bei. Deshalb war ich über die Flüchtlingswelle an diesem Nachmittag etwas überrascht.*

NATIONALITÄT ERST DURCH DIE SPRACHE ERKANNT *Mein Mann war Polizeibeamter und hatte an diesem Samstag Dienst. Deshalb war ich alleine zu Hause und ging am Nachmittag mit unserem Hund auf der Ödenburger-Straße (Preßburger-Straße) spazieren. Dabei sah ich, dass eine größere Menschenmenge von Ungarn kommend an mir vorbeiging und sich auf der Wiese gegenüber unserem Wohnhaus sammelte. Ich dachte zuerst, dass es Ungarn seien. Sie wirkten sehr erschöpft und waren ziemlich verschmutzt. Manche konnten sich kaum auf den Beinen halten. Unter anderem beobachte ich eine Mutter, die ein kleines Kind auf dem Arm trug. Ich hörte, wie das Kind sagte: »Mama, ich bin so durstig«. Von diesem Augenblick an war mir klar, dass es keine Ungarn, sondern Emigranten aus der DDR sind.*

Einzelne Flüchtlinge setzten sich auch auf die Grünfläche vor unserem Haus. Manche waren derart verschreckt und ängstlich, dass sie kaum mit mir sprechen wollten und sich sogar vor unserem kleinen Hund fürchteten. Mit viel Einfühlungsvermögen und gutem Zureden konnte ich jedoch schnell ihr Vertrauen gewinnen.

MILCH FÜR DAS KIND, KAMILLENTEE ZUR DESINFEKTION DER WUNDEN *Während ich mit der Frau, die das Kind auf dem Arm hatte, sprach und sie näher betrachtete, lief mir die Gänsehaut über den ganzen Körper. Die Sohle ihrer Schuhe war durchgetreten, aufgrund des langen Fußmarsches war die Haut* *an einigen Stellen ihrer Füße derart in Mitleidenschaft gezogen, dass kleine Teilchen einfach weghingen. Auf den Schuhen sowie auf den Beinen klebte trockenes Blut, einzelne kleine Schnitt- bzw. Schürfwunden bluteten noch. »Was muss diese Frau wohl durchgemacht haben?«, dachte ich mir und bat sie in unser Haus.*

Für mich war es eine Herzensangelegenheit, diesen Menschen zu helfen. Vorerst gab ich der Mutter für das Kind Milch. Dabei bemerkte ich, dass die Frau noch immer sehr misstrauisch war, weil sie jeden Handgriff von mir genau betrachtete. Sie nahm die Milch, verdünnte diese mit Wasser und sagte zu mir, dass man es in der DDR immer so machte, weil die Milch dort sehr fetthaltig war. Für mich unverständlich, weil ich es einfach nicht gewohnt war, Milch mit Wasser »zu strecken«.

Als sie das Kind versorgte, kamen noch weitere Flüchtlinge in unser Haus, denen ich Getränke sowie nach Möglichkeit kleine Imbisse zur Verfügung stellte. Um die Wunden dieser Menschen zu behandeln, ließ ich Wasser in die Badewanne und gab zur Desinfektion Kamillentee hinein. Manchmal saßen zehn Personen am Badewannenrand und ließen die Füße hineinhängen. Da von einzelnen Flüchtlingen die Socken Löcher hatten und außerdem noch teilweise mit Blut befleckt waren, stellte ich meinen gesamten Vorrat zur Verfügung. Um ihre wunden Füße zu schützen, gab ich ihnen auch noch sämtliche »Flip-Flops«, die sich von meiner Tochter und mir im Hause befanden.

MEIN MANN KAM NACH HAUSE – ANGST VOR DER UNIFORM *In der Zwischenzeit wurde ein Shuttledienst nach Wien eingerichtet. Die Busse fuhren stündlich von dem provisorischen Auffanglager, das sich gegenüber unseres Anwesens befand, zur Botschaft der Bundesrepublik. Während diese Menschen auf ihre Abreise warteten, kamen sie immer wieder zu uns ins Haus, um ihre Wunden zu behandeln, um sich zu waschen oder einen Schluck Wasser zu trinken. Einer gab dem anderen die Türklinke in die Hand – unsere Wohnung war für Stunden überfüllt. Manche wollten einfach nur telefonieren und ihren Angehörigen in der DDR sagen, dass sie in Freiheit und Sicherheit sind.*

Doch mit einem Mal gab es eine Schrecksekunde. »Unsere Gäste« wurden plötzlich ganz blass vor Angst. Unruhe und Misstrauen wich der Hoffnung auf Freiheit. Mein Mann – ein Polizeibeamter – kam nämlich in Uniform vom Dienst nach Hause. Als sie ihn sahen, gerieten sie fast in Panik, weil sie der Meinung waren, dass wir ihnen gemeinsam mit der gefürchteten Stasi eine

Falle gestellt hätten. Einige begannen zu zittern und wollten schon aus dem Haus flüchten. Wir konnten dieses Missverständnis jedoch schnell richtigstellen, sie vom Gegenteil überzeugen und boten ihnen weiterhin eine »Insel der Sicherheit«, bis sie in den Bus nach Wien steigen konnten.

VERZWEIFELTE HILFERUFE EINES BABYS *Eine Begebenheit, die sich damals beim »Tor der Freiheit« zugetragen hat, bewegt auch heute noch mein Gemüt. Immer wenn ich daran denke, läuft es mir kalt über den Rücken.*

»Als ich sah, dass eine Mutter in der Menschenmenge den Blickkontakt zu ihrem Baby – das von einem anderen Flüchtling über die Grenze getragen wurde – verlor und aus Verzweiflung laut schrie, kamen mir die Tränen, weil ich Mitleid hatte und nicht helfen konnte.«
WÖRTLICHES ZITAT VON JOSEFA GOLLUBITS.

Eine Mutter hatte ihr Baby am Arm und kam mit zahlreichen anderen Flüchtlingen zum Tor. Sie trug außerdem noch zwei große Taschen, in denen sie ihr bescheidenes Hab und Gut verstaut hatte, bei sich. Da sie Angst vor einer Schließung des Tores hatte und es für sie in dem Gedränge unmöglich schien, mit Kind und Gepäck österreichisches Hoheitsgebiet zu erreichen, bat sie einen Flüchtling um Hilfe. Sie ersuchte ihn, das Kind die wenigen Meter über die Grenze zu tragen. Der Mann kam der Bitte nach, nahm das Baby und wurde von den Grenzwachebeamten sofort durchgewunken. Die Mutter befand sich in der Menschenmenge und verlor den Blickkontakt zu ihrem Kind. Sie hörte nur verzweifelte Schreie, sah aber den Mann mit dem Baby vorerst nicht. Angst, Schrecken und Verzweiflung machten sich breit. Das Kind befand sich bereits in Österreich und schrie. Die Mutter war noch in Ungarn, konnte es nicht sehen und hörte nur ihre verzweifelten Hilferufe. Sekunden wurden zu Stunden. Schlussendlich gelang es der Mutter, ebenfalls durch das Tor die Grenze zu überschreiten und ihr Kind in die Arme zu schließen.

Als Mutter von drei Kindern kann ich mich gut in die Lage dieser verzweifelten Frau versetzen. Ich höre noch heute die Hilferufe dieses Babys, die der Mutter das Herz gebrochen haben müssen. Was muss sie wohl in diesen wenigen Minuten gefühlt haben? Nur ein Mutterherz kann das verstehen. Nach 30 Jahren freue ich mich noch immer, dass es damals ein Happy End gegeben hat.

Ich bin am Eisernen Vorhang aufgewachsen und sehr glücklich, dass dieser Menschen verachtende Todesstreifen endlich abgerissen wurde. Wenn ich an diesen 19. August 1989 zurückdenke, so würde ich auch heute noch so handeln wie damals. Durch den Mut der Flüchtlinge sowie den selbstlosen Einsatz der Helfer dies- und jenseits der Grenze wurde in nur wenigen Stunden ein wesentlicher Beitrag für die Freiheit der Menschen hinter dem Eisernen Vorhang geleistet. Und darauf bin ich auch nach 30 Jahren noch stolz.

PANEUROPÄISCHES PICKNICK – EIN FEST DES FRIEDENS ERMÖGLICHTE HUNDERTEN DDR-BÜRGERN DIE FLUCHT IN DEN WESTEN

Alexander Wind als Gastredner beim »Tor der Freiheit« anlässlich der 25-jährigen Gedenkfeier im Jahre 2014.

ALEXANDER WIND war im Jahre 1989 Direktor der Volksschule in seiner Heimatgemeinde St. Margarethen und wollte an diesem 19. August als Gast am Paneuropäischen Picknick teilnehmen. Es sollte ein gemütlicher Nachmittag werden, den er mit Freunden auf einer Wiese in Sopronpuszta bei »Würstel, Speck und Bier« verbringen wollte. Doch plötzlich wurde er Zeuge, wie ein rostiges, dem Verfall preisgegebenes Gittertor, das über Jahrzehnte jeglichen Kontakt zwischen den Bürgern aus Österreich und Ungarn unterband, hunderten Menschen aus der DDR den Weg in die Freiheit ebnete.

»Freiheit ist nichts Selbstverständliches, es ist neben der Gesundheit ein derart wichtiges Gut eines Menschen, für das man sich einsetzen und es mit allen demokratischen Mitteln verteidigen muss.«
WÖRTLICHES ZITAT VON ALEXANDER WIND.

ALEXANDER WIND, Jahrgang 1946, ist in St. Margarethen, Bezirk Eisenstadt-Umgebung, mit bzw. am Eisernen Vorhang aufgewachsen. Den Stacheldrahtverhau dieser Menschen verachtenden Grenze kannte er bereits in seiner frühesten Jugend. Wenn er als Kind oder als Jugendlicher zu diesem rostigen Gittertor kam, blickte er in eine andere Welt. Als Direktor bzw. Lehrer, der auch Zeitgeschichte unterrichtete, war er über das kommunistische Regime sehr gut informiert und wusste daher bestens Bescheid, welche Repressalien die Bürger jenseits der Grenze zu ertragen hatten.

ERINNERUNGEN AN DAS »ROSTIGE GITTERTOR ZUR FREIHEIT«

ERSTE BEGEGNUNG MIT FLÜCHTLINGEN IM ALTER VON ZEHN JAHREN Der pensionierte Schuldirektor wurde mit der Not von Flüchtlingen bereits als Kind zum ersten Mal konfrontiert. Es war beim Ungarnaufstand, der von den Russen brutal niedergeschlagen wurde. Alexander Wind erinnert sich noch genau an die Tage im Spätherbst des Jahres 1956: *Ich war damals zehn Jahre alt und sah in diesen kalten Oktober- und Novembertagen wie Hunderte frierende Menschen über die Grenze nach St. Margarethen kamen. Es waren Mütter bzw. Väter, die ihre kleinen Kinder an der Hand führten oder in den Armen trugen, Jugendliche oder ältere Menschen, die vor den Russen flüchteten und bei uns Schutz suchten.*

Die Bürger von St. Margarethen haben damals – obwohl sie sich von den Wirren des Krieges noch nicht ganz erholt und vielfach selbst mit Armut zu kämpfen hatten – dafür gesorgt, dass diese Flüchtlinge ein Dach über den Kopf bekamen und so gut es eben ging, verpflegt wurden. Ich weiß noch genau, wie in einer inzwischen aufgelassenen alten Schule ein provisorisches Flüchtlingslager eingerichtet wurde. Da keine Betten zur Verfügung standen, wurde der Boden einfach mit Stroh ausgelegt und den Flüchtlingen die Möglichkeit zum Schlafen geboten. Alle waren zufrieden, denn es war nur wichtig, dass sie in Sicherheit waren.

AUSFLUG ZUM »TOR DER FREIHEIT« *Ich erinnere mich noch an einen weiteren Vorfall, der sich im Jahre 1964 zugetragen hat. Schon als Jugendlicher war ich ein aktives Mitglied der Pfarrgemeinde in meinem Heimatort St. Margarethen. Damals kam eine Jugendgruppe – es waren etwa 20 Studenten – aus Holland* *in unsere Gemeinde. Sie arbeiteten im caritativen Bereich der katholischen Glaubensgemeinschaft für Kost und Quartier sowie ein wenig Taschengeld und führten im Pfarrhof Renovierungsarbeiten durch. Mein Freund Kurt Kugler und ich haben uns während der Freizeit um diese Gäste gekümmert und mit ihnen manchmal Ausflüge zum Steinbruch oder nach Rust etc. unternommen. Der Eiserne Vorhang war bereits damals oft Thema in den Medien, weshalb ihn die Studenten unbedingt sehen wollten. Von Übergriffen durch ungarische Soldaten hatte ich nur aus der Zeitung gewusst und nicht für möglich gehalten, dass auch wir Opfer eines Grenzzwischenfalles werden könnten.*

ES WURDE AUF UNS GESCHOSSEN *Kurt Kugler und ich haben daher unseren Freunden diesen Wusch erfüllt. Wir waren uns keiner Gefahr bewusst, fuhren mit ihnen zur Grenze und zeigten ihnen dieses rostige Gittertor, das damals Teil des Eisernen Vorhanges war. Um dieses einschneidende Erlebnis auch bildlich festzuhalten, nahmen die Studenten ihre Kameras und begannen einige Erinnerungsfotos zu »schießen«. Doch plötzlich fuhr uns der Schreck durch sämtliche Glieder. Schüsse, die von einem nahen ungarischen Wachturm abgegeben worden waren, peitschten über unsere Köpfe hinweg. Wir gerieten in Panik, liefen in den nahen Wald, suchten Deckung und versteckten uns. Bleich vor Angst und Gott dankend, dass niemand zu Schaden gekommen war, krochen wir kurze Zeit später aus unserem Versteck und fuhren nach St. Margarethen zurück. Das war meine erste »direkte Begegnung« mit diesem rostigen Gittertor, das mehr als 20 Jahre danach in die Geschichte als »Tor der Freiheit« eingehen sollte.*

19. AUGUST 1989 –
DAS ROSTIGE GITTERTOR WIRD GEÖFFNET

ALEXANDER WIND war am 3. Mai 2009 Gastredner beim Pan European Picnic Redux in New York und erzählte dort, wie er diesen 19. August 1989 erlebt hat.

So wie viele andere Bürger aus der Umgebung habe auch ich von dem Paneuropäischen Picknick Kenntnis erlangt. Da ich an Zeitgeschichte besonders interessiert bin und die von mir schon lange – wenn auch nur für einige Stunden – herbeigesehnte Öffnung des rostigen Gittertores endlich Wirklichkeit werden sollte, war es für mich selbstverständlich, dass ich mich nach Sopronpuszta begeben werde. Ich wollte unbedingt an dem grenzüber-

schreitenden Fest teilnehmen und freute mich ganz besonders auf diesen 19. August 1989. In den Medien wurde zwar von DDR-Flüchtlingen, die durch den bereits löchrigen Eisernen Vorhang ins Burgenland geflüchtet waren, berichtet, mit einer »Massenflucht«, wie sie dann eingetreten ist, rechnete jedoch niemand. Für mich war es deshalb ein ganz besonderer Tag, weil ich nur die bereits beschriebenen negativen Ereignisse am Eisernen Vorhang immer in Erinnerung hatte und diese Grenze – vor allem die dort angedrohte bzw. ausgeübte Gewalt – zutiefst verachtete.

Deshalb machte ich mich an diesem heißen Nachmittag – es war ein Sonntag – auf den Weg und hoffte, einerseits einige Freunde zu treffen, andererseits wollte ich durch meine Anwesenheit zeigen, dass Menschen nicht durch Gewalt getrennt werden dürfen. Besonders wichtig war mir, für alle Politiker ein Zeichen der Solidarität mit unseren ungarischen Nachbarn für einen freien Grenzverkehr zu setzen. Dass ich aber als Teilnehmer an diesem Paneuropäischen Picknick ein Stück Weltgeschichte erleben sollte, hätte ich nie für möglich gehalten.

Flüchtlinge »marschieren« auf ungarischem Gebiet in Richtung Grenze zum »Tor der Freiheit«.

TROTZ HÖCHSTER ANSPANNUNG GAB ES KEINE GEWALTANWENDUNG Ich ging zu Fuß mit Freunden auf der »Preßburger Straße« in Richtung Grenze, als uns der mir persönlich bekannte Gendarm Stefan Biricz mit mehreren – vor allem jungen Menschen mit kleinen Kindern, die wahrscheinlich ihr gesamtes Hab und Gut in einem Nylonsackerl trugen – entgegenkam. Wir vermuteten zwar, dass es Flüchtlinge sein könnten, nahmen dies einfach zur Kenntnis und gingen in Erwartung dieses Picknicks weiter.

Als wir zu dem rostigen Gittertor kamen, hatte sich dort bereits dies- und jenseits der Grenze eine größere Menschenmenge aus beiden Staaten eingefunden. Sowohl ungarische als auch österreichische Staatsbürger wollten bei dieser historischen Grenzöffnung persönlich vor Ort sein oder nur einfach diesen Eisernen Vorhang überschreiten. Die Grenzwacheorgane befanden sich unmittelbar neben diesem Tor, kontrollierten die Dokumente und ermöglichten den »Reisenden« beider Staaten einen gesetzeskonformen Grenzübertritt. Wir wiesen ebenfalls unsere Reispässe vor, konnten die Grenze anstandslos passieren und gingen zum dem etwa drei Kilometer entfernten Ort der Veranstaltung. Auf dem Weg dorthin kamen uns immer wieder Menschen aus der DDR entgegen und gingen in Richtung Grenze. Ihre Trabis hatten sie in den Wiesen entlang des Weges abgestellt und einfach »herrenlos« zurückgelassen. Nach einem etwa 30-minütigem Fußmarsch kamen wir zum Festgelände, bei dem sich schon viele Menschen eingefunden hatten und dieses Fest feierten. Wir gesellten uns zu ihnen, sangen gemeinsam Lieder, tanzten mit ihnen und freuten uns, dass wir endlich gemeinsam – und in Frieden – feiern konnten. Plötzlich erzählte mir ein Teilnehmer von den sich überstürzenden Ereignissen bei diesem Gittertor, worauf wir uns sofort wieder auf den Weg zurück – in Richtung Grenze – machten.

»Ich war zutiefst gerührt und werde niemals in meinem Leben vergessen, wie sich diese Menschen – die all ihre Besitztümer samt Freunden zurückließen und in eine ungewisse Zukunft gingen – gefreut haben, endlich in Freiheit zu sein.«

WÖRTLICHES ZITAT VON ALEXANDER WIND.

Mit diesem Transparent wurden Gäste beim Paneuropäischen Picknick begrüßt. Übersetzung: Mit Liebe begrüßen wir die Teilnehmer beim Paneuropäischen Picknick.

MAN GÖNNTE ES IHNEN VON GANZEM HERZEN Ich wurde Augenzeuge wie meist junge Menschen – darunter auch Klein- und Schulkinder – in die Freiheit flüchteten. Was vor wenigen Monaten wahrscheinlich noch nicht möglich gewesen wäre, trat ein und hat mich fast zu Tränen gerührt – die ungarischen Grenzwachebeamten haben zutiefst Menschlichkeit gezeigt, sind nicht eingeschritten und haben alles zugelassen. Ein Beamter der ungarischen Grenzwache hat sogar einer jungen Mutter ihr kleines Kind, das sie im Gedränge verloren hatte, nachgetragen und in ihre Arme gelegt. Einige machten Freudensprünge, andere knieten nieder und beteten oder lagen sich vor Glück in den Armen und weinten Tränen der Erleichterung. Jeder der damals bei bzw. in der Nähe dieses rostigen Gittertores stand, freute sich mit sich mit und war ebenso glücklich wie sie, dass ihnen die Flucht gelungen war.

Alexander Wind im Hintergrund mit einem Stück Stacheldraht, im Vordergrund Marianne und Franz Barilich

OBERSTLEUTNANT ÁRPÁD BELLA – DER MANN DER STUNDE Dieses defensive Verhalten durch die ungarischen Grenzwächter, wobei die angeordneten Kontrollen in Wirklichkeit ja im »Wegschauen« bestanden, ist nur einem Mann zu verdanken. Árpád Bella – der damals Einsatzleiter auf ungarischer Seite und für die Umsetzung der bestehenden Befehle zuständig war. Obwohl er die Verhinderung einer illegalen Ausreise mit allen Mitteln – im strengsten Fall auch mit der Waffe – zu unterbinden gehabt hätte, hat er das Risiko einer späteren Verfolgung ganz bewusst auf sich genommen. Bella hat nicht nach Gesetzen, sondern nach menschlichem Ermessen zur Verhinderung einer Eskalation gehandelt, deren Folgen nicht absehbar gewesen wären. Wochenlang wurde er wegen dieses Verhaltens angefeindet, später jedoch rehabilitiert, wobei sein überlegtes Handeln in aller Welt Anerkennung fand und er zahlreiche hohe Orden erhielt.

Ich hatte die Möglichkeit, diesen besonnenen und äußerst korrekten Menschen in späteren Jahren kennenzulernen. Uns verbindet heute noch immer eine gelebte, innige Freundschaft die wir weiterhin pflegen und niemals missen werden.

DAS BILD WURDE WÄHREND DER GEDENKVERANSTALTUNG – 25 JAHRE DANACH – IM JAHRE 2014 BEIM »TOR ZUR FREIHEIT« AUFGENOMMEN. ZUR VERFÜGUNG GESTELLT VON ALEXANDER WIND

Drei Freunde – v.li. Alexander Wind, Árpád Bella und Eduard Scheuhammer – Bürgermeister von St. Margarethen. Ihr Gesichtsausdruck zeigt, wie gut sich Menschen dies- und jenseits der Grenze verstehen können.

30 JAHRE DANACH Wenn ich an die Ereignisse dieses 19. August 1989 denke, so bin ich noch heute stolz, wie hilfsbereit meine Mitbürger aus St. Margarethen damals reagiert haben. Besonders erwähnen möchte ich hier unseren damaligen, leider inzwischen verstorbenen Altbürgermeister Andreas Waha. Er war auf österreichischer Seite einer der Initiatoren dieses Picknicks und hat sich dann sowohl als Privatperson als auch als Bürgermeister für die rasche und unbürokratische Hilfe dieser Menschen eingesetzt. Es gab aber auch viele Bürger in der Gemeinde, die vorbildlich geholfen haben. Einige brachten die Flüchtlinge mit ihren PKWs von der Grenze in den Ort zur Sammelstelle. Andere luden diese teilweise schon ermüdeten und meist verängstigten Menschen in ihre Wohnung ein, versorgten sie mit Speisen und Getränken, ermöglichten ihnen mit westdeutschen Verwandten zu telefonieren, oder gaben ihnen sogar Bargeld, um in den nächsten Tagen über »die Runden« zu kommen.

IX. KAPITEL:
KÓPHÁZA - SCHÜSSE UNGARISCHER GRENZSOLDATEN HINDERN ETWA 100 DDR-BÜRGER AN DER FLUCHT

WARNSCHÜSSE DURCH SOLDATEN DER UNGARISCHEN GRENZWACHE BEI KÓPHÁZA

BEVÖLKERUNG ERKLÄRTE SICH MIT DEN FLÜCHTLINGEN SOLIDARISCH — BÜRGERMEISTERIN KONNTE DROHENDE KATASTROPHE ABWENDEN

ZUR VERFÜGUNG GESTELLT VON MÁRIA PILSITS

Bei meinen Recherchen wurde mir auch ein Vorfall, der sich am 15. August 1989 in Kópháza zugetragen hat, bekannt. Oberstleutnant in Ruhe, Árpád Bella – damals Einsatzkommandant – hat den 23. August 1989 in Erinnerung. Meine Recherchen haben aber aufgrund von Zeugenaussagen ergeben, dass sich der Vorfall wahrscheinlich am 15. August 1989 ereignet hat. Ergänzend zu den Ausführungen einer DVD habe ich weitere Erhebungen gepflogen und konnte mit der damals amtierenden Bürgermeisterin von Kópháza, – 1987 bis 2006, Mária Pilsits – sowie mit Ferenc Taschner ein Interview führen.

»Niemand im Dorf war mit der Vorgangsweise der Grenzwache einverstanden. Alle waren gegen die Soldaten und haben sich mit den Flüchtlingen solidarisch erklärt. Obwohl die Bevölkerung vor allem durch Warnschüsse sehr aufgebracht war, gelang es mir, durch gutes Zureden die Situation zu entschärfen und ein gewalttätiges Vorgehen gegen die ›Staatsmacht‹ zu verhindern.«

WÖRTLICHES ZITAT VON MÁRIA PILSITS, BÜRGERMEISTERIN AUSSER DIENST.

KÓPHÁZA – DAS DORF AN DER GRENZE Die Gemeinde zählt etwa 2.000 Einwohner, wobei die Mehrheit zu der bereits seit Jahrhunderten in Ungarn lebenden kroatischen Minderheit gehört. Viele Bürger sprechen fließend Kroatisch und Ungarisch, Einzelne beherrschen auch die deutsche Sprache. Um zu dem vom Ortsrand des Dorfes nur ca. 800 Meter entfernten Stacheldrahtverhau, der einen illegalen Grenzübertritt nach Österreich verhinderte, zu gelangen, musste man einen etwa drei Meter tiefen Graben überwinden. In dieser »Schlucht« führt seit Jahrzehnten die parallel zur Grenze verlaufende Eisenbahnlinie von Sopron nach Szombathely. Deshalb galt diese »Schlucht« für viele Flüchtlinge als wichtige Orientierungshilfe. Dass der Eiserne Vorhang – ab Juni 1989 – dort nicht mehr so streng wie in so manch anderen Abschnitten bewacht wird, hatte sich bis zum Plattensee herumgesprochen. Vorerst wählen nur einzelne DDR-Bürger diesen Fluchtweg und können meist unbeschadet durch den bereits teilweise abgebauten Stacheldrahtverhau in die burgenländische Nachbargemeinde Deutschkreutz entkommen.

Doch dann gab es ein einschneidendes Ereignis, das fast in einer Katastrophe geendet hätte. Nahezu jeder Bürger von Kópháza erklärte sich mit den Flüchtlingen solidarisch, als diese von Grenzsoldaten unter Androhung von Waffengewalt – Warnschüsse in die Luft wurden abgegeben – an der Flucht gehindert werden sollten. Die damalige Bürgermeisterin, Mária Pilsits, sowie Offiziere der Grenzwache – unter ihnen auch der fließend deutschsprechende Oberstleutnant Árpád Bella – mussten die Menschen im Dorf beruhigen, um eine weitere Eskalation zu verhindern. Erst durch die Verteilung von Flugblättern konnte die Situation entschärft werden. Doch was ist damals passiert?

FESTNAHME KURZ VOR DEM »RETTENDEN UFER« Da man sich in der Masse größere Chancen für eine Flucht erhofft, kommen am 15. August 1989 ca. 100 DDR-Bürger – darunter viele Familien mit Kindern – mit ihren Trabis und Wartburgs nach Kópháza. Die Fahrzeuge stellen sie der Reihe nach in zwei Seitengassen, die in die Bahntrasse münden, ab. Sie können die etwa drei Meter tiefe »Schlucht« überwinden und laufen ca. 200 Meter über ein freies Feld in Richtung Deutschkreutz. Die Freiheit zum Greifen nahe, kommen sie nun in ein Waldstück. Niemand rechnet damit, dass man auf den letzten Metern noch scheitern kann.

WARNSCHÜSSE WERDEN ABGEGEBEN – NUR WENIGEN GELINGT DIE FLUCHT Doch der Schein trügt. Soldaten der Grenzwache beobachten sie bereits. Schüsse fallen. Den Leuten fährt der Schrecken in die Glieder. Sie zucken zusammen, geraten in Panik und wissen nicht, wie sie sich verhalten sollen. Dass es »nur« Warnschüsse sind, wissen die Flüchtlinge nicht. Nur Einzelne lassen sich nicht abschrecken, laufen weiter und können durch den Stacheldrahtverhau nach Deutschkreutz flüchten. Die Mehrzahl wird von den Soldaten angehalten, umstellt, zum Warteraum des nahegelegenen Bahnhofes gebracht und dort »festgesetzt«. Bauern aus Kópháza, die auf dem Feld arbeiten, beobachten das Geschehen, erklären sich mit den Flüchtlingen solidarisch und gehen ebenfalls zum Bahnhof. Weitere Dorfbewohner kommen hinzu. Lautstark bringen sie nun gemeinsam zum Ausdruck, dass sie mit der Vorgangsweise der Soldaten keinesfalls einverstanden sind. Die Bürgermeisterin – Mária Pilsits – ist ebenfalls vor Ort und erkennt sofort, dass die Stimmung sehr aufgeheizt ist. Sie befürchtet ein tätliches Vorgehen der Bürger gegen die eigenen Soldaten. Dank ihrer Persönlichkeit und geschickter Wortwahl kann sie den aufgebrachten Menschen erklären, dass die Soldaten nur ihre Pflicht tun und die Grenze schützen müssen. Obwohl sie die »Demonstranten« davon nicht überzeugen kann, gelingt es ihr dennoch, dass diese vor einer Gewaltanwendung gegen die Soldaten absehen. Die Stimmung bleibt aber weiter angespannt.

HERAUSGABE DES FILMMATERIALS GEFORDERT Westliche Fernsehteams bzw. Journalisten sind ebenfalls anwesend und filmen den Vorfall. Die Grenzwachebeamten fordern die Herausgabe der Aufnahmen, die ihnen auch ausgehändigt werden. Offiziere der Grenzwache aus Sopron treffen ein. Einer davon ist Árpád Bella (der nur drei Tage später beim »Tor der Freiheit« in die Geschichte eingehen wird, weil er sich weigert, eine neuerliche Massenflucht durch Anwendung von Waffengewalt zu unterbinden. Siehe dazu Bericht: »Der Grenzwächter am Eisernen Vorhang«), der – wie bereits angeführt – fließend Deutsch spricht und sich mit den »Berichterstattern« sowie mit den Flüchtlingen wörtlich austauschen kann. Gemeinsam gelingt es ihnen, die Situation zu entschärfen.

»FREIES GELEIT« Man vereinbart, dass den Journalisten bzw. Kameraleuten ihre Filme wieder ausgehändigt und die Flüchtlinge nicht festgenommen werden. Sie dürfen zu ihren Fahrzeugen zurückkehren, müssen jedoch das Dorf sofort verlassen.

ANMERKUNG DES AUTORS: Zu diesem Vorfall gibt es auch eine DVD mit dem Titel: »Die Schlacht von Kópháza«. Dieses Schlagwort scheint mir als Autor aufgrund meiner Interviews weit überzogen. In dem Bericht von Arndt R. Schaffner wird angeführt, dass Bauern mit Hacken, Schaufeln und Rechen bewaffnet, zum Bahnhof gezogen sind. Das wird von jedem Interviewpartner entschieden dementiert.

FRAU BÜRGERMEISTERIN AUßER DIENST, MARIA PILSITS, ERZÄHLT, WIE SIE DIESEN 15. AUGUST 1989 ERLEBT HAT

Zu diesem Vorfall habe ich Mária Pilsits, geboren 1954, befragt. Nur dank ihrer Persönlichkeit als Bürgermeisterin, menschlichem Handeln und viel Fingerspitzengefühl konnte sie damals mit den Offizieren die Bevölkerung im Dorf beruhigen. Die Stimmung war derart »aufgeheizt«, dass die Menschen durch ihre Solidarität mit den Flüchtlingen durchaus bereit gewesen wären, mit Gewalt gegen die »eigenen« Soldaten« vorzugehen.

ÄUßERST FREUNDLICHER EMPFANG Da ich Mária Pilsits nicht persönlich kenne, habe ich meinen Freund, Oberstleutnant in Ruhe, Árpád Bella, gebeten, für mich einen Termin bezüglich eines Interviews zu vereinbaren, der das gerne erledigt hat. Begleitet hat mich Gendarmerieoberst in Ruhe, Stefan Biricz (an diesem denkwürdigen 19. August 1989 als verantwortlicher Bezirksgendarmeriekommandant beim »Tor der Freiheit« ebenfalls vor Ort – siehe Bericht: »Durch das rostige Gittertor aus dem Gefängnis DDR«), der fließend Kroatisch spricht und gemeinsam mit Árpád Bella für mich dolmetscht.

Als wir an einem sonnigen Novembertag 2018 von der Bundesstraße 84 abfahren und nach Kópháza einbiegen, wartet Árpád bereits – wie vereinbart – vor der Ortseinfahrt. Gemeinsam fahren wir zum Wohnhaus der Mária Pilsits und werden von ihr sehr freundlich empfangen. Bevor wir mit dem Interview beginnen, bietet sie uns – traditionell nach ungarischer Gastfreundschaft – Kaffee, Wein, Kekse und Mineralwasser an. Stefan trinkt ein Glas Wein, Árpád und ich müssen uns mit Kaffee begnügen, weil wir beide Autofahrer sind und in Ungarn striktes Alkoholverbot gilt. Obwohl ich weder Ungarisch, noch Kroatisch verstehe, fällt mir bereits bei den ersten Worten auf, dass sich diese nette Frau noch genau an die Ereignisse dieses 15. August 1989 erinnert. Stefan und Árpád übersetzten abwechselnd meine Fragen. Mária gibt gerne und kompetent – in beiden Sprachen – Auskunft.

»**Ich freue mich über diesen netten Empfang bei Frau Bürgermeister Mária Pilsits und danke ihr, dass sie sich die Zeit genommen und mir trotz der Sprachbarrieren erzählt hat, was damals tatsächlich passiert ist.**«
WÖRTLICHES ZITAT DES AUTORS WOLFGANG BACHKÖNIG.

ZAHLREICHE FLUCHTVERSUCHE AUCH VOR DEM JAHR 1989 *Da unser Gemeindegebiet direkt an Österreich grenzt und mein Wohnhaus nur etwa 800 Meter vom militärischen Sperrgebiet entfernt war, bin ich mit dem Eisernen Vorhang aufgewachsen.*

Auch vor dem Jahr 1989 haben immer wieder Flüchtlinge versucht, diesen Menschen verachtenden Grenzzaun zu überwinden. Zum einen bot die Beschaffenheit des Geländes genügend Deckung, zum anderen war der Verlauf der Grenze leicht zu erkennen, weil die Eisenbahnlinie parallel zum Stacheldrahtverhau verlief. In Kópháza gab es zur Zeit des Kommunismus zwei Kasernen, weshalb die Soldaten nicht nur an der Grenze, sondern auch manchmal im Ort zu sehen waren.

Die Grenze bei Kópháza vor dem Jahre 1989

An einige Vorfälle, die sich jedoch bereits in meiner Kindheit bzw. frühen Jugend ereignet haben, erinnere ich mich noch genau. Ein besonders tragisches Ereignis gab es im Jahre 1962. Damals ging ein Mann aus Kópháza, der in Harka gearbeitet hatte, entlang der Grenze nach Hause. Grenzsoldaten waren der irrtümlichen Meinung, dass er flüchten wollte. Der Arbeiter ignorierte mehrere Zurufe zum Stehenbleiben, die er vermutlich wegen heftiger Sturmböen nicht hören konnte und ging einfach weiter. Die Soldaten eröffneten das Feuer, der Mann sank tödlich getroffen zusammen und verstarb. In den 1970er Jahren schaffen es drei Männer trotz intensiver Bewachung der Grenze bis zum Zaun vorzudringen. Ohne Anwendung von technischen Hilfsmitteln bzw. Körperkraft konnten sie mit einer einfachen Stehleiter (Doppelleiter) den Stacheldrahtverhau überwinden und flüchten.

Diese Flüchtlinge wurden von der ungarischen Grenzwache während der Flucht im Jahre 1972 fotografiert

»Die Beschaffenheit des Geländes im Gemeindegebiet von Kópháza bot schon zur Zeit des Kommunismus den Menschen bei der Flucht eine gute Deckung. Außerdem konnten sie sich durch die Bahnlinie, die entlang der Grenze verlief, gut orientieren. Jeder wusste, dass er nach Überqueren der Gleisanlagen nur mehr wenige hundert Meter von dem Stacheldrahtverhau entfernt war.«

WÖRTLICHES ZITAT VON MÁRIA PILSITS, BÜRGERMEISTERIN AUSSER DIENST.

JUNI 1989 *Ende Juni 1989 wurde auch in unserem Gemeindegebiet mit dem Abbau der technischen Sperren sowie des Stacheldrahtes begonnen. Es hat nicht*

lange gedauert, bis die ersten Flüchtlinge aus der DDR gekommen sind. Das kann ich deshalb so genau sagen, weil unser Haus nur ca. 800 Meter von der Grenze entfernt ist. Es liegt an einer von zwei Straßen, die an der quer dazu verlaufenden Eisenbahnlinie enden. Parallel zu dieser Eisenbahnlinie verläuft in einer Entfernung von etwa 200 Metern die damals mit Stacheldraht gesicherte Grenze. Wollte ein Flüchtling zum Grenzzaun, so musste er auf einer dieser beiden Straßen entlang gehen bzw. fahren.

Ab der letzten Juniwoche 1989 habe ich von meinem Wohnzimmer aus immer wieder mir unbekannte Leute gesehen, die Deutsch gesprochen und mich nach dem Weg gefragt haben. Da man von unserem Haus bis zur Bahnlinie bzw. die dahinter liegende Grenze sehen konnte, war es für mich sehr einfach, ihnen diese Auskunft zu erteilen. Einzelnen Flüchtlingen habe ich auch zu essen und zu trinken gegeben.

Bezüglich der Grenzwachesoldaten möchte ich sagen, dass viele diesen Leuten auch die Flucht ermöglich haben, weil sie einfach »wegschauten«, als die Flüchtlinge in Richtung Grenze gelaufen sind und den Stacheldraht durchtrennt oder auseinandergedrückt haben. Selbstverständlich gab es auch welche, die ihren Dienst nach Vorschrift verrichtet und mit »Argusaugen« darauf geachtet haben, dass niemand flüchten konnte. Das war jedoch eher die Ausnahme. Unter anderem habe ich mehrmals gehört, wie Soldaten den Flüchtlingen Fluchtrouten beschrieben und ihnen gesagt haben: »Geht weiter nach rechts oder links, dann müsst ihr nicht die ca. drei Meter hohe Böschung bei der Bahnlinie überwinden.«

FOTO: WOLFGANG BACHKÖNIG

SPRUNG VON FAHRENDEN ZÜGEN IN DIE FREIHEIT Der Bahnhof in Kópháza bzw. die Umgebung von Kópháza galt unter den Flüchtlingen als »Geheimtipp« für die Flucht in

Das Gelände der in dieser »Schlucht« verkehrenden Züge bot eine nahezu ideale Deckung nach dem Sprung aus einem der Waggons, weil die Lok beim Einfahren in den Bahnhof die Geschwindigkeit verringern musste

das nahegelegene Deutschkreutz. Viele DDR-Bürger kamen mit dem Zug aus Szombathely. Da die Gleise in einer ca. drei Meter tiefen »Schlucht« liegen und die Lok beim Einfahren in den Bahnhof die Geschwindigkeit verringern musste, sprangen einzelne Flüchtlinge noch während der Fahrt aus den Waggons. Durch die Beschaffenheit des Geländes fanden sie vorerst genügend Deckung, kletterten danach die Böschung hoch und liefen in Richtung Grenze weiter.

FLÜCHTLINGSAUFKOMMEN STEIGT *Nahezu täglich erhöhte sich die Zahl der Flüchtlinge, die in unser Dorf kamen. Viele Bürger erklärten sich mit ihnen solidarisch. Wenn nötig verpflegten sie diese Menschen oder wiesen ihnen den Weg zur Grenze. Ich muss aber sagen, dass es – zum Leidwesen der Betroffenen – auch bei uns im Ort sowie in den Nachbargemeinden Kriminelle gab, die sich durch die Notsituation der Flüchtlinge bereichert haben. Bald fanden sich einige Schlepper und boten ihre Dienste an. Meist verlangten sie Geld. Es kam aber auch vor, dass sie die geforderte Summe im Vorhinein kassierten und dann nicht beim vereinbarten Treffpunkt erschienen. Manchmal haben sie diesen Menschen noch zusätzlich ihre spärlichen Besitztümer gestohlen.*

Bis zu diesem 15. August 1989 war alles ruhig. Jeder im Dorf wusste, dass viele Flüchtlinge nur auf der »Durchreise« in Richtung Grenze sind. Man nahm das einfach zur Kenntnis und schenkte dem kaum Beachtung. Wenn jemand um Hilfe bat, so wurde ihm – so gut es eben ging – geholfen. Die Einheimischen hatten Mitleid mit diesen Menschen und hofften, dass jedem die Flucht gelingen möge. Dass die Soldaten – obwohl man den Stacheldraht bereits teilweise entfernt hatte – die Grenze weiterhin – wenn auch nicht mit der gewohnten Intensität – sicherten, und manchmal Flüchtlinge zurückschickten, stieß bei den Bewohnern des Dorfes jedoch auf wenig Zustimmung.

15. AUGUST 1989 – VORMITTAG: FEIER AUF DEM OFFIZIELLEN GRENZÜBERGANG
Seit dem Jahr 1985 (Eröffnung 1. Juli 1985) gibt es zwischen Kópháza und Deutschkreutz einen offiziellen Straßen-Grenzübergang. Durch den bereits im Frühjahr 1989 begonnenen Abbau des Stacheldrahtverhaues wurde die Überwachung der Grünen Grenze etwas reduziert, die Kontrollen am offiziellen Grenzübergang blieben in der gewohnten Form jedoch aufrecht.

GRENZÜBERGANG WIRD GESCHLOSSEN – GUMMIKNÜPPEL MIT GASFÜLLUNG WERDEN AUSGEGEBEN *An diesem späten Vormittag bin ich in meiner Funktion als*

Bürgermeisterin zu einer Feier geladen, die an diesem offiziellen Grenzübergang stattfindet. Man ehrt nämlich den »Einmillionsten« Grenzgänger. Während dieser Veranstaltung fällt mir auf, dass die Grenzwachebeamten sichtlich nervös werden. Plötzlich ordnet der Kommandant an, dass die Schranken an beiden Seiten des Grenzüberganges zu schließen seien und dieser bis auf Weiteres gesperrt wird. Gleichzeitig lässt er an seine Beamten Gummiknüppel mit Gasfüllung verteilen. Als ich nun noch einige Schüsse höre, weiß ich, dass an der Grünen Grenze etwas passiert sein muss. Kurz danach kommen Militärfahrzeuge zum Grenzübergang. Auf den »Ladeflächen« befinden sich bewaffnete – und noch zusätzlich mit Gummiknüppeln ausgerüstete – Soldaten. Man befürchtet nämlich einen Durchbruch von DDR-Flüchtlingen. Die Feier wird sofort beendet und ich gehe nach Hause.

WEITERE SCHÜSSE BEIM WARTERAUM – DIE SITUATION SCHEINT ZU ESKALIEREN
Mittlerweile ist es etwa 15:00 Uhr geworden. Ich halte mich im Haus meiner Mutter auf, die ganz in der Nähe des Bahnhofes wohnt. Wir sitzen im Hof und unterhalten uns. Plötzlich erschrecken wir, weil wieder Schüsse zu hören sind. Durch den lauten Knall ist uns sofort bewusst, dass nicht weit von uns entfernt etwas passiert sein muss. Als ich das Haustor öffne, sehe ich »herrenlose« Wartburgs und Trabis, die an beiden Seiten der Fahrbahn in Längsrichtung abgestellt sind. Es bleibt gerade ein Fahrstreifen frei. Für den Gegenverkehr gibt es kein Durchkommen. Ich denke, dass sich die Flüchtlinge verfahren haben und von der Hauptstraße zu früh abgebogen sind, weil erst die nächste, parallel zu dieser jetzt verparkten Straße, direkt zum Bahnhof führt. Nun ist höchste Eile geboten.

Ich laufe sofort zum Bahnhof, weil ich weiß, dass dort ein Wachposten steht. Beim bzw. im Warteraum befinden sich bereits etwa 100 Flüchtlinge, die von zwei Soldaten der Grenzwache bewacht werden. Die Situation ist sehr angespannt. Es fallen wieder Schüsse aus Sturmgewehren. Die Menschen geraten in Panik. Ich blicke zum Bahndamm und sehe einige Leute

In diesem bzw. vor diesem Warteraum wurden die Flüchtlinge festgehalten

die Gleise entlanglaufen bzw. die Böschung in Richtung Grenze hinaufklettern. Weitere Grenzsoldaten aus Harka und Nagycenk treffen ein und versperren an der Bahnlinie auf beiden Seiten den Fluchtweg. Einige Flüchtlinge können aber dennoch entkommen.

Etwa 80 Einheimische, die sich ebenfalls beim Warteraum befinden, bekunden mit den Flüchtlingen ihre Solidarität und beschimpfen die Soldaten. Um die angehaltenen DDR-Bürger an der weiteren Flucht zu hindern, werden alle in den Warteraum gedrängt und von den zwei Soldaten bewacht. Während ich die Einheimischen durch gutes Zureden zu beruhigen versuche, verlässt ein Soldat plötzlich den Warteraum und schießt neuerlich in die Luft. Alles scheint »aus dem Ruder« zu laufen. Ich habe Angst, dass es jetzt zwischen den Soldaten und der aufgebrachten Bevölkerung zu einer tätlichen Auseinandersetzung kommt. Die Lage wird immer unübersichtlicher. Auch die Nerven der Soldaten sind zum Zerreißen gespannt. Ich weiß, dass ich jetzt Ruhe bewahren muss und hoffe nur, dass sie nicht in Panik geraten und weiteres Unheil anrichten werden. Ein Soldat sagt ganz verzweifelt zu mir:

»Gerade mir muss das passieren. In zwei Wochen rüste ich ab.«
WÖRTLICHES ZITAT EINES IM EINSATZ BEFINDLICHEN, UNGARISCHEN GRENZSOLDATEN.

Ein Fernsehteam aus Dänemark ist ebenfalls vor Ort und filmt das Geschehen. Grenzsoldaten nehmen ihnen ihre Kameras ab, hindern sie an der weiteren Dokumentation des Vorfalles und drängen sie in den Warteraum.

Während weitere Flüchtlinge eintreffen, gelingt es mir, die Einheimischen etwas zu beruhigen. Eine Frau humpelt. Sie hat sich bei der Flucht auf einem Acker »nur« den Fuß verdreht. Ein Mädchen blutet leicht an der Schulter. Viele denken, dass es von einem »Streusplitter« (Geller) nach Schussabgabe gestreift worden sein könnte. Das stellt sich aber zum Glück als falsch heraus. Wahrscheinlich hat es durch den Ast eines Baumes oder durch den Zweig eines Gestrüpps im unwegsamen Gelände eine leichte Schürfwunde erlitten. Weitere Verletzte gibt es nicht.

Dass »nur Warnschüsse« in die Luft abgegeben worden sind, wissen bzw. glauben mir zunächst weder die Einheimischen noch die Flüchtlinge. Ich muss unbedingt Zeit gewinnen und hoffe, dass ich bald Unterstützung von den Behörden bekomme. Da sich die Bürger von Kópháza mit den Flüchtlingen solidarisch gezeigt haben, haben sie nun auch Angst vor Repressalien durch die

Staatsmacht. Nach und nach gelingt es mir, die aufgebrachte Menschenmenge etwas zu beruhigen, um die Soldaten vor Übergriffen zu bewahren.

OFFIZIERE DER GRENZWACHE SICHERN FREIES GELEIT ZU Nun treffen auch die von mir sehnlichst erwarteten Offiziere der Grenzwache – auch aus Sopron ein. Unter ihnen Oberstleutnant Árpád Bella, der fließend Deutsch spricht. Das ist von großem Vorteil, weil er mit den Flüchtlingen auch direkt kommunizieren kann – und das auch tut.

»**Den aufgebrachten Menschen versuchen wir nun gemeinsam zu erklären, dass die Soldaten Befehle ausführen, ihre Pflicht tun und die Grenze verteidigen müssen. Das würde auch in anderen Staaten so geschehen. Dabei versichere ich ihnen, dass kein gezielter Schuss auf Menschen abgegeben, sondern ›nur zur Warnung‹ in die Luft geschossen wurde.**«
  WÖRTLICHES ZITAT VON MÁRIA PILSITS.

Nachdem es uns tatsächlich gelungen ist, sowohl Flüchtlinge als auch Einheimische zu beruhigen, entspannt sich die Lage etwas. Es kommt dennoch zu weiteren Diskussionen, bei denen Gott sei Dank jeder zur Einsicht kommt, dass eine direkte Konfrontation unbedingt vermieden werden muss. Militärfahrzeuge fahren auf. Die Flüchtlinge werden zur Vernehmung in die nahegelegenen Kasernen gebracht. Manche sagen, dass sie schon bald wieder zurückkommen und versuchen werden, über diese Menschen verachtende Grenze nach Österreich zu flüchten.

BEI DER VERNEHMUNG WIRD FOLGENDER DEAL AUSGEHANDELT:
- *Es werden »nur« die Personalien der Flüchtlinge aufgenommen.*
- *Die Flüchtlinge bekommen freies Geleit, müssen aber den Bereich der Grenze verlassen.*
- *Sie müssen jedoch damit rechnen, dass sie im Falle einer neuerlichen Aufgreifung in die DDR abgeschoben werden.*
- *Kein einziger Schuss darf mehr abgegeben werden.*
- *Das Fernsehteam bekommt den Film zurück.*
- *Repressalien gegen jene Einheimischen, die sich mit den Flüchtlingen solidarisch erklärt haben, wird es nicht geben.*

FLUGBLÄTTER ZUR BERUHIGUNG DER BEVÖLKERUNG *Obwohl die Flüchtlinge tatsächlich nach Kópháza zurückkamen, mit ihren Autos wegfuhren und auch das Militär wieder in die Kasernen zurückgekehrt war, waren die Menschen im Dorf sehr misstrauisch. Trotz der Zusicherung, dass sie strafrechtlich nicht verfolgt werden, trauten sie »dem Frieden« nicht ganz. Nach Beratungen mit den Offizieren entschloss ich mich, die Einheimischen mittels Hauswurfsendung schriftlich darüber zu informieren, dass alle Flüchtlinge freigelassen wurden und sich niemand – sowohl Einheimische als auch Flüchtlinge – vor Repressalien durch die Behörden fürchten muss. Am nächsten Tag beteilten wir jeden Haushalt mit diesen Flugblättern und konnten die Bürger dadurch beruhigen.*

Inhalt des Flugblattes (Übersetzung):

SEHR GEEHRTE BÜRGER VON KÓPHÁZA!

In den letzten Tagen kamen viele Menschen aus der DDR in unser Dorf, um nach Österreich zu flüchten. Sie haben ihre Fahrzeuge in der Bahnhofstraße und in der Sauerbrunnenstraße abgestellt und sämtliche Wertgegenstände in den Autos zurückgelassen. Aufgrund der gesetzlichen Bestimmungen hat der Bundesgrenzschutz die Aufgabe, die ungarische Grenze zu bewachen. Die Grenzpolizisten müssen das aufgrund der in Ungarn geltenden Gesetze im Rahmen der geltenden Vorschriften tun.

Die Staatsführung ist bestrebt, dieses Problem so rasch wie möglich zu lösen.

Wir hoffen, dass es bald eine Lösung gibt und bitten um Ihr Verständnis.

Kópháza, am 24. August 1989

Mária Pilsits, e.h.
Bürgermeisterin

Doch eine absolute Ruhe kehrte auch in den folgenden Tagen und Wochen nicht ein, weil der Flüchtlingsstrom kaum abebbte. Zu einer weiteren prekären Situation kam es nicht mehr. Die Bevölkerung stand den Flüchtlingen weiterhin mit Rat und Tat zur Seite, Schlepper stellten ihre »Aktivitäten« ebenfalls nicht ein. Die Grenzsoldaten haben sich zwar nicht zur Gänze zurückgezogen, drückten jedoch meist beide Augen zu und ließen »den Dingen freien Lauf«.

»Nachdem die Grenze am 11. September 1989 geöffnet und die DDR-Bürger frei ausreisen können, sieht unsere Gemeinde wie ein großer Parkplatz aus, auf dem herrenlose Trabis und Wartburgs stehen. Teilweise sind nur mehr die Karosserien vorhanden, weil diese Fahrzeuge Diebe als willkommenes Ersatzteillager sehen.«

WÖRTLICHES ZITAT VON MÁRIA PILSITS.

FLÜCHTLINGE HINGEN AM GRENZZAUN – WARNSCHÜSSE WURDEN ABGEGEBEN

Ferenc Taschner neben einer zum 25. Jahrestag errichteten Gedenktafel. Dahinter der Wald, durch den die Grenze verläuft.

FERENC TASCHNER, Jahrgang 1939, war selbst einmal Flüchtling. Während des Ungarnaufstandes im Jahre 1956 gehörte er einer Gruppe von Aufständischen an, die in Sopron den »Russenstern« zerstörte. Er setzte sich nach Österreich ab und wollte in die USA auswandern. Da er damals noch nicht 18 Jahre alt war, wurde ihm die Einwanderung nach Amerika verwehrt. Nach drei Monaten, die er im Flüchtlingslager Traiskirchen verbracht hatte, kam sein Vater und holte ihn wieder zurück in seine Heimat. Er übte weiter seinen erlernten Beruf als Wagner aus – ein Wagner stellt vorwiegend Pferdewagen, Holzräder etc. her. Diese Berufssparte gilt in der Gegenwart als »nicht mehr existent«. Während der Zeit des Kommunismus arbeitete er in einem Kolchos, nach 1989 war er bis zu seiner Pensionierung als Tischler tätig.

FERENC TASCHNER lebte damals – 1989 – im letzten Haus am Ortsrand von Kópháza und war Zeitzeuge des Geschehens vom 15. August 1989. Das Datum weiß er deshalb so genau, weil in dem streng katholischen Dorf an diesem Tag der Marienfeiertag begangen wird. Unweit seines Anwesens verlief ein »Sicherheitsstreifen«, dahinter ein Wald, in dem sich der Grenzzaun befand. An diesem »Sicherheitsstreifen« begann das Sperrgebiet, das niemand betreten durfte.

FERENC war überrascht, als er in der sonst wenig befahrenen Straße in seinem Wohnhaus lautstarken Lärm von Autos hörte und eine Kolonne von DDR-Fahrzeugen sah. Er beobachtete, wie Flüchtlinge, die es bis zur Grenze geschafft hatten, am Grenzzaun hingen, durch Warnschüsse in die Luft am Überklettern des Stacheldrahtverhaues gehindert und festgenommen wurden.

»**Die Soldaten waren sichtlich überrascht, weil sie an einer anderen Stelle den ›Grenzdurchbruch‹ erwartet hatten und wollten die Flüchtlinge durch Warnschüsse stoppen.**«
WÖRTLICHES ZITAT VON FERENC TASCHNER.

DER RÜSTIGE PENSIONIST erinnert sich, was an diesem Tag geschah: *Am frühen Nachmittag des 15. August 1989 befand ich mich im Hof meines Wohnhauses und arbeitete. Da die Tür offenstand, hörte ich plötzlich den Lärm von Fahrzeugen. Ziemlich ungewöhnlich, weil in unserer Straße nur selten Autos zu sehen waren. Ich blickte aus dem Haus und sah, dass sich vor einem geschlossenen Schranken in Richtung Grenze schon ein Rückstau an parkenden PKWs aus der DDR gebildet hatte. Die Leute stiegen aus ihren Autos, ließen diese einfach stehen, nahmen ihre Taschen und rannten über den Sicherheitsstreifen in den angrenzenden Wald. Sofort aufgefallen ist mir, dass das erste Fahrzeug in der Kolonne ein PKW aus Westdeutschland war. Ich denke, dass sich in diesem Fahrzeug ein ortskundiger Schlepper – vermutlich ein Westdeutscher – befand, weil er den Flüchtlingen mittels Handzeichen den Weg in Richtung Grenze zeigte. Als er sah, dass sie den Waldrand erreicht hatten, setzte er sich in seinen Wagen, wendete diesen und fuhr zurück. Wer schnell zum Zaun kam, hatte auch gute Chancen, diesen zu überwinden.*

Am Ende der Kolonne hatten sich zu diesem Zeitpunkt bereits mehrere Einheimische versammelt, die das Geschehen beobachtet und sich mit den Flüchtlingen solidarisch erklärt hatten.

FLUCHTROUTE GEÄNDERT – SCHÜSSE VERSETZTEN DIE BEVÖLKERUNG IN AUFRUHR
Für die Einsatzleitung kam dies jedoch überraschend, weil man den Durch-

bruch neben einer Brücke in unmittelbarer Nähe des offiziellen Grenzüberganges nach Deutschkreutz erwartet hatte. Deshalb hatte man die Grenzsoldaten auch dort zusammengezogen. Doch die Flüchtlinge hatten für den illegalen Grenzübertritt eine andere Route gewählt. Als man den Irrtum bemerkte, waren die Soldaten gezwungen, sofort zu handeln. Mit einem Mal hörte ich Schüsse, die sie wahrscheinlich »nur« zur Warnung abgegeben hatten. Und schon sah ich die Soldaten in Richtung der Flüchtenden, von denen mittlerweile mehrere den Grenzzaun erreicht hatten, laufen. Weitere Schüsse peitschten durch die Luft. Einige Flüchtlinge hatten diesen Stacheldrahtverhau bereits überwunden, andere wieder hingen noch am Zaun oder standen unmittelbar davor. Manche lagen auf dem Boden, weil sie durch die Stolperdrähte hingefallen waren. Neuerlich waren Schüsse zu hören. Einheimische, die sich in unmittelbarer Nähe des Geschehens befanden, begannen hysterisch zu schreien, weil sie der Meinung waren, dass die Soldaten auf die Flüchtlinge schießen würden. Sie vermuteten, dass eine Frau, die gestolpert und zu Boden gefallen war, getroffen wurde. Wie sich später herausstelle, hatte sie sich bei dem Sturz »nur« den Fuß verstaucht. Ihr Mann half ihr auf die Beine, stützte sie und beide konnten unversehrt das Dorf erreichen.

Die Flüchtlinge gerieten ebenfalls in Panik und schrien vor Angst, weil sie die Soldaten unter Androhung von Körper- bzw. Waffengewalt an der Flucht hinderten und festnahmen. Danach trieben sie (so Taschner wörtlich) *eine Gruppe von Flüchtlingen über einen Acker in Richtung Dorf zurück. Manche hatten Tränen in den Augen und zitterten am ganzen Körper. Einige waren aufgebracht und zornig, andere wieder waren ganz teilnahmslos und ließen alles über sich ergehen.*

Straße in der die Autos der Flüchtlinge abgestellt waren. Ferenc Taschner bewohnte damals das letzte Wohnhaus dieser Straße vor der Grenze.

»Meiner Ansicht nach war das damals kein Zufall, sondern ein geplanter »Grenzdurchbruch«. Dies deshalb, weil ein Schlepper aus Österreich oder Westdeutschland die Gruppe anführte und auch Fernsehteams anwesend waren.«
WÖRTLICHES ZITAT VON FERENC TASCHNER.

SOLDATEN MUSSTEN WIEDER IN DEN WALD, UM NACH WEITEREN FLÜCHTLINGEN ZU SUCHEN *Mittlerweile kamen zahlreiche Bauern, die auf den Feldern gearbeitet und das Geschehen beobachtet hatten, hinzu. Da dieser aufsehenerregende Zwischenfall nun auch im Dorf bekannt geworden war, trafen nach und nach weitere Einheimische vor Ort ein. Sie mussten aber vor dem »Sicherheitsstreifen« stehenbleiben und waren sehr aufgebracht. Doch die Stimmung heizte sich noch zusätzlich an, weil Militärfahrzeuge vorfuhren, einige Flüchtlinge zum »Aufsitzen« zwangen und in die Kaserne brachten. Jene, die keinen Platz auf den Autos fanden, wurden von den Soldaten gezwungen, zum nahegelegenen Bahnhof zu gehen, wo sie vor bzw. im Warteraum festgehalten worden waren. Die Einheimischen erklärten sich mit den Flüchtlingen solidarisch, protestierten lautstark und folgten ihnen. Ich erinnere mich noch, dass der Kommandant einige Soldaten wieder in den Wald schickte und ihnen befahl, das Gelände nach weiteren Flüchtlingen abzusuchen.*

Inzwischen war es etwa 17:30 Uhr geworden und die Proteste dauerten noch immer an. Ein Personenzug aus Sopron traf ein und Arbeiter, die in Kópháza ihren Wohnsitz hatten, stiegen aus. Als sie von den Ereignissen Kenntnis erlangten, schlossen sie sich sofort den Protestierenden an. Man hatte nun Angst, dass die Lage außer Kontrolle geraten und es zu einer tätlichen Auseinandersetzung zwischen Grenzsoldaten und der Bevölkerung kommen würde. Deshalb brachten Militärs die Flüchtlinge bald zum Bahnhof zurück, ließen sie in ihre Autos steigen, befahlen ihnen, diese zu wenden und das Dorf zu verlassen. Die Einheimischen waren jedoch damit keinesfalls einverstanden und riefen den Flüchtlingen mit den Händen wild gestikulierend zu:

»Geht nicht in diese Richtung, die andere Richtung führt in die freie Welt.«
WÖRTLICHES ZITAT EINES EINHEIMISCHEN.

X. KAPITEL:
LUTZMANNSBURG – FLÜCHTLINGE UND HELFER ERZÄHLEN

LUTZMANNSBURG – DAS DORF AN DER GRENZE IM WANDEL DER ZEIT

Christian Rohrer

Lutzmannsburg ist durch seine landschaftliche Vielfalt, durch den Weinbau, den Tourismus und die Sonnentherme zu einem Markenzeichen des gesamten Burgenlandes geworden. Die Schönheit der Natur unseres Ortes und seine versteckten Schätze laden alle Besucher ein, unsere Marktgemeinde mit allen Sinnen zu erleben und den Aufenthalt hier bei uns zu genießen.

Die aktuelle gegenwärtige Situation in unserer Grenzregion versteht man nur, wenn man die Ereignisse vergangener Zeiten mit einbezieht. Durch die geografische Lage Lutzmannsburgs direkt am Eisernen Vorhang bis zum Jahr 1989 war unsere Gemeinde immer wieder Schauplatz von dramatischen Geschehnissen.

Menschen versuchten, die Grenze zu überwinden, um ein Leben in Freiheit zu beginnen. Im August 1989 kamen tausende Bürger aus der ehemaligen DDR über die Grenze in unsere Gemeinde. Die Ortsbevölkerung half selbstlos und es entstanden Freundschaften, die auch heute, 30 Jahre später, immer noch gepflegt werden.

Tragisch endete der Fluchtversuch einer Familie in den Lutzmannsburger Weingärten, bei dem der Familienvater ums Leben kam. Nach diesem Ereignis wurde die Grenze für alle DDR-Bürger geöffnet und den Menschen ein problemloser Übertritt ermöglicht.

Dieses Buch stellt einen wichtigen Beitrag zur Aufarbeitung der Geschichte unserer Marktgemeinde dar und ist vor allem ein Beitrag gegen das Vergessen. Es trägt aber auch dazu bei, um das Jahr 1989 und die Hilfsbereitschaft der Bevölkerung in den Grenzregionen des Burgenlandes zu würdigen.

CHRISTIAN ROHRER
BÜRGERMEISTER VON LUTZMANNSBURG

VOM »TAL DER AHNUNGSLOSEN« BIS NACH LUTZMANNSBURG IN DIE FREIHEIT

Dipl.-Ing. Kalman Kirchner

DIPL.-ING. KALMAN KIRCHNER, Jahrgang 1962, Sohn ungarndeutscher Eltern, die im Jahre 1948 aus ihrer Heimat vertrieben worden waren, flüchtete am 26. August 1989 bei Lutzmannsburg durch den Eisernen Vorhang in die Freiheit.

Kalman wuchs in einer gut situierten Familie auf und erlebte gemeinsam mit seiner Schwester eine unbeschwerte Kindheit. In seiner Schul- und Studienzeit sowie im Berufsleben, konnte er sich niemals mit diesem diktatorischen und auf Lügen aufgebauten Regime identifizieren. Bis zu seiner Flucht lebte er immer nach dem Grundtenor: »Mit minimalem Aufwand den maximalen Erfolg erzielen.« Mit dieser Einstellung wollte er dem von der Diktatur vorgegebenen Verhaltenskodex ein »Schnippchen« schlagen. Insbesondere dann, wenn man versuchte, ihn zu einer »sozialistischen Persönlichkeit« zu formen. Das war jedoch unmöglich, weil seine Lebenseinstellung eine ganz andere war.

KALMAN KIRCHNER wusste durch seine Verwandtschaft in Westdeutschland genau Bescheid, wie der Lebensstandard »drüben« war. Urlaube am Plattensee mit einem Hauch von westlichem Flair taten das Übrige. Vor seiner Studienzeit dachte er – anlässlich eines illegalen Aufenthaltes (Mai 1982) in der Botschaft der Bundesrepublik Deutschland in Prag – zum ersten Mal konkret an eine mögliche Flucht. Doch ohne abgeschlossenes Studium sah Kalman im Westen nur wenig Chancen für sein berufliches Fortkommen.

Obwohl er als Diplomingenieur in einem technischen Betrieb eine Führungsposition bekleidete, ein entsprechendes Gehalt bezog und davon in der DDR gut leben konnte, sah er in diesem Staat für seine Person keine Zukunft. Deshalb entschloss er sich im späten Frühjahr 1989, diesem verhassten »Arbeiter- und Bauernparadies« endgültig den Rücken zu kehren.

Nur wenige Tage, nachdem bei Lutzmannsburg ein junger DDR-Bürger auf der Flucht erschossen worden war, gelang es ihm an gleicher Stelle, mit seinem Freund Hartmut Große den Eisernen Vorhang zu überwinden.

»Ich bin nicht geflüchtet, weil ich weg von meiner Familie wollte, oder weil mir die Oberlausitz nicht lebenswert genug war. Ich bin geflüchtet, weil mir der DDR-Staat letztendlich so sehr auf den Nerv ging und mir die Luft zum Atmen nahm. Ich brauchte einfach eine Veränderung.«

WÖRTLICHES ZITAT VON DIPL.-ING. KALMAN KIRCHNER.

MEIN LEBEN BIS ZUR FLUCHT

DIPL.-ING. KALMAN KIRCHNER ERZÄHLT: *Geboren wurde ich im östlichen Zipfel der ehemaligen DDR, in der Oberlausitz (Sachsen), direkt im Grenzgebiet zur damaligen CSSR. Aufgewachsen bin ich in einer für ostdeutsche Verhältnisse recht gut situierten Familie: meine Mutter war Lehrerein für Mathematik und Physik an der Polytechnischen Oberschule meines Heimatortes Neusalza-Spremberg (ca. 82 Kilometer westlich von Dresden), mein Vater war Schweißer im Werkzeugbau eines volkseigenen Betriebes zur Herstellung von Plastikteilen. Ich habe noch eine jüngere Schwester.*

Wir lebten zusammen mit meinen Großeltern mütterlicherseits und bewohnten ein eigenes Haus in einer typischen Kleinstadt mit viereinhalbtausend Einwohnern. Es lag im **»TAL DER AHNUNGSLOSEN«** *– wie dieses Gebiet sprichwörtlich bezeichnet wurde.*

ERKLÄRUNG: DAS »TAL DER AHNUNGSLOSEN« war ein sarkastischer DDR-Ausdruck für Gebiete, in denen Westfernsehen und UKW-Rundfunk nur schwer zu empfangen waren. Konkret galt das für Greifswald und den Bezirk Dresden, in denen der Empfang nur mit großem Aufwand terrestrisch (als terrestrisch bezeichnet man die Übertragung von Hörfunk- oder Fernsehsendungen durch erdgebundene Funksender zu Empfängern mit Haus- oder Zimmerantenne sowie tragbaren Geräten und Autoradios) erfolgen konnte. Die Bewohner dieser Gebiete galten in der DDR als schlecht informiert, weil sie nur über Informationen der Lang-, Mittel- und Kurzwelle sowie die der zensierten DDR-Medien verfügten. Ihre Zahl machte etwa 15 % der Bevölkerung der DDR aus.

Ich hatte für mein Befinden eine wirklich unbeschwerte und glückliche Kindheit. Meine Eltern und Großeltern lebten erst seit 1948 in Deutschland, sie waren Ungarndeutsche, die nach der Machtergreifung der Kommunisten in Ungarn aus ihrem Heimatort Rossbrunn (ungarisch Lókut, ca. 65 Kilometer südlich von Győr) vertrieben worden waren. In einer Nacht- und Nebelaktion wurden alle Volksdeutschen, die bis dato noch nicht aus Angst vor den Russen oder vor Vergeltungsmaßnahmen geflüchtet waren (Januar 1948), aufgefordert, Haus und Hof unverzüglich zu verlassen. Zu der Räumungsaktion rückten die russisch kontrollierten ungarischen Nachkriegskommunisten an.

Alles wurde besetzt und beschlagnahmt. Mit dem, was sie am Leib trugen und auf einen Pferdewagen laden konnten, wurden sie nach Zirc gebracht, dort in einen Güterzug verfrachtet und nach Deutschland deportiert. Ein Teil der ehemaligen Bewohner gelangte über Passau nach Bayern, ein anderer – darunter meine Angehörigen – landete zunächst in Pirna (ca. 25 Kilometer südöstlich von Dresden, im Elbsandsteingebirge).

Die Häuser, Gehöfte und Ländereien wurden entschädigungslos enteignet und unter den Neu-Ungarn verteilt. Das Gehöft meiner Großeltern mütterlicherseits ist aufgrund der darauffolgenden – rein-ungarischen »Pflege« – später völlig verfallen.

VON DER GRUNDSCHULE BIS ZUM ABITUR *Wie seinerzeit üblich, waren die Polytechnischen Oberschulen (POS) dafür ausgelegt, die Kinder bzw. Jugendlichen von Klasse 1 bis 10 zu schulen. Wollte bzw. durfte man im direkten Schulverlauf Abitur machen, wechselte man nach Klasse acht auf eine Erweiterte Oberschule (EOS). Dort verbrachte man die folgenden vier Klassen, also 9 bis 12. (vom Prinzip her war das eine ideale Lehrmethode!).*

Da meine Mutter Lehrerin und streng katholisch war, musste sie gelegentlich versteckte Repressalien befürchten, obwohl es ja in der DDR offiziell Glaubensfreiheit gab. Ich hatte dennoch die Möglichkeit – natürlich auch aufgrund entsprechend guter Leistungen – mein Abitur zu machen. Zusätzlich musste man von dem Lehrerkollegium empfohlen werden – und außerdem, entgegen meiner politischen Einstellung – Kompromisse eingehen. Wie ich aus meiner Stasi-Akte im Jahr 2019 in Erfahrung gebracht habe, gehörte diesem Kollegium damals ein aktiver Stasi-Spitzel an. Ich trat den Jungen Pionieren und der FDJ (Freie Deutsche Jugend) bei, ohne den politischen Hintergrund zu respektieren. Parallel dazu ging ich zur Erstkommunion sowie zur Firmung, war Ministrant und ging jeden(!) Sonntag mit meiner Schwester, Mutter, Oma und meinem Opa zur Kirche. Viele Jugendliche verhielten sich ebenso, weil sie einfach jedem Ärger aus dem Weg gehen wollten. Für mich war nur wichtig, einen ordentlichen Berufs- und Studienabschluss zu erhalten. Gleichgültig, welche Meinung ich innerlich vertrat…!

Um zu studieren musste man mindestens 18 Monate bei der Nationalen Volksarmee (NVA) »dienen«. Für mich blieb es auch bei diesen 18 Monaten, weil ich »nur« Diplomingenieur werden wollte. Es wäre seinerzeit durchaus möglich gewesen, mit einer Verpflichtung über drei Jahre Armeedienst Medizin, Jura etc. zu studieren – das kam für mich aber nicht in Frage.

STUDIUM – BERUF Nach meinem Militärdienst als Kraftfahrer bei den Nachrichtentruppen einer Flak-Raketen-Stellung, habe ich von 1982 bis 1987 an der Hochschule für Verkehrswesen (HfV) in Dresden Fertigungsprozessgestaltung – Bereich Fahrzeugtechnik – studiert und mein Studium als Diplomingenieur abgeschlossen.

Nach dem Studium war es üblicherweise so, dass man drei Jahre in einem vom Staat bestimmten Betrieb zu arbeiten beginnen musste, falls man sich nicht – wie ich es getan habe – schon vorher um eine Stelle umgesehen hatte. Außerdem wurde dieses Prozedere an der HfV (Hochschule für Verkehrswesen) nicht ganz so streng gehandhabt wie etwa an anderen Universitäten.

Da eine SED- oder andere Parteimitgliedschaft – alleine schon wegen meines katholischen Glaubens – für mich nicht in Frage kam, konnte ich auch nicht mit einem Aufstieg bis in die Chefetage eines Unternehmens rechnen. Geschweige denn damit, was ich bis 1989 tatsächlich erreicht hatte. Das war aber letztendlich eine Aneinanderreihung glücklicher Umstände, die schon recht außergewöhnlich waren.

Kalman Kirchner während seiner Zeit bei der Volksarmee der DDR

KARRIERE OHNE PARTEIZUGEHÖRIGKEIT   Zu meiner Verwunderung gelang mir nämlich ein rasanter Aufstieg vom Fertigungsmittel-Konstrukteur bis zum technischen Leiter eines Textilbetriebes. Diese außergewöhnliche Karriere brachte Gehaltssprünge mit sich, von denen viele nur träumen konnten. Ich war weder Parteimitglied, noch hatte ich der Partei die geringsten Sympathien entgegengebracht – und dennoch gelang mir der Sprung »nach oben«.

Als junger Diplomingenieur ohne Berufserfahrung durfte man nach dem Studium mit dem Gehalt eines Hofkehrers (Hilfsarbeiters) in der Höhe von monatlich 740.- Mark rechnen. Diesen Betrag erhielt ich im volkseigenen Betrieb (VEB) RoBuR, einem Hersteller von kleineren Lastkraftwagen und Bussen. Nach der Probezeit von sechs Monaten gab es bereits die erste Lohnerhöhung. Ich bekam 850.- Mark und – was viel wichtiger war – einen neuen Arbeitsvertrag. Vermutlich ein organisatorischer Fehler, denn dieser beinhaltete nicht mehr die übliche Dreijahresklausel, sondern eine Kündigungsfrist von nur einem Monat. Ich unterschrieb ohne zu zögern. Eine goldrichtige Entscheidung. Kurz danach erfuhr ich nämlich durch eine Bekannte, dass ein Hersteller von technischen Textilien in meinem Nachbarort eine für mich interessante und gutbezahlte Stelle in der Führungsetage besetzen möchte.

In diesem Unternehmen wurden medizinische Verbandsmaterialien aller Art produziert. Meine Bekannte war dort als Sicherheitsinspekteurin für Brand- und Arbeitsschutz etc. zuständig. Sie hatte mir ein Bewerbungsgespräch arrangiert. Trotz seiner (obligatorischen) SED-Parteizugehörigkeit konnte man mit dem Leiter des Betriebes ganz vernünftig reden. Mein Studium vermittelte mir bekanntlich ein recht breites Grundlagenwissen (wir sagten immer ironisch: »alles und nichts«), um nach Möglichkeit perfekt für jede erdenkliche Stelle auch außerhalb unseres Studienzweiges zu sein. Wie nicht anders zu erwarten, wurde von Seiten des Werkleiters versucht, die Mindestanforderungen für so einen Posten einzufordern und das ihm vorgegebene »politische Soll« bei mir zu erfüllen.

»**Für mich war das System zum Scheitern verurteilt. Ich musste mich aber trotzdem damit arrangieren – identifizieren konnte ich mich nicht. Daher bin ich niemals der Partei beigetreten.**«

WÖRTLICHES ZITAT VON DIPL.-ING. KALMAN KIRCHNER.

PARTEIZUGEHÖRIGKEIT ABGELEHNT – DENNOCH EINGESTELLT   *Da er – der Werkleiter – keine Chance hatte, mich als Parteimitglied zu werben, probierte er, mich in die Kampfgruppe zu locken. Niemals! Betriebsfeuerwehr! No! Wenigstens eine Funktion in der Gesellschaft für »Deutsch-Sowjetische-Freundschaft« bekleiden? Auch so eine schwachsinnige Erfindung, die wahrlich für nichts taugte, außer unnütz Mitgliedsbeiträge »einzutreiben«. (Zu meiner Schande muss ich jedoch gestehen, dass ich bereits dort Mitglied war – und zwar seit der 9. Klasse. Warum? Unsere Erweiterte Oberschule (EOS) hieß »Deutsch-Sowjetische-Freundschaft« – und das bedeutete Pflichtmitgliedschaft). Da war also auch nichts zu machen, denn da war ich ja – nach meinem geplanten Ausscheiden bei RoBuR – wohlweislich gerade ausgetreten. Er gab schließlich auf und stellte mich – ohne Unterschrift zum Eintritt in die Partei bzw. einer parteinahen Institution (!) – als Leiter für neue Technik ein. Das wäre ja auch entgegen meiner persönlichen Gesinnung gewesen. An meiner neuen Arbeitsstelle bekam ich bereits ab dem ersten Tage etwa das gleiche Gehalt wie meine Mutter nach zwanzig Jahren als Lehrerin! Und die Pädagogen zählten durchaus zu den besseren Verdienern. Doch nach einigen Wochen Betriebszugehörigkeit erkrankte der Technische Leiter und wurde dauerhaft arbeitsunfähig. So wurde ich vom Werkleiter zum amtierenden Technischen Leiter befördert. Diese Stelle hatte ich bis zu meiner Flucht im August 1989 inne.*

BESCHEIDENER WOHLSTAND – REISEFREIHEIT ALS GROßE »LAST«   *Zusammenfassend kann ich sagen, dass unsere Familie über einen – für ostdeutsche Verhältnisse – guten Lebensstandard verfügte. Man muss dabei natürlich beachten, dass ich hier das Angebot an Grundnahrungsmitteln – die es immer ausreichend gab – meine. Wenn man privat oder wie etwa meine Mutter (als Lehrerin natürlich in der Stadt geschätzt) noch zwei Fleischer im Ort gut kannte, gab es auch Nahrungs- und Genussmittel, die man zusätzlich haben konnte. Das betraf den Bäcker, eine Molkerei, Lebensmittelgeschäfte oder Gaststätten. Klar, Südfrüchte waren so gut wie nicht bekannt bzw. vorhanden. Für sonstige Delikatessen oder nicht erhältliche Artikel, sorgte mein Onkel aus den USA (Pakete, Intershop, GENEX…) oder gelegentlich auch die Westverwandtschaft. Die eingeschränkte Reisefreiheit war natürlich eine große Last. Da wir viele Verwandte im Westen – bis in die USA – hatten, verfügten wir über genügend Kontakte, die wir auch nützten.*

»Das tägliche, sozialistische Gesülze über die ›endlosen herausragenden Erfolge‹ der Kommunisten im Fernsehen hat man so gut es ging ausgeblendet. Wozu sich die Nerven aufreiben, mit Dingen, an die man eh nicht glaubte.«

WÖRTLICHES ZITAT VON KALMAN KIRCHNER.

BESPITZELUNG AHNTE MAN NUR *Wir – als Jugendliche – wollten natürlich unseren Spaß haben. Und dafür haben wir immer Mittel und Wege gefunden. Denn wenigstens West-Musik konnten wir ja immer hören. Dass die Stasi-Bespitzelung Alltag war, merkte man seinerzeit nicht unbedingt, ahnte es jedoch. Spätestens nach Einsicht in die Stasi-Akte erlangte man Gewissheit, wer sich – auch in meinem Bekanntenkreis – als »IM« (inoffizieller Mitarbeiter der Stasi) für das Leben anderer interessierte. Auch einer meiner Bekannten, dem ich das keinesfalls zugetraut hätte, war ein »IM«. Obwohl ich niemals Mitglied der SED war, hatte ich keine Repressalien durch den Staatssicherheitsdienst erlebt.*

Westfernsehen konnten wir nur bei Überreichweiten, das heißt, in der Regel im kalten Winter bei besonders klarem Wetter, empfangen. Also eher sehr selten und nur mit enormem technischem Aufwand – wie Antennen, Verstärker etc.

Dass wir in der Wohnung technisch bespitzelt worden wären, glaube ich nicht. Dafür waren wir wohl nicht interessant genug. Wenn man ein Telefon hatte, das wir ja dann nach mehreren Eingaben meinerseits irgendwann bekamen, wurde man abgehört – und das war uns auch bewusst. Je nach Besucher, musste man auch besonders darauf achten, wem man was erzählte.

ERSTE GEDANKEN ZUR FLUCHT

Die Gedanken an eine Flucht waren für mich eine Gratwanderung, weil ich damit rechnen musste, dass bei Bekanntwerden der Fluchtvorbereitung oder eines Ausreiseantrages, meine Mutter ihren Lehrerberuf verlieren könnte. Ich hatte zwar mehrere Pläne, die ich jedoch streng geheim halten musste. Doch die Stasi war allgegenwärtig. Den »verdeckten Ermittlern« war nämlich bekannt, dass ich Kontakt zu einem Mädchen in Westdeutschland hatte. Aus meiner Stasi-Akte ging hervor, dass ich dieses Mädchen heiraten wollte, um in die Bundesrepublik zu gelangen. Danach sollte die Ehe wieder geschieden werden. Doch die Schlussfolgerung war komplett falsch. Ich hätte sie keinesfalls geheiratet, um mich gleich wieder scheiden zu lassen. Sie war seinerzeit ein sehr hübsches Mädchen und gefiel mir…!

KEINE FLUCHT OHNE ABGESCHLOSSENE BERUFSAUSBILDUNG *Eine reelle Chance zur Flucht hätte sich für mich bereits im Mai 1982 geboten. Damals war ich nämlich in der Botschaft der Bundesrepublik Deutschland in Prag. Dort hätte ich ohne Weiteres um politisches Asyl ansuchen können – das mir mit Sicherheit auch gewährt worden wäre. Aber ohne Beruf? Was sollte ich da im Westen machen? Dass die Schulbildung im Osten seinerzeit besser war als im Westen, ist ja längst kein Geheimnis. Ein technisches Studium war im Osten »Goldes wert«, denn – mal abgesehen von der Mangel- und Chaoswirtschaft – war die theoretische Ausbildung an den Unis hervorragend. Jahrelang »schlampern« beim Studium war in der DDR nicht möglich. Der Zeitplan stand: 4,5 Jahre – ohne Unterbrechung – wer es nicht bis zum Diplom schaffte, hatte nichts. Punkt!*

SOMMER IN UNGARN – EIN HAUCH VON FREIHEIT! *Ferien am Plattensee. Diese Zeit konnten tausende DDR-Bürger kaum erwarten. Nichts wie raus aus der Zone – und wenn es nur für ein paar Wochen war.*

Ungarn hatte für uns einen Hauch von Freiheit, den wir in der DDR nicht spüren konnten. Dort gab es Coca-Cola, West-Bier, West-Schallplatten, West-Klamotten, saftige Pfirsiche, Weintrauben, duftende Paprikawürste, aber vor allem moderne Discos und attraktive Mädchen. Und es gab schönes Wetter, zu 99 Prozent sicher im Juli und August – also zu unserer Hauptreisezeit.

DRESDEN–HAUPTBAHNHOF *Hier stand er, der Schnellzug nach Budapest. Tickets, Platzkarten – das wurde alles schon Monate vorher gekauft, denn der Zug war meist bis auf den letzten Sitzplatz gefüllt. Und wir wollten ja im Sechser-Abteil reisen – nicht im Großraumwagen und schon gar nicht auf dem Gang.*

FORINT GEGEN SCHMUGGELWARE

Nachdem wir jeden Sommer rund um unseren Urlaubsort – vor allem in den Discos – viel unterwegs waren, verfügten wir bald über gute Kontakte zu den Einheimischen. Waren Obst, Coca-Cola etc. reichlich vorhanden, so gab es auch in Ungarn Sachen, die man schwer bekommen konnte. Und das kam uns sehr entgegen. Mit dem Hausrat, den wir in Ungarn verkauften, konnten wir den begrenzten Geldumtausch umgehen und unseren Urlaub finanzieren. In den Discos, Bars und Weinstuben schlugen wir uns viele Nächte um die Ohren und dinierten in den vorzüglichen Gasthäusern, die es dort zur Genüge gab.

So kauften wir kurz vor der Abfahrt im Centrum-Warenhaus (Dresden) Sägeblätter, Tapeten, elektrische Brotschneidemaschinen, Mixer, lange Unterhosen sowie Damenunterwäsche und BHs in »Kleinzeltgröße«. Besonders begehrt waren Kleiderschürzen aus DeDeRon, hergestellt aus einer im Osten entwickelten Kunstfaser – ideal, um im Sommer so richtig darunter zu schwitzen. Unsere Gruppe bestand meist aus sechs Personen. Und jeder kaufte zur Verwunderung der Verkäuferinnen etwa zehn Stück von diesen Bekleidungsartikeln.

TAPETEN WERDEN EINFACH ZUM TAPETENKLEBER Diese Waren zu kaufen war nicht besonders schwer. Doch wie sollten wir sie über die Grenze bringen? Den ungarischen Zoll interessierte das überhaupt nicht. Doch bei den Zöllnern der DDR war genau das Gegenteil der Fall. Wir wurden bei der Aus- ebenso wie bei der Einreise kontrolliert. Es kam sogar vor, dass wir bei der Rückreise aus dem Urlaub beim Überschreiten der Grenze zur DDR aufgefordert wurden, die Zollpapiere vorzuweisen, worauf sämtliche Waren, die wir **AUSGEFÜHRT** hatten, deklariert sein mussten. Eine derartige Kontrolle wird mir ewig in Erinnerung bleiben.

Damals war es streng verboten, Tapeten – die man bei uns problemlos kaufen konnte – aus der DDR auszuführen. Das galt aber nicht für Tapetenkleber. Da in Ungarn Tapeten jedoch schwer zu bekommen waren, ließen sich diese dort besonders gut – und vor allem gewinnbringend – verkaufen. Das hatte ich sehr schnell erkannt und bei einer Urlaubsfahrt unter anderem auch Tapeten im Gepäck. Ich wusste aber nicht, dass Tapeten nicht außer Landes gebracht werden durften und deklarierte diese vorschriftsmäßig in meiner Zollerklärung. Erst auf der Rückfahrt fiel mir beim Durchlesen der Zollformalitäten auf, dass die Ausfuhr dieses Artikels verboten ist. Doch was nun? Hoffen, dass ich nicht kontrolliert werde? Nein! Dieses Risiko konnte ich keinesfalls eingehen. Und plötzlich kam mir auch schon die »Erleuchtung«. Ich fügte den Tapeten einfach das Wort Kleber hinzu und so wurde aus den Tapeten eben der Tapetenkleber. Und Tapetenkleber durfte man ja ausführen. Dennoch hatte ich ein sehr ungutes Gefühl und hoffte, nicht kontrolliert zu werden. Doch die »Geister« kamen in Form von uniformierten Zöllnern.

URLAUBSSTIMMUNG WAR SCHNELL DAHIN Und siehe da! Genau dieses Mal bei der Einreise in die heißgeliebte Zone will so ein Schnüfflertyp vom Zoll meine Papiere sehen. Ich habe noch heute die verbitterten Gesichter der Grenzer, bei deren Anblick gleich eine ganze Woche des schönen Urlaubs zunichte gemacht wurde, vor mir. Bei Durchsicht meiner Zollpapiere fragt mich einer schroff: »Was haben Sie nun ausgeführt. Tapeten oder Tapetenkleber?« Ich muss innerlich lachen und antworte mit einem »Schmunzeln«: »Natürlich nur Tapetenkleber, denn die Ausfuhr von Tapeten ist ja strengsten verboten!« Der Uniformierte nickt zufrieden, gibt mir wortlos meine Zollpapiere zurück und verlässt unser Abteil.

HONECKERS DUMMHEIT UND ARROGANZ

Durch meine guten Kontakte zu Verwandten und Freunden im Westen sowie von den zahlreichen Urlauben am Plattensee, kannte ich Lebensstandard und Freiheit der Menschen jenseits der Zonengrenze. Obwohl ich beruflich sehr zufrieden sein konnte, gutes Geld verdiente und mir trotz meiner Jugend für DDR-Verhältnisse einiges leisten konnte, bekam ich alles »immer mehr satt«. Das arrogante, mit Dummheit und Weltfremdheit nicht zu übertreffende Auftreten Erich Honeckers und seiner Bande schrie zum Himmel. Es brodelte im Volk schon lange. Nur nach außen tragen konnte man seinen Zorn nicht, denn die Ohren der Staatsmacht in Form der Stasi lauschten ja überall. Und es gab niemanden, der einem erzählen konnte, wie es war, von der Stasi mitgenommen zu werden. Es schwebte immer eine Art »Damoklesschwert« der Ungewissheit über einem. Trotzdem hatte ich keine Angst.

LEBENSMITTEL MANGELWARE – DENNOCH GRÜNE PAPRIKA FÜR DEN HAMSTER
Während Honeckers Truppe seine Berliner Einwohner noch mit aller Macht bei der Stange zu halten versuchte, blutete der Rest des Landes so nach und nach aus.

Ich erinnere mich noch daran, wie einer meiner Kommilitonen (Studienkollegen) aus Berlin zu Studienzeiten seinem Hamster **IM WINTER** *frische, grüne Paprika, zum Fressen gab, während sich die »gemeinen« Oberlausitzer mit Kartoffeln, Kraut und Äpfeln begnügen durften. Bei uns gab es ja nicht einmal frische Paprika im Sommer – geschweige denn im Winter.*

Meiner Mutter ging es da als Lehrerin etwas besser. Deshalb bekamen wir auch manchmal Lebens- bzw. Genussmittel, die nicht viele haben konnten.

Kauften wir in unserem Lebensmittelladen – wo wir Stammkunden waren – ein, so wanderte schon mal ohne Worte eine verschlossene Papiertüte über den Tresen und in die Kasse wurde der Betrag »X« getippt. In der Tüte war immer etwas Besonderes: Bananen, Mohrenknöpfe (Negerküsse durfte man ja nicht sagen) oder andere »Exoten«.

EINGABEN – GESCHRIEBEN AUF »ERIKA« Ich war immer ein sehr kritischer Mensch, der sich nur ungern ein Blatt vor den Mund nahm. Während meiner Studienzeit gab es keine Beschwerden, sondern nur Eingaben. Und davon machte ich reichlich Gebrauch, weil ich meine Wut ablassen konnte. Diese Briefe tippte ich zu Hause auf »Erika« – so nannten wir unsere elektronische Schreibmaschine.

»Meine Eingaben formulierte ich oft so scharf, dass ich manchmal einen roten Kopf bekam. Ich musste aber sehr vorsichtig sein, zumal ich niemanden beleidigen durfte.«
WÖRTLICHES ZITAT VON DIPL.-ING. KALMAN KIRCHNER.

Ich musste ja auch auf meine Mutter Rücksicht nehmen, weil sie als Lehrerin ohne Parteizugehörigkeit von ihren »Kollegen« prinzipiell mit Argwohn betrachtet wurde. Manchmal waren meine Worte so bissig, dass meiner Mutter beim Lesen ganz »schwummrig« wurde. Manchmal war meine Hartnäckigkeit auch von Erfolg gekrönt. Nach einer Serie von Eingaben bekamen wir nach jahrelanger Wartezeit das lang ersehnte Telefon. Man musste nur permanent nerven! **»DU KOMMST NOCH MAL INS GEFÄNGNIS.«** Wörtliches Zitat meiner Mutter, nachdem sie mehrere Eingaben von mir gelesen hatte.

PERSÖNLICHES GESPRÄCH – PARTEIFUNKTIONÄR KAM AUS DRESDEN Mit meinen Eingaben muss ich die Behörden derart genervt haben, dass ein Parteifunktionär zu einem persönlichen Gespräch extra wegen mir aus Dresden anreiste. Extra wegen mir? Das hatte schon was zu bedeuten! Nach einem einstündigen Gespräch sagte er noch, dass er sich auch beschweren würde – wenn er nur könnte. Aber das bringe ja nichts! Das war vielsagend und zeigte letztendlich die gesamte verfahrene Situation in diesem Staat. Es war aussichtslos!

Ein gutes Gespräch – oder war es eine Falle? Man konnte niemandem so richtig trauen, wie ich Jahre später erfuhr. Denn auch ich wurde »gelistet«. Nun *war es an der Zeit. In meinem Leben musste etwas Fundamentales passieren! Hierbleiben, aushalten und leiden oder eine Frau aus dem Westen heiraten?*

»ABHAUEN« – WAR DIE EINZIG WIRKLICHE ALTERNATIVE FÜR MICH!

Es gab viele Alternativen: Ostsee, Berlin und seine Gewässer, die Grenze zwischen der Tschechoslowakei und Bayern, die Botschaften in Prag und Budapest, von Jugoslawien oder Ungarn über die Grüne Grenze nach Österreich. Doch all das war nicht ohne Gefahr für Leib und Leben. Eine – risikoärmere – Möglichkeit gab es noch: Heirat mit meiner Westbekannten, mit der ich im Briefwechsel stand. Sie wusste noch nichts von dieser genialen Idee. Vielleicht hätte sie auch zugestimmt! Ach nee – besser nicht! Es musste auch anders gehen.

»Alles musste genau geplant sein, denn ich wollte ja nicht in einem Zuchthaus oder mit einer Kugel im Rücken enden.«
WÖRTLICHES ZITAT VON DIPL.-ING. KALMAN KIRCHNER.

ERSTE BERICHTE VON GEGLÜCKTER FLUCHT *Trotz meines jugendlichen Alters hatte ich beruflich bereits sehr viel erreicht, verfügte über ein entsprechendes Einkommen und konnte deshalb – für DDR-Verhältnisse – gut leben. Dennoch wollte ich in diesem Regime, das nur auf Lügen und Bespitzelung aufgebaut war, keinesfalls mein ganzes Leben verbringen. Außerdem konnte ich es nicht mehr länger ertragen, in diesem weitläufigen »Gefängnis« des Ostblocks eingesperrt zu sein. Und selbst bei Reisen in diese Staaten musste man bei den Behörden »Bittgesuche« einreichen. Ich hatte einfach »die Schnauze« voll und beschloss, die nächste reelle Chance für eine Flucht zu nützen.*

Obwohl wir im »Tal der Ahnungslosen« lebten, zwar kein Westfernsehen, jedoch westliche Rundfunksender empfangen konnten, waren wir über weltpolitische Ereignisse via Radio gut informiert. Im Frühjahr 1989 verfolgten wir mit besonderem Interesse die Berichte über den Abbau der Grenzanlagen an der ungarischen Grenze zu Österreich. Als ich zu Beginn des Sommers hörte, dass viele DDR-Bürger die Ausreise über die Deutsche Botschaft in Budapest bzw. Prag versuchten und dort festsaßen, schloss ich diese Möglichkeit zur Flucht aus. Dass ich noch in diesem Sommer flüchten werde, stand für mich jedoch jetzt fest. Und es wird von Ungarn aus geschehen.

MEINE FLUCHT – DRESDEN, BALATONALMÁDI, LUTZMANNSBURG

Da ich nun die Reiseerlaubnis für den Urlaub auf dem Plattensee erhalten habe, kann ich meine Flucht bis ins Detail planen. Ganz wichtig ist, dass ich unbedingt »dicht« halte. Nur meine Eltern und mein Freund Hartmut werden in die Fluchtpläne »eingeweiht«. Ich kopiere meine Studiendiplome, Zeugnisse sowie sonstige wichtige Dokumente und verstecke mit meiner Mutter (sie sollte nach meiner Flucht wissen, wo sich diese befinden) die Originale.

Nach einem intensiven Kartenstudium scheint mir auch eine Flucht über Jugoslawien nach Österreich möglich. Ich weiß nämlich, dass die Grenze von Ungarn nach Jugoslawien nicht so streng bewacht ist. Außerdem hat meine Cousine mit ihrem Mann im Mai 1989 diese Fluchtroute gewählt. Für mich aber keine Option, weil mir der Weg einfach zu weit und zu stressig schien. Eine weitere Möglichkeit wäre die Flucht durch den Neusiedler See, der ja nicht tief ist und daher wahrscheinlich »durchwatet« werden kann. »Aber das Wasser? Nee, das ist auch nicht mein Ding«!

Ich studiere die Landkarte Ungarns und finde südlich vom Neusiedler See eine parallel zur Grenze verlaufende Straße. »Da muss es sein! Dort werde ich flüchten, beschließe ich.«

ERST EINMAL DEN URLAUB GENIEẞEN Doch bevor ich das Abenteuer durch den Eisernen Vorhang in die Freiheit wage, will ich am Plattensee noch schöne Ferien verbringen.

> **»Es könnten ja für längere Zeit meine letzten Ferien sein. Bei einer Festnahme wäre es durchaus möglich, dass ich in einem Zuchthaus der DDR lande. Dass mein Leben im Kugelhagel ungarischer Grenzer ein Ende findet, davon gehe ich nicht aus.«**
> WÖRTLICHES ZITAT VON DIPL.-ING. KALMAN KIRCHNER.

DIE REISE IN EINE UNGEWISSE ZUKUNFT BEGINNT Ich achte besonders darauf, dass sich die Vorbereitungen für den Urlaub nicht von jenen der letzten Jahre unterscheiden. Man weiß ja nie!

Wir schmuggelten wieder, was »das Zeug« hielt. In Ungarn hatten wir daher so viel Geld, dass wir auch das Nachtleben so richtig genießen konnten. Durch den Verkauf der geschmuggelten Waren stand uns mindestens die zehnfache

Summe des zugelassenen Umtausches von DDR-Mark in Forint zur Verfügung.

»Honi« wollte ›seine‹ Bürger im Ausland immer schön kurzhalten. Mit uns aber nicht, Erich!«
WÖRTLICHES ZITAT VON DIPL.-ING. KALMAN KIRCHNER.

Um die Hausratsgegenstände aus der DDR ausführen zu können, benötigten wir die entsprechende Zollerklärung. Die gab es allerdings nur als ein Exemplar mit der Reisegenehmigung. Mit dieser konnte man dann noch einmal 100,- DDR-Mark bei einer ungarischen Bank in Forint umtauschen. Wollte man mehr umtauschen, benötigte man dazu weitere Zollerklärungen. Für mich auch kein Problem. Ich hatte ja einen Bekannten, der in einer Druckerei arbeitete. Für ihn stellte sich nur die Frage, wie viele ich brauchen würde. Nach einem Discobesuch übergab er mir 200!!! Stück an »Blanko-Zollerklärungen«. Das war für ihn ebenso »hochgradig« gefährlich wie für uns, weil es absolut illegal war.

DER LETZTE URLAUB ALS »ARMER OSSI« *Nun verabschiede ich mich von meinen Eltern. Meine Mutter kann ihre Tränen nicht unterdrücken. Ist es ein Abschied für Wochen, Monate oder Jahre? Niemand weiß es!*
Auf dem Bahnhof in Dresden treffe ich mich mit meinen Kumpels. Jeder hat im Gepäck fast nur Schmuggelware und ein paar persönliche Sachen, den Rest können wir in Ungarn kaufen. Wir steigen in den Zug und fahren als Gruppe von sechs oder sieben Freunden in Richtung Budapest ab. In dieser Konstellation sollte es unser letzter gemeinsamer Urlaub sein. Meine Fluchtpläne kennt nur mein bester Freund Hartmut Große, der noch nicht weiß, ob er mit mir flüchten wird. Doch während der drei Urlaubswochen steigt auch bei ihm der Drang nach Freiheit – was immer wir uns auch davon erwarten.
Am Plattensee genießen wir vorerst einmal unseren Urlaub in »vollen Zügen«. Tagsüber liegen wir am Strand, suchen die zahlreichen Buffetts auf und beobachten die hübschen ungarischen Frauen im Bikini. Abends gehen wir nahezu täglich in den »affengeilsten« Club am See. Wir haben schnell herausgefunden, dass sich unter den DDR–Urlaubern auch »Stasispitzel« befinden. Den einen oder anderen können wir enttarnen, weil er sich einfach zu blöd anstellt – und das macht uns so richtig Freude. Doch von Tag zu Tag weicht die Urlaubsstimmung der Angst vor meiner geplanten Flucht. Außerdem erfahren wir durch die Bild-Zeitung, dass ein DDR-Bürger von einem ungari-

schen Grenzsoldaten, beim Versuch, die Grenze zu überschreiten, erschossen worden war. Auch das noch! Ich halte aber an meinem Fluchtplan fest.

DER TAG »X« NAHT Da ich nicht weiß, wie ich zur Grenze bzw. an welcher Stelle ich durch den Eisernen Vorhang kommen soll, beschließe ich, einen ungarischen Kumpel zur fragen. Ein »Volltreffer«, wie sich sofort herausstellt. Er hat nämlich einen Bekannten, der Angehöriger der ungarischen »Kampfgruppen« (laut seinen Aussagen gehörten diese Kampfgruppen nicht zum offiziellen Grenzschutz. Es handelte sich dabei um zusätzlich abkommandierte, bewaffnete Kräfte, die für mich mit DDR-Kampfgruppen gleichzusetzen waren) ist und nicht nur die Löcher im Stacheldrahtverhau kennt. Der Mann weiß auch, wann und wo die Grenze nur eingeschränkt bewacht wird. Wir nehmen meine Landkarte, die nur mehr aus dem Grenzgebiet zwischen Österreich und Ungarn besteht und suchen nach einer geeigneten Stelle.

»Die Fahrt zur Grenze musste unbedingt mit einem in Ungarn zugelassenen PKW erfolgen, weil Autos aus der DDR von der ungarischen Polizei an der Zufahrt gehindert und zurückgeschickt wurden.«
WÖRTLICHES ZITAT VON DIPL.-ING. KALMAN KIRCHNER.

Durch einen Zufall lernen wir in unserer »Lieblingsweinstube« zwei Familien aus Bayern kennen. Wir freunden uns mit ihnen an und erzählen ihnen bei guter Weinlaune von unserer geplanten Flucht. Ein Glück, denn sie bieten uns an, unsere Koffer mit der Kleidung über die Grenze nach Österreich zu bringen. Super, denn nach gelungener Flucht haben wir wenigstens etwas zum Anziehen.

26. AUGUST 1989 – DER TAG »X« IST GEKOMMEN – WIR FLÜCHTEN Da unsere Aufenthaltsberechtigung mit 27. August 1989 endet, sind unsere Kumpels bereits abgereist. Hartmut und ich packen die nötigsten Sachen samt der »Fluchtkarte« in eine Umhängetasche und verabschieden uns von unseren ungarischen Freunden.

Unser Fahrer, dem ich meine letzten 200.- DM gegeben habe, wartet bereits auf uns. Wir steigen ein und fahren los. Auf der etwa 160 Kilometer langen Strecke zur Grenze legen wir nur einmal eine kurze Rast ein und erreichen etwa gegen 18:00 Uhr die auf der Landkarte gekennzeichnete Stelle, die nächst des ungarischen Dorfes Zsira liegt. Nachdem wir uns von unserem »Schleuser«

verabschiedet haben, suchen wir in einem Maisfeld Deckung. Nun sind wir auf uns allein gestellt. Da wir erst jetzt so richtig fühlen können, was mit uns im Falle einer Festnahme geschieht, treibt es uns den Angstschweiß aus den Poren und unseren Herzschlag kann man wahrscheinlich bis »Dresden« hören. Doch es hilft nichts – da müssen wir durch, und wir werden es schaffen!

»Als wir zwei Fasane aufscheuchen, haben wir richtig ›Schiss‹, weil Grenzsoldaten auf uns aufmerksam werden können.«
WÖRTLICHES ZITAT VON DIPL.-ING. KALMAN KIRCHNER.

Wir müssen aber durch dieses Maisfeld, weil es laut Mitteilung unserer ungarischen Freunde direkt an der Grenze endet. Im Schutz der etwa zwei Meter hohen »Maisstauden« pirschen wir uns bis zum Ende des Feldes. Doch dann folgt die Ernüchterung. Denn wir kommen nicht wie erwartet zum Grenzzaun. Vor uns liegt nämlich ein etwa dreihundert Meter breiter, abgeernteter Acker. Zu all dem Unglück müssen wir auch noch feststellen, dass sich links und rechts davon je ein Wachturm mit bewaffneten Soldaten befindet.

ZURÜCK? NIEMALS! Na bravo! Das hat uns gerade noch gefehlt. Man kann sich eben auf nichts und niemanden verlassen. Was tun? Unsere Deckung können wir keinesfalls verlassen. Man würde uns sicher entdecken. Und dann? Festnahme, zurück in die DDR und ab in den Knast! Obwohl sich beim Anblick der beiden Wachtürme unser Pulsschlag weiter erhöht und wir kräftiges Muffensausen haben, beschließen wir, dass wir keinesfalls zurückgehen werden.

Also, erst mal entkrampfen, runterkommen, nachdenken und warten. Wir nehmen eine Beruhigungstablette und warten bis es dunkel wird. Da fällt mir plötzlich ein, dass meine Tasche schneeweiße Träger hat, die herrlich leuchten. Tarnen ist nun angesagt – und das habe ich ja in der Volksarmee gelernt. Stroh liegt genug herum – und das wickle ich, so gut es geht, um diese Bänder.

SALVEN AUS MASCHINENGEWEHREN Mittlerweile ist es acht Uhr abends geworden. Die Dämmerung geht schön langsam in Dunkelheit über. Wir stehen nun vor der wichtigsten Entscheidung unseres noch so jungen Lebens. Vor oder zurück? Aber die ist ja bereits gefallen. Doch mit einem Mal wird die Stille unterbrochen. Schüsse aus Maschinengewehren peitschen durch die Nacht und treiben uns den Angstschweiß aus den Poren.

»Die Ungarn schießen also doch! Diese Schweine! Es ist also doch wahr, was in der Bildzeitung über den ersten Toten an der Grenze gestanden hat.«
WÖRTLICHES ZITAT VON DIPL.-ING. KALMAN KIRCHNER.

Nun ist es gewiss. Den Schießbefehl gibt es als doch noch. Wir sind kreidebleich und haben richtige Angst, ja richtige Angst, obwohl die Schüsse nicht von den Wachtürmen, die vor unserer Nase stehen, kamen. Nun gehen wir wieder ein Stück zurück in das Maisfeld und wissen, dass wir im ungünstigsten Fall mit dem Leben spielen.

SPRINT BIS ZUR NÄCHSTEN DECKUNG Nachdem sich der Schock gelegt hat, erkunden wir die Lage und erblicken in einer Entfernung von etwa 20 Metern einen riesigen Stroh- bzw. Heuhaufen. Diesen wollen wir erst mal erreichen, was uns nach einem kurzen Sprint auch gelingt. Nun erkennen wir aus nördlicher Richtung ein Licht, das direkt auf uns zukommt. Ein Auto? Wir wissen es nicht. Wir verkriechen uns und warten auf die »Vollstreckung«. Jetzt sind wir richtig in Panik, weil wir überzeugt sind, dass sie uns erwischt haben. Gleich werden wir verhaftet, aus die Maus, Auslieferung, Knast, Ende! Doch das Licht verschwindet wieder. Fehlalarm! Ein Stein fällt uns vom Herzen und wir beginnen uns langsam zu beruhigen.

WIR RENNEN WAS DAS ZEUG HÄLT Es ist nun 21:00 Uhr und stockdunkel. »Sollen wir es wagen«, fragen wir uns. Jetzt oder nie! Die endgültige Entscheidung ist gefallen. Wir nehmen allen Mut zusammen, kriechen um den Heuhaufen und laufen wie die Hasen um ihr Leben. Inmitten der beiden Wachtürme – in Richtung Grenze. Obwohl die Freiheit zum Greifen nahe ist, scheinen diese wenigen Meter in der Totenstille endlos zu sein. Wir laufen und laufen, bis ich in einem »bauchhohen« Gebüsch über Reste von Stacheldraht stürze und mir meine Jeanshose zerreiße.

»AUSTRIA – WIR HELFEN!« – ES IST GESCHAFFT! Ich bin aber sofort wieder auf den Beinen und laufe – alle Kräfte gebündelt, und das Ziel vor Augen – weiter. Wir springen wie »die Rehe« über die uns im Weg stehenden Büsche und Sträucher, die Gott sei Dank, nicht allzu hoch sind. Völlig außer Atem und mit den Kräften am Ende entdecken wir Schilder mit einem roten »A«. Darauf steht: »Austria – wir helfen!« Jetzt fallen wir uns vor Freude in die Arme und danken Gott, dass wir es unversehrt geschafft haben. Es ist einer der aufregendsten

Momente in meinem Leben. Einer der verrücktesten Tage überhaupt. Wir sind in diesem Augenblick einfach verrückt! Zunächst dämpfen wir erstmal unsere Gefühle, weil wir aufpassen müssen, nur ja nicht in die falsche Richtung zu laufen. Alles schon passiert. Doch so blöd wollen wir nicht sein!

WILLKOMMEN IN DER FREIHEIT!

Das letzte Fragment meiner Karte sagte mir, dass wir nach Lutzmannsburg kommen müssten. Und so war es auch. Durch die stockfinstere Nacht, die nur von ein paar Sternen am Himmel erhellt wurde, gingen wir an einem Weinberg entlang, vorbei an einem Friedhof und kamen nach ca. 20 Minuten zu einem Haus. Da niemand zu sehen war, klopften wir an das Fenster. Eine ältere Frau schaute durchs »Guckloch«, schlug die Hände zusammen und sagte: »Geht ins Dorf zum evangelischen Pfarramt. Ich werde dort anrufen.« Dankbar machten wir uns auf den Weg in Richtung Kirchturm. Schicke Häuser, gepflegte Gärten und saubere Straßen – ja das waren unsere ersten Eindrücke vom »Goldenen Westen«.

EIN SCHNAPS ZUR BEGRÜSSUNG *Wir liefen direkt der Pfarrerin in die Arme, die bereits vor dem Pfarrhaus auf uns wartete. Zur Beruhigung schenkte sie uns erst mal einen Schnaps ein – und der tat uns gut! Im Dorf gab es einen »weiblichen« Bereitschaftsdienst. Einige Frauen im Ort hatten sich über Initiative der Pfarrerin bereit erklärt, Flüchtlinge, die nicht sofort nach Wien gebracht werden konnten, bei sich aufzunehmen. Binnen kürzester Zeit kam Frau Magedler und brachte uns zu ihrem Wohnhaus. (Siehe Interview mit Margarete Magedler:* **»WILLKOMMEN IN ÖSTERREICH!«**, *sagten die Gendarmen und nahmen den Flüchtlingen die Angst vor der Uniform.) Neuerlich wurden wir aufs herzlichste begrüßt. Sogar die Kinder wurden geweckt, um uns sehen zu können. Wir waren die ersten »Ostler« in dieser Familie. Nach dem Duschen bekamen wir ein festliches Abendmenü serviert. Wahnsinn! Doch mit einem Mal gerieten wir beinahe wieder in Schockstarre. Etwas später kam nämlich der Hausherr und teilte uns mit, dass er die Gendarmerie verständigen müsse.*

»Uns fuhr gleich mal der Schock in die Glieder, weil Erichs Vasallen verlauten ließen, Österreich liefere geschnappte Flüchtlinge an die DDR aus.«
WÖRTLICHES ZITAT VON DIPL.-ING. KALMAN KIRCHNER.

Doch unsere Angst entbehrte jeder Grundlage. Minuten später klingelte es. Die Gendarmen – zwei großgewachsene Männer – betraten die Küche. Obwohl uns Herr Magedler gesagt hatte, dass wir nichts zu befürchten hätten, waren wir doch beim Anblick der Uniformen etwas geschockt. Doch das änderte sich schnell. Die Beamten waren sehr freundlich und begrüßten uns mit den für uns sehr erleichternden Worten: »Grüß Gott und herzlich willkommen in der Freiheit«. Und dann gab es gleich noch mal einen Schnaps für alle.

Um die Richtigkeit unserer Angaben zu bestätigen, wiesen wir uns mit unserem »Ost-Personalausweis«, den wir ja dabeihatten, aus. Als auf die Frage nach unseren Berufen zweimal das Wort »Diplomingenieur« fiel, schüttelte einer der Gendarmen nur den Kopf und sagte zum anderen:

»Ach, dem armen Erich laufen die ganzen guten Leute weg.«

Nachdem wir den Gendarmen erklärten, wo wir die Grenze überschritten hatten, wunderten sich diese. Sie waren nämlich etwa eine halbe Stunde nach unserer Flucht an der gleichen Stelle. Dabei hatten sie festgestellt, dass auf ungarischer Seite alles hell erleuchtet war und ein Großaufgebot von Grenzsoldaten das Gebiet durchsuchte. Schwein gehabt! Doch die nächste Mitteilung traf uns wie ein Keulenschlag.

WIR HATTEN DAS NICHT FÜR MÖGLICH GEHALTEN *Die Gendarmen erklärten uns, dass exakt dort, wo wir die Grenze überschritten hatten, vor einigen Tagen (21. August 1989) ein Flüchtling aus der DDR erschossen worden war. Unsere Gesichter erblassten, sofern das unsere Urlaubsbräune nicht überdecken konnte. Das war ein Schock. Zumal wir Tage zuvor noch am Strand durch die Bild-Zeitung davon erfahren und gar nicht so richtig daran geglaubt hatten.*

Nachdem sich die Gendarmen verabschiedet hatten, durften wir unsere Eltern anrufen. Meine Mutter klang am Telefon etwas bedrückt, aber doch irgendwie auch glücklich und erleichtert. Auf jeden Fall war sie froh, dass mir nichts passiert war. Der Vater meines Freundes meinte nur: »Das habt ihr gut gemacht, Jungs!«

»DIE KUNDE HÖR' ICH WOHL, ALLEIN MIR FEHLT DER GLAUBE« *Am nächsten Morgen gingen wir mit Herrn Magedler zur Kirche. Der Gottesdienst wurde vom Superintendenten der evangelischen Kirche, Dr. Gustav Reingrabner,* *gehalten. Während der Predigt sprach er von dem tödlichen Zwischenfall an der Grenze und richtete dabei seine Blicke immer wieder auf uns. Er erklärte, dass er nach dem tragischen Ereignis mit dem ungarischen Grenzwachekommandanten gesprochen habe. Der Offizier versicherte ihm, dass so etwas nie mehr passieren würde.*

»Die Leute sollen bei Tag über die Grenze gehen, dann können die Soldaten unterscheiden, um wen es sich handelt und werden auch nicht schießen.«
WORTE EINES UNGARISCHEN GRENZWACHEOFFIZIERS WÄHREND EINES GESPRÄCHES ZWISCHEN IHM UND DEM SUPERINTENDENTEN, DIE TEIL SEINER PREDIGT AM 27. AUGUST 1989 WAREN.

Und die Schüsse vom Vorabend? Das war keine Einbildung! Das waren nicht unbedingt beruhigende Worte – mit Rückblick auf das, was wir nur wenige Stunden zuvor erlebt hatten.

Nach dem Gottesdienst kam der Pfarrer direkt auf uns zu, drückte uns die Hände und meinte: »Ich habe schon bemerkt, dass euch meine Ansprache sehr bewegt hat.« Er hatte recht, denn wir haben richtig gewürgt und konnten »das Wasser in den Augen« kaum zurückhalten.

LUTZMANNSBURG – WIEN – GIEßEN

Als wir uns noch auf ungarischer Seite befanden, haben wir mit Sorge daran gedacht, wie wir wohl nach Wien zur Botschaft und dann weiter nach Westdeutschland kommen werden.

»Im Alpenland regelten sich die Sachen wie von selbst. Wir mussten uns um gar nichts kümmern. Gecharterte Reisebusse brachten die Flüchtlinge – und selbstverständlich auch uns – von den Sammelstellen direkt zur Deutschen Botschaft nach Wien.«
WÖRTLICHES ZITAT VON DIPL.-ING. KALMAN KIRCHNER.

NOCH IMMER ANGST VOR DER STASI *In der Botschaft bekamen wir etwas Taschengeld und das Ticket für die Bahnfahrt nach Gießen. Danach wurden wir mit einem Bus in ein Hotel gebracht. Da wir bis zum nächsten Morgen Zeit hatten, schauten wir uns die österreichische Hauptstadt an. Die Angst vor der »allgegenwärtigen« Stasi hatten wir noch immer nicht abgelegt, weil* wir ständig auf der »Lauer« waren. Wir fürchteten uns, dass wir so kurz vor dem Ziel doch noch gekidnappt werden könnten. Doch ganz ließen wir uns die gute Stimmung nicht verderben, genossen das Flair dieser schönen Stadt und aßen – wie sollte es anders sein – ein Wiener Schnitzel.

UNFASSBAR! FREUNDLICH AUCH IN UNIFORM Am nächsten Morgen fuhren wir mit einem Sonderzug nach Gießen ((Bundesland Hessen, etwa 65 Kilometer von Frankfurt/Main entfernt). An der Grenze zur Bundesrepublik stiegen Beamte des Bundesgrenzschutzes zu. Als wir die Uniformen sahen, dachten wir sofort an unsere »Schergen« in der DDR und betrachteten sie mit einem etwas unguten Gefühl. In unserem vorherigen Leben konnten wir ja nicht ahnen, dass man selbst in Uniform freundlich sein kann. Nach unserer Ankunft trugen sie einigen Flüchtlingen sogar die Taschen! Unfassbar! Das wäre einem ostdeutschen (»Volks«) Polizisten nie eingefallen. Und dabei waren Uniformierte jahrelang unsere Klassenfeinde....

MEIN NEUES LEBEN BEGINNT IN PFAFFENHOFEN Im Aufnahme- und Übergangslager Gießen mussten wir vorerst alle Behördenwege erledigen. Der lange Arm der Stasi reichte bis in dieses Lager. Doch manche verhielten sich so tollpatschig, dass man sie schnell enttarnt hatte.

Als ein Flüchtling einen Stasi-Spitzel im Lager erkannte, wollte man ihn in eine Mülltonne stecken und verbrennen. Soweit kam es dann zu seinem Glück doch nicht. Er wurde von der Polizei abgeholt.
PERSÖNLICHE WAHRNEHMUNG VON DIPL.-ING. KALMAN KIRCHNER.

Die Tage vergingen mit Anstellen und Warten. Doch wir waren endlich frei und nahmen es daher sehr gelassen. Nach vier endlosen Tagen waren die Formalitäten erledigt. Es blieb aber auch Zeit für eine Besichtigung der »Mainmetropole« Frankfurt/Main. Dabei lernten wir in einer Kneipe zwei etwas »schräge Typen« kennen. Mit ihnen schlugen wir uns eine Nacht – unter anderem auch im »Rotlichtmilieu« – um die Ohren.

Nach Erledigung der Formalitäten waren wir nun »richtige« Bürger der Bundesrepublik Deutschland und konnten das Lager verlassen. Unsere bayrischen Freunde, die wir am Plattensee kennengelernt hatten, kamen zu uns und brachten uns die in Ungarn übernommenen Koffer. Danach chauffierten sie uns mit ihrem 7er BMW nach Nürnberg. Mit ihnen verbrachten wir das Wochenende und fuhren am Sonntagnachmittag nach Pfaffenhofen (liegt im Bundesland Bayern, etwa 55 Kilometer nördlich von München) zu meinen Verwandten. Wir konnten sofort bei unserem Gastgeber arbeiten und verlegten mit ihm Flexrohre für Fußbodenheizungen und installierten Wasserleitungen in neu errichteten Luxushäusern. Parallel dazu schrieb ich sechs Bewerbungen und bereitete mich auf die Vorstellungsgespräche vor. Bereits zwei Monate nach meiner Flucht hatte ich in Starnberg (27 Kilometer südlich von München) einen Job – entsprechend meiner Ausbildung als Vertriebsingenieur bei der Carl Basel Lasertechnik GmbH – gefunden. Die hohe Qualität der Ausbildung im Osten wurde auch im Westen geschätzt. Obwohl ich eine gute Anstellung gefunden hatte, blickte ich mit etwas Wehmut in meine Heimat, weil ja meine ganze Familie im Osten Deutschlands geblieben war. Immer wieder spielte ich mit dem Gedanken, meinen Lebensmittelpunkt wieder in den Raum Dresden zu verlegen, blieb aber bis zum Jahr 1991 in diesem Unternehmen.

VIER MONATE NACH MEINER FLUCHT ZUM ERSTEN MAL NACH HAUSE Mein Vater besuchte mich noch vor dem Mauerfall in Starnberg. Die Reise in den Westen wurde ihm zu einem runden Geburtstag eines Verwandten genehmigt.

Ich selbst reiste im November 1989 das erste Mal zurück zu meinen Eltern. Als ich mich der Grenze näherte, hatte ich zwar nicht unbedingt Angst, die Gefühle waren aber doch sehr eigenartig....

Kalman Kirchner (links) und Hartmut Große suchten nur ein Jahr nach ihrer Flucht jene Stelle auf, an der sie unter Einsatz ihres Lebens den Eisernen Vorhang überwunden hatten.

Zu meinen Freunden in meinem Heimatort habe ich regelmäßig Kontakt. Dort leben auch meine Eltern, die ich oft besuche. Die Stadt kann ich von Dresden, wo ich meinen ständigen Wohnsitz habe, binnen einer Stunde mit dem Auto erreichen. Außerdem liegt unsere Tochterfirma auf halber Strecke.

AUFBAU EINER NEUEN EXISTENZ Nach dem Mauerfall überlegte ich, mich selbständig zu machen. Ausschlaggebend war dabei nicht nur der Reiz an der Idee, sondern auch die angebotene Unterstützung, die mir der damalige Geschäftsführer des Unternehmens für eine Gründung eines eigenen Laserlohnbetriebes im Osten anbot. Diese Chance ließ ich mir nicht entgegen. Im Frühjahr 1991 gründete ich in Dresden – mit meinem damaligen Schwager – den wahrscheinlich ersten Lohnbetrieb für Laserbeschriftung im Bereich der ehemaligen DDR.

30 JAHRE DANACH – ALLES RICHTIG GEMACHT

Inzwischen gibt es zwei Unternehmen, die wir führen: die **KIRCHNER UND MÜLLER LASERTECHNIK GMBH** und die **DREMICUT GMBH**. Wir beschäftigen derzeit knapp 30 Mitarbeiter.
Wie die Zeit gezeigt hat, habe ich damals die richtige Entscheidung getroffen. Ich habe alles richtig gemacht! Das Risiko, meine Familie Jahre nicht zu sehen, das Risiko, meine Gesundheit zu riskieren, ja, sogar mein Leben – wie es traurigerweise auch geschah – hat sich gelohnt.
Ohne meine Flucht hätte ich allerdings die Grundlagen dazu nicht erarbeiten können. Im Nachhinein muss ich einfach sagen: es hat sich gelohnt...

DANKE AN MEINE HELFER Zur Familie Magedler, die mich so herzlich aufgenommen hat, habe ich noch regelmäßig Kontakt. Die netten Menschen in Lutzmannsburg werde ich immer in Erinnerung behalten. Seit der Flucht habe ich meine einstigen Helfer bereits mehrmals besucht. Besonders gefreut habe ich mich, dass auch sie bei mir in Dresden zu Gast waren. Zwischenzeitlich haben sich noch weitere Kontakte ergeben, wie etwa mit Erich Oberhauser aus Neckenmarkt, der durch Zufall den mittlerweile verstorben Stiefvater meines Geschäftspartners – schon zu DDR-Zeiten – in Ungarn kennen gelernt hatte. Die Welt ist klein!!!

QUELLE: INTERVIEW MIT KALMAN KIRCHNER SOWIE AUSZÜGE AUS DEM VON IHM VERFASSTEN BUCH: »MEINE EPOCHE OST«, ENGELSDORFER VERLAG

»WILLKOMMEN IN ÖSTERREICH!«, SAGTEN DIE GENDARMEN UND NAHMEN DEN FLÜCHTLINGEN DIE ANGST VOR DER UNIFORM

MARGARETE MAGEDLER, Jahrgang 1954, wuchs in der Gemeinde Lutzmannsburg, direkt am Eisernen Vorhang, auf. In ihre Kindheit fiel die Zeit des »Kalten Krieges« mit einer besonders intensiven Grenzüberwachung der Ostblockstaaten zum Westen. Soldaten – bewaffnet mit Maschinengewehren – patrouillierten entlang des Stacheldrahtverhaues bzw. beobachteten das Gelände von etwa zehn Meter hohen Wachtürmen und sorgten dafür, dass niemand diesen abscheulichen Zaun überwinden konnte. Schon im Kindesalter fuhr **»GRETE«** mit ihren Eltern auf die Felder, die direkt an dieser bedrohlichen Grenze lagen.

MARGARETE MAGEDLER kannte auch den »Sicherheitsstreifen«, der unmittelbar hinter dem Stacheldraht lag und immer wieder geeggt wurde. Waren Fußabdrücke im Erdreich, so musste dieser »Sicherheitsstreifen« von einem Flüchtling – dem dann auch die Flucht geglückt war – überquert worden sein. Das zeigte eine Lücke im Überwachungssystem, die man schnellstens schloss.

Trotz Abbau des Stacheldrahtverhaues im Jahre 1989, dauerte es noch Jahre, bis der Grenzübergang Lutzmannsburg – Zsira eröffnet werden konnte. »Das Band« wurde am 23. Februar 2002 durchschnitten. Wenn heute jemand über die Grenze fährt, denkt er kaum mehr daran, dass es vor noch nicht allzu langer Zeit einen Eisernen Vorhang gab. Doch Margarete Magedler wird Stacheldrahtverhaue, Wachtürme sowie bewaffnete Soldaten Zeit ihres Lebens in Erinnerung behalten und eine latente Scheu vor Uniformen und Waffen wahrscheinlich nie ganz ablegen können.

»Während bei der Eröffnung des Grenzüberganges die Hymnen aus Österreich, Ungarn sowie die Europahymne gespielt wurden, bekam ich Gänsehaut am ganzen Körper. Ich geriet in eine wahre Euphorie, hatte Freudentränen in den Augen und applaudierte.«

WÖRTLICHES ZITAT VON MARGARETE MAGEDLER

Während der Flüchtlingskrise im Sommer 1989 half »GRETE« bei der Versorgung der Flüchtlinge in der evangelischen Pfarre. Sie sammelten gemeinsam mit weiteren Frauen der Gemeinde Bettzeug, Polster, Decken und Lebensmittel. Zwei jungen Männern, die völlig verängstigt waren, hat sie in ihrem Wohnhaus Unterkunft gewährt. Wie man später erfahren hat, wurden beide von Mitarbeitern der Stasi überwacht bzw. bis über die Grenze nach Lutzmannsburg verfolgt. Das Telefon der Familie Magedler wurde ebenso wie jenes des örtlichen Gendarmeriepostens von der Stasi abgehört.

Ein Kontakt zwischen der Familie Magedler und den einstigen Flüchtlingen hat sich bis zur Gegenwart erhalten.

Eröffnung des Grenzüberganges Lutzmannsburg – Zsira am 23. Februar 2002

DIENSTPLAN FÜR DIE HELFER – TELEFONÜBERWACHUNG DURCH DIE STASI

Margarete Magedler erzählt, wie sie diese Tage im August 1989 erlebt hat: *Der Flüchtlingsstrom nahm vor allem ab Mitte August fast täglich zu, weshalb von der evangelischen Pfarre ein provisorisches Sammellager eingerichtet wurde. Dort versorgten wir die Flüchtlinge mit Lebensmitteln, Kleidern und Toilettenartikeln etc., die im Dorf gesammelt wurden. Unsere damalige Pfarrerin, Mag. Johanetta Reuss, hat die Koordination übernommen und den Flüchtlingen – wenn sie nicht sofort nach Wien gebracht werden konnten – im Pfarrhaus auch die Nächtigung ermöglicht. Da mit diesen Räumen nicht immer das Auslangen gefunden wurde, gab es einen »Dienstplan«, der genau auflistete, wer von uns an welchem Tag ein Quartier zur Verfügung stellt. Wenn es meine Zeit erlaubte, habe ich mit weiteren Helferinnen und Helfern aus dem Ort Sammlungen organisiert. Ich habe mich des Öfteren im Pfarrhaus eingefunden, um bei der Betreuung der Flüchtlinge zu helfen. Um die Hilfeleistung bestmöglich zu koordinieren, sollte die Sammelstelle nach Möglichkeit immer besetzt sein. Unsere Pfarrerin legte eine Liste auf, auf der sich jede Helferin bzw. jeder Helfer eintragen konnte.*

SCHRECKLICH *Bis zum 21. August 1989 war in der Gemeinde alles ruhig. Unsere Diensteinteilung funktionierte sehr gut. Flüchtlinge kamen über die Grenze, wir versorgten sie, und die Gendarmen veranlassten alles Weitere. Doch plötzlich überschlugen sich die Ereignisse. Lutzmannsburg geriet mit einem Mal in die Schlagzeilen sämtlicher Fernsehanstalten und Printmedien. Ein 36-jähriger Mann (Werner Schultz) fand – als er mit seiner Lebensgefährtin und dem gemeinsamen 6-jährigen Sohn flüchten wollte – bei einer Rangelei mit einem ungarischen Grenzsoldaten den Tod. (Siehe dazu einen ausführlichen* Bericht: **»DER LETZTE TOTE AM EISERNEN VORHANG«**)

SIE HATTEN NUR EINEN KLEINEN RUCKSACK BEI SICH *26. August 1989: Für diesen Tag habe ich mich laut Dienstplan bereit erklärt, in meinem Wohnhaus ein Zimmer für Flüchtlinge zur Verfügung zu stellen. Deshalb muss unser 4-jähriger Sohn zu uns ins Schlafzimmer »übersiedeln«. Ich weiß noch genau, dass es ein Wochenende war, weil ich als Lehrerin frei hatte.*

Es ist bereits Abend, als das Telefon läutet. Am anderen Ende der Leitung ist unsere Pfarrerin, die mir mitteilt, dass soeben zwei Burschen nach gelungener Flucht ins Pfarrhaus gekommen sind und ein Quartier für die Nacht benötigen würden. Ich setze mich sofort ins Auto, fahre zum Pfarrhaus und sehe die zwei jungen Männer, die nur einen kleinen Rucksack bei sich tragen. Sie stehen da wie ein »Häufchen Elend« – ängstlich und in verdreckten Kleidern. Mit einigen tröstenden Worten kann ich so einigermaßen ihr Vertrauen gewinnen. Beide steigen zu mir ins Auto. Wir fahren zu unserem Wohnhaus. Obwohl sie sich in Sicherheit wähnen könnten, haben sie die Angst nicht abgelegt und sprechen kaum. Als wir zu Hause sind, frage ich sie nach ihren Namen – Kalman Kirchner und Hartmut Große – und biete ihnen das »Du-Wort« an. Schön langsam werden sie etwas »mutiger«, bitten mich, duschen zu dürfen und ersuchen um frische Socken. Danach essen wir gemeinsam in der Küche.

Sie erzählen von ihrem Leben in der DDR sowie von ihrer Flucht, wobei sie ganz geschockt sind, weil sie noch immer die »Salven« aus einem Maschinengewehr im Ohr haben. Ich merke nun, dass sie immer gelöster werden, und die Angst langsam dem Vertrauen weicht. Doch plötzlich ändert sich alles. Es klopft an der Tür und zwei Gendarmen kommen herein. Als sie die Uniformen sehen, verfallen sie. Sie können kaum sprechen und geraten nahezu in Schockstarre.

»Als der Gendarm Anton Winter zu den beiden Flüchtlingen ›Willkommen in Österreich‹ sagt, kann ich ihre Erleichterung spüren. Ihr Gesichtsausdruck verrät mehr als tausend Worte.«
WÖRTLICHES ZITAT VON MARGARETE MAGEDLER.

Die Gendarmen nehmen die Personalien der beiden jungen Männer auf, wünschen einen schönen Abend und verabschieden sich. Kalman Kirchner und Hartmut Große sind ganz erstaunt, weil sie derartige Umgangsformen von Uniformierten in der DDR nicht gewohnt sind. Außerdem hat man ihnen zu Hause gesagt, dass sie auch von der österreichischen Exekutive im Falle einer Aufgreifung in die DDR zurückgeschickt werden würden. Dem ist aber nicht so. Wir sind alle zufrieden und gehen erst weit nach Mitternacht zu Bett. Vorher habe ich sie aber noch gefragt, was sie am nächsten Tag essen wollen. Damit haben sie scheinbar nicht gerechnet, weil es ihnen neuerlich fast die Sprache verschlägt. Sie wünschen sich einen Schweinebraten mit Knödel. Dieses Essen bereite ich gerne zu, weil ich aus ihrer Gestik und Mimik erkennen kann, dass sie sich von ganzem Herzen darüber freuen.

DANKGEBET IN DER KIRCHE 27. August 1989: Am Morgen nehmen wir gemeinsam das Frühstück ein. Dabei fragt mein Mann die beiden Flüchtlinge, ob sie mit ihm zur Kirche gehen wollen. Sie sind sofort einverstanden und besuchen mit ihm den Gottesdienst. Als sie nach Hause kommen, wirken sie wie verändert, denn sie sind in einer sehr positiven Stimmung.
Die Predigt wurde vom Superintendenten Dr. Gustav Reingrabner gehalten, der sie persönlich begrüßte, beiden tröstende Worte spendete und ihnen Hoffnung für die Zukunft in einem freien Land machte. Nach dem Mittagessen, das ihnen sichtlich schmeckte, äußerten sie die Bitte, unser Telefon benützen zu dürfen, um ihre Angehörigen in der DDR von ihrer geglückten Flucht zu verständigen. Selbstverständlich bin ich dieser Bitte gerne nachgekommen. Zu

diesem Zeitpunkt wusste ich jedoch nicht, dass unser Telefon von der Stasi abgehört wird. Kalman Kirchner hatte 25 Jahre nach seiner Flucht Einsicht in seine Stasi-Akte genommen. Daraus geht hervor, dass beide auch nach ihrer Flucht beschattet und unsere Telefongespräche ebenso wie jene des örtlichen Gendarmeriepostens abgehört wurden.

Kalman Kirchner und Hartmut Große wurden am Nachmittag zur Botschaft der Bundesrepublik Deutschland nach Wien gebracht und fuhren anschließend mit dem Zug weiter in die Flüchtlingssammelstelle Gießen. (Siehe Interview mit Dipl.-Ing Kalman Kirchner: **VOM »TAL DER AHNUNGSLOSEN« BIS NACH LUTZMANNSBURG IN DIE FREIHEIT***)*

30 JAHRE DANACH *Obwohl ich damals berufstätig (Lehrerin) war und drei Kinder zu versorgen hatte, war es für mich selbstverständlich, zu helfen. Die Menschen im Dorf sind allen Flüchtlingen mit Rat und Tat zur Seite gestanden. Sie haben in ihrer Freizeit selbstlos geholfen – wann und wo immer Hilfe nötig war. Viele Einheimische haben nicht nur Sachspenden zur Verfügung gestellt. Es gab eine Liste von Freiwilligen, die den geflüchteten DDR-Bürgern bei Bedarf die Nächtigung ermöglichten und sie mit Speisen und Getränken versorgten. Ich denke, dass sich alle Helfer gerne an diese Zeit erinnern und auch nach 30 Jahren stolz darauf sind, damals dabeigewesen zu sein und den Leuten in ärgster Not geholfen zu haben.*

Ich freue mich besonders, dass Kalman Kirchner und Hartmut Große unsere Familie auch nach 30 Jahren nicht vergessen haben und den Kontakt mit uns weiter aufrecht erhalten. Ihre Dankbarkeit zeigt uns, dass wir damals alles richtig gemacht haben.

NACH DER FESTNAHME DURCH UNGARISCHE GRENZSOLDATEN IM FLÜCHTLINGSLAGER AUF DIE LEGALE AUSREISE GEWARTET

Dr. Robert Breitner

DR. ROBERT BREITNER wusste bereits im Alter von acht Jahren was die Stasi ist und dass die Menschen in der DDR von deren Mitarbeitern bespitzelt werden. Das Warten bis zur Rente um legal ausreisen zu können, war für ihn keine Option. Deshalb entschloss er sich bereits im Alter von 18 Jahren zur Flucht. An der burgenländisch-ungarischen Grenze wurde er bei Répcevis (nähe Lutzmannsburg) von ungarischen Grenzsoldaten festgenommen. Nach dem Verhör setzten ihn die ungarischen Behörden mit der Auflage, Ungarn sofort in Richtung DDR zur verlassen, auf freiem Fuß. Er fuhr jedoch nach Budapest, fand in einem Flüchtlingslager des Malteser Hilfsdienstes Aufnahme und reiste am 10. September 1989 legal aus Ungarn aus.

»Ich werde nicht bis zur Rente auf eine legale Ausreise aus der DDR warten – das ist für mich keine Option.«

WÖRTLICHES ZITAT VON DR. ROBERT BREITNER BEI SEINEM ENTSCHLUSS, DIE DDR ZU VERLASSEN.

STACHELDRAHTZÄUNE, DIENSTHUNDE UND SELBSTSCHUSSANLAGEN MACHTEN EINEN AUSBRUCH AUS DEM »GEFÄNGNIS DDR« UNMÖGLICH

27. JUNI 2009 An diesem Tag gab es im Parlament in Budapest anlässlich des 20. Jahrestages zum Gedenken an den Fall des Eisernen Vorhanges einen Festakt.

ANMERKUNG: Am 27. Juni 1989 wurde der Stacheldrahtzaun im Wald bei Siegendorf, Bezirk Eisenstadt-Umgebung, von den beiden Außenministern Dr. Alois Mock (Österreich, *1934 - †2017, Außenminister von 1987 – 1995) und Gyula Horn (Ungarn, *1932 - † 2013, Außenminister 1988 – 1989) durchtrennt.

An dieser Veranstaltung durfte ich mit dem damaligen Landespolizeikommandanten, General in Ruhe, Nikolaus Koch, sowie mit dem Einsatzleiter – auf österreichischer Seite – beim »Tor zur Freiheit« in St. Margarethen, Oberst in Ruhe, Stefan Biricz, teilnehmen.

Ich – Wolfgang Bachkönig – habe damals im Parlament die Rede von Dr. Robert Breitner, der über seine Flucht berichtet hat, gehört, mit ihm »gelitten« und nie vergessen, welches Leid ihm widerfahren ist.

Als ich mich zehn Jahre danach entschloss, dieses Buch zu schreiben, waren meine ersten Gedanken, sein Schicksal – als Mahnung für Generationen, die diesen Eisernen Vorhang nur aus der Geschichte kennen – auch einer breiten Öffentlichkeit zur Kenntnis zu bringen. Nach zahlreichen Recherchen ist es mir gelungen, mit Dr. Robert Breitner Kontakt aufzunehmen. Ich bin sehr dankbar, dass er mir seinen Bericht zur Verfügung gestellt hat und ich diesen in meinem Buch veröffentlichen darf.

FOTO: WOLFGANG BACHKÖNIG

27: Juni 2009: Beginn der Feierlichkeiten vor dem Parlament in Budapest

FOTOS: WOLFGANG BACHKÖNIG

27. Juni 2009: Dr. Robert Breitner schildert vor zahlreichen Gästen anlässlich einer Gedenkfeier im Parlament zu Budapest die dramatischen Tage seiner Flucht

Dr. Robert Breitner nach seiner Ansprache im Parlament zu Budapest mit v.li.: General in Ruhe Nikolaus Koch – Landesgendarmerie– bzw. Landespolizeikommandant Burgenland von 2003 – 2012, Dr. Ursula Plassnik – Außenministerin der Republik Österreich von 2004 – 2008, Dr. Wolfgang Schüssel – Bundeskanzler der Republik Österreich von 2000 – 2007, Oberst in Ruhe Stefan Biricz, Bezirksgendarmeriekommandant des Bezirkes Eisenstadt-Umgebung. Biricz war Einsatzleiter auf österreichischem Hoheitsgebiet, als am 19. August 1989 etwa 750 DDR-Bürger durch das »Tor der Freiheit« bei St. Margarethen nach Österreich flüchten.

DR. ROBERT BREITNER, Jahrgang 1970, verbrachte seine Jugend in Kleinmachnow, einer Gemeinde mit ca. 20.000 Einwohnern im Landkreis Potsdam-Mittelmark, Bundesland Brandenburg. Sein Elternhaus lag nur etwa 300 Meter von der Zonengrenze zum damaligen West-Berlin entfernt. Obwohl die Menschen dies- und jenseits dieses Eisernen Vorhanges Sichtkontakt zueinander hatten, wurde durch diesen Menschen verachtenden Grenzzaun jegliche Begegnung miteinander unterbunden.

DR. BREITNER erinnert sich an sein Leben in der DDR sowie an seine Flucht, die ihn durch die Tschechoslowakei, über Ungarn und Österreich in die Bundesrepublik Deutschland führte: *Ich bin in der Gemeinde Kleinmachnow, einer Enklave (Enklave: ein vom eigenen Staatsgebiet eingeschlossener Teil eines fremden Staatsgebietes), die von Berlin umschlossen und nur über drei Brücken, die den Teltow-Kanal übersetzen, zu erreichen ist, aufgewachsen. Meine Kinder- und Jugendzeit verbrachte ich in unmittelbarer Nähe zur Berliner Mauer, zumal unser Haus nur etwa 300 Meter von der Zonengrenze zum damaligen West-Berlin entfernt war.*

»Militärfahrzeuge sowie patrouillierende Soldaten mit Maschinengewehren gehörten in dieser Region zum Alltag. Wegen dieser allgegenwärtigen Präsenz der sichtbaren Bewachung dort lebender Bürger entwickelte ich bereits in meiner frühen Jugend eine Abneigung gegen diesen Staat.«
WÖRTLICHES ZITAT VON DR. ROBERT BREITNER.

DER TODESSTREIFEN AN DER GRENZE – DURCH SELBSTSCHUSSANLAGEN, HUNDE UND SOLDATEN MIT MASCHINENGEWEHREN GESICHERT *In regelmäßigen Abständen versuchten Menschen über Kleinmachnow in den Westteil Berlins zu flüchten, weil die Grenze an den engsten Stellen nicht mehr als zehn Meter breit war. Trotz dieses scheinbar schmalen Grenzabschnittes befanden sich entlang des engen Streifens etwa pro 100 Meter ein hoher Grenzwachturm (der mit Grenzsoldaten besetzt war), zwei Stacheldrahtzäune sowie Hunde, die an einem Stahlseil angeleint waren und zur Menschenjagd frei umherlaufen konnten. An manchen Abschnitten waren sogenannte Selbstschussautomaten (bei Berührung eines gespannten Stahlseils wurde dieser Schussautomat ausgelöst, der dann Metallsplitter in alle Richtungen wie ein Gewehr oder eine Granate abfeuerte) aufgestellt. Zusätzlich patrouillierten bewaffnete Grenzsoldaten in Militärfahrzeugen zwischen den einzelnen Grenzzonen des Mauerabschnitts. Für eine Flucht sehr trügerische zehn Meter! Es gab Straßen in Kleinmachnow, wie »Wolfswerder« oder »An der Stammbahn«, wo die Häuser im sogenannten Grenzgebiet standen bzw. heute noch stehen. Auf der anderen Seite der Grenze, im West-Berliner Stadtbezirk Zehlendorf, waren die Eigenheime ebenfalls nur etwa zehn Meter von der Mauer entfernt, sodass sich die Menschen in Kleinmachnow und Berlin Zehlendorf gegenseitig in die Wohnzimmer blicken konnten.*

Bis zum Alter von 14 Jahren – glaube ich mich zu erinnern – durfte man die Häuser im Grenzgebiet von Kleinmachnow noch ohne eine Grenzgebietsbescheinigung betreten. Hatte man das 14. Lebensjahr überschritten, war dies nur mehr mit dieser schriftlichen Genehmigung möglich.

In den Häusern an der Grenze wohnten meist nur Menschen, die man von staatlicher Seite als »zuverlässig« einschätzte. In einem vorgegebenen zeitlichen Abstand kamen DDR-Grenzsoldaten und kontrollierten die Grundstücke dieser Häuser. Sie haben vorwiegend nach Leitern für einen eventuellen Fluchtversuch Nachschau gehalten. Besonders genau überprüft wurde das Erdreich, weil man befürchtete, dass an diesem schmalen Grenzbereich ein Fluchttunnel nach West-Berlin gegraben bzw. gebohrt werden könnte.

Kleinmachnow war zu allen Zeiten ein grüner Vorort von Berlin, in dem Politiker, Künstler und Privilegierte wohnten. Ich selbst bin in einem großen Haus mit einem sehr schönen Garten aufgewachsen. Meine Eltern, die beide Ärzte waren, bekamen eine Zuzugsgenehmigung für Kleinmachnow sowie dieses Haus angeboten, weil in der Gemeinde Ärztemangel bestand. Durch dieses Privileg wollte man sie für die Verlegung ihres Wohnsitzes bzw. einen Umzug nach Kleinmachnow gewinnen. Als Ärzte mussten sie einmal im Monat Bereitschaftsdienst leisten, wobei es durchaus sein konnte, dass sie auch in Häuser gerufen wurden, die in diesem Grenzgebiet standen.

ICH DURFTE KEIN ABITUR MACHEN – BESPITZELUNG DURCH DIE STASI Von September 1986 bis Februar 1989 erlernte ich im Volks-Eigenen-Betrieb (VEB) Elektronische Bauelemente Teltow, den Beruf eines Werkzeugmachers. Da unsere Eltern beide Ärzte und katholisch sind, durften meine um ein Jahr ältere Schwester und ich kein Abitur machen. Auch die von mir gewünschten Berufsausbildungen (Koch in einem guten Hotel oder Kraftfahrzeugschlosser) standen mir nicht zur Verfügung. Daher habe ich mich »entschieden« den mir zugewiesenen Ausbildungsberuf zu erlernen.

Nach meinem Lehrabschluss arbeitete ich bis Juni 1989 in jenem Betrieb, in dem ich auch den mir vorgegebenen Beruf erlernt habe. Dass die Stasi allgegenwärtig war, war nicht nur uns, sondern weit über die DDR hinaus bekannt. Man musste daher am Arbeitsplatz ebenso wie in der Öffentlichkeit mit Äußerungen, die sich gegen das Regime richteten, mehr als vorsichtig sein. Aus dem »Bauchgefühl« heraus hat man zwar erahnt, welche Kollegen für die Stasi arbeiten, Gewissheit darüber konnte aber niemand haben.

Durch diese Zwiespältigkeit im Alltag (in der Familie kann man sagen, was man denkt, außerhalb der Familie muss man ständig überlegen, wem man was und wo sagt) bekam man Erfahrung und konnte den »Schalter im Kopf« schnell und situativ umlegen. Dadurch habe ich genau gewusst, was ich überhaupt im Arbeitsalltag wem sagen kann und wem was nicht.

Meine Mutter war in jenem Unternehmen, in dem ich meine Berufsausbildung gemacht und kurze Zeit gearbeitet habe, Betriebsärztin, was einer privilegierten Tätigkeit (jedoch nicht finanziell) gleichkam. Auch mein Vater war in der Region als Chirurg rund um Kleinmachnow bekannt. Aufgrund dieser besonderen Stellung meiner Eltern ging man mit mir meist »rücksichtsvoller« um, weil keiner wusste, ob er oder sie über kurz oder lang einen Termin bei meinen Eltern brauchen würde. Obwohl man immer ein gutes Verhältnis zu mir suchte, gab es von einzelnen Kollegen vielfach Äußerungen, die mich indirekt zum Kundtun meiner Meinung aufforderten.

»Da mir stets bewusst war, welche Konsequenzen ein falsches Wort zur falschen Zeit haben konnte, vermied ich nach Möglichkeit jede Diskussion bzw. Stellungnahme zu den von ihnen angesprochenen Themen.«
WÖRTLICHES ZITAT VON DR. ROBERT BREITNER.

URLAUB IN UNGARN – »SCHICK MIR EINE POSTKARTE AUS ÖSTERREICH« *Eine besonders interessante Begebenheit trug sich im Mai 1989 in meiner Abteilung jenes Unternehmens, in dem ich beschäftigt war, zu. Ich hatte damals einen Antrag zur Ausstellung eines Visums für eine Reise nach Ungarn gestellt, weil ich beabsichtigte, über Ungarn nach Österreich und vor dort in die Bundesrepublik Deutschland zu flüchten. Eine Flucht bei Kleinmachnow oder einem anderen Grenzabschnitt der DDR schien mir zu gefährlich.*

Der Kommentar von zwei Kollegen (von denen ich annahm, dass sie für die Stasi arbeiteten) war, dass ich ihnen eine Postkarte aus Österreich schicken sollte, wenn ich dort angekommen wäre. Obwohl ich mit niemandem über meine Absichten gesprochen hatte, waren diese lakonischen Kommentare für mich dennoch beunruhigend. Ich habe auch befürchtet, dass die Stasi tätig werden wird, um die Ausstellung des Visums zu verhindern. Meine Reiseerlaubnis für den »Urlaub« habe ich bekommen und bin auch nach Ungarn gereist, wie ich später berichten werde.

SIE IST ALLGEGENWÄRTIG – DIE STASI Ich wusste bereits im Alter von etwa acht oder neun Jahren, was die Stasi ist und dass die Menschen in der DDR von ihr bespitzelt wurden. Ein Mitarbeiter der Stasi konnte jeder Mensch außerhalb der eigenen Familie (Mutter, Vater, Geschwister) sein, jedoch manchmal auch innerhalb des erweiterten Familienkreises oder in der Kirche sowie auf dem Arbeitsplatz, etwa ein Mitarbeiter oder Vorgesetzter. Bei Fahrten auf den Transitautobahnen – diese Autobahnen durften Westberliner bzw. Westdeutsche nicht verlassen – zwischen West-Berlin und den Grenzübergangsstellen nach Westdeutschland (wir befuhren diese Autobahnen regelmäßig, wenn wir Familienangehörige oder Freunde an einem anderen Ort innerhalb der DDR, die nur über diese Transitautobahnen erreichbar waren, besuchten) konnte man ebenfalls nicht sicher sein, ob man überwacht wird. Fahrzeuge der Stasi, die manchmal auch mit Westkennzeichen versehen waren, patrouillierten ständig auf diesen Autobahnteilstücken. Diese lückenlose Überwachung galt natürlich auch für Telefonate, die man jederzeit abhören konnte – und dies wahrscheinlich auch getan hat. Darüber hinaus wurden Pakete aus dem Westen in eigenen Paketzentren der Stasi geöffnet, bevor sie zugestellt wurden. Da man sich ständig bespitzelt fühlte, verlor dieses Gefühl der Gefahr für mich zunehmend an Bedeutung, weil es bereits Teil des »normalen« Alltags geworden war.

Von meiner Familie – sowohl väterlicher- wie mütterlicherseits –, lebte ein Großteil der Angehörigen im Westteil Berlins bzw. Deutschlands. Sie besuchten uns regelmäßig in der DDR, obwohl zahlreiche bürokratische Hindernisse zu überwinden waren. Der Antrag zur Einreise in die DDR musste mindestens einen Monat vorher von meinen Eltern bei den Behörden abgegeben werden – eine Ausnahme galt für die Schwester meines Vaters, die in West-Berlin lebte, weil Westberliner aufgrund des Viermächteabkommens kurzfristiger Einreisegenehmigungen erhielten. Außerdem war der Aufenthalt mit hohen Kosten verbunden – pro Person und Tag mussten 25 Deutsche Mark per Zwang in 25 DDR-Mark getauscht werden. Bei diesen Besuchen sprachen wir sehr offen über das Leben in Ost- und Westdeutschland, sodass ich dadurch, aber auch über das frei empfangbare West-Fernsehen und West-Radio über die Situation im »Westen« relativ gut (soweit man das von außen ohne eigene Erfahrungen dort sein konnte) informiert war.

Die Mutter meines Vaters etwa lebte in der Nähe von Stuttgart. Hatte er – oder auch andere nähere Verwandte – die Absicht sie zu bestimmten Jubiläen zu besuchen, konnte er einen Besuchsantrag stellen, wusste jedoch niemals, ob er die Genehmigung – insbesondere zum gewünschten Zeitpunkt – zu dieser Reise erhalten würde. Gleiches galt bei meiner Mutter, die ihrerseits ebenfalls derartige Anträge stellte. In den meisten Fällen wurde meinen Eltern diese Besuchsgenehmigung erteilt, es kam aber auch immer wieder vor, dass ein Gesuch abgelehnt wurde. Nur in Ausnahmefällen durften sie gemeinsam fahren, jedoch niemals mit uns Kindern. Als meine Großmutter an Krebs erkrankte, verweigerte man meinem Vater zunächst die Erlaubnis zur Ausreise. Erst als sie im Sterben lag, erhielt er die Genehmigung, die DDR zu verlassen, um sie ein letztes Mal zu sehen.

Dieses Ereignis hat sich damals bei mir als Kind so tief in mein Gedächtnis »gebrannt«, dass ich mein Land, in dem ich lebte, aufgrund der ungerechten und inhumanen Verhaltensweise ab diesem Zeitpunkt verabscheute. Ich begann diesen Staat zu hassen und konnte niemals vergessen, was man mir und meiner Familie angetan hatte. Schon damals hatte ich gehofft, dass meine Eltern einen Ausreiseantrag – zur Familienzusammenführung, wie es hieß – für die gesamte Familie stellen würden. Sie haben es aber – aus welchen Gründen auch immer – nicht getan. Das habe ich nach dieser abscheulichen Vorgangsweise der Behörden bereits als kleines Kind nicht verstanden.

WARTEN AUF DIE AUSREISE BIS ZUR RENTE – KEINE OPTION FÜR MICH In diesen Momenten der empfundenen Ohnmacht als Kind und Jugendlicher »reiften« in mir die ersten Gedanken zum Verlassen der DDR.

> **»Ich konnte es nämlich nicht mehr ertragen, keinen Einfluss auf die von mir als falsch und menschenverachtend eingeschätzten Entscheidungen der Politiker dieses Staates nehmen zu können.«**
> WÖRTLICHES ZITAT VON DR. ROBERT BREITNER.

Erst mit etwa 14 Jahren und eigenen Erfahrungen – nicht die eigene Familie im Westen besuchen zu können, nicht frei reisen zu dürfen und auch nicht die eigene Berufswahl treffen zu können – machte ich mir konkrete Gedanken, wie ich dieser DDR »den Rücken« kehren kann. Wenn nicht anders möglich, würde ich auch eine Flucht wagen. Außerdem wollte ich den erlernten Beruf nicht dauerhaft ausüben und ein Studium beginnen. Da ich wusste, dass ich diese Möglichkeiten in der DDR nicht habe, wurde mein Plan, zu flüchten, immer konkreter. Für Reisen in die »freie Welt vor dem Eisernen Vorhang«

gab es zum damaligen Zeitpunkt in diesem Staat nur eine Perspektive: warten bis man Rentner ist!!! Das war für mich keine Option. Zudem hatte ich bereits als Jugendlicher (im Alter zwischen 14 und 18 Jahren) über eine protestantische Kirchengemeinde meines Heimatortes Kontakt zu einer gleichartigen Glaubensgemeinschaft in Berlin-Zehlendorf, dem Stadtbezirk, der im Süden an Kleinmachnow grenzt.

Wir – einige Jugendliche aus Ost-Berlin – trafen uns damals mit unseren Freunden aus dem Westen in Wohnungen in Ost-Berlin und diskutierten viel über die unterschiedlichen Systeme in beiden deutschen Staaten. Viele meiner Freunde waren Kinder von Oppositionellen und Künstlern. Einige von ihnen landeten für das Singen von Liedern (Friedensliedern), die in der DDR verboten waren, auch im Gefängnis. Unsere Treffen fanden regelmäßig an den Wochenenden in verschiedenen Unterkünften statt, manchmal kamen wir auch in dem Haus meiner Eltern in Kleinmachnow zusammen.

GEDANKEN ZUR FLUCHT *Als »gelernter« DDR-Bürger wusste jeder, dass ein Fluchtversuch ohne grundlegende Vorbereitung unmöglich war. Man durfte keinen Menschen darüber informieren, befragen oder gar einbinden – die Stasi war allgegenwärtig!!! Gedanken zur Flucht müssen in einem über einen langen Zeitraum »reifen« ehe man damit anfängt, sie organisatorisch zu planen und umzusetzen. Jeder der sich mit diesem Vorhaben beschäftigte, wusste, welch negative Folgen ein Scheitern für den Flüchtenden selbst sowie für die eigene Familie haben konnte.*

Der Gedanke zur Flucht war in mir längst »gereift«. In meinem Kopf hatte ich verschiedene Szenarien durchgespielt und alle Für und Wider sondiert. Ich wartete nur mehr auf einen günstigen Zeitpunkt, als ich durch Berichte in den Medien ein »Schlüsselerlebnis«, das den »Startschuss« zu meinem Entschluss, die DDR zu verlassen, gegeben hat. Im April 1989 hörte ich im westdeutschen Deutschlandfunk eine Sendung, in der berichtet wurde, dass man in Ungarn damit begonnen hat, die Grenzzäune nach Österreich abzubauen. Ab diesem Moment wusste ich, dass dies für mich eine Chance sein könnte, lebend die Grenze in den Westen zu überschreiten.

MEINE FLUCHT – VOM SCHEITERN BIS ZUR LEGALEN AUSREISE

Die Berufsausbildung habe ich nun abgeschlossen und dadurch auch die Möglichkeit, meinen Unterhalt nach einer Flucht bei Bedarf selbst zu finanzieren. Für mich ganz wichtig, obwohl ich weiß, dass ich in meinem Beruf nicht mehr arbeiten möchte. »In meinem neuen Leben« will ich unbedingt ein Studium beginnen, kann aber im Falle einer »Nichtzulassung« zur Not als Werkzeugmacher »mein Brot« verdienen.

Ich beginne nun mit der konkreten Planung für eine als Urlaubsreise getarnte Flucht nach Ungarn. Da ich weiß, dass DDR-Bürger visafrei nur in die Tschechoslowakei reisen dürfen und für die anderen »Bruderländer« in Osteuropa ein Visum benötigen, bringe ich im Mai 1989 bei der Volkspolizei einen Antrag für meine beabsichtigte Reise nach Ungarn ein. Als ich mein Gesuch abgebe, bin ich nicht sehr zuversichtlich und daher sehr positiv überrascht, als mir dieses Visum tatsächlich ausgestellt wird.

Um das Risiko so gering wie nur möglich zu halten, muss sich der Kreis der »Mitwissenden« auf nur ganz wenige Personen beschränken, weil bekanntlich nur wenige Menschen Geheimnisse für sich behalten können. Deshalb beschließe ich zunächst nur meine Mutter – und danach durch meine Mutter, meine Großeltern – von meiner geplanten Flucht zu informieren. Da man auf Urlaubsreisen keine persönlichen Dokumente wie Geburtsurkunde, Schulzeugnisse sowie ein Lehrabschlusszeugnis mitnimmt, deponiere ich diese Schriftstücke zunächst bei meiner Mutter. Sie übergibt diese für mich so wichtigen Dokumente dann an meine Großeltern, die regelmäßig in den Westen reisen. Nach meiner – hoffentlich geglückten – Flucht, will ich mir meine Unterlagen dort abholen. Außerdem befürchte ich, dass ich bei der Einreise in die Tschechoslowakei kontrolliert werde – was dann auch tatsächlich geschieht.

»Sollte ich bei der Ausreise mit meinen Dokumenten erwischt werden, kann das ein Grund sein, mich in der DDR in ein Gefängnis zu stecken, ohne dass ich dieses Land überhaupt verlassen konnte.«
WÖRTLICHES ZITAT VON DR. ROBERT BREITNER.

WEHMÜTIG BLICKE ICH NOCH EINMAL ZURÜCK, ALS ICH UNSER HAUS VERLASSE
Am Tag meiner beabsichtigten Flucht fahre ich zum Bahnhof, steige in Ost-Berlin in den Zug nach Prag und denke mir: »Kann ich jemals wieder in diesen

Ort zurück, an dem ich meine Jugend verbracht und auch schöne Stunden erlebt habe? Werde ich meine Eltern, meine Geschwister, meine Verwandten oder meine Freunde wieder oder überhaupt noch einmal sehen? Was wird mit mir geschehen, wenn sie mich erwischen und zurück in die DDR schicken? Ich selbst besitze als Jugendlicher ganz wenige Dinge – meine Zeugnisse als wertvollstes, für mich unersetzbares Gut, lasse ich ja außer Landes schaffen –, die man später nicht ersetzen kann. Gedanken die mich unentwegt quälen, zumal mir bewusst ist, dass engste Angehörige keine Ausreisegenehmigung in die Bundesrepublik Deutschland erhalten, wenn ein Familienmitglied die DDR illegal verlassen hat. Sie bekommen wahrscheinlich auch keine Reisegenehmigung für die osteuropäischen »Bruder-Staaten«. Ihr Aufenthalt bleibt – wegen meiner Flucht – auf die DDR beschränkt.

Ich steige dennoch in Ost-Berlin in den Zug nach Prag und freue mich, dass ich nach jahrelanger geistiger Vorbereitung endlich diesen Schritt in die Freiheit wage.

Die Fahrt durch die DDR bis zur tschechoslowakischen Grenze verläuft ohne Zwischenfälle, ist jedoch alles andere als gemütlich. Ich sitze nämlich in einem Abteil, das für sechs Personen ausgerichtet ist, mit weiteren sieben Reisenden – also insgesamt acht Personen!!!

An der Grenze zur Tschechoslowakei kommen vorerst Grenzpolizisten aus der DDR in den Waggon und fordern meine sieben Mitreisenden auf, aus dem Zug zu steigen. Nur ich darf das Abteil nicht verlassen. Nach der Durchsuchung des Raumes muss ich meinen Koffer öffnen, der genauestens kontrolliert wird. Genau das habe ich geahnt! Ruhigen Gewissens denke ich mir: »Wie gut, dass meine Dokumente nicht in dem Koffer sind.« Westwährungen habe ich ebenfalls nicht bei mir. Die Grenzpolizisten können nichts beanstanden, weshalb ich die Reise nach Prag fortsetzen darf.

Einen Tag nach meiner Abreise aus Ost-Berlin treffe ich – wie vereinbart – in Prag einen Bekannten aus West-Berlin. In der »Goldenen Stadt an der Moldau« halten wir uns einige Tage auf und fahren dann gemeinsam mit dem Zug nach Budapest.

»Da ich Angst habe, dass mich mein Bekannter verraten wird, sage ich ihm nicht, dass ich ›abhauen‹ will. Doch es kommt ganz anderes. Wir flüchten gemeinsam.«

WÖRTLICHES ZITAT VON DR. ROBERT BREITNER.

Die Fahrt von Prag bis zur tschechoslowakisch-ungarischen Grenze dauert – wenn ich mich noch richtig erinnere – etwa fünf Stunden. Als der Zug an der Grenzkontrollstelle Sturovo – Esztergom hält, kommen tschechoslowakische Grenzpolizisten in den Waggon, nehmen uns ohne Angabe von Gründen die Personalausweise ab und fordern uns auf, mit den Koffern den Zug zu verlassen. Sie bringen uns in einen Raum und lassen uns dort etwa eine Stunde ohne jegliche Erklärung warten. Warum und weshalb sie das tun – wir wissen es nicht. Als der Zug ohne uns abfährt, haben wir kein gutes Gefühl: »Ist alles vorbei, noch bevor ich Ungarn erreicht habe«, frage ich mich, wobei es mir kalt über den Rücken läuft. Nach etwa einer Stunde bekommen wir unsere Papiere und man lässt uns gehen – neuerlich ohne Erklärung!

Da zeitnah kein Zug aus diesem tschechischen Grenzort Richtung Ungarn abfährt, versuchen wir zu Fuß über den Grenzübergang der Stadt Sturovo auf die ungarische Seite nach Esztergom zu laufen. Doch wieder nichts! Es handelt sich um einen nationalen Grenzübergang der nur von Tschechen und Ungarn benützt werden darf. Wir werden abgewiesen und gehen deshalb wieder zum Bahnhof, nehmen den nächsten Regionalzug in Richtung Ungarn und kommen jetzt anstandslos durch die Grenzkontrollen. Als wir ungarisches Staatsgebiet erreichen, geht ein langer, heißer Augusttag zu Ende. Obwohl der Zug keine Klimaanlage hat, kommen wir nicht ins Schwitzen. Der Fahrtwind weht nämlich den Duft von »Ungarischer Pusztaluft« in unseren Waggon, die für mich jetzt schon nach Freiheit riecht.

ERST IN BUDAPEST SAGE ICH MEINEM BEKANNTEN WESHALB ICH NACH UNGARN GEREIST BIN *Es ist bereits später Abend als wir in der ungarischen Hauptstadt ankommen. Wir steigen aus dem Zug und machen uns sofort auf den Weg zu einer Jugendherberge. Dabei kommen wir in der Nähe des Heldenplatzes an einem Restaurant vorbei, das noch geöffnet hat. Für mich zum richtigen Zeitpunkt, weil ich einerseits Hunger und Durst habe, andererseits meinem Bekannten aus West-Berlin – mit dem ich nun schon einige Tage unterwegs bin – endlich sagen will, dass ich nicht mehr zurückfahren werde. Wir sitzen gemütlich beisammen, als ich während eines Gespräches beschließe, ihm zu erzählen, weshalb ich nach Ungarn gefahren bin. Er scheint nicht überrascht zu sein, weil er plötzlich laut zu lachen beginnt und sagt: »Dann müssen wir eben gemeinsam die Flucht planen.« Ich glaube zwar, dass er sich seinen Aufenthalt in Ungarn anders vorgestellt hat, mache mir darüber aber weiter* keine Gedanken. Er findet die Situation auch nicht abschreckend, sondern einfach aufregend, weshalb wir uns einigen, bereits am nächsten Tag mit den Vorbereitungen für meine bevorstehende Flucht zu beginnen.

GEMEINSAME PLANUNG DES LETZTEN UND GEFÄHRLICHSTEN ABSCHNITTES MEINER FLUCHT Bis auf die kurzfristige Festnahme an der tschechoslowakisch-ungarischen Grenze, die ja ohne Folgen blieb, ist meine Flucht – so man diese gegenwärtig als solche bezeichnen kann – »planmäßig« verlaufen. Doch der gefährlichste Teil auf dem Weg in die Freiheit steht mir mit dem illegalen Grenzübertritt nach Österreich ja noch bevor. Deshalb ist eine exakte Planung notwendig.

Am nächsten Morgen gehen wir in einen Kiosk und suchen nach Landkarten über Westungarn, auf denen man die Topographie des Grenzgebietes sehen kann. Danach entschieden wir, dass wir mit dem Zug noch gemeinsam bis nach Szombathely reisen und sich dort unsere Wege trennen werden. Mein Bekannter, so beschließen wir, wird dann von Szombathely alleine nach Wien fahren. Weiters vereinbaren wir, dass er sich nach zwei Tagen täglich um 12:00 Uhr beim Stephansdom einfinden wird, um mich dort zu treffen. Nach geglückter Flucht wollen wir unseren Weg nach West-Berlin wieder gemeinsam fortsetzen. Doch vorerst verbringen wir noch einige schöne Tage in Budapest und kaufen uns dann zwei Fahrscheine für die Zugfahrt nach Szombathely.

> »In Szombathely trennen sich nun unsere Wege. Mein Bekannter nimmt meine Koffer und reist nun alleine weiter. Der letzte und gefährlichste Abschnitt meiner Flucht beginnt. Ich habe Angst.«
> WÖRTLICHES ZITAT VON DR. ROBERT BREITNER.

Als wir in den Regionalzug nach Szombathely steigen, weiß ich, dass der gefährlichste Abschnitt meiner Flucht nun begonnen hat. Obwohl wir im gleichen Abteil sitzen, sprechen wir während dieser Fahrt kaum ein Wort miteinander, weil ich befürchte, dass auch Mitarbeiter der Stasi – deren »lange Arme« ja überall sein können – in diesem Zug sind. Die Fahrt nach Szombathely verläuft ohne Zwischenfälle. Nachdem wir aus dem Waggon gestiegen sind trennen sich wie vereinbart unsere Wege. Mein Bekannter nimmt nun auch **MEINEN KOFFER** und fährt alleine weiter nach Wien.

EIN PFARRER HILFT MIR   *In Szombathely frage ich mich zur katholischen Kirche durch, finde diese im Zentrum der Stadt und gehe in der Hoffnung, den Pfarrer zu finden, in dieses Gotteshaus. Ich habe Glück – das aber nicht lange währt –, denn der Priester hält sich tatsächlich in der Kirche auf. Kurz entschlossen spreche ich ihn an, erzähle ihm von meinem Vorhaben und ersuche ihn, mir bei der geplanten Flucht zu helfen. Als er meine Bitte mit der Begründung, dass die »Augen des Staates« auch auf seine Gemeinde gerichtet seien und er deshalb kein Risiko eingehen könne, ablehnt, gehe ich enttäuscht aus der Kirche. Dass dieses Gespräch ein anderer, ebenfalls in diesem Gotteshaus anwesender Pfarrer – der mir später helfen wird – mithört, bemerke ich zu diesem Zeitpunkt nicht »Was soll ich jetzt tun«, frage ich mich, als sich das Glück plötzlich wieder auf meine Seite schlägt.*

Auf dem Weg aus der Kirche spricht mich nämlich dieser ältere Herr, der sich als Pfarrer der ungarisch-katholischen Gemeinde des Bistums Augsburg vorstellt, an und sagt mir, dass er gehört habe, warum ich in diese Kirche gekommen sei. Er bietet mir sofort seine Hilfe an und ersucht mich, ihm zu folgen und in sein Auto zu steigen. Im ersten Moment bin ich mir nicht ganz sicher, was ich davon halten soll. »Ist es etwa ein »Mann der Stasi« denke ich mir, setze mich aber dennoch in sein Fahrzeug und fahre mit ihm von der Kirche weg. Während der Fahrt erzählt er mir seine Geschichte. »Ich war so wie Sie einst ein Flüchtling, denn ich musste Ungarn nach dem Einmarsch der Sowjetarmee im Jahre 1956 während der Revolution verlassen. Damals haben mir die Westdeutschen geholfen und jetzt helfe ich Ihnen.« Ein Stein fällt mir vom Herzen. Ich kann es zunächst kaum fassen, vertraue mich aber diesem netten Menschen an. Und das ist gut so.

SEINE FAMILIE VERKÖSTIGT MICH VOR DER FLUCHT   *Wir fahren mit einem Audi 80, der in Augsburg zugelassen ist und daher Kennzeichen der Bundesrepublik Deutschland trägt, von Szombathely in Richtung Kőszeg. Also genau in jenes Gebiet zur österreichisch-ungarischen Grenze, das ich für meine Flucht vorgesehen und als dazu geeignet empfunden habe. Der Pfarrer erzählt mir, dass er dort Familie hat; sein Schwager sei früher in dieser Gegend Grenzsoldat gewesen und würde wissen, wo man am besten flüchten könnte. Bald erreichen wir das Haus seiner Eltern und ich lerne seine ungarische, sehr gastfreundliche Familie kennen. Ich bekomme sofort ein warmes Abendbrot sowie ein Bett, um mich etwas auszuruhen.*

In der Zwischenzeit geht der Pfarrer zu seinem Schwager und holt Informationen für meine Flucht ein. Als es dunkel wird, bringen sie mich in einem Lada Kombi an die Grenze zwischen den Gemeinden Köszeg und Lövö, und lassen mich im freien Gelände aussteigen. Während der Fahrt erhalte ich in ungarischer Sprache vom Schwager einige Informationen – die der Pfarrer übersetzt – über die örtlichen Gegebenheiten im Bereich der Grenze. Nachdem der Lenker den Wagen angehalten hat, legen wir am Straßenrand einen »Pinkelstopp« ein und verabschieden uns. Der Pfarrer sagt noch, dass er hofft, dass ich es schaffen werde und wünscht mir mit den Worten: »Gott sei mit dir«, viel Glück.

SOLDATEN HABEN MICH BEOBACHTET – FESTNAHME

Für den letzten und gefährlichsten Abschnitt meiner Flucht bin in diesem für mich fremden Land nun völlig auf mich allein gestellt. Jetzt gibt ein kein Zurück, denn ich habe das Ziel bereits vor Augen – »ein Hauch von Freiheit weht mir bereits entgegen«. Nichts und niemand kann mich davon abhalten, den Weg in Richtung Grenze fortzusetzen.

»In kürzester Zeit werde ich ein freier Mann sein, weshalb die Freude auf die unmittelbar bevorstehende Freiheit meine Angst zunächst etwas unterdrückt.«

WÖRTLICHES ZITAT VON DR. ROBERT BREITNER.

Es bleibt keine Zeit für weitere Worte. Ich laufe sofort durch ein mannshohes Maisfeld in Richtung eines Waldes, den ich durchqueren muss bevor es dunkel wird. In diesem Wald vermute ich nämlich dürres Holz, das ich in der Dunkelheit nicht sehen kann. Diesen trockenen Ästen muss ich unbedingt ausweichen, um nicht darüber zu stolpern. Außerdem würden sie – sollte ich auf eines dieser Hölzer treten – jeden Schritt »hörbar« machen und mich verraten. Doch so einfach, wie ich mir das vorgestellt habe ist es nicht, weil man mich wahrscheinlich bereits bei der Durchquerung dieses etwa 500 Meter langen Maisfeldes bemerkt hat. Ich höre nämlich das Bellen von Hunden, die sich in unmittelbarer Nähe befinden müssen. Da ich davon ausgehen muss, dass es sich um Hunde von Grenzwachesoldaten handelt, versuche ich noch vorsichtiger zu sein. Plötzlich stehe ich vor einem Bach – ich denke, dass es die Rabnitz (ungarisch Répcse) zwischen Répcevis in Ungarn und Lutzmannsburg in Österreich ist – den ich überspringe. Dann erreiche ich nach einigen Schritten diesen Wald, wo ich mich zunächst verstecke. Das Hundegebell lässt nach, jedoch höre ich ab diesem Moment kontinuierlich ein Pfeifen mit Lang- und Kurzzeichen – ungarische Grenzsoldaten die mich wahrscheinlich entdeckt und schon länger beobachten hatten, dürften sich durch Morsen (Morsen = konstantes Ein- bzw. Ausschalten von Signalen) untereinander verständigt haben.

Es ist nun so dunkel, dass ich die Hand vor dem eigenen Gesicht nicht sehen kann. Obwohl Schwärme von Mücken über mich herfallen und mich stechen, harre ich zunächst in meinem Versteck, in dem ich mich nicht bewegen kann und darf, aus. Ich habe Angst, dass sie mich so kurz vor dem Ziel erwischen werden und versuche die Schmerzen zu ertragen.

»Nach etwa zwei Stunden des Leidens halte ich die ›Angriffe dieser verdammten Biester‹ nicht mehr aus, nehme das Risiko, entdeckt zu werden, auf mich und verlasse mein ›Schlupfloch‹«.
WÖRTLICHES ZITAT VON DR. ROBERT BREITNER.

SIE HABEN MICH ERWISCHT Kurz nachdem ich den Wald verlassen habe, stehen plötzlich zwei junge ungarische Grenzsoldaten – sie sind nicht viel älter als ich – mit Maschinenpistolen im Anschlag – vor mir. Sie sprechen mich auf Ungarisch an, weshalb ich sie nicht verstehen kann. Ich werde zu einem Militärfahrzeug eskortiert, mit diesem in eine Kaserne der Grenzwache gebracht und dem Kommandanten vorgeführt. Er fragt mich nach dem Grund meiner Flucht aus der DDR und teilt mir mit, dass ich den staatlichen Behörden übergeben werden muss. »Aus und vorbei, bald werde ich in einem Gefängnis in der DDR landen« denke ich. Nach diesem Gespräch bringt man mich in den Fernsehraum, in dem sich zwei junge Soldaten aufhalten. Ich bekomme etwas zu essen, eine Matratze für den Rest der Nacht stellt man ebenfalls für mich bereit. Zu meiner Verwunderung schauen sich die Soldaten im westlichen Fernsehkanal »MTV« eine Sendung an, was für mich in der DDR undenkbar gewesen wäre.

NACH VERHÖR DURCH »UNGARISCHE STASI« – GEFÄNGNIS IN SOPRON – ENTLASSUNG
Mitten in der Nacht kommt ein Kleinbus mit zwei »ungarischen Stasi-Beamten«, die mich abholen. Wir fahren zunächst in weitere Kasernen der Grenzwache,

wo mehrere Flüchtlinge aus der DDR, die nach gescheitertem Fluchtversuch festgenommen wurden, zusteigen müssen und werden in ein Gefängnis nach Sopron gebracht.

Dort sperrt man mich zusammen mit einem Flüchtling aus Sachsen in eine Zelle, wo man uns unbeachtet warten lässt. Schließlich holen sie mich nach etwa zwei Stunden heraus, bringen mich in einen Raum, in dem bereits zwei »ungarische Stasileute« warten und mich verhören.

Nach dem Verhör setzt man mich mit der Drohung einer neuerlichen Verhaftung auf freiem Fuß. Zuvor sagt man mir jedoch, dass ich im Falle einer Festnahme während eines Fluchtversuches über die Grenze nach Österreich oder Jugoslawien mit einer Auslieferung in die DDR – sprich Stasi – zu rechnen habe. Unter anderem erhalte ich die Weisung, sofort in die DDR auszureisen. Bevor ich das Gefängnis verlasse, gibt man mir noch ungarische Forint, damit ich mir einen Fahrschein für die Heimreise kaufen kann.

ICH FAHRE NACH BUDAPEST UND NICHT ZURÜCK IN DIE DDR Mir fällt ein Stein vom Herzen, als ich endlich wieder – wenn auch nur eingeschränkt – frei bin. Dass ich keinesfalls nach Hause fahren werde, steht für mich schnell fest. Über eine Heimreise in die DDR mache ich mir überhaupt keine Gedanken. Während ich zum Busbahnhof in Sopron gehe, denke ich nur darüber nach, wie ich mein Ziel – eine Ausreise in den Westen – mit möglichst wenige Risiko schaffen kann. Ich steige in den Bus nach Budapest, komme nach etwa drei Stunden in der ungarischen Hauptstadt an und fahre mit dem Taxi sofort zur Botschaft der Bundesrepublik Deutschland. Ich will nämlich versuchen – wie viele andere DDR-Bürger auch – eine legale Ausreise nach Westdeutschland zu erreichen. Als ich dort ankomme, bin ich in »guter Gesellschaft«, denn das Gelände ist bereits mit »Leidensgenossen« überfüllt.

> **»Da ich keine Chance sehe, in die Botschaft zu gelangen, folge ich den Anweisungen, in das Flüchtlingslager Zugliget zu fahren und dort erst einmal abzuwarten.«**
> WÖRTLICHES ZITAT VON DR. ROBERT BREITNER.

Am Eingang zur Botschaft hängt ein Zettel, der darauf hinweist, dass auf dem Areal der Budapester »Pfarrgemeinde Zugliget« – »Zugliget«, ist der 12. Bezirk in Budapest –, ein Flüchtlingslager eingerichtet wird und man *dort Aufnahme findet. Ich halte mich daran, suche dieses Lager, das sich im Kirchengarten nächst der Kirche »Zur Heiligen Familie« befindet, auf und gehöre zu den ersten Flüchtlingen die dort eintreffen und aufgenommen werden.*

BIS 10. SEPTEMBER IM LAGER – DANACH LEGALE AUSREISE NACH ÖSTERREICH *Für uns Flüchtlinge ein Glück, denn der Leiter der Kirchengemeinde des Bezirkes »Zugliget«, Pfarrer Imre Kozma, war gleichzeitig auch Chef des ungarischen Malteserhilfsdienstes. In dieser Funktion betreute er in Siebenbürgen lebende Ungarn und half auch uns wo er nur konnte. Ein weiterer glücklicher Zufall war, dass die ungarischen Malteser mit ihren Freunden des gleichnamigen westdeutschen Ordens gerade ihr fünfjähriges Bestehen feierten. Da ihnen die Not der Flüchtlinge bekannt war, entschieden sie sich sofort, ein Flüchtlingslager zu errichten. Das dazu notwendige Equipment wie Zelte, Küchengeräte, Decken, etc. brachte man aus Deutschland, der Aufbau erfolgte gemeinsam binnen kürzester Zeit. Ich war froh, dass ich dort aufgenommen wurde, weil ich vorerst nicht wusste, wie es weitergehen soll. Nun war ich an einem sicheren Ort, hatte ein Dach über dem Kopf, wurde verpflegt und konnte in Ruhe überlegen was ich tun werde. Das Risiko einer neuerlichen Flucht samt Festnahme und Abschiebung in die DDR wollte ich keinesfalls eingehen. Ich ließ einfach alles auf mich zukommen und hoffte, dass sich mein Schicksal zum Positiven wenden wird.*

»Ich hatte es kaum für möglich gehalten. Doch das lange Warten und Bangen war von Erfolg gekrönt. Endlich kam die erlösende Nachricht. Wir dürfen legal ausreisen!«
WÖRTLICHES ZITAT VON DR. ROBERT BREITNER.

Im Lager hörten sämtliche dort anwesenden Flüchtlinge mehrmals täglich die Nachrichten und warteten auf eine für sie zufriedenstellende Lösung – die nur eine freie Ausreise nach Österreich sein konnte – durch die Politik. Es vergingen mehrere Wochen, bis am 10. September 1989 endlich die für uns alle erlösende Nachricht kam. An diesem Abend hielt der damalige ungarische Außenminister Gyula Horn zu der höchst brisanten Flüchtlingsfrage eine von uns schon sehnsüchtig erwartete Fernsehansprache. Dabei teilte er uns mit, dass alle in Ungarn aufhältigen, ausreisewilligen DDR-Flüchtlinge das Land sofort in Richtung Westdeutschland legal verlassen dürfen. Es waren Worte, die ich nie vergessen werde. Alles Leiden hatte auf einmal ein Ende. Endlich war es soweit. Binnen Minuten hatte ich meine wenigen persönlichen Sachen gepackt und war startbereit.

Nur wenige Stunden nach dieser »frohen Kunde« durch Gyula Horn brach ich mit westdeutschen Bekannten, die sich zum Medizinstudium in Budapest aufgehalten hatten, Richtung Wien auf. Kurz vor der österreichischen Grenze traf ich einige Leute aus dem Lager in »Zugliget«, die in der Zwischenzeit mehrfach versucht hatten, nach Österreich zu flüchten und gescheitert waren. Sie nahmen mich in ihrem Auto mit, wir fuhren während der Nacht durch Österreich bis nach Vilshofen in Bayern, wo wir als Flüchtlinge registriert wurden. Von Vilshofen durfte ich – nachdem meine Daten aufgenommen wurden – alleine weiterreisen, weil ich glaubhaft machen konnte, dass ich zur Schwester meines Vaters, die in Westberlin lebt, fahren will. Doch vorerst ging es nach Hamburg zur Familie meiner Mutter, die dort geboren wurde.

»Da ich Angst hatte, durch die DDR zu reisen, benützte ich das Flugzeug um von Lübeck nach West-Berlin zu gelangen.«
WÖRTLICHES ZITAT VON DR. ROBERT BREITNER.

HAMBURG, BERLIN, PROMOTION Ich hielt mich einige Tage in Hamburg bei Verwandten auf, besuchte meine Großeltern in Lübeck und holte meine Zeugnisse von ihnen ab. Für meine Reise nach West-Berlin benützte ich das Flugzeug, weil eine Fahrt auf dem Landweg für mich unmöglich gewesen wäre. Die nach West-Berlin führenden Transitwege – zwischen Westdeutschland und West-Berlin – konnte ich weder mit dem Auto noch mit der Eisenbahn benützen, weil ich sonst von DDR-Grenzsoldaten verhaftet worden wäre. Verständlich, dass diese Möglichkeit der Reise nach West-Berlin keine Option für mich war!!!

In West-Berlin wohnte ich vorerst bei der Schwester meines Vaters, registrierte mich im Flüchtlingsaufnahmelager Berlin-Marienfelde und legte meine Zeugnisse den Behörden zur Anerkennung vor. Da ich in meinem erlernten Beruf als Werkzeugmacher keinesfalls weiterarbeiten wollte, holte ich mein Abitur nach und studierte anschließend an den Universitäten in Potsdam und Berlin – wo ich auch promovierte – Politische Wissenschaften.

VON WEST-BERLIN NACH MOSKAU Meinen Berufseinstieg hatte ich nach der Promotion bei einem amerikanischen Unternehmen aus dem IT-Bereich, wechselte zu einem deutschen Arbeitgeberverband, arbeitete anschließend *bei einem bekannten deutschen Energiekonzern und gründete danach mein eigenes Unternehmen. Derzeit lebe ich in Moskau und unterstütze deutsche Unternehmen bei ihrer Tätigkeit in Russland.*

30 JAHRE DANACH – DAS RISIKO HAT SICH GELOHNT

Ich habe diesen Schritt, die Flucht zu wagen, niemals bereut. Als ich als 18-Jähriger damals alleine flüchtete, musste man davon ausgehen – wie dies ein ostdeutscher Politiker sagte –, dass die Mauer noch 100 Jahre stehen würde. Als ich nach meiner gefährlichen Flucht endlich West-Berlin erreichte, fiel die Berliner Mauer. Das konnte jedoch niemand voraussehen. Daher habe ich mich – ebenso wie alle anderen auch – auf eine Reise begeben, von der man nicht wusste, wie sie enden würde.

Der Entschluss zur Flucht – auch unter Lebensgefahr – war die richtige Entscheidung. Das sehe ich auch heute noch so. Ich war damals jung, noch nicht gebunden und wollte mir mein Leben nicht von einem Staat vorschreiben lassen, der sich das Recht herausnahm, elementare Lebensentscheidungen für mich zu treffen.

DURCH DIE FLUCHT: WENIGER ANGST VON SCHWIERIGEN ENTSCHEIDUNGEN *Es gab und gibt für jeden Menschen im Leben schwirige Entscheidungen, die man treffen muss. Durch meine Flucht, bei der ich bewusst das Risiko eingegangen bin, im Gefängnis zu landen oder im schlimmsten Fall dabei zu sterben, habe ich in meinem Leben bei der Bewältigung plötzlich auftretender Probleme einen anderen Zugang gefunden. Geprägt von dem was ich damals in nur wenigen Tagen erlebt habe, ist es für mich wahrscheinlich auch noch heute einfacher, in schwierigen Situationen – vor allem spontan – schwierige Entscheidungen zu treffen, von denen ich im Voraus nicht weiß, ob sie richtig sind. Die Zeit meiner Flucht hat mich derart geprägt, wodurch ich vermutlich weniger Angst vor eventuell negativen Folgen meines Handelns bzw. meiner Entscheidungen habe.*

Meine Flucht im Jahre 1989 war das spannendste Erlebnis meiner Jugend. So etwas kann man sich aber nicht aussuchen. Wenn man in eine solche Zeit hineingeboren wird, gibt es nur zwei Möglichkeiten: Die Herausforderung und das damit verbundene Risiko annehmen oder man lässt die Bevormundung durch die Allmacht des Staates stillschweigend über sich ergehen.

MEINE FLUCHT HAT MIR VIELE MÖGLICHKEITEN ERÖFFNET *Der Wert von individueller Freiheit hat für mich eine außerordentlich hohe Bedeutung, die heute leider nur wenige Menschen schätzen. Meine erste freie Entscheidung ab dem Zeitpunkt nach meiner Flucht war beispielsweise die Wahl des Studienfaches. Ich habe das studiert was mich interessiert, habe in meinem beruflichen Leben meist nur Dinge getan, die ich interessant und spannend fand und bis zum heutigen Tag noch spannend finde. Das »Lernen können« (nicht nur das akademische) nach freiem Ermessen sowie die Bewältigung der Probleme im Alltag durch selbstständige Entscheidungen sind für mich dabei ganz wichtige Aspekte in meinem Leben, die mir diese Flucht eröffnet hat.*

STRENG BEWACHT – UND DENNOCH KONNTEN EINIGE FLÜCHTLINGE DIESEN LEBENSGEFÄHRLICHEN GRENZZAUN ÜBERWINDEN

VOR 30 JAHREN:
FALL DES EISERNEN VORHANGS UND ZEITEN-WENDE IN EUROPA UND NECKENMARKT

Johannes Igler

Das Jahr 1989 war geschichtlich gesehen eine Zeitenwende für Europa, Österreich, Burgenland und Neckenmarkt und hat das geteilte Europa politisch und gesellschaftlich verändert. Die Ereignisse in der ehemaligen Deutschen Demokratischen Republik (DDR), die zum Fall des Eisernen Vorhanges – der Ost- von Westeuropa getrennt hat – geführt haben, betrafen auch Neckenmarkt. Im August 1989 – es fanden gerade die Neckenmarkter Weintage statt – trafen die ersten DDR-Flüchtlinge von Ungarn kommend, in der Winzerhalle ein.

Zeitzeugen berichten, dass die jungen Menschen gezeichnet waren von einem oft langen Marsch und von Angst, aber auch von Zuversicht, Hoffnung und Freiheitsliebe. Die politisch Verantwortlichen in der Gemeinde, die Vereine, die Pfarre und nicht zuletzt die Bevölkerung von Neckenmarkt und Haschendorf, haben instinktiv und selbstlos geholfen. Den heute 30-Jährigen sind diese Ereignisse vielfach nicht mehr bekannt. Der ehemalige ungarische Grenzwachturm in der Nähe der Donatus-Kapelle und der Radwanderweg Euro-Velo-13 (Iron Courtain Trail), der entlang des ehemaligen Eisernen Vorhangs von der Barentssee an der Grenze zwischen Finnland und Russland über Neckenmarkt bis ans Schwarze Meer mit einer Länge von rund 10.000 km führt, sollen an das historische Jahr 1989 für Neckenmarkt, Burgenland, Österreich und Europa erinnern.

Als Bürgermeister darf ich meinen Amtsvorgängern und allen Neckenmarkterinnen und Neckenmarktern dafür danken, dass sie 1989 und in den folgenden Jahren – wie im Zuge der kriegerischen Wirren der 1990er-Jahre im ehemaligen Jugoslawien – ihre Verantwortung für Flüchtlinge wahrgenommen und einen menschlichen Beitrag zur friedlichen Neugestaltung Europas geleistet haben. Dieses Buch, in dem die historischen Ereignisse des Jahres 1989 in unserer Heimat aufgearbeitet werden, ist ein wichtiger Beitrag zum Verständnis unserer Geschichte. Ein aufrichtiges Dankeschön an den Autor.

JOHANNES IGLER
BÜRGERMEISTER NECKENMARKT

Das Wahrzeichen von Neckenmarkt – der Neckenmarkter Fahnenschwinger

XI. KAPITEL:
NECKENMARKT - FLÜCHTLINGE UND HELFER ERZÄHLEN

NECKENMARKT – HILFE IM DORF DER »FAHNENSCHWINGER«

Die rund 1.700 Einwohner zählende Marktgemeinde Neckenmarkt liegt im Blaufränkischland des mittleren Burgenlandes und gehört zum Bezirk Oberpullendorf. Bekannt ist der Ort vor allem durch seine hervorragenden Rotweine, die auf den sonnigen Hängen in den Rieden nahe der ungarischen Grenze ausgezeichnet gedeihen. Die Qualität der Neckenmarkter Weine, im Besonderen der »Blaufränkisch-Neckenmarkter Fahnenschwinger« wird immer wieder durch großartige Erfolge bei den verschiedensten Weinmessen auf nationaler und internationaler Ebene bestätigt. Im Ortszentrum liegt die Vinothek, wo die besten Tropfen zu Ab-Hof-Preisen verkostet und mitgenommen werden können.

NECKENMARKTER FAHNENSCHWINGER Doch Neckenmarkt hat auch anderes zu bieten. Die Neckenmarkter Fahnenschwinger sind weit über die Grenzen des Burgenlandes bekannt. Dieses Brauchtum geht auf die Türkenzeit im Jahre 1620 zurück. Als die Türken zusammen mit den Siebenbürger Fürsten Gabriel Bethlen gegen Wien zogen, kam es zu einer Schlacht bei Lackenbach. Die Neckenmarkter, bewaffnet mit Sensen und Dreschflegel, eilten ihrem Grundherren, Nikolaus Esterházy, zu Hilfe und erhielten nach der siegreichen Schlacht im Jahre 1622 eine Fahne. Seit diesem Gefecht gilt in Neckenmarkt der Sonntag nach dem Fronleichnamsfest als Tag der Fahne. Die Vorbereitungen für das Fahnenschwingen – das besondere Geschicklichkeit und Kraft erfordert – beginnen nach genau festgelegten Regeln am Pfingssonntag. Dieses Jahrhunderte alte Brauchtum hat sich bis zur Gegenwart erhalten, dauert den ganzen Tag und endet mit der Verwahrung der Fahne in der Kirche.

EISERNER VORHANG – SOMMER 1989

Da Neckenmarkt bis zum Jahr 1921 ebenso wie das gesamte Burgenland zu Ungarn gehörte, gab es keine Grenze und daher ausgezeichnete Kontakte zu den ungarischen Nachbargemeinden Harka und Brennberg. Doch mit dem Ende des Zweiten Weltkrieges und der Errichtung des Eisernen Vorhanges wurde dieses nachbarschaftliche Verhältnis abrupt beendet.

Als Ungarn mit dem Abbau dieses schrecklichen Grenzzaunes begann und die Überwachung einschränkte, sahen viele DDR-Bürger die Chance, die Flucht in den Westen zu wagen. Auf dem Campingplatz Löver in Sopron hatte sich bald die »Durchlässigkeit« des Stacheldrahtverhaues bei Brennberg bzw. Harka nach Neckenmarkt herumgesprochen. Doch nicht nur das. Die »Ausreisewilligen« hatten schnell in Erfahrung gebracht, dass ihnen die Menschen in Neckenmarkt helfen werden, sobald sie es geschafft haben, diese gefährliche Grenze zu überwinden. Und so kam es auch. Es blieb aber nicht nur bei der Hilfe vor Ort, wenn die geflüchteten DDR-Bürger das Dorf erreicht hatten.

Einzelne Bürger fuhren zum Campingplatz (Löver) und brachten Wertsachen, die die Flüchtlinge in ihren Fahrzeugen zurückgelassen hatten, nach Neckenmarkt. Die Helfer aus Neckenmarkt standen ihnen außerdem mit Rat und Tat zur Seite und beschrieben ihnen unter anderem auch Örtlichkeiten, an denen eine Flucht am wenigsten gefährlich schien.

DANKE An manchen Tagen kamen bis zu 50 Flüchtlinge über die Grenze, die von den Einheimischen bestens versorgt wurden. Diese Menschen haben ihre Helfer nicht vergessen. Viele kommen auch nach 30 Jahren noch immer in das Dorf der »Fahnenschwinger« mit dem weltweit bekannten »Blaufränkischen«, um die inzwischen zu Freunden gewordenen Bürgerinnen und Bürger zu besuchen.

FREUNDSCHAFTSBAND ALS ERKENNUNGSZEICHEN – ERST DANACH VERTRAUTEN IHNEN DIE FLÜCHTLINGE

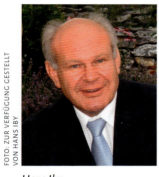

Hans Iby

HANS IBY, Jahrgang 1957, ist unmittelbar neben dem Eisernen Vorhang aufgewachsen. Er war 30 Jahre in der Kommunalpolitik seiner Heimatgemeinde Neckenmarkt tätig, suchte immer – auch als Privatperson – den Dialog mit den östlichen Nachbarn und baute diesen als Bürgermeister weiter aus. Als Gemeinderat und freiwilliger Helfer erlebte er die Flüchtlingswelle im Jahre 1989 sowie den Abriss dieser Menschen verachtenden Grenze. Als Bürgermeister – von 2001 bis 2016 – hatte er maßgeblichen Anteil daran, dass im Jahre 2006 ein Grenzübergang zur Nachbargemeinde Harka eröffnet wurde.

HANS IBY erinnert sich noch an seine Kindheit, als er neben den Weingärten seiner Eltern den Stacheldrahtverhau sowie Wachtürme mit bewaffneten Soldaten sah. Für die Menschen im Dorf war es einfach eine Tatsache, dass diese Grenze mit all seinen Schrecken existierte. Sie sollte jeglichen Kontakt mit den Nachbarn jenseits des Stacheldrahtes – der zuerst aus zwei und ab Mitte der 1960er Jahre aus einem Zaun bestand – unterbinden.

SOLDATEN NACH ANNAHME VON ZIGARETTEN VON GRENZE ABGEZOGEN Ich erinnere mich noch, dass zwei Freunde von mir als Jugendliche am Zaun versuchten, mit Soldaten, die sich auf einem Wachturm befanden, ins Gespräch zu kommen. Die Grenzwächter verließen ihren »Beobachtungsstand« und kamen tatsächlich zum Stacheldrahtverhau. Nach einigen Worten, die von einer kaum zu überwindenden Sprachbarriere, basierend auf eine Verständigung durch Gestikulieren mit Händen und Füßen geprägt war, übergaben sie ihnen Zigaretten, die die Soldaten dankend annahmen.

Doch das blieb nicht ohne Folgen. Jemand dürfte diese freundliche Geste beobachtet und Anzeige erstattet haben. Die Soldaten wurden sofort abgezogen und einer meiner beiden Freunde von österreichischen Behörden wegen Grenzverletzung bestraft.

»**Wir dachten, dass der Mann, der vor uns auf der Straße lag, wegen übermäßigem Alkoholkonsum bei den Neckenmarkter Weintagen ›den Boden unter den Füßen‹ verloren hatte. Doch weit gefehlt. Es war der erste DDR-Bürger, der die Flucht nach Neckenmarkt geschafft hatte.**«
WÖRTLICHES ZITAT VON HANS IBY.

CAMPINGPLATZ LÖVER IN SOPRON – ZENTRALE SAMMELSTELLE FÜR DIE FLUCHT NACH NECKENMARKT

HANS IBY erzählt, wie er diese Wochen der Flüchtlingswelle sowie die Hilfsbereitschaft der Bürgerinnen und Bürger in seinem Dorf erlebt hat: *Die Bevölkerung in Neckenmarkt hat vom Abbau der Grenzanlagen vorerst nur aus den Medien erfahren und dem wenig Beachtung geschenkt. Bei uns hat sich nämlich im Gegensatz zu den nördlichen Bezirken des Burgenlandes vorerst nichts verändert, weil der Stacheldraht erst nach den Ereignissen des Sommers 1989 samt den Wachtürmen abgerissen wurde. Die Grenze wurde nach wie vor in der für uns gewohnten Art und Weise bewacht.*

11. AUGUST 1989 – DER ERSTE FLÜCHTLING BEI DEN NECKENMARKTER WEINTAGEN
So wie in den vergangenen Jahren fanden auch im August 1989 die weit über die Grenzen der Gemeinde bekannten Neckenmarkter Weintage statt. Als Veranstaltungsort diente wie gewohnt die Winzerhalle. Diese liegt neben einem gut ausgebauten Güterweg und war – von Ungarn kommend – das erste Gebäude im Dorf. Das Fest wurde am 10. August eröffnet, war sehr gut besucht und dauerte bis zum frühen Morgen.

Es ist bereits taghell, als ich gegen 05:00 Uhr mit einigen Freunden die Veranstaltung verlassen will und sehe, dass ein uns unbekannter Mann vor dem Eingang zur Winzerhalle zu Boden fällt. Wir denken vorerst, dass er alkoholisiert ist und wollen ihm wieder auf die Beine helfen. Noch bevor wir ihn anfassen, fragt er uns: »*Wo bin ich.*« *Als wir ihm sagen, dass er sich in*

Neckenmarkt befindet, können wir erkennen, dass er sichtlich erleichtert ist, worauf er uns zur Antwort gibt: »Dann bin ich richtig.« Vorerst können wir mit dieser Äußerung nur wenig anfangen, weil ja niemand damit rechnet, dass es ein Flüchtling sein kann. Die Medien hatten zwar berichtet, dass in den letzten Tagen einzelnen DDR-Bürgern die Flucht nach Österreich gelungen war, dass so etwas bei uns möglich ist, daran denkt in Neckenmarkt zu diesem Zeitpunkt noch niemand. Doch das ändert sich schnell. Der Mann – sein Name ist Uwe Kracht – sagt uns, dass er soeben durch den Eisernen Vorhang aus Ungarn geflohen ist.

Nachdem er wieder auf den Beinen ist, gehen wir mit ihm in die Winzerhalle. Dort bereite ich ihm ein »ordentliches« Frühstück zu. Er ist zwar vorerst etwas misstrauisch, weil er – wie alle DDR-Bürger – Angst vor der »allgegenwärtigen« Stasi hat, erzählt aber während des Essens von seiner Flucht.

»Uwe war der 1. Flüchtling in Neckenmarkt. Auf seine gelungene Flucht wollte er mit einem guten Blaufränkischen um diese Tageszeit – es war 06:00 Uhr morgens – noch nicht anstoßen. Doch das haben wir zu einem späteren Zeitpunkt nachgeholt.«

WÖRTLICHES ZITAT VON HANS IBY.

Er berichtet uns unter anderem, dass er vom Campingplatz in Sopron Löver kommt und sagt: »Dort halten sich noch tausende DDR-Bürger – darunter viele Familien mit kleinen Kindern – auf und warten auf einen günstigen Augenblick zur Flucht nach Österreich.« Nach dem Frühstück bringen wir Uwe in meinem Auto zum Gendarmerieposten nach Oberpullendorf. Dort stellt er einen Asylantrag. Doch das ist nicht so einfach, weil er vermutlich auch auf der Dienststelle der 1. Flüchtling mit einem derartigen Begehren ist. Die Beamten scheinen leicht überfordert, »besiegen« aber dann doch mit vereinten Kräften die Bürokratie. Anschließend fahren wir zurück nach Neckenmarkt. Aber was geschieht weiter? Wir wissen es nicht. Ich fahre deshalb vorerst mit ihm zu unserem Wohnhaus. Dort duscht er und bekommt neue Kleidung. Danach will er wieder auf den Campingplatz nach Sopron, um seine Freunde zu informieren. Er hatte ihnen nämlich versprochen, nach geglückter Flucht zurückzukommen und – weil er jetzt die Örtlichkeit kennt – sie durch den Eisernen Vorhang in die Freiheit zu führen. Seine Körpersprache sagt mir jedoch, dass er große Angst davor hat. Deshalb schlage ich vor, dass wir nach

Sopron fahren, seinen Freunden sagen, dass ihm die Flucht gelungen ist und ihnen die mögliche Fluchtroute beschreiben.

SIE DENKEN, DASS WIR MITARBEITER DER STASI SIND   Uwe ist etwas überrascht, aber sichtlich erleichtert und nach kurzem Zögern mit diesem Vorschlag einverstanden. Er sagt uns welches Kennzeichen sein Trabi hat bzw. wo dieser steht, worauf wir uns in mein Auto setzen und uns auf den Weg zum Zeltplatz machen. Als wir dort ankommen, werden wir zunächst kaum beachtet. Erst nachdem wir das Fahrzeug finden, werden seine Freunde auf uns aufmerksam. Sie kommen zu uns und fragen uns, wer wir sind und was wir hier tun. Dass sich in dieser Gruppe auch Uwes Freundin befindet, wissen wir nicht.

Polizeikontrolle auf der Zufahrt zum Campingplatz Löver in Sopron

»Als wir Uwes Freunden sagten, dass er nach gelungener Flucht gesund in Neckenmarkt ›gelandet‹ ist, hielten sie das für eine Lüge. Sie dachten, dass wir Mitarbeiter der Stasi sind, schwiegen und wandten sich von uns ab.«
WÖRTLICHES ZITAT VON HANS IBY.

Wir können seine Freunde nicht davon überzeugen, dass wir ihnen nur helfen wollen und müssen unverrichteter Dinge wieder nach Neckenmarkt zurückfahren. Uwe erwartet uns bereits sehnsüchtig und ist sichtlich enttäuscht, als wir ihm vom Misstrauen seiner Freunde erzählen. Doch wir geben nicht auf und starten einen neuerlichen Versuch.

EIN FREUNDSCHAFTSBAND ALS BEWEIS Uwe übergibt uns als Erkennungszeichen einen Brief an seine Freundin sowie ein Freundschaftsband. In der Hoffnung, dass sie uns jetzt vertrauen, machen wir uns neuerlich auf den Weg zum Campingplatz. Die Gruppe hält sich noch immer auf dem Parkplatz auf und wartet offensichtlich auf eine Möglichkeit zur Flucht. Obwohl wir den Brief übergeben sowie das Freundschaftsband vorweisen, vertrauen sie uns nicht. Wir können aber erreichen, dass sie sich zumindest nicht von uns abwenden und mit uns sprechen. Doch jedes Wort ist von Misstrauen und Angst geprägt.

KOPIEN EINER LANDKARTE MIT EINGEZEICHNETER FLUCHTROUTE VERTEILT Dieses Gespräch beobachtet auch Manfred B. und stößt nun zu uns. Wie wir nachher erfahren, war Manfred B. bereits vor Jahren aus der DDR in die Bundesrepublik geflüchtet. Er kam nach Sopron, um seinen Landsleuten bei der Flucht zu helfen.

Diese Kopien einer Landkarte mit dem Fluchtweg wurden damals von Manfred B. auf dem Campingplatz in Sopron-Löver verteilt.

Manfred B. erkennt offensichtlich, dass wir Vertraute von Uwe sind und kann seine Freunde überzeugen, dass wir mit der Stasi nichts zu tun haben. Außerdem verfügt Manfred über mehrere Kopien einer Landkarte, auf der die Fluchtroute durch den Soproner Wald nach Neckenmarkt eingezeichnet ist. Er sagt uns auch, dass er die Flucht für einzelne Gruppen organisiert und ihnen diese Kopien übergibt. Ob er das unentgeltlich tut, entzieht sich meiner Kenntnis. Jedenfalls bittet er uns – nachdem Uwes Freunde nun doch erkennen, dass wir keine »Stasi-Männer« sind – nach Neckenmarkt zurückzufahren und jenen DDR-Bürgern zu helfen, denen die Flucht gelingt. Das tun wir dann auch und berichten Uwe, der sichtlich erleichtert ist. (Anmerkung: Dieser Uwe Kracht ist nicht ident mit Uwe Meyer. Siehe Interview: **»MIT SEITENSCHNEIDER UND**

KOMPASS IN WENIGEN TAGEN ZWEI MAL DEN EISERNEN VORHANG ÜBERWUNDEN«
Es ist lediglich eine Namensgleichheit des Vornamens).

FLÜCHTLINGSSTROM SETZT EIN, HILFSBEREITSCHAFT IN DER BEVÖLKERUNG IST GRENZENLOS *Bei diesem Gespräch dürften wir auch Manfred überzeugt haben, dass eine Flucht möglich ist. Ab dem Zeitpunkt erhöht sich nämlich von Tag zu Tag die Zahl der Flüchtlinge, die nach Neckenmarkt kommen. Es sind täglich zwischen 30 und 50 Personen.*

Die Gemeinde wurde damals vor eine logistische Herausforderung gestellt, – Einrichtung eines Flüchtlingslagers etc. – die sie mit Unterstützung der Bevölkerung ausgezeichnet bewältigte. Einige Neckenmarkter pendelten manchmal bis zu drei Mal am Tag zum Campingplatz Löver, um die von den Flüchtlingen in ihren Autos zurückgelassenen Wertsachen zu holen. (Siehe Interview mit Ewald Handler: »Lebensnotwendiges Inhalationsgerät für krankes Kind über die Grenze nach Neckenmarkt gebracht«) Ich gehörte ebenfalls zu diesem Personenkreis. Unter anderem wurde mir einmal die Einreise verweigert, weil ich an diesem Tag bereits zum dritten Mal nach Sopron fahren wollte. Außerdem kannte man meinen auffallenden, roten Ford Sierra.

SEIT DEM AUGUST 1989 *sind nun 30 Jahre vergangen. Die gesamte Gemeinde half den Flüchtlingen durch Sammlungen von Kleidern und Lebensmitteln oder gewährte ihnen bei Bedarf Unterkunft.*

Ich habe die Zeit des Eisernen Vorhanges, die Schikanen an der Grenze bei der Einreise nach Ungarn ebenso wie bei der Ausreise nach Österreich, den Flüchtlingsstrom (1989) sowie die nun offene Grenze hautnah erlebt. Viele Jugendliche und vor allem unsere Kinder, können sich Grenzsperren, deren Überwindung nur unter Einsatz des eigenen Lebens möglich ist, nicht mehr vorstellen. Und das soll für immer so bleiben.

SEITENSCHNEIDER UND KOMPASS – INNERHALB VON WENIGEN TAGEN ZWEIMAL DEN EISERNEN VORHANG ÜBERWUNDEN

NACH ERSTER GELUNGENER FLUCHT MIT FREUNDIN – UND SPÄTERER EHEFRAU – EIN ZWEITES MAL DURCH DEN STACHELDRAHTVERHAU IN DIE FREIHEIT

Elke und Uwe Meyer

UWE MEYER, Jahrgang 1958, wuchs in der ca. 80.000 Einwohner zählenden Stadt Gera – liegt ca. 60 Kilometer südlich von Leipzig im Bundesland Thüringen – auf. Nach Beendigung seiner Lehrzeit trat er in das Bergbauunternehmen SDAG Wismut – eine Sowjetisch-Deutsche-Aktiengesellschaft, gehörte zwischen den Jahren 1946 und 1990 zu den weltweit größten Produzenten von Uran – ein und gehörte diesem bis zu seiner Flucht an. Er ist ausgebildeter Maschineningenieur und arbeitete unter Tage als Steiger (als Steiger bezeichnet man eine im Bergbau tätige Aufsichtsperson, die die Verantwortung für einen Teil des Bergwerks sowie für die ihr unterstellten Arbeiter trägt). Sein Arbeitsplatz lag in der Kleinstadt Ronneburg – ca. 5.000 Einwohner, acht Kilometer südöstlich vor Gera. In diesem Bergwerk – es war der Schacht Drosen – wurde Uran, das zur Herstellung von Kernwaffen bzw. in Kernkraftwerken benötigt wird, zu Tage gefördert und in die Sowjetunion expandiert.

Obwohl **UWE MEYER** in der ehemaligen DDR von seinem Einkommen als Steiger gut lebte – er hatte eine eigene Wohnung und besaß ein Auto – konnte er sich mit dem Regime nie identifizieren. Schon in jungen Jahren erregte er die Aufmerksamkeit der Stasi, weil er zum Tag der Republik öffentlich die Fahne der DDR verbrannte.

»Als bekannt geworden war, dass ich die Fahne der DDR verbrannt hatte, wurde ich verhaftet und eingesperrt. Da man mich jedoch auf meiner Arbeitsstelle dringend benötigte, ließ man mich nach drei Tagen wieder frei. Obwohl ich geschlagen und misshandelt wurde, musste ich vor meiner Entlassung ein Dokument unterschreiben, dass es mir in der Zelle gut ging und mir keinerlei körperlicher Schaden zugefügt wurde.«
WÖRTLICHES ZITAT VON UWE MEYER.

KEINEN SCHUSS AUF DAS EIGENE VOLK Nachdem sich Uwe während seiner Zeit als Soldat der Volksarmee weigerte, den Schießbefehl an der Berliner Mauer zu vollziehen, wurde er zum Wachdienst an die Grenze abkommandiert. Dort reifte erstmalig sein Plan zur Flucht über die innerdeutsche Grenze, den er jedoch wieder verwarf. Den konkreten Plan, aus der DDR – und wieder über die innerdeutsche Grenze – zu flüchten, fasste er im Frühjahr 1989.

Währenddessen hatte jedoch Ungarn mit dem Abbau des Eisernen Vorhanges zu Österreich begonnen. Uwe änderte sein Vorhaben, machte sich auf den Weg nach Ungarn, besichtigte dort die Grenzanlagen und kam zum Entschluss, es dort zu versuchen. Nach seiner Rückkehr in die DDR fuhr er mit drei weiteren Kumpels wieder nach Ungarn und führte eine Gruppe von insgesamt 13 Personen durch den Eisernen Vorhang nach Neckenmarkt.

»Ich war der 2.222 Flüchtling, der sich seit Bestehen der DDR in der Botschaft der Bundesrepublik Deutschland in Wien gemeldet hat und dort registriert wurde.«
WÖRTLICHES ZITAT VON UWE MEYER.

NACH LEGALER EINREISE NEUERLICHE FLUCHT MIT DER FREUNDIN Seine Freundin **ELKE** blieb jedoch in der DDR zurück. Nach Repressalien durch die Stasi entschloss auch sie sich – etwa drei Wochen danach – die DDR zu verlassen und fuhr ebenfalls nach Ungarn. Dort wollten sich beide auf einem Campingplatz bei Sopron treffen. Uwe, der inzwischen einen provisorischen Reisepass der Bundesrepublik erhalten hatte, kehrte wieder nach Ungarn zurück, um jetzt mit Elke gemeinsam zu flüchten. Elke schloss sich jedoch einer Gruppe von DDR-Bürgern an, wagte mit ihnen die Flucht, wurde verhaftet, interniert und wieder freigelassen.

Unter Vortäuschung falscher Tatsachen – die Behörden sicherten ihr nach einigen Tagen freie Ausreise nach Österreich zu – begab sie sich freiwillig in ein Flüchtlingslager nach Zanka am Plattensee. Uwe wusste davon jedoch nicht Bescheid, fand aber nach langem Suchen seine Elke. Beide fuhren dann mit einem weiteren Flüchtling wieder zur österreichischen Grenze. Bei dieser Flucht erlitt Elke kurz vor dem dritten Stacheldrahtverhau einen Schwächeanfall, konnte jedoch mit letzter Kraft sowie durch die Hilfe ihres damaligen Freundes und jetzigen Ehemannes österreichisches Territorium erreichen.

ALS SOLDAT SCHIEẞBEFEHL AN DER BERLINER MAUER VERWEIGERT

UWE MEYER erinnert sich an diese denkwürdigen Monate des Jahres 1989: *In den Jahren 1977 bis 1979 leistete ich meinen Militärdienst bei den Grenztruppen der DDR ab. Nach Beendigung der Grundausbildung sollte ich an der Berliner Mauer Dienst versehen, weigerte mich jedoch zum Missfallen meiner Vorgesetzten, den dort vorgeschriebenen Schießbefehl gegen das eigene Volk zu vollziehen. Deshalb wurde ich nach Königs Wusterhausen – eine Stadt mit ca. 35.000 Einwohnern – die zum Ballungszentrum Berlin gehört – versetzt und zum ständigen Wachdienst in einer Wachkompanie eingeteilt. Außerdem »brummte« man mir eine Beförderungssperre auf. Durch den Dienst an der Grenze war mir bekannt, wie das Überwachungssystem der Grenzanlagen aufgebaut ist bzw. wo es Schwachstellen gibt, die mir eventuell eine Flucht ermöglichen würden. Ich spielte zwar mit dem Gedanken zu fliehen, kam davon aber immer wieder ab.*

EINGESCHRÄNKTE REISEFREIHEIT UND BESPITZELUNG DURCH DIE STASI WURDE UNERTRÄGLICH, DER PLAN ZUR FLUCHT IMMER KONKRETER *Doch mit den Jahren konnte ich die Bespitzelung durch die Stasi, der ich ja nach dem Verbrennen der DDR-Fahne bzw. meiner Weigerung, den Schießbefehl zu vollziehen, ausgesetzt war, immer weniger ertragen. Außerdem hatte ich es satt, im »großen Gefängnis der DDR und seiner Bruderstaaten« eingesperrt zu sein. Ich wollte einen eigenen Pass, Reisefreiheit und endlich ein freier Mensch sein. Und das schien in der DDR – auch auf lange Sicht – unmöglich.*

Im Frühjahr 1989 hatte ich für mich beschlossen, die DDR für immer

Personalausweis von Elke Meyer als Bürgerin der DDR im Jahr 1985

zu verlassen. Da ich aus meiner Zeit als Soldat an der Grenze einige Schwachstellen kannte, wollte ich diesen Menschen verachtenden Eisernen Vorhang an der innerdeutschen Grenze überwinden. Doch dann erfuhr ich aus den Medien, dass Ungarn an der Grenze zu Österreich mit dem Abbau der Grenzsicherungsanlagen begonnen hatte. Unter anderem erlangte ich auch Kenntnis, dass dort einigen DDR-Bürgern bereits die Flucht gelungen war. Dadurch hatte ich den ursprünglichen Plan einer Flucht durch die innerdeutsche Grenze vorerst »auf Eis« gelegt. Meine damalige Freundin Elke – die später meine Frau wurde – und ich beantragten kurz vor Beginn des Sommers ein Visum für Ungarn. Offiziell wollten wir ein Autorennen für LKW auf dem Hungaroring bei Budapest besuchen. In Wirklichkeit diente dieser Kurzurlaub dazu, an die österreichisch-ungarische Grenze zu fahren. Ich wollte mich persönlich davon überzeugen, ob die Berichte in den Medien den Tatsachen entsprechen und wenn dies der Fall ist, eine günstige Örtlichkeit zur Flucht suchen.

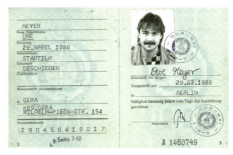

Personalausweis von Uwe Meyer als Bürger der DDR im Jahr 1988

FLUCHTROUTE AUSGEKUNDSCHAFTET Wie geplant verließen wir die DDR, fuhren aber nicht sofort nach Budapest, sondern vorerst in den Raum Sopron und konnten feststellen, dass Ungarn tatsächlich mit dem Abbau der Grenzanlagen begonnen hatte. Diese Grenze schien mir weit weniger gut gesichert bzw. gefährlich, als jene der DDR zur BRD, weshalb ich beschloss, meine Flucht über Ungarn nach Österreich zu wagen. Danach fuhren wir beide nach Budapest, schauten uns das Rennen an und begaben uns anschließend wieder zurück in die DDR. Von meinem Plan durfte niemand etwas erfahren. Auch im engsten Familien- und Verwandtenkreis hatte Geheimhaltung höchste Priorität. Elke wusste zwar, dass ich flüchten werde, den Zeitpunkt verriet ich ihr jedoch nicht.

AUGUST 1989 – MIT DREI »KUMPELS AUS DEM BERGWERK« DURCH DEN EISERNEN VORHANG NACH NECKENMARKT

Nach meiner Rückkehr in die DDR verbrachte ich zunächst einige schlaflose Nächte, weil mich die Gedanken zur Flucht einfach nicht mehr losließen. Ich war fest davon überzeugt, dass ich es schaffen werde und plante die »Durchführung« für die zweite Augusthälfte 1989. Da mir bekannt war, dass drei Freunde von mir – »Kumpels« aus dem Bergbau – ebenfalls flüchten wollten und man sich zudem auf Bergmänner verlassen kann, weihte ich sie in meine Pläne ein. Als sie davon erfuhren, waren sie sofort »Feuer und Flamme« und schlossen sich mir an, obwohl ich das genaue Datum noch nicht festgelegt hatte.

Am 20. August 1989 – ich weiß noch genau, dass es ein Sonntag war – fasste ich spontan den Entschluss, zu fliehen. Ich kontaktierte meine »Kumpels«, die ebenfalls gültige Dokumente für eine Reise nach Ungarn hatten und erzählte ihnen von meinem Vorhaben. Da auch sie flüchten wollten, waren sie sofort einverstanden und wir fuhren noch am selben Abend los. Um bei den Kontrollen an den Grenzen nicht aufzufallen, packten wir nur die notwendigste Urlaubskleidung sowie einige Toilettenartikel ein und verstauten diese im PKW. Ganz wichtig war ein Seitenschneider zur Durchtrennung des Drahtes sowie ein Kompass, weil auf den DDR-Landkarten die Grenze zwischen Österreich und Ungarn – wenn überhaupt – dann nur ungenau eingezeichnet war. Beides versteckte ich im Fahrzeug und hoffte, dass man diese für mich so wichtigen Dinge bei einer Kontrolle an den Grenzen nicht finden wird. Ohne vorherige Ankündigung sagte ich Elke an diesem Abend, dass ich jetzt flüchten werde, umarmte sie, gab ihr noch einen letzten Kuss und entfernte mich. Sie war wie »vor den Kopf gestoßen«, fiel aus allen Wolken und brach in Tränen aus. Auch mir fiel der Abschied sehr schwer. Ich war tief gerührt und sehr traurig. Obwohl ich versprach, dass ich sie so bald wie möglich nachholen werde, konnten wir uns nicht trösten, weil wir ja wussten, dass es keine Garantie auf ein baldiges Wiedersehen gibt. Danach setzte ich mich zu meinen Kumpels in den Lada, und wir starteten in Richtung Ungarn.

»Wenn ich die Flucht geschafft habe, hole ich dich über den Rechtsanwalt Vogel zu mir in die Bundesrepublik.«

WÖRTLICHES ZITAT VON UWE MEYER.

ANMERKUNG: Dr. Wolfgang Vogel war Rechtsanwalt in der DDR und Unterhändler beim sogenannten »Häftlingsfreikauf«.

ÜBER DIE TSCHECHOSLOWAKEI DIREKT AN DIE GRENZE NACH SOPRON An den Grenzen werden wir zwar kontrolliert, kommen am 21. August 1989 in die Nähe von Bratislava, nächtigen dort auf einem Campingplatz und erreichen am 22. August 1989 problemlos den Grenzraum bei Sopron. Als wir uns der Stadt nähern, sehen wir auf den Wiesen bzw. an den Waldrändern herrenlose Fahrzeuge aus der DDR, die die Flüchtenden einfach zurückgelassen haben. Manche Autos bestehen nur mehr aus der Karosserie, die anderen Teile sind bereits gestohlen. Bevor wir den Campingplatz in Sopron erreichen, geraten wir noch in eine Polizeikontrolle, können aber unsere Fahrt fortsetzen. Auf dem Zeltplatz mieten wir uns einen Bungalow und hoffen, dass wir schon am nächsten Tag flüchten können. Ich will keine Zeit verlieren und begebe mich noch am selben Nachmittag zur Grenze in die Nähe von Harka. Dort will ich in einem bewaldeten – unwegsamen, hügeligen – Gebiet eine günstige Stelle zum Grenzübertritt auspionieren. Deshalb muss ich so nahe wie nur möglich an den Eisernen Vorhang gelangen und gehe in Sichtweite – jedoch torkelnd – der Grenze entlang.

»Beim Gehen torkelte ich deshalb, weil ich im Falle einer Anhaltung durch ungarische Grenzer eine Alkoholisierung vortäuschen wollte und beabsichtigte, ihnen zu erklären, dass ich mich nicht auskenne und deshalb verlaufen habe.«
WÖRTLICHES ZITAT VON UWE MEYER.

Nachdem ich im Gelände am ersten Zaun – den ich auch dahingehend überprüft habe, ob er nicht unter Strom gesetzt ist und unter anderem auch akustische Signale auslösen könnte – eine günstige Stelle zur Flucht gefunden habe, kehre ich wieder auf den Zeltplatz zurück. Ich weiß jetzt, dass die Grenze dort mit einem ca. 170 cm hohen ersten Zaun, einem geeggten Streifen – Todesstreifen – einem zweiten und einem dritten Zaun (56er Zaun) gesichert ist. Dennoch sehe ich gute Chancen für eine Flucht, hoffe dass der Draht nicht unter Strom steht und erzähle meinen »Kumpels«, dass wir am nächsten Tag um die Mittagszeit flüchten werden.

MÜDIGKEIT DER GRENZORGANE NÜTZEN Die Flucht plane ich deshalb um die Mittagszeit, weil ich von meiner Militärdienstzeit an der Grenze weiß, dass sowohl die Hunde, als auch die Grenzsoldaten bei dieser brütenden Hitze zu Mittag bereits müde und dadurch in ihrer Aufmerksamkeit eingeschränkt sind. Da ich vor Aufregung nicht schlafen kann, spiele ich in der Nacht alles im Detail durch.

Als wir uns am nächsten Morgen zur Flucht bereit machen und den Bungalow verlassen, treffen wir auf eine Vielzahl von DDR-Bürgern, die zum Schein ihren Urlaub auf dem Campingplatz verbringen. Wir sprechen aber niemanden an – und hoffen, dass das auch die anderen nicht tun – weil wir fürchten, dass die Stasi dort ihre Mitarbeiter eingeschleust hat. Da man aber aufgrund des Verhaltens bzw. aus der Mimik der Leute erkennt, dass alle dort flüchten wollen, kommen wir – jedoch sehr misstrauisch – mit einigen ins Gespräch und vereinbaren die gemeinsame Flucht. Es sind etwa neun Personen, – darunter ein ca. dreijähriges Kind – mit denen wir uns dann auf dem Parkplatz vor dem Campingplatz treffen und uns auf den Weg zur Grenze machen.

NIEMAND DARF NUR EINEN LAUT VON SICH GEBEN *Ich nehme nur den Kompass und den Seitenschneider. Kleidung und Toilettesachen lassen wir zurück. Der Lada bleibt ebenfalls auf dem Parkplatz stehen. Meinem Kumpel tut das schon weh, weil er ja für einen Neustart in der Bundesrepublik dringend ein Auto benötigen wird. Doch es geht nicht anders.*

Nachdem wir einige Kilometer im teilweise unwegsamen Gelände – es ging oft bergauf und dann wieder bergab – zu Fuß zurückgelegt haben, erreichen wir wie geplant und ohne Kontrolle gegen 11:00 Uhr den ersten Grenzzaun. Es ist ein brütend heißer Sommertag, der uns nicht nur wegen der Hitze den Schweiß aus den Poren treibt. Jeder in der Gruppe hat Angst und ist sichtlich nervös. Da ich am Vortag die Örtlichkeit ausgekundschaftet habe und mich daher am besten auskenne, übernehme ich die Führung. Die anderen folgen mir der Reihe nach und halten wie vereinbart, jeweils 50 Meter Abstand voneinander. Das scheint mir deshalb so wichtig, weil im Falle einer Anhaltung durch die Grenzer einige weglaufen und sich so der Festnahme entziehen können. Je näher wir dem Stacheldraht kommen, umso höher wird der Pulsschlag. Um nicht entdeckt zu werden, müssen wir nach Möglichkeit in den Gebüschen Deckung suchen und auch darauf achten, dass wir nicht auf dürres Geäst treten, weil uns der Lärm verraten könnte. Als wir den ersten Stacheldrahtzaun erreichen und auf einem Wachturm einen bewaffneten Soldaten sehen, sind die Nerven zum Zerreißen gespannt. Niemand gibt einen Laut von sich, denn Sprechen habe ich in der Gruppe strengstens untersagt. Es ist »mucksmäuschenstill«.

EINZELNE DRÄHTE MIT SEITENSCHNEIDER DURCHTRENNT *Nun stehe ich vor dem ersten Stacheldraht, durchtrenne von unten nach oben mehrere Drähte, drücke* *diese auseinander, schlüpfe durch, laufe über den geeggten »Todesstreifen« und komme zum zweiten Zaun. Auch an diesem Zaun durchtrenne ich einige Drähte, schlüpfte wieder durch und suche so gut es geht Deckung. Nun gebe ich das vereinbarte Zeichen mit der Hand, das bedeutet, dass man mir – jedoch nur einzeln – folgen kann. Nur die Frau darf mit dem Kind gemeinsam zum zweiten Zaun laufen. Ein Überschreiten dieses »Todesstreifens« in der Gruppe habe ich aus »Sicherheitsgründen« zuvor strengstens untersagt. Und jeder hält sich daran. Nachdem wir uns gesammelt haben, laufe ich unter größter Vorsicht in einem mit Sträuchern bewachsenen Waldstück zum dritten Zaun. Ich werde etwas nervös, weil ich – auf den letzten Metern und die Freiheit zum Greifen nahe – diesen mit Dickicht verwachsenen »56er« Zaun nicht sofort als solchen erkenne.*

ANMERKUNG: Als »56er« Zaun wird jener Stacheldrahtverhau bezeichnet, der nach der Revolution im Jahre 1956/57 neu errichtet wurde. Nach Sprengung der Minen wurde wenige Kilometer dahinter ein neuer Zaun aufgebaut und unter Strom gestellt. Bei Berührung dieses Zaunes wurde ein akustisches Signal ausgelöst. Der Drahtverhau aus dem Jahr 1956 wurde »aufgegeben« und nicht mehr gewartet. Daher war er mit Dickicht total verwachsen.

»Doch plötzlich stoße ich im wahrsten Sinne des Wortes mit der Nase gegen diesen ›56er‹ Zaun.«
   WÖRTLICHES ZITAT VON UWE MEYER.

Zu meiner Überraschung stehe ich plötzlich eine Nasenlänge vor diesem letzten Hindernis. Ich durchtrenne auch diesen Zaun – aus dem ich ein Stück herausgeschnitten habe und dieses heute noch zu Hause aufbewahre – mit dem Seitenschneider und bin gewiss, dass ich nach einigen Schritten österreichisches Hoheitsgebiet erreicht habe. Wie beim ersten und zweiten Zaun schlüpfe ich – nachdem ich die Drähte auseinandergebogen habe – durch und gebe wieder jedem Einzelnen in der Gruppe ein Handzeichen, mir zu folgen. Um sicher zu sein, suche ich nach Grenzsteinen, kann aber keine finden. Doch jetzt leistet mir der Kompass, der mir nach vorheriger Justierung anzeigt, dass wir, um mit Sicherheit nach Österreich zu kommen, in »SSW-Richtung« (süd-südwestlich) gehen müssen, wertvolle Dienste. Dadurch kann ich vermeiden, dass wir – wie bereits einige Flüchtlinge vor uns – orientierungslos im Kreis gehen und ungewollt wieder nach Ungarn zurückmarschieren.

Nun kommen wir in unmittelbare Nähe eines Steinbruches und ich erkenne sofort, dass dort mit westlicher Technologie gearbeitet wird. Als ich auf dem Weg noch ein Schild mit der Aufschrift »Forstweg« sehe, bin ich mir ganz sicher, dass wir in Österreich sind. Doch in der Gruppe will mir das noch niemand so recht glauben und mit einem Mal wird die Angst dieser Menschen bestätigt.

PANIK! AUTO MIT UNGARISCHEM KENNZEICHEN AUF ÖSTERREICHISCHEM GEBIET
Plötzlich kommt uns ein LKW osteuropäischer Bauart mit ungarischem Kennzeichen entgegen. Als die Gruppe das Fahrzeug sieht, geraten alle in Panik, laufen weg und verstecken sich in den Büschen. Da ich mir ganz sicher bin, dass wir in Österreich sind, bleibe ich stehen und halte den Lenker an. Es ist ein ungarischer Gastarbeiter, der im Steinbruch beschäftigt ist. Dieser erkennt sofort, dass wir Flüchtlinge sind und sagt in gebrochenem Deutsch: **»KEINE ANGST, IHR SEID IN ÖSTERREICH, ICH NUR ALS GASTARBEITER IN ÖSTERREICH ARBEITEN«** *und fährt weiter in Richtung Neckenmarkt. Das dürften sie verstanden haben, weil sie aus ihren Verstecken hervorkommen, worauf sich die Lage allmählich beruhigt. Wir gehen weiter, kommen zum Steinbruch und machen dort eine kurze Pause. Der Lenker erzählte wahrscheinlich im Dorf, dass sich im Steinbruch mehrere Flüchtlinge aufhalten, weil uns kurz danach einige PKW mit österreichischem Kennzeichen entgegenkommen.*

Viele Löcher mussten geschlossen werden! Ungarische Grenzsoldaten reparieren den Grenzzaun bei Neckenmarkt

WIR HABEN ES GESCHAFFT   Sie bringen uns in den Ort und setzen uns im Gasthaus »Zur Traube« ab. Dort werden wir vorerst verköstigt und können das erste Bier sowie ein Glas Wein in Freiheit trinken. Währenddessen kommt Ewald Handler – mit dem mich auch heute noch eine innige Freundschaft verbindet – vom Gemeindeamt Neckenmarkt. Mit ihm fahren wir in das Heimatmuseum, wo eine notdürftige Flüchtlingssammelstelle eingerichtet ist. Als wir Gendarmen sehen, bekommen wir – aus Scheu vor der Uniform – sofort ein etwas ungutes Gefühl, können uns aber schnell wieder beruhigen. Die Beamten nehmen nur unsere Personalien auf und sagen uns, dass wir mit einem Bus nach Wien zur Botschaft der Bundesrepublik gebracht werden.

»ELKE, DU BIST TANTE GEWORDEN«   Ich bleibe jedoch als einziger zurück und feiere mit Ewald Handler bis zum frühen Morgen meine neu gewonnene Freiheit. Aus Neckenmarkt rufe ich Elke an und sage wie vereinbart, wenn mir die Flucht gelungen ist: »Elke, du bist Tante geworden.« Als sie das hört, bricht sie in Tränen aus und kippt mit dem Stuhl um. Sie denkt, dass wir jetzt in zwei Welten leben und uns – wenn überhaupt – sehr lange nicht mehr wiedersehen werden. Danach informiert sie per Telefon meine Mutter, die aus »allen Wolken« fällt.

Etwas müde und »gezeichnet« von dieser schweren Nacht bringt man mich dann am nächsten Morgen ebenfalls nach Wien. In der Botschaft der Bundesrepublik Deutschland werde ich als 2.222 Flüchtling, der sich seit Bestehen der DDR dort gemeldet hat, registriert. In der Botschaft bekomme ich ein Ticket für die Bahnfahrt nach Schöppingen sowie etwas österreichisches Geld, um mich zu verpflegen, weil ich den Tag bis zur Abfahrt des Zuges in Wien verbringen muss. Am Abend fahre ich dann wie geplant in das für DDR-Flüchtlinge in Schöppingen – liegt im Münsterland, ca. 35 Kilometer nordöstlich von Münster, Nordrhein-Westfalen – eingerichtete Aufnahmelager. Dort muss ich zur Bewältigung der Bürokratie zwei Tage bleiben, bekomme meine Dokumente sowie 200 DM »Begrüßungsgeld«. Danach holt mich Axel, – ein Bekannter von Elke – den ich vorher kontaktiert hatte, ab und bringt mich nach Lüdenscheid – liegt ebenfalls im Bundesland Nordrhein-Westfalen, 45 Kilometer südlich von Dortmund. Ich wollte ursprünglich nach Bayern, weil es dort noch ein Bergwerk, in dem Uran abgebaut wurde, gab und ich weiter meinen erlernten Beruf als Steiger hätte ausüben können. Doch Axel sagte, dass es in Lüdenscheid ebenfalls – zwar nicht in meinem Beruf – Arbeit sowie eine Wohnung für mich geben würde – deshalb bin ich auch mit ihm nach Lüdenscheid gefahren.

In Lüdenscheid beginne ich mir eine neue Existenz aufzubauen. Doch damit ist meine Geschichte noch nicht zu Ende. Wenige Wochen danach muss ich nämlich noch ein zweites Mal – diesmal jedoch bereits als Staatsbürger der Bundesrepublik – mit meiner Freundin Elke durch den Eisernen Vorhang von Ungarn nach Österreich flüchten.

»Ich bin ein Flüchtling und kein Schutzbedürftiger mit hohen Ansprüchen.«

DAZU MÖCHTE ICH MEINE PERSÖNLICHE MEINUNG ANFÜHREN: Ich wurde damals von den Behörden als Wirtschaftsflüchtling und nicht als Schutzbedürftiger eingestuft. Heute sind alle Schutzbedürftige. »Vor allem die jungen Männer«, die von ihren »Clans«, aus rein wirtschaftlichen Interessen, auf Wanderschaft geschickt werden. Sie werden finanziell deutlich bessergestellt, ohne jemals etwas eingezahlt zu haben oder es jemals tun werden, als viele Rentner in Deutschland, die jahrzehntelang den heutigen Wohlstand erarbeitet und bezahlt haben.

»Österreich ist mir da Vorbild für jemand der etwas für sein Volk tut und zuerst an seine Menschen im Land denkt – im Gegensatz zu Deutschland!«
WÖRTLICHE ZITATE VON UWE MEYER.

MEINE ZWEITE FLUCHT – MIT ELKE DURCH DEN EISERNEN VORHANG

Was wir beide zum Zeitpunkt unseres Telefonates nicht wissen, ist, dass das eine oder auch beide Gespräche wahrscheinlich von der Stasi abgehört werden. Man durchsucht nämlich meine Wohnung und verhört Elke wegen meiner Flucht. Deshalb muss sie mit weiteren Repressalien durch die Stasi rechnen. Der über Dr. Vogel geplante »Freikauf« mit legaler Ausreise in die BRD scheint nun unmöglich. Zudem wird über die Medien bekannt, dass die DDR die Grenze zur CSSR dicht macht, und Ungarn ebenfalls die Grenzüberwachung zu Österreich verstärken wird. Wir durften deshalb keine Zeit verlieren, weil wir befürchteten, dass für Elke in absehbarer Zeit eine Flucht unmöglich werden wird. Deshalb habe ich nach einigen Tagen in einem weiteren Telefongespräch *zu ihr gesagt: »Setz dich in den Trabi und fahr auf einen Campingplatz nach Sopron. Dort bleibst du bis ich nach Ungarn komme und dich heraushole«.*

AUTOPANNE IN DER TSCHECHOSLOWAKEI Elke ist sofort einverstanden, lässt alles liegen und stehen, setzt sich noch am selben Abend in den Trabi und bricht in Richtung Ungarn auf. Sie kommt über die Grenze in die Tschechoslowakei. Plötzlich »streikt« der Trabi und lässt sich nicht mehr von der Stelle bewegen. Sie weiß sich jedoch zu helfen und findet einen Mechaniker, der ihr das Auto für 100,- Westmark repariert. Über einen etwas entlegenen, kleinen Grenzübergang kann sie in Ungarn einreisen, erreicht Sopron und findet auch den Campingplatz. Doch wie komme ich nach Ungarn? Ich habe erst vor einigen Tagen in einer Druckerei als Hilfskraft zu arbeiten begonnen, noch kein Geld erhalten und die 200 DM »Begrüßungsgeld« fast ausgegeben. Außerdem lebe ich in einer mehr als bescheidenen Unterkunft.

MIT AXEL NACH UNGARN – ELKE IST JEDOCH ZUNÄCHST UNAUFFINDBAR Doch da ist noch Axel mein Freund, den ich bitte, mich nach Sopron zu bringen. Nach etwa fünf Tagen erhalte ich meinen Reisepass, bitte um Freistellung von der Arbeit in der Druckerei und fahre am 6. September mit Axel nach Ungarn. In Deutschkreutz reise ich jetzt mit meinem Pass der BRD legal in Ungarn ein. Wir fahren sofort zum Campingplatz nach Sopron. Nun bin ich nach nur etwa zwei Wochen wieder an jenem Ort, an dem der gefährlichste Teil meiner Flucht begonnen hat und erlebe die nächste Überraschung. Zunächst freue ich mich, dass ich den Trabi von Elke auf dem Parkplatz sehe und nehme an, dass ich sie in wenigen Minuten in die Arme schließen kann. Doch weit gefehlt! Ich suche den Zeltplatz ab und wundere mich, dass sich im gesamten Gelände nur ganz wenige Leute befinden. Ich hatte nämlich erwartet, dass es dort nur so von DDR-Bürgern, die flüchten wollen, »wimmelt«. Trotz intensiver Suche kann ich Elke nicht finden. »Weshalb steht das Auto so verlassen da, ist ihr etwas zugestoßen, oder wurde sie gar von Mitarbeitern der Stasi verschleppt«, sind Gedanken die mir nicht aus dem Kopf gehen wollen. Bei meinen Recherchen muss ich sehr vorsichtig sein. Jeden kann ich ja nicht fragen. Es könnte auch ein Stasi-Mann sein.

FLÜCHTLINGSLAGER ZANKA AM PLATTENSEE Doch meine Hartnäckigkeit bei den Befragungen führt schnell zum Erfolg. Ich finde heraus, dass sich Elke in einem Flüchtlingslager in Zanka am Plattensee befindet. Doch wie komme ich jetzt nach Zanka? Axel muss ja zurück in die BRD. Ich überwinde mich und frage ihn, ob er mich nach Zanka bringt. Axel zeigt sich als wahrer Freund. Wir steigen in sein Auto und erreichen nach etwa drei Stunden das Flüchtlingslager. Er lässt mich aussteigen und fährt sofort zurück.

Ich klettere über den Zaun und bin nun im Lager. Doch wie soll ich unter Tausenden DDR-Bürgern meine Elke finden? Es scheint nahezu aussichtslos zu sein, weil ich ja nicht jeden fragen kann. Die Stasi hat mit Sicherheit auch dort ihre Leute eingeschleust. Nachdem ich mehrere Stunden sämtliche Unterkünfte abgesucht habe und bereits etwas nervös werde, sehe ich plötzlich meine Elke. Sie befindet sich in einem bis zum letzten Platz belegten Zimmer mit etwa 50 weiteren Flüchtlingen. Noch bevor wir uns in die Arme fallen, sage ich zu ihr:

»Sag mal, was machst du hier? Warum bist du nicht in Sopron geblieben?«

Elke erzählt mir, dass sie auf dem Campingplatz mit Österreichern ins Gespräch gekommen sei und diese ihr angeboten hatten, sie bei der Flucht zu unterstützen. Sie habe sich dann einer Gruppe von Flüchtlingen angeschlossen, die von den Helfern mit einem orange-weißen VW-Bus zur Grenze nach Fertőrákos gebracht worden sei. Dort wollten sie einige »Schleuser« unentgeltlich über die Grenze bringen. Die Gruppe sei jedoch samt den Helfern festgenommen und vorübergehend in der »48er Kaserne« (die »48er Kaserne« in Sopron war zur Zeit des Kommunismus die Kommandozentrale der ungarischen Grenzwache für den Bereich Sopron) in Sopron inhaftiert worden. Das Gepäck samt ihren Dokumenten sei jedoch unabhängig davon von anderen Helfern, die legal über die Grenze nach Österreich gefahren seien, bereits nach Deutschkreutz gebracht worden, weil sie sich nach der Flucht dort treffen wollten.

ABSCHIEBUNG IN DIE DDR ANGEDROHT   Da Elke als einzige der Festgenommenen keine Papiere bei sich hatte, habe man ihr während der Haft angedroht, sie mit dem Zug in die DDR abzuschieben. Was dann mit ihr passiert wäre? Daran will ich gar nicht denken! Doch sie hatte Glück im Unglück. Ein ungarischer Soldat, der Deutsch sprach, bot ihr seine Hilfe an. Man vereinbarte, dass sie mit ihm zum Campingplatz in Sopron-Lőver fahren und von dort ihre Dokumente holen darf. Dabei stellte man ihr ein Ultimatum von einigen Stunden.

GLÜCKLICHE UMSTÄNDE Der Soldat wechselte die Uniform gegen seine Zivilkleidung und fuhr mit ihr wie besprochen, zum Campingplatz in Sopron. Dort stand ihr wieder das Glück zur Seite. Elke traf einen Bürger der Bundesrepublik Deutschland namens Karl, der sich sofort bereit erklärte, ihre Papiere aus Deutschkreutz zu holen. Ein Stein fiel ihr vom Herzen. Doch damit war noch nicht alles ausgestanden. Sie musste nämlich mit dem Soldaten wieder in die »48er« zurückfahren und warten. Karl hielt sein Wort und kam noch vor Ablauf des Ultimatums in dieses »vermeintliche Gefängnis« und überbrachte ihr die Papiere. Da ihre Identität nun eindeutig feststand, wurde sie aus der kurzzeitigen Haft entlassen und durfte mit Karl wieder zum Campingplatz in Sopron-Löver fahren.

»FREIES GELEIT« ANGEBOTEN Auf dem Campingplatz wollte man die vermeintlichen Flüchtlinge nicht mehr haben, weil man in Erwägung zog, diesen zu schließen. Daher bot man ihnen an, dass sie in einigen Tagen offiziell nach Österreich ausreisen dürfen, wenn sie freiwillig in das Flüchtlingslager Zanka am Plattensee »übersiedeln«. Elke war aufgrund der Ereignisse der letzten Stunden derart verängstigt, dass sie keinen anderen Ausweg sah, ihre Zustimmung gab und mit den anderen »Leidensgenossen« in das Lager nach Zanka fuhr. Außerdem wusste sie ja nicht wann ich zu ihr kommen und sie aus Ungarn rausholen kann. Eine kurzfristige, beiderseitige Kontaktaufnahme war zur damaligen Zeit wegen der fehlenden Kommunikationsmittel nicht möglich.

Ich warte diesen Tag ab und sehe, dass per Aushang im Lager Lehrer gesucht werden. Jetzt steht für mich endgültig fest, dass vorläufig an eine offizielle, freie Ausreise nach Österreich nicht zu denken ist.

Deshalb sage ich zu Elke: »Ich hole dich hier raus – und zwar sofort.« Wie ich das bewerkstelligen soll, weiß ich zwar in diesem Augenblick nicht. Ich bin mir aber sicher, dass mir etwas einfallen wird. Wir müssen auf jeden Fall nach Sopron kommen und dazu brauchen wir ein Auto.

Dass Ungarn in wenigen Tagen seine Grenzen zu Österreich öffnen und den DDR-Bürgern tatsächlich die freie Ausreise erlauben wird, konnte zu diesem Zeitpunkt niemand nur im entferntesten Sinne erahnen. Im Lager kursierte nicht einmal ein Gerücht darüber. Jeder Insasse überlegte eine neuerliche Flucht – oder wenn nicht anders möglich, sogar eine Rückkehr in die DDR.

ANMERKUNG DES AUTORS: Bei den Fluchthelfern, die Elke Meyer zur Grenze und anschließend ihr Gepäck samt den Dokumenten nach Österreich brachten, handelte es sich vermutlich um Ewald Dunkl und Erich Halwax. (Siehe Interview: »**FLUCHTHELFER IM AUFFÄLLIGEN ORANGE-WEIßEN VW-BUS«** (Dunkl) und »**KEIN MANN DER STASI« – ARZTFAMILIE MIT ZWEI KLEINEN MÄDCHEN ZUR FLUCHT VERHOLFEN«** (Halwax))
Jene Fluchthelfer die mit ihr inhaftiert waren, könnten Martin Kanitsch, Leopold Pusser, Martin Sommer und Herbert Reinprecht gewesen sein. (Siehe Interviews: »**DER GRENZGÄNGER AUS MÖRBISCH KANNTE JEDEN WALDWEG UND SCHLEUSTE TROTZ FESTNAHME UND INTERNIERUNG ZAHLREICHE FLÜCHTLINGE DURCH DEN EISERNEN VORHANG«** (Martin Kanitsch), »**SCHÜSSE BEENDETEN DIE BEIHILFE ZUR FLUCHT – HELFER LANDETEN IM GEFÄNGNIS«** (Leopold Pusser) »**ER HALF DEN FLÜCHTLINGEN DURCH DIE LÖCHER DES EISERNEN VORHANGES UND LANDETE IM GEFÄNGNIS«** (Martin Sommer))
In dieser Gruppe, die damals festgenommen worden war, könnte sich auch Joachim Masuch mit seiner Familie befunden haben. (Siehe Interview: »**ES SOLLTE NICHT SEIN – NACH ZWEI GESCHEITERTEN FLUCHTVERSUCHEN FREIWILLIGE RÜCKKEHR IN DIE HEIMAT – NACH ROSTOCK«**)

EIN »POLSKI-FIAT« *Noch am selben Tag »sondiere« ich die Leute auf dem Campingplatz, weil ich ja keinesfalls auf einen Stasi-Mann treffen darf. Dabei fällt mir auf dem Parkplatz außerhalb des Geländes ein »Polski-Fiat« mit DDR-Kennzeichen auf. Ich bin mir fast sicher, dass der Besitzer dieses Fahrzeuges kein »Stasi-Mann« ist. Es gelingt mir, diesen Inhaber ausfindig zu machen und ich erzähle ihm meine Geschichte mit Elke bzw., dass ich schon mal geflohen bin. Der Mann – sein Vorname ist Frank – erklärt sich bereit, mit uns zu flüchten. Wir vereinbaren, uns am nächsten Morgen bei seinem Fahrzeug zu treffen. Als es – es ist der 8. September 1989 – zu dämmern beginnt, überklettern wir den Zaun und finden uns wie geplant bei seinem PKW ein. Bevor wir einsteigen, mache ich noch die DDR-Kennzeichen mit etwas »Dreck« unleserlich. Elke setzt sich mit Frank auf den Rücksitz. Beide verstecken sich und hüllen sich in Decken. Beim Verlassen des Aufnahmelagers soll man sie nicht gleich beim ersten Anblick erkennen. Ich lenke das Fahrzeug, weil ich bereits einen Pass der Bundesrepublik Deutschland habe und daher bei einer Kontrolle keine Beanstandung zu erwarten ist.*

Die Fahrt verläuft bis etwa 20 Kilometer vor Sopron wie geplant. Doch dann geraten wir in eine Kontrolle der Polizei. Ich weise meinen »West-Pass« vor, worauf uns der Polizist nur flüchtig kontrolliert, nichts beanstandet und zum Campingplatz Sopron-Löver weiterfahren lässt. Noch in derselben Nacht fahren wir zur Grenze, weil ich mich kurz orientieren bzw. den Weg finden will, den ich damals gegangen bin. Den Rest der Nacht verbringen wir auf dem Zeltplatz und planen unsere Flucht neuerlich um die Mittagszeit des nächsten Tages. Elke ist ebenso nervös wie Frank. Beide sind sehr unruhig, weil sie Angst haben. Sie wissen ja nicht, was ihnen bevorsteht. Obwohl auch ich ein mulmiges Gefühl habe, versuche ich ihnen einzureden, dass alles halb so schlimm ist, und wir höchstens zwei Stunden für die Flucht benötigen werden. Es gelingt mir aber nicht, sie zu beruhigen. Doch es gibt kein Zurück.

ELKE VERLASSEN DIE KRÄFTE   Wir brechen am späten Vormittag des 9. September 1989 auf und kommen um die Mittagszeit zur Grenze. Es herrscht brütende Hitze. Meinen Begleitern treibt es – noch zusätzlich – den Angstschweiß aus den Poren. Wie bereits bei der ersten Flucht bilden wir eine Reihe. Ich gehe zuerst, Elke und der Mann folgen mir in einem Abstand von jeweils ca. 50 Metern. Niemand gibt nur einen Laut von sich. Bei jeder Bewegung müssen wir aufpassen, dass wir nicht auf dürres Geäst treten. Jedes Geräusch könnte uns verraten. Wir wissen ja nicht, ob wir beobachtet werden und hoffen, dass sowohl die Diensthunde, als auch die Grenzer auf dem Boden sowie auf den Wachtürmen ihre »verdiente« Mittagsruhe halten. Die Verständigung untereinander erfolgt wieder mittels Handzeichen. Anstandslos können wir den ersten Zaun erreichen. Da wir nicht an die gleiche Stelle wie bei meiner ersten Flucht kommen, muss ich diesen Zaun wieder mit dem Seitenscheider durchtrennen. Diesmal fällt es mir aber nicht so schwer, weil ich weiß, dass er nicht unter Strom steht und ich kein akustisches Signal auslösen wird. Wir laufen über den »Todesstreifen«, erreichen den zweiten Zaun und kommen auch dort problemlos durch. Nur noch einige Meter und wir sind in Freiheit. Doch schlagartig ändert sich alles. Ich kann den »56er« Zaun nicht finden und werde ebenfalls etwas nervös. Zudem verlassen Elke die Kräfte. Die Hitze, gepaart mit Angst und Nervosität ist einfach zu viel für sie. Sie kann nicht mehr weiter und sinkt zu Boden. Oh Gott, was soll ich tun? Tragen kann ich sie wahrscheinlich nicht, weil meine Kraft dazu auch nicht mehr reichen wird. Irgendwie müssen wir weiter. Doch wo ist der rettende »56er« Zaun? Ich muss ihn einfach finden. Ich sage zu ihr:

»Elke, entweder du bleibst hier liegen oder kommst mit in den Westen?«
WÖRTLICHES ZITAT VON UWE MEYER.

Mit viel Einfühlungsvermögen und gutem Zureden gelingt es mir, Elke wieder »auf die Beine« zur bringen. Wir gehen weiter und stehen mit einem Mal vor diesem »verdammten« »56er« Zaun. Ich durchtrenne ihn, einer nach dem anderen schlüpft durch und wir haben es geschafft. Als ich dann noch den österreichischen Grenzstein sehe, weiß ich, dass wir nun endgültig in Österreich sind. Doch Elke glaubt das noch immer nicht. Sie ist total erschöpft, kämpft aber weiter. Frank sagt zwar nichts, in Sicherheit wähnt er sich aber nicht.

WIR HABEN ES GESCHAFFT *Müden Schrittes gehen wir nun in Richtung Neckenmarkt. Elke hat noch immer Angst und spricht kaum ein Wort. Auf dem Weg in das Dorf treffen wir in der Nähe des Steinbruchs einen Imker. Es ist ein älterer Mann, der gerade seine Bienen versorgt. Wir gehen auf ihn zu und ich sage zum ihm:*

»Sagen Sie den zweien, dass sie in Österreich sind!«
WÖRTLICHES ZITAT VON UWE MEYER.

»Opa« tut das und kann die beiden beruhigen. Bevor wir weitergehen setzen wir uns zu ihm. Er labt uns mit Wein, Brot und Honig, wodurch wir so halbwegs wieder zu Kräften kommen. Wir plaudern mit ihm. Und das bekommt meinen beiden »Begleitern« sichtlich gut. Sie schöpfen neuen Mut, woraufhin wir das letzte Stück in den Ort in Angriff nehmen. Mit letzter Kraft schaffen wir es bis zum Gasthaus »Zur Traube«, das ich ja von meiner letzten Flucht noch allzu gut kenne. Als mich die Wirtin sieht, sagt sie ganz erschrocken:

»Was willst du denn schon wieder hier?«

Nach einem herzlichen Empfang erzähle ich ihr, dass ich jetzt – jedoch als Staatsbürger der Bundesrepublik Deutschland – zum zweiten Mal durch den Eisernen Vorhang geflohen bin und die »zwei« da rausgeholt habe. Danach haben wir meinen Freund Ewald Handler verständigt, der dann bald gekommen ist. Da es nicht alltäglich war, dass jemand zweimal durch diesen Menschen verachtenden Grenzzaun flieht, haben auch die Medien binnen kürzester Zeit davon Kenntnis erlangt. Es gab einen wahren Medienrummel, wobei wir uns – aus Rücksichtnahme auf unsere Angehörigen – für Interviews nur sehr ungern und unter Abwägung jedes einzelnen Wortes – zur Verfügung gestellt haben.

»Bitte kein Bild im Fernsehen oder in der Zeitung. Man könnte uns erkennen, wodurch unsere Angehörigen in der DDR mit Sicherheit Repressalien erleiden würden.«
WÖRTLICHES ZITAT VON UWE MEYER.

»ELKE, WILLST DU MEINE FRAU WERDEN?« Nachdem wir unsere neu gewonnene Freiheit gebührend gefeiert hatten, haben wir uns aus Liebe und Dankbarkeit für die gelungene Flucht entschlossen, zu heiraten. Ewald, der ja auch Standesbeamter ist, hat uns am 10. September 1989 symbolisch getraut. Die tatsächliche Hochzeit fand dann am 24. November 1989 in Lüdenscheid statt.

Gegen Ende September 1989 sind die Mutter und Schwester von Elke nach Ungarn gefahren, um ihr Auto abzuholen. Doch es blieb beim Versuch. Der Trabi war wie vom Erdboden verschluckt. Wir haben ihn nie wiederbekommen.

NECKENMARKT, WIEN, LÜDENSCHEID Noch am Tag unserer symbolischen Hochzeit hat uns Ewald nach Wien zur Botschaft gebracht. Elke und Frank erhielten je etwa 60,- Schilling sowie die Zugkarten nach Deutschland. Obwohl ich über keine Barmittel verfügte, hat man mir weder Geld für Lebensmittel, noch ein Ticket für die Weiterreise nach Deutschland gegeben. In der Botschaft haben sie nur gesagt, dass ich bereits einmal geflohen sei, und keinen Anspruch auf weitere Leistungen haben würde. Es nützte auch nichts, dass ich ihnen sagte, dass ich »die zwei« da rausgeholt habe. Den Angehörigen der Botschaft war es völlig gleichgültig, wie ich nach Deutschland komme. Doch da erschienen »Engel« in Gestalt von Schwestern eines katholischen Ordens. Sie haben von meiner »beschissenen Lage« Kenntnis erlangt und für mich gesammelt. Mit diesem Geld habe ich mir einen Fahrschein gekauft und konnte im gleichen Zug gemeinsam mit Elke und Frank nach Deutschland reisen.

Elke ist mit mir vorerst nach Lüdenscheid in meine bescheidene Unterkunft, in der sich nur ein Tisch, ein Bett und ein Schrank befanden, gefahren. Ich habe nämlich in einer Pension, in der ich 20,- DM pro Tag bezahlte und dafür einen Kredit aufgenommen hatte, gewohnt. Das war im wahrsten Sinne des Wortes tatsächlich nur eine »Bleibe«, aber wir waren froh, dass wir ein

Symbolische Trauung im Gemeindeamt Neckenmarkt durch Ewald Handler

Nach der symbolischen Trauung vor dem Gemeindeamt mit Ewald Handler – re. vor Uwe Meyer und den Neckenmarkter Fahnenschwingern

Dach über dem Kopf hatten und nicht in einer Flüchtlingsunterkunft wohnen mussten. In den nächsten Tagen hat Elke ihre Behördenwege erledigt und die 200,- DM »Begrüßungsgeld« erhalten. Ich habe meine Arbeit in der Druckerei als Hilfskraft wieder aufgenommen, obwohl ich als Bergbauingenieur für weit höhere Aufgaben qualifiziert gewesen wäre. Meine Frau hat als Aushilfe in einem Sonnenstudio – das sie sieben Jahre danach gekauft hat – eine Anstellung gefunden. Es war eine äußerst schwere Zeit, doch wir wollten auf niemanden angewiesen sein. Wir mussten erst einmal Geld verdienen, – und hielten nicht, wie für viele »Schutzbedürftige« heutzutage zur Selbstverständlichkeit geworden, beide Hände auf, – um über »die Runden« zu kommen.

ERSTER BESUCH IN DER HEIMAT – »STASI-MANN« VERPRÜGELT – KURZE INHAFTIERUNG *Zum ersten Mal bin ich im Frühjahr 1990 in meine Heimat nach Gera gefahren. Und wie es der Zufall so wollte, traf ich in einer Bar einen Mitarbeiter der Stasi. Der Mann gehörte zu jenen Beamten, die mich während meiner Inhaftierung nach dem Verbrennen der DDR-Fahne misshandelt hatten. Als ich diesen Verräter sah, konnte ich mich einfach nicht mehr zurückhalten. Ich verlor die Beherrschung, stellte ihn zur Rede und revanchierte mich vorerst mit einigen verbalen und dann mit »körperlichen Attacken«.*

Die Polizei kam, nahm mich fest, musste mich jedoch schnell wieder auf freiem Fuß setzen, weil ich inzwischen Bürger der Bundesrepublik Deutschland geworden war. Trotz dieses Konfliktes mit der in der DDR »noch« herrschenden Staatsmacht verspürte ich eine innerliche Zufriedenheit. Ich war stolz, dass ich mich bei diesem Repräsentanten eines verhassten Regimes, der sich in seiner Uniform versteckte und nur in der Menge stark war, revanchieren konnte.

30 JAHRE DANACH – DURCH HARTE ARBEIT NEUE EXISTENZ AUFGEBAUT *Wir haben hart am Aufbau einer neuen Existenz gearbeitet, bald unser erstes Auto um 500,- DM gekauft und konnten bereits nach einem Monat in eine neue Wohnung umziehen. Elke hat sich von der Aushilfskraft in diesem Sonnenstudio bis zur Chefin emporgearbeitet. Den Betrieb hat sie dann nach sieben Jahren gekauft. Er gehört ihr bis heute, und sie hat nach wie vor viel Freude an ihrem Job.*

Ich hatte mich durch viel persönlichen Einsatz und Fachkompetenz in der Druckerei bald zum Leiter für Lagerwirtschaft emporgearbeitet und verließ nach drei Jahren das Unternehmen. Danach war ich über viele Jahre als

Nach 25 Jahren – Besuch bei Freunden! V.li. Ewald und Roswitha Handler, Elke und Uwe Meyer

selbstständiger Finanzkaufmann tätig und betreute bzw. leitete einige kleinere Firmen.

In den letzten drei Jahren musste ich mich wegen einer schweren Krankheit »zurückziehen« und unterstützte, so es meine Krankheit zuließ, meine Frau in ihrem Betrieb bei allen administrativen und kaufmännischen Tätigkeiten. Ich bin jedoch guter Dinge, dass ich schon bald wieder arbeiten kann, zumindest in Teilzeit.

Unsere Flucht haben wir nie bereut. Wir sind einerseits stolz, dass wir die Neugründung der Existenz geschafft haben, andererseits haben wir durch unsere Flucht einen Beitrag zum Zerfall dieses Regimes, in dem Menschen bespitzelt und unterdrückt wurden, geleistet. Abschließend möchte ich noch betonen, dass wir immer gearbeitet haben und dies auch heute – ich trotz meiner schweren Krankheit – noch tun.

Unserer Heimat fühlen wir uns sehr verbunden. Deshalb haben wir auch zwei Wohnsitze und pendeln nach Bedarf.

FREUNDE IN NECKENMARKT Dass wir in Neckenmarkt in den wohl schwersten Stunden unseres Lebens so herzlich aufgenommen worden sind, haben wir niemals vergessen. Wir haben uns damals nicht als Flüchtlinge gefühlt, sondern als Menschen, denen man mit Menschlichkeit begegnet ist. Die Bürger von Neckenmarkt haben uns Flüchtlingen aus innigster Überzeug geholfen. Das

hat ihre Körpersprache bereits bei der ersten Begegnung gezeigt. Mit einigen Einheimischen – insbesondere mit der Familie und Verwandtschaft von Ewald Handler – hat sich eine Freundschaft entwickelt, die auch heute – nach 30 Jahren – noch besteht. Wir werden daher unsere Helfer niemals vergessen. Gerne kommen wir immer wieder in die Gemeinde der »Fahnenschwinger« mit seinen 1.700 Einwohnern, hart an der ungarischen Grenze.

Uwe Meyer besitzt dieses Stück Stacheldraht, das ihn stets an seine gefährliche Flucht erinnert auch heute noch.

LEBENSNOTWENDIGES INHALATIONSGERÄT FÜR KRANKES KIND ÜBER DIE GRENZE NACH NECKENMARKT GEBRACHT

Ewald Handler

EWALD HANDLER, Jahrgang 1967, kannte den Eisernen Vorhang bei Neckenmarkt bereits seit frühester Kindheit, weil sein Elternhaus nur etwa drei Kilometer von der Grenze entfernt war. Außerdem bewirtschaftete die Familie einen Weingarten, der unmittelbar neben dem Stacheldrahtverhau lag.

Schon im Volksschulalter ging er mit seinem Großvater – der ein leidenschaftlicher

Jäger war – nahe der Grenze durch den Wald, sah bewaffnete Soldaten auf den Wachtürmen und hörte das Gebell der Hunde, die auf ungarischer Seite noch zusätzlich zur Grenzsicherung eingesetzt waren.

Aus Neugier und Abenteuerlust suchte und fand Ewald – der durch seinen Großvater die Örtlichkeit kannte – mit einigen Freunden eine Schwachstelle im Grenzzaun. Um in die rein deutschsprachige Nachbargemeinde Brennberg zu gelangen, fuhren sie Mitte der 1980er Jahre etwa zwei bis drei Mal im Jahr mit dem Auto zum »Gruber-Kreuz«, stellten das Fahrzeug dort ab und gingen zu der nur etwa zehn Meter entfernten Grenze. Zwischen den Wachtürmen schlüpften sie durch ein Loch im Grenzzaun, ließen sich auch von Hundegebell nicht abschrecken und liefen durch den Wald nach Brennberg.

»Zum ersten Mal wurde ich auf DDR-Flüchtlinge aufmerksam, als diese von der Grenze kommend durch das Dorf gingen und fragten, wo sie etwas zu essen bekommen oder nächtigen könnten.«
WÖRTLICHES ZITAT VON EWALD HANDLER.

EWALD HANDLER hatte als Gemeindebediensteter während der Flüchtlingswelle im August 1989 zahlreiche logistische Aufgaben zu erledigen. Doch mit Dienstende war für ihn keinesfalls der Einsatz für die Flüchtlinge beendet. In seiner Freizeit war er weiter als freiwilliger Helfer tätig und fuhr mit seinem Auto – manchmal mehrmals pro Tag – legal über den Grenzübergang Deutschkreutz nach Ungarn. Vom Campingplatz Löver in Sopron holte er für viele DDR-Bürger aus deren Fahrzeugen ihr bescheidenes Hab und Gut.

Eine Familie musste in ihrem Wagen ein lebensnotwendiges Inhalationsgerät für ihre an Asthma leidende Tochter zurücklassen. Ewald zögerte keine Minute, setzte sich in sein Auto, fuhr mit seiner Gattin Roswitha auf den Campingplatz Löver und brachte den Inhalator nach Neckenmarkt. Wochen später war er der Familie auch noch bei der Beschaffung ihres Autos behilflich.

Zu den einstigen Flüchtlingen Elke und Uwe Meyer verbindet die Familie Handler auch nach 30 Jahren noch eine besondere Freundschaft. Für Elke und Uwe war Ewald der erste Ansprechpartner nach gelungener Flucht. (Siehe Interview mit Elke und Uwe Meyer: »**MIT SEITENSCHNEIDER UND KOMPASS IN WENIGEN TAGEN ZWEI MAL DEN EISERNEN VORHANG ÜBERWUNDEN**«)

HELFEN HATTE OBERSTE PRIORITÄT – INHALATIONSGERÄT LAG NOCH IM AUFGEBROCHENEN AUTO

EWALD HANDLER erinnert sich an die dramatischen Tage im August 1989: *Zum ersten Mal wurde im Dorf etwa Mitte August 1989 davon gesprochen, dass einzelne Flüchtlinge aus der DDR von Ungarn über die Grenze nach Neckenmarkt gekommen waren. So richtig aufgefallen ist das in der Gemeinde jedoch erst, als die Menschen in die Privathäuser gingen und die Einheimischen fragten, wo sie essen und eventuell auch schlafen könnten. Da sich die Anzahl der Flüchtlinge täglich erhöhte – an manchen Tagen kamen 30 bis 50 DDR-Bürger ins Dorf – wurde im alten Rathaus ein Flüchtlingslager eingerichtet. Die Aufnahme der Personalien sowie Verpflegung erfolgte im Gasthaus »Zur Traube«.*

Gute Stimmung nach geglückter Flucht

Bettenlager in der Flüchtlingsunterkunft im Rathaus

LEBENSNOTWENDIGES INHALATIONSGERÄT FÜR ASTHMAKRANKE TOCHTER IN UNGARN ZURÜCKGELASSEN *Am 24. August 1989 befinde ich mich wie so oft an diesen Tagen im Gasthaus »Zur Traube«, erledige administrative Aufgaben und unterstütze die Gendarmen bei der Registrierung neu angekommener Flüchtlinge.*

Während wir die Personalien einer Familie aufnehmen, erzählt ein sichtlich nervöser Vater, dass er mit seiner Frau und den beiden Töchtern, 11 und 17 Jahre alt, geflohen sei. Die 17-Jährige Heike leide an schwerem Asthma. Den lebensnotwendigen Inhalator sowie das gesamte Gepäck mussten sie jedoch in ihrem Auto, das sich auf dem Campingplatz Löver in Sopron befinden würde, zurücklassen. Mir fällt sofort auf, dass der Mann es scheinbar nicht wagt, jemanden direkt anzusprechen, um ihn zu bitten, das Inhalationsgerät sowie die Reisetaschen aus seinem Fahrzeug zu holen. Ich versuche mit ihm ins Gespräch zu kommen und kann sein Vertrauen gewinnen, weil er mich schon nach wenigen Worten um Hilfe ersucht. Er sagt mir, dass er es – schon aus Rücksicht auf seine Familie – nicht mehr wagen würde, die Grenze neuerlich zu überschreiten. Als ich mich dazu bereit erkläre, den Inhalator zu holen, sehe ich an seiner Mimik, wie dankbar er ist.

»Meine Frau und ich wollten damals nur rasch über die Grenze, das Auto mit dem Inhalationsgerät finden, und es dem kranken Kind so schnell wie nur möglich bringen. An Konsequenzen durch ungarische Grenzorgane haben wir zwar gedacht, diese Gedanken jedoch einfach verdrängt.«
WÖRTLICHES ZITAT VON EWALD HANDLER.

INHALATOR IM KOFFERRAUM, AUTOSCHLÜSSEL IN DER HINTEREN STOSSTANGE VERSTECKT *Oswald W. schreibt das Kennzeichen seines Wartburgs auf einen Zettel und sagt mir, wo dieser abgestellt sei. Das Auto sei jedoch versperrt. Den Schlüssel hätte er in einem Hohlraum eines umgebogenen Bleches in der hinteren Stoßstange versteckt. Der Inhalator würde sich im Kofferraum befinden. Ich mache mich mit meiner Gattin Roswitha sofort auf den Weg. Als wir zum Campingplatz nach Sopron-Löver kommen, sehe ich auf dem Parkplatz eine Vielzahl von Wartburgs, Trabis und Ladas. Zahlreiche DDR-Bürger stehen in unmittelbarer Nähe bzw. einige auch bei den Autos. Jeder ist offensichtlich mit sich selbst beschäftigt und denkt nur darüber nach, wann und wo er flüchten kann bzw. wird. Es herrscht eine äußerst »aufgeheizte«, teilweise von Nervosität* *geprägte Stimmung, obwohl nur wenig gesprochen wird. Keiner traut dem anderen. Er könnte ja von der Stasi sein. Die angespannte Lage ist förmlich zu spüren.*

AUTO GEFUNDEN, KOFFERRAUM AUFGEBROCHEN Nach kurzem Suchen entdecken wir tatsächlich den roten Wartburg. Er ist von vielen anderen Fahrzeugen »eingeschlossen«. Ein Wegfahren ist zu diesem Zeitpunkt nicht möglich und von uns auch nicht beabsichtigt. Auch die Schlüssel finden wir in der Stoßstange. Doch die benötigen wir nicht, weil der Wagen bereits aufgebrochen ist und einige Taschen gestohlen sind. Zum Glück haben die Täter jene Tasche, in der sich der Inhalator befindet, zurückgelassen.

»Als ich feststellte, dass das Auto aufgebrochen war, habe ich nur mehr das kranke Kind vor mir gesehen und überlegt, welchen Arzt wir mit dem Mädchen nach unserer Rückkehr aufsuchen könnten. Doch Gott sei Dank kam es anders.«
WÖRTLICHES ZITAT VON EWALD HANDLER.

Diese befindet sich mit einigen anderen Kleidungsstücken noch im Kofferraum. Wir nehmen die Sachen zu uns, verstauen sie in unserem Fahrzeug, kommen problemlos über die Grenze und fahren direkt nach Neckenmarkt. Als uns die Eltern sehen, merke ich, dass sie sehr angespannt sind. Doch wir müssen sie nicht enttäuschen. Nachdem wir ihnen die Tasche mit dem Inhalationsgerät und einige Kleidungsstücke übergeben, fallen sie uns vor Dankbarkeit um den Hals. Auch für uns ist es ein besonderes Gefühl des Glücks. Dass einige Reisetaschen gestohlen wurden, berührt sie offensichtlich wenig. Heike hat ihr lebenswichtiges, medizinisches Gerät binnen kürzester Zeit bekommen. Und das ist das einzige was in diesem Augenblick für die Eltern – und besonders für das kranke Kind – wichtig ist. Nachdem wir Adresse sowie Telefonnummer ausgetauscht haben, fahren Roswitha und ich nach Hause. Die Familie bleibt über Nacht in der Flüchtlingsunterkunft und wird am nächsten Morgen zusammen mit anderen DDR-Bürgern in einem Bus zur Botschaft nach Wien gebracht.

»HILFERUF« AUS OSNABRÜCK Nach Wochen – es war im November 1989 – erhalte ich von dem Familienvater, Oswald W., einen Anruf. Der Mann bittet mich, zu eruieren, wo sich sein Auto befindet, weil er es – wenn noch nicht gestohlen oder »ausgeschlachtet« – abholen will. Ich sage ihm meine Hilfe zu, fahre nach Sopron und kann den Wartburg aufgrund des Kennzeichens – das mir ja bekannt ist – im Zolllager auffinden. Es gelingt mir auch, den Abtransport des Fahrzeuges zur geplanten Versteigerung nach Budapest zu verhindern. Oswald W. kommt mit dem Zug sofort nach Sopron, muss jedoch sein Eigentum (Wartburg) für 9.750.- Forint vom Zoll »auslösen«. Am 27. November 1989 kann er mit dem durch harte Arbeit – und nach langem Warten – erworbenen Auto die Reise in die neue Heimat Osnabrück antreten.

MEHRMALS PRO TAG NACH SOPRON – EINREISE VERWEIGERT *In diesen Wochen – von etwa Mitte August bis zur Grenzöffnung am 11. September 1989 – bin ich oft drei bis vier Mal über den Grenzübergang Deutschkreutz nach Sopron gefahren. Da die Flüchtlinge alles zurücklassen mussten, haben sie mich oft gebeten, aus ihren Fahrzeugen die unbedingt benötigten Wertsachen zu holen. Wenn sie die Autoschlüssel nicht bei sich hatten und an mich übergegen haben, so haben sie mir das Versteck verraten. Aufgrund des Kennzeichens habe ich dann nach den Wartburgs, Trabis und Ladas gesucht, das Gepäck herausgenommen und nach Neckenmarkt gebracht.*

Dieser »Shuttledienst« fiel – wie nicht anders zu erwarten – bald den Grenzern auf. Damals bekam man nämlich bei jeder Ein- und Ausreise einen Vermerk (Stempel) in den Pass. Dadurch konnte man schnell nachvollziehen, wie oft man in Ungarn ein- bzw. ausgereist ist. Obwohl die Beamten – vermutlich – gewusst haben, dass ich für die geflüchteten DDR-Bürger deren Eigentum nach Österreich bringe, haben sie das meist toleriert. Doch einmal war es dann doch »des Guten« zu viel. Beim dritten oder vierten Einreiseversuch – an einem Tag – wurde ich zur Seite gewunken und nach Österreich zurückgeschickt.

30 JAHRE DANACH *Wenn ich heute an diese dankbaren Menschen, die für ihre Freiheit oft gesicherte Existenzen aufgegeben haben, denke, so bin ich froh, dass ich damals helfen konnte. Ich erinnere mich auch noch an einen Brief, den ich am 9. Dezember 1989 an die Botschaft der Bundesrepublik Deutschland geschrieben habe. Darin habe ich mitgeteilt, dass sich auf einem Parkplatz des Zolllagers in Sopron noch ca. 250 Fahrzeuge der Flüchtlinge befinden würden und für eine Rückholung meine Hilfe angeboten. Niemand konnte vorhersehen, dass diese Grenze so rasch geöffnet und die Berliner Mauer – deren Bestehen von Erich Honecker (*1912 – † 1994, Staatsratsvorsitzender der DDR) für die nächsten 100 Jahre vorausgesagt wurde – bald Geschichte sein wird.*

MARKTGEMEINDEAMT NECKENMARKT
POSTLEITZAHL 7311 - BEZIRK OBERPULLENDORF, BURGENLAND - TELEFON 02610/2263
Postsparkassen-Konto 7043389
Raiffeisenkasse Neckenmarkt Konto 18

Zahl: 131-1/1989

Neckenmarkt, den 5. Dezember 19 89

Betrifft: Rückholung von Kraftfahrzeugen
ehem. Flüchtlinge aus Ungarn

An die
Botschaft der
Bundesrepublik Deutschland
z.Hd. Herrn Schleser

Metternichgasse 3
1030 WIEN

Sehr geehrter Herr Schleser!

Wie bereits tel. besprochen lernte ich im Zuge der Grenzübertritte in der KG Neckenmarkt durch geflüchtete DDR-Bürger auch einen Herrn Oswald Weiss kennen, der heute in Osnabrück lebt. Genannter Herr versuchte seit der Öffnung der ungarischen Grenzen verzweifelt seinen Wagen, den er in Sopron/Ungarn bei seiner Flucht zurücklassen mußte, über die offiziellen Stellen in die BRD zu lotsen. Vor allem darum, weil sich im Kofferraum seines Wagens, ein für seine Tochter dringend benötigtes medizinisches Gerät befand. Anfang November rief mich Herr Weiss an und bat mich, in Sopron seinen Wagen zu suchen, da er von den für die Überführung der DDR-PKW's zuständigen Stellen keine Auskunft bekam. Da ich vom Leiden seiner Tochter Heike wußte, machte ich mich am nächsten Tag auf den Weg nach Sopron, daß von Neckenmarkt ca. 16 km entfernt ist. Ich erreichte an diesem Tag nichts, auch am nächsten und übernächsten Tag kam ich nicht viel weiter. Erst am 4. Tag in Sopron traf ich einen für die Ausfuhr von DDR-PKW's zuständigen Zollbeamten. Dieser ung. Beamte hatte eine Liste mit allen im Zollager stehenden Wagen, darunter auch jener von Herrn Weiss. Ich ließ den Wagen noch am gleichen Tag zeigen, das war Freitag der 24. November. Zu Hause verständigte ich Herrn Weiss, daß noch alles da und auch dran sei und der Wagen so schnell wie möglich aus Ungarn abgezogen werden müßte (wegen der laufenden Versteigerungen). Am Montag, den 27. November um 09:00 Uhr befand sich Herr Weiss mit seinem Wagen bereits in Österreich.

Ich kann Ihnen leider keine Namen oder Adressen in Ungarn nennen, weil ich die Namen der Beamten aber auch die Straßennamen selbst nicht weiß. Was ich Ihnen sagen kann ist, daß wir am Montag, den 27. November um 8:30 Uhr bei dem Beamten waren, der uns einen Zettel gab, den wir vom ungarischen Autoklub unterfertigen lassen mußten. Beim "gelben Engel" sind insgesamt Ft. 9.750,-- zu bezahlen. Mit der Bestätigung fuhren wir wieder zurück zu dem Beamten und mit Ihm zum Zollager. Dort wurde der Wagen von Arbeitern wieder flott gemacht, das Zündschloß repariert, die Nummerntafel ausgehändigt und verabschiedet. Auch der Zoll machte überhaupt keine Schwierigkeiten.

Da ich weiß, daß noch ca. 200 - 230 Autos in Sopron stehen und ich auch die zuständigen Personen kenne, möchte ich dies auch anderen ehem. Flüchtlingen zugute kommen lassen und ihnen beim Überführen Ihrer Autos behilflich sein. Es ist aber so, daß die Autos, die jetzt noch auf dem Zollager stehen, nach und nach abtransportiert und in Budapest versteigert werden. Der Abtransport geht sehr schleppend vor sich und zwar weil er nicht mit eigenen Fahrzeugen organisiert ist, sondern es werden nur DDR-Fahrzeuge mitgenommen, wenn der LKW ansonsten leer zurück nach Budapest fahren müßte.

Wie gesagt, ich bin gerne bereit zu helfen, und ich bin überzeugt, daß die ungarischen Beamten, mit denen ich zu tun hatte auch helfen wollen, ansonsten hätten sie uns auch den ersten Wagen nicht freigegeben - im Gegenteil, sie haben mir vor dem Wegfahren ein herzliches "Auf Wiedersehen" nachgerufen.

Ich hoffe, Sie können meine Informationen für den einen oder anderen Fall gebrauchen. Sollten Sie noch weitere Fragen haben, stehe ich Ihnen jederzeit gerne zur Verfügung.

Mit freundlichen Grüßen

Ewald HANDLER

Botschaft
der Bundesrepublik Deutschland

1030 Wien III, den 11. Dezember 1989
Metternichgasse 3
Fernsprecher 7 · 1 54-0
Fernschreiber 13 42 61
Telegrammanschrift:
Diplogerma Wien
Postanschrift:
Postfach 1 60

Herrn
Ewald Handler
Marktgemeindeamt
A - 7311 Neckenmarkt

RK 542.15 Schl/Ra

Sehr geehrter Herr Handler,

die Botschaft dankt für Ihr Schreiben vom 05. Dezember 1989, mit dem Sie Möglichkeiten der Rückholung von Personenkraftwagen aus Sopron aufzeigen, die DDR-Flüchtlinge in Ungarn zurückgelassen haben.

Das Schreiben wurde am 08.12.1989 per Telefax dem ÖAMTC in Wien, dem ADAC in München, dem Auswärtigen Amt und dem (für Flüchtlinge zuständigen) Bundesministerium des Innern in Bonn zur Kenntnis gebracht.

Mit freundlichen Grüßen
und besten Wünschen zum Weihnachtsfest und Jahreswechsel
Im Auftrag

(Schleser)

XII. KAPITEL:
BILDEIN – DIE FLUCHT VON DOLORES UND HANS MICHAEL FRITZ

SIE IRRTEN ORIENTIERUNGSLOS IM KREIS UND SUCHTEN DAS LOCH IM EISERNEN VORHANG

Dolores und Hans-Michael Fritz bereuen auch nach 30 Jahren nicht, dass sie damals aus der DDR geflüchtet sind

FOTO: ZUR VERFÜGUNG GESTELLT VON FAMILIE FRITZ

DOLORES UND HANS-MICHAEL FRITZ schafften am 27. August 1989, bei Bildein im Bezirk Güssing, nach fast zwölfstündigem Irrweg im ungarischen Grenzgebiet durch den Eisernen Vorhang den lang ersehnten Weg in die Freiheit.

Bildein ist ein kleines Dorf im südlichen Burgenland und zählt etwa 350 Einwohner. Bekannt ist die Gemeinde vor allem durch sein »Geschichtenhaus«, in dem viele Exponate aufbewahrt sind, die als »lebende Zeitzeugen« über das Burgenland – von der Entstehung bis zur Gegenwart – berichten.

»Von nun an sind wir völlig auf uns allein gestellt, haben alles zurückgelassen und den Grenzverlauf auch nur annähernd im Gedächtnis. Mit zwei Rucksäcken, voll mit Wäsche zum Wechseln, einer Kneifzange zum Durchtrennen von Stacheldraht, jedoch dem festen Willen, diesen von uns angestrebten Grenzdurchbruch zu meistern, wagen wir nun die Flucht«

WÖRTLICHES ZITAT VON HANS-MICHAEL FRITZ, NACHDEM DER PFARRER VON JÁK DAS EHEPAAR MIT SEINEM PKW AUF EINER LANDESSTRASSE ZUR ETWA DREI KILOMETER ENTFERNTEN GRENZE GEBRACHT UND GEGEN 22:00 UHR DORT ABGESETZT HATTE.

Das Geschichtenhaus in Bildein – in diesem Museum befinden sich auch Schuhe und Rucksack von Dolores und Hans-Michael Fritz sowie die von ihnen zum Durchtrennen des Stacheldrahtes verwendete Kneifzange (Beißzange)

HANS MICHAEL FRITZ Jahrgang 1947, lebte von Geburt an bis zu seiner Flucht im August 1989 in Eberswalde, Bundesland Brandenburg, etwa 60 Kilometer nördlich von Berlin. Heute wohnt Dipl.-Ing Fritz mit seiner Gattin Dolores in Meinigen, Landkreis Schmalkalden-Meiningen, im Bundesland Thüringen, etwa 100 Kilometer von Erfurt entfernt.

ABITUR, BERUFLICHER WERDEGANG, WEHRDIENST *Meine Lehre als Betonfacharbeiter schloss ich mit dem Abitur ab. In der Zeit von November 1967 bis April 1969 leistete ich den 18-monatigen Präsenzdienst an der Westgrenze der DDR ab. Bereits als Soldat – zur Zeit des Einmarsches der Warschauer-Pakt-Staaten (1968) in die damalige Tschechoslowakei (CSSR) – habe ich ernstlich an eine Flucht aus der DDR gedacht. Diesen Gedanken verwarf ich jedoch vorerst wieder, begann ein Hochschulstudium und schloss dieses als Dipl-Bauingenieur ab. Danach bekam ich eine gute Anstellung in Angermünde, wechselte aber nach zweieinhalb Jahren in einen anderen Betrieb nach Eberswalde. Durch meine Tätigkeit als Bauingenieur im Flugplatzbau für die sowjetischen Streitkräfte verfügte ich über Informationen, die weit über die eines gewöhnlichen Bürgers der DDR hinausgingen. Daher war ich auch der Bespitzelung durch die »allgegenwärtige« Stasi ausgesetzt.*

»Ich konnte diese Verlogenheit des Regimes immer weniger ertragen. Meine Abscheu gegen dieses politische System wurde immer stärker.«
WÖRTLICHES ZITAT VON HANS MICHAEL FRITZ.

SEPTEMBER 1961 – MEINE ERSTEN GEDANKEN AN EINE FLUCHT

Ich war gerade 14 Jahre alt, als ich mich zum ersten Mal mit dem Gedanken einer Flucht aus der DDR trug. Damals war es aber durch den geplanten und bald vollendeten »Eisernen Vorhang« sowie den Bau der Berliner Mauer mehr die Sehnsucht nach dem nun nicht mehr erreichbaren Westberlin.

SEHNSUCHT *Ab September 1960 musste ich jede zweite Woche in die Kieferchirurgie der Charité zur Behandlung meines Kieferleidens. Das Krankenhaus lag zwar im Osten von Berlin, weil ich jedoch die Schnellbahn benützte, musste ich den Westen der Stadt durchqueren. Auf dem Heimweg legte ich meist einen »Zwischenstopp« in Westberlin ein, stieg aus dem Zug und ging zu meiner Tante, die im KDW (Kaufhaus des Westens, gibt es auch heute noch) beschäftigt war. Somit kannte ich schon in meiner frühesten Jugend den Unterschied des Lebensstandards zwischen Ost und West. Durch meine Schulzeit sowie späteren Ausbildung zum Bauingenieur blieb es vorerst bei dieser Sehnsucht nach einem Leben im Westen.*

ERSTE FLUCHT GEPLANT – MUTTER BRACH DAS HERZ – PLAN VERWORFEN *Im September 1967 wurde ich zur Ableistung meines Präsenzdienstes in die Armee eingezogen. Meine Abneigung gegen diesen auf Propaganda und Unterdrückung aufgebauten Staat hatte sich in der Zwischenzeit weiter verstärkt. Der »Gipfel« war dann die »brüderliche Unterstützung« bei der gewaltsamen Niederschlagung des »Prager Frühlings« im Jahre 1968.*

Ich empfand diese Besetzung als eine schreiende Ungerechtigkeit, weil ich das Streben dieses Volkes nach Freiheit und Unabhängigkeit als richtig und gut empfand. »Wie sollte ich diesem Staat, dessen System mehr denn je auf Lügen aufgebaut war, dienen, werden sie mich etwa auch in die CSSR schicken, wie sollte ich nach meinem Militärdienst in dieser Diktatur weiterleben?«, waren nur einige dieser Gedanken, die mir damals durch den Kopf gingen. Schließlich kam ich zum Entschluss, dass ich flüchten werde.

Als Angehöriger der Grenzschutztruppen der DDR war ich zur Sicherung der Westgrenze eingeteilt. Somit war ich dem Westen so nah wie nur möglich. Dass ich nach Beendigung meines Militärdienstes nie mehr so nah an diese Grenze kommen würde, war mir damals bewusst, außerdem kannte ich die nur wenigen Schwachstellen des Eisernen Vorhanges. Diese Chance durfte

Hans Michael Fritz im Alter von 20 Jahren als Angehöriger der Volksarmee

ich mir einfach nicht entgehen lassen und war fest entschlossen zu flüchten. Ich hatte auch bereits konkrete Pläne, wie ich diese »Fahnenflucht«, die für mich durchaus tödlich hätte enden können, anstellen werde. Doch ich hatte nicht mit den Tränen meiner Mutter, die auch mir das Herz brachen, gerechnet. Einen Heimaturlaub wollte ich zur Verabschiedung von meiner Familie nützen.

Es kam auch tatsächlich so. Ich bekam Urlaub, fuhr nach Hause und weihte meine Mutter in den Plan meiner Flucht ein. Mir war auch klar, dass uns der Abschied voneinander sehr schwerfallen würde. Doch bei den ersten Worten brach meine Mutter sofort in Tränen aus und beschwor mich weinend, dies nicht zu tun, weil ich doch ihr jüngster und liebster Sohn sei und ihr meine Flucht das Herz brechen würde. »Sollte ich ihr das antun, fragte ich mich, wog alle »Für und Wider« ab und kam zum Entschluss, dass ich **VORERST** *nicht flüchten werde.*

»Der Wunsch, dass ich dieses Land einmal verlassen werde, blieb für die nächsten 20 Jahre immer bestehen.«
WÖRTLICHES ZITAT VON HANS MICHAEL FRITZ.

WIRTSCHAFTLICHER STILLSTAND, AUFSÄSSIGKEIT DER BEHÖRDEN, BESPITZELUNG DURCH DIE STASI *Die politischen und wirtschaftlichen Zustände in der DDR der achtziger Jahre waren für einen Teil der Bevölkerung derart unerträglich geworden, dass eine Ausreise auf legale oder illegale Art nach reiflichen Überlegungen oft der einzig mögliche Ausweg war.*

Etwa seit dem Jahre 1987 hatte ich bei der Ausübung meines Berufes – Errichtung von militärischen Anlagen für eine damals in der DDR stationierte Einheit der sowjetischen Streitkräfte – immer die Konfliktsituation zu bewältigen. Ich musste nämlich vor Mitarbeitern der Staatssicherheit »Rede und Antwort« bezüglich »Geheimnisschutz« stehen. Hätte ich dies abgelehnt, wäre das einer Arbeitsverweigerung gleichgekommen. Zu Beginn waren es Fragen, die sich ausschließlich auf die Qualität und Terminreue der zu leistenden Arbeit bezo-

gen. Später wollten sie von mir Einzelheiten der Privatsphäre über Mitarbeiter wissen, deren wahrheitsgemäße Beantwortung für mich einem Verrat gegenüber den Betroffenen gleich gewesen wäre. Also schob ich Unwissenheit vor.

»DAUMENSCHRAUBE« WURDE ENGER Doch es war ein großer Irrtum, sie ließen mich einfach nicht in Ruhe. Die »Daumenschraube« wurde immer weiter angezogen. Bei sogenannten vertraulichen Vier-Augen-Gesprächen wurden mir unverhohlen Repressalien angedroht. Der Betriebsdirektor etwa versuchte, mich im Beisein von zwei Mitarbeitern der Kreisdienststelle des Staatssicherheitsdienstes mit Drohungen, die der Ausbildung meiner damals kurz vor dem Abitur stehenden 18-jährigen Tochter galten, unter Druck zu setzen. Unter anderem hatte sich in diesem Jahr (1988) eine meiner Nichten nach einer Reise in den Westen »abgesetzt« und war nicht mehr in die DDR zurückgekehrt. Dass ich mich geweigert hatte, den Kontakt zu ihr abzubrechen, erschwerte meine berufliche und private Situation noch zusätzlich.

Von Tag zu Tag wurde das Verhalten der Vorgesetzten an meinem Arbeitsplatz unerträglicher, sodass ich mit Ende des Jahres 1988 in der damaligen DDR für mich keine Zukunft sah. Dies war letztendlich der Grund, Überlegungen anzustellen, wie ich wohl zunächst alleine die DDR verlassen könnte.

»ICH WERDE FLÜCHTEN – ABER WIE?« Mit Beginn des Jahres 1989 stand fest, dass ich auf jeden Fall die DDR verlassen werde. Es stellte sich nur mehr die Frage, wie und wann ich meinen Entschluss auch in die Tat umsetzen kann. Eine offiziell beantragte Ausreise aus der DDR war für mich nicht möglich, weil ich als Kenntnisträger scheinbar wichtiger militärischer Geheimnisse mit einem Berufsverbot »belegt« worden wäre. Außerdem hätte ein derartiger Antrag zu einer Anklage führen können und im Falle einer Verurteilung mehrere Jahre Gefängnis bedeutet. Dies wollte ich meiner Familie keinesfalls antun.

Blieb also nur die Flucht als Alternative. Nach DDR-Gesetz war die sogenannte **»REPUBLIKFLUCHT«** eine strafbare Handlung, für die es nach damaliger Gesetzeslage mindestens zwei bis drei Jahre Gefängnis gegeben hätte.

Diese schwerwiegenden Überlegungen haben mich intensiv etwa drei Monate beschäftigt, ehe ich mich meiner Gattin anvertraut habe. Es war eine sehr schwere Entscheidung, weil die Flucht einen Abschied für immer bzw. für viele Jahre bedeutet hätte, denn an den Besuch meiner Angehörigen in *der DDR war wegen der drohenden Strafverfolgung auch zu einem späteren Zeitpunkt zunächst überhaupt nicht zu denken.*

Eine sehr schwierige Situation, die meine Frau und mich über weitere drei Monate beschäftigte. Wir verbrachten viele schlaflose Nächte und spielten zahlreiche Szenarien im Gedanken durch. »Was würde wohl aus unserer Tochter werden?«, dachten wir fortwährend. Eine zufriedenstellende Antwort darauf haben wir nicht gefunden. Schlussendlich kamen wir doch zum Entschluss, dass ich die Flucht wagen werde. Eine Alternative dazu gab es nicht, denn unsere Politiker hatten den Zug mit der »DDR an Bord« an die Wand gefahren. Jetzt ging es nur mehr um das »Wann, Wo, und Wie«.

Um mich dem ständigen Drängen des Staatssicherheitsdienstes zu entziehen, verließ ich zum 15. Juni 1989 nach eigener Kündigung die Baufirma, bei der ich seit 13 Jahren beschäftigt war. Die folgende Zeit bis zur Flucht war ich ohne Arbeit und Einkommen, weil es zu keinem Arbeitsverhältnis bei anderen ortsansässigen Baufirmen kam. Vom Personalchef (Kaderleiter), war nur zu erfahren, dass man mich nicht einstellen dürfe, obwohl dringender Bedarf vorhanden war. Eine Begründung dafür nannte man nicht. Für mich war das ein deutlicher Beweis von praktiziertem Berufsverbot. Arbeitslosenunterstützung gab es in der damaligen DDR nicht. Ich lebte sozusagen auf Kosten des bescheidenen Einkommens meiner Frau.

DIE FLUCHT – VON DER PLANUNG BIS ZUR DURCHFÜHRUNG

ERSTER VERSUCH ÜBER DANZIG (POLEN) GESCHEITERT *Zunächst war geplant, dass ich die Flucht allein über den Hafen von Danzig in Polen versuchten werde, jedoch ohne legale Dokumente. Meine Frau sollte dann später im Rahmen einer »Familienzusammenführung«, wie es damals hieß, nach etwa drei bis vier Jahren und – hoffentlich ertragenen – Repressalien durch die DDR-Behörden offiziell nachkommen. Unsere damals bereits erwachsene Tochter war inzwischen wirtschaftlich selbständig geworden und hatte zuvor die elterliche Wohnung verlassen. Da meine Gattin vorerst in der DDR blieb, hofften wir, dass man vor weiteren Schikanen gegen ihre Person Abstand nimmt.*

»Den Fluchtversuch in Danzig musste ich noch ehe er begonnen hatte abbrechen, weil der Freihafen streng bewacht war. Ein Versuch, in die

Botschaft der Bundesrepublik Deutschland in Warschau zu gelangen scheiterte ebenfalls, weil ich bereits beim Pförtner abgewiesen wurde.«
WÖRTLICHES ZITAT VON HANS MICHAEL FRITZ.

Im Juli 1989 reiste ich nach Danzig in Polen, weil ich im dortigen Hafen eine Schwachstelle der Grenzsicherung vermutete und deshalb eine reelle Chance für meine Flucht in den Westen sah. Doch dieser erste Versuch fiel schnell »ins Wasser«, weil die polnische Miliz bereits vor meiner Ankunft um den Freihafen von Danzig einen engen, stark bewachten Gürtel gezogen hatte. Beim Anblick der zahlreichen bewaffneten Männer in ihren Uniformen verließ mich einfach der Mut. Ich brach den Fluchtversuch noch ehe er begonnen hatte ab und beschloss, nach Warschau zu fahren. Dort wollte ich in der Botschaft der Bundesrepublik Deutschland vorsprechen und um eine Einreisegenehmigung bitten. Auch dieses Vorhaben war erfolglos, weil ich bereits beim Pförtner abgewiesen wurde. Er gab mir schlicht und einfach zu verstehen, dass ich mich wegen einer Ausreise aus der DDR an meine Regierung wenden solle.

Ich war bitter enttäuscht und verstand die Welt nicht mehr. Jede Hoffnung hatte sich zerschlagen. Eine Rückkehr in die DDR war meine einzige Möglichkeit. Ich trat die Heimreise an. Wie groß die Überraschung, aber auch die Freude über das Wiedersehen mit meiner Frau war, ist wohl kaum zu beschreiben. Wir waren wieder vereint und schmiedeten neue Pläne.

ÜBER UNGARN WERDEN WIR ES SCHAFFEN Schnell waren wir uns nun einig, dass wir den nächsten Fluchtversuch nur gemeinsam wagen werden. Mittlerweile war uns bekannt geworden, dass die Außenminister aus Ungarn und Österreich an der burgenländisch-ungarischen Grenze symbolisch den Stacheldraht durchschnitten hatten. Deshalb waren wir überzeugt, dass es dort einige Löcher geben müsste, die eine Flucht ermöglichen könnten. Außerdem kannten wir teilweise die Örtlichkeit, weil wir bei Urlaubsreisen in den letzten Jahren die hinteren Stacheldrahtsperren an der ungarischen Westgrenze – zu Österreich – für eine eventuelle Flucht intensiv studiert hatten.

In »weiser Voraussicht« hatten wir bereits im Mai 1989 für eine eventuell als Flucht getarnte Urlaubsreise nach Ungarn Einreisepapiere für dieses Land beantragt und auch erhalten.

DIE PLANUNG WAR BEREITS NACH KURZER ZEIT ABGESCHLOSSEN   *Wie bereits mehrmals besprochen sollte eine als Urlaub getarnte Ausreise nach Ungarn erfolgen. Um den Verdacht der Flucht erst gar nicht aufkommen zu lassen, wählten wir – ebenso wie tausende andere DDR-Bürger – die Route über Polen und die Tschechoslowakei. In Ungarn wollten wir den damals noch vorhandenen Eisernen Vorhang allein und auf eigene Faust überwinden.*

Fluchtweg von Eberswalde bis Ják

GEHEIMHALTUNG HATTE HÖCHSTE PRIORITÄT   *Wir wussten, dass unsere Flucht nur dann gelingen kann, wenn wir in der Lage sind, unsere Pläne niemandem zu verraten. Zum einen wollten wir niemanden mit unseren Problemen belasten, zum anderen wollten wir uns auch nicht der Gefahr aussetzen, von jemandem verraten zu werden. Man wusste ja nicht, wer als Spion von der Stasi angeworben wurde, bzw. wer für diesen Geheimdienst arbeitete. Selbst unsere Tochter haben wir erst einige Tage vor der Flucht in unsere Pläne eingeweiht und ihr auch angeboten, mit uns zu kommen. Sie brachte für unsere ausweglose Situation zwar viel Verständnis auf, wollte aber wegen einer Beziehung zu einem Mann, der sich damals im Militärdienst befand, in der DDR bleiben. Wie gerne hätten wir unser Kind wohl mitgenommen, konnten uns aber in ihre Lage versetzen und mussten ihren Entschluss letztendlich akzeptieren. Was tut man nicht alles* für eine »junge Liebe«! Schweren Herzens verabschiedeten wir uns von ihr und hofften, dass sie wegen unserer Flucht keine Schikanen ertragen muss. Doch weit gefehlt – die Leute der Stasi waren überall und unberechenbar. Dazu jedoch später.

Die Tatsache, unsere Wohnung mit dem gesamten Mobiliar sowie den Wertsachen einfach zurücklassen zu müssen, hat uns zwar beschäftigt, es war aber kein Grund für ein weiteres Ausharren in dieser Diktatur. Zur Zeit unserer Flucht – im Juli 1989 – war trotz der ersten positiven Zeichen von Grenzöffnungen zwischen der ungarischen und österreichischen Grenze niemand in der DDR darauf eingestellt, dass sich die politischen Verhältnisse in diesem Staat Monate später drastisch – und zum Positiven –ändern würden.

VON EINEM FREUND BESPITZELT Der Abschied von nahestehenden Verwandten und Freunden war sehr schwer, da wir uns nur in zwei Fällen getrauten, unsere wahre Absicht bekannt zu geben. Ansonsten war es eben ein Abschied unter Tränen. Später sagten uns einige der verbliebenen Freunde, dass sie zwar spürten, wir wären anders als sonst, aber an eine Flucht hatte niemand gedacht. Gut für uns, denn ein Verrat war nie auszuschließen, wie ich später erfahren musste. Die Einsicht in meine sogenannte Stasiakte im Februar 1999 hat mir dies bestätigt. Jahrelange engste Freundschaft war kein absoluter Vertrauensbeweis. Ganz im Gegenteil. Wir wurden von einem vermeintlichen Freund über einen Zeitraum von etwa neun Jahren bespitzelt!!!

DIE REISE IN DIE UNGEWISSHEIT BEGINNT

23. AUGUST 1989 – ES IST SOWEIT – AB IN DIE »FERIEN« Nach einer unruhigen Nacht steigen wir gegen Mittag in unseren Wartburg (an Autos gab es in der DDR damals mit wenigen Ausnahmen nur die Typen Wartburg und Trabant) und brechen offiziell zu unserer geplanten Ferienreise nach Ungarn auf. Wir blicken mit etwas Wehmut zurück und hoffen einerseits, dass wir unsere Heimat – wenn auch nach vielen Jahren – noch einmal sehen werden, andererseits ist es uns aber viel wichtiger, dieses »Abenteuer« unbeschadet zu überstehen. Die Ausreise in Frankfurt/Oder nach Polen verläuft ohne Probleme, ein erstes Aufatmen ist deutlich zu spüren. Die erste Hürde ist geschafft.

Am nächsten Tag müssen wir bei der Ausreise aus Polen wegen der schleppenden Abfertigung durch die polnischen Grenzorgane stundenlang warten – das zehrt an unserem ohnehin strapazierten Nervenkostüm.

»Durch eine zweifelhafte Meldung via Rundfunk haben wir Angst, nicht einmal bis in die Tschechoslowakei zu kommen.«
WÖRTLICHES ZITAT VON HANS MICHAEL FRITZ.

Eine Meldung im Radio über Absichten der damaligen DDR-Regierung, DDR-Bürger aus Polen nicht ausreisen zu lassen, versetzt uns noch zusätzlich in Angst und Schrecken. Doch wie so oft, verleitet Angst zu einer übertriebenen Bewertung reeller Situationen. So war es auch damals, denn wir konnten die Grenze zur Tschechoslowakei problemlos passieren. Erleichterung! Wir sind guter Dinge, denn jetzt gibt es für uns kein Zurück mehr!

WIR WOLLEN NUR SCHNELL NACH UNGARN *Die Fahrt durch die Tschechoslowakei verläuft ohne nennenswerte Zwischenfälle. Über die Grenze nach Ungarn kommen wir ebenfalls anstandslos. Beim Überschreiten dieser Grenze kommt in uns zum ersten Mal etwas Freude auf, weil Ungarn für uns damals als jenes relativ sichere Land galt, das keine DDR-Bürger grundlos in ihre Heimat ausliefern würde.*

FREITAG, 25. AUGUST 1989 *Ankunft in Budapest, Suche nach einer Bekannten. Wir brauchen dringend aktuelle Informationen über das Verhalten ungarischer Behörden – Polizei und Grenzer – wenn man sich als DDR-Bürger, erkennbar durch das Kennzeichen am Fahrzeug, in Grenznähe (ca. 20 km und weniger) aufhält. Es geistern nämlich Gerüchte umher, dass nach dem erfolgreichen Durchbruch von etwa 600 DDR-Bürgern am 19. August 1989 in der Nähe von Sopron die ungarischen Behörden bereits jedes DDR-Fahrzeug ca. 25 km vor der ungarischen Westgrenze zur Umkehr zwingen.*

Nach langem Suchen und Umherfragen, verbunden mit auftretender Nervosität, finden wir unsere Bekannte außerhalb von Budapest in ihrem Wochenendhaus. Ohne etwas zu hinterfragen sichert sie uns spontan ihre Unterstützung zu, als sie von unserer beabsichtigten Flucht erfährt. Sie nimmt drei Zettel zur Hand und verfasst für uns in ungarischer Sprache Hilfeersuchen für den Notfall. Im Falle einer Anhaltung durch die ungarischen Behörden sollten wir ihnen einen dieser Zettel ausfolgen. Außerdem erklärt sie uns, dass sie ihr T-Shirt während unserer restlichen Fluchtzeit »linksherum« tragen wird, weil uns das sicher Glück bringt. Wenn man sich an jeden Strohhalm klammern muss, so ist man für jeden, noch so simplen Glücksbringer dankbar – dein Glaube hilft dir!

Wir freuen uns über diese Hilfsbereitschaft und bewahren diese drei losen Blätter sorgfältig auf und verabschieden uns.

> N.D.K. MENEKÜLTEK VAGYUNK.
> KÉRJÜK SEGITSENEK MINKET
> AUSZTRIÁBA ÁTJUTNI. HAGYJANAK
> MINKET ÁTJUTNI A HATÁRON.
> EZ A MI UTOLSÓ LEHETŐSÉGÜNK!
> AZ ISTEN MEGHÁLÁLJA ÖNÖKNEK.
> NAGYON KÖSZÖNJÜK

FOTO: ZUR VERFÜGUNG GESTELLT VON FAMILIE FRITZ

Handzettel mit ungarischem Text.

Dieses einfache Blatt Papier mit den wenigen, aber für uns nahezu »lebenswichtigen« Worten – »Wir sind Flüchtlinge aus der DDR. Helfen Sie uns bitte, dass wir nach Österreich kommen. Bitte lassen Sie uns über die Grenze gehen. Das ist unsere letzte Möglichkeit. Gott wird es Ihnen danken. Vielen Dank« – sollte uns noch wichtige Dienste erweisen

SAMSTAG, 26. AUGUST 1989 Ich rufe vom »Keletibahnhof« in Budapest einen Verwandten in der Bundesrepublik an und kündige ihm unsere Absicht an. Natürlich nicht im Klartext, weil wir auch in Ungarn noch immer hinter jedem Baum einen Spitzel vermuten. Mit jedem Kilometer, den wir uns der österreichischen Grenze nähern, wird die Angst größer, unser Wesen ist von Unsicherheit geprägt, doch der Wartburg rollt unaufhaltsam weiter. Wenn wir daran denken, dass unser Streben nach Freiheit schon bald in einem der gefürchteten Stasi-Gefängnisse enden kann, bekommen wir Schweißperlen auf der Stirn.

Um ja nicht aufzufallen fahren wir auf zum Teil desolaten Nebenstraßen, über »Stock und Stein«, von der ungarischen Hauptstadt nach Westungarn in Richtung österreichische Grenze. Wir meiden absichtlich die Gegend um Sopron und wählen als vermeintliche Touristen für unseren »Urlaub« das Dorf Ják mit seiner romanischen Sankt-Georg-Kirche aus. Dies deshalb, weil die Grenze zum Burgenland in dieser Gegend nur etwa drei bis vier Kilometer entfernt ist. Außerdem hoffen wir, dort die »Löcher« im Eisernen Vorhang für unsere Flucht zu finden.

Am späten Nachmittag kommen wir in Ják an und stellen den PKW, der uns so treue Dienste geleistet hat, auf dem Parkplatz in der Nähe des Gotteshauses ab. Wir nehmen unsere Rucksäcke, stecken einige persönliche Dinge (Wäsche etc.) sowie eine Kneifzange (in Österreich besser bekannt als Beißzange) hinein und verlassen das Fahrzeug. Als wir uns einige Schritte entfernt haben, wird uns bewusst, dass wir von unserem geliebten fahrbaren Untersatz, der in der DDR ein Vermögen und eine ewig lange Wartezeit gekostet hatte, für immer Abschied nehmen müssen. Jetzt haben wir uns von allem getrennt und besitzen so gut wie nichts mehr. Unser gesamtes Hab und Gut besteht nun aus zwei einfachen Rucksäcken, etwas Wäsche sowie dieser Kneifzange, die wir wie unseren »Augapfel« hüten.

IN DER KIRCHE *Wir gehen jetzt in die Kirche, bitten um Gottes Hilfe und hoffen, dass sich dort Menschen finden, die uns zumindest bis zur Grenze bringen werden. Nachdem wir in der dritten vorderen Bank Platz genommen haben, warten wir geduldig, bis sich uns ein »altes Mütterchen«, nähert. Sie beachtet uns zunächst kaum, weil sie für eine Trauung, die am Abend stattfinden sollte, mit dem Putzen des Gotteshauses beschäftigt ist.*

Ich weiß nicht, wie ich sie ansprechen soll und beschließe, ihr einen unserer »Notzettel«, den unsere Verwandte in Budapest geschrieben hat, zu übergeben. Vorsichtig und etwas nervös stecke ich ihr dieses Blatt mit dem Inhalt, verfasst in ungarischer Sprache, zu:

»Bitte helfen Sie uns. Wir sind Flüchtlinge aus der DDR«.

Müde und abgespannt haben Dolores und Hans Michael Fritz – in der Hoffnung, dort für die gefährliche Flucht durch den Eisernen Vorhang Hilfe zu finden – diese Benedektinerabteikirche in Ják aufgesucht

In dieser Kirche in Ják haben sie der älteren Frau den Zettel – ohne diesen Zettel hätten sie sich nicht verständigen können – übergeben. Dadurch wusste die Frau sofort was zu tun ist und holte den Pfarrer.

Nun ist ein ganz entscheidender Moment für unsere Flucht gekommen. Dieser uns unbekannten Frau kommt plötzlich eine »Schlüsselrolle« für unser weiteres Leben zu. Ich weiß nicht was uns erwartet und spüre vor Angst den Herzschlag bis zum Hals. Sie brummelt einige mir unverständliche Worte vor sich hin und verschwindet aus der Kirche. Stille umgibt unsere Herzen. Sie könnte ja auch für die in Ungarn eingeschleusten Agenten der Stasi arbeiten. Banges Warten beginnt! Wer wird kommen – Uniformierte die uns »abführen« und uns »ausliefern« oder doch ein Helfender? Unsere Nerven sind zum Zerreißen gespannt. Wir wissen zunächst nicht, wie wir uns verhalten sollen. Es bleibt uns keine Wahl. Wir müssen ausharren und treten nicht von der Stelle.

Doch plötzlich erscheint ein Engel in der Person von Pfarrer Laszlo Rátkai, der uns sofort in das Pfarrhaus bittet und sagt: »Wenn von der Kirche in Budapest Asyl gewährt wird, so kann ich das auch tun. Ihr seid meine lieben Kinder!« Meine Gattin und ich verspüren plötzlich ein Gefühl der Freude, wie wir das schon lange nicht mehr erlebt haben und vertrauen uns diesem Gottesmann an.

Wir sind in einer für uns völlig fremden Gegend und können uns nur sehr schwer orientieren, weil wir vom Verlauf der Grenze kein Kartenmaterial haben – dieses war für uns nirgends erwerbbar. Für Pfarrer Rátkai kein Problem. Aus einem Autoatlas fertigt er einfach eine Kopie an, markiert den Verlauf der Grenze und übergibt uns diese Ablichtung. Bei der Übergabe weist er uns ausdrücklich auf die Gefahr, die uns beim illegalen Grenzübertritt erwartet, hin.

Mittlerweile ist es Abend geworden, wir sitzen im Pfarrhaus und die Spannung steigt von Minute zu Minute. Nur mehr wenige Kilometer trennen uns von unserem Ziel. In der Hektik nehmen wir auf unserer behelfsmäßigen Karte den ständig wechselnden Grenzverlauf – von Nord-Süd nach West-Ost und umgekehrt – überhaupt nicht wahr. Ein schwerer Fehler, der uns kurze Zeit später beinahe zum Verhängnis geworden wäre.

DIE NERVOSITÄT STEIGT – ENDLICH IST ES SOWEIT *Nach einigen Stunden des Wartens und Kräftesammelns verlassen wir das Pfarrhaus und steigen in den davor abgestellten PKW des Pfarrers, der uns im Schutz der Dunkelheit von Ják in Richtung Körmend fährt. Außerhalb des Dorfes hält er kurz an und lässt uns nach einer Rechtskurve neben einem Straßengraben aus dem Auto steigen. Um nicht entdeckt zu werden, rollen wir uns sofort in den schützenden Graben, bemerken jedoch nicht, dass dieser randvoll mit Wasser ist. Nun sind wir völlig durchnässt – doch wir müssen weiter und dürfen keine Zeit verlieren, weil wir noch vor Tagesanbruch die Grenze überschreiten wollen bzw. müssen.*

Wir laufen einige hundert Meter auf einem Acker und stoßen an eine dreifach gesicherte Stacheldrahtsperre (drei Stacheldrahtreihen hintereinander, mit 12 bis 15 Stacheldrähten in kurzen Zwischenräumen übereinander), an der sich Isolatoren der elektronischen Sicherung befinden. »Hoffentlich steht dieser Stacheldraht nicht unter Strom«, denke ich und nehme die Kneifzange aus dem Rucksack. Unter enormer Kraftanwendung gelingt es mir, die jeweils unteren zwei Drähte zu durchtrennen. Diese stehen jedoch derart unter Zugspannung, dass sie beim »Abreißen« ein äußerst lautes Geräusch abgeben, weshalb wir befürchten müssen, entdeckt zu werden.

> **»Es ist eigenartig, dass wir in diesem Moment kaum Angst verspüren, weil der Drang zur Flucht diese einfach unterdrückt.«**
> WÖRTLICHES ZITAT VON HANS MICHAEL FRITZ.

Mit dieser Kneifzange habe ich den Stacheldraht durchtrennt

Nachdem wir das erste Hindernis überwunden haben, laufen wir nun entlang eines Buschstreifens bis zu einem Hochwald. Dass wir in der Dunkelheit die Orientierung verloren haben, bemerken wir nicht. Am Waldrand sehen wir erneut einen Stacheldraht, allerdings in einem sehr desolaten und völlig mit Unkraut verwachsenen Zustand. Kurzzeitig kommt etwas Freude auf, weil wir der Meinung sind, nun am letzten Grenzstreifen angekommen zu sein. Das Ziel zum Greifen nahe schleichen wir weiter in Richtung »Bujahof«, den wir uns im Gedächtnis auf österreichischem Gebiet liegend, eingeprägt hatten.

SCHEINWERFER ERHELLEN DIE NACHT, SIRENEN SCHRILLEN – SIE HABEN UNS ENTDECKT Als ich kurz danach in der Finsternis Umrisse von Gebäuden sowie ein Licht entdecke, bin ich fest davon überzeugt, dass dieser »Bujahof« direkt vor uns liegt. Doch weit gefehlt – es ist eine Kaserne der ungarischen Grenzwache. Ist jetzt alles vorbei, wohin sollen wir gehen? Das Schicksal nimmt seinen Lauf.

Eine Alarmsirene schrillt in die stille Nacht hinein, auf einem nahen Wachturm ist plötzlich Bewegung, ich höre Gesprächsfetzen und Hundegebell. Sie haben uns entdeckt. Nichts wie weg, aber in welche Richtung? Wir geraten in Panik und laufen über einen Kolonnenweg auf ein abgeerntetes Maisfeld, finden aber dort kaum Deckung. Der Lehmboden ist sehr feucht und die Schritte werden nach wenigen Metern deshalb immer schwerer. Nach verzweifeltem Umherirren von bestimmt mehreren hundert Metern können wir einfach nicht mehr weiter. Wir werfen uns völlig außer Atem und erschöpft auf den nassen Feldboden und bleiben regungslos liegen.

WIR LIEGEN IM DRECK – SIE ENTDECKEN UNS NICHT Inzwischen setzen sich Militärfahrzeuge von der Kaserne aus in Bewegung und umfahren beidseitig das Feld, wo man uns vermutet. Die Grenzer leuchten mit beweglichen Scheinwerfern das Feld ab. Die Lichtkegel bestrichen auch unsere Köpfe, doch man entdeckt uns nicht, weil wir völlig in den Boden gepresst im Dreck liegen. Um nicht durch das laute Atemkeuchen entdeckt zu werden, stecken wir uns jeder eine Faust in die Mundöffnung oder pressen die Zähne in die Kleidung. Die Suche der Grenzer erscheint uns als eine Ewigkeit. War es eine halbe Stunde oder hat die Jagd nach uns noch länger gedauert? Wir wissen es nicht mehr. Endlich rücken unsere »Jäger« ab und entfernen sich von uns in südliche Richtung. Die Gefahr der Entdeckung scheint zunächst vorbei zu sein. Aber wie soll es weitergehen, ein Zurück gibt es für uns auf keinen Fall. »Aufgeben werden nicht«, denken wir, bevor wir unsere Flucht fortsetzten.

WO WAR NUN DIE GRENZE TATSÄCHLICH? Heute wissen wir genau, dass wir bereits kurz davorstanden. Durch viele unglückliche Umstände – zu Panik und totaler Finsternis kam auch noch Regen – haben wir den Grenzverlauf einfach nicht erkannt.

Wir schleichen uns nun in die entgegengesetzte Richtung – weg von der Kaserne und den uns suchenden Grenzern. Plötzlich kommen wir wieder auf die Dreifachsperre mit dem Kolonnenweg. Deshalb drehen wir jetzt nach links ab, kommen in eine Senke mit Wiesen, wo ein Viehtränkwagen mit ungarischem Nummernschild steht. »Waren wir etwa im Kreis gegangen?«, fragen wir uns. Wir gehen trotzdem weiter und sehen am Ende eines tiefen Grabens einen Eichenhochwald. Da wir bereits völlig erschöpft und fast am Ende unserer Kräfte sind, suchen wir dort Deckung und machen etwa eine halbe Stunde Rast.

»Dass wir uns zu diesem Zeitpunkt bereits in Österreich befinden, ahnen wir nicht. Doch wie hätten wir dies in der Finsternis auch erkennen sollen. Es waren keine Hinweisschilder oder sonstige Markierungen der Grenze zu sehen.«
WÖRTLICHES ZITAT VON HANS MICHAEL FRITZ.

OH DU SCHRECK – WIR GEHEN IM KREIS Nachdem wir uns etwas erholt haben, irren wir erneut umher und gelangen dadurch wieder zurück auf ungarisches Gebiet. Oh Gott – wir treffen wieder auf diesen Viehtränkwagen – eine niederschmetternde Erkenntnis. Nun ist es Gewissheit – wir laufen im Kreis. Wir geraten wieder etwas in Panik, die Zeit wird knapp, denn es beginnt bereits zu dämmern. Im Morgengrauen kommen wir nördlich der Kaserne erneut auf die Dreifachsperre und sehen vor uns die Kirchtürme von unserem abendlichen Ausgangspunkt, dem Dorf Ják.

DER TIEFPUNKT Es ist Tatsache – obwohl wir etwa neun Stunden ununterbrochen auf den Beinen und sowohl physisch als auch psychisch völlig am Ende sind, haben wir nichts geschafft. Dieser Zustand lässt uns anfänglich etwas resignierend auf der Kolonnenstraße, die zwischen Kaserne und Jak verläuft, in Richtung Dorf Jak marschieren. Getragen von dem einzigen Gedanken, endlich die nasse Kleidung abzulegen, etwas Essbares zu bekommen und danach einige Stunden zu schlafen. Zu diesem Zeitpunkt wäre es uns auch völlig gleichgültig gewesen, wenn man uns festgenommen und eingesperrt hätte.

Doch bereits nach wenigen Metern weicht die Resignation dem Drängen nach Freiheit und setzt nichtgeahnte Kräfte in uns frei. »Wenn wir es schon so weit geschafft haben, dann muss das letzte Stück auch noch zu bewältigen sein«, denken wir und marschieren weiter.

MUTIG WEITER Wir kommen neuerlich in die Senke zur Weide mit dem Viehtränkwagen und hören von fern ein dumpfes Motorengeräusch – es war die Melkmaschine des örtlichen Landwirtschaftsbetriebes. Schnellen Schrittes nähern wir uns einem Mannschaftswagen, in dem sich mehrere Männer befinden, die offensichtlich in diesem Betrieb beschäftigt sind. Sogleich geben wir uns zu erkennen. Ich nehme den »Notzettel«, überreiche diesen einem Arbeiter und hoffe auf Hilfe. Tiefes Schweigen – keine Reaktion! Bittere Enttäuschung! Man kann, aber wahrscheinlich will man uns nicht helfen.

Aus heutiger Sicht betrachtet kann ich dafür sogar etwas Verständnis aufbringen. Ich denke, dass sich der eine oder andere im Falle einer Hilfeleistung vor Verrat und den daraus resultierenden Repressalien gefürchtet hat. Das kenne ich ja zur Genüge von unserer Stasi.

Es will einfach nicht sein. Vom Glück verlassen laufen wir jetzt auf einen verschlammten Vieh- und Fahrweg bergauf und zwingen einen uns folgenden Traktor zum Halten. In meiner Verzweiflung schreie ich dem Fahrer irgendwelche Worte ins Gesicht. Wir dürfen daraufhin aufsitzen. Nach ca. 400 m Fahrt setzt uns der Fahrer wieder ab und weist uns an, nach rechts zu gehen. In einer Entfernung von ca. 200 m (nahe dem heutigen Grenzstein-Nr. 42) sehen wir zum ersten Mal einen ungarischen Wachtturm, der wie ein »Fels aus dem Gelände« ragt.

DAS RISIKO HAT SICH GELOHNT   Nun setzen wir alles auf eine Karte, gleichgültig was passiert. Neben einem Gebüsch suchen wir Deckung und schleichen in Richtung der von uns vermuteten Grenze. Den Grenzturm lasse ich nicht aus den Augen, weil ich nicht weiß, ob er von bewaffneten Grenzern besetzt ist. Da ich keine Soldaten entdecken kann, wagen wir den letzten risikoreichen Schritt, indem wir im Schussfeld dieses Turmes bis zum letzten Kolonnenweg vorstoßen.

Auf der uns gegenüberliegenden Seite dieses Weges entdecken wir im Dickicht von Dornensträuchern einen weiteren Stacheldrahtzaun, der sich jedoch in einem verfallenen Zustand befindet. Die Umgebung genau beobachtend hasten wir über diesen Weg und werfen die Rucksäcke über ein ca. vier Meter breites Gebüsch. Danach laufen wir in einem Wildwechselpfad durch das Dornengestrüpp und robben auf allen Vieren an einer desolaten Stelle unter dem Stacheldraht – »über den Todesstreifen« – nach Österreich. Sie haben uns nicht erwischt – wir haben es geschafft – wir sind endlich frei!

Symbolfoto – dieser Fluchtversuch wurde von der ungarischen Grenzwache dokumentiert

Grenze bei Bildein – Dolores und Michael Fritz erinnern sich nach Jahren in Freiheit an die gefährlichen Stunden ihrer Flucht

WIR SIND IN FREIHEIT – EIN NEUER LEBENSABSCHNITT BEGINNT

SONNTAG, 27. AUGUST 1989, 08.25 UHR – MEHR ALS ELF STUNDEN FLUCHT UND IRRWEG LIEGEN HINTER UNS

Als wir kurz nach dem Stacheldrahtverhau wieder aus der Deckung gehen, trauen wir uns den Erfolg dieser gefährlichen Flucht noch gar nicht zu. Zu groß ist die Anspannung und zugleich die Erschöpfung sowie die Befürchtung, neuerlich im Kreis gegangen zu sein. Außerdem finden wir zunächst keinen Hinweis auf das österreichische Hoheitsgebiet.

»**Ein asphaltierter Weg zeigt uns, dass wir nach langem Umherirren österreichisches Staatsgebiet erreicht haben könnten. Als wir dazu noch ein Schild, das mit deutschen Wörtern beschrieben ist, sehen, ist es für uns Gewissheit, die Flucht endlich geschafft zu haben.**«

WÖRTLICHES ZITAT VON HANS MICHAEL FRITZ.

Deshalb suchen wir weiter Deckung, schleichen entlang von Gebüschstreifen, diesen »Bujahof« – den wir bereits zu Beginn unserer Flucht mit einer Kaserne der ungarischen Grenzwache verwechselt haben – meidend, bis wir auf einen asphaltierten Weg kommen. Es fällt uns ein Stein vom Herzen, weil das für uns ein erstes Zeichen ist, dass wir es geschafft haben. Auf ungarischem Staatsgebiet haben wir nämlich keinen einzigen asphaltierten Feldweg gesehen. In Sicherheit wähnen wir uns jedoch erst, als wir nach einigen Metern am rechten Feldrand ein Schild vorfinden, das in deutscher Sprache beschrieben ist. Es weist auf Versuche der Bebauung dieses Feldes mit landwirtschaftlichen Produkten hin. Obwohl wir nun mit Sicherheit wissen, dass wir sämtliche »Hürden« ohne körperliche Schäden überwunden haben, können wir uns vorerst über den seit Jahrzehnten ersehnten Moment noch nicht richtig freuen – die Anspannung ist noch viel zu groß. Bis wir jedoch vom naheliegenden »Bujahof« nach Oberbildein kommen, steht uns noch ein langer Fußmarsch bevor. Für uns aber kein Problem, denn die wenigen Minuten in Freiheit geben uns nicht nur Mut, sie setzen in uns für das letzte Stück des Weges auch ungeahnte Kräfte frei.

NEUERLICH ANGST UND UNGEWISSHEIT Endlich kommen wir in das Dorf und fragen eine ältere Frau nach der Dorfkirche und dem Pfarrer. Als sie uns zwar *auf Deutsch, jedoch mit stark untersetztem Akzent der ungarischen Sprache, antwortet, rutscht uns sofort »das Herz in die Hose«. Angst und Schrecken fährt durch unsere Glieder, Unsicherheit macht sich breit. »Sind wir etwa wieder in Ungarn?«, fragen wir uns. Das kann doch nicht möglich sein! Wir verstehen kein Wort von dem, was die alte Dame uns gesagt hat und schleichen mit hängendem Kopf davon. Nach weiteren müden Schritten kommen wir zu einer Kreuzung, an der sich eine Schule sowie eine Telefonzelle befinden. Als wir dort stehen und in unserer Verzweiflung überlegen was wir nun tun sollen, kommt ein grüner VW-Käfer und fährt vorerst an uns vorbei. Plötzlich bremst der Fahrer abrupt ab, legt den Retourgang ein, fährt zurück und hält das Fahrzeug vor uns an. Zwei in grünen Lodenmänteln (gemeint sind Pelerinen) gekleidete Männer – es sind Beamte der Zollwache – steigen aus, »mustern« uns wegen unserer verdreckten Kleidung und fragen uns, woher wir kommen würden. Obwohl wir noch vor wenigen Tagen eine Abneigung gegen Uniformierte hatten, gibt es nun kein »Halten« – wir können unsere Gefühle einfach nicht unterdrücken – mehr. Auf der Stelle brechen wir in einen innerlichen Jubel aus, erleben eine unbeschreibliche Glückseligkeit und geben uns zu erkennen. Die beiden Zöllner sind ebenfalls überrascht – ja sogar aus dem »Häuschen«. Sie sagen unmissverständlich zu uns:* **»IHR SEID'S DIE ERSTEN«**, *und meinen, dass wir die ersten von ihnen aufgegriffenen DDR-Flüchtlinge sind. Anschließend steigen wir in den »Käfer« und fahren mit den Beamten zum Gebäude der Zollwache, das zwischen Ober- und Unterbildein liegt. Dort erfolgt die erste offizielle Befragung sowie Feststellung und Aufnahme unserer Personalien.*

Wir verlieren sofort die Scheu vor der Uniform, weil wir von Beginn an eine warme und herzliche Aufnahme erfahren. Unsere Freude über die gelungene Flucht ist derart groß, dass ich mich von unserem wertvollsten Stück, das uns so wichtige Dienste geleistet hat, trenne. Ich schenke den beiden Zollwachebeamten unsere Kneifzange, mit der wir den Stacheldraht durchtrennt hatten.

An dieser Kreuzung in Bildein wurden wir von den beiden Zollwachebeamten angesprochen – jetzt wussten wir, dass wir in Sicherheit waren

FOTO: ZUR VERFÜGUNG GESTELLT VON FAMILIE FRITZ

Nach der ersten Befragung durch die Zollwachebeamten werden wir von zwei Gendarmen, für die wir ebenfalls zwei besondere, nicht alltägliche Fahrgäste sind, zum Bezirksgendarmeriekommando nach Güssing gebracht. Die Flucht ist zu Ende, das weitere Prozedere nimmt seinen Lauf.

NACH MÜNCHEN Die nächsten Stationen sind schnell aufgezählt. Nach einer neuerlichen Befragung durch die Gendarmen auf dem Gendarmerieposten Güssing wurden wir zur Bezirksstelle des Roten Kreuzes (dieser Stützpunkt befindet sich ebenfalls in Güssing) gebracht. Dort war bereits eine Sammelstelle für Flüchtlinge eingerichtet worden, in der sich etwa acht bis zehn ebenfalls aus der DDR geflüchtete Bürger befanden. Wir tauschten uns gegenseitig aus – jeder erzählte über seine Flucht bzw. über Ängste, die er in den letzten Tagen ausgestanden hatte. Jedem Einzelnen war die Erschöpfung, aber auch die große Freude und Erleichterung, in guter Obhut zu sein, ins Gesicht geschrieben.

Endlich – es war bereits Sonntag um die Mittagszeit – konnten wir unsere verschmutzten »Klamotten« ablegen und gegen andere Kleider tauschen, die sicherlich aus Spendenaufkommen von der burgenländischen Bevölkerung gekommen waren. In diesem für uns unvergesslichen Augenblick verspürten wir am eigenen Leib wie wichtig Sach-, in unserem Fall waren es Kleiderspenden, sind. Wenn ich dann noch an die freundliche, warmherzige Aufnahme, gepaart mit aufmunternden Worten, denke, weiß ich, dass wir die Ängste der letzten Tage damals schnell verdrängen (nicht vergessen) und hoffnungsvoll in die Zukunft blicken konnten.

Bei neuerlicher Durchsicht unserer Dokumente mussten wir feststellen, dass im Büro der Zollwache in Oberbildein ein Personalausweis vergessen wurde. Als wäre es die einfachste Sache der Welt, setzte sich ein Gendarm auf sein Motorrad und kam nach kurzer Zeit mit dem Ausweis zurück. Für uns völlig überraschend, dass kein böses Wort fiel. Was hätten Polizisten in der DDR in einem derartigen Fall getan? – Nicht auszudenken!

Man half wo es nur ging, eine Welle der Hilfe und Freundlichkeit »schlug« uns entgegen. Jeder Flüchtling wurde vom Roten Kreuz verpflegt und bekam außerdem noch die zur Körperpflege notwendigen hygienischen Artikel. Selbst unsere bescheidenen Geldvorräte, bestehend aus DDR-Mark, polnischen Zloty, tschechischen Kronen und ungarischen Forint hat ein hilfsbereiter Mitarbeiter der örtlichen Bank für uns getauscht.

»Damals lernten wir die Freundlichkeit und Offenherzigkeit der Südburgenländer erstmalig kennen und schätzen. Wir werden diese Herzlichkeit niemals vergessen!«

WÖRTLICHES ZITAT VON HANS MICHAEL FRITZ.

WIEN – EINE BEEINDRUCKENDE STADT Um etwa 18:00 Uhr fuhren wir dann mit dem Linienbus von Güssing nach Wien. Auf dieser etwa 150 Kilometer langen Fahrt in die Metropole des einstigen »Habsburger-Reiches« genossen wir nicht nur die erlangte Freiheit, wir haben auch die wunderschöne Landschaft bis heute nicht vergessen. In Wien angekommen, stiegen wir auf dem Karlsplatz aus dem Bus und hasteten bei einem heftigen Gewitter, gepaart mit starkem Regen, zu der etwa einen Kilometer entfernten Botschaft der Bundesrepublik Deutschland in die Metternich-Gasse. Hier erlebten wir die nächste positive Überraschung, denn in der Botschaft hatte man uns bereits erwartet und alles Weitere bestens organisiert. Wir wurden im Hotel »Goldene Spinne« in der Linken Bahngasse untergebracht. Nachdem wir unser Zimmer bezogen hatten, versanken wir in einen Tiefschlaf, aus dem uns nicht einmal der morgendliche Straßenlärm holen konnte. Montagvormittag waren noch einige Formalitäten in der Botschaft zu erledigen.

Großzügig verhielt sich damals auch die Österreichische Regierung, weil sie die Ausreise der DDR-Flüchtlinge ohne Visa gestattete. Lediglich ein von der Deutschen Botschaft ausgestellter »simpler« Zettel zum Einlegen in unseren DDR-Personalausweis wies uns als Bürger bzw. Flüchtlinge der DDR aus. Besonders freuten wir uns, dass sich der Botschafter persönlich, sowie seine Gattin samt einigen Botschaftsangehörigen mit viel Aufopferung und Engagement um uns Flüchtlinge, die ohne Hab und Gut, aber vor allem ohne Selbstvertrauen, in einem für sie völlig fremden Land waren, kümmerten.

MONTAG, 28. AUGUST 1989 – ES BLEIBT NOCH ETWAS ZEIT ZUR STADTBESICHTIGUNG
Da unser Zug nach Deutschland erst um 21:00 Uhr vom Wiener Westbahnhof abfuhr, nützten wir den Nachmittag für eine kurze Stadtbesichtigung. Wir erkundeten diese schöne Stadt mit »Augen, Ohren und Nase« und waren überwältigt, von dem was wir in diesen wenigen Stunden gesehen hatten – wir kannten ja bisher nur die Städte in der DDR mit ihren lapidaren Blockbauten.

Während wir bei einem Italiener in der Angergasse unser bescheidenes Mittagessen (eine Linsensuppe) einnahmen, kamen plötzlich zwei Wiener auf uns zu – sie hatten wahrscheinlich aufgrund unseres Dialektes angenommen, dass wir DDR-Flüchtlinge sind – gratulierten uns zur Flucht und luden uns auf einen »Obstler« ein. Danach »flanierten« wir durch die Fußgängerzonen der österreichischen Metropole und kamen unter anderem auch zum Stephansdom. Nach einem kurzen Gebet bündelten wir noch einmal alle Kräfte, »kämpften« uns auf den Treppen des Turmes hoch bis zur Aussichtswarte und bewunderten die Schönheit dieser einzigartigen Großstadt. Dabei dachten wir immer wieder an den Pfarrer von Ják, dem wir ja so viel zu verdanken hatten. Als wir das Haus der Erzbischöflichen Diözese – liegt in unmittelbarer Nähe des Stephansdomes – sahen, nützen wir die Gelegenheit, um die Bediensteten zu bitten, dem Gottesmann unseren Dank zu übermitteln. Nach kurzer Schilderung unserer Situation und der Zusage, den Pfarrer von unserer geglückten Flucht zu verständigen, wünschte man uns nicht nur viel Glück – wir bekamen auch noch eine Geldspende. Was für ein tief bewegendes Glücksgefühl – wir konnten es kaum fassen, welch aufopfernde Hilfsbereitschaft sowie zahlreiche positive Eindrücke wir in den letzten Tagen erfahren durften.

ABFAHRT NACH GIEßEN – ANKUNFT IN MÜNCHEN Wir fuhren anschließend zum Westbahnhof, setzten uns in den Zug, der, wie im Fahrplan vorgesehen, um 21:00 Uhr nach Gießen abfuhr. Die Bundesrepublik Deutschland hatte in einem leerstehenden Firmengelände in Garbenheim bei Wetzlar (Entfernung Wetzlar – Gießen = 16 Kilometer, beide Städte liegen im Bundeland Hessen, etwa 65 Kilometer von Frankfurt/Main entfernt) ein Flüchtlingslager eingerichtet. Als wir dort ankamen, waren wir in »guter Gesellschaft«, denn hunderte DDR-Bürger, die ebenfalls aus ihrer Heimat geflohen waren, hatten bereits in diesem Lager eine vorübergehende Unterkunft gefunden. In Garbenheim blieben wir nur zwei Tage – bis zum 31. August 1989. Danach fuhren wir weiter nach München und begannen mit dem Aufbau einer neuen Existenz.

»Nach neun Tagen – wir waren durch fünf Staaten gefahren und hatten etwa 2.500 Kilometer zurückgelegt – ging unser Abenteuer, bei dem wir manchmal Todesängste ausgestanden hatten, zu Ende.«
WÖRTLICHES ZITAT VON HANS MICHAEL FRITZ.

Mit harter Arbeit und vielen Entbehrungen schafften wir es dann, uns in München eine neue Existenz aufzubauen. Im Jahre 1993 bekam ich die

Wohnungssuche in München

Möglichkeit, im Bundesland Thüringen – unserer alten Heimat – wieder in meinem Beruf arbeiten zu können. Außerdem stand das Elternhaus meiner Gattin leer und wir brauchten nicht lange nach einer Wohnung zu suchen. Deshalb entschlossen wir uns, unser »Domizil« in München aufzugeben und wieder an unsere »Wurzeln« zurückzukehren.

SORGE UM UNSERE TOCHTER – DIE »HÄSCHER DER STASI« HATTEN SIE NICHT VERGESSEN *Wir waren nun zwar in Sicherheit, doch die Sorgen um unsere Tochter, die uns schon seit Beginn unserer Flucht bewegt hatten, blieben. Und es kam tatsächlich so, wie wir das befürchtet hatten. »Wenn sie uns schon nichts anhaben können, werden sie sich bei unserem Kind rächen«, dachten wir. Wir sollten Recht behalten, denn die »Häscher der Stasi« hatten sie nicht vergessen. Ende August 1989 – wir waren wahrscheinlich zu diesem Zeitpunkt gerade in München – dürfte unsere Flucht den Behörden in der DDR bekannt geworden sein. Wie »Phönix aus der Asche« erschienen diese verhassten Stasi-Leute bei ihr und »unterzogen« sie zweimal einem stundenlangen Verhör.*

»Diese widerwärtigen Stasi-Leute wollten unbedingt herausfinden, ob unsere Tochter von der Flucht wusste, bzw. ob noch andere Personen von unserem Verschwinden in Kenntnis waren oder uns dabei geholfen hatten.«
WÖRTLICHES ZITAT VON HANS MICHAEL FRITZ.

Nach der zweiten Einvernahme wurde in ihrer Gegenwart die Wohnung durchsucht, das gesamte Inventar penibel – auf 28 DIN-A4-Seiten – aufgelistet und danach versiegelt. Anfang Oktober 1989 musste sie ihre »Unterkunft« komplett räumen. In dieser für unsere Tochter sehr schweren Zeit – sie war vor allem psychisch in einer äußerst schwierigen Situation – fanden sich einige

Freunde, die in der DDR geblieben waren und haben ihr geholfen, auch diese »Hürde« zu überwinden.

SEPTEMBER 1989 – OHNE AUTO KEINE MOBILITÄT, ZURÜCK NACH UNGARN

Wir waren nun schon seit einem Monat in München, »bastelten« am Aufbau einer neuen Existenz und waren in unserer Mobilität ziemlich eingeschränkt. Unser schweren Herzens zurückgelassener Wartburg (Auto) hätte meiner Gattin und mir dabei wertvolle Dienst leisten können. Doch dieser stand ja – hoffentlich, sicher verwahrt – noch in Ungarn. Über Barmittel zum Erwerb eines neuen Autos verfügten wir nicht. Deshalb suchten wir einen Weg, um das Fahrzeug so schnell wie möglich in die Bundesrepublik holen zu können.

Ich hatte in Erfahrung gebracht, dass ein Großteil der in Ungarn von DDR-Flüchtlingen zurückgelassenen Autos auf einem riesigen Parkplatz des ungarischen Staatssicherheitsdienstes in Szombathely abgestellt sei. »Doch wie sollten wir wieder an unser Auto kommen, sollten wir es überhaupt wagen nach Ungarn zu reisen, um unser Eigentum wieder zu erlangen. Sollten wir unsere erst seit Kurzem erlangte Freiheit wieder aufs Spiel setzen?« Diese Gedanken plagten uns tagelang und wir kam letztendlich zum Entschluss, dass wir doch das Risiko eingehen werden.

»LEBENSVERSICHERUNG« PROVISORISCHER REISEPASS DER BRD

Im September 1989 bekamen wir einen provisorischen Reisepass der Bundesrepublik Deutschland, weshalb wir uns trotz der Gefahr einer Festnahme entschlossen, nach Ungarn zu reisen. Als wir an die ungarische Grenze kamen, erreichte unser Pulsschlag wahrscheinlich eine »astronomische Höhe« – das Herz schlug uns bis zum Hals. »Keine Angst«, sagten wir uns, »denn wir haben ja – wenn auch nur provisorisch – einen Reisepass der BRD.« Beruhigen konnte uns das aber nicht wirklich. Mit viel Angst schafften wir es bis nach Szombathely, fanden vorerst den Parkplatz und danach auch unseren Wart-

FOTO: ZUR VERFÜGUNG GESTELLT – GESCHICHTENHAUS BILDEIN

Schuhe, Rucksack und Kneifzange

burg. Doch umsonst geht gar nichts, wir mussten unser Eigentum zurückkaufen. Die ungarische Stasi-Kreisbehörde verlangte 60 Deutsche Mark, die wir auch anstandslos bezahlten. Danach übergab man uns das Fahrzeug, wir konnten ohne Probleme das Land verlassen und fuhren zurück nach München.

10 JAHRE DANACH – ES WAR DIE RICHTIGE ENTSCHEIDUNG!

Die uns unvergesslich gebliebenen Eindrücke von der Unterstützung durch den Pfarrer im ungarischen Ják, der herzlichen Aufnahme im südlichen Burgenland und der großzügigen, fast familiären Unterstützung in der Deutschen Botschaft zu Wien, haben uns veranlasst, anlässlich der zehn Jahre zurückliegenden Ereignisse nochmals Wien, Güssing, Ober- und Unterbildein sowie Ják aufzusuchen. Wir wollten uns bei allen Beteiligten bedanken und wurden ebenso herzlich empfangen wie unmittelbar nach unserer Flucht. Sie waren die aufgeschlossenen und freundlichen Menschen geblieben.

»Ein wesentlicher Fluchtgrund war nicht nur die persönliche Unzufriedenheit, sondern auch die stark eingeschränkte Freiheit in der damaligen DDR.«
WÖRTLICHES ZITAT VON HANS MICHAEL FRITZ.

Besonders gerne erinnern wir uns an die Gemeinde Bildein. Bei unserer Rückkehr an jene Stelle, an der uns zum ersten Mal bewusst wurde, dass wir jetzt die »Luft der Freiheit« atmen können, wurden wir von Bürgermeister Walter Temmel und Vitus Mittl empfangen. Sie haben mit ihrer Offenherzigkeit und Freundlichkeit sehr dazu beigetragen, dass wir im »Pinkatal« ein liebenswertes, gemütliches und hilfsbereites »Winzervölkchen« kennen und schätzen gelernt haben.

Wir wurden oft befragt, ob wir angesichts des späteren Falls des Eisernen Vorhangs nicht noch hätten warten können. Nein! Im August 1989 gab es für eine politische Veränderung in der DDR überhaupt keine Anzeichen. Diesen Schritt haben wir mit Sicherheit zur rechten Zeit getan. Denn erst die dramatische Zunahme an Flüchtlingen hat im Herbst zu den Massendemonstrationen geführt. Mit dem Aufruf an die Politiker: »Wir sind das Volk, wir bleiben hier«, haben zehntausende »Auswanderer« erst diese Demonstrationen ermöglicht, und dadurch letztendlich den Abbau des Eisernen Vorhanges, den Fall der Berliner Mauer sowie als Folgeerscheinung die Deutsche Einheit erzwungen.

VERWANDTE HATTEN WENIG FREUDE MIT UNSERER FLUCHT Dass viele Menschen damals aus diesem »Gefängnis DDR« geflohen sind, hat nicht bei allen Bürgern eine positive Reaktion hervorgerufen. Eine Minderheit lebte ja ganz gut. Das zeigt der nachstehende Brief, den uns Tante und Onkel meiner Frau am 27. Februar 1990 nach München geschrieben hatten. Sie waren »Edelkommunisten«, die damals in einem zehngeschossigen Haus in der Nähe des Hauptbahnhofes als »verdiente Mitarbeiter« der Stasi-Bezirksbehörde in Leipzig wohnten.

Beide waren für diesen Staat typische Persönlichkeiten. Im Dritten Reich glühende Nationalsozialisten mit NSDAP-Zugehörigkeit. Er, im Zweiten Weltkrieg als Flugzeugmechaniker zuständig für die Wartung der »Stukas« – Abkürzung für Sturzkampfflugzeuge Junkers Ju 87 – und sie, stolz mit einem Volljuristen verheiratet zu sein, der sich unter dem Vorwand juristischer Begründung auch mit der Judenvernichtung zu befassen hatte. Nach Kriegsende entdeckten beide, dass sie ja schon immer der kommunistischen Idee huldigten, dies bloß nicht konnten – und so machten sie Karriere im neuen Staat bei der Deutschen Reichsbahn. In der Öffentlichkeit wie gesagt »Edelkommunisten«, daheim in den eigenen vier Wänden wurde aber fleißig das Fernsehprogramm des »Klassenfeindes« aus der Bundesrepublik geschaut.

Diesen Brief haben uns die Verwandten meiner Frau – noch vor der Wiedervereinigung – nach München geschrieben. Sie zeigen deutliche Abneigung gegen eine »Veränderung« in der DDR, die aber damals nicht mehr zu verhindern war.

30 JAHRE DANACH – WIR HABEN NICHTS BEREUT! Meine Frau und ich haben diesen einschneidenden Schritt zur Flucht auch 30 Jahre danach niemals bereut, obwohl uns die temporäre Trennung von Angehörigen sowie die Aufgabe einer relativ gesicherten Existenz samt Wohnung anfangs doch etwas schwergefallen ist. Den Verlust von Freunden – man konnte ja nicht allen vertrauen – konnten wir ebenfalls verkraften, weil wir bald einen neuen Freundeskreis gefunden hatten. Außerdem haben wir – nach unserer Flucht – in Erfahrung gebracht, dass die Stasi das Gerücht, wonach ich für den Amerikanischen Geheimdienst (CIA) spioniert hätte, was totaler Blödsinn war, in Umlauf gesetzt hat.

> *Auszug Stasiunterlagen:*
>
> »Weitere operativ relevante Angaben zur Person Fritz, Hans-Michael:
> Fritz und dessen Ehefrau nutzten eine Urlaubsreise in die VR Ungarn, um ungesetzlich in die BRD zu gelangen. Fritz war bis zum 15.06.1989 Geheimnisträger im VEB Spezialbau Potsdam, Betrieb Eberswalde, einem Betrieb der speziellen Produktion. Fritz und dessen Ehefrau führten eine Ehe, die geprägt war von großer Toleranz. Beide liebten die Gesellschaft, gingen oft tanzen und unterstützten aktiv das Karnevalsgeschehen in Eberswalde. Sie waren aktive Autotouristen. Sie verbrachten ihren Urlaub vorwiegend in der CSSR und in der VR Ungarn. Fritz beherrscht die russische Sprache soweit, dass er sich mit sowjetischen Bürgern gut verständigen kann. Fritz traf oft negative Aussagen zur Entwicklung in der DDR und vor allem zur Versorgungssituation.«
>
> Zitat Ende.

FOTO: ZUR VERFÜGUNG GESTELLT VON FAMILIE FRITZ

Die Stasi trieb ihr »Unwesen« wahrscheinlich bis in den hintersten Winkel der DDR. Niemand war vor einer »Bespitzelung« sicher. In diesem Staat lebte wahrscheinlich kein Bürger, dessen Verhalten bei der Stasi nicht aktenkundig war. Ich war keine Ausnahme

Durch viel Unterstützung von Verwandten und Behörden sowie einen »unbändigen« Willen, den Start in ein neues Leben zu schaffen, haben wir die ersten »Hürden« der Freiheit genommen. Wir genossen die für uns neue Demokratie sowie die persönliche Freiheit in vollen Zügen und haben in all den Jahren die halbe Welt bereist.

»Mit diesem ausführlichen Bericht über unsere persönlichen Eindrücke und Erlebnisse wollen wir nachfolgenden Generationen Einblick in einen für uns nicht besonders erfreulichen Lebensabschnitt gewähren und hoffen, dass sie die Ereignisse einer Flucht nur noch aus Erzählungen erfahren mögen.«

Zum Abschluss lassen Sie mich noch einen persönlichen Wunsch äußern:

»**Die Zukunft möge frei von Krieg, Leid, Vertreibung und Erniedrigung für die Menschheit sein.**«

DR. LÁSZLÓ RÁTKAI – EIN GEISTLICHER ALS FLUCHTHELFER

»**SIE WAREN WIRKLICH NETTE LEUTE**«, sagte der Pfarrer von Ják, Dr. László Rátkai, über die Familie Fritz, als ich (Wolfgang Bachkönig) mit ihm, 30 Jahre nachdem er Dolores und Hans Michael Fritz die Flucht in die Freiheit ermöglicht hatte, ein Interview führte.

DR. LÁSZLÓ RÁTKAI, Jahrgang 1944, ist seit dem Jahre 1967 Priester und seit 1984 Pfarrer der ca. 2.600 Seelen zählenden Gemeinde Ják, die im Grenzgebiet zum Burgenland liegt und zur Diözese Szombathely gehört. Er hat Dolores und Hans Michael Fritz im Pfarrhaus aufgenommen, sie verköstigt, mit Kartenmaterial versorgt und sie mit seinem eigenen PKW zur Grenze gebracht.

»**Ich weiß, dass sie körperlich und seelisch mehrere Stunden furchtbar gelitten haben. Wenn durch die Kirche in Budapest Asyl gewährt wird, so kann ich das auch tun. Ihr seid meine lieben Kinder!**«

WÖRTLICHE ZITATE VON PFARRER DR. LÁSZLÓ RÁTKAI.

Pfarrer von Ják, Dr. László Rátkai

PFARRER DR. LÁSZLÓ RÁTKAI war zur Zeit des Ungarnaufstandes (1956) 13 Jahre alt. Vom Kirchturm seiner Heimatstadt Körmend sah er, wie tausende Menschen über die Grenze ins Burgenland geflüchtet waren. »Es war wirklich eine Katastrophe, ich hatte Mitleid mit diesen Menschen,« sagte er mir beim Interview.

LÁSZLÓ RÁTKAI erzählt mir weiter, dass während seiner Zeit als Pfarrer in der Grenzgemeinde Ják (von 1984 bis zum Fall des Eisernen Vorhanges) viele Menschen aus der ehemaligen DDR zu ihm gekommen sind und ihn um Beihilfe zur Flucht gebeten haben. Sie waren bereit, dem Seelsorger all ihr Hab und Gut zu überlassen – Auto, Bargeld, Schmuck, etc. Doch Rátkai musste jeden Schritt seiner unentgeltlichen Hilfeleistung genau überlegen, weil er vom Geheimdienst beschattet wurde und daher andauernd der Gefahr einer Inhaftierung ausgesetzt war.

IM ACHTEN MONAT SCHWANGER Rátkai erinnert sich an einen besonders tragischen Fall, der sich einige Jahre vor dem Fall des Eisernen Vorhanges zugetragen hat und ihm das »Herz brach« – wie er wörtlich sagte:

Es war am frühen Morgen, als ich durch starkes Klopfen an der Eingangstür des Pfarrhauses geweckt wurde. Meine Mutter, die damals noch bei mir lebte, öffnete die Pforte und ließ ein junges Paar aus der DDR zu uns in die Wohnung. Die Frau war im achten Monat schwanger, der Mann sichtlich nervös. Meine Mutter kümmerte sich um die beiden, versorgte sie und gab ihnen auch die Möglichkeit, sich auszuruhen. Nachdem sie wieder bei Kräften waren, baten sie mich inständig, ihnen bei der Flucht zu helfen. Da mir dies – vor allem für die Frau – viel zu gefährlich schien, wollte ich das Paar unbedingt davon abhalten. Es beharrte aber trotz meiner Einwände auf diesem lebensgefährlichen Grenzübertritt nach Österreich, der ihnen dann auch gelungen sein durfte.

»Ich habe es nicht übers Herz gebracht, sie abzuweisen und ihnen den meines Wissens einzigen möglichen Fluchtweg gezeigt. Ob sie es geschafft haben, weiß ich nicht. Sie haben sich jedenfalls nicht mehr bei mir gemeldet.«

WÖRTLICHES ZITAT VON PFARRER DR. LÁSZLÓ RÁTKAI.

FALLE »SCHNAPPTE« NICHT ZU *Dass viele Menschen mit der Bitte, ihnen bei der Flucht behilflich zu sein, ins Pfarrhaus kamen, blieb auch den Agenten der Geheimdienste aus Ungarn und der DDR nicht verborgen. Doch Rátkai war sich dessen bewusst, weil des Öfteren als Flüchtlinge getarnte Agenten zu ihm kamen und ihm für die Beihilfe zur Flucht 500 Forint boten. Der Priester blieb jedoch »standhaft« und ging nicht in die Falle.*

JUNGEM MANN UNTERKUNFT GEWÄHRT – FESTNAHME ÜBER AUFTRAG DER STASI
Bestätigt wurde sein Verdacht durch einen Vorfall, der sich Mitte der 1980er Jahre zugetragen hat.

Rátkai dazu: *Eines Tages erschien ein Jugendlicher aus Ostdeutschland, den ich aus meiner Zeit als Kaplan in Szombathely kannte, bei mir im Pfarrhaus. Weshalb sich der Junge in Ungarn aufhielt, weiß ich nicht. Er erzählte mir, dass er in der DDR in den Militärdienst treten und Offizier werden will. Obwohl es mich wenig interessiert hat, fand ich seine Aussage nicht unbedingt glaubhaft.*

»Ich will keinesfalls flüchten, ich will nur das Land und die Umgebung von Ják besser kennenlernen und deshalb bitte ich Sie, ein paar Nächte bei Ihnen im Pfarrhaus verbringen zu dürfen«, sagte er mir. Da er auf mich einen sehr positiven Eindruck machte, kam ich seiner Bitte nach und gewährte ihm trotz einiger Bedenken Unterkunft. Um in der Gemeinde kein Aufsehen zu erregen, trug ich ihm auf, seinen PKW am Abend immer im Pfarrhaus und keinesfalls auf der Straße abzustellen, weil ich mit einer Überwachung durch den Geheimdienst rechnete. Und wie recht ich hatte! Der Junge wurde bereits von der Stasi beschattet und auch verhaftet.

»DU BIST EIN NETTER JUNGE UND DARFST KEIN SOLDAT DER STASI SEIN« Ungarische Geheimdienstleute waren ihm bereits »auf den Fersen«, beschatteten ihn und informierten die Mitarbeiter der Stasi. Diese nahmen den Jungen während einer Fahrt durch den Ort fest. *Ich befand mich in einem Klassenzimmer der örtlichen Schule, als plötzlich zwei Soldaten mit ihm erschienen und mich fragten, ob er bei mir im Pfarrhaus nächtigen würde. Als ich dies bejahte, übergaben sie ihn ohne Angabe von Gründen in meine Obhut und verließen die Schule. Welch ein Glück, dass er nicht in einem Gefängnis landete!*

FAMILIE FRITZ – NETTE MENSCHEN Als ich Pfarrer Rátkai auf Hans Michael und Dolores Fritz anspreche, denkt der nun schon etwas müde wirkende Geistliche kurz nach: *Ich weiß, dass es im August 1989 war, kann mich aber nicht mehr im Detail an diesen Vorfall erinnern. Eine Frau aus unserer Gemeinde kam damals aus der Kirche zu mir ins Pfarrhaus und überbrachte mir einen Zettel, auf dem in ungarischer Sprache stand, dass jemand um Fluchthilfe bitten würde. Aufgrund ihres körperlichen Zustandes konnte ich sofort erkennen, dass sie in den letzten Stunden furchtbare körperliche und seelische Qualen erlitten haben mussten. Ich kann nur sagen, dass es sehr* *nette Menschen waren, denen ich geholfen habe. Wie das damals war, weiß ich – und dafür bitte ich, 30 Jahre danach, um Verständnis – nicht mehr so genau. Wenn ich mich richtig erinnere, so glaube ich, dass ich sie mit meinem PKW in der Nacht vom Pfarrhaus auf ein freies Feld außerhalb der Gemeinde in die Nähe der Grenze gebracht habe.*

GOTT DANKBAR *Dolores und Michael Fritz müssen damals auch unversehrt über die Grenze gekommen sein, weil wir einander nach einigen Jahren in Eberau begegneten und sie sich für die Hilfe bedankt haben.*

KNEBELUNG BEI VERHÖR DURCH DDR-GRENZER – ZWEI GESCHEITERTE FLUCHTVERSUCHE IN UNGARN – LEGALE AUSREISE NACH ÖSTERREICH

Jan König 30 Jahre nach seiner Flucht

FOTO: ZUR VERFÜGUNG GESTELLT VON JAN KÖNIG

JAN KÖNIG, Jahrgang 1965, wuchs in Dresden auf und verbrachte dort seine Kinder- und Jugendzeit. Nach Beendigung der Schulzeit erlernte er den Beruf eines Instandhaltungsmechanikers. Bis zu seiner Flucht – 4. August 1989 – arbeitete er in der Gießerei des Eisenhammerwerkes Dresden – es war damals ein sogenannter VEB (Volkseigener Betrieb).

Nach seinem ersten Urlaub, der ihn nach Bulgarien, Rumänien und Ungarn führte, stand für ihn fest, dass er die DDR verlassen wird. Obwohl diese »Bruderstaaten« auch kommunistisch geführt wurden, verspürte er zum ersten Mal in seinem Leben – vor allem in Ungarn – einen Hauch von westlichem Flair. Ab diesem Zeitpunkt wusste er, welche Entbehrungen er im Sozialismus – in diesem so hoch gepriesenen »Arbeiter- und Bauernparadies« DDR – über sich ergehen lassen musste.

Da er sich nicht der Lebensgefahr einer Flucht durch den Eisernen Vorhang aussetzen wollte, stellte er zum ersten Mal im Jahre 1986 einen Ausreiseantrag. Als dieser 1989 zum zweiten Mal abgelehnt wurde, stand für ihn aus einem inneren Drang fest, dass er flüchten wollte – und musste.

»Mit jedem Tag hasste ich dieses nur auf Propaganda und Bespitzelung aufgebaute Regime von Neuem. Ich konnte es einfach nicht mehr ertragen, täglich bevormundet zu werden. Nachdem mein Ausreiseantrag mehrmals abgelehnt wurde, wusste ich, dass ich eines Tages flüchten werde.«

WÖRTLICHES ZITAT VON JAN KÖNIG.

KÖNIG benützte mit zwei Freunden für die Fahrt nach Ungarn den Zug. An der Grenze zur Tschechoslowakei wäre die Flucht beinahe zu Ende gewesen, weil sie von DDR-Grenzorganen mit westlicher Währung erwischt und festgenommen worden waren. Jan wurde geknebelt und in einen Vernehmungsraum gebracht. Bei dem Verhör musste er sich nackt ausziehen, wurde dann wieder freigelassen und konnte die Fahrt mit dem nächsten Zug in Richtung Budapest fortsetzen.

Beim versuchten – illegalen – Grenzübertritt nächst Heiligenkreuz/Lafnitztal, Bezirk Jennersdorf, wurde Jan mit seinen beiden Kumpels von ungarischen Grenzsoldaten beobachtet. Diese gaben sofort Warnschüsse in die Luft ab und verhafteten die drei Freunde. Nach Aufhebung der Festnahmen bekamen sie ungarische Forint und mussten mit dem Zug in das Sammellager nach Budapest-Zugliget fahren.

Steffen B. 30 Jahre nach seiner Flucht

FOTO: ZUR VERFÜGUNG GESTELLT VON JAN KÖNIG

Nach einem weiteren Fluchtversuch wurden Jan, Steffen und Thomas bei Sopron abermals nach Warnschüssen durch ungarische Grenzsoldaten festgenommen und wieder zurück in das Sammellager nach Budapest-Zugliget gebracht. In der Nacht zum 11. September 1989 durften sie nach Grenzöffnung frei nach Österreich ausreisen.

DER LANGE UND GEFÄHRLICHE WEG VON DRESDEN BIS NACH HEILIGENKREUZ/LAFNITZTAL

JAN KÖNIG erinnert sich: *Während meines ersten Urlaubes nach abgeschlossener Lehre habe ich schnell bemerkt, wie arm wir DDR-Bürger in Wirklichkeit waren. Geblendet durch die »Propagandamaschinerie« in der DDR war es uns völlig fremd, dass wir in diesen Urlaubsländern in den Geschäften fast nichts kaufen konnten und in den Restaurants Bürger der Bundesrepublik Deutschland immer bevorzugt wurden. Nur weil wir arm waren, wurden wir wie »Menschen zweiter Klasse« behandelt.*

Ich beschloss deshalb, die DDR zu verlassen und stellte einen Ausreiseantrag, der mehrmals abgelehnt wurde. Doch das blieb nicht ohne Folgen. Wie ich nachher durch Einsicht in meine Stasi-Akte in Erfahrung bringen konnte, wurde meine Wohnung durchsucht und auch ein Brief an mich »abgefangen«. Außerdem wurde ich durch einen Kumpel bespitzelt. Obwohl ich nicht unbedingt als regimetreu galt, wurde ich trotz mehrerer »Begegnungen« mit der Stasi nicht eingesperrt. Doch die Situation hat sich zunehmend verschlechtert. Ich habe mich ständig überwacht gefühlt.

Einige meiner Kumpels, die sich offen gegen diese Diktatur auflehnten, wurden wegen politischer Differenzen »eingeknastet«. Man musste unentwegt Angst haben, dass man nicht selber der nächste ist.

DREI MONATE BAUTZEN *Ich erinnere mich noch an einen Vorfall, bei dem einige Freunde festgenommen und zu drei Monaten Haft in der Strafanstalt Bautzen verurteilt wurden.*
Mit Bekannten aus West-Berlin feierten wir damals ein Fest. Sie kamen zu uns, obwohl sie keine Reisegenehmigung für die Fahrt bzw. den Aufenthalt nach (in) Dresden hatten und brachten zu dieser Feier Wein und Bier mit. Während wir Friedenslieder sangen, kamen plötzlich die Genossen der Staatssicherheit, beendeten abrupt diese Veranstaltung und nahmen sämtliche Teilnehmer zur Polizeiwache mit. Die Westdeutschen wurden abgeschoben, einige meiner Kumpels wanderten in den Knast nach Bautzen und kamen nach drei Monaten völlig verstört zurück.

»Niemand traute dem anderen. Dass man mich dann noch als ›Stasi-Spitzel‹ verdächtigte, schlug dem ›Fass den Boden‹ durch und bestärkte mich in meinem Vorhaben, die DDR – wie auch immer – zu verlassen.«
WÖRTLICHES ZITAT VON JAN KÖNIG.

ALS SPITZEL BESCHULDIGT *Da ich ohne Vorahnung unmittelbar vor Eintreffen der Stasi-Leute ganz zufällig die Feier verließ und mit dem Bus nach Hause fuhr, bekam ich keinen »Kratzer« ab. Das wussten jedoch meine Freunde nicht und nahmen deshalb an, dass ich ein Stasi-Spitzel sei. Letztendlich bestärkte mich dieser Vorfall, zum nächstmöglichen Zeitpunkt aus der DDR zu flüchten.*

ANIMATION ZUR FLUCHT – BUDAPESTER RUNDSCHAU BERICHTET VOM PANEUROPÄISCHEN PICKNICK *Im Frühjahr 1989 las ich in der Budapester Rundschau vom Paneuropäischen Picknick mit einer temporären Grenzöffnung und sah darin eine reelle Chance zur Flucht. Davon erzählte ich meinen beiden Freunden Steffen B. und Thomas H., die von der Idee sofort begeistert waren und sich mir anschlossen. Wir beantragten eine Urlaubsreise nach Ungarn und erhielten die dafür notwendige Reiseanlage. Da zu Beginn des Sommers bereits viele DDR-Bürger geflüchtet waren, verschärfte sich die Situation zunehmend, weshalb wir beschlossen, unseren zur Flucht getarnten Urlaub – um einige Wochen – auf Anfang August vorzuverlegen.*

Steffen hatte von einem Bekannten eine Adresse in Tapolca (16.000 Einwohner, nördlich des Plattensees, 28 Kilometer von Keszthely entfernt) erhalten. Dieser Mann, der als vertrauenswürdig beschrieben wurde, war mit einer Frau aus der DDR verheiratet. Gut für uns, denn dadurch gab es auch keine sprachlichen Probleme. Schnell hatten wir die notwendigsten Sachen gepackt und in einem kleinen Rucksack verstaut.

Da man keine Westwährung aus der DDR ausführen durfte, versteckten wir unsere Devisen. Steffen packte das Geld in eine Papierrolle, ich schweißte meine D-Mark und Schillinge in der Tube einer Zahnpasta ein. Um keinen Verdacht einer Republikflucht aufkommen zu lassen, verabschiedeten wir uns nicht einmal von unseren Eltern, als wir zum Bahnhof gingen. Nun ging es los. Drei junge Männer im Alter von 23 (2) und 24 Jahren sollten ihre vertraute Umgebung sowie Eltern und Freunde wahrscheinlich nie wiedersehen.

GEKNEBELT ZUM VERNEHMUNGSRAUM – NACKT BEIM VERHÖR

Frohen Mutes, jedoch in gedrückter Stimmung begeben wir uns am Hauptbahnhof Dresden in den Zug nach Ungarn. Und nach wenigen Stunden scheint unsere Flucht auch schon ein abruptes Ende gefunden zu haben. An der Grenze zur Tschechoslowakei erfolgt der erste Stopp. Grenz- bzw. Zollbeamte aus der DDR steigen zu und beginnen mit den Kontrollen. Als wir die Uniformierten sehen, versuchen wir ganz ruhig zu bleiben, obwohl wir Angst haben. Nur nicht den Teufel an die Wand malen! Das Unglück nimmt aber seinen Lauf.

Steffen wird festgenommen und kann gerade noch die Papierrolle mit dem Geld seiner Sitznachbarin zustecken. Just in dem Augenblick, als sie mir die Rolle weitergibt, kommt ein weiterer Zollbeamter in das Abteil und verhaftet auch mich. Als ich auch noch geknebelt und in einen Vernehmungsraum gebracht werde, ist mir klar, dass alles vorbei ist. Wahrscheinlich werde ich jetzt in Bautzen landen, befürchte ich. Doch es kommt nicht ganz so schlimm. Wo meine Freunde sind, weiß ich zu dem Zeitpunkt nicht.

»Als ich geknebelt und splitternackt in diesem Vernehmungsraum sitze und diese ›Schergen‹ vor mir sehe, habe ich jede Hoffnung, jemals die Freiheit zu erlangen, aufgegeben.«

WÖRTLICHES ZITAT VON JAN KÖNIG.

FOTO: ZUR VERFÜGUNG GESTELLT VON JAN KÖNIG

Diese Beschlagnahmebestätigung erhielt Jan König, als ihm das Geld weggenommen wurde.

Noch ehe man mit dem Verhör beginnt, muss ich mich splitternackt ausziehen. Die Papierrolle mit dem Geld wird mir abgenommen. Doch da ist auch noch die Tube mit der Zahnpasta. Die Beamten müssen »gerochen« haben, dass ich dort Geld eingeschweißt habe und stellen für meine Freilassung eine Bedingung. Ich muss diese Tube öffnen und darf den Raum als freier Mann verlassen. Mir bleibt keine andere Wahl. Ich muss tun, was meine »Häscher« von mir verlangen. Danach unterschreibe ich ein Protokoll und werde wie vereinbart entlassen. Wie ich später erfahre, hat man Thomas nicht beanstandet. Er durfte im Zug bleiben und weiterreisen.

Als ich wieder in die Abfertigungshalle des Bahnhofes komme, ist mein Zug bereits abgefahren. Zu meinem Glück treffe ich Steffen, der ja nicht wusste, dass ich ebenfalls festgenommen worden war. Welch eine Freude! Wir nehmen den nächsten Zug – der vermeintlichen Freiheit entgegen – nach Budapest und treffen dort unseren Freund Thomas, dem ja nichts passiert war. Anschließend fahren wir weiter nach Tapolca, machen erstmal Urlaub und warten auf die Gelegenheit zur Flucht beim Paneuropäischen Picknick.

»ALLGEGENWÄRTIGE« STASI   Doch die Freude währt nicht lange, denn der lange Arm der Stasi macht auch vor Ungarn nicht Halt. Nach einigen Tagen kommt unser Quartiergeber und sagt, dass wir sein Grundstück verlassen müssen, weil er schon von Mitarbeitern der Stasi kontrolliert worden sei und Angst habe, als Fluchthelfer Repressalien zu erleiden. Schweren Herzens müssen wir weiterziehen und fahren an den Plattensee.

WIEDERSEHEN MIT DEN ELTERN   Da unser Geld kaum für Lebensmittel reicht, müssen wir die nächsten Tage und Nächte unter freiem Himmel verbringen. Dass sich zahlreiche Urlauber aus der Bundesrepublik mit uns solidarisch erklären, macht uns Mut, diese schweren Tage zu überstehen. Außerdem sind sie via Radio über den stark zunehmenden Flüchtlingsstrom aus der DDR bestens informiert und geben dieses Wissen an uns weiter.

Doch es gibt noch eine Überraschung. Meine Eltern haben nach jahrelangem Warten eine Reiseerlaubnis für einen Urlaub in Ungarn erhalten. Unverhofft treffen wir uns nun am Plattensee. Es war ja nicht davon auszugehen, dass wir uns so bald wiedersehen werden. Die Freude währt aber nicht lange. Ich übergebe ihnen nämlich die Schlüssel zu meiner Wohnung in Dresden und sage ihnen, dass ich nicht mehr zurückkehren werde. Mit beiderseitigen Tränen in den Augen verabschieden wir uns voneinander.

Ich bleibe mit meinen Freunden noch einige Tage am Plattensee. Gemeinsam knüpfen wir Freundschaften mit einigen Westdeutschen und Österreichern.

ES MUSS SEIN – WIR FLÜCHTEN!

ERSTER FLUCHTVERSUCH GESCHEITERT   Da allgemein bekannt ist, dass die Stasi an den Stränden sowie in der Umgebung des Plattensees ihre Mitarbeiter eingeschleust hat, sind wir sehr vorsichtig. Als uns ein Österreicher anbietet, uns an die Grenze zu bringen, vertrauen wir dem Mann erst nach langen Überlegungen.

Er fährt uns mit seinem Auto auf ungarischer Seite zu einem Feldweg, der nach Heiligenkreuz/Lafnitztal führen soll. Dort setzt er uns ab, zeigt uns die Richtung und sagt, dass er legal über die Grenze fahren und einen Tag auf österreichischer Seite auf uns warten wird. Vorsichtig gehen wir schnellen Schrittes durch den Wald und denken, dass wir es bald geschafft haben. Als wir am Wegrand ein Pärchen sehen, das Pilze sammelt, sind wir zu »feige« um zu fragen, ob wir tatsächlich auf dem richtigen Weg sind. Ein fataler Fehler, wie sich bereits nach wenigen Minuten herausstellt. Wir überwinden den ersten Grenzzaun und denken, dass wir bereits in Österreich sind. Doch schnell werden wir auf den Boden der Realität zurückgeholt.

SCHÜSSE ERSCHRECKEN UNS – WIR LAUFEN UM UNSER LEBEN Plötzlich knallt es. Wir denken sofort, dass auf uns geschossen wird. Ungarische Grenzsoldaten haben uns erblickt und geben – Gott sei Dank – »nur« Warnschüsse in die Luft ab. Vollgepumpt mit Adrenalin laufen wir um unser Leben. Jedoch leider in die falsche Richtung und den Grenzsoldaten direkt in die Arme. Sie nehmen uns fest und bringen uns in einem Jeep in eine Kaserne nach Körmend.

»Im Bangen um unser Leben haben wir einfach die Orientierung verloren und sind in die falsche Richtung gelaufen.«
WÖRTLICHES ZITAT VON JAN KÖNIG.

FOTO: ZUR VERFÜGUNG GESTELLT VON JAN KÖNIG

Steffen B. zur Zeit der Flucht

Dort werden wir unter Beiziehung eines Dolmetschers verhört. Die Einvernahme erfolgt in einer – den Umständen entsprechenden – »angenehmen« Atmosphäre. Zu unserem Entsetzen zeigt uns der Mann auf der Karte, dass wir uns bereits in Österreich befanden und zurück nach Ungarn gerannt sind. Wir »Idioten«! Kaum zu glauben! Nach dem Verhör sagt uns der Kommandant, dass er keine Meldung an die DDR Behörden machen wird, gibt uns Geld und lässt uns zum Bahnhof bringen. Wir müssen mit dem Zug nach Budapest fahren und uns dort in der Botschaft der Bundesrepublik melden.

WEITER IN DAS LAGER NACH BUDAPEST-ZUGLIGET Als wir zur Botschaft kommen, können wir nicht einmal bis zum Eingang gelangen, weil sich dort bereits eine kaum überschaubare Menschenmenge aufhält. Deshalb müssen wir in den 12. Bezirk in das Sammellager nach Zugliget (Stadtteil von Budapest) fahren.

Als wir dort ankommen, stellen wir fest, dass dieses Lager erst eingerichtet wird. Wir helfen beim Aufbau der Zelte, werden verköstigt, können dort schlafen und bekommen auch noch Taschengeld. Mehr als wir für einen 14-tägigen Urlaub als DDR-Bürger hätten tauschen dürfen!

AUF DIE FLUCHT BEIM PANEUROPÄISCHEN PICKNICK VERGESSEN! In diesem persönlichen und politischen Chaos vergessen wir ganz einfach die Zeit. Mit Entsetzen lesen wir eines Morgens in der Bild-Zeitung, dass beim Paneuropäischen Picknick hunderten DDR-Bürgern die Flucht gelungen war. Auch das noch! Wir sind völlig außer Rand und Band und ärgern uns fürchterlich, weil wir dieses Fenster der Grenzöffnung verpasst und somit eine reelle Chance zur Flucht vertan haben. Mittlerweile platzt das Lager aus allen Nähten und die Stimmung ist auf dem »Null-Punkt« angelangt. Doch nach kurzer Resignation fassen wir neuen Mut.

ZWEITER FLUCHTVERSUCH GESCHEITERT Wir können in Erfahrung bringen, dass sich zahlreiche Flüchtlinge über eine namhafte deutsche Zeitung organisiert haben und mit Bussen nach Sopron fahren wollen, um dort eine Massenflucht zu wagen. Darin sehen wir eine neuerliche – reelle Chance – und schließen uns an.

SCHÜSSE – NEUERLICH FESTNAHME Am 25. oder 26. August 1989 verlassen wir mit etwa 400 Gleichgesinnten in Bussen die Sammelstelle und fahren über Sopron in Richtung Grenze, weil wir dort gemeinsam einen »Massendurchbruch« wagen wollen. Nun setzen wir alles auf eine Karte und kommen tatsächlich in Grenznähe – den genauen Ort kann ich nicht beschreiben. Doch auch dieser Fluchtversuch scheitert, weil plötzlich Schüsse fallen und Panzer der ungarischen Armee zu sehen sind. Soweit ich mich noch heute erinnern kann, wurden einige Gebäude beschädigt.

Mein Puls beginnt zu rasen und treibt mir an diesem heißen Augusttag den Angstschweiß aus den Poren, als Soldaten wie »Phönix aus der Asche« plötzlich vor uns stehen. Sie umstellen uns mit ihren Maschinengewehren im Anschlag und erteilen uns den Befehl, auf einen nahegelegenen Sportplatz zu gehen. Auf dem Spielfeld gibt es in deutscher Sprache weitere Anweisungen. Unter anderem werden unsere Personalien aufgenommen. Nachdem wir mit Getränken versorgt werden, müssen wir wieder in die Busse steigen und zurück in das Lager nach Budapest-Zugliget fahren. Wir sind wie von einer »Tarantel« gestochen, können kaum fassen, was mit uns – wieder einmal – passiert ist und zweifeln daran, ob wir wohl die richtige Entscheidung getroffen haben. Dass man so mit Menschen umgeht, haben wir uns selbst in der DDR nicht vorstellen können.

ZURÜCK IN DAS LAGER NACH BUDAPEST-ZUGLIGET Im Bus ist nun die Stimmung auf dem »Null-Punkt«. Einige sind enttäuscht und ganz still, andere sind zornig und reden sich – manche werden dabei auch etwas lauter – den Frust von der Seele. Obwohl die Fahrt nur etwa drei Stunden dauert, scheint die Zeit still zu stehen.

Als wir zur Sammelstelle kommen, fallen mir gegenüber dem Lager einige Wohnwägen auf, die ich zuvor überhaupt nicht registriert habe. Vermutlich dürften sie in der Zwischenzeit dort abgestellt worden sein. Jedem war sofort bewusst, dass »Stasi-Leute« ihr »Domizil« aufgeschlagen hatten. Wir hatten uns nicht getäuscht. Sie traten nämlich bald aus ihrem Schatten und versuchten uns zu einer Rückkehr in die DDR zu bewegen. Selbstverständlich stellten sie uns Straffreiheit in Aussicht. Doch keiner glaubte ihnen nur ein Wort. Außerdem spielte kaum jemand nur annähernd mit diesem Gedanken.

DIE ZEIT ZWISCHEN HOFFEN UND BANGEN Der Frust wird von Tag zu Tag größer. Keiner traut dem anderen. Lagerkoller macht sich bemerkbar. Die Leute wissen einfach nicht, wie es weitergehen soll. Fluchthelfer aus Österreich und der Bundesrepublik bieten ihre Dienste an. Doch wem kann man trauen? Außerdem haben wir kein Geld und nicht alle »arbeiten« unentgeltlich. Deshalb beschließen wir, vorerst einmal in der Sammelstelle »auszuharren« und auf eine günstige Gelegenheit zu warten.

»Steffen und ich finden kaum Worte, als wir den Zettel unseres vermeintlichen Freundes ›Pünktchen‹ sehen, der unser Vertrauen gänzlich missbraucht hat.«

WÖRTLICHES ZITAT VON JAN KÖNIG.

Unser Freund Thomas H. hält sich jedoch nicht an diese Abmachung. »Pünktchen«, wie wir ihn nannten, kann es nicht mehr erwarten und hat unsere Freundschaft missbraucht. Eines Morgens ist er plötzlich verschwunden. Auf seinem Feldbett liegt ein Zettel mit der Aufschrift: »Wir treffen uns im Westen. Bitte bringt meinen Rucksack mit.« Durch dieses rücksichtslose Verhalten sind wir wie vor den Kopf gestoßen. Mit einem Wort ziemlich sauer – um es vorsichtig auszudrücken. »Pünktchen« haben wir seit dieser Zeit nur einmal – und zwar im September 1989, bereits in Freiheit – getroffen. Obwohl wir über Jahre Freud und Leid geteilt und auch unsere Flucht unter Lebensgefahr riskiert hatten, haben wir ihn seit damals nicht mehr gesehen. Seine Spur hat sich einfach verloren.

DIE SCHLAGBÄUME WERDEN GEÖFFNET – WIR KÖNNEN AUSREISEN Steffen und ich harren nun zusammen mit den anderen DDR-Bürgern schon Tage im Lager aus. »Pünktchen« ist spurlos verschwunden. Wir sind ziemlich frustriert und wissen nicht was wir tun sollen. Mit einem Mal – und wie aus heiterem Himmel – kursiert im Lager das Gerücht, dass Ungarn seine Grenzen zu Österreich öffnet und wir frei ausreisen können. In nur wenigen Stunden scheint sich unsere hoffnungslose, schier ausweglose Situation zum Guten zu wenden. Wir können es kaum glauben und doch wird es Wahrheit!

Am Morgen des 10. September 1989 erfahren wird, dass wir in der kommenden Nacht zur Grenze gebracht werden und als freie Menschen nach Österreich ausreisen dürfen. In nur wenigen Minuten vergessen wir, was wir in den letzten Wochen erlebt haben. Die Freude ist riesengroß. Wir fallen uns in die Arme, haben Freudentränen in den Augen und können es kaum erwarten.

»Nie werde ich diesen Augenblick vergessen, an dem wir bei geöffnetem Schlagbaum ohne Kontrolle und ohne Gefahr für das eigene Leben die »rote Linie« in die Freiheit überschritten haben.«

WÖRTLICHES ZITAT VON JAN KÖNIG.

Nach dem Grenzübertritt wurden wir in das Flüchtlingslager nach Hengersberg (Bayern, ca. 40 Kilometer nördlich von Passau) gebracht. Anschließend ging es vorerst nach Inzell (Oberbayern, 50 Kilometer südlich von Salzburg), weil wir dort Arbeit fanden. Mein weiterer Weg führte mich dann nach München und anschließend in die Nähe von Stuttgart. Steffen ging nach Augsburg und danach wieder zurück nach Dresden. Im Jahre 2010 übersiedelte ich mit meiner Familie nach Güssing, ins südliche Burgenland.

Meine Heimat besuchte ich zum ersten Mal bereits am Weihnachtstag 1989 – also nur wenige Wochen nach meiner Flucht. Die Kontakte zu meinen Freunden habe ich immer aufrechterhalten.

30 JAHRE DANACH *Könnte bzw. müsste ich das »Rad der Zeit« zurückdrehen, so würde ich heute ebenso handeln wie damals. In meinem »jugendlichen Leichtsinn« habe ich wahrscheinlich nicht erkannt, welcher Gefahr ich mich damals ausgesetzt habe. Heute weiß ich, dass es sich gelohnt hat. Jeder einzelne Flüchtling und Demonstrant hat dazu beigetragen, dass die Menschen heute in der ehemaligen DDR frei leben können. Ich habe nichts bereut und genieße jeden Tag, den ich in Freiheit mit meiner Familie verbringen darf.*

XIII. KAPITEL: OTTO MESMER – KEINE ZUKUNFT IN RUMÄNIEN – BEHÖRDLICH GENEHMIGTE AUSREISE

DES MENSCHEN HERZ ERDENKT SICH SEINEN WEG, ABER DER HERR ALLEIN LENKT SEINE SCHRITTE.

(BIBEL, SPRÜCHE, KAPITEL 16, VERS 9)

Pfarrer Otto Mesmer mit Gattin

ANMERKUNG DES AUTORS: Obwohl viele Bürger nach dem Fall des Eisernen Vorhanges aus den damaligen Ostblockstaaten flüchteten, gab es dennoch Menschen, die ihrer Heimat treu blieben und auf eine Wende zum Besseren hofften. Otto Mesmer glaubte zunächst an diesen Umschwung, musste aber nach einigen Jahren feststellen, dass es für seine Familie in Rumänien keine Zukunft gab. Er stellte zunächst einen Ausreiseantrag nach Deutschland und kam kurz danach auf legalem Weg nach Österreich.

Es ist mir ein Bedürfnis, diese Geschichte meines langjährigen Freundes in meinem Buch zu veröffentlichen.

PFARRER OTTO MESMER, Jahrgang 1959, ist in Kronstadt (Siebenbürgen, 250.000 Einwohner) aufgewachsen und gehörte in Rumänien der deutschen sowie der ungarischen Volksgruppe an. Während seines vierjährigen Theologiestudiums stand er unter ständiger Beobachtung der rumänischen Behörden, darunter auch des Geheimdienstes Securitate. Dies deshalb, weil er wegen seiner Zugehörigkeit zu den beiden Minderheiten sowie als angehender Pfarrer nicht in die Ideologie des Regimes passte. Diese Bespitzelung setzte sich auch während seines Militärdienstes fort, wodurch er, so wie viele andere, etliche Repressalien erdulden musste. Im Jahre 1983 wurde er zum Pfarrer ordiniert und arbeitete als Seelsorger für die deutsche und slowakische Minderheit in Arad und Umgebung.

»Jetzt hatten wir in Arad zwar eine Wohnung, doch mit den vollen Läden war es vorbei – die Lebensmittelgeschäfte waren leer. Es kam die Zeit der Lebensmittelbons, die den Schwarzhandel zum ›Blühen‹ brachten.«
WÖRTLICHES ZITAT VON PFARRER OTTO MESMER ÜBER SEINE SITUATION IN RUMÄNIEN, ENDE DER 1980ER JAHRE.

Während viele seiner Landsleute nach der Revolution (1990) aus Rumänien geflüchtet sind, hielt er seiner Heimat die Treue. Er wollte sich dort einen bescheidenen Wohlstand erarbeiten und in Freiheit leben. Erst als er feststellen musste, dass es in absehbarer Zeit eine Wende zum Besseren nicht geben wird, traf er (1991) mit seiner Gattin die Entscheidung zur Aussiedlung. Bereits ein Jahr danach (1992) kam die Familie nach Siget in der Wart, Bezirk Oberwart, Burgenland. Otto Mesmer ist seit dieser Zeit in der kleinen, zweisprachigen Gemeinde (Deutsch, Ungarisch) als Pfarrer tätig.

PFARRER OTTO MESMER ist bereits seit dem Jahre 2004 Angehöriger der Landespolizeidirektion Burgenland und genießt als evangelischer Polizeiseelsorger höchstes Vertrauen bei allen Kolleginnen und Kollegen. In dieser Funktion gehört er auch einem Kriseninterventionsteam an, ist in der Notfallseelsorge tätig und hat sämtliche Einsatzkräfte der Blaulichtorganisationen – Feuerwehr, Rettung und Polizei – zu betreuen. »Otto«, wie er von seinen Freunden genannt wird, ist jederzeit erreichbar und hat in Notsituationen sowohl für seine Gemeindemitglieder, als auch für die Mitarbeiter der Hilfsorganisationen immer ein offenes Ohr.

MEIN LEBEN ZUR ZEIT DES DIKTATORS NICOLAE CEAUŞESCU

AUS KRONSTADT WURDE STALINSTADT *Das alte Wappen – eine goldene Krone auf dem Baumstumpf mit 13 Wurzelspitzen – wurde entfernt und die »Zinne« (»Cenk« oder »Timpa«), der 960 Meter hohe Berg um den die Stadt gebaut ist, dem damaligen Personenkult huldigend, neu bepflanzt. Weit sichtbar ver-*

kündete eine Baumgruppe den neuen Namen dieser seit dem 13. Jahrhundert bestehenden Stadt im Südosten Siebenbürgens – STALIN (*1878 – †1953 – war einer der brutalsten Diktatoren der Geschichte – in der Sowjetunion an der Macht von 1927 bis 1953).

OTTO MESMER ERZÄHLT: *Somit wurde ich am 9.März 1959 nicht in Brașov/Brassó/Kronstadt geboren, sondern eben in Orașul Stalin – Stalinstadt. So hieß in Rumänien mein Geburtsort zwischen 1951-1961. In diese zehn Jahre fallen dunkelste Seiten der rumänischen Geschichte. Ab dem Jahre 1948 begann man mit der Zwangsenteignung der Fabriksbesitzer und Industriellen – Gebrüder Schiel, Krupp, Heßheimer, Tellmann, Brainer etc. Gleichzeitig erfolgte auch die Beschlagnahme von Grund und Boden der Bauern bzw. deren Zwangskollektivierung (die zum großen Teil noch privaten Landwirtschaftsbetriebe mussten sich »freiwillig« zu Landwirtschaftlichen Produktionsgenossenschaften (LPG) zusammenschließen, in denen Grund und Boden dann gemeinsam – im Kollektiv – bewirtschaftet wurden), politische Gegner der Kommunistischen Partei wurden inhaftiert und gefoltert.*

*Im Jahre 1965 kam Nicolae Ceaușescu (*1918 – †1989) an die Macht – er wurde Generalsekretär der Kommunistischen Partei, dann auch Staatschef und anschließend dem Personenkult folgend, war er nicht nur »Sohn der Sonne« wie Stalin, sondern gleich »Held des Universums«.*

*Ceaușescu löste sich allerdings sanft aus der Hegemonie der Sowjetunion, bis hin zum genialen Entschluss im Jahr 1968, als Rumänien sich nicht am Einmarsch des Warschauer Paktes in die Tschechoslowakei beteiligte. Der damalige Präsident der USA, Richard Nixon (*1913 – †1994) hat dafür während seiner gesamten Amtszeit Ceaușescu viele Vorteile verschafft – unter anderem bekam Rumänien als Dankeschön von den USA die »Klausel einer meistbevorzugten Nation«. Damit begann ein – leider nur sehr kurzer – wirtschaftlicher Aufschwung im Land, der auch für die Bevölkerung bald spürbar war.*

VOM »SCHLARAFFENLAND BIS ZU DEN LEBENSMITTELKARTEN« *Diese Zeit habe ich schon bewusst erlebt und ich erinnere mich an die übervollen Geschäfte, deren Regale alles boten was Herz und Mund begehrte. Von den einheimischen Produkten, bis Froschschenkel oder Roquefort aus Frankreich, Butter aus der DDR, Picksalami aus Ungarn, Fischstäbchen aus Polen, Wodka aus Russland, Zigaretten aus Bulgarien und die wie ein Lungenschuss wirkenden filterlosen*

»Popular« Zigarillos aus Kuba. Doch dieses »Schlaraffenland« verschwand sehr plötzlich zu Beginn der 1980er Jahre.

Zurückblickend kann ich mich an eine eher unbeschwerte Kindheit erinnern. Meine Eltern arbeiteten gemeinsam im selben Betrieb, meine Mutter als Bürokraft und mein Vater als Dreher. Leider ließen sie sich später scheiden, aber der Kontakt zu meinem Vater, der mit seiner neuen Familie 1974 nach Deutschland auswanderte, blieb immer aufrecht.

Eine ausgeklügelte allerdings potemkinsche (nach außen florierende, nach innen schäbige und unfähige) Politik sollte im Land, aber vor allem außerhalb der Grenzen Rumäniens eine heile Welt des großen, friedvollen Miteinanders vorgaukeln. Die Wahrheit war eine andere!!!

ABNEIGUNG GEGEN VOLKSGRUPPEN Diese vorgespielte heile Welt hatte allerdings – wenn auch nur wenig aber dennoch – etwas Positives. Es gab genehmigte Bildungseinrichtungen in denen neben Rumänisch zusätzlich die Sprachen der beiden großen Volksgruppen, also Ungarisch und Deutsch, gesprochen bzw. unterrichtet wurden. Ich selbst war vom Kindergarten über die Volksschule bis zur Oberstufe im Honterus Lyzeum (Gymnasium) nur deutschsprachig unterwegs. Dann wechselte ich nach Zeiden, um hier meine Schulzeit mit Lehre und Matura in einer rumänischsprachigen Schule zu beenden. Noch im selben Jahr (1978) schaffte ich die Uni-Aufnahmeprüfung am ungarischsprachigen Theologisch-Protestantischen Institut in Klausenburg (Cluj-Napoca) – Siebenbürgen.

»Die unterschwellige Abneigung gegenüber den Volksgruppen, welche dann oft zu echtem, auch öffentlichem Hass aufgeschaukelt wurde, hat sich vor allem in der Zeit meines Militärdienstes gezeigt.«
WÖRTLICHES ZITAT VON PFARRER OTTO MESMER.

Die Ungarn nannte man »Bozgor« (= »Heimatlose« oder die andere Bezeichnung war »asiatische Schlangenbrut«), die Deutschen waren die »Verräter« oder »scheiß Nazi«. Ich war sinngemäß beides. Aber auch diese neun Monate der Erniedrigung habe ich überlebt.

ARBEITER ANGESIEDELT – WOHNBLOCKS ERRICHTET In der Ära Ceaușescu ist Kronstadt zu einer Großstadt gewachsen, in der es viel Industrie gab. Da es *in den Fabriken an Arbeitskräften fehlte, wurden ganze Wohnviertel aus dem Boden gestampft und Rumänen aus entfernten Gegenden, wie Moldau oder Oltenien dort angesiedelt. In der »Glanzzeit« hatte Kronstadt über 300.000 Einwohner und war nach der Hauptstadt Bukarest die zweitgrößte Stadt in Rumänien. Dem damaligen Bauwahn ist auch unser Anwesen zum Opfer gefallen.*

STUDIUM, ERSTE PFARRSTELLE, ERLAUBNIS ZUM BESUCH DES VATERS ERST NACH 13 JAHREN

Wir wohnten zusammen mit meinen Großeltern in einem Zweifamilienhaus, das in einer Seitengasse an einer der Hauptverkehrsadern der Stadt lag. Im Jahre 1985 wurden – je nach Bedarf – die ersten vier oder fünf Häuser abgerissen und an gleicher Stelle, parallel zur Hauptstraße, zehn- bis zwölfstöckige Wohnblocks errichtet. An jenem Ort, an dem mein Geburtshaus stand, befindet sich heute das Mülllager eines solchen Molochs (Wohnblock).

Mein Lebensmittelpunkt hat sich im Jahre 1979 nach Klausenburg verlagert (Siebenbürgen, heute ca. 325.0000 Einwohner). Vier Jahre dauerte mein Theologiestudium an der Uni – und das unter sorgfältiger Beobachtung der staatlichen Behörden, unter ihnen auch Mitarbeiter der »Securitate«, (Rumänische Geheimpolizei – Staatssicherheit). Wir waren ja doppelt verdächtig: erstens, weil es ein ungarisches Institut war, zweitens, weil wir angehende Pfarrer waren. Die rumänischen Theologen haben es besser gehabt. Sie durften sogar im Ausland studieren (Heidelberg, Basel, Tübingen). Das war ein besonderes Privileg, denn rumänische Staatsbürger hatten damals keinen Pass zum »Herumreisen« der einfach daheim im Schrank lag. Nur alle zwei Jahre durfte man einen Reisepass beantragen und in die befreundeten sozialistischen Länder, das heißt: nach Ungarn, in die DDR, in die Tschechoslowakei, nach Bulgarien oder nach Polen, reisen. Jugoslawien war eine Ausnahme, denn von dort hatte man die einzige reelle Chance, Triest (Italien) »anzupeilen« und somit den freien Westen zu erreichen. Der direkte Weg von Jugoslawien nach Österreich wäre gefährlicher gewesen, weil diese Grenze zwar nicht durch einen Eisernen Vorhang wie zwischen Österreich und Ungarn gesichert, jedoch von Jugoslawien streng bewacht wurde.

Einen Reisepass für die westlichen Staaten hat man nur sehr schwer bekommen. Bei mir hat es 13 Jahre gedauert. Erst im Jahre 1988 – ich war damals 29

Jahre alt – wurde mir endlich ein Besuch bei meinem Vater in Deutschland (BRD), genehmigt.

Nach Abschluss meines Studiums wurde ich im Jahre 1983 ordiniert – das heißt, als Pfarrer in den Dienst der Kirche gestellt. Meine erste Stelle als Pfarrer habe ich in der »roten Kirche« in Arad (unweit der ungarischen Grenze, ca. 160.000 Einwohner) angetreten, wobei auch die Betreuung der deutschsprachigen Gläubigen zu meinen Aufgaben gehörte. Nach nur drei Monaten folgte eine Versetzung zurück in das Burzenland (historisches Gebiet im Südosten Siebenbürgens), wo ich ein Jahr als Dekanatsvikar tätig war. Nach diesem Jahr ging ich wieder zurück nach Arad und arbeitete dort weitere acht Jahre – ebenfalls als Dekanatsvikar. Während dieser Zeit habe ich auch eine kleine slowakische Gemeinde betreut, was aber nur möglich war, weil die Gemeindeglieder auch ungarisch sprachen. In diese Zeit fällt auch meine Eheschließung und die Geburt unseres ersten Sohnes.

LEBENSMITTEL UND BRENNSTOFFE WAREN KNAPP – SCHWARZHANDEL BLÜHTE

Vor allem in den ersten Jahren unserer Eheschließung ist es uns nicht gut gegangen, weil wir mit einem kleinen Kind auf engstem Raum leben mussten. Im »Lutherpalast« gab es nämlich keine Dienstwohnung, weshalb wir in einem anderen Miethaus der Gemeinde untergebracht wurden. Erst Jahre später wurde uns eine Unterkunft in einem Appartement des Lutherhauses zugewiesen.

»Wir lebten mit unserem kleinen Sohn auf satten 35 m² – WC im Hof, Waschmöglichkeit nur in der Küche, Duschen beim Nachbarn.«

WÖRTLICHES ZITAT VON PFARRER OTTO MESMER.

ENDLICH, NACH VIER JAHREN EINE MENSCHENWÜRDIGE BLEIBE.

Jetzt hatten wir zwar eine eigene Wohnung, doch mit dem »Schlaraffenland der vollen Läden« war es vorbei – die Lebensmittelgeschäfte waren leer. Es kam die Zeit der Lebensmittelbons, die den Schwarzhandel zum »Blühen« brachten. Um Milch zu bekommen, musste man sich bereits zwischen 03:00 Uhr und 04:00 Uhr vor dem Geschäft anstellen und hoffen, dass auch genügend geliefert wird, weil man keinesfalls mit leeren Händen nach Hause wollte. Monatlich gab es pro Person 50 Gramm Butter, jeweils ein Kilo Mehl und Zucker, ½ kg Reis,

½ Liter Speiseöl. Fleisch hat man offiziell nur drei Mal im Jahr bekommen: Am 1. Mai, am 23. August (war der Staatsfeiertag in Rumänien) und irgendwann kurz vor Weihnachten. Selbstverständlich musste man auch für diese Waren unendlich lange in der Schlange stehen. An Benzin gab es 20 Liter im Monat pro PKW. Mit den Brennstoffen musste man besonders »haushalten«, weil es in der kalten Jahreszeit pro Person in einem Haushalt nur 600 kg Holz und 1.500 kg Lignit (Braunkohle) gab. Weder das eine noch das andere brannte. Das gelieferte Holz war noch nass, die Hälfte der Kohle war Tonerde. Somit florierte auch in dieser Branche der Schwarzhandel, wo man sich für viel Geld mit fast allem eindecken konnte – man musste nur die entsprechenden Beziehungen haben.

»LEBENSMITTELQUELLE SCHWIEGERELTERN«   So eine »Beziehung« war für meine Familie unsere Schwägerin, die in einem Lebensmittelgeschäft gearbeitet hat. Wenn manchmal etwas »außerplanmäßig« angeliefert wurde, dann hat sie auch uns ein paar Leckerbissen – wie Frankfurter, Orangen, Fisch oder andere Konserven – gebracht. Eine große Hilfe waren die Lebensmittelpakete, welche uns mein Vater aus Deutschland geschickt hat.

Zur Grundversorgung gab es für uns aber noch eine andere, ganz wichtige Quelle, die – Gott sei Dank – nicht versickerte: Meine Schwiegereltern, die am Land lebten. Von ihnen kam Obst sowie Milch (ich habe in meinem Leben nie mehr so oft Topfenknödel zu Mittag gegessen) und selbstverständlich landete auch mal ein Huhn oder eine Ente in unserem Kochtopf, Schweinefleisch gab es meist nach dem »Sautanz« vor Weihnachten.

STROM EINFACH ABGESCHALTET   Ein großes Problem war die Versorgung mit elektrischer Energie, weil es im Gegensatz zu den Lebensmitteln dazu keine Alternative gab. Vorerst wurde die Stromzufuhr nur nach vorausgegangener Ankündigung stundenweise unterbrochen, später ohne Vorwarnung mehrmals am Tag – auch im Winter – einfach abgeschaltet.

Ohne Strom hat natürlich auch der Fernseher nicht funktioniert. Das war für uns jedoch kein Problem, denn die Sendezeit war auf drei Stunden – von 19:00 bis 22:00 Uhr – beschränkt. Abgesehen von einem Kinderprogramm zu Beginn (»Mihaela«) gab es meistens nur politische Propaganda. Diesbezüglich fielen wir aber ein wenig auf die »Butterbrotseite«, weil man in Arad mit Spezialantennen auch die ungarischen Fernsehsendungen sehen konnte. Sofern es Strom gab!

Aufgrund dieser, für die Bevölkerung unzumutbaren Situation, haben die Ereignisse im Jahre 1989 eine Eigendynamik entwickelt. Kein anderer Staat Osteuropas erreichte einen auch nur ähnlich kritischen Zustand wirtschaftlicher und sozialer Not und Hoffnungslosigkeit wie Rumänien. Viele Menschen versuchten dieser Ausweglosigkeit zu entkommen.

HUNGER TUT WEH – DIE REVOLUTION – CEAUȘESCU WIRD HINGERICHTET

DAZU GAB ES ZWEI MÖGLICHKEITEN: Erstens Kopf und Kragen riskierend die Flucht über die Grüne Grenze, sei das schwimmend durch die Donau nach Jugoslawien, oder trockenen Fußes auf dem Landweg nach Ungarn. Obwohl diese beiden Länder »befreundete« sozialistische Staaten waren, haben sie niemanden nach Rumänien ausgeliefert. Die Flüchtenden wollten ja sowieso nicht bleiben, sondern Richtung »Goldenen Westen« weiterziehen. Primäres Ziel war auch damals Deutschland. Wurde jemand erwischt, so wurde er im Schnellverfahren zur Zwangsarbeit beim Donaukanal oder beim »Ceaușescu Palast« in Bukarest verurteilt. Die zweite Möglichkeit war der Antrag für eine legale Ausreise zur Aussiedlung, die vor allem von der deutschsprachigen Minderheit genützt wurde. Der deutsche Staat hat in den »Anfängen«, je nach Ausbildung, sogar »Kopfgeld« für die Aussiedler bezahlt – somit war ein einfacher Arbeiter weniger wert als ein Lehrer oder Arzt.

Doch nun zurück zur Situation im Lande. Für den folgenden Abschnitt möchte ich betonen, dass es sich um meine eigene objektive Wahrnehmung der Ereignisse handelt, womit ich aber zu 100% nicht alleine stehe, sondern sogar – meines Wissens – eine Stimme der Mehrheit bin.

DEM VOLK NÜTZTE DIE HINRICHTUNG CEAUȘESCUS WENIG Die ersten Unruhen brachen am 16. Dezember 1989, in der etwa 320.000 Einwohner zählenden, nahe der ungarischen Grenze liegenden Stadt Timișoara/Temeswar aus und griffen bald auf andere Städte über. Die »Rebellen« – mit ihnen sympathisierte die gesamte rumänische Bevölkerung – erhofften sich durch diese Demonstrationen ein schnelles Ende dieses unseligen kommunistischen Systems. Den Aufständen folgte bereits am 22. Dezember 1989 ein revolutionärer Staatsstreich. Ceaușescu wurde samt seiner Gattin verhaftet, in einem Schauprozess im »Schnellverfahren« zum Tod verurteilt und sofort hingerichtet.

Viele Menschen im Lande waren der Überzeugung, dass durch die Beseitigung des vermeintlichen Grundübels nun alles eitel Wonne wird. Leider weit gefehlt, denn nicht die Bevölkerung hat den Umsturz bewirkt, sondern die Architekten des Staatsstreichs, es waren Ceaușescu-feindliche Eliten aus Partei, Armee und den Geheimdiensten, die nur auf eine für sie günstige Gelegenheit warteten. Sie haben auch die nun folgenden blutigen Kämpfe provoziert und diese danach für ihre eigenen Vorteile genützt. Es wäre ja nicht das erste Mal gewesen.

Bereits in den Jahren 1971, 1978, 1983, 1984 und 1985 versuchten hohe Vertreter der rumänischen Streitkräfte das Ceaușescu Regime durch einen Militärputsch zu beseitigen. Alle Versuche wurden vereitelt – bis auf die Revolution im Jahre 1989, die zwar gelang, aber einen hohen Blutzoll forderte. Dies deshalb, weil sämtliche staatstragende Exekutivkräfte sowie die Bevölkerung im Kampf gegen Ceaușescu zwar das gleiche Ziel verfolgten, sich jedoch Gruppen bildeten, die untereinander um die Vorherrschaft kämpften. Sie hatten die Absicht, im Land ein Chaos herbeizuführen und einen Bürgerkrieg anzuzetteln. Um dieses Ziel zu erreichen, war ihnen jedes Mittel recht. Unter anderem verteilte man wahllos Waffen an die Bevölkerung oder gab bewusst falsche Informationen an die Menschen weiter. Man wollte sie verunsichern und gegeneinander aufhetzen. Daher wurde die Nachricht verbreitet, dass Terroristen aus dem Ausland – auch aus arabischen Ländern – gegen das Volk kämpfen würden oder simulierte Angriffe auf Stellungen der Armee, um die Menschen in Kämpfe mit den Sicherheitskräften zu verwickeln. Das Militär ließ sich jedoch nicht provozieren, der Bürgerkrieg fand in der erwarteten Form nicht statt. Das Ergebnis dieser unnötigen Kämpfe waren aber dennoch über 1.000 Tote und mehr als 3.000 Verletzte.

TOTE UND VERLETZTE AUF DEN STRASSEN – HILFE AUS DEM AUSLAND *Für uns persönlich war das Erlebte etwas derart Schwerwiegendes, das sich für alle Ewigkeit in unsere Herzen »eingebrannt« hat. Es waren Kampfgeräusche wie etwa das Rollen der Panzer, das Dröhnen der Kampfhubschrauber oder das Pfeifen der Geschoße aus den Kalaschnikows sowie anderer schwerer Waffen. Einfach schrecklich – nicht zu wissen, ob ich heil ins Büro oder zum Gottesdienst und von dort wieder nach Hause komme. Der Anblick der Toten auf den Straßen, die Beerdigung zahlreicher Opfer sowie eine ständige Unsicherheit und permanente Angst haben damals meinen Alltag geprägt. Es fehlte uns* an allem – von Medikamenten, Toiletteartikeln bis zu Nahrungsmitteln etc. Ich habe aber immer an Gott geglaubt und gehofft, dass alles bald ein Ende haben wird.

»Gott sei Dank haben meine Frau, mein Sohn und ich diese schreckliche Zeit heil überstanden.«
WÖRTLICHES ZITAT VON PFARRER OTTO MESMER.

Nach dem Abflauen der Kämpfe setzte eine unglaubliche, weltweite Solidaritätswelle, nicht nur kurz, sondern über lange Zeit – über Jahre hinweg – ein. Aus dieser Zeit kann ich hauptsächlich nur über meine persönliche Erfahrung berichten bzw. die Ereignisse so darstellen, wie ich sie als Pfarrer der Arader evangelischen Gemeinde erlebt habe.

Die erste Hilfslieferung kam damals vom evangelischen Pfarrer der ungarischen Grenzstadt Gyula. Er hat einfach seinen Trabant vollgepackt, ist losgefahren und hat die Spenden – es waren Güter des täglichen Gebrauches – bei uns abgeliefert. Bald kamen Pakete der Diakonie aus Österreich sowie Hilfsgüter aus Deutschland. Norwegen beteiligte sich ebenfalls an dieser Hilfsaktion und schickte einen riesigen LKW mit Sachen für den täglichen Gebrauch. Die Beschreibung dieser enormen Hilfsbereitschaft würde jeglichen Rahmen sprengen, weshalb ich von einer Aufzählung Abstand nehmen will. Viele Menschen benötigten diese Güter – von Lebensmitteln über Bekleidung bis hin zur medizinischen Versorgung – um überhaupt überleben zu können. Unvergesslich ist für mich, dass uns damals sogar sämtliche Geräte zur Einrichtung einer Zahnarztpraxis geliefert wurden. Doch es gab – wie sehr oft in derartigen Notsituationen – einige Unverbesserliche, die das Leid anderer Menschen zu ihren Gunsten nützten und einzelne Hilfsgüter für sich »abzweigten«.

AN DIESER STELLE EINEN VOM HERZEN KOMMENDEN DANK AN ALLE, DIE DURCH IHRE SPENDEN DIE DAMALIGE NOTLAGE IN RUMÄNIEN WIRKUNGSVOLL GELINDERT HABEN.

KEINE WENDE ZUM GUTEN Wer gedacht hat, dass nun alles besser werden wird, ist mit seiner Prognose weit danebengelegen. An die Regierungsspitze kam die Front der Nationalen Rettung, ein allerdings wieder russlandfreundliches Kabinett mit Staatschef Ion Iliescu (*1930, Präsident von 1989 bis 1996 und von 2000 bis 2004). Iliescu, der angeblich Schulkollege von Michail Gorbatschow

(*1931, von 1985 bis 1991 Generalsekretär der Kommunistischen Partei der Sowjetunion, Staatspräsident von 1990 bis 1991) war, sah so manche Veränderung mit der er – Gorbatschow – unter Glasnost (Offenheit) und Perestrojka (Umgestaltung) in der Sowjetunion eine Reform einleitete sehr positiv und wollte sie auch auf Rumänien anwenden.

Obwohl die Geschäfte auf einmal wie von Zauberhand voll waren, konnte die Not der Bevölkerung nicht wirklich gelindert werden. Westliche Waren quollen aus den Regalen, egal ob Lebensmittel, Adidas-Sportartikel, Marlboro oder Whisky. Das Problem war, dass man am Anfang nur mit DM oder US Dollar einkaufen konnte und nur die »Privilegiertesten unter den Privilegierten« über diese Barmittel verfügten. Als man später auch mit der Landeswährung (Lei) zahlen durfte, waren die Preise so exorbitant hoch, dass nicht nur diese genannten Statussymbole (Luxusgüter), sondern auch andere Waren unbezahlbar waren.

Ein Beispiel der Geldumrechnung: vor der Revolution wurde die DM zum Lei 1:4 gehandelt, plötzlich galt ein Umrechnungskurs von 1:25. Außerdem wurden die Preise für Strom, Gas, Wasser etwa und das Hundertfache!!! angehoben. »Und ja«, den so ersehnten Reisepass konnte nun jeder Bürger von der Behörde (der Miliz) bekommen, allerdings blieb dieser in der Kommode, weil das Reisen – bis auf einige wenige – für das Volk nicht leistbar war. Für die »heißbegehrten« Länder wie Österreich, Deutschland, Italien oder Schweden gab es Visapflicht. Außerdem war die Ausstellung eines Visums an eine Einladung aus dem betreffenden Staat gekoppelt. Ein weiteres Hindernis bestand darin, dass man sich in Bukarest vor der Botschaft des Ziellandes oft tagelang um diese Reisegenehmigung anstellen musste.

KEINE BESSERUNG DER LEBENSSITUATION – WIR WERDEN DAS LAND VERLASSEN

»KOPFGELDZEIT IST VORBEI« Nach der Revolution haben wir täglich gehofft, dass die eingeleiteten – oder zumindest dem Volk als solche vermittelten – Reformen zu einer Verbesserung der Lebenslage der Menschen in Rumänien führen würden. Doch unsere Hoffnungen haben sich nicht erfüllt. Nach zwei Jahren mussten wir einsehen, dass sich kaum etwas zum Besseren gewendet hatte, weshalb wir im Jahre 1991 unsere unwiderrufliche Entscheidung getroffen haben: Aussiedlung nach Deutschland. Dabei kam uns entgegen, dass die

»Kopfgeldzeit« (der deutsche Staat brauchte für Aussiedler an Rumänien nichts mehr zu bezahlen) vorbei war. Es gab aber trotzdem ein Hindernis. Um in Deutschland aufgenommen zu werden, hat man eine sogenannte »RU-Nummer« benötigt – mit dieser »RU-Nummer konnte man nach Deutschland ausreisen bzw. wurde einem dort die Aufnahme zugesichert. Doch diesen Vermerk zu bekommen, war für viele gar nicht einfach.

Für einen dauernden Aufenthalt in Deutschland musste ich dem deutschen Staat über das Deutsche-Demokratische-Forum (= die politische Vertretung der Rumäniendeutschen in Rumänien; wurde 1989 gegründet) in Arad meine Zugehörigkeit zum Deutschtum nachweisen. Das war für mich angesichts meiner bereits erwähnten Schulzeit – durch den Unterricht auch in deutscher Sprache sowie nach meinem Theologiestudium in der deutschen evangelischen Gemeinde – relativ einfach. Auch die Tatsache, dass unser Sohn den deutschen Kindergarten besuchte, war hilfreich. So blieb mir zumindest der Sprachtest im deutschen Konsulat in Temeswar (Timișoara) erspart, jedoch nicht die unendlich lange Wartezeit auf unsere Dokumente, die bereits bei der Stadtverwaltung in Frankenthal (liegt zwischen Worms und Ludwigshafen im Bundesland Rheinland-Pfalz) zur Bearbeitung auflagen. Man konnte ja in Deutschland nicht einfach irgendwo hingehen. Jeder Aussiedler musste bei den Behörden eine Bezugsperson namhaft machen, die im Notfall – wenn die Bestreitung des Lebensunterhaltes nicht möglich war, etc. – die Verantwortung übernimmt. Diese Bezugsperson war für uns mein Vater.

Nachdem wir bereits im Sommer 1991 sämtliche Unterlagen zur Übersiedlung nach Deutschland eingereicht hatten, bekamen wir im Februar 1992 endlich die ersehnte RU Nummer! Dies bedeutete zugleich die Genehmigung zur Einreise nach Deutschland sowie die Erlaubnis zum dauernden Aufenthalt. Der Freude folgten reichlich Tränen, denn für uns – und für alle unsere Lieben die zurückblieben – war es jetzt klar:

»Das ist unser Weg, es gibt keinen Rückzug, es gibt kein Zurück«
WÖRTLICHES ZITAT VON PFARRER OTTO MESMER.

Während wir uns auf die Ausreise nach Deutschland vorbereiteten, kam mein Pfarrerkollege aus Semlak (ca. 38 km von Arad entfernt, liegt Richtung Grenzübergang Nadlac) und konfrontierte uns mit der Frage einer Übersiedlung nach Österreich. »Es gibt dort eine Gemeinde, die seit sechs Jahren einen Pfarrer sucht, der sowohl die deutsche, als auch die ungarische Sprache beherrscht«, sagte er mir. Das hat mir, zusammen mit meiner Frau, die als ausgebildete Organistin mit mir auch dienstlich im Boot steckte, einige Zeit des Nachdenkens gekostet.

Nach reiflicher Überlegung haben wir schon kurz danach über den damaligen Pfarrer von Fürstenfeld (Steiermark) sowie über den Kurator der Pfarrgemeinde Siget in der Wart, den Kontakt nach Österreich bzw. ins Burgenland, hergestellt.

SIGET IN DER WART AUF KEINER LANDKARTE GEFUNDEN Die Gespräche verliefen sehr positiv, worauf wir uns bald entschlossen, vorerst nach Deutschland und erst danach nach Österreich zu übersiedeln. Doch dann kam die »Ernüchterung«. Siget in der Wart war auf keiner uns zur Verfügung stehenden Landkarte zu finden. Anmerkung: 1992 hat es noch kein Internet, Google-Maps und dergleichen gegeben. »Vielleicht gibt es diese Gemeinde überhaupt nicht«, dachten wir uns und legten diesen Plan ad acta.

GLÜCKLICHER ZUFALL Doch das ändert sich durch einen Zufall überraschend schnell. An einem Sonntag sieht man in Arad ungarisches Fernsehen, das um 19:00 Uhr immer die Sendung »a Hét« – eine Wochenschau – ausstrahlt. An diesem Sonntag gibt es nämlich eine besondere Reportage – man berichtet über eine ungarische Minderheit, die nicht mehr in ihrem Mutterland lebt.

Während wir diese Sendung sehen läutet plötzlich das Telefon. Am Apparat ist mein Kollege aus Fürstenfeld und fragt mich, ob wir denn schon eine Entscheidung bezüglich einer Übersiedlung nach Siget in der Wart getroffen haben. Da wir aufgrund unserer ergebnislosen Recherchen bezweifelt haben, – was ich ihm aber nicht sagen will – dass es diesen Ort überhaupt gibt, bitte ich ihn höflich um einige Tage Bedenkzeit. Kaum habe ich den Hörer aufgelegt erscheint am Bildschirm des Fernsehers eine Ortstafel mit der Inschrift: Siget in der Wart. Ich bin so aufgeregt, dass ich meine Frau, die sich in der Küche aufhält, mit »Gebrüll« zu mir »beordere«: »Komm schnell, sie zeigen wo wir hinsollen.«

Warum der ORF (diese Sendung war eine Produktion des ORF, wurde vom ungarischen Sender MTV übernommen und damals ausgestrahlt) in dieser Reportage eher baufällige Häuser gezeigt hat, verstehe ich bis heute nicht. Als meine Frau diese desolaten Häuser sieht, sagt sie zu mir: »Eines ist sicher das Pfarrhaus, deswegen finden sie niemanden der hingeht.« Wir haben uns dann doch nochmals darüber unterhalten und beschlossen, dass wir uns die Gemeinde einmal anschauen werden.

PLÖTZLICH GIBT ES EINEN WEITEREN BEWERBER *Nun beginnt das ganze quälende Prozedere – damit meine ich die lästigen Behördenwege – wieder von vorne: Vorlage einer Einladung, Verpflichtungserklärung, Ausstellung eines Visums, etc. Inzwischen haben wir genauere Recherchen über die Gemeinde angestellt und »den Ort auf der Landkarte gefunden«. Wir können die bürokratischen Hindernisse relativ schnell überwinden, erhalten die Ausreisegenehmigung und treten bald danach die Reise in ein für uns völlig fremdes Land an. Dass wir dort eine neue Heimat finden werden, wissen wir zu diesem Zeitpunkt noch nicht.*

ICH BEKOMME DIE STELLE *Am 15. März 1992 stellen wir uns – ich als Pfarrer, meine Gattin als Organistin – in der Pfarrgemeinde Siget in der Wart sowie in deren Tochtergemeinde Jabing (Bezirk Oberwart) vor und finden sofort den richtigen »Draht« zu Gemeindemitgliedern und Presbyterium. Meine Gattin und ich sind uns schnell einig und beschließen, dass wir – wenn wir die Stellen bekommen – diese annehmen und unseren Lebensmittelpunkt ins Burgenland verlegen werden.*

Doch plötzlich gibt es eine Überraschung mit der niemand gerechnet hat. Wie »Phönix aus der Asche« taucht ein weiterer Bewerber – es ist ebenfalls ein Pfarrer aus Rumänien – auf und bewirbt sich um diese Pfarrstelle. Das Presbyterium hat sich aber mit einer Zweidrittelmehrheit für uns entschieden. Zufrieden treten wir nun die Heimreise an und stellen uns gedanklich darauf ein, dass wir unsere Heimat bald verlassen werden.

DER START IN EIN NEUES LEBEN

Da ich so schnell wie möglich mein neues Amt als Pfarrer antreten soll und will, bleibt uns nicht viel Zeit. Wir erledigen die notwendigen Behördenwege, packen unsere Sachen und verlassen bereits am 26. April 1992 mit unserem damals fünfjährigen Sohn Rumänien. Im liturgischen Kalender ist es der »Quasimodogeniti-Sonntag«, für uns symbolträchtig, weil das ins Deutsche übersetzt »wie die Neugeborenen« heißt.

ZUNÄCHST NACH NÜRNBERG *Obwohl wir alles gut vorbereitet bzw. überlegt haben, gehen uns doch viele Gedanken durch den Kopf, als wir mit etwas Wehmut unser Haus verlassen. In Wahrheit wissen wir ja nicht was uns erwartet. Doch die Entscheidung ist getroffen – es bleibt dabei.*

Wir besteigen einen Reisebus und fahren – unauffällig wie Touristen – zunächst nach Nürnberg. Dies deshalb, weil wir uns dort in dem Anmeldezentrum für Aussiedler – es war schlicht und einfach ein abgeschlossenes Lager, das von einem bewaffneten Sicherheitsdienst bewacht wurde – melden müssen. Dieses Lager können wir jetzt nur mehr zu vorgegebenen Zeiten verlassen. Wir können uns aber im gesamten Areal frei bewegen, es gibt ein Geschäft, ein Selbstbedienungsrestaurant und eine Kapelle. In einer großen Gemeinschaftsküche kann man auch kochen, die Waschräume befinden sich etagenweise am Korridor. Obwohl uns nur ein kleines Zimmer mit Stockbetten zugewiesen wird, sind wir froh, ein Dach über dem Kopf zu haben und gut aufgenommen worden zu sein. Nun bekommen wir einen »Laufzettel«, müssen zahlreiche Stellen – Arzt, Befragung durch den Bundesnachrichtendienst etc. – »abklappern« und diesen bei jeder Station vorweisen.

Nachdem binnen kürzester Zeit auf den »Laufzetteln« mittels Stampiglie unsere Angaben bestätigt bzw. die Befragungen abgeschlossen sind, dürfen wir das Lager verlassen. Wir werden nach Gauweiler (liegt im Bundesland Rheinland-Pfalz, etwa 430 km von Nürnberg entfernt, an der Grenze zu Luxemburg) geschickt, weil man uns dort eine Unterkunft zugewiesen hat. Und jetzt beginnt eine wahre Odyssee.

FAHRSCHEINE FÜR DIE ZUGFAHRT NACH WAXWEILER Im Lager hat man uns Fahrscheine für die Zugfahrt nach Waxweiler ausgestellt. Als wir in Nürnberg zum Hauptbahnhof kommen und dem Beamten am Schalter unsere Fahrscheine vorweisen, sieht er uns mit fragenden Blicken ungläubig an. Er bezweifelt, dass Waxweiler überhaupt in Deutschland liegt. Nach längerem Suchen findet er dann doch diese Gemeinde und schlägt uns vor, zunächst nach Trier (liegt im Bundesland Rheinland-Pfalz, 60 km von Waxweiler entfernt) zu fahren. Wir bedanken uns, setzen uns wie vereinbart in den Zug und fahren nach Trier.

Auf dem Bahnhof in Trier gehen wir zum Schalter und weisen unsere Fahrscheine nach Waxweiler vor. Als der Mann die Karten sieht, beginnt er vorerst laut zu lachen und sagt uns, nachdem er sich wieder beruhigt hat, dass der Bahnhof in Waxweiler bereits im Jahre 1954!!! geschlossen worden sei. Deshalb müssen wir eben mit dem Bus nach Waxweiler fahren.

»Obwohl wir schon sehr müde sind, kommt uns ebenfalls ein Lächeln aus, weil wir recht froh sind, dass es diese Gemeinde überhaupt gibt.«
WÖRTLICHES ZITAT VON PFARRER OTTO MESMER.

AUSSIEDLERQUARTIER BEREITS SEIT ZWEI JAHREN GESCHLOSSEN *Mittlerweile ist es 21:00 Uhr geworden. Wir sind nun bereits 15 Stunden unterwegs und sehr müde. Als wir zu dem uns zugewiesenen Wohnhaus kommen, erwartet uns die nächste Überraschung. Eine Frau öffnet die Tür und fragt uns anfangs misstrauisch was uns denn zu ihr führt. Während des Gespräches verfallen wir fast in eine Schockstarre, als sie von uns auch noch wissen will, woher wir denn kommen würden bzw. wer uns zu ihr geschickt hat. Nachdem sie uns sagt, dass dieses Haus bereits vor zwei Jahren als Aussiedlerunterkunft geschlossen wurde, verschlägt es uns ganz die Sprache.*

Sie bemerkt aber unsere Verzweiflung, bittet uns in die Wohnung und macht unserem Sohn einen Kakao. Danach setzt sie sich sofort ans Telefon und versucht uns zu helfen. Wir werden zusehends ungeduldig, weil es uns fast wie eine Ewigkeit vorkommt, bis sie herausfindet, dass sich unsere Unterkunft in einem Aussiedlerwohnheim in Gerolstein (Gemeinde mit ca. 7.500 Einwohnern, 38 km westlich von Waxweiler) befindet. Doch damit nicht genug. Dieser unendlich lange Tag hat noch eine Überraschung – diesmal aber eine positive. Nachdem wir nun wissen, dass wir bald am Ziel sein werden, haben wir uns wieder etwas beruhigt. Es dauert auch nicht lange bis ein Fahrer kommt und uns abholt. Wir kommen schnell ins Gespräch und stellen fest, dass der Chauffeur ein Landsmann von uns ist und aus Kronstadt kommt. Welch eine Freude! Bevor er uns in die Unterkunft bringt, lädt er uns in einem Restaurant noch zum Essen ein.

GEWALTEXZESSE UND ALKOHOL – NUR RASCH WEG VON HIER *Nun kommen wir endlich in dieses Wohnheim und müssen bald feststellen, dass wir von hier so schnell wie möglich wieder »raus« müssen. In diesem Objekt befinden sich außer uns nur »Wolgadeutsche« und nur die ganz alten Frauen und Männer sprechen Deutsch. Diese Menschen benehmen sich aber nicht wie Gäste und lösen ihre persönlichen Konflikte mit Gewalt. Die Männer sind meistens besoffen, die Frauen werden regelmäßig geschlagen, lautstarke Auseinandersetzungen sind an der Tagesordnung. Uns verbieten sie im gemeinsamen Speisesaal zu essen, weil sie diesen eigenmächtig zu einer Lernstube für ihre Kinder erklärt haben. Außerdem untersagt uns der »Rat der Ältesten« den gemeinsamen Kühlschrank zu benützen. Es kommt auch sehr oft vor, dass sie in der Nacht grundlos kräftig gegen unsere Zimmertür treten. Unser Nervenkostüm ist zum zerreißen gespannt. Einerseits halten wir diese hier herrschenden Zustände* nicht mehr aus, andererseits wollen (müssen) wir so schnell wie möglich nach Siget in der Wart. In Nürnberg hat uns nämlich noch die Nachricht erreicht, dass der als Administrator tätige Pfarrer plötzlich verstorben ist und ich so schnell wie möglich meinen Dienst antreten soll. Doch vorerst muss ich noch langwierige Behördenwege erledigen.

WIR BEKOMMEN DIE DEUTSCHE STAATSBÜRGERSCHAFT Aus all diesen Gründen wende ich mich an die Heimleiterin – was ich sehr ungern tue – schildere ihr die Situation und bitte sie um Hilfe. Wir brauchten nämlich deshalb unbedingt die deutsche Staatsbürgerschaft, weil wir mit unseren rumänischen Reisepässen, die zwar ein Visum für Deutschland beinhalteten, in Österreich kein Aufenthaltsrecht gehabt hätten. Die Frau bringt viel Verständnis auf und unterstützt uns wo dies nur möglich ich. Deshalb schaffen wir es auch, dass wir binnen kürzester Zeit die deutsche Staatsbürgerschaft erwerben und vorerst provisorische Reisedokumente bekommen. Nun ist endlich die letzte Hürde genommen!!!

In diesem Zusammenhang verstehe ich bis heute nicht, warum wir in Österreich im Jahre 1994, als deutsche Staatsbürger, einen »Ausweis für Fremde« beantragen mussten. Für damals teure 960 Schilling. Doch das ist alles Geschichte.

27 JAHRE DANACH – SIGET IN DER WART – UNSERE NEUE HEIMAT

Bereits Mitte Mai 1992 sind wir dann Siget in der Wart eingetroffen und haben den Dienst in der evangelischen Pfarrgemeinde aufgenommen, welchen wir nun seit 27 Jahren leisten. Nur ein Jahr danach wurde unsere Familie durch die Geburt unseres zweiten Sohnes »vollständig«.

VIEL FREUDE AN DER ARBEIT IN DER NEUEN HEIMAT Zu Beginn war es eine richtige Herausforderung, weil in den knapp sechs Jahren Vakanz in der Pfarrgemeinde doch ein gewisser Stillstand eingetreten war. Unsere vordringlichste Aufgabe war es, dem Gemeindeleben neue Impulse zu geben. Das gelang nur durch viel persönlichen Einsatz und umfasste den kirchlichen Bereich ebenso wie den kulturellen. Während ich mich um die Seelsorge sowie um alle administrativen Angelegenheiten der Pfarrgemeinde gekümmert habe, hat meine

Frau als Botschafterin der ungarischen Kultur eine ungarische Volkstanzgruppe gegründet. Die Mühe hat sich schlussendlich gelohnt, denn es ist uns bald gelungen, die Menschen für das Leben in der Gemeinschaft – Besuch von kirchlichen Veranstaltungen, Gottesdiensten, Bibelstunden etc. zu gewinnen.

Ordination zum Pfarrer durch Superintendent Mag. Manfred Koch

MENSCHEN IN DER NOT ZU HELFEN IST FÜR MICH BERUFUNG UND ERFÜLLT MEIN LEBEN *Da die Pfarrgemeinde Siget in der Wart samt ihrer Tochtergemeinde Jabing mit knapp 300 Evangelischen eine relativ kleine Gemeinde ist, wurde ich von der Superintendentur (Diözesane Leitung) zusätzlich mit der sogenannten kategorialen Seelsorge (Krisenintervention bzw. Bewältigung von traumatisierenden Ereignissen der Angehörigen sämtlicher Blaulichtorganisationen, Notfallseelsorge etc.) beauftragt. Eine diesbezügliche Ausbildung habe ich bereits im Jahre 1999 begonnen und abgeschlossen. Fünf Jahre danach nahm ich meine Tätigkeit als Polizeiseelsorger auf und trat auch dem Kriseninterventionsteam des Roten Kreuzes bei. Bei der Betreuung dieser Menschen empfinde ich trotz der enormen physischen und psychischen Belastung eine innerliche Zufriedenheit sowie eine Erfüllung meines Wirkens als Seelsorger.*

RUMÄNIEN – EINE POSITIVE ENTWICKLUNG, DIE JEDOCH NICHT ALLE BEVÖLKERUNGSSCHICHTEN ERREICHT *Trotz unserer 27-jährigen Abwesenheit ist der Kontakt nach Rumänien noch immer aufrecht. Was wir bei unseren eher seltenen Besuchen erleben, ist zum Beispiel der Ausbau des Straßennetzes – so können wir etwa ab Szombathely bis Arad durchgehend auf der Autobahn fahren. Eine positive Entwicklung im Land ist ebenfalls nicht abzustreiten, nur erreicht diese »Trendumkehr« nicht alle Bevölkerungsschichten. Menschen die am Rande des Existenzminimums leben müssen, gibt es noch immer.*

»Arbeitslosigkeit ist – auch noch nach 40 Jahren Sozialismus – ein neuer Begriff. Pensionisten – vor allem Bauern – müssen fallweise mit einer Rente von umgerechnet 170 Euro pro Monat auskommen!«

WÖRTLICHES ZITAT VON PFARRER OTTO MESMER.

Verleihung des Verdienstkreuzes des Bundeslandes Burgenland durch Generalmajor Werner Fasching (Stellvertreter des Landespolizeidirektors der Landespolizeidirektion Burgenland). Diese hohe Landesauszeichnung bekam Otto Mesmer für seine langjährige Tätigkeit als Seelsorger für sämtliche Blaulichtorganisationen sowie für seine Arbeit als Notfallseelsorger anlässlich einer Adventandacht im Dezember 2017 in der Kirche in Siget in der Wart.

ES WAR DIE RICHTIGE ENTSCHEIDUNG *Aus der Distanz kann ich sicherlich keine sachliche Bewertung der Entwicklung in Rumänien abgegeben. Auch wenn die Waagschalen des Positiven und Negativen in Gleichgewicht wären, selbst wenn Rumänien Kanaan wäre, wo nun Milch und Honig fließen: Was wir damals im Jahr 1992 entschieden und danach gewagt haben, war richtig. Rückwirkend gesehen, war es eine der besten Entscheidungen in unserem Leben.*

SCHLUSSWORT

NIE WIEDER TRENNUNG DURCH EINEN EISERNEN VORHANG

Als Ungarn im April 1989 mit dem Abbau der ersten Grenzanlagen begann, hätte niemand daran gedacht, dass in wenigen Monaten sämtliche Bürger des Ostblocks frei in den Westen reisen können. Ein Traum wurde auch für den »kleinen Mann auf der Straße« Wirklichkeit. Binnen kürzester Zeit fand ein auf Gewalt und Unterdrückung aufgebautes Regime ein Ende. Die Menschen konnten plötzlich das »weite Gefängnis des Ostblocks« verlassen.

Ich erinnere mich noch genau an die vielen Trabis und Wartburgs, die mit Kühlschränken und Waschmaschinen auf den Dächern, in Kolonnen vor der Grenze auf die Einreise nach Ungarn warteten. Obwohl die Menschen Geld hatten, konnten sie Elektrogeräte, die bei uns seit Jahrzehnten im Haushalt verwendet wurden, in ihrer Heimat nicht kaufen – oder mussten sich jahrelang gedulden. Und nun konnten sie diese Gegenstände des täglichen Gebrauches mit einem Mal problemlos erwerben.

Trabis und Wartburgs mit den Kühlschränken und Waschmaschinen auf den Dächern gehören der Vergangenheit an. Kolonnen vor den Grenzen sind – ausgenommen zur Urlauszeit oder an kirchlichen Feiertagen – ebenfalls Geschichte. Kurzfristige Staubildungen durch den Berufsverkehr sind aber auch nach 30 Jahren unumgänglich, weil auf österreichischer Seite temporär kontrolliert werden muss. Ohne Arbeitskräfte aus Ungarn würde nämlich die burgenländische Wirtschaft vor ernstliche Probleme gestellt werden.

Dieser ungarische Grenzsoldat gibt die Richtung vor!

Die Jugend kennt den Stacheldraht mit den Wachtürmen sowie Grenzübergänge mit Soldaten, die mit Maschinengewehren patrouillieren, nur mehr aus Erzählungen. Und so soll es auch in Zukunft bleiben.

EINE ANTWORT AUF MEINE FRAGE Seit dem Fall des Eisernen Vorhanges sind nun mittlerweile 30 Jahre vergangen. DDR-Bürger haben durch ihre waghalsige Flucht eine geopolitische Veränderung in Europa herbeigeführt. Ich habe viele Zeitzeugen – Flüchtlinge, Helfer und Exekutivbeamte – befragt. Besonders überrascht hat mich, dass Menschen, die in der DDR in führenden Positionen tätig waren – und dadurch über ein gesichertes Einkommen mit Wohnung, Haus und eigenes Auto verfügten – geflüchtet sind. Bei nahezu jedem Interview habe ich gehört:

»Uns ging es in der DDR nicht schlecht. Wir wollten nur einen eigenen Pass im Schrank haben und uneingeschränkt reisen – und zwar wohin und wann wir wollten.«

Als ich dieses Buch zu schreiben begann, habe ich mich oft gefragt, was einen Menschen dazu bewegt, dass er all sein Hab und Gut zurücklässt und seiner Heimat den Rücken kehrt. Meine Interviewpartner haben mir die Antwort darauf gegeben. Für mich war es unvorstellbar, kein freier Mensch zu sein oder bespitzelt zu werden, zumal ich in Freiheit aufwachsen durfte. Aufgrund der Schilderungen meiner Interviewpartner ist mir – im Alter von 63 Jahren, davon 42 Jahre im Polizeidienst – nun bewusst, dass neben der Gesundheit, die Freiheit das höchste Gut eines Menschen ist.

In meinem Buch: **»HEIMAT, WARUM MUSSTE ICH DICH VERLASSEN?«**, habe ich von der Hilfsbereitschaft der Burgenländerinnen und Burgenländer beim Ungarnaufstand geschrieben – und konnte mir das nur schwer vorstellen. Im Jahre 1989 habe ich diese Hilfsbereitschaft selbst erlebt. Dass einzelne Bewohner der Grenzgemeinden Löcher in den Eisernen Vorhang schnitten, selbst als Fluchthelfer fungierten und sich der Gefahr einer Festnahme – mit anschließender Inhaftierung – durch ungarische Grenzsoldaten aussetzten, zeigte von einer besonderen Solidarität mit den Flüchtlingen.

DANKBARKEIT UND FREUNDSCHAFT Viele Flüchtlinge kommen auch nach Jahren wieder ins Burgenland, um an jenem Ort, an dem sie den ersten Schritt in die Freiheit gesetzt haben, ihren Urlaub zu verbringen. Sie haben ihre Helfer nicht vergessen. Aus Flüchtlingen und Fluchthelfern sind längst Freunde geworden.

Wir wollen nie mehr, dass Menschen bespitzelt und eingesperrt werden, wenn sie mit dem politischen System nicht im »Einklang« stehen und ihre Meinung frei äußern! Wir wollen nie mehr einen Eisernen Vorhang!

Ich danke Ihnen für Ihre Aufmerksamkeit und freue mich, dass Sie dieses Buch gelesen haben.

IHR WOLFGANG BACHKÖNIG

Menschen sollen nie wieder durch Gewalt getrennt werden

DANK

Ich danke all meinen Interviewpartnern, die es mir erst ermöglicht haben, dieses Buch zu schreiben. Es ist nicht selbstverständlich, dass man über Erlebtes, das weit in die Privatsphäre geht, spricht, einer breiten Öffentlichkeit zur Kenntnis bringt und auch noch mit Fotos hinterlegt.

Danke auch an all jene, die Räumlichkeiten für meine Lesungen zur Verfügung gestellt und durch finanzielle Zuwendungen den Druck dieser Publikation möglich gemacht haben.

Für die finanzielle Unterstützung bedanke mich bei den Gemeinden,

beim Amt der Burgenländischen Landesregierung sowie bei allen Inserenten, deren Logos sich bei einzelnen Artikeln finden.

WIDMUNG

Dieses Buch möchte ich meiner Familie, das heißt, meiner Gattin Berta, meinen beiden Kindern Andrea und Christian, ihren Partnern Bernhard und Karina sowie meinen Enkelkindern, Valentina, Tobias, Lara-Sophie und Isabell, widmen. Ich bin sehr stolz auf sie und möchte keinen Tag missen, den ich mit ihnen verbracht habe bzw. in Zukunft noch verbringen darf.

Bedanken möchte ich mich insbesondere bei meiner Gattin, die sich die Zeit meines Pensionsantrittes wahrscheinlich anders vorgestellt hat. Sie musste nicht nur auf geplante Freizeitaktivitäten verzichten, sondern auch oft meine gedrückte und mit einem Mal wieder gereizte Stimmung ertragen, wenn ein vereinbarter Termin platzte, das eine oder andere Mail nicht oder mit Verspätung eintraf.

Danke möchte ich ihr auch für die erste Lesung meiner Artikel sagen, weil sie mir zum einen einige Fehler ausgebessert hat. Zum anderen, weil sie durch ihre konstruktive Kritik wesentlich dazu beigetragen hat, dass ich so manchen Bericht überdacht und entsprechend abgeändert habe.

ZUM GEDENKEN   Beim Schreiben dieser Zeilen dachte ich sehr oft an meine Großeltern Theresia und Paul Geiszler sowie an meine Mutter, Theresia Bachkönig, geborene Geiszler. Sie erlitten im Jahr 1946 ein ähnliches Schicksal wie viele DDR-Bürger 43 Jahre danach. Meine Großeltern wurden damals aus Wolfs, dem heutigen Balf (liegt etwa acht Kilometer westlich von Ödenburg (Sopron, Ungarn) als Volksdeutsche vertrieben. Sie mussten all ihr Hab und Gut zurücklassen und wurden nach Oberfranken (Bayern) deportiert. Im Jahre 1949 wollten sie wieder zurück in ihre Heimat. Der Eiserne Vorhang wurde „hochgezogen" und ihnen die Rückkehr verwehrt. In den Nachkriegswirren mussten sie sich unter schwierigsten Verhältnissen eine neue Existenz aufbauen. Ich werde Ihnen stets ein ehrendes Andenken bewahren!